国家社科基金项目（批准号05BJL017）优秀等级成果

黄铁苗 等著

节约型社会论

The Theory of Conservation-Oriented Society

人 民 出 版 社

前　言

光阴荏苒，日月如梭。从 20 世纪 80 年代初我发表有关节约问题的第一篇文章至今，对节约问题的关注和思考转眼已经二十多年了。现在摆在读者面前的这本著作，是由我主持完成的 2005 年度国家社会科学基金课题"节约型社会论"的最终成果，也是由我负责对节约问题进行研究的第四本著作。

关于节约问题的研究，笔者此前已经出版过三本著作。第一本是 1990 年由中国金融出版社出版、由笔者主编的《节约经济学》，第二本是 1994 年由江西人民出版社出版、由笔者独立完成的《劳动生产率新论》，第三本是 2001 年由人民出版社出版、由笔者独立完成的《综观经济效益论》。

本来，在《综观经济效益论》出版后，关于节约问题的研究，我准备画上句号。然而，在长达三四年的时间里，我又倾注了极大精力与一批朋友一起来研究这一问题。促使我进行这一研究的动因是 2004 年全国十届人大二次会议提出了建设资源节约型社会，尔后又提出了建设节约型社会。同时，党和国家领导人对节约问题发表了许多重要论述，对其的认识不断提高；中央和各省市也都作出了一系列重要决定。作为一个长期从事节约问题研究的理论工作者，我既为之高兴，又为之激动。高兴的是，在我看来，痛心疾首的浪费问题，党和国家对它的重视达到了空前的程度；激动的是，我长期从事的节约研究工作没有白做，我的研究顺应了时代的需要，符合了党和国家的要求。学术界有的朋友也以此对我进行鼓励。

由于我较早研究节约问题，有领导、朋友，甚至记者，也就此对我作过了解和采访。[1] 为什么我在 20 世纪 70 年代末、80 年代初便开始关注节约问题呢？

我出生在 20 世纪 50 年代初，和共和国基本同龄，经历了共和国的许多重大事件。过去许多亲眼看到的浪费现象使我有刻骨铭心的记忆。"大跃进"时期，我那时还是一个小孩，但现在仍清楚记得，当时整个村子里的劳动力都集中起来干活，可事实上，只有在干部来检查时，人们才会拼命干活；干部一走，许多人就放下了镰刀、锄头，劳动效率极其低下，活劳动的浪费十分严重。1958 年 9—10 月收获红薯

---

[1]　参见张仁寿、施卫华：《切实落实节约资源基本国策——访我国〈节约经济学〉创始人黄铁苗教授》，载《广东经济》2007 年第 9 期。

时,挖出来就扔在田间地头,不久就烂掉了。可是,吃了还不到半年的饱饭以后,1959 年就进入了历史上罕见的所谓三年困难时期。现在的年轻朋友根本无法想象那是一个什么样的特殊历史时期。那个时期最显著的特征就是饥饿。我亲眼看到过饿死人现象。那个时期中国饿死了多少人,是一个无法准确统计的数据。我们这一代人大都经受过饥饿,深知饥饿的滋味。我们这一代人面对一碗稀饭、一个馒头,很多人都能说出许多辛酸的往事。可以说,正是青少年时期经历的饥饿,使我特别珍惜财物,也使我后来更加关注节约问题。

　　长期以来,我国的浪费现象一直十分严重。"文化大革命"期间,全国的浪费损失约 5000 亿元,而当时林彪却说,"文化大革命"成绩最大最大,损失最小最小。我那时还是一个中学生,在北京、长沙等地串联时看到一些学校的墙上贴的大字报达到几寸厚;听说制造一颗子弹要耗费 7 斤半大米,而当时全国性的武斗不知耗费了多少子弹,更不知打死了多少人;还有全国许多地方都停工停产;等等。我就说了与林彪完全相反的话,即"文化大革命"损失最大最大,成绩最小最小。因此,我也受到了严重的迫害。现在回想起来,说明在我的青少年时期,脑海里就已经深刻地烙上了节约和浪费的观念。

　　中学毕业后,我回到了家乡。"农业学大寨"运动造成的浪费同样给我留下了深刻的印象。20 世纪 70 年代末,当我步入经济学殿堂,学习马克思的《资本论》时,中南财经政法大学(时为中南财经学院)的一位老师在上课时说中国经济建设最大的问题是浪费,这一看法使我产生了强烈的共鸣。结合学习马克思的劳动时间节约理论,我从理论上对我国的浪费问题开始了思考。

　　其实浪费问题古已有之,节约也早就被人类所重视,这是由人的需求无限性与资源有限性的矛盾决定的。唐朝诗人白居易早就指出:"天育物有时,地生财有限,而人之欲无极。以有时有限奉无极之欲,而法制不生其间,则必物暴殄而财乏用矣。"但我国现实经济生活中的浪费却具有严重性、普遍性、顽固性、短缺性、人为性、无关性等特征。我国现实经济社会生活中存在的这些浪费问题的特征,表明了我国浪费问题具有深刻的原因,它既包括经济制度和体制原因,也包括政治制度和体制原因。制度和体制都是人为的,即一定社会经济时代掌握权力的人们制定和执行的管理社会经济等事物的规则和方法。我国的社会经济制度就是由各级党政干部共同制定和执行的。一种制度和体制的优劣是可以通过节约标准来衡量的,它与马克思主义的生产力标准是一致的。马克思曾经指出:"节约劳动时间 = 发展生产力。"[1]人类社会的实践也证明,任何一种社会经济制度,只要它能最大限度地克服浪费、实现节约(包括生产资料和消费资料),就表明了它的生产关系适

---

[1]　《马克思恩格斯全集》第 31 卷,北京:人民出版社,1998 年版,第 107 页。

应了生产力发展的要求,因而这种社会经济制度是不会灭亡的;而任何一种新的社会经济制度,如果它不比被它替代的旧的社会经济制度更能克服浪费、实现节约,就表明了它的生产关系不适应生产力发展的要求,它就不可能最终取代旧的社会经济制度。① 所以,唐朝诗人李商隐站在历史制高点上吟咏的"历览前贤国与家,成由勤俭败由奢"的诗句,成了脍炙人口的千古绝唱,尽管它是仅从消费领域而言的。

可见,对于我国现实经济生活中存在的浪费问题绝不能掉以轻心,不能视为一般的经济问题,它是一个关系到社会主义制度能否巩固的重大问题。因此,一方面,我们要不断深化制度和体制改革,建立有利于克服浪费、实现节约的制度和体制;另一方面,在制度和体制尚未完善之前,我们要自觉节约,尤其是掌握经济实权的各级党政干部更应如此。基于这一认识,作为广东省委党校的教师,笔者在党和国家提出建设节约型社会后,曾于2005年5月向广东省委省政府提出过"广东省建设节约型党政机关的建议"。这一建议受到了高度重视,时任广东省委省政府的主要负责人及多位省领导都作了批示,并出台了相应文件。省有关部门曾复信笔者:"你的建议切合广东实际,很有针对性,为我省根据党中央、国务院有关指示精神出台《关于建设节约型党政机关的意见》提供了重要的决策参考,对我省各级党委、政府深入开展资源节约活动、建设节约型党政机关发挥了积极作用。"同时,考虑到建设节约型党政机关不是一个省的问题,而是一个全国性的问题,笔者将"建设节约型党政机关"的建议提交给中央某权威刊物,该刊的《内参》于2005年9月以"建设节约型社会要从党政机关抓起"为题发表了笔者的建议,"供中央及省部主要领导同志参阅"。

应该说我们党和国家对节约问题历来都是高度重视的,但是在现实经济生活中,浪费问题并没有得到有效遏制。鉴于此,2009年2月,中共中央办公厅、国务院办公厅又联合发出《关于党政机关厉行节约若干问题的通知》,对公款出国、公车使用、公费接待等作出了明确规定;不少省市也发出了相应文件。笔者为之欢欣鼓舞。可见,要克服浪费、实现节约,必须从深化制度和体制入手。拙著对此进行了探讨,但是还远远不够;为了克服浪费,促进节约型社会的建设,希望有更多的朋友参与这一问题的探讨。

拙著作为国家社科基金的最终成果,十分幸运地被评为优秀等级。能有这一殊荣,是课题组成员共同努力的结果。笔者作为课题负责人,在长期思考和积累的基础上,负责对全书进行整体设计,对篇、章、节进行协调,并对各部分内容进行修

---

① 参见黄铁苗:《马克思的节约理论及其现实意义》,载《中国社会科学》2008年第4期;《马克思的节约理论与唯物史观》,载《中国社会科学文摘》2009年第1期。

改,最后总纂全书。本书写作的具体分工为:黄铁苗:第一、二、三、四、六、八、十二、十三、十六、十九章;黄铁苗、徐伟平:第五章;黄铁苗、彭斌:第七章;黄铁苗、孙宝强:第九、十章;黄铁苗、廖成忠:第十一章;孙宝强:第十四章;孙宝强、张卿:第十五章;黄铁苗、徐廷波:第十七章;郑红军:第十八章;刘成伟:第二十章。

　　课题组成员分工负责、共同协作,大部分稿件都互相传阅,共同修改,有的同志对全稿进行了通览并提出了修改意见,尤其是孙宝强同志全程参与课题的研究工作,为课题的完成耗费了大量的时间和精力。所有这些都对拙著的完善起了重要作用,但限于水平和时间,拙著仍然存在很多不足和错误之处,恳请读者批评、指正!

黄铁苗

2009 年 3 月于广州黄华园

目　录

第一篇　节约型社会的基础理论

　　我国将节约资源作为基本国策,其意义极其重大而深远。就像成功的实践是在正确理论指导下取得的一样,建设资源节约型社会也必须要有正确的理论作为指导。古今中外的各种节约理论,尤其是马克思主义的节约理论,以及我们党和国家领导人的节约理论,是我国建设节约型社会的重要理论基础。因此,本篇作为全书的第一篇,从节约理论来源于节约实践出发,分别对古今中外的节约理论进行概括和分析,同时对节约和浪费规律进行探讨,在此基础上对古今中外的节约悖论进行批判。

第 一 章

节约是经济实践的永恒主题

回顾人类社会,我们会发现,人类的行为或活动都是遵循一定的规律或原则进行的。马克思曾经指出,人类是按照美的规律来塑造物体的。[①] 人类的建筑史、服装史以至人自身的穿着打扮无不说明了这一点。关于人类的经济行为,我们的研究表明,人类是按照节约的原则进行经济活动的。人类社会所经历的不同阶段或不同的社会制度的实践都证明了这一点。理论来源于实践。人类节约实践的永恒性决定了节约理论的永恒性。因此,本章作为研究节约型社会基础理论篇的第一章,首先探讨节约实践的永恒性。

第一节　节约的实质

与对其他问题的认识是不断由浅到深一样,从古到今,人类对节约的认识和思考也是逐步深化、扩展和延伸的。

一、古代关于节约问题的理解

节约是一个古老的话题。关于节约含义的理解在人类的早期社会就开始了。从东方世界来看,我国《周易》、《墨子》等古典文献中就有不少关于节约的论述。例如,在《周易》中,作者鲜明地提出了"节以制度,不伤财,不害民"[②]。老子说:"治人事天莫如啬。夫唯啬,是谓早服。"[③]"啬"并非吝啬,按《辞海》的解释,就是节俭、不浪费。这就是说,管理社会事务,最重要的是节省、爱惜、保护财富。《墨子》中有"节俭则昌,淫佚则亡"[④]的说法。《汉书·艺文志》概括墨家为:"墨家者流,盖出于清庙之守。茅屋采椽,是以贵俭。"[⑤]《后汉书·宣秉传》赞扬宣秉其人

---

① 参见马克思:《1844 年经济学哲学手稿》,北京:人民出版社,2000 年版,第 51 页。
② 陈成国点校:《四书五经》,长沙:岳麓书社,2002 年版,第 191 页。
③ 老子著,苏南注评:《道德经》,南京:江苏古籍出版社,2001 年版,第 164 页。
④ 上海古籍出版社编辑:《二十二子》,上海:上海古籍出版社,1986 年版,第 228 页。
⑤ 门岿:《二十六史精粹今译(下册)》,北京:人民日报出版社,1991 年版,第 1596 页。

"秉性节约,常服布被,蔬食瓦器"①。不过古人对节约的理解也有不同之处,墨子主张节用,各个阶级实行较低水平的消费。按照今天的理解,就是将消费限制在生活必需的水平上。荀子则主张各级按照礼法规定节省度用,节约国家和政府的开支,开支与收入对称。用今天的话说就是:消费可以超出生活必需的水平,但开支应与收入对称。② 这些思想是我国古代哲学家为人类经济行为提供的极为重要的原则。

从西方世界来看,可供研究的文献资料表明:经济学最早出现于欧洲奴隶制社会（约公元前5世纪）。古希腊思想家色诺芬（Xenophon,公元前427—前355年）《经济论》（*Oeconomicus or Economics*,亦译作《家政论》）一书的问世③,表明西方出现了经济学。在现有文献中,色诺芬最早使用"经济"（economics）一词。在古希腊文中,"经济"一词的含义是家庭或庄园管理。《经济论》专门研究奴隶主如何管理家庭生产。色诺芬将经济定义为"改善家庭的艺术"④,即奴隶主如何使用奴隶生产,并如何节约家庭支出等活动,这是奴隶主经济的主要内容。"economy"的来源可以追溯到希腊文中的"oikonomos"（由古希腊思想家色诺芬提出,是"私人家庭管理"⑤）即"管家",从"oikonomos"派生出的"oikonomia"的意思不仅有"家庭管理",而且有"节约"、"指示"、"行政"、"安排"及"国家岁入"等含义。

古罗马思想家贾图在《论农业》中阐述了以下观点:给干轻活的奴隶的粮食要比给干重活的少;冬天给的粮食要比夏天少;奴隶应该做的事是干活和睡觉,雨天应该干室内的活,这样他们就不会去偷窃;葡萄的渣应该酿酒给奴隶喝,而不应该丢弃;每年给奴隶换一次新衣服,旧衣服应该制成褥子;年老体弱的奴隶应该尽快卖掉。这些措施虽然是从服务于奴隶主的角度提出的,但其中却包含着一定的节约思想。

可见,人类古代的节约思想和理论主要服务于统治阶级的需要,是从生活消费的角度提出来的。这种认识在范围上具有狭隘的特征,认识还比较肤浅,没有涉及生产领域。

---

① 范晔撰,李虎等译:《文白对照后汉书》（上册）,西安:三秦出版社,2004年版,第445页。
② 参见李正明、代明、闫娟:《循环消费:节约型社会的新内容》,载尹世杰、王裕国主编:《构建社会主义和谐社会之中的消费经济问题研究》,成都:西南财经大学出版社,2005年版,第48页。
③ 参见〔美〕小罗伯特·B.埃克伦德、罗伯特·F.赫伯特:《经济理论和方法史》（第4版）,北京:中国人民大学出版社,2001年版,第10页。
④ 〔瑞士〕西斯蒙第:《政治经济学新原理》,北京:商务印书馆,1997年版,第27页。
⑤ 〔美〕小罗伯特·B.埃克伦德、罗伯特·F.赫伯特:《经济理论和方法史》（第4版）,北京:中国人民大学出版社,2001年版,第10页。

二、近现代关于节约的理解

到了近现代,人们对节约的理解范围就大大扩展了。首先从经济一词的含义来看,古代是指"经邦济世"、"经国济民",实际上就是现在所说的"政治"。而近现代是指:经济关系或经济制度;物质资料的生产以及与其相适应的交换、分配、消费等生产和再生产活动;一个国家国民经济部门或总体的简称;节约、精打细算等。

19世纪英国著名经济学家菲利普·威克斯蒂德(Philip Wicksteed)写道:经济学"可以包括对资源管理的一般原理的研究,不管这种资源管理是个人的、家庭的、企业的还是国家的;包括对一切管理中发生的浪费现象方式的检查"。[①]

随着哲学社会科学的繁荣发展,人们对节约的理解逐步深化和扩展,对节约的理解由单纯的生活消费领域扩展到了生产领域、流通领域。有人认为节约作为一种美德,是每个人应该具备的良好品质,更要把它始终贯穿在决策、工作、生活的各个环节和细节中。现代辞书对节约的解释为:节俭;节省。[②] 有的认为节省是指使可能被耗费掉的不被耗费掉或少耗费掉。如节省时间,节省劳动力,节省开支;而节约被解释为较大范围内的节省。[③] 1993年7月出版的《最新英汉词典》对节约作了比较全面的解释,认为节约包括节俭、节流、节省、节制、节支、节衣缩食等内容。节约的反义词是浪费、挥霍。节约的客体、对象是人力、财力、物力和时间。节约的主体是使用人力、财力、物力和时间的团体和个人。世界能源委员会(即世界能源会议)20世纪70年代提出的节能定义为:"采取技术上可行、经济上合理以及环境和社会可接受的一切措施,来更有效地利用能源资源。"[④]有人将节约用水的内涵概括为:在合理的生产力布局与生产组织的前提下,为最佳实现一定的社会经济目标和社会经济的可持续发展,通过采取多种措施,对有限的水资源进行的合理分配与可持续利用(其中也包括节省用水量)。[⑤] 近年来比较引人注意的循环经济也体现了人们对节约的理解在不断加深,过去的经济发展是单线的,循环经济则改变了过去的状况。循环经济意味着在经济活动中对有限的资源进行循环利用,高效率地或无浪费地使用资源。

可见,随着时代的发展,人们对节约的认识不断深化。节约不仅是消费领域的

---

① 〔美〕小罗伯特·B.埃克伦德、罗伯特·F.赫伯特:《经济理论和方法史》(第4版),北京:中国人民大学出版社,2001年版,第10页。

② 参见《辞海》,上海:上海辞书出版社,1980年版,第552页。

③ 参见《现代汉语辞典》,北京:商务印书馆,1983年版,第645页。

④ 周凤起、周大地主编:《中国中长期能源战略》,北京:中国计划出版社,1999年版,第118—119页。

⑤ 参见《节约用水的内涵》,中国环境资源网2006年9月,http://www.ce65.com/statute.shtml?id=21259。

问题,而且也是生产、流通等领域的问题;同时,节约关乎个人品德修养、国家长治久安和经济社会的永续发展。但是迄今为止,人们对节约的理解还不够全面、不够完善,带有历史的烙印。因此,需要进行新的探讨。

三、节约的内涵和实质

节约是一个古老而又不断深化的概念,有着与时俱进的特征。随着经济发展和社会变迁,其含义也不断与时俱进。在自然经济占主导地位的农耕社会,节约主要是指生活领域的省吃俭用。在资本主义发展的早期,由于人口少,资源相对丰富,马克思在研究资本主义生产关系时,把一切节约归结为劳动时间的节约。在建设节约型社会的今天,对节约也必须有新的理解。

"节约"一词由"节"和"约"两个汉字组成。"节"是指节制、限制,与浪费相对立;"约"则是指控制、约束、要求、集约,与粗放相对立。这样理解,节约就不仅仅是对人、财、物的节省或限制使用,而且还包含如何使用才是合理、恰当和高效的要求。我们认为,节约是人类在推动经济发展和社会进步的活动中,对稀缺性资源的合理使用和充分利用。① 节约的实质就是提高资源的使用效率,增进人类福祉。这里所说的"合理使用"是就生产的产品而言,它既有数量上的要求,也有质量上的标准,比如生产一张桌子需要用多少木材,用什么木材,怎样使用木材才合适,这就是"合理使用"。"充分利用"则是就被利用的对象(资源)而言,如为了获得更大效益,对生产桌子余下的边角废料、木屑等不浪费,这就是充分利用。充分利用有时还包括重复利用和循环使用。所以,与传统意义上的节衣缩食、省吃俭用、克勤克俭相比,我们对于节约的理解,含义更深、层次更多、领域更宽、要求更高、意义更大,它是一种循环型、集约型的节约,是传统节约概念的补充、扩展和发展。

具体可以从以下几个方面来理解:第一,从节约对象来看,现在的节约既包括价值形态的财的节省,同时,还包括使用价值形态的原材料、劳动资料、辅助材料和劳动力的节约。第二,从节约领域来看,既包括宏观,也包括微观。宏观是指社会总资源合理配置形成的节约;微观是指降低单位产品消耗形成的节约。第三,从节约的范围来看,节约包括经济领域、政治领域、文化领域、军事领域等整个人类活动的全方位节约。第四,从经济角度考察,可以将"节约"进行不同的划分:从社会生产总过程的四个环节划分,可分为生产节约、分配节约、交换节约、消费节约;从社会生产的两大部类划分,可分为生产资料的节约和消费资料的节约;从社会层次结构划分,可分为政府节约、企业节约、社区节约、家庭节约等。第五,从节约的性质来看,既包括数量方面的节约,如生产某物克服了资源的浪费;也包括质量方面的

---

① 参见黄铁苗:《综观经济效益论》,北京:人民出版社,2001年版,第59页。

节约,如被生产物没有质量低劣的产品。第六,从节约的内涵要求来看,既包括对人、财、物的节省或限制使用,也包括对资源的合理使用和充分利用。第七,从节约的意义来看,节约对个人、家庭、单位、国家乃至整个人类社会的生存和发展都具有极其重要的意义。第八,从时间来看,节约一直伴随人类经济发展和社会进步的历史进程,任何时候都不能放弃。

一切节约归根到底都是资源的节约。具体来说就是对资源的使用必须做到:一是节省使用。就是在消费资源时,从节约原则出发,能少则少,能省则省;当用则用,不当用则不用。二是有计划使用。就是根据需要对资源开发、使用作出长远规划,使有限的资源适应人类永续发展的需要,当代人绝不能杀鸡取卵,竭泽而渔,要为子孙后代着想。三是适时使用。有的资源的使用具有很强的时效性,比如甘蔗榨糖,只能在每年的冬季进行,才会使糖分最充分。时间早了,糖分不够;时间迟了,糖分会丧失。所以,必须根据资源的时间特性来使用,才能达到最佳效果。四是适质使用。生产任何一种产品,根据其用途不同,对原材料会有不同的质量要求。质量不够,会使产品的质量不符合要求,从而造成损失。比如当用金的,用了银;当用钢的,用了铁。反过来,质量过剩也会造成浪费。五是适量使用。生产一种产品,需要多少原材料就必须投入多少。投入不够,偷工减料,会造成产品达不到质量要求,比如生产桌子,桌面需要多厚的木材,桌脚需要多大的方子,都必须保证。达不到要求,使用起来就不会牢固。投入过多,不仅会造成浪费而且影响美观。比如桌面的木材太厚,桌脚的方子过大。六是适物使用。一种物品常常有多种用途,要根据物品的物理或化学性能选择最佳用途使用物品,一种物品最适合做什么就用于做什么,切忌颠倒使用。如马适合拉车、牛适合耕田,但不能反而用之。七是充分使用。许多资源有多种用途,要充分利用,例如家庭用过了的洗菜、洗衣服的水,可以用于擦地板,然后再用于冲洗厕所。甘蔗榨糖后,榨渣可用于造纸。八是反复使用。例如,使用过的水通过净化处理之后,又可以使用。钢铁、塑料、橡胶等物品使用报废后,回收加工可使用。使用过的信封用纸贴住通信人的姓名及地址又可在单位内部使用。九是综合使用。有时一种资源可以满足多种需要,这就要使其用途多样化,从而达到综合使用的目的。比如冬天天气寒冷,湖北、湖南等中部地区没有暖气,房间生火只要得到科学处理,就既可以做饭菜、热水,又可以取暖。十是替代使用。有的资源特别稀少、珍贵,而人们对其需求的愿望又很强烈,为了满足人的需要,可以用别的产品予以替代。比如,可以用人造皮革代替动物皮做沙发、提袋、皮箱;用塑料钢代替钢材;等等。十一是爱惜使用。在物品的使用过程中,要注意保养,减少不必要的损耗,以使物品的使用寿命尽量延长,达到节约资源的目的。十二是循环使用。即将经济活动按照自然生态系统的模式,组织成一个"资源—产品—再生资源"的物质反复循环流动的过程,使得整个经济系统以及生产和消费的过程基本上不产生或者只产生很少的废弃物。例如，谷物—鸡—猪—鱼，谷物可以用来喂鸡，鸡屎可以用来喂猪，猪屎可以用来喂鱼，鱼屎可以用来肥泥，肥泥可以用来种谷物。十三是长期使用。生活中长期需要的物品，而这些物品又是可以长期使用的，就不要做短期使用或一次性使用。如目前餐桌上的一次性筷子，许多宾馆中的一次性物品，都造成了很大的浪费。国外许多国家都不是这样做的。十四是有偿使用。有偿使用资源是节约资源的重要制度安排。许多资源无偿使用是造成我国长期以来资源浪费的重要根源。因此，要通过改革，明晰产权，坚持"谁使用，谁付费"的原则。十五是依法使用。必须通过立法保护资源，对哪些资源要严禁使用，哪些部门能够使用什么资源，生产某些特殊产品（如药品）允许使用资源的品种、数量都应有明确的法律规定。同时，对造成资源浪费者要有惩罚措施。

四、节约与消费和浪费的关系

我们强调节约，但是，有的人常常有一种误解，认为节约会影响消费。要正确认识节约与消费的关系，就必须正确认识和理解消费。人类生产的目的就是消费。在生产发展、收入增加、条件允许的情况下，人们理所应当地要提高消费水平。消费是人类根据自身需要和可能与外部自然进行物质变换，实现生存、享受、发展的过程。不言而喻，这里的"需要"包括生存、享受和发展，而"可能"则包括主客观方面的内容。就如今天沿海某地区的主人准备用自己的两千元钱招待一个客人，他就应该选择有鲍鱼和鱼翅的酒店，主客每人各一份，再加上蔬菜和饮料，估计不会剩下多少东西，这就是消费。但主人如果不是这样，而是用经费的 1/10，即两百元大量购买猪肉、鱼、蔬菜、面食等一般食品，主客只消费食品的一二成，剩下八九成，然后扬长而去，这就是浪费。无论节约、消费、浪费的对象都是资源。任何一种资源都是有限的，资源如果不是有限的，而是可以取之不尽、用之不竭的，就不存在节约或浪费的问题。

节约与消费并不矛盾，节约有助消费。例如，当人们对有用物品合理使用，没有浪费，就可以更多消费；对物质财富节约使用，就可以减少物质财富的生产时间，将更多的时间用于精神财富的生产，用于娱乐和休闲；相反，浪费则会影响人们的消费。浪费是指人们脱离自身的实际需要，对稀缺性资源效用的滥用或废弃，也就是指人力、物力、财力、时间等用得不当或没有节制。浪费必然影响消费。比如，木材用于烧火就是浪费，木材是有限的，烧火用去了木材，就会影响人们用于家具或建筑的消费。又如，在水量有限的情况下，每个人洗澡都只能用一定时间或水量，如果有人没有节制，过多使用，则会影响其他人的需要。再如，一个人前半生将自己创造的财富大量浪费，后半生如果不能继续创造财富或得到财富，他（她）后半生的生活必然是困难的。这些都是从消费领域来说的。从生产领域来看,节约意味着提高效率。资源使用效率提高了,少量的资源就能生产出更多的能够满足人的需要的物质财富。① 可见,节约不影响消费,而浪费则影响消费。因此,人类应该在消费的大旗上写上节约,因为节约有助消费;同时,也应在节约的大旗上写上消费,因为节约是为了更好更多地消费。② 在节约和消费的大旗上,都要旗帜鲜明地写上反对浪费。

我们应该增加消费,提高消费水平。③ 长期以来,我国人民的消费十分不足。近些年来,虽然我国消费品市场出现了持续快速增长的势头,但是与投资和出口的高速增长相比,消费需求增速仍显不高,内需不足已成为制约我国经济持续健康发展的障碍。中央提出促进经济增长要由主要依靠投资、出口拉动向依靠消费、投资、出口协调拉动转变,其背景就是投资和消费在 GDP 中所占比例不协调,也就是投资所占比例过高,消费所占比例过低。要大力提升消费对经济的拉动作用,为此:首先,提高消费质量,它包括提高产品质量、售后服务质量,还有生活环境的质量等。现在不少人有钱不敢买东西,就是对产品质量不放心和担心售后服务得不到保证。生活在城市里的人对卫生的自来水、清新的空气、安静的环境有着强烈的渴求,也愿意支出必要的费用,社会应为他们提供这样的产品和服务。其次,要适应消费者需求的变化。比如,适应农村目前需要的农业机械、高产优质的品种、无公害的农药等。适应国家的法定节假日调整后,人们的旅游消费会大量增加的需要,要为消费者提供安全、便捷、有信誉的旅游消费。社会处在转型时期,人们的知识需要更新。社会要适应这些需要,为人们提供相应的消费条件。再次,调节收入分配。一是要充分发挥税收这一重要经济杠杆的调节作用,完善个人所得税制度,强化税收监管,严厉打击偷税漏税行为,从而有效调节收入差距,实现社会公平。二是要完善我国的社会保障制度,对低收入者、无收入来源者和丧失劳动能力者提供最低生活保障,并逐步解决社会各阶层的医疗、养老、失业保障等问题。三是要大力发展慈善事业,通过第三次分配缓解收入分配不均的矛盾。由于边际消费倾向的作用,调节收入,增加中低阶层的收入水平,将能极大提高我国的消费水平。最后,要转变人们的消费观念。由于中国长期受小农经济和计划经济的影响,人们形成了许多落后的消费观念。比如小富即安,适可而止的财富需求观念;当用不用,吝啬小气的财富使用观念;日积月累,财不露白的财富储存观念;寻求刺激,称豪显富的畸形财富消费观念;把旅游娱乐视为游手好闲的落后的精神消费观念;信

---

① 参见张仁寿、施卫华:《切实落实节约资源基本国策——访我国〈节约经济学〉创始人黄铁苗教授》,载《广东经济》2007 年第 9 期。

② 参见黄铁苗:《提倡消费,不等于不要节俭》,载《经济研究资料》2000 年第 3 期。

③ 参见黄铁苗:《提倡节约与扩大内需并不矛盾》,载《人民日报》2000 年 4 月 4 日。

神信鬼,轻教养,厚埋葬,不文明、不卫生的愚昧消费观念,等等。这些观念都在转变之列。因为它们既不利于消费,也不利于节约。

可见,从社会实际来看,节约与消费不存在矛盾,节约与浪费却是矛盾的,但它们既相互对立又相互依存。从相互对立来看,节约是相对浪费而言的,浪费是相对节约而言的;节约排斥浪费,浪费排斥节约。这种对立性,在现实生活中甚至可以由此产生不同人群的意识对立。即大手大脚、奢侈成性的人会看不起生活节约的人,认为他们小气、吝啬,而具有节约习惯的人对浪费行为会表示鄙视甚至痛恨。从相互依存来看,无论节约还是浪费都是相对一定量的有限资源而言的。例如,只有一桶水,五个人用,怎样才能使五个人得到最大的满足? 这就必须使水得到充分使用和合理利用,谁都不能滥用。如果水的供应无限,就既不存在节约,也不存在不要浪费的要求。所以,没有节约也就无所谓浪费,同样不反对浪费也就没有必要要求节约。

节约和浪费具有相对性和绝对性。从节约的相对性和绝对性来说,生产和生活中的节约都有这种性质。例如一个企业产品成本节约了,这种节约或者是相对该企业的过去来说,或者是相对同行业来说。而该企业降低了产品成本,减少了资源的消耗,相对于全社会的资源来说,这是一种绝对的节约。从浪费的相对性和绝对性来看,道理是同样的。例如,一个企业由于管理不善等原因,产品成本提高,其实质是浪费加重,这或者是相对于该企业的过去,或者是相对于同行业而言的。其绝对性表现在对于有限的资源来说,这是一种绝对浪费。无论节约或浪费的绝对性都寓于相对性中,也就是说,任何相对的节约或浪费实际上又都是绝对的节约或浪费。

节约和浪费还具有有限性和无限性。从节约的有限性和无限性来看,无论生产或生活中的节约都具有这种性质。例如,现代社会,生活或生产都必须耗能,无论科技进步和管理加强到什么程度,能耗的降低都只能是一个有限的量。这就说明了节约具有有限性。但是,随着科学技术的进步和管理的加强,能耗可以不断降低,具有无穷小的趋势,这就是节约的无限性。从浪费的有限性和无限性来看,其有限性表现为无论生产或生活中的每次浪费,都是以能够供给的资源为限的。即现实生活中餐桌上食客们常说的"总量控制"。就某一种资源来说,由于资源的有限性,某种资源全部耗费完了,也就再没有浪费的对象了。就其无限性而言,浪费是个无底洞,人的胃虽然有限,但垃圾场无限,有多少可以浪费多少。无论节约或浪费,其无限性都寓于有限性之中,也就是说,每一次有限的节约或浪费都是其无限节约或浪费的组成部分,而其无限性正是通过其有限性实现的。

节约和浪费还有定性的确定性和定量的不确定性。从节约的定性的确定性和定量的不确定性来看,根据前面我们给节约下的定义,无论就生产的产品而言，还是就生产产品过程中的资源耗费而言，其定性都是明确的，这就是前者要求的是"合理使用"，后者要求的则是"充分利用"。但就不同产品而言，或就同一产品的不同时期而言，这二者很难有统一的定量标准，只能相对而言。浪费概念同样如此，根据我们的定义，浪费是对稀缺性资源的滥用或废弃，"滥用"就是本来不需要这么多而过度使用，"废弃"就是本来可用却抛弃不用。在定性上较好把握，但在不同的时空，对不同的资源来说却难以确定定量标准，只能从相对意义上去把握它。节约和浪费的定性的确定性和定量的不确定性互相依存。也就是说，无论节约或浪费的定性都是以一定量的资源的节约或浪费为依据的，而一定量的资源确定其是节约还是浪费性质就看其是属于节约还是浪费的范围。

　　还需要指出的是，人类对节约与浪费的认识具有与时俱进性。这种与时俱进性决定于：一是人口与资源的矛盾程度。在人口相对较少，而某种资源相对丰富的社会或区域，供需不存在矛盾，人们也就不会提出对这种资源的节约和浪费问题。例如，几十年前我国南方水资源就是这样。随着人口增加，不少水资源遭受污染，水的节约和浪费问题也就日益为人们所关注。二是人类文明程度的提高。节约是褒义词，浪费是贬义词，人们对这两种情况的认识存在明显的价值判断。人类对于自古以来就存在的行为的价值判断，与人类的文明程度密切相关，在人类社会的初始时期，人们赤身裸体，生吃食物等，当时的人们并不认为这种行为有什么不好；随着人类文明程度的提高，人们才认为这些行为是野蛮的。对节约和浪费的认识也是这样，长期以来，有些地方的人什么野生动物都敢吃，什么酒都敢喝，没有酒喝甚至用酒精兑水喝，大吃大喝，每喝必醉，借酒发疯，杯盘狼藉，一塌糊涂，等等，这在过去很多地方都是司空见惯的，很多人都习以为常。随着改革开放的深入，精神文明程度的提高，不少人逐步认识到这些行为的不文明性。这是一个极大的进步。所以，节约是人类文明的标志，而铺张浪费，大手大脚，挥金如土，大吃大喝，酩酊大醉等都是野蛮社会遗留的陋习。人类的行为必将更加礼貌、文明、节俭、理智，精神境界必将日益提高。随着人类文明程度的提高，不文明的行为必将被逐步克服掉。

第二节　人类社会发展的永恒性矛盾

　　人的需要的无限性与资源有限性之间的矛盾是人类社会的永恒矛盾，这一矛盾可以从两个方面来理解：一方面是人的需要具有广泛性、层次性和递增性；另一方面是资源的有限性。

一、人的需要的无限性

需要是一个颇有争论的概念,可以从不同的学科给出定义。① 我们认为,需要是人的有机体的延续、发展和人的社会存在所必需的客观需求在人脑中的反映。人的需要是人们根据自己的欲望提出的②,它通常以愿望、意向的形式被人所体验。人的需要并不是孤立存在的,而是一个体系。需要和需求不同,需求是站在需和求两个角度看问题的,即需要和追求满足,强调需的实现,因而应该联系社会生产和社会制度理解需求。与其他动物不同,人的需要的无限性,这一结论可以从广泛性、阶梯性和递增性三个方面来理解。

第一,人的需要具有广泛性或者说是多样性。马克思主义认为,人是自然属性和社会属性的结合体。马克思在其著作中将人的需要分为生理需要、精神需要和社会需要。从人的自然属性来看,人首先是一个生命体、是高级动物,人最宝贵的东西是生命。为了延续生命,人们必须吃、喝、住、穿。人的需要具有多样性,对这一问题作出科学概括的是哲学家马斯洛。马斯洛认为,人的需要有生理需要、安全需要、归属与爱的需要、尊重需要和自我实现的需要。马斯洛深刻地指出:"人是一种不断需求的动物,除短暂的时间外,极少达到完全满足的状况,一个欲望满足后往往又会迅速地被另一个欲望所占领。"③波兰学者兰格将人的需要分为生物需要和文明需要,美国学者加尔布雷斯将人的需要分为自然需要(如吃、穿、住、减少痛苦等)和心理需要(如人的虚荣心、舒适感、美感等)。④ 无论怎样划分,都说明了人的需要具有多样性的特点。

第二,人的需要具有层次性或者说是阶梯性。根据各种不同的需要对人生存和发展的紧要程度不同,可以将需要划分为若干层次。除了马斯洛提出的五种需要以外,奥地利学者庞巴维克将需要分为四个等级:"我们把那些得不到满足就会导致死亡的需要放在首位。其次,我们将那些得不到满足就会给我们的健康、荣誉或愉快带来某种长期的严重的损害的需要放在第二位。再次就轮到那些得不到满

---

① 国内学术界对需要范畴的界定较为典型的有如下七种:第一种认为,需要就是人对某种目标的渴求和欲望。第二种认为,需要是有机体的内部环境和外部生活条件的要求在人脑中的反映。第三种认为,需要是人生存的一种状态,它表现为人对客观事物的依赖关系。第四种认为,需要是指主体对其生存和发展条件的客观要求及其主观反映。第五种认为,需要作为一般范畴,是包括人在内的一切生物有机体具有的一种特征,这是有机体为了维持正常运转(生存、发展)必须与外部世界进行物质、能量、信息交换而产生的一种摄取状态。第六种认为,需要是生物体、人为维持内部及其与环境的平衡状态而产生的一种动态依赖关系和倾向。第七种认为,需要是人与生俱来、通过活动不断产生、以矛盾状态表现出来并以交换关系为满足方式的人的生存状态。

② 参见李新家编著:《消费经济学》,广州:广东人民出版社,1995年版,第94页。

③ 〔美〕马斯洛著:《马斯洛人本哲学》,北京:九州出版社,2003年版,第1页。

④ 参见尹世杰:《消费需要论》,长沙:湖南出版社,1993年版,第8页。

足就会使我们受到较多的损害、痛苦或损失的需要。最后,才是那些如果得不到满足,除使我们略感到不便外,我们一无损失,或损失极微的需要。"①绝大多数人总是首先满足自身较为重要或者紧迫的需要,在此基础上才能逐步向着较高层次迈进。

第三,人的需要具有递增性或者说是膨胀性。同其他事物一样,需要是逐步成长的。马克思指出:"由于人类本性的发展规律,一旦满足了某一范围的需要,又会游离出、创造出新的需要。"②人的需要不是一下子有多大多高的,而是逐渐增加的,有些需要是按算术级数、几何级数增加的,有的还是按照指数级数增加的,甚至达到贪婪、无穷的地步。所谓"欲壑难填",民间俗语所说的"人心高似天,做了皇帝想神仙"就是这个道理。随着最初欲望的满足,人的需要会逐渐增大。例如,一个人在饥饿寒冷的冬季,他最需要食物活下去,需要衣物保暖。这些基本的条件满足之后,他会考虑更好的衣物、可口的饭菜,等等。经济上的需要满足后,一般又会产生政治等方面的需要。从经济社会发展来看,消费需要伴随着经济发展水平的上升而上升是历史规律,不可逆转。同时,人口的不断增长也在不断扩大着消费。

此外,人的需要还有时代性或者说是历史性。任何人的需要及其满足程度都会受到所处时代的经济文化和社会发展水平的制约,远古时代的人不会想到买一部手机,饥荒年代的人们并不羡慕楼房、豪宅。

二、资源的有限性

资源的有限性也就是经济学中所说的资源的稀缺性,稀缺性是资源进行交换的重要因素。马克思曾经指出:"一种东西要成为交换对象,具有交换价值,就必须是每个人不通过交换的中介就不能得到的,必须不是以这种天然要素的形式即作为共同财富的形式而出现的。稀有性就这一点来说是交换价值的要素。"③所以,有人将稀缺性资源定义为:凡价格大于零的资源都是稀缺性资源。这就是说,凡要用钱去买的资源都是稀缺性资源。这样理解资源的稀缺性是很有缺陷的。因为随着经济的发展,环境问题日趋严重。本来可以无限供给,不用钱买的东西,如清新的空气、明媚的阳光、纯净的自然水逐步都已经成为稀缺之物了。因此,什么是稀缺性资源呢? 我们认为,人类生存和发展所需要的一切资源都是稀缺性资源。在人口增加、需求日盛的情况下,地球上满足人类生存和发展的一切资源相对于人的需要来说都是有限的。

---

① 郑志国主编:《人口资源环境经济学》,广州:广东人民出版社,2004 年版,第 8 页。
② 《马克思恩格斯全集》第 32 卷,北京:人民出版社,1998 年版,第 223 页。
③ 《马克思恩格斯全集》第 30 卷,北京:人民出版社,1995 年版,第 127 页。

理论界有人将资源稀缺论分为绝对稀缺论、相对稀缺论、静态经济理论和自然和谐论。[①] 绝对稀缺论以马尔萨斯为代表,他认为无论是资源物理数量的有限还是经济上的稀缺,都是必然存在的,而且是绝对的。它不会因技术进步和社会发展而有所改变。李嘉图是相对稀缺论的代表人物,他强调科技进步的作用,否定了自然资源经济利用的绝对极限。静态经济理论以穆勒为代表,他将资源相对稀缺的概念延伸到更为广义的环境,认为资源存在绝对极限,但社会进步和技术革新不仅会拓展这一极限而且还可以延伸这一极限。我国古代文化中有许多朴实的自然资源保护利用的思想,古代的管仲、孟子及历史上不少君王都作出过保护自然的训令,它反映了我国古代的人与自然和谐相处的观念。西方学者马什在《人与自然》一书中关于人与自然相和谐的观念,被称为自然保护的源泉。他主张人应该认识并顺从自然,寻求一种相互依存的人与自然的和谐状态。尽管学术观点不同,但无论哪种学说都承认资源是有限的。

按照再生产的时间,资源大致分为可再生资源与不可再生资源[②],不论是可再生资源还是不可再生资源都是有限的。可再生资源是在较短时间可以再生产出来的资源,如粮食、棉花等;不可再生资源是指那些再生时间相当长久的资源,如石油、煤炭等,在一定时期其数量可以看做是有限的。无论是可再生资源还是不可再生资源,在一个时间点上,其数量都是有限的,这个数量相对人类无限的需要总是不足的。

即使在资源相对丰富,人口极少的远古社会,由于人类获取财富的手段有限,资源有限与人的需要无限之间的矛盾也存在。唐朝诗人白居易在一千多年前就看到了这一点,他曾经指出:"天育物有时,地生财有限,而人之欲无极。以有时有限奉无极之欲,而法制不生其间,则必物暴殄而财乏用矣。"[③]因此,人类必须清楚地认识到这一客观而永恒的矛盾。

第三节　节约是人类社会不同阶段 经济实践的永恒主题

从古至今,为了实现节约,各个历史时期都有不同的做法和措施。从人类社会经历的几个不同阶段来看,节约具有永恒性。

---

① 参见寿嘉华主编:《国土资源管理理论与实践》,北京:经济管理出版社,1999 年版,第 424—426 页。

② 关于资源的有关知识,本书第九章有详细的论述。

③ 《白居易集》,北京:中华书局,1979 年版,第 1321 页。

一、原始社会的节约

原始社会是人类历史上第一个社会形态,那时的经济形态是纯粹的自然经济,人类基本的活动是采集果实和狩猎。当时的生产力水平极其低下,尽管资源丰富,人口极少,但原始人获取财富的手段十分有限。他们以树皮御寒,以果子和捕捉到的野兽充饥,很难解决温饱问题,因此原始人的生活消费是极其艰苦的。例如,生活在我国东北大兴安岭地区的鄂温克人,一年之中,他们总有某些季节打不到野兽,饿得人们有时连一根兽骨头也要一煮再煮。[①] 在生活资料严重不足的情况下,其生活消费是极其节约的。但是,这种节约是一种无意识的节约,是一种无可奈何的节约,是一种可怜的节约。

二、奴隶社会的节约

奴隶社会代替原始社会促进了生产力的发展,这个时期出现了简单商品经济,节约水平有一定提高。奴隶社会的节约主要表现在三个方面:一是奴隶社会分工的发展,提高了劳动效率,在一定程度上节省了劳动时间。在奴隶社会,各种作坊之间以及每个作坊内部,都有了详细的分工。古希腊的制鞋作坊,有的专做男鞋,有的专做女鞋。我国的西周时代,在生产车辆的作坊中,就分为木工、金工、漆工、皮革工等工种。由于实行了细密分工,每个劳动者都有专门的职责,这就能够提高劳动效率,节约劳动时间。社会分工的发展,使奴隶社会的简单商品经济得到进一步发展。二是对比原始社会,奴隶社会不会杀掉俘虏,而是把他们变成奴隶,这就保存了社会生产力的基本要素——劳动力。这是因为到了奴隶社会,生产力水平比原始社会大有提高,俘虏变为奴隶能够提供剩余产品。把俘虏变成奴隶,可以强制他们从事生产劳动,这样就减少了对劳动力的破坏和损失,从而有可能为社会提供更多的社会财富。三是奴隶的消费量极其有限,没有浪费。例如,古罗马庄园里的普通奴隶,每月从主人那里可以领取一些口粮,而戴镣铐的奴隶,则每天只能领取一点粗面包;另外,奴隶只能喝一些用酸葡萄或坏橄榄掺水做成的饮料,奴隶主每年发给奴隶一件贴身衣、一件风衣和一双木屐。我国古代殷墟中还曾发现奴隶居住的遗址,都是些狭窄阴湿的地穴,还不如牲畜的窝棚。奴隶在这种艰苦的条件下生活,是不可能有浪费的。由此可以看到,奴隶社会前两个方面的节约是社会生产力发展的结果,因为劳动者能提供剩余产品,战俘才会免死;因为社会分工的发展,劳动效率才可能提高,简单商品经济才可能产生和发展。至于奴隶消费方面的节约是以奴隶人生的萎缩为代价的,所以它虽然是一种节约,但却是不值得称

---

① 　参见陶大镛主编:《社会发展史》,北京:人民出版社,1982 年版,第 38 页。

道的。

三、封建社会的节约

相比奴隶社会,封建社会的节约有了进步,主要表现为:一是封建社会不像奴隶社会那样鄙视劳动,残酷迫害劳动者,任意杀害劳动者,封建主死了以后也不用人殉葬,农民用不着外逃。这在客观上对劳动力起到了保护作用,减少了劳动力的损失。二是封建社会采取租佃形式剥夺农民,农民对租种的土地在一定时期内实际上拥有了经营权,他们不再像奴隶那样厌恶劳动,进行怠工和破坏生产工具,他们反而会不断改进和制造新的生产工具,这既节约了活劳动,又节约了物化劳动,提高了劳动效率。三是封建社会虽然是以自然经济为主,但商品经济相对奴隶社会有了新的发展。我国在西汉时期,商业已相当繁荣,随着封建社会的发展,商品经济有日益繁荣之势,唐代都城长安就有同业商店组成的行会 220 个。到了宋代,城市商业更趋活跃,当时东京至少有商业同行的行户 6400 个。明代不仅大力发展了国内商业,还开展了对外贸易,仅郑和就率领船队进行了 7 次大规模远航,先后与 30 多个国家和地区建立了贸易关系。封建社会虽然是简单商品经济,但是它的发展对于劳动时间的节约、社会生产力的发展是能起到极大作用的。四是封建社会农民个人的消费水平仍然是很低下的,因此,很少有浪费。在遭遇战争和自然灾害的情况下,广大劳动人民由于基本的需要得不到满足,多少劳苦大众只能饿死,古诗说的"白骨露于野,千里无鸡鸣","朱门酒肉臭,路有冻死骨",就是对当时劳动人民生活的真实写照。

封建社会的节约说明了封建社会对比奴隶社会的进步性。封建社会的生产力水平仍然是比较低的,在这种条件下,封建社会改变奴隶社会的集中劳动的形式,让农民能够占有一定的生产资料,独立进行生产,这样,农民就不厌恶劳动,就有了劳动热情和积极性,这是一个巨大的社会进步。由此,促进了分工的进一步发展,促进了商品经济的发展和科学技术的进步,实现了社会节约。至于劳动者个人消费的节约仍然是不值得称道的。

四、资本主义社会的节约

资本主义社会是高度发达的商品经济时代。资本主义的节约主要表现在生产领域,它围绕着单位产品的劳动时间的节约而进行。单位产品的劳动时间包括物化劳动和活劳动,在这两方面,资本家都费尽了心机。

在节约物化劳动方面,资本家曾经采取的措施主要有:一是延长工作时间。在可变资本和使用工人人数不变的条件下,延长工作时间并不要求扩大建筑物、购买新的机器设备等。同时,又加快了不变资本价值的转移,缩短了不变资本的再生产时间。此外，在当时也不会因此需要增加管理费、税款和火灾保险费等非生产性费用。二是节省生产条件。这种节约的范围包括：使工人挤在一个狭窄的有害健康的场所，用资本家的话来说，这叫做节约建筑物；把危险的机器塞进同一场所而不安装安全设备；对于那些按其性质来说有害健康的生产过程，或对于像采矿业那样有危险的生产过程，不采取任何预防措施，等等。① 这是一种靠牺牲工人的劳动条件而实现的生产资料的节约。三是利用劳动的社会结合。组织大规模生产，尽量使劳动具有社会结合的性质。在这种情况下，生产设备由整体工人共同消费，可以相对节省动力（燃料）传动机械的费用，劳动工具能够更充分地被利用；建筑物、灯光等的开支，不是完全没有增加，就是增加得不多。另外，大规模生产使生产排泄物（废料）和消费排泄物得以利用。就废料而言，撇开它作为新的生产要素所起的作用不说，单就它作为废料出售就会降低原料的费用。四是利用社会生产力的发展，及时购进便宜或是改善了的生产资料。例如，购进质量改善了的劳动工具和原料，会使废品和废料减少，也就相应地节约了生产资料。

　　在节约生产资料的同时，资本主义还采取以下几种途径实现活劳动的节约。一是提高劳动者素质。劳动者的技术素质如果不能适应生产资料的要求，不但会造成生产资料的浪费，也会造成活劳动的浪费。因此，资本主义企业非常注意工人的技术培训和文化教育。二是讲究劳动力与生产资料的比例。资本家购买生产资料和劳动力时，不仅注意质的要求，而且注意量的比例。生产资料过多，会造成生产资料的闲置，而闲置就是一种浪费；生产资料过少，会妨碍劳动力发挥作用，造成劳动力使用上的浪费。按照西方经济学的观点，劳动 L、资本 K 等生产要素有一个最优比例，实现了最优比例就能提高效率。三是消除劳动间隙。对于生产过程中的工人，资本家"小心翼翼地注视着不让有一分钟不劳动而白白浪费掉"②，资本家甚至侵占工人的吃饭时间，尽量把吃饭时间并入生产过程。"血汗工资制"的创始者美国工程师泰罗将生产过程拍成电影，研究怎样去掉劳动中的多余动作。可以说，资本家在消除劳动间隙以节约活劳动方面是空前绝后的。四是提高劳动强度。资本家总是力图使劳动力在同样的时间内有更多的付出。为此，他要加速传送装置的运转速度，以提高劳动强度。这正是以美国汽车大王亨利·福特命名的"福特制"的主要特点。

　　资本主义节约的显著特点是所有的生产企业都在拼命地实现单位产品劳动时间的节约，这一点不能归功于资本主义制度本身，而在于高度发达的商品经济所产生的竞争和个人对财富的热切追求。出于竞争的压力，资本主义各企业不得不如

---

① 参见《马克思恩格斯全集》第 46 卷，北京：人民出版社，2003 年版，第 101 页。
② 《马克思恩格斯全集》第 44 卷，北京：人民出版社，2001 年版，第 222 页。

此。出于对价值形态财富的狂热追逐,资本家拼命地加强管理,实现财富最大化。资本主义节约使其财富总量绝对增加,使资本主义在不到100年的时间里创造了比过去一切世纪总和还要高的生产力。因此,资本主义节约的历史功绩是毋庸置疑的。

但是资本主义的节约有着重大缺陷。一是这种节约是在整个社会生产无政府状态下进行的,因此,在周期性的灾难到来之前,单位产品越节约,社会总劳动越浪费。二是在实现产品节约的过程中,伴随着劳动力的巨大损失。马克思说:"如果我们单独考察资本主义的生产并且把流通过程和激烈竞争撇开不说,资本主义生产对已经实现的、对象化在商品中的劳动,是异常节约的。相反地,它对人、对活劳动的浪费,却大大超过别的生产方式,它不仅浪费血和肉,而且也浪费神经和大脑。在这个直接处于人类社会实行自觉改造以前的历史时期,人类本身的发展实际上只是通过极大地浪费个人发展的办法来保证和实现的。"①可见,资本主义节约并不是一种理想的节约。

五、社会主义社会的节约

社会主义制度本来应该是最有利于节约的制度。按照经典作家的设想,社会主义在经济高度发达的社会中产生,然而实际上社会主义最先在贫穷落后的国家建立。社会主义国家的经济建设缺乏可供借鉴的经验,一切都在摸索中前进,出现了理论上的重大错误和实践上的弯路。新中国是在一穷二白的基础上建立的,出于反对西方国家对新中国的封锁和意识形态斗争的现实需要,我们照搬了苏联的模式,实行计划经济体制,消灭了个体私营经济,否定价值规律,将市场经济视为社会主义的死敌。我国很长时期的经济活动没有遵循经济规律,盲目投资、低水平重复建设,扭曲资源价格发展重工业,产品不能适应市场需要,造成了巨大浪费。党的十一届三中全会以后,我国开始按市场经济体制方向进行改革,使过去由于体制原因造成的巨大浪费受到了一定程度的遏制。但从目前来看,由于我国还处在新旧体制的转型时期,浪费问题还没有从根本上解决,在生产和建设领域,由于错误决策、盲目投资、重复建设、地方保护等原因造成的浪费并未根本减少;在消费领域,公费出国、公款旅游和公车私用及公款吃喝等形形色色的浪费现象还十分严重。因此,我们必须继续深化经济、政治体制改革,进一步完善市场经济体制,完善领导和决策体制,才能从根本上消除浪费,实现节约。

---

① 《马克思恩格斯全集》第46卷,北京:人民出版社,2003年版,第103页。

第四节　节约是人生的永恒主题

从古至今,人类社会的延续是由无数个人的人生相继组成的。既然节约是经济实践的永恒主题,那么,节约也就是人生的永恒主题。人生节约的永恒性除了受到资源有限性与人的需要无限性矛盾的制约外,还在于人是有道德的动物。人类对高尚道德的追求是永恒的,而节约是道德的重要内涵。古人说:俭以养德。又说:俭,德之共也;侈,恶之大也。节约作为人生的永恒主题可以从如下几个方面来认识。

一、节约有利于培养个人高尚的道德品质

节约是一种精神境界,有利于培养个人高尚的道德品质。很多古人都把道德当做成就人生和事业的前提,作为评价个人素质的重要方面。我国传统文化对人生的追求就是立德、立功和立言,儒家强调的完美人生是立志、修身、齐家、治国、平天下。中国经典学派的目的,在于培养讲情理的人,他的特征常为谦逊与节约。①墨子主张节俭以修炼品德。宋朝的罗大经认为俭可以养德、养寿、养神、养气。一个视节俭为美德的人必然珍惜现有的物质和精神生活条件,充分利用有限的时间,更好地发挥个人才能,为个人、家庭、社会作出可能的贡献;反之,那些铺张浪费的人们,必然不会珍惜现在,整日沉醉于奢靡生活之中,往往意志颓废,精神空虚,不断走向堕落,当然不能培养高尚的道德品质。

一个人如果为了口腹之欲或无谓的虚荣,挥金如土,要么是他花的钱来得太容易,要么暴露出他还不知道生命中还有什么更有趣更有意义的事可做。世界首富比尔·盖茨公务旅行不坐飞机头等舱却坐经济舱,衣着也不讲究什么名牌,他还对折价商品感兴趣,更不愿为泊车多花几美元。然而,他却将自己 580 亿美元的资产捐献给社会。1934 年生于广东梅县的"领带大王"曾宪梓先生常说:"我是祖国培养成才的,我所做的一切及终生的愿望就是报效祖国。"曾先生在香港多年从不踏足夜总会,在外吃饭自己打包。与此同时,从 1978 年以来曾宪梓已累计向全国科教、福利等事业捐款 6.1 亿元。② 2008 年 5 月的四川地震,他又捐款 1000 万港币,希望尽自己的一点力量,帮助地震灾民渡过难关。③

显而易见,在这些"节约"的富翁眼中,一分钱用在帮助他人、推动社会进步

---

① 参见林语堂:《品味人生》,西安:陕西师范大学出版社,2004 年版,第 85 页。
② 参见刘县书:《节约的人生哲学与政治经济学》,载《解放军报》2005 年 9 月 19 日。
③ 参见《曾宪梓含泪捐千万:希望帮助地震灾民渡过难关》,中国新闻网 2008 年 5 月 14 日,http://www.chinanews.com.cn/ga/kong/news/2008/05-14/1249626.shtml。

上，比用在个人不必要的摆阔消费要好得多，那样才是最划算的投资。他们已经超越普通人的低级需求，达到了人生的更高境界。①

从普通人的一生来看，追求节约在于节约是良好品德的内涵。古往今来，凡受人称道的仁人志士，没有不甘于节俭、坚守清贫的。清贫大大提纯、升华了他们的精神品位。颜回"一箪食，一瓢饮，居陋巷"，被孔夫子的一句"贤哉回也"树为榜样。革命先烈方志敏曾说："清贫，洁白朴素的生活，正是我们革命者能够战胜许多困难的地方。""越是艰苦，我们越要奋斗，越是奋斗，我们越是快乐。"他在《清贫》一书中写道："我从事革命斗争，已经十余年了。在长期的奋斗中，我一向是过着朴素的生活，从没有奢侈过。经手的款项，总在数百万元，但为革命而筹集的金钱，是一点一滴的用之于革命事业的。"②正是对清贫的追求，铸就了方志敏伟大的人格和高尚的精神，使得他的《清贫》一书现在读来仍然让人荡气回肠、肃然起敬。然而，乐于清贫者在当今社会变得很少，但精神更加可贵。李向群作为海南特区勤劳致富的富家子弟，给自己制定了一个"每月十元开支单"，而当战友的父母病重，驻地老乡的女儿辍学时，他却成百上千地捐款。

无论对于个人还是国家，如果节约仅仅是贫穷匮乏条件下的无奈和权宜之计，这样的节约是不可持续的。需要追问，贫穷变为富有之后，他们还会节约吗？当个人富了、国家富了，为什么要和贫穷时一样保持节约精神呢？这就在于他们具有良好的节俭品质和精神。所以，我们应该有一种自觉、踏实的节约精神，作为我们每个社会成员共同的人生哲学。只有培育了民族的节约精神，我们的节约型社会建设才能有长远的希望。

二、节约有利于克服贪欲，远灾避祸

贪欲，人之贪心、贪婪的欲望。贪欲之心，人皆有之，是人性中"恶"的一面。贪欲往往会带来灾祸，轻则为社会公德所谴责，重则为法律所不容。从古至今，不知有多少人因贪欲而丧失理智，失去节制，不顾道德和法律，最终身败名裂，要么成为"阶下囚"，要么踏上不归路。贪欲者往往自食其果，坑害自己；有的不仅毁了自己，还害了家人；有的更使单位和同事受害。司马光在《训俭示康》中说，俭则寡欲，君子寡欲，就能直道而行；小人寡欲，就能远罪丰家。否则，奢则多欲，君子多欲，就会枉道速祸；小人多欲，就会败家丧身。

常思贪欲之害，必须要有节俭精神。有了节俭精神，对于个人能做到洁身自好，多为乡邻做好事，容易受别人尊重；对于社会则能依法办事、秉公办事，无愧社

---

① 参见刘县书：《节约的人生哲学与政治经济学》，载《解放军报》2005 年 9 月 19 日。
② 章海军：《想起方志敏的"清贫树"》，载《解放军报》2006 年 7 月 7 日。

会的培养。有了节俭精神能够增强克服贪欲的自觉性和主动性。在新的历史时期,一些不健康的东西在不知不觉中开始蔓延,只有不断进行修身养德,把节约精神贯穿到生活中,才能真正做到慎独、慎初、慎微、慎行、慎终,从内心深处筑牢自觉抵制金钱、美色诱惑的防线,真正远离贪欲,少受或者不受其害。

有了节俭精神就能克服非分之想。在学习、工作和生活中,因贪欲而想要占有的东西,往往是非分的、非法的。在金钱、美色等贪欲面前,要保持清醒的认识:如果放松了对自己的要求,哪怕是一次,满足自己一时之贪欲,等于将自己向毁灭坟墓靠近了一步。也如同爬上悬梯的一节,距离地面越来越高,也就越来越危险。如果严格要求自己,常思节俭之德,常除非分之想,时时保持清醒的头脑,堂堂正正做人则可以安度一生。

三、节约有利于人的一生消费效用最大化

每个理性人都想实现自己从少年到老年整个生命周期的效用最大化,也就是每个时期的消费不仅依赖于某一时期的收入,而且依赖于一生中各个时期的收入。如果一个人是理性的,他肯定会力求自己人生的消费效用最大化,其重要方式就是节约。通过节约,能够减少不必要的消费,将自己的收入较为合理有效地配置到一生中。莫迪利亚尼的生命周期假说认为,人生分为三个大的阶段:少年、壮年、老年。一般来说,人在少年和老年阶段,消费大于收入。在青少年时期享受的是父母和其他人的劳动,理所当然应该节约。在壮年阶段,收入大于消费。这一时期是人生为社会创造财富的主要时期,这时一方面要回报过去对自己有恩情的人,偿还少年时期的债务;另一方面要为社会作贡献。同时,壮年阶段多余的收入应通过储蓄用于养老。所以,壮年时期尽管收入可观,也不能浪费,而应该节约。老年时期丧失劳动能力,对社会主要是索取,这时为了减轻社会的负担,也为自己的健康需要而节约。由此可见,一个人只有实现终生跨时预算约束,才能实现一生消费效用最大化。[①] 用生活中的话来说,就是常将有日思无日,莫把无时当有时。

第五节　永远弘扬勤劳节俭、艰苦奋斗的民族精神

一、勤劳节俭、艰苦奋斗是中华民族宝贵的精神财富

人类节俭的实践使人类形成了节俭的观念和精神。毛泽东曾经说过,人是需要有一点精神的。勤劳节俭、艰苦奋斗就是人需要的精神。人之所以需要这种精

---

① 参见柳思维主编:《现代消费经济学通论》,北京:中国人民大学出版社,2006 年版,第 201 页;黄铁苗主编:《节约经济学》,北京:中国金融出版社,1990 年版,第 442 页。

神,是因为它能磨炼人的意志。人若具有这种精神,就能昂扬向上,所向披靡;就能精神抖擞,奋发有为。自然不会产生过多的心理失衡,以至于使人精神颓废。

在中国历史上,能吃苦耐劳,坚韧不拔,甚至忍辱负重之士,大都能使事业振兴。越王勾践在吴越之战中失败了,成了吴王夫差的阶下囚,但他并不认输,而是在回国后,采用"卧薪尝胆"这个方法,激励自己发愤图强,不忘雪耻。他勤政爱民,与民共同劳作,每日粗茶淡饭,最终使越国成为一个强盛之国。吴国虽然打败了越国,但由于吴王夫差不纳忠言,整天沉溺于花天酒地之中,因而最终被越国所灭。不难想象,中国历史上所出现的盛况,如"贞观之治"、"文景之治"、"康乾盛世"等,都是能与民同甘共苦的开明统治者开拓的,是统治者励精图治、轻徭薄役的历史时期。清朝的康熙皇帝8岁即位,14岁时开始处理政事,16岁就智取鳌拜,接着是平定三藩,又收复宝岛台湾,还两次西征葛尔丹,他一生勤政爱民,为国操劳,是中国历史上握权最久的皇帝。正因为他一生勤政为国,奋发有为,才使国家进入兴盛时期。欧阳修通过后唐庄宗李存勖先是由于铭记先王遗恨,发愤图强,使国家振兴,前仇得报,而后由于宠幸伶官,荒淫无度而国破身亡的史实,总结道:"忧劳可以兴国,逸豫可以亡身。"这是千真万确的真理。

在历史上,诸如"安史之乱"等,都是由骄惰、纵欲、沉溺于歌舞升平中的昏君一手造成的。慈禧太后就是个典型,她为了自己能安乐享福,勾结洋人,欺压自己人,而她却沉浸于奢侈浮华之中,最终使国家四分五裂。

二、要永远弘扬勤劳节俭、艰苦奋斗的民族精神

中国共产党是勤劳节俭、艰苦奋斗的典型。中国共产党从它成立的那一天起就重视勤俭节约和艰苦奋斗。在井冈山斗争时期,毛泽东就强调节约,指出贪污和浪费是极大的犯罪,节省每一个铜板,为着战争和革命事业。后来到了延安,更加注重节约。在中国民主革命时期,共产党正是依靠这种精神才能由小到大,由弱到强,夺取革命的胜利。在看到革命胜利的曙光之际,毛泽东谆谆告诫全党,全国胜利之后,一定要保持"两个务必"。

自毛泽东以后的各代中国共产党的领导人都十分重视节俭。特别是胡锦涛,2002年12月,在他出任总书记后,离京出外考察的第一个地方就是西柏坡。在西柏坡讲到艰苦奋斗时,他从历史与现实的结合上发表了十分重要的讲话。从胡锦涛总书记的讲话中可以看出,使艰苦奋斗精神成为民族精神是十分重要的。①

勤劳节俭、艰苦奋斗成为民族精神能够为现代化建设提供精神动力。中华民族是具有艰苦奋斗精神的民族,这种精神是我们战胜困难、勇往直前的力量源泉。

---

① 胡锦涛视察西柏坡关于艰苦奋斗精神的讲话,见本书第三章第四节。

"忧劳兴国，逸豫亡身"这句至理名言，不仅适用于古时，也适用于今天。当前，我国正处于迅速发展的阶段，面临许多困难和问题。我们只有把 13 亿中国人紧密团结在一起，齐动员、齐上阵才能把事业办好。这就要求我们 13 亿人民都要为共同事业、共同理想而"忧劳"，都要具有艰苦奋斗精神。

勤劳节俭、艰苦奋斗成为民族精神能够为现代化建设提供智力支持。艰苦奋斗精神能够鼓励人们比贡献、比创造、比才智，能让更多的中国人积极奋斗，为现代化建设出谋划策、献计出力，加快发展。

勤劳节俭、艰苦奋斗成为民族精神能够改善民族形象。一个民族要立于世界优秀民族之林，不仅仅是经济发达、文化繁荣，还要有良好的民族形象。目前，奢靡之风影响着中华民族在国际上的形象，需要用艰苦奋斗精神来改变这一点。

只有我们每个人都具有勤劳节俭、艰苦奋斗这种民族精神，中华民族才会具有这种精神。

第 二 章

马克思的节约理论

就像成功的实践是在正确理论指导下取得的一样,建设节约型社会不能没有节约理论作为指导。节约理论来源于节约实践。几千年来,人类按节约原则进行经济活动的实践,在人们头脑中就形成了节约观念,并被概括为丰富的节约理论。马克思的节约理论就是其中的重要内容之一。它对于我国节约型社会建设具有十分重要的指导作用,值得深入发掘。马克思节约理论散见于他的经济学代表作《资本论》及其他有关的经济学著作中。本章对此进行专门探讨。

第一节 马克思节约理论的主要内涵

一、一切节约归根到底都是劳动时间的节约

马克思把一切节约高度概括为劳动时间的节约,这与他的劳动价值学说是密切相关的。马克思认为,人类为了满足吃喝住穿所需要的物质资料,是人类劳动的结果。这一简单的道理是由资产阶级古典政治经济学确认的。资产阶级古典政治经济学的卓有成效的代表人物亚当·斯密在他的代表作《国民财富的性质和原因的研究》一书的序言中开宗明义地指出:"一国国民每年的劳动,本来就是供给他们每年消费的一切生活必需品和便利品的源泉,构成这种必需品和便利品的,或是本国劳动的直接产物,或是用这类产物从外国购进来的物品。"[①]斯密的这一论述,明确提出了劳动是财富的源泉。这是一个伟大的贡献,它既否定了重商主义者认为只有商业和对外贸易是财富唯一源泉的错误观点,又摆脱了重农学派认为只有农业劳动才创造财富的片面认识,它使经济理论研究从流通过程转向了生产过程,从而基本奠定了劳动价值论的基础。

众所周知,马克思继承了资产阶级古典经济学的劳动价值论,并用劳动二重性理论对其作出了新的发展。马克思认为,社会财富是人类劳动时间的凝结,在存在

---

① 〔英〕亚当·斯密:《国民财富的性质和原因的研究》(上),郭大力、王亚南译,北京:商务印书馆,1972 年版,第 1 页。

商品生产的社会里,劳动时间的凝结形成商品的价值;同时,马克思还认为,即使在没有商品的社会里:"劳动时间也始终是财富的创造实体和生产财富所需要的费用的尺度。"①可见,马克思认为,无论是有商品生产的社会还是没有商品生产的社会,劳动都是社会财富的源泉。

从商品生产一般的角度来看,形成商品价值的劳动包括物化劳动和活劳动两个方面,这两个方面的劳动都可以还原为一定数量的劳动时间。马克思指出,形成商品价值的有:"(1)原料和劳动工具,即产业产品,它们的生产耗费了一定数量的工作日,因而也就代表一定数量的劳动时间;(2)直接劳动,它也是以时间计量的。"②

正因为社会财富是劳动时间的凝结,所以社会财富的浪费归根到底都是劳动时间的浪费。同时对形成社会财富的人力、物力、财力诸因素的节约也都是劳动时间的节约。正是在这个意义上,马克思才深刻地指出:"一切节约归根到底都是时间的节约。"③因此,马克思节约理论又可以称为劳动时间节约理论。

值得注意的是,马克思并没有忽视自然资源对于形成财富的作用。他指出:"劳动并不是它所生产的使用价值即物质财富的唯一源泉。正像威廉·配第所说,劳动是财富之父,土地是财富之母。"④"自然界和劳动一样,也是使用价值(而物质财富本来就是由使用价值构成的!)的源泉。"⑤"种种商品体,是自然界物质和劳动这两种要素的结合。"⑥恩格斯也说过:"其实劳动和自然界一起才是一切财富的源泉,自然界为劳动提供材料,劳动把材料变成财富。"⑦

但是,讲到节约问题时,马克思强调的是劳动时间的节约。因此,我们的考察,还是按照马克思的有关论述,紧紧围绕劳动时间的节约,从数量和质量两个方面展开。

二、马克思劳动时间节约理论的数量内涵

在数量方面对马克思劳动时间节约理论的考察,可以从宏观和微观两个方面进行:从宏观方面可以把节约劳动时间概括为社会总劳动时间的节约;从微观方面概括为单位产品劳动时间的减少。

---

① 《马克思恩格斯全集》第 26 卷,北京:人民出版社,1975 年版,第 282 页。
② 《马克思恩格斯全集》第 1 卷,北京:人民出版社,1995 年版,第 342 页。
③ 《马克思恩格斯全集》第 30 卷,北京:人民出版社,1995 年版,第 123 页。
④ 《马克思恩格斯全集》第 44 卷,北京:人民出版社,2001 年版,第 57 页。
⑤ 《马克思恩格斯全集》第 25 卷,北京:人民出版社,2001 年版,第 8 页。
⑥ 《马克思恩格斯全集》第 44 卷,北京:人民出版社,2001 年版,第 56 页。
⑦ 《马克思恩格斯全集》第 20 卷,北京:人民出版社,1971 年版,第 509 页。

　　（1）社会总劳动时间的节约表现为社会总劳动量在各个不同部门能够得到合理分配。

　　这是社会生产按比例发展规律的客观要求。在存在分工的社会里，社会生产必须按照社会需要的比例进行。马克思指出："如果说个别商品的使用价值取决于该商品是否满足一种需要，那么，社会产品总量的使用价值就取决于这个总量是否适合于社会对每种特殊产品的特定数量的需要，从而劳动是否根据这种特定数量的社会需要按比例地分配在不同的生产领域。"①合理分配社会总劳动时间才能使复杂的需要得到满足。这就像单个人必须正确分配自己的时间才能以适当的比例获得知识和财富一样。社会生产按比例发展规律是人类社会共有的经济规律。"要想得到和各种不同的需要量相适应的产品量，就要付出各种不同的和一定数量的社会总劳动量。这种按一定比例分配社会劳动的必要性，绝不可能被社会生产的一定形式所取消，而可能改变的只是它的表现形式，这是不言而喻的。"②社会生产按比例发展，就不会使有的部门因分配的劳动量过多造成社会总劳动量的浪费。马克思指出："如果某种商品的产量超过了当时社会的需要，社会劳动时间的一部分就浪费掉了。"③这种浪费常常是巨大的，还会使有的部门因分配劳动过少，产品满足不了需要。总之，社会产品总量的供求不一致就会出现恩格斯所说的："一面缺乏谷物和肉类，同时却窒息在甜菜堆里和淹死在马铃薯酒里……一面裸着身子没有裤子穿，同时却有千千万万裤子纽扣滚滚而来。"④

　　（2）单位产品劳动时间的节约，表现为生产商品的活劳动和物化劳动降到了最低限度，使同样的活劳动和物质消耗能够生产出更多的社会财富。

　　一是活劳动时间的节约。活劳动时间的节约是在直接生产过程中通过提高生产者的劳动强度、劳动熟练程度、科学的劳动组合以及提高科学技术实现的。概括马克思分析当时资本家为节约活劳动时间的主要做法有：第一，资本家对工人进行严格的监督和管理。他们小心翼翼地注视着工人，生怕工人有一分钟不劳动而把劳动时间白白浪费掉。他们侵占了工人受教育、发展智力、履行社会职能、进行社交等的时间，还侵占了工人成长、发育和维持健康、呼吸新鲜空气、接受阳光甚至吃饭的时间。⑤ 第二，实行了科学的分工。分工通过提高劳动技能，缩短了制成一件产品所耗费的劳动时间。资本主义社会化大生产，分工越来越细，它使劳动者长期固定从事某件产品或某个部件的生产，从而大大提高了劳动效率和节约了单位产

①　《马克思恩格斯全集》第46卷，北京：人民出版社，2003年版，第716页。

②　《马克思恩格斯全集》第32卷，北京：人民出版社，1975年版，第541页。

③　《马克思恩格斯全集》第46卷，北京：人民出版社，2003年版，第208页。

④　《马克思恩格斯全集》第21卷，北京：人民出版社，1975年版，第216页。

⑤　参见《马克思恩格斯全集》第44卷，北京：人民出版社，2001年版，第306页。

品的劳动时间。第三,开展了协作。大家在一起协作劳动,能提高竞争力,能达到省时省力的劳动效果。第四,提高劳动强度。主要是加快机器运转和增加工人看管机器的数量,将劳动的外延量转化为内含量,工资没有增加,却可以降低单位产品的成本。第五,提高劳动者的素质。为此,资本家要付出必要的学习和训练费用,对工人进行严格的训练和管理。第六,将科学的劳动组织和工资制度结合起来。第七,大量使用女工、童工,通过降低工资从而降低活劳动成本,等等。这些都使得资本主义劳动者的效率得到了很大的提高,单位产品劳动时间得到了极大的节约。

二是物化劳动时间的节约。物化劳动包括原材料与劳动资料两部分,在生产过程中都必须节约,"因为浪费了的材料或劳动资料是多耗费的对象化劳动量,不被计算,不加入形成价值的产品中"。① 对原材料和劳动资料节约的要求是不同的。

首先,我们分析原材料的节约。要做到生产中合理地消费原料,使用的原料质量要正常、优良;耗费的数量不超过定额;减少废料是节约原料的重要途径。马克思把生产排泄物和消费排泄物称为废料。减少废料就是把生产排泄物减少到最低限度,也就是把一切进入生产中的原料的直接利用提到最高限度。采用优质原料和改良机器、工具是减少废料的重要条件;废料的再利用是节约原料的又一个重要途径。所谓废料的再利用就是将废料再转化为新的生产要素。它可以降低原料费用。然而,这种废料的再利用是有条件的,这些条件是:(1)废料必须是大量的,而这只有在作为共同生产、大规模生产的条件下才有可能;(2)机器的改良使原来不能利用的物质形式转化为可以在生产中重新利用的形式;(3)科学,特别是化学的进步,进一步发现了废物的有用性质。对废物的利用,随着科学技术的发展而扩大。

其次,我们分析劳动资料的节约。劳动资料的主要内容是固定资本。马克思指出:"劳动生产力提高的特征正好是:不变资本的固定部分大大增加,因而其中由于损耗而转移到商品中的价值部分也大大增加。"但是,这种增加的量必须"小于因活劳动的减少而节约下来的价值部分"。"由于活劳动的减少而减少的价值部分必须抵消一切增加的价值部分而有余。"②这是由于资本有机构成的提高,同一劳动量推动了更多的生产资料量,或者说用更少的活劳动使用了更多的物化劳动,尽管固定资本转移的价值部分增大了,但这个增大的部分小于它所代替的活劳动部分,因而商品的价值总量降低了,劳动生产率提高了。如果仅有生产单位商品

---

① 《马克思恩格斯全集》第44卷,北京:人民出版社,2001年版,第228页。
② 《马克思恩格斯全集》第46卷,北京:人民出版社,2003年版,第290页。

的活劳动时间减少,但转移到商品中的固定资本部分由于机器设备使用的浪费,致使商品的价值总量不是降低而是提高,这就说明劳动生产率不仅没有提高,反而降低了。①

固定资本中磨损最大,使用年限最短的是机器,从而转移到产品中去的价值部分也是最大的。因此,要节约固定资本的物化劳动,最主要的是节约机器的物化劳动。要做到这一点,一方面要提高机器的使用效率,使机器在有效使用期内生产出更多的产品,从而使机器分摊在每一个产品中的价值降低;另一方面,要掌握好使用机器的界限。马克思指出:"如果只把机器看做使产品便宜的手段,那么使用机器的界限就在于:生产机器所费的劳动要少于使用机器所代替的劳动。"②因为只有这样,单位商品的总价值才能降低,才能说明物化劳动得到了节约。但是,对资本家来说,这个界限更狭窄,这就是"只有在机器的价值和它所代替的劳动力的价值之间存在差额的情况下,机器才会被使用"。③

根据马克思的分析,资本家采取的降低劳动资料消耗的手段主要有:第一,尽量实现生产资料建造的节约。生产资料本身是不创造价值的,生产资料本身的价值大,转移到新产品中去的价值也大;反之,越小。第二,实现生产资料使用过程的节约。为了达到这一目的,资本家主要采用结合劳动的形式。因为"共同消费某些共同的生产条件(如建筑物等),比单个工人消费分散的生产条件要节约,因而能使产品便宜一些"。④ 第三,大量使用机器生产。由于机器坚固耐用又严格按照科学规律使用,加上制造机器的材料改良、工艺改良以及使用上的改良,使用机器就能够更多地节约。第四,尽量延长工作时间。将工人的工作时间尽量延长,不但不需要添置新的生产资料,还能加快固定资本的周转,在资本主义发展初期,这种形式是普遍采用的。第五,采用夜班制度。改工作制一班为三班,实行星期日轮休制。这样机器设备能够得到充分利用,固定资本折旧可以加速,利润可增加。第六,利用所用固定资本和所费固定资本之间的差额。⑤ 固定资本的特点一方面是在其有效使用期内,其价值随生产时间的推进而逐渐转移,而其使用价值却始终投入生产过程。根据这一特点,资本家会充分利用其为自己无偿服务。另一方面是固定资本的价值会一部分一部分沉淀下来,形成折旧基金。根据这一特点,资本家利用它进行扩大再生产。第七,大量利用科学技术和加强管理。

---

① 参见黄铁苗:《劳动生产率新论》,南昌:江西人民出版社,1994 年版,第30—31 页。
② 《马克思恩格斯全集》第 44 卷,北京:人民出版社,2001 年版,第 451 页。
③ 《马克思恩格斯全集》第 44 卷,北京:人民出版社,2001 年版,第 451 页。
④ 《马克思恩格斯全集》第 44 卷,北京:人民出版社,2001 年版,第 446 页。
⑤ 参见《马克思恩格斯全集》第 44 卷,北京:人民出版社,2001 年版,第 701 页。

三、马克思劳动时间节约理论的质量内涵

马克思劳动时间节约理论还包括了质量内涵。马克思曾经精辟地指出："每种商品的价值都是由提供标准质量的该种商品所需要的劳动时间决定的。"①标准质量的产品是由标准质量的劳动时间生产出来的,符合标准质量的劳动生产出的产品一般没有次品、废品,为消费者所需要。马克思对标准质量的劳动提出过要求:第一,"劳动应在正常的条件下发挥作用。如果纺纱机在纺纱业中是社会上通用的劳动资料,那就不能让工人使用手摇纺车"。② 这是为生产标准质量的产品对劳动资料的要求。第二,"他所用的棉花也应该是正常质量的棉花,而不应该是经常断头的坏棉花"。③ 这是从原材料角度提出的质量要求。第三,"就是劳动力本身的正常性质。劳动力在它被使用的专业中,必须具有在该专业占统治地位的平均的熟练程度、技巧和速度。而我们的资本家在劳动市场上也买到了正常质量的劳动力"。④ 第四,就是"不允许不合理地消费原料和劳动资料"。⑤ 生产产品的原料和劳动资料的不合理耗费在质量上表现为两个方面:一是质量过剩。如生产某种产品的原材料只需用铁,就不必用钢,否则就会质量过剩。在劳动资料上,"大炮打苍蝇"也是一种浪费。二是质量不够。即需要用钢做原材料的,却用了铁;本应用机器生产的,却用手工去完成。这些都属于不合理地消费原材料和劳动资料,都会影响产品质量和造成浪费。总之,只有正常质量的物化劳动和活劳动消耗,才能生产出标准质量的使用价值。

产品价值的数量和质量是互相联系的。没有数量就没有质量,因为质量总是存在于一定的数量中;没有质量也就无所谓数量,因为所有数量,都是一定质量的数量,从来不存在也不应该承认离开一定质量的数量。产品质量直接决定于劳动的质量。质量低劣的产品不为消费者所需要,为此耗费的劳动是不能形成商品价值的,这些商品因质量低劣而不为社会所需要,生产者为此耗费的劳动时间也就白白地浪费掉了。

综上所述,可以看到,马克思对节约问题的论述是十分全面的。需要指出的是,虽然马克思对节约问题的论述是以资本主义作为背景的,但并不等于资本主义能全面实现节约。在宏观方面,资本主义社会总劳动的浪费常常十分严重。马克思指出:"资本主义生产方式迫使单个企业实行节约,但是它的无政府状态的竞争

---

① 《马克思恩格斯全集》第44卷,北京:人民出版社,2001年版,第201页。
② 《马克思恩格斯全集》第44卷,北京:人民出版社,2001年版,第228页。
③ 《马克思恩格斯全集》第44卷,北京:人民出版社,2001年版,第228页。
④ 《马克思恩格斯全集》第44卷,北京:人民出版社,2001年版,第228页。
⑤ 《马克思恩格斯全集》第44卷,北京:人民出版社,2001年版,第228页。

制度却造成社会生产资料和劳动力的最大浪费。"①在微观方面，资本主义节约具有与劳动者人身的异化性，这就是"资本主义生产尽管非常吝啬，但对人身材料却非常浪费"。②"人类本身的发展实际上只是通过极大地浪费个人发展的办法来保证和实现的。"③资本家为了节约建筑物，使工人挤在一个狭窄的空间，把危险的机器塞进不安装安全设备的场所，等等。这些都说明资本主义的节约与劳动者存在异化性质，这是由资本主义劳动的社会性质造成的。在产品质量方面，针对当时欧洲制假售假现象，马克思曾愤怒地指出：19世纪，"商业就好像是一个庞大的欺骗实验室，价目表是掺假的物品的吓人的一览表。自由竞争则是进行毒害和遭受毒害的自由"。④

四、劳动时间节约规律是人类经济活动的基本规律⑤

节约劳动时间是人类经济活动的基本趋势和必然结果。⑥它既是人们主观意志的要求，又具有不以人的主观意志为转移的客观必然性。这就是规律，这就是劳动时间节约规律。几千年的人类文明史呈现出这样一种趋势：劳动生产率不断提高，生产单位产品耗费的劳动时间不断降低；人类用于物质财富的生产时间减少，用于精神财富生产的时间增加。这种趋势是不可逆转的，作用于这种趋势的内在力量就是劳动时间节约规律。劳动时间节约规律在不同的社会形态下的表现方式和程度会有差别，但它在一切社会形态下都是起作用的。马克思指出："时间的节约，以及劳动时间在不同的生产部门之间有计划的分配，在共同生产的基础上仍然是首要的经济规律。"⑦从马克思的"到了共产主义社会，劳动时间节约规律仍然是首要的经济规律"的论述，我们可以看到，在共产主义社会以前的各种社会，劳动时间节约规律在一切经济规律中是属于首位的。⑧

人们进行经济活动，都希望以较少的投入获得更多的产出，在劳动只是谋生手段还不是乐生需要的社会里更加是这样。这就决定了人们进行经济活动必然关心劳动耗费，必然采取各种手段降低劳动耗费，使劳动时间得到节约。这是劳动时间

---

① 《马克思恩格斯全集》第44卷，北京：人民出版社，2001年版，第605页。
② 《马克思恩格斯全集》第46卷，北京：人民出版社，2003年版，第101页。
③ 《马克思恩格斯全集》第46卷，北京：人民出版社，2003年版，第103页。
④ 《马克思恩格斯全集》第11卷，北京：人民出版社，1965年版，第426页。
⑤ 这里讲劳动时间节约规律是人类经济活动的基本规律与一个社会的基本经济规律不矛盾，关于基本经济规律可参阅：黄铁苗：《试论三个层次的基本经济规律》，载《湖南师范大学学报》1985年第4期。
⑥ 参见陈华山：《论节约规律》，载《陈华山经济论文选集》，汕头：汕头大学出版社，2001年版。
⑦ 《马克思恩格斯全集》第30卷，北京：人民出版社，1995年版，第123页。
⑧ 参见杨承训：《论社会主义节约规律》，载《中州学刊》1990年第6期。

节约规律存在的根本条件。劳动时间节约规律是人类社会经济活动最普遍、最基本的经济规律,它制约人类经济活动的一切领域和一切范围。

根据前面的分析,我们可以看到,在宏观经济领域它要求人们只能根据社会需要投入劳动,不然就会造成巨大浪费,使经营者遭受损失和惩罚。在微观经济领域,劳动时间节约规律会迫使生产者提高活劳动生产率和物化劳动生产率,以节约活劳动时间和物化劳动时间;它迫使生产者采取先进的科学技术,甚至连是否使用机器都由这一规律来决定。这是就数量方面而言的。在质量方面,它要求生产者耗费标准质量的劳动时间,生产高质量的产品。

劳动时间节约规律作用于人类社会的始终。在人类早期社会中,氏族内部的自然分工,以及各种简单工具的制造,就是为了以较少的投入获得更多的成果。到奴隶社会和封建社会,劳动时间节约规律的作用更为明显。在微观经济领域,其已充分发挥作用的是资本主义社会。到社会主义和未来的共产主义社会,劳动时间节约规律的作用应该得到最全面最充分的发挥。尤其是在共产主义社会,"社会化的人,联合起来的生产者,将合理地调节他们和自然之间的物质变换,把它置于他们共同控制之下,而不让它作为盲目的力量来统治自己;靠消耗最小的力量,在最无愧和最适合于他们的人类本性的条件下来进行这种物质变换"。① 马克思还指出:在未来共产主义社会里,为了节约时间,"作为对过程的控制和观念总结的簿记就越是必要。因此,簿记对资本主义生产,比对手工业和农民的分散生产更为必要,对公有生产,比对资本主义生产更为必要"。②

劳动时间节约规律制约社会制度、国家或民族、家庭、人生的发展变化。从社会制度来看,只有节约劳动时间,提高劳动生产率,这种社会才能兴旺发达。列宁说:"劳动生产率,归根到底是使新社会制度取得胜利的最重要最主要的东西。资本主义创造了农奴制度下所没有过的劳动生产率。资本主义可以最终被战胜,而且一定会被最终战胜,因为社会主义能创造新的高得多的劳动生产率。"③从国家或民族来看,国家或民族的兴旺取决于社会生产力的水平,而节约劳动时间等于发展社会生产力。从家庭来看,现实生活中的大多数家庭成员都是社会的生产者,他们的择业也总是力图以尽量少的劳动支出获取尽可能多的收入。在家庭的开支上,则按价廉物美的原则行事,总是力图以较少的钱办较多的事,从而最大限度地满足自己的需要。从个人来看,只有高效率的工作,才能节省劳动时间,增加学习、休息、娱乐的时间。所以马克思说:"社会发展、社会享用和社会活动的全面性,都

---

① 《马克思恩格斯全集》第46卷,北京:人民出版社,2003年版,第927页。
② 《马克思恩格斯全集》第45卷,北京:人民出版社,2003年版,第152页。
③ 《列宁全集》第37卷,北京:人民出版社,1986年版,第18页。

取决于时间的节省。"①

综上所述,劳动时间节约规律是一切社会经济活动的最普遍的经济规律,它贯穿于整个人类社会和人们经济活动的一切过程和一切方面。随着社会向前发展,它的作用将更加明显、更加巨大。

五、节约劳动时间的作用

(1)节约劳动时间等于提高劳动生产率和发展社会生产力。

节约劳动时间与发展社会生产力存在着深刻的内在联系。马克思多次指出:"真正的经济——节约——是劳动时间的节约(生产费用的最低限度——和降到最低限度)。而这种节约就等于发展生产力。"②"缩短生产时间的主要方法是提高劳动生产率。"③

马克思的这些重要论述,从理论的高度深刻揭示了节约劳动时间与发展社会生产力的本质联系,它对于我们研究节约劳动时间和发展社会生产力都具有极其重要的意义。

社会主义的根本任务是发展社会生产力。发展生产力,就必须正确理解生产力。什么是生产力?马克思在《资本论》中指出:"劳动生产力是由多种情况决定的,其中包括:工人的平均熟练程度,科学的发展水平和它在工艺上应用的程度,生产过程的社会结合,生产资料的规模和效能,以及自然条件。"④这里,马克思论及的劳动生产力,即社会生产力。它的基本构成包括劳动者、劳动资料和劳动对象。其中劳动资料,特别是生产工具,是社会生产力发展的测量器,是衡量社会生产力高低的标志。但是,社会生产力未进入生产过程时,处于潜在状态。生产的发展,社会的进步,不仅取决于社会生产力的状况,还取决于它发挥作用的程度。生产力的高低具体体现在劳动的效率上,即资源的节约上。所以,马克思指出:"生产力当然始终是有用的具体劳动的生产力,它事实上只决定于有目的的生产活动在一定时间内的效率。"⑤劳动生产率与社会生产力存在密切的关系。劳动生产率是从生产活动的动态角度与结果考察一定时期人与自然物质变换的能力,社会生产力是从其基本构成的角度考察人与自然物质变换的能力。一般来说,在社会生产力的基本构成中,工人技术水平高,生产设备先进,原材料充足且质量好,科学技术发达,那么,以动态与结果表现的劳动效率则高,资源能够充分实现节约;反之亦然。

① 《马克思恩格斯全集》第 30 卷,北京:人民出版社,1995 年版,第 123 页。
② 《马克思恩格斯全集》第 31 卷,北京:人民出版社,1998 年版,第 107 页。
③ 《马克思恩格斯全集》第 46 卷,北京:人民出版社,2003 年版,第 83 页。
④ 《马克思恩格斯全集》第 44 卷,北京:人民出版社,2001 年版,第 53 页。
⑤ 《马克思恩格斯全集》第 44 卷,北京:人民出版社,2001 年版,第 59 页。

如果在社会生产力高速发展的情况下,而劳动生产率的提高相对滞后,则说明其经济的发展方式是粗放型而不是集约型。我国当前和过去很长一个时期在经济发展中存在的问题正是如此。①

(2)节约劳动时间能够使社会财富极大地丰富起来。

马克思指出:"真正的财富在于用尽量少的价值创造出尽量多的使用价值,换句话说,就是在尽量少的劳动时间里创造出尽量丰富的物质财富。"②一个国家在一定时间内能够投入的劳动时间总量是一定的,要创造更多的物质财富就必须节约单位产品的劳动时间。这样,在一定的时间里,就能生产出更多的物质财富。

人类社会的发展进程,就是物质财富不断增加的过程。人类社会的任何一种新制度的出现,如果它不能够比旧制度更有利于物质财富的增加,就不能表明它对旧制度具有更多的优越性。因为一种制度如果不能保证物质财富的不断增加,就很难保证物质财富不会减少,即便能够维持原状,在人口增长、需求增加的情况下,也会导致供给与需求的矛盾不断加剧。当这一矛盾达到尖锐化时,社会就会出现重新开始争夺必需品的斗争。那么,一切陈腐的东西又将死灰复燃。

(3)节约劳动时间有利于丰富人们的精神生活。

马克思指出:"社会为生产小麦、牲畜等等所需要的时间越少,它所赢得的从事其他生产,物质的或精神的生产的时间就越多。"③

人们的精神生活主要取决于人们的物质生活。马克思指出:"社会工作日中必须用于物质生产的部分越小,从而个人从事自由活动,脑力活动和社会活动的时间部分越大。"④只有当人们的物质生活达到一定充裕程度时,人们才能够有闲暇时间和多余的精力来从事其他活动,用以丰富人们的精神生活。

一个国家或民族的真正的富裕和进步,不仅表现在物质生活方面,同时也表现在精神生活方面。马克思曾对一位资产阶级经济学家提出的"一个国家只有在劳动6小时而不是劳动12小时的时期,才是真正富裕的。财富就是可以自由支配的时间,如此而已"这一命题大加赞赏,称之为一个精彩的命题;并且还指出:"6小时可以自由支配的时间,也就是有真正的财富,这种时间不被直接生产劳动所吸收,而是用于娱乐和休息,从而为自由活动和发展开辟广阔天地。"⑤同时,从社会的角度来看,也只有把每个人的劳动时间大大缩短,使一切人都有足够的自由时间来参加社会的理论和实践等共同事务,这时,也只有在这时,一个社会的民主政治才能

① 参见黄铁苗:《劳动生产率新论》,南昌:江西人民出版社,1994年版,第2—6页。
② 《马克思恩格斯全集》第26卷,北京:人民出版社,1975年版,第281页。
③ 《马克思恩格斯全集》第30卷,北京:人民出版社,1995年版,第123页。
④ 《马克思恩格斯全集》第44卷,北京:人民出版社,2001年版,第605页。
⑤ 《马克思恩格斯全集》第26卷,北京:人民出版社,1975年版,第281页。

真正得以实行。

（4）节约劳动时间有利于人的自由而全面的发展。

共产主义社会就是人的自由而全面发展的社会。人类要使自身得到自由而全面的发展，就必须缩短劳动时间，增加自由时间。这样，人们才能从整日紧张的劳动和奔忙中解脱出来，才能有更多的闲暇时间干自己喜爱的事情，人们才能有更多的时间学习和交往，从而才能使每个人都成为具有高尚的思想、情操和道德水准的人，才能使个人潜能得到充分发挥。马克思指出："节约劳动时间可以看做生产固定资本，这种固定资本就是人本身。"这是因为："节约劳动时间等于增加自由时间，即增加使个人得到充分发展的时间，而个人的充分发展又作为最大的生产力反作用于劳动生产力。"[1]

"时间是发展才能等的广阔天地。"[2]科学发展史表明，人的灵感的萌生，创造性才能的发挥，只有在心情舒畅、轻松、自然的条件下才有可能。劳动时间的节省、自由时间的增加，就可以为人们进行学习和研究，进行科学实验，进行发明创造提供条件。当人们在这些方面取得成就并运用于生产实践时，生产又能够得到更大的发展。

总之，无论个人的全面发展，还是社会的进步，都取决于时间的节省。

第二节　马克思节约理论评价

一、劳动时间节约理论在马克思主义经济学说中的地位

劳动时间节约理论在马克思主义经济学说中占有十分重要的地位，应当归入马克思主义经济学说的精髓。因为马克思对于人类最伟大的贡献，即他所揭示的人类社会的发展规律，与劳动时间节约规律有着密切联系。

人类社会由低级向高级不断发展，从马克思的历史唯物主义的角度来看，是生产关系必须适应生产力性质规律作用的结果。生产关系必须适应生产力性质规律是人类社会的永恒规律，与它同时存在的是劳动时间节约规律。这两个规律既有区别，又有联系。从其区别来看，生产关系必须适应生产力性质规律与所有制关系密切，劳动时间节约规律则与生产力要素的配置关系密切。从其联系来看，这两个规律存在互相联系、相互促进的关系。即前者通过后者起作用，因为只有实现节约，才表明生产关系必须适应生产力性质；同时后者依靠前者实现其作用，即只有生产关系适应生产力性质，人们才会自觉地节约。所以，劳动时间节约规律对于社

---

① 《马克思恩格斯全集》第 31 卷，北京：人民出版社，1998 年版，第 107 页。
② 《马克思恩格斯全集》第 26 卷，北京：人民出版社，1975 年版，第 281 页。

会发展的作用更加切近,更加明显,更加巨大。

劳动时间节约规律是通过人们对劳动时间耗费的自觉关心实现其作用的。马克思指出:"在一切社会形态下,人们对生产生活资料所耗费的劳动时间必然是关心的,虽然在不同的发展阶段上关心的程度不同。"①人们对劳动时间的必然关心,是推动社会进步的一种内在的、巨大的力量。从前面的分析中可以看出,即使在社会生产力极其落后的原始社会,人们的行动都自觉不自觉地包含了节约时间的要求。例如氏族的内部分工,原始人打磨石器,制造工具就是这样。到了奴隶社会和封建社会,这种要求更加明显。但是,这几个社会形态毕竟是自然经济占主导地位,尤其是原始社会,它是纯粹的自然经济。自然经济排斥社会分工,没有交换,没有比较,对生产者没有外在压力;在自然经济条件下,人们通过使用价值满足自己的需要,许多产品的使用价值难以长期保存,又可以年复一年生产出来。因此,人们对它的需求具有有限性。这就使得人们虽然关心劳动时间耗费,但程度不高,有时甚至使劳动时间出现严重浪费。马克思曾经指出:"野蛮人由于对时间的浪费漠不关心,还犯了一个严重的经济上的罪行,例如,像泰罗所说的,他往往用整整一个月时间来制造一枝箭。"②

根据马克思和恩格斯的分析,在商品经济及市场经济社会中,人们对生产商品耗费的劳动时间是关心的。这是因为如下原因。

首先,在这种社会里,人们是通过价值形式即货币形式实现经济利益的。货币是一般等价物,是社会财富的随时可用的绝对社会形式。货币既可以购买,还可以作为社会财富的一般代表储藏起来。马克思指出:"储藏货币的欲望按其本性来说是没有止境的。在质的方面,或按形式来说,货币是无限的,也就是说,是物质财富的一般代表,因为它能直接转化成任何商品。但是在量的方面,每一个现实的货币额又是有限的,因而只是作为有限的购买手段。货币的这种量的有限性和质的无限性之间的矛盾,迫使货币储藏者不断地从事息息法斯式的积累劳动。"③货币的这种质的无限性和量的有限性的矛盾,决定了人们对物质利益的追求也是无限的。因为人们既能用货币满足现实的需要,还可以将货币储藏起来,以备未来的需要。这种对物质利益追求的无限性,会使人们加倍地关心劳动时间的耗费并尽量节约劳动时间。

其次,在商品经济形式下,人们对劳动时间十分关心,还与价值规律以及与之俱来的竞争有关。价值规律要求商品生产和商品交换都按社会必要劳动时间进

①　《马克思恩格斯全集》第44卷,北京:人民出版社,2001年版,第88—89页。
②　《马克思恩格斯全集》第45卷,北京:人民出版社,2003年版,第489页。
③　《马克思恩格斯全集》第44卷,北京:人民出版社,2001年版,第156页。

行,商品生产者的个别劳动时间如果低于社会必要劳动时间,他就能获利;否则,就要蚀本,在竞争中就有被对手挤垮的危险。这对于商品生产者是一种巨大的外在压力。这种作用是商品生产者的内在物质要求难以达到的。因为商品生产者的内在物质要求就像运动场上赛跑运动员的自我要求一样,在运动场上,谁都会要求自己跑得快些,但一个人跑时,由于体力不济或其他原因,这种要求会随之减弱。但是竞赛却不一样,它既有内在要求,又有外在压力,这种外在压力使人迸发出来的力量常常是人们难以想象的。如果不是竞赛,而是要运动员单独完成各种项目,恐怕没有今天的各项世界纪录。

所以,在商品生产社会里,人们特别关心劳动时间的耗费,即使在简单商品经济条件下也是这样。恩格斯曾经指出:"中世纪的农民相当准确地知道,要制造他换来的物品,需要多少劳动时间。"①那时,虽然没有像今天这样严格的成本核算,但根据日常的经验,人们能够按照原料、辅助材料、劳动时间,相当准确地计算出生产的耗费。在市场上,商人们互不相让地讨价还价,就反映了他们对劳动时间的关心。恩格斯指出:"当时的人——不管是牲畜饲养者还是他们的顾客——肯定都已相当精明,在交换中得不到等价物,就不会把他们所耗费的劳动时间白白送给别人。"②价值规律决定了商品生产者在交换中只能得到等价物,但是,作为商品生产者,又都希望以自己较少的劳动去换取别人较多的劳动。要做到这一点,他不仅要关心劳动时间的耗费,还要想办法节约自己的劳动时间。正是由于简单商品生产者关心劳动时间的耗费和力争劳动时间的节约,才使得存在小商品经济的奴隶社会和封建社会的劳动生产率得到了较大的提高。

资本主义是高度发达的商品经济、市场经济社会,从前面的分析中我们可以看到,资本家对劳动时间的耗费是特别关心的,它使劳动时间节约规律在微观经济领域的作用得到了充分发挥。它使资本主义在不到一百年的统治时间里,创造的社会生产力比过去一切世纪总和创造的社会生产力还要多,还要大。

可见,社会发展变化与人们对劳动时间的关心存在密切关系。资料显示,由于经济形式不同,商品经济的发展程度不同,人类每100年劳动生产率的增长程度也不相同。原始社会由于实行的是纯粹的自然经济,其100年劳动生产率的增长为0.004%,奴隶社会和封建社会都是存在小商品经济的社会,它们劳动生产率的提高分别为2.5%和5.6%,而资本主义则为70%。③

我们今天经历的社会主义社会初级阶段,同样是商品经济、市场经济高度发达

---

① 《马克思恩格斯全集》第46卷,北京:人民出版社,2003年版,第1016页。
② 《马克思恩格斯全集》第46卷,北京:人民出版社,2003年版,第1017页。
③ 参见黄铁苗:《综观经济效益论》,北京:人民出版社,2001年版,第8页。

的社会。这种经济形式为劳动时间节约规律充分发挥作用提供了十分有利的条件。所以,我国按市场经济取向进行改革开放以来的 30 年时间里,取得了令人瞩目的成就。

在未来的共产主义社会,劳动时间节约规律同样是会发生作用的。恩格斯曾经指出:"在决定生产问题时,……对效用和劳动花费的衡量,正是政治经济学的价值概念在共产主义社会中所能余留的全部东西。"① 马克思也说到了共产主义社会,与价值有关的簿记将比以前任何时候都更重要。那时的簿记纯粹是时间的记录,劳动时间节约规律可以直接地发挥作用,而不要著名的"价值"插手其间。

市场经济虽然最有利于劳动时间节约规律发挥作用,但市场经济并不是万能的。由于市场经济是利益导向经济,在信息不对称和缺少国家宏观调控的情况下,就难免出现盲目投资造成宏观经济领域的浪费。

人类社会的实践证明,任何一个社会,只要它能最大限度地克服浪费,实现节约(包括生产资料和消费资料),就表明了它的生产关系适应了生产力的性质,因而这个社会是不会灭亡的;而任何一种新的社会,如果它不比被它代替的旧社会更能克服浪费,实现节约,就表明了它的生产关系不适应生产力性质,它就不可能最终取代旧社会。所以,唐朝诗人李商隐站在历史制高点上吟咏的"历览前贤国与家,成由勤俭败由奢"的诗句,成为了脍炙人口的千古绝唱,尽管他是仅就消费领域而言的。

劳动时间节约规律在整个人类社会作用的必然结果是,社会财富充分涌流,劳动时间大大缩短,人们不仅可以在物质财富上得到充分满足,而且可以有大量的自由支配的时间,以使自身得到自由而全面的发展。这是人类社会发展的必然趋势。马克思正是运用劳动时间节约规律揭示这一必然趋势的。

二、发展马克思节约理论

节约问题是经济学研究的一个核心问题。从经济思想发展史来看,迄今为止,节约理论可以划分为各具特色的三大块,即中国古代的节约理论、西方经济学的节约理论、马克思主义的节约理论。我国古代的节约理论内容十分丰富,它主要是针对消费领域而言的,强调节约对个人的道德品质修养和国家政权稳定的作用,其缺陷在于没有涉及生产领域的节约。在西方经济学中,从资产阶级古典政治经济学的代表人物亚当·斯密一直到当代西方经济学的许多重要人物,如美国的萨缪尔森、劳埃德·雷诺兹,英国的丁·希克斯、R.哈罗德都对节约问题有过论述。但亚

---

① 《马克思恩格斯全集》第 20 卷,北京:人民出版社,1971 年版,第 335 页。

降低单位产品的资源消耗,减少污染物排放。在质量方面,努力提高产品质量,改善服务,尽力避免质量低劣的产品造成的浪费。这样,也就能够有利于合理利用稀缺资源,保护和改善环境,实现经济社会的可持续发展。

要实现上述目标,必须以节约为中心范畴,创新用于指导我国社会经济实践的理论经济学和部门经济学。

本来,经济学就是研究节约的。美国经济学家劳埃德·雷诺兹在其《宏观经济学》中,一开始就指出:"经济学是研究节省的,这是我们每天都在干的事。我们不得不节省,因为我们缺乏。"①同时,他还指出:"稀缺是经济学的根本。如果所有物品都像空气一样,自由免费取用,那就没有必要节约资源,也就没有经济问题了。"②人类生存所需要的一切资源都是稀缺的,包括清新的空气,纯净的自然水,明媚的阳光等。劳埃德把空气不算做稀缺资源,足见其稀缺理论的缺陷,这是整个世界环境污染问题突出的一个理论原因,但他说"稀缺是经济学的根本"则是可取的。萨缪尔森和诺德豪斯在他们的《经济学》中也明确指出:"效率是经济学所要研究的一个中心问题(也许是唯一的中心问题)。效率意味着不存在浪费。"③由此可见,经济学的产生和发展就是为了解决资源短缺问题,实际就是为了解决人的需求的无限性与资源有限性的矛盾。几千年来,人类为了解决这一矛盾,在社会生产力方面,不断发明创造,研制出高效率的生产工具,提高资源的利用效率;在社会生产关系方面,人类不断探索有利于社会生产力发展,实际上是有利于资源节约的生产方式。

需求无限性与资源有限性矛盾,是人类生存的永恒性矛盾。④ 这个矛盾即使在资源相对丰富、人口较少的古代就已存在,到了今天,这个矛盾则更加突出。人类未来的一切矛盾都会由此而产生。对我们国家来说,除了这一矛盾异常尖锐的存在之外,还有就是长期以来,各方面浪费严重,严重的浪费又进一步加剧了这一矛盾。然而,长期以来,我国理论经济学对此却没有进行必要的关注。经济学教科书没有对浪费现实的分析,甚至节约的字眼都难找到。在党中央提出建设节约型社会之前,很少有人从理论的高度探讨节约问题。因此,我们更加需要在马克思节约理论指导下,创立一门以节约为中心范畴的理论经济学来指导我们今天的实践。其目的在于揭示节约和浪费的一般规律,以利于人们认识资源的短缺性、浪费的危害性、节约的必要性,认识我国浪费的根源,探寻节约的措施,充分发挥有限资源的

① 〔美〕劳埃德·雷诺兹:《宏观经济学》,北京:商务印书馆,1983 年版,第 4 页。

② 〔美〕劳埃德·雷诺兹:《宏观经济学》,北京:商务印书馆,1983 年版,第 16 页。

③ 〔美〕萨缪尔森、诺德豪斯:《经济学(第 12 版)》上册,北京:中国发展出版社,1992 年版,第 45 页。

④ 参见黄铁苗:《节约是经济的永恒主题》,载《光明日报》2001 年 10 月 9 日。

作用,加速我国资源节约型、环境友好型社会的建设。

以节约为中心范畴的理论经济学的创立,还能有利于各门部门经济学的完善和发展。部门经济学的基础是理论经济学。可以说,有什么样的理论经济学就有什么样的部门经济学。过去,我们在理论经济学方面照搬苏联的政治经济学,其中心内容是对资本主义的批判,对我国社会主义的实践缺乏指导作用。自 20 世纪90 年代中后期以来,我国不少高校又照搬当代西方经济学作为我们的理论经济学。大量的数学模型和公式充斥于理论经济学的文章和著作中,使得经济学成为了数学,对我国现实经济活动中存在的诸多矛盾,尤其是长期以来存在的严重的、普遍的、惊人的浪费问题却避而不谈。这种严重脱离我国实际的理论经济学,对实践缺乏应有的指导作用。在此基础上建立的部门经济学也同样如此。如不少《会计学》教科书就没有突出会计的节约职能;国家审计署连续多年审计了大量的浪费问题,而在我们一般的《审计学》教科书中对浪费问题的分析则是微乎其微,有的甚至只字未提。可见,在马克思节约理论指导下,创立以节约为中心范畴的理论经济学对完善和发展部门经济学同样是十分必要的。

我国的经济学忽视对浪费现实的研究,是我国经济研究的一大缺陷。经济学在一定程度上同医学一样,医学的生命力在于研究生命体的疾病,尤其是危害人类的严重疾病和新发生的疾病。如果医学不关注这一点,医学就失去了它存在的价值。大量事实表明,浪费这一危害社会有机体的社会病菌早已严重地侵害了我国社会主义的有机体。对此,我们不少理论工作者却视而不见或见而不闻,这是我国经济学没有受到应有重视的一个重要原因。可以这么说,我国经济学当前和今后长期面临的一项艰巨任务就是要研究如何克服浪费,实现节约。能如此,我国经济理论工作者则功莫大焉。

(二)依据马克思节约理论重新表述劳动生产率

劳动生产率是社会主义经济理论中的极其重要的范畴。节约劳动时间与提高劳动生产率存在密切的关系。马克思指出:"缩短生产时间的主要方法是提高劳动生产率。"[1]早在《政治经济学批判》中,马克思就指出:"提高了的生产率意味着,同一原料在变成产品时吸收的劳动少,或者说,同一劳动时间需要吸收更多的原料才能变成产品。"[2]同时,马克思还指出:"一般说来,劳动生产率等于用最低限度的劳动取得最大限度的产品,从而使商品尽可能变得便宜。"[3]

从这些论述中可以看出,马克思的劳动时间节约理论与劳动生产率存在广泛、

---

[1] 《马克思恩格斯全集》第 46 卷,北京:人民出版社,2003 年版,第 83 页。
[2] 《马克思恩格斯选集》第 48 卷,北京:人民出版社,1985 年版,第 327 页。
[3] 《马克思恩格斯全集》第 49 卷,北京:人民出版社,1982 年版,第 98 页。

全面、系统的联系。但是,传统表述的劳动生产率却存在缺陷。①

我国传统经济理论把劳动生产率定义为:劳动者的生产效果或能力。通常是用劳动者在单位劳动时间内所生产的产品数量计算,或是用单位产品所耗费的劳动量计算。用公式表示就是:劳动生产率 = 劳动产品/劳动时间。有的辞书还举例说:"在 10 小时的劳动时间内,过去只能生产一匹布,现在能够生产两匹布,这就表明劳动生产率提高了一倍;或者生产一双皮鞋所需要的劳动时间,由 8 小时减到 4 小时,也同样表明劳动生产率提高了一倍。"②十分明显,劳动生产率的这一传统表述,仅仅包括了生产单位产品的活劳动耗费。这在一定程度上反映了在自然经济条件下,人们对劳动生产率的理解。与马克思的节约理论对照,我们会发现,在社会化大生产基础上建立的市场经济的今天,这一概念还存在一定的缺陷。

首先,这一概念只包括了活劳动的消耗,没有包括物化劳动的耗费。劳动过程包括人的因素和物的因素,这两者在劳动过程中都会得到实际的耗费,形成商品的价值。马克思指出:"商品的价值,取决于加入商品的总劳动时间,即过去劳动和活劳动。"③劳动生产率的提高必须使物化劳动和活劳动两方面都得到节省,使商品中包含的总劳动量减少。如果只有活劳动减少,物化劳动却因机器设备的价格昂贵和使用效率低下而增大,原材料、燃料、辅助材料因浪费而增大,以至抵消活劳动减少的部分,甚至超过活劳动减少的部分,这就会使得总劳动量不仅没有减少,而且还有可能增大,这就不能证明劳动生产率提高了。

其次,劳动生产率传统表述忽视了宏观方面的社会总劳动时间的节约。劳动生产率既是一个个体的概念,又是一个整体的概念。在个体上表现为单位产品的活劳动和物化劳动的节约;在整体上表现为社会总劳动的节约。马克思说:"从社会的角度来看,劳动生产率还随同劳动的节约而增长。这种节约不仅包括生产资料的节约,而且还包括一切无用劳动的免除。"④社会总劳动时间的节约可以通过社会总产品的实现和生产能力的利用程度来表示,这是其正指标;而其逆指标可以用产品积压和生产能力的闲置程度来表示。在市场经济条件下,强调劳动生产率的提高必须包括社会总劳动时间的节约是至关重要的。因为生产者的劳动首先表现为私人劳动,私人劳动能否实现为社会劳动,关键在于社会总劳动时间的分配是否合理。

再次,劳动生产率的传统表述根本没有包括劳动时间的质量内涵。劳动生产率的高低,不仅要看物化劳动和活劳动的节省程度,要看社会总劳动量的分配是否

---

①　参见黄铁苗:《劳动生产率传统表述的缺陷》,载《马克思主义研究》1988 年第 3 期。

②　许涤新主编:《政治经济学辞典》(上),北京:人民出版社,1980 年版,第 84 页。

③　《马克思恩格斯全集》第 46 卷,北京:人民出版社,2003 年版,第 290 页。

④　《马克思恩格斯全集》第 44 卷,北京:人民出版社,2001 年版,第 605 页。

合理,即产品是否符合社会需要,而且还要看为此耗费的劳动量是否符合社会需要的标准质量,即产品质量是否过关。如果产品质量不高,卖不出去,这一部分劳动也就白费了。在这种情况下,尽管产品数量多,单位产品的耗费低,同样不仅不能表明劳动生产率提高了,反而会造成社会生产力的破坏。

按照列宁关于劳动生产率是新社会制度取得胜利的最重要最主要的东西的论述,可见劳动生产率是一个衡量社会进步的范畴。社会进步必须既有微观方面的节约即单位资源利用效率的提高,又有宏观方面的节约即社会总资源利用效率的提高;同时,还要包括提高资源利用质量实现的节约。而传统表述的劳动生产率只强调单位产品的活劳动时间的节约,显然是不够的。

那么,什么是劳动生产率呢? 我认为,参照马克思的劳动时间节约理论,劳动生产率的基本内涵是劳动者对社会标准质量劳动时间的节约程度。[①] 它包括单位产品活劳动与物化劳动的节约和社会总劳动时间的节约。随着社会向前发展,劳动生产率是不断提高的。劳动生产率反映了在社会化大生产基础上的市场经济条件下,人与自然物质变换过程中投入与产出及其相互比较的效率和效益的关系。它是对今天特定生产方式下人与自然物质变换过程中所创造的、能够满足社会需要的使用价值的能力的客观描述。它体现了蕴涵于人与自然物质变换过程的生产性、变化性、经济性、有效性、相关性、社会性和局部性与全局性的内在有机统一。它说明了劳动生产率的实质就是劳动者对劳动时间的节约程度,提高劳动生产率的实质就是节约劳动时间。

(三)依据马克思节约理论重新表述经济效益

(1)我国经济理论界关于经济效益的认识过程及其缺陷。

经济效益低下是我国经济生活中长期存在的问题,社会主义经济理论必须重视经济效益问题的研究。但是,传统经济理论中没有"经济效益"概念,这一概念最早出现于我国的经济理论中,是在 20 世纪 50 年代和 60 年代。当时,我国老一辈经济学家对与经济效益相近的经济效果进行过探讨,具有代表性的观点认为,经济效果是指人们经济活动中的耗费同成果的比较,还可以抽象为所得同所费之比。[②] 这一表述虽然比较简单,但却抓到了经济效果的实质,这就是节约。

我国20 世纪60 年代中到70 年代的"文化大革命"时期,经济效益问题似乎被人们遗忘了。改革开放以后,经济效益问题又成为了理论界的热点。但是,最初仍然没有经济效益,只有经济效果的概念,对经济效果的理解,除了个别经济学家认

---

① 参见黄铁苗:《劳动生产率新论》,南昌:江西人民出版社,1994 年版。窃以为,劳动生产率应从活劳动生产率、物化劳动生产率、社会总劳动生产率和劳动质量生产率等不同角度考察。

② 参见《建国以来有关经济效果文集》(下),北京:中国展望出版社,1982 年版,第 768 页。

为"经济效果就是剩余价值,剩余价值越多,经济效果就越大"外①,大多数的理解仍然停留在50—60年代的水平上。1981年出版的由许涤新主编的《政治经济学辞典》也没有经济效益的概念,只有经济效果的概念。其定义是"劳动占用和劳动耗费量同劳动成果的比较"。② 这里表述的经济效果概念加入了劳动占用,对比前一概念是一个重大的进步。因为考察经济效益的好坏,单看劳动耗费是永远不够的。从表2-1我们可以看到这一点。

表2-1　劳动占用与经济效益的联系

生产 企业	劳动占用 （万元）	单位产品劳动 耗费（元）	年产量 （件）	单位产品占用 （万元）
甲企业	5000	50	1000	5
乙企业	1000	50	1000	1

资料来源:黄铁苗:《综观经济效益论》,北京:人民出版社,2001年版,第4页。

劳动占用是指全部预付资本。表中说明,由于甲企业劳动占用5000万元,单位产品平均占用了5万元,即用5万元才生产1件产品,从而效益差。而乙企业劳动占用1000万元,单位产品平均只占用1万元,即用1万元生产了1件产品,与甲企业比较,效益要好。

到了80年代,我国正式提出了经济效益的概念。1982年3月由中央下发的《关于当前经济工作的几个问题》的文件中,明确指出:"我们讲经济效益,首先应当明确这样一个主要观点,就是要以尽量少的活劳动和物质消耗,生产出更多符合社会需要的产品。"③这里提到的经济效益在前面分析的经济效益的基础上大大前进了一步,这就是增加了产品符合社会所需要的内容。对比前面提到的经济效益概念虽然前进了一大步,却后退了一小步,这就是这里所说的"活劳动消耗和物质消耗"就是劳动耗费,它丢掉了"劳动占用"。而劳动占用对于分析经济效益同样是十分重要的。

（2）以马克思的劳动时间节约理论为基础,重新表述经济效益。

按照马克思劳动时间节约的内容,在我国经济理论工作者已有的探索成果的基础上,结合可持续发展的要求,我认为可以将经济效益表述为:经济效益就是在社会经济可持续发展的前提下,人与自然物质变换过程中所取得的符合社会需要的标准质量的劳动成果与劳动占用和劳动耗费的对比关系。④

① 《论经济效果》（总论部分）,北京:中国社会科学出版社,1981年版,第304页。
② 许涤新:《政治经济学辞典》（下）,北京:人民出版社,1981年版,第142页。
③ 《十一届三中全会以来重要文件选编》（下）,北京:人民出版社,1982年版,第1186—1187页。
④ 参见黄铁苗:《综观经济效益论》,北京:人民出版社,2001年版,第16页。

新表述的经济效益的内容十分丰富,其中任何一项都包含了节约的内涵。

首先,微观方面的单位产品劳动时间的节约。新表述的经济效益范畴所指的"劳动占用"和"劳动耗费"就是从单位产品节约的角度而言的。其次,宏观方面的社会总劳动时间的节约。新表述的经济效益范畴中的产品符合社会需要,包含了马克思的社会总劳动时间节约的全部内容。再次,提高产品质量实现的节约。经济效益范畴中所指的"标准质量的劳动产品",就是马克思提出的标准质量劳动时间生产出的产品。最后,社会经济可持续发展的节约内涵。可持续发展包括的主要内容是节约资源和保护环境。保护环境包含节约的内容,因为环境被破坏是由于人们的铺张、浪费、粗糙、贪婪、自私甚至野蛮的行为造成的,而良好的环境是人们的经济行为理智、节俭、文明、友善、和谐的结果。

二、马克思节约理论的实践意义

社会主义制度应该是最有利于节约的社会制度,但是,我国改革开放前的约30年内,由于照搬苏联计划经济模式,很多方面违反了经济规律,也包括劳动时间节约规律,因而造成了巨大的浪费。改革开放30年来,我国按市场经济取向进行改革,为劳动时间节约规律发挥作用提供了广阔的天地,因而取得了巨大的成就。但是,由于国有经济改革没有到位,由于诸多经济关系没有理顺,由于法制不够健全,等等,我国还存在着方方面面的浪费,造成了如党的"十七大"报告指出的"经济增长的资源环境代价过大"的结局。① 因此,我们在发展马克思节约理论的基础上,有必要运用这一理论指导我们的经济实践。

(1)在宏观经济领域,要运用马克思节约理论,合理配置资源,实现社会生产按比例发展。社会生产按比例发展实现的节约是最大的节约。然而,我国现实经济生活中,社会生产按比例发展问题却没有解决好。不仅改革开放前我国有过几次大的比例失调,改革开放后同样如此。例如,自20世纪90年代中后期以来,我国遇到了前所未有的"卖难"问题,其实质在于社会总劳动分配不合理。即有的领域投资过多,如自20世纪80年代末90年代初以来,我国机电、纺织、钢铁等行业的投资过多,造成了这些行业产品的长期过剩;而电力、能源等行业由于投资不足,致使前几年不少地方出现严重的电荒和能源供应紧张的局面。

社会总劳动分配不合理主要是由于决策失误造成的,这种失误既包括宏观,也包括微观,它导致的浪费是最严重的。全国人大常委会委员长吴邦国曾说,我国最大的浪费莫过于决策失误造成的浪费。事实也正是如此,据世界银行统计,"七五"到"九五"期间,我国投资决策失误率在30%左右,资金浪费及经济损失大约在

---

① 参见本书编写组:《十七大报告辅导读本》,北京:人民出版社,2007年版,第5页。

4000亿—5000亿元。① 这是一个多么惊人的数字啊!

因此,要克服宏观方面的巨大浪费,在投资方面,一定要遵循社会生产按比例发展规律,实现决策的科学化、民主化、程序化、法制化,以实现宏观经济的节约。

(2)在微观经济领域,要运用马克思节约理论,加强管理,降低产品成本,提高资源的利用效率。长期以来,我国实行粗放型经济增长方式,资源利用效率低下。我国现在经济增长成本高于世界平均水平25%。按美元计算,中国现在每万美元GDP所消耗的能源数量是美国的3倍,德国的5倍,日本的近6倍。我国能源利用效率比发达国家落后20年,相差10—20个百分点。② 据权威人士介绍,如果我国的能源利用率能达到当今日本的水平,目前的能源消耗足以支持我国经济再翻两番。可见我国微观经济领域的节约空间是巨大的。

(3)在产品质量方面,要运用马克思标准质量劳动时间的理论,杜绝废品、次品,提高产品质量,实现由质量形成的节约。长期以来,产品质量问题一直困扰着我国。2007年3月15日北京市技术质量监督局投诉举报中心公布了2006年产品质量八大申诉热点,其中轿车价格下降、质量"缩水"的问题比较突出。2006年消费者对汽车的申诉咨询达671件,比上年的502件增长25%。③ 每年因为家居装修发生的中毒死亡人数高达11万人。④ 商品质量差是我国国内市场启而不动的重要原因。产品质量是在生产过程中形成的,要提高产品质量必须根据马克思的标准质量劳动时间的理论,努力提高劳动者的素质,尤其是劳动者的技术素质;采用先进的机器设备;使用合格的原材料。同时,要加强生产过程的质量管理和严格执行《产品质量法》、《消费者权益保护法》,通过加强法制,保证产品质量的提高。

(4)在资源和环境方面,要综合运用马克思节约理论,减少资源的过度消耗和加强环境保护。从资源浪费来看,目前我国矿产资源浪费严重。例如:煤矿平均采取率只有30%—35%,只达到理论采取率的一半,大量煤炭扔在地下,造成惊人浪费。⑤ 从环境污染来看,全国每天约有1亿吨污水直接排入水体,全国七大水系中一半以上河段水质受到污染。⑥ 我国资源环境破坏的资料不胜枚举,这里不详细举例。一切节约归根到底都是资源的节约,节约了资源就能减少对大自然的索取;同时,节约资源还能降耗减排,起到保护环境的作用。

(5)在全社会范围内,要运用马克思节约理论,加速资源节约型社会建设。建

---

① 参见李春才:《科学决策与建设节约型社会》,载《南方经济》2005年第10期。
② 参见李春才:《科学决策与建设节约型社会》,载《南方经济》2005年第10期。
③ 参见《车价下降质量"缩水":追捧新车当理性》,载《山西日报》2007年4月12日。
④ 参见《莫让"隐形杀手"进家门》,载《洛阳日报》2003年9月29日。
⑤ 参见陈墨:《环保要有大视野》,载《中国经济时报》2007年3月15日。
⑥ 参见偶正涛、蔡玉高:《我们已经习惯了癌症和死亡》,载《经济参考报》2004年11月16日。

设节约型社会不仅包括生产领域,同时还要包括消费及其他领域。我国消费领域,尤其是公共消费领域浪费惊人。据报道,1986 年到 2005 年,我国人均负担的年度行政管理费用由 20.5 元增加到 498 元,增长 23 倍,而同期人均国内生产总值增长 14.6 倍,行政管理费用超常规增长与政府浪费严重有关。财政部的数据显示,2004 年全国用于公款接待、公车消费和公费出国的开支共计 7000 亿元人民币,占全国财政当年总收入的 26.6%。[1]

因此,我们一定要充分运用马克思节约理论,一切从节约的原则出发,建立重效益、节能、节约原材料的工业体系;建立提高单产、节地、节时、节水、节能的农业体系;建立节能、节时、重效益的综合运输体系;建立适度消费、勤俭节约的生活服务体系。无论生产、建设、流通、消费等各领域,都必须节水、节地、节能、节材、节粮,千方百计减少资源的占用与消耗。各行各业都要按照党的十七大报告的要求,"倡导勤俭节约,勤俭办一切事业,反对奢侈浪费"。[2] 都要制定节约和综合利用资源的目标与措施,大幅度提高能源、原材料的利用效率,促进资源节约型、环境友好型社会建设。

---

[1]　参见赵长茂:《政府就该节俭为民》,载《瞭望》2007 年 4 月 2 日。
[2]　本书编写组:《十七大报告辅导读本》,北京:人民出版社,2007 年版,第 53 页。

第 三 章
中国现代节约理论

　　中国现代节约理论是相对后面将要分析的中国传统节约理论而言的。在时间上，主要是新中国成立后产生于中国本土的节约理论，其中也包括 20 世纪 30—40 年代中国革命战争年代的部分节约理论。其代表人物主要是老一辈无产阶级革命家毛泽东、邓小平，还有我们党的第三代、第四代领导人江泽民、胡锦涛以及部分经济理论工作者的节约理论和观念。

第一节　毛泽东的节约理论

　　在中国长期的革命和建设中，毛泽东为了组织巨大的经济力量，完成他所领导的伟大事业，一方面主张发展经济，另一方面强调节约，即"开源节流"。因此，他一生十分重视节约，对节约问题有过大量论述，形成了独具特色的毛泽东节约理论。所谓毛泽东节约理论，就是毛泽东为了中国革命胜利和国家富强，在他毕生的工作和生活中提出的关于人力、物力、财力节约的观点、主张、措施和方法。毛泽东节约理论作为一种观念形态，散见于他的许多著作、批示和谈话中。毛泽东节约理论的节约内容十分丰富，概括起来，有以下几个方面。

一、节约的目的性

　　毛泽东亲自领导了中国革命和解放以后二十多年的经济建设，在这一过程中，财力一直十分困难，尤其在革命战争年代，财力是极其困难的。为了将有限的财力用于革命和建设的需要，就必须力戒浪费，实现节约。因此，他对节约的论述不是坐而论道，为节约而谈节约，而是有着明确的目的性。

　　在民主革命时期，节约就是为了满足战争的需要。早在 1932 年 3 月，由毛泽东签署的《中华苏维埃人民委员会通告》第 4 号，在要求苏维埃政府把各项收入上缴上级政府的同时，应大量地节省金钱，来帮助红军必须要的用费。同年 6 月，由毛泽东签署的《中央政府给湘赣省工农兵代表大会电》，给予的 13 项批示中提出：

"节省一切费用供给战争经费。"①1934年1月,毛泽东在江西瑞金召开的第二次全国代表大会所作的报告中提出:"节省每一个铜板为着战争和革命事业。"②社会主义革命时期,节约就是为了使国家尽快富强起来。在1955年《〈中国农村社会主义高潮〉的按语》一文中,毛泽东明确指出:"中国是一个大国,但现在还很穷,要使中国富起来,需要几十年时间。几十年以后也需要执行勤俭的原则。""特别要提倡勤俭,特别要注意节约。"③1957年,他又提出:"要使我国富强起来,需要几十年艰苦奋斗的时间,其中包括执行厉行节约,反对浪费这一勤俭建国的方针。"④

二、节约的经济和政治意义

浪费问题古已有之,但从来就不只是一个滥用财富的一般性问题,而是一个关系到事业兴衰、政权得失的重要问题。通今博古的毛泽东,对节约问题的高度重视,同样是基于他对这一问题的重要性的认识。他作为我们党和军队的主要缔造者和领导者之一,长期以来,把节约不仅作为一个经济问题,而且作为一个政治问题来对待。他曾经指出:"我们要提倡艰苦奋斗,艰苦奋斗是我们的政治本色。"⑤"实行增产节约,反对铺张浪费,这不但在经济上有重大意义,在政治上也有重大意义。"⑥

有无勤俭节约、艰苦奋斗的精神是无产阶级政党区别于其他政党的重要标志之一。中国共产党依靠这种精神不仅克服了革命和建设过程中的经济困难,更重要的是依靠这种精神提高了无产阶级政党的党性,培养了良好的作风和造就了一支过硬的人民军队,从而赢得了全国人民的信任和支持,使中国革命从胜利走向胜利。与共产党相反,国民党则以其豪华奢侈、腐败堕落而丧尽人心,这是他们失败的极其重要的原因之一。可见,节约问题不仅是经济问题而且是政治问题。这一点,不仅过去是这样,现在是这样,将来也一定是这样。

三、节约的范围包括各个领域

由于毛泽东无论在解放前和解放后都身居高位,领导全党全军全国人民的解放和建设事业,因此,他强调节约就不是某一方面或某一领域的节约,而是各个方面、各个领域的节约。

---

① 《中央政府给湘赣省工农兵代表大会电》,载《红色中华》1932年6月9日第77期。
② 《毛泽东选集》第一卷,北京:人民出版社,2005年版,第134页。
③ 《毛泽东选集》第五卷,北京:人民出版社,1977年版,第249页。
④ 《毛泽东选集》第五卷,北京:人民出版社,1977年版,第400页。
⑤ 《毛泽东选集》第五卷,北京:人民出版社,1977年版,第329页。
⑥ 《毛泽东选集》第五卷,北京:人民出版社,1977年版,第399页。

　　第一,他强调工厂要节约。工厂是加工产品的场所,工厂能否节约,关系到产品的竞争力和投入与产出的比例关系。工业生产中节约的主要内容是劳动对象和劳动手段,在这方面,他有较多的论述。他指出:"每一个工厂应有节省原料和保护工具的制度,养成节省原料与爱护工具的习惯。"①在工厂生产过程中,只有实现节约,才能以较少投入,取得较多产出,所以他表示:"在工业生产中节约原料,成绩很大","应当充分利用旧社会遗留下来的工业基础。"②工厂内部各部门的费用都是要计入产品成本的,因此,单有加工过程的节约是不够的,要降低产品成本,各个部门都应该节约。他指出:"一个工厂内,行政工作、党支部工作与职工会工作,必须统一于共同目标下,这个共同目标,就是以尽可能节省的成本(原料、工具及其他开支)、制造尽可能多与尽可能好的产品,并在尽可能快与尽可能有利的条件下推销出去。"③第二,他强调农村要勤俭节约,他说:"现在城市里头大反浪费,乡村里头也反浪费,要提倡勤俭持家,勤俭办社,勤俭建国。我们的国家一要勤,二要俭,不要懒,不要豪华。懒则衰,就不好。要勤俭办社,就要提高劳动生产率,严格节约,降低成本,实行经济核算,反对铺张浪费。提高劳动生产率,降低成本,是任何一个合作社都必须做的工作。"④第三,毛泽东提倡军队也要艰苦奋斗。他说:"我是历来主张军队要艰苦奋斗,要成为模范的。……现在部队的伙食改善了,已经比专吃酸菜有所不同了。但根本的是我们要提倡艰苦奋斗,艰苦奋斗是我们的政治本色。"⑤第四,他强调全国人民都要节约。他说:"要求在全国各方面提倡节约,反对浪费。我们六亿人口都要实行增产节约,反对铺张浪费。"⑥"中国人民要有志气。我们应当教育全国城市、乡村的每一个人,要有远大的目标,有志气。大吃、大喝,统统吃光、喝光,算不算一种志气呢? 不算什么志气。要勤俭持家,作长远打算。"⑦他还说:"勤俭办一切国营事业和合作事业,勤俭办一切其他事业,什么事业都应当执行勤俭的原则。"⑧第五,在节约的物质内容上,他强调了人力、物力等多方面。他说:"任何社会主义的经济事业,必须注意尽可能充分地利用人力和设备,尽可能改善劳动组织,改善经营管理和提高劳动生产率,节约一切可能节约

①　《毛泽东文集》第二卷,北京:人民出版社,1993 年版,第 463 页。
②　《毛泽东选集》第五卷,北京:人民出版社,1977 年版,第 399 页。
③　《毛泽东文集》第二卷,北京:人民出版社,1993 年版,第 464 页。
④　《毛泽东选集》第五卷,北京:人民出版社,1977 年版,第 213 页。
⑤　《毛泽东选集》第五卷,北京:人民出版社,1977 年版,第 329 页。
⑥　《毛泽东选集》第五卷,北京:人民出版社,1977 年版,第 399 页。
⑦　《毛泽东选集》第五卷,北京:人民出版社,1977 年版,第 249 页。
⑧　《毛泽东选集》第五卷,北京:人民出版社,1977 年版,第 249 页。

的人力和物力。"①他还说："我们必须十分节省地使用我们的人力资源和物质资源,力戒浪费。"②

四、整饬浪费是实现节约的重要措施

要实行节约,就必须反对和惩治浪费,这是相辅相成的。所以,毛泽东的节约措施除了从正面提出的有关节约的要求和措施外,更主要的就是对浪费行为进行惩治。

众所周知,毛泽东对浪费行为是深恶痛绝的,并把它与贪污人民财产的犯罪行为视为同等性质。他曾明确指出:"贪污和浪费是极大的犯罪。"③所以,为了实行节约,对浪费行为必须给予严厉打击和惩治。早在1932年3月17日,由毛泽东签署的《中华苏维埃临时政府给福建省第一次工农兵苏维埃大会的指示》就明确指出:"大会应该坚决地反对过去各级政府随意浪费经费的重要现象,并规定了惩戒以后浪费经济的办法。"④1952年3月8日,政务院批发的《中央节约检查委员会关于处理贪污、浪费及克服官僚主义错误的若干规定》中,对"个人生活与工作上挥霍性的超支"和"由于负责人严重的官僚主义或经营人员失职所造成的业务上的浪费和损失","情节严重而招致国家巨大损失"者,明确规定"酌予刑事处分"。在我国长期的革命和建设过程中,对个别浪费者也曾给予过党纪和国法的制裁。但是,长期以来,由于我们毕竟没有惩治浪费犯罪的立法,对不少应予严惩的浪费犯罪者,没有给予应有的打击。

第二节　邓小平的节约理论

邓小平是老一辈无产阶级革命家,是改革开放和现代化建设的总设计师。他在领导中国人民进行改革开放的过程中,创立了有中国特色的社会主义理论,他的节约理论就是其中重要的组成部分。对比以前的马克思主义经典作家,邓小平面临的最主要、最突出的经济问题是在以经济建设为中心的社会主义现代化建设中,如何从根本上克服长期的计划经济造成的少慢差废问题,提高社会主义经济效益。因此,他的节约理论主要体现在社会主义经济效益问题上。他的经济效益思想可以分为以下几个方面。

---

① 　中共中央办公厅编:《中国农村的社会主义高潮》(中册),北京:人民出版社,1956年版,第768页。

② 　《毛泽东选集》第四卷,北京:人民出版社,1991年版,第1188页。

③ 　《毛泽东选集》第一卷,北京:人民出版社,1991年版,第134页。

④ 　载《红色中华》1932年3月23日。

一、将提高经济效益作为我党经济工作的指导方针

在邓小平同志的领导和影响下,1978 年,党的十一届三中全会确定了工作重点转移,强调经济工作必须以提高经济效益为中心,从那以后提高经济效益一直作为党和国家领导经济工作的重要方针之一。邓小平同志对此一直十分重视,在很多地方反复强调这一方针。1982 年,我国制定了在 20 世纪内工农业总产值翻两番的目标,邓小平指出:"到本世纪末的奋斗目标定了,在不断提高经济效益的前提下,二十年工农业的年总产值翻两番。"①邓小平说,翻两番靠不靠得住,主要看以后的工作中是否注意提高经济效益的问题。针对我国经济工作中长期忽视经济效益的实际情况,邓小平指出:"要重视提高经济效益,不要片面追求产值、产量的增长。"②

二、强调了经济发展速度与经济效益必须统一

由于历史与现实的原因,我国与工业发达国家已经有了很大的差距,为了缩小差距,赶超世界先进国家,同时,也为了增加财政收入和解决就业问题,我们必须保持较快的经济增长速度。邓小平讲道:社会主义巩固的"最根本的因素,还是经济增长的速度,而且要体现在人民的生活水平逐渐地好起来。人民看到稳定带来的实在好处,看到现行制度、政策的好处,这样才能真正稳定下来。不论国际大气候怎样变化,只要我们争得这一条,就稳如泰山"。③ 邓小平说:"今后十一年半中争取一个比较满意的经济发展速度。如果再翻一番,没有水分的翻一番,那时候人民就会看到我们的国家、我们的社会主义事业是兴旺发达的。"④但是,加快经济发展速度并不是无条件的,它必须符合中国实际,必须以提高经济效益为前提。1985年 9 月,邓小平在中国共产党全国代表会议上的讲话中又说:"速度过高带来的问题不少,对改革和社会风气也有不利的影响,还是稳妥一点好。……一定首先抓好管理和质量,讲求经济效益和总的社会效益,这样的速度才过得硬。"⑤1988 年 6月,邓小平同中央部分领导同志谈话时说:"保持生产有较好的发展,不要勉强追求太高的速度,当然低了也不行。"⑥1992 年年初,再次强调:"抓住时机,发展自己,关键是发展经济。……有条件的地方要尽可能搞快点,只要讲效益,讲质量,搞

① 《建设有中国特色的社会主义》(增订本),北京:人民出版社,1987 年版,第 6 页。
② 《建设有中国特色的社会主义》(增订本),北京:人民出版社,1987 年版,第 11 页。
③ 《邓小平文选》第三卷,北京:人民出版社,1993 年版,第 355 页。
④ 《邓小平文选》第三卷,北京:人民出版社,1993 年版,第 312 页。
⑤ 《邓小平文选》第三卷,北京:人民出版社,1993 年版,第 143 页。
⑥ 《邓小平文选》第三卷,北京:人民出版社,1993 年版,第 268 页。

外向型经济就没有什么可担心的！低速度就等于停步,甚至等于后退。""我国的
经济发展,总要力争隔几年上一个台阶。当然不是鼓励不切实际的高速度,还是要
扎扎实实,讲求效益,稳步协调地发展。"①邓小平的上述谈话,内容相当丰富,认识
也极为深刻。

三、指明了提高经济效益的道路

提高经济效益最根本的道路就是发展生产力。邓小平曾经反复强调,社会主
义的根本任务就是解放和发展社会生产力。要发展生产力,就必须改革开放。
"我们的资金来之不易,我们生产出来的东西来之不易,任何浪费都是犯罪。""怎
么花钱是个学问,要好好研究,精打细算,方针要对头,办法要对头。""中国如果不
普遍地提倡艰苦奋斗、勤俭节约,要在本世纪末实现国民生产总值翻两番的目标就
不能达到。""为了把国家财政放在稳固的基础上,保证社会主义工业建设,必须节
减一切可以节减的开支,克服浪费。""节约也要有积极性,如果没有地方的积极
性,就不可能节约,就要发生浪费。"1985 年,邓小平讲:"十一届三中全会以后,我
们探索了中国怎么搞社会主义。归根结底,就是要发展生产力,逐步发展中国经
济。……从何处着手呢? 就要尊重社会经济发展规律,搞两个开放,对外开放具有
重要意义,任何一个国家要发展,孤立起来,闭关自守是不可能的,不加强国际交
往,不引进发达国家的先进经验、先进科学技术和资金,是不可能的。对内开放就
是改革。"②在讲到政治体制改革时,他把目标归结为三个:第一是始终保持党和国
家的活力;第二是克服官僚主义,提高工作效率;第三是调动基层和工人、农民、知
识分子的积极性。③ 这三个目标归结为一点就是调动社会各方面的积极性,以提
高工作效率,取得好的效益。

此外,邓小平同志强调了不仅要善于节约,还要重视节约教育,他指出:"我们
国家虽然地大物博,但生产力比较落后,财力有限。这就要求财政工作人员要善于
节约,善于把钱用到主要方面去。"④"中国搞四个现代化,要老老实实地艰苦创
业。"⑤"艰苦奋斗是我们的传统,艰苦朴素的教育今后要抓紧,一直要抓六十年至
七十年。"⑥

---

① 《邓小平文选》第三卷,北京:人民出版社,1993 年版,第 375 页。
② 《邓小平文选》第三卷,北京:人民出版社,1993 年版,第 177 页。
③ 参见《邓小平文选》第三卷,北京:人民出版社,1993 年版,第 179—180 页。
④ 《邓小平文选》第一卷,北京:人民出版社,1993 年版,第 200 页。
⑤ 《邓小平论党的建设》,北京:人民出版社,1990 年版,第 264 页。
⑥ 《邓小平文选》第二卷,北京:人民出版社,1993 年版,第 221 页。

第三节　江泽民的节约理论

江泽民担任党和国家领导人十余年,关于节约问题有不少深刻的论述。他关于节约的思想可以从提高经济效益、可持续发展和反腐倡廉三个方面来概括。

一、强调节约有利于提高经济效益

江泽民关注经济效益,多次强调节约对提高经济效益的作用。1984 年江泽民指出:"大力发展和应用电子技术,可以为传统工业的建设和技术改造提供先进技术装备,注入新的生产力,同时又可以提高能源利用率……据预测,我国电力工业采用电子计算机自动监控和调度,每年仅减少停电损失就可达二十余亿元。"[①]他在《正确处理社会主义现代化建设中的若干重大关系》中强调:"要根据我国国情,选择有利于节约资源和保护环境的产业结构和消费方式。坚持资源开发和节约并举,克服各种浪费现象。综合利用资源,加强污染治理。"[②]在讲到财政问题时,江泽民指出"要努力节约开支,把开源与节流结合起来"。[③] 江泽民注重经济发展与环境保护的统一,他说:"经济发展,必须与人口、资源、环境统筹考虑,不仅要安排好当前的发展,还要为子孙后代着想,为未来的发展创造更好的条件,决不能走浪费资源和先污染后治理的路子,更不能吃祖宗饭、断子孙路。"[④]在实施可持续发展战略中,要"坚持节水、节地、节能、节材、节粮以及节约其他各种资源,农业要高产、优质、高效、低耗,工业要讲质量、讲低耗、讲效益,第三产业与第一、第二产业要协调发展"。"消费结构要合理,消费方式要有利于环境和资源保护,决不能搞脱离生产力发展水平、浪费资源的高消费。"[⑤]1998 年江泽民在考察江苏乡镇企业时指出:"要引导乡镇企业向小城镇适当集中,不要'村村点火、处处冒烟'。这有利于节约用地、治理污染和提高基础设施利用效率,也有利于促进第三产业发展。"[⑥]江泽民同志关于工业集中带来的节约作用的论述是十分重要的。对于科技体制改革问题,江泽民指出:必须看到,在过去的科技体制中,比较普遍地存在科技与经济脱节,各地区各部门自成体系、分工过细、结构重复、力量分散的状况,这是一个严重弊端。这不仅造成了科研课题重复和资源浪费,而且致使科技成果转换率和对

---

① 《江泽民文选》第一卷,北京:人民出版社,2006 年版,第 6 页。
② 《江泽民文选》第一卷,北京:人民出版社,2006 年版,第 464 页。
③ 《江泽民文选》第一卷,北京:人民出版社,2006 年版,第 470 页。
④ 《江泽民文选》第一卷,北京:人民出版社,2006 年版,第 532 页。
⑤ 《江泽民文选》第一卷,北京:人民出版社,2006 年版,第 532—533 页。
⑥ 《江泽民文选》第二卷,北京:人民出版社,2006 年版,第 118 页。

经济社会发展的贡献率较低。……不能再搞"鸡犬之声相闻,老死不相往来"。"躲进小楼成一统",自成体系,各立门户、山头,互相分割封闭,造成科技资源配置的巨大浪费。①

二、强调节约有利于促进可持续发展

江泽民重视可持续发展问题,多次强调坚持节约原则促进可持续发展。他在十五大报告中指出:"坚持计划生育和保护环境的基本国策,正确处理经济发展同人口、资源、环境的关系。资源开发和节约并举,把节约放在首位,提高资源利用效率。"②1998年他在《开创农业和农村工作新局面》中指出:要"下功夫解决北方农业干旱缺水的问题,大力发展节水灌溉,提高水资源的利用率。要坚持科教兴农的方针"。③ 要高度重视水的问题。洪涝灾害历来是中华民族的心腹大患,但水资源短缺也越来越成为我国农业和经济社会发展的制约因素。要加紧解决一些地区水资源严重短缺的问题。总的要求是开源节流并举,以节水为主。要从长计议、全面考虑。④ 强调西部大开发要节约用水,他说:"要坚持把水资源的合理开发和有效利用放到突出位置,大力推进农业节水灌溉和工业循环用水。"⑤

三、强调节约有利于反腐败斗争

江泽民多次强调要发扬艰苦奋斗、勤政爱民精神,开展反腐败斗争。江泽民指出:"在坚决克服腐败现象、惩处腐败分子的同时,要大力宣传和表彰廉洁奉公、勇于同腐败现象作斗争的先进典型,弘扬勤政爱民、艰苦奋斗、乐于奉献的新风尚。"⑥1996年江泽民在全国宣传部长会议上讲话中说,要弘扬党的正气,以高尚的精神塑造人。大力宣传先进人物,曝光歪风邪气典型。江泽民从本质上阐述了奢侈浪费是诱发腐败的温床。1997年江泽民在《大力发扬艰苦奋斗精神》一文中指出:"奢侈浪费既是消极颓废的表现,也是腐败问题得以产生和蔓延的温床。如果现在再不引起大家高度重视,不坚决加以整治,后果不堪设想。"⑦"我国各级领导机关、领导同志和广大干部更应该自觉发扬艰苦奋斗、勤俭节约的精神,没有任何理由铺张浪费、挥霍国家和人民的钱财。""要在全党全社会大力提倡高尚的社会主义思想道德和发扬中华民族的优良传统,以艰苦奋斗、勤俭朴素为荣,以铺张

---

① 参见《江泽民文选》第二卷,北京:人民出版社,2006年版,第397页。
② 《江泽民文选》第二卷,北京:人民出版社,2006年版,第26页。
③ 《江泽民文选》第二卷,北京:人民出版社,2006年版,第215页。
④ 参见《江泽民文选》第二卷,北京:人民出版社,2006年版,第563页。
⑤ 《江泽民文选》第三卷,北京:人民出版社,2006年版,第60页。
⑥ 《江泽民文选》第一卷,北京:人民出版社,2006年版,第326页。
⑦ 《江泽民文选》第一卷,北京:人民出版社,2006年版,第617页。

浪费、奢侈挥霍为耻。"①他还强调节约建军,树立好的模范。1998 年在中央军委扩大会议上江泽民指出:要"发扬艰苦奋斗精神,坚持勤俭建军方针。……从军委、总部起,各级领导和机关都要带头艰苦奋斗、勤俭建军,一切都要精打细算、厉行节约,尽量减少不必要的开支,为全军指战员树立好的榜样。要把贯彻勤俭建军方针同党风廉政建设结合起来,坚决反对奢侈浪费"。② 他说,解放思想,实事求是,积极探索,勇于创新,艰苦奋斗,知难而进,学习外国,自强不息,谦虚谨慎,不骄不躁,同心同德,顾全大局,勤俭节约,清正廉洁,励精图治,无私奉献,这些都应该成为新时期我们推进现代化建设,所要大力倡导和发扬的创新精神。

此外,在论述教育时,江泽民多次谈到节约和艰苦奋斗的问题。强调"要发扬党的优良传统,使勤俭建国、勤俭办一切事业在全党全社会蔚然成风"。③

第四节　以胡锦涛为总书记的党中央 对节约理论的发展

作为中国共产党的新一代领导人,胡锦涛面临着中国改革开放取得巨大成就,中国经济高速发展的大好时期;同时,也是长期以来积蓄的多种矛盾的凸显期,面对这种形势,以胡锦涛为总书记的党中央将节约作为治党治国的重要思想。

一、全面强调艰苦奋斗精神的重要性

胡锦涛 2002 年出任党的总书记后,离开北京外出视察的第一个点就是西柏坡。胡锦涛总书记的这一决定不是偶然的,而是经过深思熟虑的。西柏坡这一革命圣地对中国共产党来说,是具有特别历史意义的地方。中国共产党决定中国命运的三大战役是在这里指挥的,决定中国共产党命运转折的七届二中全会也是在这里召开的,特别具有永久意义的是中国共产党由农村进入城市需要保持的"两个务必"也是在这里提出来的。胡锦涛选择西柏坡作为他担任总书记外出视察的第一个点,表明了他高举老一辈无产阶级革命家的伟大旗帜,继续发扬勤劳节俭、艰苦奋斗的伟大精神,领导中国人民改革开放,建设社会主义现代化的信心和决心。所以,他在西柏坡就艰苦奋斗问题作了三个层次的论述:"历史和现实都表明,一个没有艰苦奋斗精神做支撑的民族,是难以自立自强的;一个没有艰苦奋斗精神做支撑的国家,是难以发展进步的;一个没有艰苦奋斗精神做支撑的政党,是

---

① 《江泽民文选》第一卷,北京:人民出版社,2006 年版,第 621 页。
② 《江泽民文选》第二卷,北京:人民出版社,2006 年版,第 266—267 页。
③ 《江泽民文选》第三卷,北京:人民出版社,2006 年版,第 197 页。

难以兴旺发达的。"①胡锦涛的这一论述,从民族、国家、政党三个不同层次,强调了勤劳节俭、艰苦奋斗的重要性,十分全面,十分深刻,具有极其重要的现实意义和深远的历史意义。

二、将节约作为科学发展观的重要内容

党的十六大以来,以胡锦涛为总书记的党中央,高举邓小平理论和"三个代表"重要思想伟大旗帜,把马克思主义基本原理同中国当前社会实践相结合,着眼于党和国家事业发展的全局,立足于国内外形势的发展变化,创立了科学发展观。胡锦涛指出,科学发展观是坚持以人为本,全面、协调、可持续的发展观。党的十七大报告指出:"科学发展观,第一要义是发展,核心是以人为本,基本要求是全面协调可持续,根本方法是统筹兼顾。"②节约是科学发展观的重要内容。科学发展观提出的全面协调可持续发展就是指"坚持生产发展、生活富裕、生态良好的文明发展道路,建设资源节约型、环境友好型社会,实现速度和结构质量效益相统一、经济发展与人口资源环境相协调,使人民在良好生态环境中生产生活,实现经济社会永续发展"。③

在中共中央政治局第三十七次集体学习会上,胡锦涛强调,全党全社会都必须按照科学发展观的要求,充分认识建设资源节约型、环境友好型社会的重要性和紧迫性,下最大决心、花最大气力抓好节约能源资源工作。他还指出,坚持节约资源的基本国策,加快建设资源节约型、环境友好型社会,促进经济发展与人口、资源、环境相协调,是贯彻落实科学发展观、走新型工业化道路的必然要求,是实现可持续发展、保障经济安全和国家安全的必然要求。我们必须以对国家和人民高度负责、对子孙后代高度负责的精神,把节约能源资源工作放在更加突出的战略位置,切实做到节约发展、清洁发展、安全发展、可持续发展,坚定不移地走生产发展、生活富裕、生态良好的文明发展道路。④

三、强调树立节约观念与意识的重要性

观念是行动的先导。胡锦涛非常重视树立节约观念,在讲到能源资源的节约时,他指出:"要牢固树立节约资源的观念。自然资源只有节约才能持久利用。要

---

①　张友谊:《艰苦奋斗:中华民族精神的宝贵财富》,载《人民日报》2003 年 7 月 3 日。

②　胡锦涛:《在中国共产党第十七次全国代表大会上的报告》,北京:人民出版社,2007 年版,第15 页。

③　胡锦涛:《在中国共产党第十七次全国代表大会上的报告》,北京:人民出版社,2007 年版,第16 页。

④　参见《胡锦涛:把节约能源资源放在更突出的战略位置》,载《中国科技产业》2007 年第 1 期。

在全社会树立节约资源的观念,培育人人节约资源的社会风尚。"①他还把节约资源与保护环境的观念相联系,提出:"要牢固树立保护环境的观念。良好的生态环境是社会生产力持续发展和人们生存质量不断提高的重要基础。要彻底改变以牺牲环境、破坏资源为代价的粗放型增长方式,不能以牺牲环境为代价去换取一时的经济增长,不能以眼前发展损害长远利益,不能用局部发展损害全局利益。"②同时,胡锦涛还指出了加强节约能源资源意识的途径,这就是"要加强节约能源资源的宣传教育,开展形式多样的节约能源资源活动,提高人民群众特别是广大青少年的能源资源意识与节约意识,努力使节约能源资源成为全体公民的自觉行动"。③温家宝总理在讲到这个问题时指出:"加强宣传营造氛围,要在全社会树立节约意识、建设节约文化、倡导节约文明,教育每个公民过文明、健康、科学的生活,形成'节约光荣、浪费可耻'的社会风尚。"他强调要发挥新闻媒体舆论引导和监督的重要作用。他还提出:"教育部门要将建设节约型社会的内容纳入中小学教育、高等教育、职业教育和技术培训体系。"要通过工会组织、共青团组织,在群众与青少年中开展资源节约宣传和实践活动,群策群力做好资源节约的工作。④

四、重视制度体制机制对保障节约的作用

实现节约需要制度机制体制的保障。首先从制度的角度,胡锦涛指出:"要在资源开采、加工、运输、消费等环节建立全过程和全面节约的管理制度,建立资源节约型国民经济体系和资源节约型社会,逐步形成有利于节约资源和保护环境的产业结构和消费方式。"⑤其次从体制机制建立角度,他要求:"要建设促进能源资源节约的体制机制,实行能源资源效率和最低技术水平准入标准,实施高消耗落后技术、工艺和产品的强制性淘汰制度,促进建立市场化的能源资源节约体制机制,完善政府调控手段,形成有利于节约能源资源的市场环境和长效机制。"要"坚持发挥市场机制的作用,促进资源的高效利用。通过深化市场取向的改革,充分发挥市场对资源配置和资源价格形成的基础性作用,使资源性产品和最终产品之间形成

① 胡锦涛:《在2004年中央人口资源环境工作座谈会上的讲话》,载姜伟新主编:《建设节约型社会(政策篇)》,北京:中国发展出版社,2006年版,第9页。
② 胡锦涛:《在2004年中央人口资源环境工作座谈会上的讲话》,载姜伟新主编:《建设节约型社会(政策篇)》,北京:中国发展出版社,2006年版,第9页。
③ 胡锦涛:《在中央政治局第23次集体学习时的讲话》(摘录),载姜伟新主编:《建设节约型社会(政策篇)》,北京:中国发展出版社,2006年版,第2页。
④ 参见温家宝:《在全国建设节约型社会电视电话会议上讲话要点》,载李庆丰、屈定坤主编:《节约型社会全书》,北京:中国财政经济出版社,2006年版。
⑤ 胡锦涛:《在2004年中央人口资源环境工作座谈会上的讲话》,载姜伟新主编:《建设节约型社会(政策篇)》,北京:中国发展出版社,2006年版,第9页。

合理的比价关系,促进企业降低成本,不断改进技术,减少资源消耗,增强竞争力"。① 他指出"国土资源工作要按照建设节约型社会的要求,积极探索建立国土资源管理的新机制,全面落实土地管理的各项措施,节约和集约使用土地,切实保护耕地特别是基本农田,加强资源管理,提高资源利用效率,保护利用好我国优势矿产资源"。② 再次从加强法制的角度,他指出"要建立健全节约能源资源的法律法规和标准体系,认真实施有关法律,加大执法和监督检查力度,制定和实施强制性标准,推动生产、建筑、交通等方面的节约能源资源工作"。③ 最后从加强宏观调控的角度,他指出要"坚持发挥政策杠杆的作用,加强对重要资源供求的宏观调控","要切实加强对土地和重要矿产资源的管理,运用财政、税收、信贷等政策手段和必要的行政手段,调控土地、矿产等重要资源的供求。通过项目审批、财政支持、税收优惠和信贷供应等政策杠杆,鼓励低消耗、轻污染、科技含量高又符合国家产业政策的行业的发展,控制高消耗、高污染、低水平重复建设严重的行业"。④

五、特别重视能源的节约

　　节约使用能源是中国的必然选择,对此胡锦涛多次着重论述。他指出:"能源资源问题是关系我国经济社会发展全局的一个重大战略问题。我们要从推动我国经济社会持续发展和人民生活水平不断提高的全局出发,全面分析能源资源形势,深入研究能源资源问题,全面做好能源资源工作,促进形成可持续的生产方式和消费模式,建立资源节约型国民经济体系和资源节约型社会,为实现全面建设小康社会的宏伟目标和我国的长远发展目标提供可靠的能源资源保证。"胡锦涛认为,开源和节流需要并举,需要"既积极做好开源工作,又优先做好节约工作,应该成为解决我国能源资源问题的基本思路"。⑤

　　2005年6月27日中央政治局第二十三次集体学习时,胡锦涛总书记从八个方面对能源资源节约提出了要求。这八个方面是:一是要大力调整经济结构和转变经济增长方式,积极采用先进适用技术改造传统产业,加快发展高新技术产业,

　　① 胡锦涛:《在2004年中央人口资源环境工作座谈会上的讲话》,载姜伟新主编:《建设节约型社会(政策篇)》,北京:中国发展出版社,2006年版,第13页。
　　② 胡锦涛:《在2005年中央人口资源环境工作座谈会上的讲话(摘录)》,载姜伟新主编:《建设节约型社会(政策篇)》,北京:中国发展出版社,2006年版,第6页。
　　③ 胡锦涛:《在2004年中央人口资源环境工作座谈会上的讲话》,载姜伟新主编:《建设节约型社会(政策篇)》,北京:中国发展出版社,2006年版,第1页。
　　④ 胡锦涛:《在2004年中央人口资源环境工作座谈会上的讲话》,载姜伟新主编:《建设节约型社会(政策篇)》,北京:中国发展出版社,2006年版,第13页。
　　⑤ 《胡锦涛主持中共中央政治局集体学习　下更大力气抓好节约能源资源工作》,载《人民日报(海外版)》2005年6月29日。

大力发展服务业,切实改变高投入、高消耗、高污染、低效率的增长方式。二是要加快建立能源资源技术支持体系,加大国家对能源资源技术开发资金的投入,加紧研究开发影响未来能源资源发展方向的重大技术,集中力量研究开发提高能源资源利用效率的技术,依靠科技进步增强节约能力。三是要注重优化消费结构,在消费领域全面推广和普及节约技术,合理引导消费方式,鼓励消费能源资源节约型产品,逐步形成节约型的消费方式。四是要推动发展循环经济,促进资源循环式利用,鼓励企业循环式生产,推动产业循环式组合,倡导社会循环式消费,大力推行清洁生产,努力实现废弃物的资源化、减量化、无害化。五是要建设促进能源资源节约的体制机制,实行能源资源效率和最低技术水平准入标准,实施高消耗落后技术、工艺和产品的强制性淘汰制度,促进建立市场化的能源资源节约体制机制,完善政府调控手段,形成有利于节约能源资源的市场环境和长效机制。六是要加强规划和政策引导,明确能源资源需求总量和能源资源效率的控制目标,研究制定有利于节约能源资源的财税、投资、价格和外贸政策,促进能源资源的节约和有效利用。七是要建立健全节约能源资源的法律法规和标准体系,认真实施有关法律,加大执法和监督检查力度,制定和实施强制性标准,推动生产、建筑、交通等方面的节约能源资源工作。八是要加强节约能源资源的宣传教育,开展形式多样的节约能源资源活动,提高人民群众特别是广大青少年的能源资源意识和节约意识,努力使节约能源资源成为全体公民的自觉行动。

胡锦涛总书记指出,各级党委和政府要从树立和落实科学发展观、实现全面建设小康社会宏伟目标和中华民族伟大复兴的战略高度,充分认识做好能源资源工作的重要性和紧迫性,加强组织领导,加大工作力度,明确目标,制定规划,落实政策,完善制度,力求不断取得新的成效。各级党委和政府要在节约能源资源方面率先垂范、先行一步,带动全社会广泛开展节约能源资源活动。

六、将节约资源作为基本国策

以胡锦涛为总书记的领导集体将节约资源作为基本国策。党的十六届五中全会会议通过的《中共中央关于制定国民经济和社会发展第十一个五年规划的建议》明确提出:要把节约资源作为基本国策。2006 年 3 月召开的十届人大四次会议审议通过的《中华人民共和国国民经济和社会发展第十一个五年规划纲要》指出要"落实节约资源和保护环境基本国策,建设低投入、高产出,低消耗、少排放,能循环、可持续的国民经济体系和资源节约型、环境友好型社会"。在党的十七大报告中,胡锦涛指出:坚持节约资源和保护环境的基本国策,关系人民群众切身利益和中华民族生存发展。必须把建设资源节约型、环境友好型社会放在工业化、现代化发展战略的突出位置,落实到每个单位、每个家庭。将节约资源作为基本国策是前所未有的重要决定,它充分体现了我们党和国家对节约问题的高度重视。胡锦涛不仅在口头上强调节约,还身体力行,有的会议他不着正装,穿轻便衣服,以适应空调温度不低于26℃。

第五节　我国经济学界对节约问题的探讨

在我国经济理论界,关于节约问题有不少探索。这些探索大概分为两个相对明显的时期,一个是中央提出建设节约型社会之前,另一个是中央提出建设节约型社会之后。本节先概述这两个时期我国经济学界对节约问题的探讨,然后介绍笔者对节约问题二十多年的探索。

一、中央提出建设节约型社会之前理论界的研究

早在 20 世纪 50 年代,老一辈经济学家孙冶方提出,价值规律就是时间节约规律,"时间的节约""是社会主义社会价值规律问题的核心"。[1] 李京文(1961)认为,节约是经营社会主义经济的基本方法,实现社会主义生产的目的,社会主义经济的各个部门和一切企业,在努力增产的同时,必须处处讲求节约,以尽可能少的人力、物力的消耗,创造出更多的物质财富。节约的内容,包括人力(劳动力)、物力(原料、材料、动力和设备、厂房)。[2] 1978 年李京文撰文指出,节约是社会主义经济的一项基本原则,节约是社会主义经济规律的客观要求。[3] 我国著名经济学家黄达在《金融学》一书中这样写道:"经济行为的演化与交易成本有紧密的联系:演化的方向总是从交易成本较高的趋向交易成本较低的。换一种表述方法,节约是经济生活中最基本的规律,经济制度、经济结构、经济活动方式,之所以这样演化而不是那样演化,最终都可以从社会费用、社会成本的节约找到解答。就像水总是从高往下流那样。人们不论怎样按照自己的思路去营造一个经济理想国,其成败利钝最终取决于是否合乎这样的规律而不是取决于主观愿望。"[4]我国著名的马克思主义经济学家洪远朋教授认为,"经济"的一种含义"是指节约,精打细算、算账等,即人们在生产和流通中如何节约人力、物力、财力的问题"。[5] 陈华山、杨承训等指出了节约规律的重要性,认为节约规律是经济学的首要规律。陈华山教授认

---

① 转引自李占才著:《当代中国经济思想史》,开封:河南大学出版社,1999 年版,第 388 页。

② 参见李京文:《工业生产中的物质节约问题》,载《经济研究》1961 年第 7 期。

③ 参见李京文:《节约是社会主义的一项基本原则》,载《经济研究》1978 年第 5 期。

④ 黄达主编:《金融学》,北京:中国人民大学出版社,2003 年版,第 12 页。

⑤ 洪远朋:《经济理论的过去、现在和未来》,载洪远朋著:《经济理论的过去、现在和未来——洪远朋论文选集》,上海:复旦大学出版社,2004 年版,第 2 页。

为，经济学即节约学。节约规律是人类社会的普遍经济规律，他认为"节约规律是人类社会经济活动最普遍和最基本的经济学规律。任何经济活动均受节约规律的支配和制约，古今中外，概莫能外"。[①] 杨承训（1990）认为，节约规律是社会生产发展的"首要的经济规律"。[②] 1991 年由石玉林院士主笔《开源与节约》的第二号国情报告中，就提出了振聋发聩的观点——"建立资源节约型国民经济体系"。1992年陆大道撰文《建立资源节约型社会经济体系的初步构想》，最先提出"资源节约型社会"。该文叙述了我国利用资源、发展经济方面的严峻局面，提出了建立中国资源节约型社会经济体系的总体框架和基本途径，并就转变价值观念、改善国民经济的核算制度等论述了自己的看法。[③] 1994 年杨敏英撰文《利用信息，发展物质、能量节约型社会》，提出"我国的发展战略方针应明确为利用信息，发展物质、能量节约型的社会"。[④] 张耀辉（2002）在研究中国工业化进程中的消耗战略问题时提出，人类之所以存在，主要取决于人类的智力劳动，它以经验优化人类的行为，以工具来简化人的劳动过程、代替体力劳动、放大体力劳动，用分工等管理方式来简化人的劳动过程、提高劳动效率，用理论来指导人类寻找资源、探索新的发展道路，获得新的加工资源的方法，以改善效用和节约资源。[⑤] 他还指出，当消费进入到以享乐性消费为主的阶段时，对资源总量的要求达到顶点，每个人占用的资源很多，带来资源紧张。正是由于资源紧张和环境破坏促使人们节约和改进技术。张耀辉认为，消耗升级是资源节约的一种方式，[⑥]他提出了资源节约的公式，即：资源节约 = （稀缺性资源减少的价值 – 非稀缺性资源增加的价值）+ 不必要资源消耗的节约 + 由技术的资源范围扩展而增加的价值。[⑦] 王稳（2002）在研究经济效率时提出，经济效率包含的第一个特征就是节约性。他认为，经济效率反映一个经济以最小的投入（成本）生产一定的产出，即反映社会必要劳动时间的节约。[⑧] 著名经济学家刘诗白研究现代财富时，深入地探讨了市场经济机制、科学技术等因素的节约

---

① 陈华山：《论节约规律》，载《求是学刊》1995 年第 5 期。

② 杨承训：《论社会主义节约规律》，载《中州学刊》1990 年第 6 期。

③ 参见陆大道：《建立资源节约型社会经济体系的初步构想》，载《中国资源综合利用》1992 年第11 期。

④ 杨敏英：《利用信息，发展物质、能量节约型社会》，载《数量经济技术经济研究》1994 年第 1期。

⑤ 参见张耀辉：《消耗经济学》，北京：经济管理出版社，2002 年版，第 45 页。

⑥ 消耗升级是指通过不断延伸的消耗，使物质资源的使用价值得到进一步体现，从而获得更多的资源效用和价值。如将煤炭直接燃烧和将煤炭燃烧后转化为电力，增加了煤炭的使用效率，扩大了它的使用范围和方便程度，从而提高了它的效用和价值。参见张耀辉：《消耗经济学》，北京：经济管理出版社，2002 年版，第 125 页。

⑦ 参见张耀辉：《消耗经济学》，北京：经济管理出版社，2002 年版，第 127—130 页。

⑧ 参见王稳：《经济效率的因素分析》，北京：经济科学出版社，2002 年版，第 33 页。

功能。①

二、中央提出建设节约型社会之后理论界的研究

中国特殊的国情决定了社会科学理论研究的轨迹和动向。自从中央提出节约资源、建设资源节约型社会的命题之后,不少自然科学家、社会科学家进行了深入全面的研究,发表的文章数量迅速增长。

皮建才(2004)将节约分为生产成本和交易成本的节约,认为生产成本的节约属于边际上的节约,属于二阶节约,这种节约只是"小头",因为生产成本最小化是给定组织制度约束下的成本最小化。交易成本的节约属于结构上的节约,属于一阶节约,这种节约才是"大头",因为追求交易成本最小化决定了选择最有效的组织制度安排。这要求我们既要强调生产成本的节约,更要强调交易成本的节约。而且,节约型社会是一种动态最优化的社会,而不是一种静态最优化的社会,因为它需要的是生产成本和交易成本的联合动态最小化,而不仅仅是生产成本最小化或交易成本最小化。交易成本的最小化要比生产成本的最小化更加重要,因为交易成本最小化的经济组织一般来说会自动选择生产成本最小化,而反过来却未必是这样。② 李剑锋(2005)将生产节约分成增量节约与存量节约。"增量"节约就是如何提高资源的开采和加工效率,以提高资源的利用率。"存量"节约则是指已经被加工成产品的资源,如何回收与再利用的问题,就是我们一般所说的"循环经济"。③ 徐昌生(2005)认为,要建立一个节约型的社会,关键是要让全社会具有普遍的均衡价格。当普遍的均衡价格被破坏时,省钱就有可能是浪费。普遍的均衡价格的建立与维系,关键靠政府。当普遍的均衡价格成立时,省钱就是节约!④ 周天勇在其主笔和主编的《高级发展经济学》中探讨了经济发展的集中与分散的关系⑤,他认为分散的发展造成土地资源的巨大浪费;分散的城市化和工业化,经济发展得不到聚集经济的推动。聚集经济是由于生产按照某种规模聚集在统一地点进行,因而给生产或销售带来的利益或造成的节约(韦伯,1909)。区域投资集聚可以带来运输成本和通信成本的节省,可以直接降低生产成本。在人类居住、工业和农业生产等方面,聚集经济可以节约有限的土地资源。越是分散经济,所占用的土地资源越多;而经济越是聚集,同样的产出规模,所占用的土地资源相对少一些。

---

① 参见刘诗白:《现代财富论》,北京:三联书店,2005 年版。

② 参见皮建才:《节约型社会的经济学含义》,载《人民日报》2004 年 10 月 8 日。

③ 李剑锋:《建设节约型社会的思考》,载《当代经济》2005 年第 11 期(下)。

④ 参见徐昌生:《省钱就是节约吗?——建立节约型社会漫谈》,载《经济学家茶座》2006 年第 24 期。

⑤ 参见周天勇主编:《高级发展经济学》,北京:中国人民大学出版社,2006 年版。

从经济学的角度来看,城市的起源是为了降低保护财产安全成本和节约交易费用。罗润东和王璐(2006)概括了节约的多重效应,即生产效应、消费效应和人力效应。他们认为,节约型社会的构建涉及社会生产的方方面面,也必然需要以劳动时间节约为基础和前提。从这个意义上讲,劳动时间节约理论部分地体现了马克思、恩格斯对未来社会的伟大构想。① 中国科学院提出了节约指数的概念,在 2006 年 3 月 28 日公布的《2006 中国可持续发展战略报告》中指出,从 1980 年至 2003 年,中国基于 10 种主要资源和污染物的节约指数平均每年下降 4.9%,说明我国的资源利用效率和环境保护取得了很大的成效,资源消耗强度和污染物排放强度不断下降。②

很多专家学者从不同角度对建设节约型社会进行了研究。③ 姜伟新主编了《建设节约型社会》系列丛书,包括《建设节约型社会(国际经验篇)》、《建设节约型社会(地区篇)》、《建设节约型社会(政策篇)》,比较系统地总结了建设节约型社会的有关问题,该丛书主要是经验和事例介绍。李强等编著了建设节约型社会的书籍,包括《节约型社会》、《节约型机关》、《节约型城市》、《节约型企业》、《节约型社区》等,该丛书也是以经验性介绍为主,缺乏必要的理论分析。王敏正和万安培主编了《节约型社会辞典》,李庆丰、屈定坤主编了《节约型社会全书》,这两本书的共同特点是内容全面,优点是细致,不足之处是理论论证少。

三、笔者研究节约问题的简单情况

笔者出生于 20 世纪 50 年代初,在我国"大跃进"和"文化大革命"期间耳闻目睹的许多浪费问题,使笔者在 20 世纪 70 年代末 80 年代初,进入经济学殿堂后,在老师的引导下,在学习《资本论》时,对马克思关于劳动时间节约的理论产生了较大的兴趣。④ 从马克思关于这一问题的论述中,认识到节约劳动时间与发展社会生产力、提高劳动生产率之间存在着内在联系,当时就萌发了对这一问题作些探索的想法。笔者在 1983 年暑期写了《节约劳动时间与发展生产力》一文,该文在 1984 年第 1 期《财经理论与实践》发表,《经济学文摘》对该文的主要观点作了摘登,还有几家刊物作了反映。1985 年到 1988 年,围绕节约问题,笔者先后在《马克思主义研究》、《经济科学》、《湖湘论坛》等刊物上发表了《劳动生产率之我见》、

---

① 参见罗润东、王璐:《对节约型社会的政治经济学解读》,载《浙江日报》2006 年 12 月 4 日。

② 参见李斌、吴晶晶:《节约指数谁最高? 中科院报告为 31 个省自治区直辖市排序》,载《云南日报》2006 年 3 月 1 日。

③ 本书在第八章对此作了详细评述,在此不展开。

④ 参见《切实落实节约资源基本国策——访我国〈节约经济学〉创始人黄铁苗教授》,载《广东经济》2007 年第 9 期。

《劳动生产率传统表述的缺陷》、《劳动生产率新论》等文章。这些文章的主要观点被《新华文摘》、"人大报刊复印资料"等刊物摘登。

二十多年来，围绕节约问题笔者共完成了三本专著：一是 1990 年由笔者担任主编、由中国金融出版社出版的《节约经济学》；二是 1994 年由笔者独著、由江西人民出版社出版的《劳动生产率新论》；三是 2001 年由笔者独著、由人民出版社出版的《综观经济效益论》。在《人民日报》、《光明日报》、《经济日报》，《经济学家》、《当代经济研究》、《中国社会科学》等中央和地方报刊先后发表文章近 400 篇，党中央提出建设节约型社会后，在《南方日报》开设了"节约新说"专栏，发表文章 30 多篇。在前人和当代学者研究的基础上重新定义了节约范畴，探讨了节约和浪费规律，较为深入地分析了我国存在各种浪费的制度、体制和政策原因。提出的建设节约型社会的政策建议，被有关部门采纳。

由于资源的有限性和人类需求的无限性之间的矛盾是永远存在的，未来社会这一矛盾还将加剧。因此，未来的经济理论必然更加关注节约问题。笔者总是认为，经济学如同医学，医学总是关注生命体尤其是人类的疾病，经济学总是关注社会的经济问题。人类最大的经济问题是如何使有限的资源最大限度地满足人类无限的需求。为此，必须充分提高资源的利用效率，即节约。因此，未来的经济理论必然更加注重研究如何提高经济增长的效率，节约劳动者的时间和精力，更好地为人类自身实现全面自由发展作出贡献。同时，自然科学的发展和现代科技创新进入了一个崭新的阶段，促进人类思维模式的转变，也为如何提高经济效率，促进可持续发展提供了智力支持和技术支撑。总之，由于资源的紧缺越来越严重，也越来越直接地困扰着人类生存、享受和发展，不仅经济理论工作者，还有相关理论工作者都会更加密切地注意和研究这一问题。

第六节　中国现代节约理论评价

从前面的分析中可以看出，中国现代节约理论主要是中国共产党的几代领导人毛泽东、邓小平、江泽民、胡锦涛的节约理论。所以，下面主要就他们的节约理论进行评价。同时，也涉及经济学界的有关节约问题的论述。

一、中国现代节约理论的特征

（一）针对性

中国共产党几代领导人的节约理论不是坐而论道，为理论而理论，而是针对中国革命和社会主义建设中存在的问题提出来的。例如，在革命战争年代，财政极其困难，而战争需要军费，针对这种情况，毛泽东在井冈山斗争时期就明确指出，节省一切费用供战争费用,节省每一个铜板为着战争和革命事业。新中国成立之后,面对贫穷落后的中国,毛泽东强调节约则是为了使中国富强起来。从新中国成立到改革开放的二十多年时间里,我国以"阶级斗争为纲",运动不断,经济建设被严重忽视,浪费十分严重,经济效益极差。所以,粉碎"四人帮"后,在邓小平同志的领导下,坚持以经济建设为中心的基本路线,经济效益问题受到了前所未有的重视。在邓小平同志的节约理论中就十分突出了经济效益问题。到20世纪80年代末90年代初,我国改革开放已经取得了巨大成就,但是却暴露出十分明显的高投入、高消耗、高增长的粗放型经济增长的特征,所以,当时担任总书记的江泽民同志就指出,要选择有利于节约资源和保护环境的产业结构和消费方式,将节约作为可持续发展的重要内容。同时,针对在改革开放取得成就,而一些干部暴露出的贪图享受、奢侈挥霍问题,江泽民对此严加痛斥,强调"以艰苦奋斗、勤俭朴素为荣,以铺张浪费、奢侈挥霍为耻"。进入21世纪后,我国经济持续快速增长,经济增长的资源与环境代价过大的问题日益暴露,针对这种情况,新一代党中央领导人胡锦涛提出了科学发展观,强调实现经济社会又好又快发展,使节约成为科学发展观的重要内涵。同时,以胡锦涛为代表的新一代党中央将节约资源作为基本国策,特别重视能源的节约,采取了一系列措施,使节约成为了强国富民的重要指导思想。

中国经济学界的一批学者的节约理论同样是具有针对性的,他们自20世纪50年代开始,对节约和经济效益问题的探讨,针对的就是我国各个不同历史时期存在的浪费问题。

(二)一贯性

从毛泽东到胡锦涛的几代中国共产党领导人都重视节约。作为农民出身、又受过良好的中国传统文化教育的毛泽东,一生重视节约。在整个民主革命时期,毛泽东的节约理论不仅对中国人民克服长期的革命战争中的财政困难起了重要作用,而且对于造就一支具有吃苦精神的人民军队和培养良好的机关作风起了极大作用。新中国成立之后,由于经济条件的变化,毛泽东的节约理论有了新的发展。在这一时期,他不仅把节约作为解决大规模经济建设与财政困难矛盾的一个重要办法,同时,将节约作为干部思想教育的一个重要内容。我们党的第二领导人邓小平,与毛泽东一样,也是我国的老一辈无产阶级革命家。从艰苦卓绝的革命战争年代到改革开放前的二十多年中,他一直身居要职,是我们党和国家的重要领导人,在这个过程中,他一直重视节约。早在20世纪50年代和60年代,他就有过节约的重要论述,指出凡能节约的都要节约,要善于把钱用到主要方面去。[①] 粉碎"四人帮"后,作为改革开放的总设计师,从改革开放开始到南方谈话,他都强调反对

---

① 参见《邓小平文选》第一卷,北京:人民出版社1994年版,第194、200页。

浪费,要求节约,特别从提高经济效益的角度一直强调节约。江泽民在担任党和国家领导人的十多年时间里,对节约问题一直高度重视,他不仅从提高经济效益和实现可持续发展的角度重视节约,反对浪费,而且从新形势下如何反腐倡廉,加强党风建设,发扬艰苦奋斗精神的角度提出重视节约问题。以胡锦涛为总书记的新一代党中央将节约资源作为基本国策,采取了一系列具体措施,使节约成为了多年来我国新闻媒体中一个高频词,使我国人民对节约的重视达到了空前的程度。

我国经济学界从20世纪50年代开始到现在,对浪费问题一直是共同关注的,同样也是具有一贯性的。

（三）实践性

从毛泽东到胡锦涛的几代共产党领导人,不仅思想上重视节约问题,同时,由于他们所处的领导地位,使他们的节约理论不会像一般学者关于节约的认识一样,主要是从理论上进行探讨,他们将自己的节约理论付诸实践,用于解决中国革命和社会主义经济建设中的实际问题。民主革命时期,毛泽东的节约理论使中国人民不仅有力地克服了当时的财政困难,而且培养了一种被美国记者埃德加·斯诺于1936年在延安时称之为"东方魔力"的艰苦奋斗精神。新中国成立后开展的"三反"、"五反"运动都包括了反对浪费的内容。"一五"时期,开展过三次增产节约运动,《人民日报》围绕节约发表的社论达50篇之多。就连后来的"四清"和"文化大革命"期间,都没有忘记节约问题。从改革开放至今,我国十分重视节约实践,20世纪80年代初,我国开展过"双增双节"运动,进行了治理整顿,90年代又搞了"质量、品种、效益"年,反对浪费、厉行节约都是其中的重要内容。为了将资源节约落到实处,我国逐步将资源节约纳入法制化轨道。1997年11月,我国制定了《中华人民共和国节约能源法》,并在2007年进行了修订。1999年3月,原国家经济贸易委员会制定了《重点用能单位节能管理办法》。进入新世纪,尤其是党中央提出建设资源节约型社会后,中央、国务院和有关部委制定了一系列关于建设节约型社会的方案、政策和办法,以"通知"或"意见"的方式下发全国。全国各省、自治区及国家各部委都从自身实际出发,制定了有关建设节约型社会的方针、政策和办法;不少地级市及县也出台了相应文件。不少学校等事业单位也制定了节约办法。国家有关部门为推进节约型社会建设开展了一系列活动,特别是2005年暑期开展的"全民节约行动",为期40多天,影响重大而深远。新闻媒体以多种方式对节约型社会进行了大力宣传,理论界由浅入深,对节约型社会进行了探讨,不少社会科学工作者已经和正在研究、设计建设节约型社会的制度、体制、机制和政策,不少自然科学工作者已经和正在全身心投入研究节约能源资源的方法,民间也已经和正在摸索日常生活中如何实现节约的方法。尤其是生产、流通、消费等部门大力发展循环经济,就如何实现节约采取了一系列措施,创造了许多宝贵的经验。总之,节约在我国从来没有像今天一样受到重视和在实践中付诸实行。

二、中国现代节约理论的地位和作用

从毛泽东到胡锦涛的几代中国共产党人对节约问题的高度重视,从而形成的中国现代节约理论,无论对于我国经济社会的繁荣,还是对于中华民族精神文化的发展,都具有极其重要的地位和作用。

(一)中国现代节约理论是中华民族的重要精神支柱

人类社会发展史表明,一个能够屹立于世界强国之林的民族,无不具有坚强的精神支柱。节约理论就是中华民族的重要精神支柱。节约理论并不只是指省吃俭用,它包括勤劳节俭、吃苦耐劳、艰苦奋斗、坚韧不拔、昂扬向上等内容。这些都是互相联系的,无论个人或民族能具有这种精神就能所向披靡、无坚不摧、无往不胜。也就是说,如果无论个人或民族能够锻造和锤炼出一种平时不怕辛苦和劳累,战时连死都不怕的精神风貌,那么,生活和工作中的困难又有什么不能克服的呢?长期以来,我们中华民族从先人到现在,一直在培养和弘扬这种精神。正是这种精神的支撑,中华民族才能克服无数艰难险阻,不断走向成功。从毛泽东到胡锦涛的几代中国共产党人不断发扬光大的中国现代节约理论,不仅是中华民族传统节约理论的继承和发展,而且是中华民族传统美德的继承和发展,更重要的是中华民族勤劳节俭、艰苦奋斗精神的发扬和光大。人类社会的发展历程充满着艰难困苦,过去是这样,今后同样是这样,随着资源的日益短缺,人类与资源的矛盾会日益突出,从而会加剧人类社会的各种矛盾。全人类是这样,中国更加是这样。中国不仅人口多,资源匮乏,而且自然灾害频繁,所以,如果说,人类要生存下去,实现可持续发展,必须勤劳节俭、艰苦奋斗,那么,中国更加需要这样。十分幸运的是,长期以来,中华民族早就培养了这种精神,几代中国共产党领导人的节约理论,使中华民族的这种精神进一步得到巩固和升华。毫无疑问,中国人民所具有的勤劳节俭、艰苦奋斗的精神对于中华民族更加兴旺发达所起的作用是无法估量的。

(二)中国现代节约理论是我国富民强国的重要指导思想

中国现代节约理论对比中国传统节约理论的一个重大的飞跃是,中国几千年的传统节约理论主要强调的是消费领域的节约,而我国现代的节约理论既包括消费领域的节约,还包括了生产及其他领域的节约,这些对于我国的富民强国都是大有好处的。首先,从消费领域的节约来看,合理的消费有利于财富的积累,亚当·斯密讲到这个问题时指出,光有勤劳只能生产出财富,没有节俭,资本不能增大。个人的节俭不仅能增加自己的资产性收入,还能增大社会的金融资本,以利于国家的建设。其次,从生产的节约来看,它能直接减少能源资源的消耗、降低产品成本,增加生产者的利润,使人民富足和国家强大。再次,从党政机关的节约来看,它不

仅能降低行政成本、增加公共投入，还能减少腐败、培养良好的风气，消除老百姓由此对政府官员的意见，增强党和政府的可信度和凝聚力、向心力，提高党和政府的执政能力，有利于国家的强大。

（三）中国现代节约理论是中国经济理论的重要组成部分

作为富民强国之学，经济学必须研究如何解决现实经济生活中的经济问题。我国经济生活中最突出的问题与全人类面临的问题是共同的，这就是人的需要的不断增长与资源的供给有限的矛盾。节约是解决这一问题的永恒办法之一，这种节约既包括消费领域中对资源的合理使用，更包括生产和其他领域中如何充分地提高资源的使用效率。所以，西方经济学明确提出，经济学就是研究节约的。我国经济学没有例外，也必须研究节约。我国经济学研究节约的必要性，不仅在于资源瓶颈已经严重制约了我国经济的发展，还在于我国长期以来实行的粗放型经济增长方式，已经造成了资源的严重浪费，致使我国经济增长的资源环境代价过大。[1]因此，几代中国共产党领导人的节约理论应该成为中国经济理论研究的重要指南和主要内容，中国经济理论只有不断为克服浪费、实现节约作出贡献，才是其正确的发展方向，才能显示出其应有的生命力。

三、以胡锦涛为总书记的党中央的现代节约理论具有特别重要的现实和历史意义

以胡锦涛为总书记的党中央的现代节约理论不仅有胡锦涛总书记的节约理论，同时包括温家宝总理等其他中央领导人的节约理论。作为一个时代的节约理论，还包括自党中央提出建设节约型社会后，我国理论工作者的有关节约的理论。从其重要的现实和历史意义来说，主要是就胡锦涛等中央领导人的节约理论而言的。

（一）重要的实践意义

经济基础决定上层建筑，上层建筑对经济基础具有重要的反作用。这一马克思主义的道理是千真万确的。国家作为上层建筑，其对经济基础的反作用，主要是党和国家的主要领导人的治国理念和方略得以付诸实施。党和国家领导人的治国理念和方略正确与否来源于对一个国家具体情况的判断是否正确，制订的方针、政策是否切合实际，实施是否得力，最终通过实践检验是否正确。

以胡锦涛为总书记的党中央提出的建设资源节约型社会的理念，作出的将资源节约作为基本国策的方略是依据我国资源短缺、浪费严重的现实。这一重大决

---

① 参见胡锦涛：《在中国共产党十七次全国代表大会上的报告》，北京：人民出版社，2007年版，第5页。

策完全符合我国实际,符合世界发展的趋势,符合人的本性。需要特别指出的是,党和国家作为资源节约型社会的理念提出者,制度、体制、机制设计者,政策制定者,行动推行者,效果检验者,对于推动我国资源节约型社会的建设,其作用是任何力量都无法比拟的。因此,这一方略的实施,不仅对于缓解人与资源的矛盾、转变长期以来实行的粗放型经济增长方式、提高经济效益,实现经济社会又好又快发展具有极其重要的作用,而且对于提高党政干部的节俭意识,实现反腐倡廉,加强党风政风建设,提高共产党的执政能力都将产生重要的作用。

因此,以胡锦涛为总书记的党中央的现代节约理论的实践意义是极其重大而深远的。

(二)重要的理论意义

以胡锦涛为总书记的党中央提出的现代节约理论对比古今中外以往的各种节约理论都更加全面、更加系统、更加完善。它既包括生产领域的节约,又包括消费领域的节约;既有节约理论,又有节约的制度、体制、机制和政策;既强调党政机关的节约,又强调民间的节约;既重视企业单位的节约,又重视事业单位的节约;既强调发展科学技术实现节约,又强调加强管理实现节约;既重视能源的节约,又重视土地等资源的节约;既重视城市节约,又重视农村节约;既重视运用法制的力量,实现强制性节约,又重视通过加强教育,提高人们觉悟而实现节约;既重视国内节约经验的总结,又善于借鉴国外的节约经验。可见,节约问题在我国受到了前所未有的重视,它说明节约在我国有很高的需要程度。马克思主义认为,理论在一个国家的实现程度,决定于这个国家对理论的需要程度。我国的客观实际迫切需要节约理论指导节约实践。理论来源于实践。来源于实践的理论对实践会有十分重要的指导作用。没有正确理论指导的实践是盲目的实践,这种实践不一定能成功。大量事实表明,成功的实践依赖正确的理论作为指导。因此,我国建设节约型社会必须以胡锦涛总书记为首的党中央的节约理论作为指南,在深入实践的同时,不断总结节约经验,丰富和创新节约理论。从前面的分析可以看出,节约不只是一个经济问题,节约涉及经济学、管理学、社会学、制度学、法律学以及与有利于节约的技术经济相关的学科。从这个意义上说,我们在总结已有多种节约理论的基础上,完全有必要创立一门与多学科密切相关的边缘学科,即节约学,专门从不同学科相结合的角度研究人类的节约问题。

(三)深远的历史意义

由于资源有限性与人的需求无限性的矛盾的存在,人类自古就重视节约问题,在不同历史时期,产生过不同的节约理论;在东西方国家都有各自的节约理论。以胡锦涛为总书记的党中央的中国现代节约理论对比以往各种节约理论的内容都更加丰富、系统和全面,使其在人类的节约理论史上将占有十分重要的一页。人类社会不断繁衍,资源紧张的局面只会加剧,所以,人类的未来会更加注重节约。节约的实践必然需要节约的理论作为指导,节约理论作为人类的有益文化也会代代传承下去。以胡锦涛为总书记的党中央的节约理论不仅在今天是我国建设节约型社会的重要指南,而且作为中华文化的一个闪光点会像航标一样指引中华民族的航向;同时,节约作为解决全人类共同面临的资源短缺问题的一把钥匙,对全人类的可持续发展也将具有永恒的指导意义。

四、我国经济学界关于节约问题探讨的价值及有待深入研究的问题

我国现代节约理论,除了几代中国共产党领导人的节约理论外,还有经济学界的理论工作者关于节约问题的探讨。这些探讨除了不少方面与几代中央领导人的节约理论有许多共同的特征之外,它们还有其独特的学术价值和应用价值。同时,需要指出的是,它们还有有待深入研究的问题。

（一）学术价值

我国经济学界节约理论的独特学术价值表现在:一是将节约时间作为价值规律的核心。这是孙冶方于 20 世纪 50 年代提出来的,这一见解是极其深刻的。价值规律的功能就是节约,在宏观方面,它通过部门之间的竞争,实现社会总劳动时间的节约;在微观方面,它通过部门内部的竞争实现单位产品劳动时间的节约。二是指出了"节约规律是人类社会经济活动的最普遍和最基本的经济学规律"。经济学研究的任务在于揭示经济运动的规律。马克思提出过劳动时间节约规律。我国经济学者杨承训、陈华山等,在 20 世纪 90 年代初中期就提出了"节约规律"问题是殊为难得的。三是运用西方经济学的有关理论研究我国的节约问题。如有的学者从资源稀缺的角度出发,运用西方经济学的交易成本、边际成本、均衡价格等范畴,对节约问题的分析,不仅增强了对节约问题研究的理论色彩,也增加了节约实践的可操作性。总之,我国经济理论工作者在节约理论方面的研究,极大推动和深化了人们关于这一问题的认识,使其具有重要的学术价值。

（二）应用价值

早在党中央 2004 年提出的建设节约型社会之前,我国就有学者于 20 世纪 90 年代提出我国应建立"资源节约型国民经济体系"和"资源节约型社会经济体系",不仅提出了总体框架和基本途径,还就如何改革国民经济核算体系提出了建议。党中央提出节约型社会后,我国不少学者积极深入研究节约型社会问题。有的学者从可操作性的角度研究了节约型社会、节约型城市、节约型机关、节约型企业、节约型社区、节约型家庭,有的学者研究了如何实现能源节约问题,有的学者重点探讨了如何发展循环经济,有的学者从可借鉴的角度介绍了国外的节约经验,等等。总之,广大经济理论工作者关于节约型社会的许多实证研究,对我国节约型社会的

建设都具有重要的应用价值。

（三）需要深入研究的几个问题

我国经济学界关于节约问题的研究在以下几个方面有待深入：一是要从社会大系统的角度研究节约型社会问题。建设节约型社会必须在社会这个大系统中的每个子系统得到全面和长期的贯彻，这样才能真正建立起节约型社会。二是要重视节约型社会的基础理论研究。建设节约型社会需要丰富的节约理论作为指导，需要借鉴古今中外的节约理论。三是要从加强法制建设的角度研究节约型社会问题。法律法规是企业和公众行为规范的准绳，建设节约型社会必须加强法制建设，必须将建设节约型社会纳入法制化轨道。四是要重视浪费问题的研究。建设节约型社会必须针对浪费病症查出浪费的体制根源，建立起支撑节约社会的体制柱石。五是要结合自然科学研究节约型社会问题。我国浪费问题的原因，除了体制之外，还与科学技术落后有关，应当结合自然科学研究如何实现节约。六是重视定量分析。节约和浪费都具有定量性，重视定量分析有利于确定节约的标准和制定相关政策。七是深入研究节约和浪费规律。节约和浪费的规律已有研究，但还不深入，特别是浪费作为一种经济现象必然有着其客观规律，需要加深研究。八是对节约悖论的批判。建设节约型社会需要对节约悖论进行批判，这是理论界研究的欠缺之处。总之，建设节约型社会任重而道远，对于理论工作者来说，需要共同努力，深入进行研究。作为长期研究节约问题的理论工作者，笔者更加具有不可推卸的责任。

第 四 章

外国经济学及其他经济学的节约理论

这里探讨的外国经济学主要是指西方经济学、苏联及原东欧经济学;其他经济学主要是指部门经济学和有关的边缘学科,其范围既包括国内也包括国外。西方经济学作为一种理论形态已有 300 多年的历史。在从资产阶级古典经济学到当代西方经济学的发展过程中,节约问题始终是其研究的重要内容。除西方经济学之外,苏联和东欧的经济学对节约问题同样十分重视。理论经济学对节约问题的重视,使得在其基础上建立的部门经济学对节约问题研究的内容同样十分丰富。

第一节　资产阶级古典经济学的节约理论

一、亚当·斯密的节约理论

亚当·斯密(1723—1790)将节约作为资本主义上升时期的主要经验进行总结,在他的代表作《国民财富的性质和原因的研究》中,对节约问题进行了大量的论述。斯密分析节约对资本主义经济发展的作用的主要内容如下。

(一)从分工的角度分析了节约劳动时间提高劳动生产率对资本主义发展的作用

斯密在该书第一章《论分工》中,开宗明义地指出:"劳动生产力上最大的增进,以及运用劳动时所表现的更大的熟练、技巧和判断力,似乎都是分工的结果。"①他以制针业为例,由于分工,十个工人每日就可成针四万八千枚,即一人一日可制成针四千八百枚。如果没有分工,要一个工人独立完成,他们每天肯定不能制造出二十枚针,甚至一枚也造不出来。斯密认为,在每一种工艺中,只要采用劳动分工,劳动生产率就能按比例地增长。分工之所以能如此巨大地提高劳动效率,关键在于它能使生产者固定岗位、程序和动作,比一个人独立完成一件产品节约劳动时间。

---

① 〔英〕亚当·斯密:《国民财富的性质和原因的研究》(上卷),郭大力、王亚南译,北京:商务印书馆,1972 年版,第 5 页。

　　斯密指出:第一,由于分工使每个工人的劳动熟练程度提高,节约了时间,他所能完成的工作数量增加;第二,由于分工节约了工人由一种工作转到另一种工作所损失的时间得来的好处,比我们骤看起来所想象的要大得多;第三,由于发明了机器,便利和简化了劳动,使每个人能干许多人的活。最初的蒸汽机常常雇用一个男孩管理活塞。有一个贪玩的男孩用一根绳子将活塞系在机器的另一部分上,活门就能自动开闭。所以斯密写道,原为贪玩想出来的办法,就这样成为蒸汽机大改良之一。①

(二)节约对资本主义扩大再生产的作用

　　资本主义再生产的特征是扩大再生产,而扩大再生产一般都是通过资本积累实现的。所谓资本积累就是指资本家把获得的利润不是全部用于个人消费,而是把其中的一部分积累起来,用于追加生产资料和劳动力,使生产在扩大的规模上重复进行。资本总量增大的重要途径是节约。斯密对节约在资本主义经济发展中的作用作了充分肯定,他说:"资本增加,由于节俭;资本减少,由于奢侈与妄为。一个人节省了多少收入,就增加了多少资本。""资本增加的直接原因,是节俭,不是勤劳。"因为"若只有勤劳,无节俭,有所得而无所贮,资本决不能增大。节俭可增加维持生产性劳动者的基金,从而增加生产性劳动者的人数"。"节约又有增加一国土地和劳动的年产物的交换价值的趋势。节俭可推动更大的劳动量;更大的劳动量可增加年产物的价值。"②斯密说:"商人由经商而养成的爱秩序、节省、谨慎等各种习惯,也使他更适合于进行土地上的任何改良,不愁不成功,不愁不获利。"③斯密认为,一国的财富应该更多地投向生产领域,以扩大生产、增加利润。他认为,奢侈是蚕食资本,夺取劳动者的面包来养活游惰;而妄为的结果,和奢侈完全相同。他说:"地大物博的国家,固然不会因私人奢侈妄为而贫穷,但政府的奢侈妄为,却有时可把它弄得穷困",所以,他还说:"奢侈都是公众的敌人,节俭都是社会的恩人。"④

(三)强调政府节约的重要性

　　政府作为上层建筑,不生产社会财富,但需要消耗大量社会财富。斯密认为国家运行成本是国家执行其国防、司法、公共工程三大职能所必须支付的各种费用的总和,也称为国家费用。

---

　　①　参见〔英〕亚当·斯密:《国民财富的性质和原因的研究》(上卷),郭大力、王亚南译,北京:商务印书馆,1972年版,第10页。

　　②　〔英〕亚当·斯密:《国民财富的性质和原因的研究》(上卷),郭大力、王亚南译,北京:商务印书馆,1972年版,第311页。

　　③　〔英〕亚当·斯密:《国民财富的性质和原因的研究》(上卷),郭大力、王亚南译,北京:商务印书馆,1972年版,第372页。

　　④　〔英〕亚当·斯密:《国民财富的性质和原因的研究》(上卷),郭大力、王亚南译,北京:商务印书馆,1972年版,第313—314页。

在国防费用方面,斯密认为,君主的第一个职责,即保护社会免受其他独立社会的暴行与侵略的职责,只有凭借军事力量才能完成。只有常备军才能维持国防安全,民兵不论采取何种方式去训练一定大大劣于一支纪律严明的和训练良好的常备军。"在近代文明各国,一般推算,兵士的人数不能超过全体居民的百分之一,过此,即不免负担太重,危及国家经济。"①

在司法费用方面,斯密认为,君主的第二个职责,是尽可能保护社会的每一个成员免于社会每一个其他成员的不公正和压迫行为的伤害的职责,即建立一种严格的司法行政的职责。在不同的社会时期,要求有大小非常不同的支出。他认为:"由各法院对受理的诉讼案件收印花税,用以维持各法院法官及其他人员,这种办法也足以提供司法行政费而不会对社会的一般税收增加负担。"②如此运作,可以减少浪费。

在公共工程和公共机关的经费方面,斯密认为,君主或国家的第三个也是最后一个职责,就是建立和维持公共机构和公共工程。公共工程和公共机关费用包括:上述国防及司法行政两方面所必需的公共设施和公共工程;主要为便利社会商业,促进人民教育的公共设施和工程。教育上的设施,可大体分为两种:一是关于青年教育的设施;二是关于一切年龄人民的教育的设施。为便利任何国家的商业所必要的公共工程,似乎不是必须由通常所说的公共收入来开销,公共收入的征收和使用在大多数国家均由行政权力经办。对于教育,斯密说:"无论在哪种文明社会,普通人民虽不能受到有身份有财产者那样好的教育,但教育中最重要的几部分如读诵、书写及算术,他们却是能够在早年习得的;也就是说,在这个期间,就是预备从事最低贱职业的人,亦大部分有时间在从事职业之前,习得这几门功课。因此,国家只要以极少的费用,就几乎能够便利全体人民,鼓励全体人民,强制全体人民使其获得这最基本的教育。"③

在公债方面,斯密得出结论:"在举债制度下,社会一般资本时时由政府滥费所惹起的损失,是更容易由人民的节约与勤劳得到弥补的。"④

总之,斯密设计的国家运行成本中只有国防费用和维护君主尊严需要社会收入的开支,其余各项均可由司法和公共工程的受益人分摊,以减轻国家的开支。这

---

① 〔英〕亚当·斯密:《国民财富的性质和原因的研究》(下卷),郭大力、王亚南译,北京:商务印书馆,1974 年版,第 259 页。

② 〔英〕亚当·斯密:《国民财富的性质和原因的研究》(下卷),郭大力、王亚南译,北京:商务印书馆,1974 年版,第 282—283 页。

③ 〔英〕亚当·斯密:《国民财富的性质和原因的研究》(下卷),郭大力、王亚南译,北京:商务印书馆,1974 年版,第 341—342 页。

④ 〔英〕亚当·斯密:《国民财富的性质和原因的研究》(下卷),郭大力、王亚南译,北京:商务印书馆,1974 年版,第 490 页。

样就确保了政府职能运作成本的最小化，从而使政府成为廉价政府或节俭政府。

二、李嘉图的节约理论

大卫·李嘉图（1772—1823）是继亚当·斯密之后的又一位著名的古典经济学家，马克思称他为最伟大的经济学家。他对节约问题也有深刻的见解，他的节约观集中体现在其代表作《政治经济学及赋税原理》中，主要包括以下几个方面。

（一）从节约社会劳动的角度提出了比较成本学说

他认为，每个国家都要对自己的优势和劣势进行分析，做到"两优相权取其重，两劣相权取其轻"，以便在现有的自然、技术和经济条件下更合理地分配劳动和利用资源，形成合理的、最有利于本国的生产要素配置和生产力布局，以最小的劳动消耗取得最大的经济效益。① 按照他的理论进行国际贸易，各国都能取得不同程度的利益，从而总体上节约了社会劳动。

（二）强调了税收比举债更能节约

在筹措政府经费上，李嘉图更倾向于征税而反对举债。他认为举债"这种制度会使我们不知节俭——使我们看不清真实环境"。② 他举例说，如果国家需要战争经费4000万英镑，假设征税的话，要求40万民众每个民众每年缴纳100英镑，在要求民众立即缴纳的情况下，他会设法从收入中迅速节省下100英镑。战争结束，课税就结束。但在借债制度中，按5%的年利率计算，国家共需支付200万英镑的利息，这部分利息也必须由民众以税收的形式缴纳。这样每个民众每年只需负担5英镑就行了，那么民众就会认为从其收入中节省这5英镑就足够了。这样，全国本来可以节约4000万英镑，现在只节约了200万英镑，其余的3800万英镑就会被他们都耗费掉。再加上战争耗费的4000万英镑，全国生产资本的损失就是7800万英镑。而且，在举债的情况下，还会导致资本外流，"把自己和其资本转移到能免除这种负担的国家的诱惑最终会变得难以抗拒"。③

另外，在谈到支付国债利息时，李嘉图还一针见血地指出，"国家的贫穷是由于政府和个人的浪费和借贷造成的，只有通过积攒收入和节省开支才能增加国家资本。因此，任何可能促进国家和私人节约的措施都可以减轻国家的贫困"。④ 除

---

① 参见赵羽翔：《经济学说史研究》，北京：中国社会科学出版社，2004年版，第68—69页。

② 〔英〕大卫·李嘉图：《政治经济学及赋税原理》，周洁译，北京：华夏出版社，2005年版，第173页。

③ 〔英〕大卫·李嘉图：《政治经济学及赋税原理》，周洁译，北京：华夏出版社，2005年版，第174页。

④ 〔英〕大卫·李嘉图：《政治经济学及赋税原理》，周洁译，北京：华夏出版社，2005年版，第173页。

此以外,李嘉图所提出的"级差地租"也成为现在土地节约集约利用的理论基础。由此可见,他对节约理论的贡献是十分巨大的。

三、其他资产阶级经济学家有关节约重要性的认识

除亚当·斯密和李嘉图之外,其他西方经济学家对节约都有许多论述,下面择要述之。

资产阶级经济学家、法国重农学派的主要代表之一杜尔哥从资本积累的角度主张节约。他说:"这种积累起来的价值就是所谓资本。"又说:"一个民族的节约精神有助于不断地增加它的各种资本的总额。"[①]西斯蒙第认为:"不论是穷人或富人都不应该使自己的开支超过实际收入,任何社会开支都取决于社会收入。"[②]法国庸俗政治经济学创始人萨伊则认为:"一些人看到生产老是等于消费这一明显事实(生产必然等于消费,因为物品只在生产之后才能消费),便倒果为因提出主张说,消费产生生产,因此节俭不利于国家繁荣。而花费最多的公民乃是最有用的公民。基于上述,他们的这个主张是多么错误啊。"他得出的结论是:"激励生产是贤明的政策,鼓励消费是拙劣的政策。"[③]他认为节约是美德,而浪费是犯罪,传播奢侈的人是社会幸福的大敌。

第二节　现代西方经济学的节约理论

现代西方经济学是指 20 世纪 30 年代至今所出现的西方经济学,其主要包括微观经济学和宏观经济学,这阶段的代表人物有约翰·梅纳德·凯恩斯(1883—1946)、米尔顿·弗里德曼(1912—2006)、保罗·萨缪尔森(1915—　)等。除凯恩斯等人之外,现代西方经济学在各个方面体现着节约的思想,可以说,现代西方经济学主要是研究节约的学科。

一、现代西方经济学的立论依据是资源短缺

西方经济学认为,人类有无限的需要希望得到满足,但是现有的资源不足以实现这些愿望。因此,相对于人类的需要来说,社会资源是稀缺的。萨缪尔森在他的《经济学》中指出:"人力资源和非人力资源的数量都是有限的,使用这些资源,最

---

①　〔法〕杜尔哥:《关于财富的形成和分配的考察》,唐日松译,北京:华夏出版社,2007 年版,第51、72 页。

②　〔瑞士〕西斯蒙第:《政治经济学新原理》,北京:商务印书馆,1997 年版,第 81 页。

③　〔法〕萨伊:《政治经济学概论》,北京:商务印书馆,1997 年版,第 459、149 页。

好的技术知识所能生产出的每一种物品也都有个有限的最大数量。"①正因为社会资源是稀缺的,所以人们才需要从节约的原则出发,考虑如何充分利用现有资源,才需要考虑生产什么、怎样生产和为谁生产,从而才产生经济理论研究和经济学这门学科。如果社会资源不是稀缺的,任何商品都可以无限地生产出来,那么一切商品都不是经济物品而变为和空气一样可以自由取用的物品,这样就不会有经济理论研究和经济学这门科学了。劳埃德·雷诺兹说:"稀缺性是经济的根本。如果所有物品,都像空气一样,自由免费取用,那就没有必要节省资源,也就没有经济问题。"②由此可见,实现节约是西方经济理论研究的出发点和立论依据。

二、现代西方经济学的研究对象是节约

经济学的研究对象从古典经济学开始就有论述,例如亚当·斯密认为经济学是研究财富的性质和增长的科学;萨伊认为经济学是分析财富怎样生产、分配和消费的科学;马歇尔认为经济学是说明人类一般事物的学问;现代西方经济学家的代表人物萨缪尔森则认为经济学研究人和社会如何作出科学选择,使稀缺资源得到有效利用,并分析改善资源配置形式所需的代价和可能得到的利益。当代西方经济学家总结了前人的看法,提出经济学主要是分析研究如何在资源稀缺的条件下,通过有效的选择,使资源得到合理的利用,从而使耗费最小,收益最大。美国经济学家劳埃德·雷诺兹则在其所著《宏观经济学》中,一开始就指出:"经济学是研究节省的,这是我们每天都要干的事。我们不得不节省,因为我们缺乏。"③美国经济学家、1982 年诺贝尔经济学奖得主斯蒂格勒说:"经济学理论的中心问题是分析经济制度、激励系统对资源使用效率的作用。无论经济学家研究的是资本主义还是社会主义经济制度,这应当是他们最关注的问题。"④尽管他们表述的方式不同,但都说明了节约是经济学的研究对象。

三、现代西方经济学研究的中心内容是节约

萨缪尔森在他的《经济学》一书中明确指出:"效率是经济学所要研究的一个中心问题(也许是唯一的中心问题)。效率意味着不存在浪费。"⑤萨缪尔森的这一认识,可谓揭示了经济学的真谛。任何一门经济学都要研究效率问题,其实质是

①　〔美〕萨缪尔森:《经济学(第 12 版)》上册,北京:中国发展出版社,1992 年版,第 4 页。
②　〔美〕劳埃德·雷诺兹:《宏观经济学》,北京:商务印书馆,1983 年版,第 16 页。
③　〔美〕劳埃德·雷诺兹:《宏观经济学》,北京:商务印书馆,1983 年版,第 4 页。
④　〔美〕斯蒂格勒:《产业组织与政府管制》,上海:上海三联书店、上海人民出版社,1996 年版,"中文版序言"第 2 页。
⑤　〔美〕萨缪尔森:《经济学(第 12 版)》上册,北京:中国发展出版社,1992 年版,第 45 页。

研究如何克服浪费，实现节约。古典经济学的鼻祖威廉·配第强调为了提高效率，要"采用节省劳动和便利劳动的方法"；斯密详细研究的分工问题，其实质亦在于提高效率；李嘉图主要从复杂劳动的角度研究效率问题；以泰罗为代表的资产阶级经济管理学家，侧重于从实证的角度研究效率问题。

四、现代西方经济学所使用的研究方法是为了实现节约

西方经济理论在其发展过程中，创立了许多对经济活动进行分析的方法，如实证分析法、规范分析法、静态分析法、动态分析法、个量分析法、总量分析法、经济模型分析法、存量—流量分析法、边际分析法、制度分析法、均衡分析法等。西方经济学家利用这些方法从不同的角度对各项经济活动进行评价和分析，从而实现资源的最优配置，使经济效益最大化。例如，西方经济学在分析产品成本时采用了边际分析法，即通过计算边际成本，反映生产的经济效益。所谓边际成本是指随产量的变动总成本的变动量，或者说增加一单位产品所带来的成本增加量。如果边际成本增加，说明产量的增加导致了成本更大幅度的增加，经济效益下降，其中必然存在浪费；如果边际成本下降，说明由于增加产量提高了经济效益，实现了节约。在成本分析中还使用了经济模型分析法以反映各因素对产品成本和经济效益的影响，使用动态分析法反映产品成本的变化情况，说明节约或浪费的程度。

五、现代西方经济学重视技术进步是为了实现节约

众所周知，西方经济学十分重视技术进步的研究，其目的不是为了社会进步，而是为了劳动时间的节约，以获取更多的利润。例如，英国经济学家 J. 希克斯把技术进步分为三种类型，即节约资本的、节约劳动的和中性的。如果技术进步提高了资本边际生产力对劳动边际生产力的比率，换言之，如果技术进步以后生产函数的劳动边际生产力的提高低于资本边际生产力的提高，就是节约劳动的技术进步。这种技术进步使国民收入分配中利润的相对份额上升，而工资的相对份额降低。英国经济学家 R. 哈罗德的解释是，如果在技术进步前后两个生产函数利润率相等的点上，技术进步以后的生产函数有较高的资本—产量比率（k/y），即为节约劳动的技术进步。简而言之，节约劳动的技术进步就是在技术进步中更多地使用了资本，更少地使用了劳动，从而使资本—产量比率提高。如果技术进步降低了资本边际生产力对劳动边际生产力的比率，换言之，如果技术进步以后生产函数的劳动边际生产力的提高大于资本边际生产力的提高，就是节约资本的技术进步。这种技术进步使国民收入分配中利润的相对份额下降，而工资的相对份额提高。R. 哈罗德的解释是，如果在技术进步前后两个生产函数利润率相等的点上，技术进步以后的生产函数有较低的资本—产量比率（k/y），即为节约资本的技术进步。简而言之，节约

资本的技术进步就是在技术进步中更多地使用了劳动,更少地使用了资本,从而使资本—产量比率下降。[1] 撇开西方资产阶级经济理论的特有阶级性,其有关节约理论对于我们今天转变经济增长方式、建设节约型社会,是有一定借鉴作用的。

另外,发展经济学、产业经济学、信息经济学、技术经济学等学科均以不同角度研究了节约与效率的问题,在此不拟展开论述。

第三节　新制度经济学的节约理论

新制度经济学(New Institutional Economics)发端于20世纪60年代,它属于现代西方经济学的一个流派,但它的节约理论有其独到之处,因此,这里将它单独提出来介绍。

该学派使用制度分析的方法来研究经济问题,用制度变迁来解释经济增长,近年来受到社会各界的普遍关注,尤其是20世纪90年代初两位代表人物科斯于1991年、诺斯于1993年获得诺贝尔经济学奖后使其影响达到了高峰。新制度经济学强调制度本身就是人们追求效率的结果,制度是影响效率的重要因素。

新制度经济学提出了著名的交易成本理论,交易成本(或交易费用)是新制度经济学中一个极为重要的概念,由于创始人科斯没有给出交易成本的确切定义,后人在解释这一概念时出现了百花齐放的现象。科斯自己认为,谈判、协调、签约等都有一定费用,这个费用就是交易费用。在众多的定义中,比较有权威的是库特所下的定义,他认为,交易费用可以分为狭义的和广义的两种。狭义的交易费用是指一次交易所花费的时间和精力。市场经济处处都需要交易,每笔交易都要花费时间和精力,时间和精力都可以算钱,算成成本或费用,这就是交易费用。广义的交易费用则指的是协商、谈判和履行协议所需的各种资源的使用,即制定谈判策略、掌握信息、谈判的时间、履约及诉讼等,这一系列的费用都是交易费用。[2] 科斯制度起源的思想揭示了交易费用与制度形成之间的关系。交易费用的存在导致制度的产生,制度的运行有利于降低交易费用。企业正是因为能够节约交易成本而存在,企业内的市场交易被取消,组合在企业内部的各种生产要素不必彼此签订一系列买卖合同,原来用于签订和执行市场合同的费用被节约了。

现代市场经济条件下,交易成本在整个经济中所占比重很大。因为随着分工的深化,分工参与者之间的交易会越来越频繁,交易的范围也会越来越广阔,因此

---

① 参见梁小民等主编:《经济学大辞典》,北京:团结出版社,1994年版,第104页。
② 参见丁冰、张连成主编:《现代西方经济学说》(修订版),北京:中国经济出版社,2002年版,第330—331页。

用于交易的资源也会越来越多。D. 诺斯指出,到 20 世纪 70 年代,美国国民收入里有近一半用于交易。① 威廉姆森从降低交易费用出发得出结论,对于企业合并和转手应予以容忍,因为这种行为使得交易成本最小化,是追求效率而不是运用权力造成了企业的兼并运动。② 以威廉姆森为代表的新制度经济学家认为,经济学的冷漠态度阻碍了公司资本主义的效率,反托拉斯政策应该允许企业合并或允许采取相应办法以使交易成本最小;对于自由放任理论,新制度主义以不同方式认为,如果它能够充分发挥作用,同样能使公司体系的效率最高。③

此外,有一些经济学家认为制度的基本功能是节约和再分配。林毅夫和鲁金特(J. Y. Lin and J. B. Nugent, 1995)就明确提出,制度最基本的功能是节约,即让一个或更多的经济人在增进自身福利时而不使其他人的福利减少;或让经济人在他们的预算约束下达到更高的目标水平。④ 我们认为制度和技术一样,均可以划分为节约劳动的、节约资本的及中间性的。

行业协会、商会的蓬勃发展也是适应减少交易成本的需要。行业协会是具有同一、相似或相近市场地位的特殊部门的经济行为人组织起来的,界定和促进本部门公共利益的集体性组织。行业协会是一种管制方式,借助于它,同行企业相互联合,并将权力授予一个中心组织,以增进共同利益,管制行业内行为,并使产业内成员及那些其战略和行为能危害行业利益的成员之间的关系有序化。⑤ 从新制度经济学的角度看,行业协会最重要的功能是节约交易费用,尤其是其中的信息搜寻费用。商会具有明显的地域特征,是某一地区的商人的自律性、服务性组织,功能与行业协会相同。自产业革命以来,生产力水平不断提高,生产迅速发展,产品种类日渐丰富,分工越来越细,交易越来越频繁,贸易日趋扩大,相应的信息搜寻成本也逐渐升高。发达市场经济国家的很大优势在于完整的制度安排和众多的中介组织帮助市场主体降低交易成本。

第四节　苏联及原东欧经济学关于节约的理论

一、苏联经济学对节约问题的探索

苏联是世界上第一个社会主义国家,建国初期的经济条件很差,勤俭节约受到

---

① 参见吴敬琏:《中国增长模式抉择》,上海:上海远东出版社,2006 年版,第 84 页。
② 参见罗必良主编:《新制度经济学》,太原:山西经济出版社,2005 年版,第 33 页。
③ 参见罗必良主编:《新制度经济学》,太原:山西经济出版社,2005 年版,第 35 页。
④ 参见张培刚:《农业与工业化(中下合卷)——农业国工业化问题再论》,武汉:华中科技大学出版社,2002 年版,第 128 页。
⑤ 参见余晖等:《行业协会及其在中国的发展:理论与案例》,北京:经济管理出版社,2002 年版,第 8 页。

特别的重视。归纳起来,苏联党政主要领导人和理论界对节约问题的主要观点有:

(一)列宁及苏联有关学者关于节约的认识

一是强调节约的重要性。对于节约的功能,列宁指出:"普通工人起来承担艰苦的劳动,奋不顾身地设法提高劳动生产率,保护每一普特粮食、煤、铁及其他产品,……这也是共产主义的开始。"①俄共(布)党第十一次代表大会在《党在恢复经济方面的当前任务》的决议中指出:必须把苏维埃共和国的各种开支缩减到最低限度,使之符合于现有的条件。代表会议还指出:应该毫不怀疑地实行缩减国家开支,因为如果不缩减国家的各项开支,那么国民经济的恢复就不可能。聂莫夫提出"节约地利用好自己工作日中的每一小时、每一分钟的时间,这一点是极其重要的"。② 苏联共产党第十九次党的代表大会很重视实行节约制度,把节约制度当做进一步发展国民经济的极其重要的杠杆。党代会指令一切大小经济建设部门都要坚定不移地贯彻节约制度,都要提高企业的盈利。③ 二是提出并概括了节约制度和节约方法。列宁第一次提出了关于节约制度的问题。简单地说,节约制度就是:"在工业、运输业、建筑业、农业中更好地、没有浪费和损失地组织社会生产;靠节省地使用一切生产资料——机器设备、原材料等,靠提高劳动生产率,以当家做主态度利用国家的每一个戈比,来更多地制造产品。"④节约潜力的大小在于用什么方法充分利用节约的源泉:节约劳动、节约原材料和节约货币。节约的方法表明用什么方法可以利用这些源泉。三是认识到了节约的长期性,并上升到经营方法的高度。苏联当时有学者指出,党号召我们遵守的节约制度,并不是转眼即过的运动,而是社会主义的经营方法。四是认识到节约不会妨碍经济社会的发展。当时有研究者指出,我国社会生活中遵行节约制度,并不是为了对苏维埃人的需要作什么样的限制,而是为了更好地、更充分地满足他们日益增长的需要;生产资源越能充分地、合理地加以利用,我们就越能精打细算地管理我们的经济,那么我们在国民经济各部门的发展前途就越大,我们在提高人民物质和文化生活方面获得的成绩也就越大;我们越是节约地、合理地安排社会主义生产,越是顺利地完成国家计划,那我们伟大的祖国就越能富足、强盛,苏维埃的幸福和文化就越能提高。五是认识到节约法则不是自动起作用的。研究者认为"节约时间法则和一切经济法则一样,在我国不是自动地起着作用的"。⑤ 节约法则即节约规律是社会规律,其作用的发挥必须参与人的活动,通过人的活动才能实现其作用。六是认识到提高劳

---

① 《列宁选集》第4卷,北京:人民出版社,1995年版,第17页。
② 〔苏〕聂莫夫:《节约有什么好处》,王青译,北京:工人出版社,1954年版,第7页。
③ 参见〔苏〕聂莫夫:《节约有什么好处》,王青译,北京:工人出版社,1954年版,第8页。
④ 〔苏〕卡西莫夫斯基:《节约制度》,清河译,北京:时代出版社,1954年版,第27页。
⑤ 〔苏〕卡西莫夫斯基:《节约制度》,清河译,北京:时代出版社,1954年版,第26页。

动者文化技术水平的重要性,认为提高劳动人民的文化技术水平的节约是最重要方法。七是总结归纳了一些可操作性的节约手段,主要包括:先进工人、工程技术人员、职员、班组、工段、车间和企业集体,分别设立节约分户账[①];实行工人监督政策[②],制定经济预算并实行核算制度;消除设备的停歇现象,充分地利用生产场地;开展劳动竞赛,实行机械化,采用先进的工艺;把节约当做政治任务;"向浪费现象、不负责现象、不懂商业现象进行无情的斗争",实行奖励工资制度,等等。这些措施收到了显著的成效,从 1927 年到 1930 年期间,苏联工业产品成本降低将近19%,即节约了 70 多亿卢布。同期,行政管理费用缩减了近 20%。[③]

(二)苏联有关学者关于节约方法和制度的研究

苏联经济学家康托罗维奇创立了"解乘数法",为线性规划在生产和管理活动中的广泛应用奠定了基础。1939 年他的专著《生产组织和计划的数学方法》问世。他在书中指出,企业要提高劳动生产率,不仅要改进技术,而且要改进生产组织和计划方法,使之合理化、科学化。"解乘数法"的提出正是为了这一目的。1950 年,列宁格勒的一家列车车厢制造厂首次应用这一方法进行合理投料,获得了很大的经济效益,并为西方经济学界所知。[④] 在另一本著作《资源最优利用的经济计算》中,康托罗维奇提出了"客观制约估价"理论。概括地说,对某一资源的客观制约估价是指在最优计划条件下节约一个单位的这种资源所需多消耗的劳动量。或者反过来说,是指在最优计划下使用一个单位的这种资源所能节约的劳动量。在经济政策上,他主张提高稀缺资源的价格,也要提高使用稀缺资源生产的产品的价格。这样做的好处在于:一是根据资源的效率制定合理的价格,有助于实现资源的最优利用;二是可以促使企业少用紧缺资源,而用低廉的不稀缺的资源来代替,以减少浪费。

苏联 1981 年出版,由 М. И. 沃尔科夫主编的《政治经济学辞典》(第二版)中也提出了"节约制度"的概念:保证在一切活动领域中尽力节约和最有效地利用活劳动和物化劳动的社会主义经营方法。这个提法比列宁的观点更全面、更科学。苏共纲领把节约制度的实质规定如下:"以最小的消耗取得有益于社会的最大成果,这是确定不移的经济建设法规。"[⑤]节约是提高社会生产效率的主要条件之一。

---

① 参见〔苏〕莫依谢也夫、彼特罗相:《经济机制一百题》,郑力等译,北京:中国社会科学出版社,1984 年版,第 158 页。

② 参见〔苏〕卡西莫夫斯基:《节约制度》,清河译,北京:时代出版社,1954 年版,第 27 页。

③ 参见〔苏〕卡西莫夫斯基:《节约制度》,清河译,北京:时代出版社,1954 年版,第 33 页。"行政管理费用缩减"的比例是根据文中数据计算得到的。

④ 参见洪银兴等:《当代东欧经济学流派》,北京:中国经济出版社,1988 年版,第 284—285 页。

⑤ 〔苏〕沃尔科夫等主编:《政治经济学辞典(第 2 版)》,吕亿环等译,北京:北京师范大学出版社,1984 年版,第 34 页。

该书论述了在生产领域、非生产领域节约的作用,认为在生产领域内厉行节约,能够在现有生产资源条件下增加产品的生产,降低单位产品生产中的劳动和资金的消耗,加快经济发展速度,归根结底能充分满足社会需要。在非生产领域内厉行节约有助于降低向居民提供劳务的价值,增加劳务数量和以最小消耗改进劳务质量。

当然,由于时代的局限性和政治环境的原因,苏联的节约理论还有诸多不足乃至错误之处,例如,他们认为"社会主义经济所固有的节约性,完全是从我国生产制度的本质而来,从它较之资本主义的根本特点和优越性而来"。① 其实节约制度没有阶级或者社会属性,而是一种客观经济规律。一些学者对资本主义经济增长的批评也是不符合实际的,带有很大的偏见。

二、原东欧经济学的节约理论

原东欧经济学以马克思主义经济学为理论基础,以社会主义经济关系为研究对象,研究和探讨了节约问题,有些理论无法实践,这些理论只能看做是对节约问题的探索。

(一)波兰经济学家对节约问题的探索

波兰经济学家布鲁斯分析了计划管理分权化的必要性。他认为,在信息系统容量和中央处理资料能力不足的情况下,使得提供的信息速度减慢、内容失真,加上已有的既得利益制度,会使信息失真的情况变得更为严重。在这种情况下,坚持集权型的、详尽的、直接计划化的老方法,不仅会导致效率的降低,而且还可能失去对经济过程中许多环节的控制。② 可见在信息不充分的情况下,实行中央集权化、计划化管理会带来低效率,引发浪费。经过多位学者研究,计划管理分权化成为东欧经济学的主流思想。

奥斯卡·兰格是波兰著名的经济学家和社会活动家,他深入研究了社会主义经济运行问题,提出了著名的"兰格模式"。他在社会主义经济建设的实践中也感觉到,生产资料公有制并不能代替社会资源配置问题的解决,社会主义仍然存在提高经济效果的问题。他认为,社会主义经济计划必须十分重视经济活动的合理性和经济活动的有效性,因而提出了"合理活动的效果学",节约是合理活动效果学的范畴之一。③

(二)匈牙利经济学家对节约问题的探索

亚诺什·科尔内是著名的经济学家。他将社会主义国家的经济问题概括为两

---

① 〔苏〕聂莫夫:《节约有什么好处》,王青译,北京:工人出版社,1954 年版,第 12 页。

② 参见洪银兴等:《当代东欧经济学流派》,北京:中国经济出版社,1988 年版,第 6 页。

③ 参见洪银兴等:《当代东欧经济学流派》,北京:中国经济出版社,1988 年版,第 83—85 页。

个字:短缺,为此创立了短缺经济学。科尔内认为,社会生产都要受到两种制约:一是资源,二是需求。在资本主义社会,经济发展主要是受需求不足所困扰,而在社会主义国家,却是资源短缺拖经济发展的后腿。所以,在资本主义国家,解决需求不足引起的失业问题,便是经济学家的梦想,而对社会主义而言,问题的症结不是资源利用不足,而是过热,不是有效需求太低,而是太高,不是到处失业,而是劳动力供不应求。所以,科尔内深刻地指出,正如充分就业是西方经济学关注的中心,理解社会主义经济问题,短缺也是一把必不可少的开门钥匙。[1] 科尔内指出,行政性控制和真正的市场的运行不能人为地搅拌在一起。市场的活力、创新活动的活跃和充分的责任感要有一个最低限度的稳定的自主权。如果行政干预的频率和强度超过了临界值,市场的朝气和活力就会让位于服从垂直依赖的被动活动,由此引起的损失是:主动性、创新性和灵活性的减弱,投入—产出组合的无效率,设备和劳动力利用率降低,技术进步变慢,对市场需求的适应性既慢又差。[2] 可见,过多的干预会抑制创新,降低效率,造成浪费。

短缺带来了严重的后果:人们为此忐忑不安,生活质量大打折扣;社会生产效率降低,大量宝贵资源被白白浪费;原本温馨和谐的人际关系遭到破坏,人们变得妒忌而多疑;技术革新缺乏激励,致使经济发展缺乏原动力,如此等等。科尔内据此指出,社会主义经济改革的目标之一,就是消除短缺。他还建议把消除短缺作为经济改革成功与否的重要标志,认为哪儿短缺消失了,改革就在哪儿取得了成功;如果短缺依然存在,那就意味着改革还没有到位。

科尔内认为,在传统的社会主义集权经济体制下存在着一种短缺常态(科尔内用"短缺保留"和"正常的短缺"来表述这种短缺常态),与此并存的是一种低效率常态。短缺常态导源于低效率常态,而低效率常态实质上又是特定体制下的社会经济系统运行费用过高的反映。[3]

(三)捷克斯洛伐克经济学家对节约问题的探索

捷克斯洛伐克的经济学家奥塔·锡克研究了经济改革理论,较早地批判了传统社会主义经济体制的弊端,较早提出了社会主义经济改革模式。他认为劳动主体只有借助于商品货币关系,才能有效地使用生产资料,降低生产费用,从而对发展新的符合消费需要的生产产生浓厚的兴趣。[4] 他概括了社会主义计划应该遵循的一些最基本的规律,指出:社会生产必须使使用价值在不断提高劳动生产率并在

---

① 参见王东京:《短缺经济与"父爱主义"》,载《中国经济时报》2001 年 9 月 13 日。

② 参见洪银兴等:《当代东欧经济学流派》,北京:中国经济出版社,1988 年版,第 14—15 页。

③ 参见胡汝银:《低效率经济学:集权体制理论的重新思考》,上海:上海三联书店、上海人民出版社,1995 年版,第 61 页。

④ 参见洪银兴等:《当代东欧经济学流派》,北京:中国经济出版社,1988 年版,第 188 页。

充分利用和扩大社会的一切生产源泉的条件下发展(节约时间的规律)。锡克看到了高度集权的国有制经济存在着劳动者与生产资料实际处于分离状态,工人依然处于被雇佣的地位,不会主动关心企业的生产发展;职工不受利益约束,企业领导的收入也与企业经营状况无关,致使企业普遍缺少责任感,造成社会经济效益普遍低下,自然引发了很大的浪费。

第五节 部门经济学及有关边缘学科的节约理论

一、部门经济学的节约理论

部门经济学是适应社会经济的发展和经济管理的需要而创立和发展起来的。尽管它们有不同的研究对象、研究内容和研究方法,但它们都有一个共同的目的,那就是节约社会劳动,提高经济效益。即通过对国民经济各部门经济活动的具体分析研究,为国家和部门进行科学管理和决策提供依据,从而减少各种浪费和损失。由于部门经济学种类繁多,我们在此不可能一一进行论证,只通过有关学科加以说明。

会计学在我国历史上是一门创立较早的管理学科①,从《周礼》中有"会计"记载算起,至今已有 2000 多年的历史。它的核心就是为了节约,这一点从会计的两个职能上就可以得到体现。会计的两个基本职能是核算与监督。核算是基础,监督是核心。核算的目的在于了解和控制生产过程,达到以最少的资金占用,最小的劳动消耗,获得最多的经济效果。监督的任务有三个:一是保证成本、财务计划的认真贯彻执行,节约使用资金,加强计划管理,提高经营管理水平;二是保证国家和企业财产的安全和完整,认真执行财产物资的验收、保管、领用、转移等制度,及时、正确、详细地分析财产物资的增、减变化情况,使各项财产物资不发生浪费和损失;三是维护财经纪律,经常进行财经纪律检查,及时揭露贪污、盗窃、损失浪费等不法行为。由此观之,节约是会计学研究的核心内容。

金融学是研究人们在不确定的环境中如何进行资源的时间配置的学科。金融决策的成本和效益是在时间上分布的,而且决策者和任何其他人是无法预先知道的。这是金融决策区别于其他资源配置决策的两个特点。② 可见,金融学突出研究了跨时期和不可预测条件下的资源配置问题,提高效率依然是它的重点。

---

① 世界各国公认的会计起源于 1494 年。意大利学者帕西奥里在其 1494 年出版的《算术、几何、比与比例概要》一书中的第 1 部第 9 篇第 11 节,以"计算与记录详论"为题,系统介绍了当时流行的"威尼斯簿记法",并结合数学原理从理论上加以概括,为会计学的产生奠定了基础。

② 参见〔美〕兹维·博迪、罗伯特·C.莫顿:《金融学》,欧阳颖等译,北京:中国人民大学出版社,2000 年版,第 4 页。

　　财政学作为一门专门研究国家财政收入和支出关系的科学,节约则被提到了更高的地位。在财政支出中,有两条最重要的原则,即量入为出和厉行节约。所谓量入为出原则,就是指在收入既定的前提下,根据收入安排支出,支出不能超过收入。在国家财政收入一定的情况下,量入为出实际上就是要求减少各种不必要的开支,把有限的资金全部用于国家的客观需要上。厉行节约原则是直接要求在财政支出中讲究节约,减少浪费。以尽量少的资金占用和耗费取得尽可能好的经济效益,做到少花钱,多办事。毛泽东曾经明确指出:"财政的支出,应该根据节省的方针。应该使一切政府工作人员明白,贪污和浪费是极大的犯罪。"①因此,我们认为,节约问题也是财政学研究的中心问题。

　　在农业经济学中,最早使用了"粗放"、"集约"的概念,当时称"粗放经营"和"集约经营"主要在农业领域,后来才被引申到整个经济领域。最初,粗放经营的含义是指一定的生产资料和劳动分散地投在较多的土地上进行粗耕简作的经营方式;集约经营则指在一定土地面积上集中投入较多的生产资料和劳动,进行精耕细作的经营方式。前者通过扩大耕地面积,广种薄收,增加总产;后者借助增大投入,精耕细作提高单产。

　　除会计学、金融学、财政学、农业经济学以外,其他所有的部门经济学,如统计学、货币银行学、工业经济学、企业管理学等等,无一不研究节约问题,无一不是为了克服浪费,提高全社会的经济效益而产生、存在和发展。

二、有关边缘学科关于节约的理论

　　随着文理学科相互渗透,许多边缘学科不断产生。在众多的边缘学科中,关于节约的理论颇多,这里仅举例说明。

　　工效学②,又称"人体工程学"。研究人们在生产劳动中的工作效率、工作方法、工作程序、疲劳规律、人—机匹配以及在工程技术总设计中人—机关系的一门科学。工效学是20世纪50年代出现的一门新兴的边缘学科。它的分支学科主要有人体测量学、生物力学、劳动生理学、环境生理学、工程心理学等。其目的是解决作业活动中的效率问题,使人、设备、工作地等作为一个整体发挥功能,以尽可能少的人力、物力和时间消耗,获得尽可能多的劳动成果,提高经济效益。

　　药物经济学是一门新兴的边缘学科,它涉及经济学、临床医学、药物治疗学、流行病学、决策学及生物统计学等诸多领域。具体而言,药物经济学是应用现代经济

---

① 《毛泽东选集》第一卷,北京:人民出版社,1991年版,第134页。
② 参见刘树成主编:《现代经济辞典》,南京:凤凰出版社、江苏人民出版社,2005年版,第268—269页。

学的研究手段结合流行病学、生物统计学、临床医学等研究成果,全方位地分析评价药物治疗与其他治疗(如手术治疗)、不同种药物治疗方案以及不同医疗社会服务的成本效益或效果及效用。[①] 药物经济学的研究目的是从整个人群来考虑如何合理分配和使用有限的卫生资源和医药经费,努力使药物既高效安全又经济地为病人服务,以最低的药物治疗费用收到最好的医疗保健效果。[②] 可见,这门学科也在研究节约经费、提高效益问题。

第六节　外国经济学及其他经济学节约理论评价

西方经济学和苏联及原东欧的经济学都研究了节约问题,在理论研究和实践发展上推动了节约的实现。西方经济学和苏联及原东欧的经济学对节约问题的研究内容都比较庞杂,但西方经济学明显地在理论层次上和实践价值上高于苏联经济学和原东欧经济学。因此,本节首先对西方经济学节约理论进行评价,然后对苏联及原东欧的经济学进行简要评价。

一、西方经济学节约理论的特征

概括起来,西方经济学关于节约的理论有三个方面的特征。

(一)普遍性

如前所述,西方经济学立论的基础就是要解决资源的稀缺性与人类需求无限性之间的矛盾,因此西方经济学科中很多分支都是直接或者间接研究节约问题的,如新制度经济学、会计学等。从亚当·斯密开始的很多西方经济学家都在关注节约问题,研究实现节约的方法和政策。劳埃德·雷诺兹说:"稀缺是经济的根本。如果所有物品都像空气一样,自由免费取用,那就没有必要节约资源,也就没有经济问题了。"[③]随着世界人口的增加,资源越来越短缺,在这种现实面前,所有的经济学都必然研究这一问题。以资源稀缺作为立论前提的西方经济学更加是这样。多少年来,诺贝尔经济学奖的成果几乎无不与减少经济运行中的损失,提高经济效率有关。可见,西方经济学对节约问题的研究具有普遍性,节约理论已经成为西方经济学中重要的理论。

---

　① 参见陈英、屈建:《浅谈药物经济学在医院中的应用和价值》,载《安徽医药》2001年第4期。

　② 参见郭澄、张纯、邵元福:《药物经济学对医院工作的指导作用》,载《中国医院管理》1996年第9期。

　③ 转引自寿嘉华主编:《国土资源管理理论与实践》,北京:经济管理出版社,1999年版,第371页。

（二）实践性

注重理论的实际运用是西方经济学赖以生存和发展的重要特征。西方经济学的理论比较接近于实际，特别是善于将实际经济问题抽象化，对节约问题的研究也不例外。西方经济学家运用实证分析法、动态分析法、经济模型分析法、边际分析法、制度分析法等方法研究节约问题，具有很强的实践性。西方经济学运用边际成本来研究生产问题，运用边际消费倾向来研究消费问题，等等。这些理论成果被运用到生产管理中去，起到了很大作用。西方经济理论从产生到发展都是围绕着经济发展这个主题，基本上回避了意识形态问题的争论，以研究稀缺资源的有效配置、创造最大财富为目标。西方国家经济发达，与西方经济学注重实际和西方国家的执政者重视经济理论都是分不开的。

（三）定量性

注重运用数学模型对经济问题进行定量分析是西方经济学的一大特点，马克思指出："一种科学只有在成功地运用数学时，才算达到真正完善的地步。"[1]西方经济学重视定量分析，这在一定程度上也成为判别其科学性的根据之一。事实证明，这种研究方法在研究资金使用、资源利用等方面具有无可比拟的优越性，能够一目了然地看清问题。后来兴起的计量方法是定量分析方法的进一步发展，计量方法就是将统计学、经济理论和数学结合起来研究经济问题的方法，这种方法已被普遍认可，在实际中也发挥了重要作用。计量经济学已经成为重要的经济学科[2]，克莱因认为，计量经济学已经在经济学科中居于最重要的地位。萨缪尔森说，第二次世界大战后的经济学是计量经济学的时代。

二、西方经济学节约理论的地位

（一）节约理论是西方经济学的重要内容

研究稀缺性资源的利用问题在西方经济学中占有重要地位。西方经济学研究的逻辑起点就是节约使用稀缺资源，充分发挥稀缺资源的价值。西方经济学研究的中心问题也在于节约，运用的研究方法也是为了实现节约，西方经济学研究人力资源、制度、技术等问题的目的也在于实现节约。可见，节约理论在西方经济学中占有十分重要的地位。

（二）节约理论是政府制定政策的理论依据

西方经济学重视研究成果的实用性，不少理论被政府采纳作为制定政策的理

---

① 转引自黄铁苗主编：《节约经济学》，北京：中国金融出版社，1990年版，第17页。

② 广义计量经济学是利用经济理论、数学以及统计学定量研究经济现象的经济计量方法的统称，包括回归分析方法、投入产出分析方法、时间序列分析方法等。狭义计量经济学，也就是我们通常所说的计量经济学，以揭示经济现象中的因果关系为目的，在数学上主要应用回归分析方法。

论依据。例如,将反通货膨胀的理论运用到经济管理中,就可以在很大程度上遏制或者避免因通货膨胀造成的巨大浪费和损失;将计量经济模型预测的成果运用到经济规划中去,可以明确投资方向,减少浪费,这一点是显而易见的。西方政府采取扩大就业、加强人力资源培养、反对垄断、优化产业结构、发展生产性服务业等措施都是根据西方经济学的节约理论提出来的。

(三)节约理论是西方社会主流意识形态的组成部分

当今的西方国家在经济上是发达的,在社会文明程度方面相对也比较高。撇开意识形态的争论,西方社会的主流思想是代表先进文明的。节约作为一种文明社会的意识,在西方社会主流意识中是占据一定位置的,很多西方人崇尚节俭美德,西方政府在管理中也注重培养了这种精神。同时,西方国家十分重视运用法制的力量促进全社会的节约。

三、西方经济学节约理论的意义

西方经济学节约理论的意义可以概括为理论意义和实践意义两个方面。

(一)理论意义

西方经济学的节约理论避开意识形态之争,从人类面临资源短缺的实际出发,明确了经济科学的研究对象,即有效配置稀缺性资源,以较少的投入获得较多的产出,也就是节约。节约理论还丰富了经济学的研究内容,使一些实际问题被纳入到经济学研究的范畴之中,用以指导经济管理的实践。节约理论使经济学的研究进入了一个新阶段,这就是如何提高有限资源的使用效率;同时,它使东西方的经济研究逐步形成了共识,这就是研究节约问题。

(二)实践意义

西方国家依据西方经济学节约理论制定并实施的政策有效地推动了经济发展,缓解了资源有限和需求无限之间的矛盾,避免和减少了一些因通货膨胀等问题造成的浪费损失。新时期,全球市场化改革的趋势加速了西方经济学理论的传播,很多后起国家都在积极学习借鉴西方经济学的理论和方法,作为制定改革政策的依据,这样一来就在更广范围促进了人类社会的可持续发展。

四、苏联及原东欧经济学节约理论评价

苏联及原东欧各国的经济学从不同角度对节约问题进行了探索,对此可以从三个方面来评价:一是一些建议的实践效果是好的。苏联有的经济学家注重从定量的角度来论证节约问题,这一点与西方经济学家的研究比较相近。例如,康托罗维奇创立了"解乘数法"和"客观制约估价"理论,在生产实践中取得了可喜成效。二是有的理论成果能够接触到问题的本质,提出从改革经济体制入手解决浪费问

题。例如,波兰经济学家布鲁斯分析了计划管理分权化的必要性,奥斯卡·兰格认为,社会主义经济计划必须十分重视经济活动的合理性和经济活动的有效性,因而提出了"合理活动的效果学",节约是合理活动效果学的范畴之一。[①] 亚诺什·科尔内从短缺的角度分析了生产中的节约问题。奥塔·锡克研究了经济改革理论,较早地批判了传统社会主义经济体制的弊端,较早提出了社会主义经济改革模式。三是总体研究水平不足。总的来看,苏联的经济学家主要是从意识形态上来论证节约的,其论点无非是因为穷,所以省着点。他们的研究或者是不敢或者是不能深入到节约问题的本质,政治色彩较浓。由于各种原因,苏联的节约理论还有诸多不足乃至错误之处,例如,他们认为"社会主义经济所固有的节约性,完全是从我国生产制度的本质而来,从它较之资本主义的根本特点和优越性而来"。[②] 其实节约制度没有阶级或者社会属性,而是一种客观经济规律。一些学者对资本主义经济增长的批评也是不符合实际的,带有很大的偏见。

这里还需要说明的是,新制度经济学是从制度变迁的角度,部门经济学是从不同部门的特点,有关边缘学科也是从各自不同学科的特点出发研究节约问题。限于篇幅,这里不一一评价。

---

① 参见洪银兴等:《当代东欧经济学流派》,北京:中国经济出版社,1988 年版,第 83—85 页。

② 〔苏〕聂莫夫著,王青译:《节约有什么好处》,北京:工人出版社,1954 年版,第 12 页。

第 五 章
中国传统节约理论

中国是世界四大文明古国之一,不仅历史悠久,而且具有灿烂的民族文化和丰富的学术思想。虽然我国古代的理论成果相对于现代学科体系来说是不系统和非专业化的,各种理论观点和思想主张主要散见于一些思想家、政治家、历史学家、文学家的著述之中。但在卷帙浩繁的中国古代著作中,有关节约的理论和主张却源远流长、日臻完善。

中国传统的节约理论有一个产生、形成和发展完善的过程。早期主要是零碎的节约思想或理念。受当时生产力水平低下,物质资料严重缺乏的影响,人们的心灵深处早就有一种为了生存和发展,必须节约,必须爱惜有限的物质财富这样一种自觉或不自觉的行为习惯或处事方式。但以《论语》、《尚书》、《道德经》、《墨子》、《管子》等为代表的中华文化经典名篇传世以来,传统的节俭的思想就逐步从个人转向社会、民族、国家,从个人的道德修养升华为治国安邦之道。特别是自汉独尊儒术之后,历经魏晋南北朝隋唐宋直至元明清,历朝历代的明君贤臣、志士仁人都在倡导节俭、节约,并对前人的思想不断补充和完善。可以说中华民族对节约问题的认识过程是一个由感性到理性的过程,由一般生活感悟,到系统的思想认识和理论总结的过程。经过中华民族一代又一代的不断补充和实践,形成了独具特色的中国传统节约理论体系。在中国历史上,一些身居高位而节俭自守者,受到赞誉,广为传颂,载入史册;相反,那些荒淫无耻,挥霍无度,导致家破国亡者,则被世人作为反面教材,警示后人。可以说,节约作为普及最广、传播时间最长的美德之一,贯穿于中华民族的全部历史。

第一节　中国传统节约理论的起源

中华民族的先人在与自然相处和长期的社会生产、生活实践中,很早就认识到了"勤俭节约"的必要性和重要性。

据《史记》记载,轩辕黄帝就倡导"劳勤心力耳目,节用水火材物"。① 这就是

---

① 司马迁:《史记·五帝本纪》,长沙:岳麓书社,1938 年版,第 1 页。

说,从中华民族的始祖开始,就已经认识到人类必须要勤劳,必须节约使用资源和财物。其曾孙高辛帝提出要"取地之材而节用之"①。尧帝则要求做到"富而不骄,贵而不舒"②,舜帝更是"内行弥谨",使其家人"不敢以贵骄事舜亲戚"③。这些中华民族的先皇始祖都以自己的勤劳俭朴,以其对人类可用资源的正确认识,千百年来广受后人称赞,同时他们也开启了中国传统节约理论建立与实践的先河。

中国有文字记载的历史一般从夏、商、周开始。尽管这一时期还是奴隶制度,但其节约的思想,特别是"勤俭"、"节用裕民"、"量入为出"的思想就已经提出。如在《尚书》中有"克勤于邦,克俭于家"的记载。④ 据《尚书·太甲上》记载,早在公元前16世纪,商初大臣伊尹就建议刚继位的太甲"慎乃俭德,惟怀永图"⑤,可见以俭为德、俭可以巩固政权的观念在商代已受到推崇。

西周初年,周武王之弟周公姬旦在总结商纣王奢靡败国的历史教训时,"恐成王壮治,有所淫佚,乃作《多士》、作《毋逸》",告诫周成王要杜骄奢、绝淫侈。其中在《毋逸》中称:"为人父母,为业至长久,子孙骄奢忘之,以亡其家。为人子可不慎乎。"⑥《礼记·王制》在记述西周体制时,提出"冢宰制国用,必于岁之杪,五谷皆入,然后制国用。用地小大,视年之丰耗。以三十年之通制国用,量入以为出"。⑦ 并要求"三年耕,必有一年之食。九年耕,必有三年之食"。⑧ 因为当时提出的要求是"国无九年之蓄,曰不足;无六年之蓄,曰急;无三年之蓄,曰国非其国也"。⑨ 这充分说明在当时自然灾害频繁而生活资料不足的情况下,人们不仅注意节俭,还十分重视物资的储备和积蓄。

同时,在夏、商、周的更朝换代过程中,统治者的侈靡本身就是其主要原因。如孔子就认为夏朝的灭亡,主要是"昔者夏桀,贵为天子,富有四海,忘其圣祖之道,坏其典法,废其世祀,荒于淫乐,耽湎于酒"。⑩ 更有文献叙述:"桀作瑶台,罢(疲)民力、殚民财,为酒池糟堤,纵靡靡之乐,一鼓而牛饮者三千人。……伊尹知天命至,举觞而告桀曰:'君王不听臣之言,亡无日矣!'桀拍然而作,哑然而笑曰:'子何妖言?吾有天下,如天之有日也。日有亡乎?日亡,吾亦亡矣!'于是,接履而趋,

---

①　司马迁:《史记·五帝本纪》,长沙:岳麓书社,1938年版,第2页。
②　司马迁:《史记·五帝本纪》,长沙:岳麓书社,1938年版,第2页。
③　司马迁:《史记·五帝本纪》,长沙:岳麓书社,1938年版,第6页。
④　陈戍国点校:《四书五经》,长沙:岳麓书社,2002年版,第220页。
⑤　陈戍国点校:《四书五经》,长沙:岳麓书社,2002年版,第232页。
⑥　司马迁:《史记·鲁周公世家》,长沙:岳麓书社,1938年版,第261页。
⑦　陈戍国点校:《四书五经》,长沙:岳麓书社,2002年版,第478页。
⑧　陈戍国点校:《四书五经》,长沙:岳麓书社,2002年版,第478页。
⑨　陈戍国点校:《四书五经》,长沙:岳麓书社,2002年版,第478页。
⑩　《孔子家语·贤君》,载《百子全书》第1卷,长沙:岳麓书社,1993年版,第28页。

遂适汤,汤立为相。故伊尹去官入殷,殷王而夏亡。""纣为鹿台,七年而成,其大三里,高千尺,临望云雨,作炮烙之刑,戮无辜,夺民力,冤暴施于百姓,惨毒加于大臣。天下叛之,愿臣文王。及周师至,令不行于左右,悲夫! 当是时,求为匹夫,不可得也,纣自取之也。"①这说明在世代更替过程中,人们很早就在探讨政权得失的规律性,并且发现了帝王的节俭与否,直接关系到政权的稳定和国家的兴亡。夏桀和商纣成为了中国历史上最典型的因骄奢淫逸而亡国、丧权的反面教材。

在中国众多的古典文献中,《周易》一直被视为春秋战国以前流传下来的代表作。它作为一部闪烁着先哲智慧光芒的、百科全书式的经典,在六十四卦中能够有一卦专门讲"节",足见作者对"节"的重视。在《周易》中,"节卦"之"节"意义广泛,既包含在为人处世、为政治国方面的"节度"意思,也有财用方面的"节俭"含义。

《周易》首先强调的是"节度"。明确提出"节,亨。苦节,不中贞"。"说以行险,当位以节,中正以通。"②这说明"节"卦重点突出的是"节度"的思想,反对过分和不及,并从对"不节"、"苦节"两个极端的否定,引出"甘节"的"得位中正"。《序卦》中对《周易》中之所以设有"节"这一内容,解释说:"涣者离也。物不可以终离,故受之以《节》。"③即是说,因为人与物的不可分离性,因此人们需要有"节度"的思想。内在的含义就是,人类需要依靠物质财富才能生存,而物质财富总是不足的,因而人们在日常的生产生活中需要有节度。

在《周易》中,节度的思想不只存在于"节"这一卦之中,在其他部分都或多或少地蕴涵着类似的观点,而且体现在为政治国、修身齐家等社会生活的各个层面。如"比"卦中所说的"王用三驱,失前禽"④,讲的就是在狩猎方面要遵守节度和注意资源的节约利用。凡狩猎必使虞人将狩猎区域围三面而留一面。围猎时,虞人将猎物赶出来,如果猎物朝着留出的那面逃窜则不能射杀,任其逃逸;而对往里跑的,则逐而猎之。"屯"卦中说:"即鹿无虞,惟入于林中,君子几不如舍,往,吝。"⑤即是说如果没有虞人配合、引导的猎鹿行动是不宜进行的。如果强行追猎,是过分的。这些都是先民在狩猎方面的节度观,说明当时已经有了不竭泽而渔、长久利用资源的意识,并能自觉地将其应用到为政治国上。

《周易》的"节"卦除了具有节度的核心概念,还具有在日常生活中特别是财用上应该节俭的意思。对于"节"卦的节俭含义,《象》明确指出:"天地节而四时成,

① 刘向:《新序・刺奢》,载《百子全书》第 1 卷,长沙:岳麓书社,1993 年版,第 508 页。
② 陈成国点校:《四书五经》,长沙:岳麓书社,2002 年版,第 191 页。
③ 陈成国点校:《四书五经》,长沙:岳麓书社,2002 年版,第 210 页。
④ 陈成国点校:《四书五经》,长沙:岳麓书社,2002 年版,第 149 页。
⑤ 陈成国点校:《四书五经》,长沙:岳麓书社,2002 年版,第 145 页。

节以制度,不伤财,不害民。"①"否"卦中说"君子以俭(险)德辟难"②,也就是告诉我们"否"卦也是讲节俭的,并把节俭作为一种道德来看。这种观点成为后世节俭理论的思想渊源。

在中华民族传统文化的形成之初,为什么会形成独特的节约理论呢?从历史的角度来分析,主要有以下几方面的原因。

一是治理国家的需要。在秦始皇统一中国以前,中华大地上存在为数众多的独立王国。尤其是在春秋战国时期,群雄纷争,大国吞小国。各国为了自立,居安思危,需要确立治国良策,于是文人贤士从各方面帮助统治者出谋划策,寻找国富民安的治国之策。在众多的治国方略中,受当时生产力水平低下,生产生活资料普遍不足的制约,节用、节俭之类的思想自然被高度重视,确定为上利国家、下利民众的国策。如晏子身为齐国之相,主持国政,就明确以节俭为治国之策。他认为:"为君节养,其余以顾民,则君尊而民安。"③"俭于藉敛,节于财货,作工不历时,使民不尽力,百官节适,关市省征,山林陂泽,不专其利,则民亲矣。"④因为他坚信"节欲则民富"。⑤ 并且自己以身作则,"以节俭力行重于齐。既相齐,食不重肉,妾不衣帛"。⑥ 这些思想要求统治者从国家利益出发,节省用度,不得奢侈。

二是防止灾害的需要。在生产力水平较为低下的农耕社会,农业对自然的依赖性很大,只有风调雨顺才可能使农业丰收。自然灾害时常威胁着人们的生活,如果没有充足的物资储备,民众就难以度过灾年。正如墨子所言:"故虽上世之圣王,岂能使五谷常收而旱水不至哉!然而无冻饿之民者,何也?其时急而自养俭也。故《夏书》曰:'禹七年水。'《殷书》曰:'汤五年旱。'此其离凶饿甚矣,然而民不冻饿者,何也?其生财密,其用之节也。故仓无备粟,不可以待凶饥;库无备兵,虽有义不能征无义;城郭不备全,不可以自守;心无备虑,不可以应卒。"⑦《管子》一书多次记载灾害与防范,其中《小问》记载了管子对齐桓公的一段话:"飘风暴雨为民害,涸旱为民患,年谷不熟,岁饥籴贷贵,民疾疫。当此时也,民贫且罢。牧民者发仓廪、山林、薮泽以共其财。后之以事,先之以恕,以振其罢。此谓先之以德。"⑧可见,储备物资,以待不时之需,是有识之士的共同见解。

三是引导社会风气的需要。中国历来疆域广阔,人口众多,社会风气的好坏对

①　陈戍国点校:《四书五经》,长沙:岳麓书社,2002年版,第191页。
②　陈戍国点校:《四书五经》,长沙:岳麓书社,2002年版,第152页。
③　《晏子春秋·问上》,载《百子全书》第2卷,长沙:岳麓书社,1993年版,第1488页。
④　《晏子春秋·问上》,载《百子全书》第2卷,长沙:岳麓书社,1993年版,第1492页。
⑤　《晏子春秋·问下》,载《百子全书》第2卷,长沙:岳麓书社,1993年版,第1496页。
⑥　司马迁:《史记·管晏列传》,长沙:岳麓书社,1938年版,第492页。
⑦　《墨子》,载《百子全书》第3卷,长沙:岳麓书社,1993年版,第2369页。
⑧　《管子·小问》,载《百子全书》第2卷,长沙:岳麓书社,1993年版,第1376页。

国家的长治久安十分重要。各朝代的统治者为了维护其统治地位,必须观风察俗,及时纠正不良的社会风气。当出现奢侈浪费之风时,就需要提醒统治者节用寡欲。这一方面是有夏桀和商纣骄奢淫逸而亡国的教训,另一方面也因为只有减少贪欲,才可能做到节用,保障社会的正常生活。"养心莫善于寡欲。"①唐太宗对此认为:"自古帝王凡有兴造,必须贵顺物情。……至如雕镂器物,珠玉服玩,若恣其骄奢,则危亡之期可立待也。自王公以下,第宅、车服、婚嫁、丧葬,准品秩不合服用者,宜一切禁断。"其结果是:"由是二十年间,风俗简朴,衣无锦绣,财帛富饶,无饥寒之弊。"②任何社会都确信"贫而无怨难,富而无骄易"③的道理,因而希望通过倡导节俭,形成良好的社会风尚。

四是缓解生活资料不足的需要。在原始社会末期以后,随着人类利用自然资源水平的提高,生产工具的改进,获取生活资料的能力增强。加之地广人稀,可利用的资源较多,因而出现了"古者,丈夫不耕,草木之实足食也。妇人不织,禽兽之皮足衣也。不事力而养足,人民少而财有余,故民不争"的局面。④ 然而,随着社会进化、人口增多,人们的欲望加大,使得资源和生活资料在一定范围内比较匮乏,于是出现了战争,相互争夺土地、河流、财物。如孟子就曾抨击诸侯之间为资源而发生的战争时说:"争地以战,杀人盈野。争城以战,杀人盈城。此所谓率土地而食人肉,罪不容于死。"⑤而要解决资源和生活资料不足的问题,受生产力水平的制约,只能是走开源与节流相结合之路。因此,古人们相信"生财有大道,生之者众,食之者寡,为之者疾,用之者舒,则财恒足矣"。⑥ 相反,"奢侈者,财之所以不足也"。⑦ 这就是说,在经济落后的社会,人们生产出来的生活资源是有限的,因此用财一定要节俭,否则就会更加不足。

五是教育后代的需要。中华民族是一个重视传统的民族,尤其是一些对国家发展、社会稳定有利的好的传统习惯,人们都能世代相传,生生不息。其中勤俭节约就是这样一种优良的传统。传说中的圣贤尧舜禹都是勤俭节约的模范,于是人们千百年来就将他们视为自己的榜样和教育后人的素材。如墨家以大禹为楷模,光大了大禹的节俭勤劳精神,"使后世之墨者,多以裘褐为衣,以跂跷为服,日夜不

---

①　陈成国点校:《四书五经》,长沙:岳麓书社,2002 年版,第 135 页。
②　吴兢著:《贞观政要》,长沙:岳麓书社,1994 年版,第 213 页。
③　陈成国点校:《四书五经》,长沙:岳麓书社,2002 年版,第 45 页。
④　参见《韩非子·五蠹》,载《百子全书》第 2 卷,长沙:岳麓书社,1993 年版,第 1788 页。
⑤　陈成国点校:《四书五经》,长沙:岳麓书社,2002 年版,第 98 页。
⑥　陈成国点校:《四书五经》,长沙:岳麓书社,2002 年版,第 4 页。
⑦　《大戴礼记·子张问》,转引自胡建新等译:《诸子精语译释》,济南:济南出版社,1992 年版,第 21 页。

休,以自苦为极"。① 历史上无数的名人家训都是教育后人要勤俭,要节用,因为他们深知,只有勤俭节约,家族才会长久繁衍,社会才会稳定安宁,国家才会长盛不衰。因而希望后人把中华民族的优良传统一代一代地传下去。

可以说,中华民族的先人是在极其艰苦的条件下开始生存繁殖的。在前期那茹毛饮血的年代,由于生活资料的不足,常常处于朝不保夕、忍饥挨饿的状态,只能被迫节约。随着生产的发展、生活条件的改善,人类的节约行为则演变成了一种自觉的行动和习惯。也正因为如此,在中华民族的历史长河中,"节俭"一直作为一种重要的美德,在社会经济中发挥着重要的作用。从平民百姓到明君贤臣,从伦理道德到市井文化,从诗歌散文到史书家训,都奉之为共同标准,用以衡量人品、家风、国风,用之区分善恶、美丑。

第二节　中国传统节约理论体系的形成

如果说春秋战国以前的先人们一再提出勤俭可以兴邦、奢逸足以亡国的告诫,还只是作为统治阶级行为规范的一般原则,本身还未理论化、系统化,那么,到了春秋时期,随着中国传统文化在"百家争鸣"的学术环境下获得空前的繁荣与进步,传统的节约思想也得到了进一步发展,尤其是"尚俭"的思想成为各学派共有的思想主张,就形成了一个完整的理论体系。其中"节约"一词在中国传统文化中主要有三种含义:节俭、节省、节用。其中"节俭"主要是指个人修养方面要以俭朴为标准,以"俭"为美,以"俭"为善;"节省"主要是指消费和生产方面要以减少耗费为原则,追求以较少的耗费或投入取得最大的满足或收益;"节用"主要是指各级政府或机构开支要量入为出,开源节流,不铺张浪费。当然在许多历史文献中,"节俭"、"节省"、"节用"三个词往往是可以互换的,均代表"节约"的含义。

儒家学派的创始人孔子,在宣扬封建伦理道德的同时,从两方面阐述其节约思想:一是从国家的角度,如在《论语·学而》中,他提出:"道千乘之国,敬事而信,节用而爱人,使民以时。"②在《史记·孔子世家》和《孔子家语·贤君》中都记载孔子提出了"政在节财"的主张。③ 虽然此语讲的是政治和经济,但落脚点仍在节约。正如其在《孔子家语·辩政》中解释其主张时所说:"齐君为国,奢乎台榭,淫乎苑囿,五官伎乐不懈于时,一旦而赐人以千乘之家者二,故曰政在节财。"④二是从个

①　《庄子》,载《百子全书》第5卷,长沙:岳麓书社,1993年版,第4613页。
②　陈戍国点校:《四书五经》,长沙:岳麓书社,2002年版,第17页。
③　参见司马迁:《史记·孔子世家》,长沙:岳麓书社,1938年版,第409页。
④　《孔子家语·辩政》,载《百子全书》第1卷,长沙:岳麓书社,1993年版,第29页。

人的角度,孔子认为节俭是做人的准则,如他提出的"温、良、恭、俭、让"五大德目中①,"俭"是其中之一,他本人亦极力主张俭约而反对奢靡。在《论语·八佾》中,他认为:"礼,与其奢也,宁俭;丧,与其易也,宁戚。"②在《论语·述而》中更是提出了:"奢则不孙(逊),俭则固;与其不孙(逊)也,宁固。"③意思就是说奢侈使人狂妄,节俭使人安稳。与其奢侈浪费,还不如过节俭的生活。《论语·述而》还记载了孔子追求的是一种恬淡自然的生活方式:"饭疏食,饮水,曲肱而枕之,乐亦在其中矣。不义而富且贵,于我如浮云。"④在孔子看来,所谓的礼节,就是要知道节制,有节则有德。因此人们的日常生活应以"俭不违礼"、"用不伤义"为前提。在谈到其弟子颜回时,孔子更是肯定他"一箪食,一瓢饮,在陋巷。人不堪其忧,回也不改其乐"的生活态度。⑤ 史家对孔子注重个人品德的修养也给予了充分肯定,"《中庸》九经,修身为先;《大学》八目,修身为本"。⑥ 孟子继承孔子的学说,也认为:"恭者不侮人,俭者不夺人。"⑦也就是说,谦恭懂礼之人不会欺辱别人,节俭之人不会掠夺别人。说明知礼、节俭的人道德水平极高,不会做对人不利的事情。

《管子》一书认为,要实现"以备饥馑"的目的,就必须"纤啬省用"。⑧ 从个人来说,只有"适身行义,俭约恭敬,其唯无福,祸亦不来矣;骄傲侈泰,离度绝理,其唯无祸,福亦不至矣"。⑨ "节饮食,撙衣服,则财用足。"⑩从国家来说,只有"取于民有度,用之有止,国虽小必安"。这是因为"取人以己,成事以质。审用财,慎施报,察称量。故用财不可以啬,用力不可以苦。用财啬则费,用力苦则劳"。⑪ "匮不足之所生,生于侈;侈之所生,生于毋度。故曰:审度量,节衣服,俭财用,禁侈泰,为国之急也。"⑫所以提出了"国虽富,不侈泰,不纵欲"⑬,"上长下短,无度而用,则危本"的主张。⑭

春秋时期的郑子产则把俭奢作为评价统治者好坏的依据,提出了"忠俭者,从

---

① 参见陈戍国点校:《四书五经》,长沙:岳麓书社,2002 年版,第 17 页。
② 陈戍国点校:《四书五经》,长沙:岳麓书社,2002 年版,第 17 页。
③ 陈戍国点校:《四书五经》,长沙:岳麓书社,2002 年版,第 30 页。
④ 陈戍国点校:《四书五经》,长沙:岳麓书社,2002 年版,第 29 页。
⑤ 参见陈戍国点校:《四书五经》,长沙:岳麓书社,2002 年版,第 27 页。
⑥ 吴兢:《贞观政要》,长沙:岳麓书社,1994 年版,第 2 页。
⑦ 陈戍国点校:《四书五经》,长沙:岳麓书社,2002 年版,第 98 页。
⑧ 《管子·五辅》,载《百子全书》第 2 卷,长沙:岳麓书社,1993 年版,第 1284 页。
⑨ 《管子·禁藏》,载《百子全书》第 2 卷,长沙:岳麓书社,1993 年版,第 1382 页。
⑩ 《管子·五辅》,载《百子全书》第 2 卷,长沙:岳麓书社,1993 年版,第 1285 页。
⑪ 《管子·版法》,载《百子全书》第 2 卷,长沙:岳麓书社,1993 年版,第 1275 页。
⑫ 《管子·八观》,载《百子全书》第 2 卷,长沙:岳麓书社,1993 年版,第 1294 页。
⑬ 《管子·重令》,载《百子全书》第 2 卷,长沙:岳麓书社,1993 年版,第 1298 页。
⑭ 《管子·侈靡》,载《百子全书》第 2 卷,长沙:岳麓书社,1993 年版,第 1345 页。

而与之"的节约思想。认为"大人之忠俭者,从而与之;泰侈者,因而毙之"。① 这既是对历代统治者的评价,也是对未来社会的警告。更有一些贤臣时常提醒统治者注意要倡导节俭,据《春秋左传》记载,鲁国大夫藏哀伯就曾进谏说:"君人者,将昭德塞违,以临照百官,犹惧或失之,故昭令德以示子孙。是以清庙茅屋,大路越席,大羹不致,粢食不凿,昭其俭也","夫德:俭而有度,登降有数"。② 他希望通过为君者的示范作用,形成一种节俭的风气。

晏子则从维护统治阶级的利益出发,认为"穷民财力以供嗜欲,谓之暴;崇现好威严,抑乎君,谓之逆"。③ 所以他提出"法其节俭则可"的节约思想,因为"法其节俭也,则虽未成治,庶其有益也"。④ "事大养小,安国之器也;谨听节俭,众民之术也。"⑤并进一步认识到,"文王不敢盘游于田,故国昌而民安;楚灵王不废乾溪之役,起章华之台,而民叛之。今君不革,将危社稷。"⑥晏子还根据当时的社会经济条件,严格区分了"啬"与"吝"。他认为"啬者,君子之道;吝爱者,小人之行也。……称财多寡而节用之,富无金藏,贫不假贷,谓之啬;积多不能分人而厚自养,谓之吝。不能分人,又不能自养,谓之爱。"⑦并且晏子还能节俭力行,虽身为宰相,"晏子朝,乘弊车,驾驽马"。⑧ 因为他已清楚地认识到"君使臣临百官之吏,臣节其衣服饮食之养,以先国之民;然犹恐其侈靡不顾其行也。"⑨

在先秦的思想家中,墨子的节约思想最为突出。在《墨子》一书六十一篇中,有九篇是直接论述节俭问题的,其他各篇也都涉及。墨子从"民富国治"的目的出发,向统治阶级直言不讳:"当为宫室,不可不节";"当为衣服,不可不节";"当为饮食,不可不节";"当为车舟,不可不节"。他甚至警告统治者"俭节则昌,淫佚则亡"⑩,他不仅对统治阶级的奢侈生活进行了猛烈抨击,而且还提出了"凡是以奉给民用则止,诸加费不加于民利者,圣王弗为"的节约标准。⑪ 更为可贵的是,他自己能言行一致,身体力行,一生过着"节俭"的生活。

从墨子的著述中可以清楚看出,他主要强调的是财用上的节约和生活中的节俭,因而他的节约思想集中体现为节用、节葬、非乐。墨子认为"恶恭俭而好简易,

---

① 陈成国点校:《四书五经》,长沙:岳麓书社,2002 年版,第 1038 页。
② 陈成国点校:《四书五经》,长沙:岳麓书社,2002 年版,第 702 页。
③ 《晏子春秋》,载《百子全书》第 2 卷,长沙:岳麓书社,1993 年版,第 1473 页。
④ 《晏子春秋》,载《百子全书》第 2 卷,长沙:岳麓书社,1993 年版,第 1476 页。
⑤ 《晏子春秋》,载《百子全书》第 2 卷,长沙:岳麓书社,1993 年版,第 1498 页。
⑥ 《晏子春秋》,载《百子全书》第 2 卷,长沙:岳麓书社,1993 年版,第 1475 页。
⑦ 《晏子春秋》,载《百子全书》第 2 卷,长沙:岳麓书社,1993 年版,第 1502 页。
⑧ 《晏子春秋》,载《百子全书》第 2 卷,长沙:岳麓书社,1993 年版,第 1524 页。
⑨ 《晏子春秋》,载《百子全书》第 2 卷,长沙:岳麓书社,1993 年版,第 1524 页。
⑩ 《墨子·辞过》,载《百子全书》第 3 卷,长沙:岳麓书社,1993 年版,第 2371—2372 页。
⑪ 《墨子·节用中》,载《百子全书》第 3 卷,长沙:岳麓书社,1993 年版,第 2409 页。

贪饮食而惰从事,衣食之财不足,使身至有饥寒冻馁之忧"①是造成一个人贫穷的原因;为政者横征暴敛,在宫室、衣服、食饮、舟车、蓄私等方面不节俭,是导致国家昏乱的根源。与此相反,他认为"禹七年水"、"汤五年旱"却没有出现"冻饿之民",就是得益于"其生财密,其用之节也"。② 由此他得出结论是,不论个人还是国家,不论修身还是为政治国,都要尚节,并提出了"财不足则反之时,食不足则反之用"③和"以时生财。固本而用财,则财足"的思想。④ 墨子强调财用上的节约,最终是希望在治理国家过程中,通过"节于身,诲于民",达到"天下之民可得而治,财用可得而足"的目的。⑤ 同时,"尚节"也是墨子兼爱思想在财用上的体现,更是他关于为政治国的一个重要主张。墨子把"节"作为实现富国强兵的手段,认为"其用财节,其自养俭,民富国治"。⑥ 在他看来,在治国上要想收到好的效果,必须"去其无用之费",因为"去无用之费,圣王之道,天下之大利也"。⑦ 只有这样,才能"用财不费,民德不劳,其兴利多矣"。⑧ 墨子还曾一针见血地指出他所处的时代,存在"今天下为政者,其所以寡人之道多,其使民劳,其籍敛厚,民财不足,冻饿死者不可胜数"的现象。⑨

墨子主张把培养崇尚节俭之德的社会风气作为一种统治手段,认为"其民俭而易治,其君用财节而易赡也"。⑩ 因为他认为国有七患,其中第七患就是"畜种菽粟不足以食之"。因为"凡五谷者,民之所仰也,君之所以为养也,故民无仰则君无养,民无食则不可事,故食不可不务也,地不可不力也,用不可不节也。五谷尽收,则五味尽御于主,不尽收则不尽御"。⑪ "财不足则反之时,食不足则反之用。故先民以时生财,固本而用财,则财足。故虽上世圣王,岂能使五谷常收,而旱水不至哉? 然而无冻饿之民者,何也? 其力时急,而自养俭也。"⑫这充分表明,墨子已经深刻地认识到了社会的稳定依赖于财物作为基础。财物一方面需要创造,另一方面要节俭。他还主张在国家遇到饥馑灾荒时,各级官员要"损禄"以缩减行政支

① 《墨子·非命中》,载《百子全书》第 3 卷,长沙:岳麓书社,1993 年版,第 2441 页。
② 《墨子·七患》,载《百子全书》第 3 卷,长沙:岳麓书社,1993 年版,第 2369 页。
③ 《墨子·七患》,载《百子全书》第 3 卷,长沙:岳麓书社,1993 年版,第 2369 页。
④ 《墨子·七患》,载《百子全书》第 3 卷,长沙:岳麓书社,1993 年版,第 2369 页。
⑤ 《墨子·辞过》,载《百子全书》第 3 卷,长沙:岳麓书社,1993 年版,第 2370 页。
⑥ 《墨子·辞过》,载《百子全书》第 3 卷,长沙:岳麓书社,1993 年版,第 2371 页。
⑦ 《墨子·节用上》,载《百子全书》第 3 卷,长沙:岳麓书社,1993 年版,第 2409 页。
⑧ 《墨子·节用上》,载《百子全书》第 3 卷,长沙:岳麓书社,1993 年版,第 2408 页。
⑨ 《墨子·节用上》,载《百子全书》第 3 卷,长沙:岳麓书社,1993 年版,第 2408 页。
⑩ 《墨子·辞过》,载《百子全书》第 3 卷,长沙:岳麓书社,1993 年版,第 2370 页。
⑪ 《墨子·七患》,载《百子全书》第 3 卷,长沙:岳麓书社,1993 年版,第 2368 页。
⑫ 《墨子·七患》,载《百子全书》第 3 卷,长沙:岳麓书社,1993 年版,第 2369 页。

出,并在饮食、衣服、车马等方面降低规格,"彻骖騑,涂不芸,马不食粟,婢妾不衣帛"。① 这其中有为国家节约支出的意义,也有当权者率先垂范的要求。

墨子不仅提出节约的理论观点,还就当时的生产生活条件,提出了一系列衡量节约的具体标准。如在衣服方面,主张"冬服绀緅之衣,轻且暖,夏服絺绤之衣,轻且清,则止"。② 在饮食方面,提倡"足以充虚继气,强股肱,耳目聪明,则止。不极五味之调,芬香之和,不致远国珍怪异物"。③ 反对"大国累百器,小国累十器,美食方丈,目不能遍视,手不能遍操,口不能遍味"的骄奢淫逸。④ 在居住方面,认为住所"其旁可以圉风寒,上可以圉雪霜雨露,其中蠲洁可以祭祀,宫墙足以为男女之别,则止"。⑤ 在交通方面,墨子认为制作舟车是因为"重任不移,远道不至"。⑥ 因为"大川广谷之不可济"。⑦ 而舟车的作用就在于"车以行陵陆,舟以行川谷,以通四方之利"。⑧ "以便民之事……可以任重致远。"⑨因此"凡为舟车之道,加轻以利"。⑩ "足以将之,则止。"⑪在丧葬方面,墨子反对"大棺中棺,革阓三操,璧玉即具,戈剑鼎鼓壶滥,文绣素练,大鞅万领,舆马女乐皆具,曰必捶涂差通,垄虽凡山陵"的厚葬做法⑫,因为"此为缀民之事,靡民之财,不可胜计也"。⑬ 他倡导的丧葬方法是"棺三寸,足以朽其骨;衣三领,足以朽肉。掘地之深,下无菹漏,气无发泄于上,垄足以期其所,则止"。⑭总之,墨子的节用、节葬思想就是采用古者圣王的"节用之法",主张"凡足以奉给民用,则止"。⑮ 过度的消费就是浪费,必须予以制止。

墨子还把衣、食、住、行、葬等基本生活必需品和生活支出方面的节俭思想引申到礼乐制度上,则主张"非乐",反对儒家所倡导的繁复侈靡的礼乐制度。在《墨子·非乐》篇中就开宗明义地指出:"仁之事者,必务求兴天下之利,除天下之害,将以为法乎天下。利人乎,即为;不利人乎,即止。且夫仁者之为天下度也,非为其

①　《墨子·七患》,载《百子全书》第 3 卷,长沙:岳麓书社,1993 年版,第 2368 页。
②　《墨子·节用中》,载《百子全书》第 3 卷,长沙:岳麓书社,1993 年版,第 2410 页。
③　《墨子·节用中》,载《百子全书》第 3 卷,长沙:岳麓书社,1993 年版,第 2409 页。
④　《墨子·辞过》,载《百子全书》第 3 卷,长沙:岳麓书社,1993 年版,第 2371 页。
⑤　《墨子·节用中》,载《百子全书》第 3 卷,长沙:岳麓书社,1993 年版,第 2410 页。
⑥　《墨子·辞过》,载《百子全书》第 3 卷,长沙:岳麓书社,1993 年版,第 2371 页。
⑦　《墨子·节用中》,载《百子全书》第 3 卷,长沙:岳麓书社,1993 年版,第 2410 页。
⑧　《墨子·节用上》,载《百子全书》第 3 卷,长沙:岳麓书社,1993 年版,第 2408 页。
⑨　《墨子·辞过》,载《百子全书》第 3 卷,长沙:岳麓书社,1993 年版,第 2371 页。
⑩　《墨子·节用上》,载《百子全书》第 3 卷,长沙:岳麓书社,1993 年版,第 2408 页。
⑪　《墨子·节用中》,载《百子全书》第 3 卷,长沙:岳麓书社,1993 年版,第 2410 页。
⑫　《墨子·节葬下》,载《百子全书》第 3 卷,长沙:岳麓书社,1993 年版,第 2414 页。
⑬　《墨子·节葬下》,载《百子全书》第 3 卷,长沙:岳麓书社,1993 年版,第 2414 页。
⑭　《墨子·节葬下》,载《百子全书》第 3 卷,长沙:岳麓书社,1993 年版,第 2413 页。
⑮　《墨子·节用中》,载《百子全书》第 3 卷,长沙:岳麓书社,1993 年版,第 2409 页。

目之所美,耳之所乐,口之所甘,身体之所安,以此亏夺民衣食之财,仁者弗为也。"①这是因为墨子认为"民有三患:饥者不得食,寒者不得衣,劳者不得息"。当他看到"今大钟、鸣鼓、琴瑟、竽笙之声既已具矣,大人镂然奏而独听之,将何乐得焉哉?其说将必与贱人不与君子。与君子听之,废君子听治;与贱人听之,废贱人之从事"的现象时②,他就认为这种"乐"本身就是一种奢侈的东西,并以齐康公喜好"万"舞而耗费大量人力、物力、财力为例,揭露了"王公大人惟毋为乐,亏夺民之衣食之财,以拊乐如此多也"的实质。③ 由此可见,墨子不是简单地反对礼乐,而是针对骄奢淫逸的社会现实主张"非乐"。他把"非乐"的原因归结为王公贵族为了享乐而厚敛于民,作为剥削百姓的一种手段。

可以说墨子的节用、节葬、非乐等尚节思想,是他面对"富贵者奢侈,孤寡者冻馁"的社会现实被迫所作出的选择。④ 但实际上,墨子及其墨家弟子不仅在思想上有崇尚节俭,而且在日常生活中更是一个个彻头彻尾的苦行僧。据文献记载,墨者大多过着"堂高三尺,土阶三等,茅茨不翦,采椽不刮。食土簋,啜土刑,粝粮之食,藜藿之羹。夏日葛衣,冬日鹿裘"的简朴生活。⑤ 尽管墨者"俭而难遵",但墨子的尚节思想以其"强本节用,则人给家足"的现实价值⑥,渗透到中华民族的文化深层。后虽墨学中绝,但其崇俭戒奢、艰苦朴素的尚节思想,却从没有游离于主流文化之外,更是成为了传统节约理论的重要组成部分。

道家创始人老子提倡的是无为而治,知足寡欲。《老子》说:"圣人处无为之事,行不言之教,万物作焉而不辞,生而不有,为而不恃,功成而不居。"⑦并提出"圣人去甚、去奢、去泰"的主张。⑧ 这实际上就是告诫统治者不能因为拥有天下,就为所欲。因为在老子看来,"甚爱必大费,多藏必厚亡。知足不辱,知止不殆,可以长久。"⑨"祸莫大于不知足,咎莫大于欲得,故知足之足,常足矣。"⑩老子自称:"我有三宝,持而保之,一曰慈,二曰俭,三曰不敢为天下先。"⑪由此可知,在老子看来,仁慈、节俭、谦让是为人处世三个最重要的方面,其中节俭是其实现无为而治的一个重要手段。上至统治者,下到老百姓,如果每一个人都能自觉地节制自己的欲

---

① 《墨子·非乐上》,载《百子全书》第 3 卷,长沙:岳麓书社,1993 年版,第 2433 页。
② 《墨子·非乐上》,载《百子全书》第 3 卷,长沙:岳麓书社,1993 年版,第 2433 页。
③ 《墨子·非乐上》,载《百子全书》第 3 卷,长沙:岳麓书社,1993 年版,第 2434 页。
④ 参见《墨子·辞过》,载《百子全书》第 3 卷,长沙:岳麓书社,1993 年版,第 2371 页。
⑤ 司马迁:《史记》,长沙:岳麓书社,1938 年版,第 942 页。
⑥ 参见司马迁:《史记》,长沙:岳麓书社,1938 年版,第 942 页。
⑦ 《老子·庄子·列子》,长沙:岳麓书社,1989 年版,第 1 页。
⑧ 《老子·庄子·列子》,长沙:岳麓书社,1989 年版,第 8 页。
⑨ 《老子·庄子·列子》,长沙:岳麓书社,1989 年版,第 12 页。
⑩ 《老子·庄子·列子》,长沙:岳麓书社,1989 年版,第 13 页。
⑪ 《老子·庄子·列子》,长沙:岳麓书社,1989 年版,第 18 页。

望,遵守合理的节度,无为而治的目标也就自然能够得到实现。

庄子承袭老子的节俭思想,特别提倡寡欲。在《庄子·马蹄》中,就曾赞赏素朴的社会,说:"夫至德之世,同与禽兽居,族与万物并,恶乎知君子小人哉!"①在《外篇·缮性》中,更对理想社会充满期待:"当是时也,阴阳和静,鬼神不扰,四时得节,万物不伤,群生不夭。"②在庄子看来,上古的民众朴实无欲,资源得到有效利用和保护,那才是最美好的社会。

荀子是由儒学分化出来的法家代表人物,是战国后期的杰出思想家。在农本思想的基础上,提出了开源节流的理论。他不仅认为"强本而节用,则天不能贫;……本荒而用侈,则天不能使之富"。③ 还提出了"节用裕民"的主张。他所说的"节用"就是指国家财政支出的节省。他认为:"知节用裕民,则必有仁义圣良之名,而且有富厚丘山之积矣。"④为达到他所设定的"节用裕民"目的,他提出了一些具体的标准和要求,如:"故为之雕琢刻镂,黼黻文章,使足以辨贵贱而已,不求其观;为之钟鼓管磬、琴瑟竽笙,足使以辨吉凶、合欢定和而已,不求其余;为之宫室台榭,使足以避燥湿、养德、辨轻重而已,不求其外。"⑤与其他诸子相比,荀子的节约思想有三个明显的特点:一是积极有为。荀子强调区分天与人的职责,认为天有天的职责,人有人的职责,人不能干预天,但可以通过人的能动作用达到自己的目的。《荀子·天论》中说:"天行有常,不为尧存,不为桀亡。应之以治则吉,应之以乱则凶。强本而节用,则天不能贫;养备而动时,则天不能病;修道而不贰,则天不能祸。故水旱不能使之饥渴,寒暑不能使之疾,祅怪不能使之凶。本荒而用侈,则天不能使之富;养略而动罕,则天不能使之全;背道而妄行,则天不能使之吉。"⑥"天有其时,地有其财,人有其治。"⑦"天不为人之恶寒也而辍冬,地不为人之恶辽远也而辍广。"⑧二是荀子把节用与富国直接联系起来,把节用当做富国强民的大事。其中在《荀子·富国》中说:"足国之道,节用裕民,而善藏其余。节用以礼,裕民以政。"⑨因为他认为"裕民则民富,民富则田肥以易,田肥以易则出实百倍。上以法取焉,而下以礼节用之,余若丘山,不时焚烧,无所臧之,夫君子奚患乎无余?故知节用裕民,则必有仁义圣良之名,而且有富厚丘山之积矣。此无它故焉,生于

①　《老子·庄子·列子》,长沙:岳麓书社,1989 年版,第 35 页。
②　《老子·庄子·列子》,长沙:岳麓书社,1989 年版,第 64 页。
③　《荀子》,载《百子全书》第 1 卷,长沙:岳麓书社,1993 年版,第 187 页。
④　《荀子》,载《百子全书》第 1 卷,长沙:岳麓书社,1993 年版,第 158 页。
⑤　《荀子》,载《百子全书》第 1 卷,长沙:岳麓书社,1993 年版,第 159 页。
⑥　《荀子》,载《百子全书》第 1 卷,长沙:岳麓书社,1993 年版,第 187 页。
⑦　《荀子》,载《百子全书》第 1 卷,长沙:岳麓书社,1993 年版,第 187 页。
⑧　《荀子》,载《百子全书》第 1 卷,长沙:岳麓书社,1993 年版,第 188 页。
⑨　《荀子》,载《百子全书》第 1 卷,长沙:岳麓书社,1993 年版,第 158 页。

节用裕民也。不知节用裕民则民贫,民贫则田瘠以秽,田瘠以秽则出实不半,上虽好取侵夺,犹将寡获也,而或以无礼节用之,则必有贪利纠矫之名,而且有空虚贫乏之实矣。此无它故焉,不知节用裕民也"。① "故明主必谨养其和,节其流,开其源,而时斟酌焉,潢然使天下必有余而上不忧不足。如是则上下俱富,交无所藏之,是知国计之极也。故禹十年水,汤七年旱,而天下无菜色者,十年之后,年谷复熟而陈积有馀。是无它故焉,知本末源流之谓也。"②三是荀子的思想最具批判性。如荀子批评墨子,认为墨子只强调了节用,而没有强调开源。《荀子·富国》认为如果全社会信奉"墨子之节用也,则使天下贫",因为如果"上失天时,下失地利,中失人和",则会出现"天下敖然,若烧若焦"。③ 由此可知,荀子特别强调遵循自然规律,充分利用天时、地利、人和等各种客观条件,而不是片面追求节用,更是反对追求"苦节"。

荀子的学生韩非子是法家最有代表性的人物。《韩非子》一书强调人在节俭过程中的主体作用,要求人们要从各方面注意节俭。其中《韩非子·难二》一文中说节俭是由人决定的,"俭于财用,节于衣食,宫室器械,周于资用,不事好玩,则入多。入多,皆人为也"。④ 在《韩非子·南面》一文中,韩非子表明其消费观念是量力而行,他认为"举事有道,计其入多,其出少者,可为也"。⑤ 在《韩非子·十过》中,简单明确在说明了节俭与个人得失、国家兴亡之间的关系,认为江山社稷"以俭得之,以奢失之"。⑥ 在《韩非子·显学》中也论证了贫富产生的原因:"侈而惰者贫,而力而俭者富。"⑦这是对中国传统文化教育人们一定要勤劳俭朴最直接、最简单、最明白的诠释。

正是由于春秋战国时期诸子百家对节约理论从不同角度、代表不同阶级和阶层提出的众多阐释,无论是个人品德修养、生活消费,还是生产经营、为政治国,都必须遵循节约的原则,从而使中国传统的节约理论形成了一个完整体系,节俭、节省、节用的必要性、重要性、可行性,都得到了全面的论述。这就为中华文化的继续传承,特别是节约理论的广泛应用,奠定了良好的理论基础。

第三节　中国传统节约理论的发展与完善

中国传统节约思想在春秋战国时期形成体系以后,其后不断传承,并且在其传

---

① 《荀子》,载《百子全书》第 1 卷,长沙:岳麓书社,1993 年版,第 158 页。
② 《荀子》,载《百子全书》第 1 卷,长沙:岳麓书社,1993 年版,第 162 页。
③ 《荀子》,载《百子全书》第 1 卷,长沙:岳麓书社,1993 年版,第 160 页。
④ 《商君书·韩非子》,长沙:岳麓书社,1990 年版,第 240 页。
⑤ 《商君书·韩非子》,长沙:岳麓书社,1990 年版,第 117 页。
⑥ 《商君书·韩非子》,长沙:岳麓书社,1990 年版,第 93 页。
⑦ 《商君书·韩非子》,长沙:岳麓书社,1990 年版,第 289 页。

承过程中日臻完善。这主要表现在许多贤明之士,把节约的思想作为为政治国、生产生活、教育后人、警示来者的主体思想和传统文化,使节俭、节省、节用的传统节约理论更广泛地应用于人们日常的生产生活。

汉代贾谊不仅著有《论积储疏》专门论述节约和物资储备的重要性,成为一部不朽名篇,他还在《新书》中说:"夫蓄积者,天下之大命也。苟粟多而财有余,何向而不济? 以攻则取,以守则固,以战则胜,怀柔附远。""民非足也,而可治之者,自古及今,未之尝闻。"因为他认识到"生之有时而用之无节,则物力必屈"。如果违反这一客观规律,其结果就是"背本而趋末,食者甚众,是天下之大残也;从生之害者甚盛,是天下之大贼也;汰流、淫佚、侈靡之俗日以长,是天下之大祟也"。①

汉代淮南王刘安在《淮南子》中认为"君人之道,处静以修身,俭约以率下,静则下不扰矣,俭则民不怨矣。下扰则政乱,民怨则德薄"。②"故有仁君明王,其取下有节,自养有度,则得承受于天地,而不离饥寒之患矣。若贪主暴君,挠于其下,侵渔其民,以适无穷之欲,则百姓无以被天和而履地德矣。"③

汉代王符针对当时奢侈浪费的社会风气,提出了"变风易俗"的节约思想。在当时社会上,"治本者少,浮食者众",而且"奢衣服,侈饮食"④;"京师贵戚,衣服、饮食、车舆、文饰、庐舍皆过王制,僭上甚矣";婚嫁"富者竞欲相过,贫者耻不逮及,是故一飨之所费,破终身之本业";丧葬"亦竞相仿效","一棺工成,功将千万,夫既其终用,重且万斤"。⑤ 因而出现"一人耕,百人食之,一妇蚕,百人衣之,以一奉百,孰能安之"。⑥ 所以,他认为实现节约必须从转变不良的社会风气入手。王符还根据《吕氏春秋》中的"敬时爱日"之说⑦,专门撰写了《爱日》一文,具体论述劳动时间的节约问题。他说"国之所以为国者,以有民也;民之所以为民者,以有谷也;谷之所以丰殖者,以有人功也;功之所以能建者,以日力也。治之日舒以长,故其民闲暇而力有馀;乱国之日促以短,故其民困而力不足"。"礼义生于富足,盗贼起于贫穷,富贵坐于宽慢,贫穷起于无日。""力者,乃民之本也,而国之基,故务省役而为民爱日。"⑧王符所论述的"日",就是指可以用于生产劳动的时间。他所主张的"爱日",其实就是节约劳动时间,或者保障更多的劳动时间。他认为谷物作为财富是劳动创造的,所以劳动时间越多,生产的财富也就越多。或者说,劳动时间充

---

① 贾谊:《新书》,载《百子全书》第 1 卷,长沙:岳麓书社,1993 年版,第 348 页。
② 刘安:《淮南子》,载《百子全书》第 3 卷,长沙:岳麓书社,1993 年版,第 2874 页。
③ 刘安:《淮南子》,载《百子全书》第 3 卷,长沙:岳麓书社,1993 年版,第 2879 页。
④ 王符:《潜夫论》,载《百子全书》第 1 卷,长沙:岳麓书社,1993 年版,第 801 页。
⑤ 王符:《潜夫论》,载《百子全书》第 1 卷,长沙:岳麓书社,1993 年版,第 802 页。
⑥ 王符:《潜夫论》,载《百子全书》第 1 卷,长沙:岳麓书社,1993 年版,第 801 页。
⑦ 吕不韦:《吕氏春秋》,载《百子全书》第 3 卷,长沙:岳麓书社,1993 年版,第 2800 页。
⑧ 王符:《潜夫论》,载《百子全书》第 1 卷,长沙:岳麓书社,1993 年版,第 812 页。

裕,社会就会富足;劳动时间不足,社会就会贫穷。这是完全从生产的角度系统阐述节约的理论与方法。

崔寔为了禁止奢侈,提出了"明法度以闭民欲"的节约观。他认为当时天下有三患:"普天率土,莫不奢僭";"列肆卖侈功,商贾鬻僭服,百工作淫器,民见可,欲,不能不买,贾人之列,户蹈僭侈矣";"世奢服僭,则无用之器贵,本务之业贱矣"。由此导致"天戚戚,人汲汲,外溺奢风,内忧穷竭"①,严重危及社会秩序,因此,他提出"明法度以闭民欲",即用法律手段禁止奢侈浪费之风是可取的。但其反对加工业和小商品经济以及控制人们的消费欲望则是不可取的。

三国时的曹操,史称他"雅性节俭,不好华丽"②,他为了以俭率下,颁布了用以约束自己及家人的《内诫令》,对日常生活用物和衣饰被褥等都作了严格的规定:衣被皆用十年,每年只加洗浣补纳而不新制;住房不得香熏,房屋不洁时只许"烧枫胶及蕙草"等物以熏除秽臭。对家属、近侍约束很严,"后宫衣不锦绣,侍御履不二采"。爱子曹植的妻子违背约束穿着绣衣,曹操"登台见之,以违制命,还家赐死"。③ 家人因违背节约的规定而被要求处死的,这应是历史所罕见的,也足以说明曹操对节约问题是何等重视。

诸葛亮在《诫子书》中说:"君子之行,静以修身,俭以养德,非淡泊无以明志,非宁静无以致远。"④诸葛亮认为节俭是养德之本,君子就应该淡泊名利、力行节俭,并以此训诫子孙。他反对奢侈糜费,认为"雕文刻镂……妨害农事","重门画兽,萧墙数仞,冢墓过度,竭财高尚"⑤,都是不可取的。

南北朝时期的大学者颜之推所作《颜氏家训》是历史上最为著名的家训。在《治家篇》中,他说道:"然则可俭而不可吝已。俭者,省约为礼之谓也;吝者,穷急不恤之谓也。今有施者奢,俭者吝;如能施而不奢,俭而不吝,可矣。"⑥颜之推用十分简练的几句话论述了节俭与吝啬的关系。指出节俭与吝啬不同,节俭是节省是礼之体现;吝啬是穷极而至失去了体恤之心,提出"施而不奢,俭而不吝"的主张。这一主张既体现了传统节俭思想,又加入了扶危济困的内容,是对传统节约思想的

　　① 崔寔:《政论》,转引自赵靖主编:《中国经济思想通史》(修订本),北京:北京大学出版社,2002年版,第793页。
　　② 《三国志·魏书·武帝纪》,转引自赵靖主编:《中国经济思想通史》(修订本),北京:北京大学出版社,2002年版,第870页。
　　③ 《三国志·魏书·崔琰传》,转引自赵靖主编:《中国经济思想通史》(修订本),北京:北京大学出版社,2002年版,第870页。
　　④ 诸葛亮:《诫子书》,转引自喻岳衡:《历代名人家训》,长沙:岳麓书社,1991年版,第32页。
　　⑤ 诸葛亮:《诸葛亮集》,转引自赵靖主编:《中国经济思想通史》(修订本),北京:北京大学出版社,2002年版,第874页。
　　⑥ 《颜氏家训·治家篇》,载《百子全书》第4卷,长沙:岳麓书社,1993年版,第3136页。

补充和发展。

唐太宗李世民是中国历史上的一代明君,不论是他的雄才大略、远见卓识,还是他的个人素质、品德修养,都是一般帝王所难以企及的。他励精图治,成就了著名的"贞观之治"。他不仅深知"为君之道,必须先存百姓"。① 而且善于总结历史的经验教训,他通过"顷读周、齐史,末代亡国之主为恶多相类也。齐主深好奢侈,所以府库用之略尽,乃至关市无不税敛"。② 更认为"炀帝恃此富饶,所以奢华无道,遂致灭亡"。③ 同时,唐太宗还是历史上高度重视节俭的帝王,他的节俭思想在其所作《帝范·崇俭篇》中作了系统的概括,寥寥数语,意义深远。他说:"夫圣世之君,存乎节俭。富贵广大,守之以约;睿智聪明,守之以愚。不以身尊而骄人,不以德厚而矜物。茅茨不剪,采椽不斫,舟车不饰,衣服无文,土阶不崇,大羹不和。非憎荣而恶味,乃处薄而行俭。故风淳俗朴,比屋可封,此节俭之德也。斯二者荣辱之端,奢俭由人,安危在己。五关近闭,则嘉命远盈;千欲内攻,则凶源外发。是以丹桂抱蠹,终摧荣耀之芳;朱火含烟,遂郁凌云之焰。故知骄出于志,不节则志倾;欲生于身,不遏则身丧。故桀纣肆情而祸结,尧舜约己而福延,可不务乎?"④

唐太宗既然能以身作则,大臣们自然就会跟随明君严于律己了。据《贞观政要》记载:"岑文本为中书令,宅卑湿,无帷帐之饰,有劝其营产业者,文本叹曰:'吾本汉南一布衣耳,竟无汗马之劳,徒以文墨,致位中书令,斯亦极矣。荷俸禄之重,为惧已多,更得言产业乎?'言者叹息而退。"⑤"户部尚书戴胄卒,太宗以其居宅弊陋,祭享无所,令有司特为之造庙。"⑥"温彦博为尚书右仆射,家贫无正寝,及薨,殡于旁室。太宗闻而嗟叹,遽命所司为造,当厚加赙赠。"⑦"魏征宅内,先无正堂,及遇疾,太宗时欲造小殿,而辍其材为征营构,五日而就。遣中使赍素褥布被而赐之,以遂其所尚。"⑧或许就是因为唐太宗的率先垂范,大臣们的身先士卒,形成良好的勤俭节约之风,才取得了"贞观之治"的良好结果。

唐代诗人白居易不仅创作了大量反映社会现实的诗歌,而且对所处时代的政治经济和社会发展进行了深入研究,其中他对节约问题的认识就有许多独到之处。他从对社会的客观观察中认识到,"天育物有时,地生财有限,而人之欲无极。以

---

① 吴兢:《贞观政要》,长沙:岳麓书社,1994 年版,第 2 页。
② 吴兢:《贞观政要》,长沙:岳麓书社,1994 年版,第 305 页。
③ 吴兢:《贞观政要》,长沙:岳麓书社,1994 年版,第 303 页。
④ 李世民:《帝范·崇俭篇》,转引自喻岳衡:《历代名人家训》,长沙:岳麓书社,1991 年版,第 87页。
⑤ 吴兢:《贞观政要》,长沙:岳麓书社,1994 年版,第 218 页。
⑥ 吴兢:《贞观政要》,长沙:岳麓书社,1994 年版,第 218 页。
⑦ 吴兢:《贞观政要》,长沙:岳麓书社,1994 年版,第 219 页。
⑧ 吴兢:《贞观政要》,长沙:岳麓书社,1994 年版,第 219 页。

有时有限奉无极之欲,而法制不生其间,则必物暴殄而财乏用矣。先王恶其及此,故川泽有禁,山野有官;养之以时,取之以道"。① 并且认为"地之生财有常力,人之用财有常数;若羡于上,则耗于下也;有余于此,则不足于彼也。是以地力人财,皆待制度而均也"。② 这就是说,白居易已经清楚地认识到了人类可以利用的资源是有限的,而人类的需要是无限的,总是会存在资源不足的矛盾。白居易还进一步认为百姓贫困的原因在于官吏的纵欲,他说:"臣窃观前代人庶之贫困者,由官吏之纵欲也。官吏之纵欲者,由君上之不能节俭也。何则? 天下之人亿兆也,君者一人而已矣;以亿兆之人奉其一君,则君之居处,虽极土木之功,殚金玉之饰;君之衣食,虽穷海陆之味,尽文采之华;君之耳目,虽惛郑卫之音,厌燕赵之色;君之心体,虽倦畋渔之乐,疲辙迹之游,犹未合扰于人,伤于物。何者? 以至多奉至少故也。然则一纵一放,而弊及于人者,又何哉? 盖以君之命行于左右,左右颁于方镇,方镇布于州牧,州牧达于县宰,县宰下于乡吏,乡吏传于村胥,然后至于人焉。自君至人,等级若是,所求既众,所费滋多。则君取其一,而臣已取其百矣。所谓上开一源,下生百端者也。"③因此他得出结论:"君之操静,为人劳逸之本;君之奢俭,为人富贫之源。……百姓之殃,不在乎鬼神;百姓之福,不在乎天地,在乎君之躁静奢俭而已。"④他特别强调执政者节俭的重要性。他所提出的主张是:"宫室有制,吸食有度,声色有节,畋游有时;不徇己情,不究己欲,不殚人力,不耗人财。"⑤白居易还反对厚费,认为"况多藏必辱于死者,厚费有害于生人;习不知非,寝而成俗;此乃败礼法,伤财力之一端也"。⑥ 他还认识到现实生活中每一个人的基本消费其实是不多的,"一裘暖过冬,一饭饱终日。勿言宅舍小,不过寝一室。何用鞍马多,不能骑两匹"。⑦ 如果每一个人都能少欲节俭,社会的消耗就能大大减少。"若不节之以数,用之以伦,则必地力屈于僭奢,人财消于嗜欲。"于是他的建议:"天下奢则示之以俭,天下俭则示之以礼。"⑧他所希望达到的目的是"制欲于未萌,除害于未兆"。⑨

宋代欧阳修在分析宋朝走向衰落的原因时说,宋朝出现官冗兵滥、积贫积弱的

---

① 白居易:《白居易集》,北京:中华书局,1979 年版,第 1321 页。
② 白居易:《白居易集》,北京:中华书局,1979 年版,第 1320 页。
③ 白居易:《白居易集》,北京:中华书局,1979 年版,第 1315 页。
④ 白居易:《白居易集》,北京:中华书局,1979 年版,第 1315 页。
⑤ 白居易:《白居易集》,北京:中华书局,1979 年版,第 1315 页。
⑥ 白居易:《白居易集》,北京:中华书局,1979 年版,第 1367 页。
⑦ 白居易:《狂言示诸侄》,转引自喻岳衡:《历代名人家训》,长沙:岳麓书社,1991 年版,第 104 页。
⑧ 白居易:《白居易集》,北京:中华书局,1979 年版,第 1320 页。
⑨ 白居易:《白居易集》,北京:中华书局,1979 年版,第 991 页。

状况,就是由于历代当权者不守祖宗旧制,把开国之君所创立的良好制度妄行变更、逐渐废弃造成的。他说"及其后当国者,或为思事体,或收恩取誉,屡更祖宗旧制,遂至官兵冗滥,不可胜纪。而用度无节,财用匮乏,公私困弊,推迹其事,皆因执政策不能遵守旧规,妄有更改,所致至此"。①

司马光在《资治通鉴》中总结中华民族的发展史时,特别重视历代帝王、名臣和其他历史人物的节俭品德和节用主张,在总结历史发展的客观规律时,他认为:"夫地力之生物有大限,取之有度,用之有节,则常足。取之无度,用之无节,则常不足。生物之丰败由天,用物之多少由人,是以圣王立程,量入为出,虽遇灾难,下无困穷。"②

司马光为了教育子孙,特作了《训俭示康》一文。司马光说:"吾本寒家,世以清白相承……众人皆以奢靡为荣,吾心独以俭素为美。人皆嗤吾固陋,吾不以为病。"③他感叹当朝"风俗尤为侈靡,走卒类士服,农夫蹑丝履"。④ 认为"风俗颓敝如是,居位者虽不能禁"⑤,但自己应该洁身自好,不要随波逐流。为了向后人说明"俭为美德"的道理,司马光在文中一连列举了李文靖、张文节等名人的事迹,说明"俭能立身,侈必自败"。司马光说,李文靖为真宗时的宰相,住在封邱,门内厅前狭窄得仅能容一马转身。有人笑他住宅太小。他却说:"居第当传子孙,此为宰相厅事有隘,为太祝奉礼厅事已宽矣。"⑥司马光接着说,张文节为仁宗初年时的宰相,但他的生活水平仍同当年在河阳当节度判官时一样,节衣缩食,不讲排场。"张文节为相,自奉如为河阳书记时,所亲或规之曰:'公今受俸不少,而自奉若此,公虽自信清约,外人颇有公孙布被之讥,公宜少从众。'公叹曰:'吾今日之俸,虽举家锦衣玉食,何患不能?顾人之常情。由俭入奢易,由奢入俭难。吾今日之俸,岂能常有?身岂能长存?一旦异于今日,家人习奢已久,不能顿俭,必致失所。岂若吾居位,去位,身存,身亡,如一日乎?呜呼,大贤之深谋无远虑,岂庸人所及哉。'御孙曰:'俭,德之共也,侈,恶之大也。'"⑦司马光通过这个故事,就是想告诉后人,"由俭入奢易,由奢入俭难"的道理。他以俭德治家,就是为了使自己的子孙后代都要养成勤俭节约的习惯,以免自己死后子孙由于过惯了奢华的生活而不能马上适应贫困导致颠沛流离。由此可知,只有养成节俭的良好习惯,家族才能延续

①　欧阳修:《欧集·归田录第一》,转引自赵靖主编:《中国经济思想通史》(修订本),北京:北京大学出版社,2002 年版,第 1240 页。

②　司马光:《资治通鉴》第 4 册,长沙:岳麓书社,1990 年版,第 144 页。

③　司马光:《训俭示康》,转引自喻岳衡:《历代名人家训》,长沙:岳麓书社,1991 年版,第 127 页。

④　司马光:《训俭示康》,转引自喻岳衡:《历代名人家训》,长沙:岳麓书社,1991 年版,第 127 页。

⑤　司马光:《训俭示康》,转引自喻岳衡:《历代名人家训》,长沙:岳麓书社,1991 年版,第 128 页。

⑥　司马光:《训俭示康》,转引自喻岳衡:《历代名人家训》,长沙:岳麓书社,1991 年版,第 128 页。

⑦　司马光:《训俭示康》,转引自喻岳衡:《历代名人家训》,长沙:岳麓书社,1991 年版,第 128 页。

下去。

　　司马光以客观事实为依据,教导后人:"有德者,皆由俭来也。夫俭则寡欲,君子寡欲,则不役于物,可以直道而行;小人寡欲,则能谨身节用,远罪丰家。故曰'俭,德之共也'。"①司马光还断言:"侈则多欲。君子多欲则贪慕富贵,枉道,速祸;小人多欲,则多求,妄用,败家,丧身。是以居官必贿,居乡必盗,故曰'侈,恶之大也'。"②

　　朱熹是宋代名儒,他也非常强调"以养民为本",其提出的基本途径就是"撙节财用"。他说:"朝廷撙节财用,重惜民器,以为国之大政。""臣闻先圣之言,治国而有节用爱人之说。盖国家财用皆出于民,如有不节而用度有缺,则横赋暴敛,必将有及于民者,虽有爱人之心,而民不被其泽矣。是以将爱人必先节用,此不易之理也。"③他在《论语集注》中也说,"故爱民必先于节用","侈用则伤财,伤财必至于害民。"④

　　宋代李觏,继承了荀况的"强本节用"论,认为这是富国的基本途径,他说:"所谓富国者,非曰巧筹算,析毫末,厚限于民以媒怨也,在乎强本节用。"⑤

　　《元史》在总结不同朝代兴衰的规律时,更是明确指出骄奢在其中的作用:"以汉、唐、宋观之,当其立国之初,亦颇有成法,及数传之后,骄奢生焉。往往取之无度,用之无节。于是汉有告缗、算舟车之令,唐有借商、税间架之法,宋有经、总制二钱,皆掊民以充国,卒之民困而国亡。"⑥

　　明代朱柏庐在《治家格言》中写道:"一粥一饭,当思来之不易;半丝半缕,恒念物力维艰。"⑦朱柏庐教育子孙要懂得粮食、衣物等都来之不易,必须珍惜一粥一饭、半丝半缕,节俭生活。谈到这里,不禁想起了"锄禾日当午,汗滴禾下土;谁知盘中餐,粒粒皆辛苦"的诗句,这首诗永远都在警示人们要珍惜粮食,厉行节约。

　　在近代,改革派思想家汤鹏曾写有《刺奢》一文,他认为要医贫,除了增加社会生产以外,还要节减消费,为此他提出了去奢崇贫的主张,并列出了去奢的标准:"宫阙毋崇,苑囿毋广,饮膳毋珍,服饰毋艳,宝玉毋奇,图画毋工,田猎毋弛,祭祀

　　① 司马光:《训俭示康》,转引自喻岳衡:《历代名人家训》,长沙:岳麓书社,1991年版,第128页。
　　② 司马光:《训俭示康》,转引自喻岳衡:《历代名人家训》,长沙:岳麓书社,1991年版,第129页。
　　③ 朱熹:《朱文公文集·上宰相书》,转引自赵靖主编:《中国经济思想通史》(修订本),北京:北京大学出版社,2002年版,第1463页。
　　④ 朱熹:《论语集注》,转引自赵靖主编:《中国经济思想通史》(修订本),北京:北京大学出版社,2002年版,第1463页。
　　⑤ 李觏:《富国策》,转引自赵靖主编:《中国经济思想通史》(修订本),北京:北京大学出版社,2002年版,第1209页。
　　⑥ 《元史》,转引自《二十五史精华》第4卷,长沙:岳麓书社,1989年版,第174页。
　　⑦ 朱柏庐:《朱子家训》,转引自喻岳衡:《历代名人家训》,长沙:岳麓书社,1991年版,第216页。

毋杂。""宫禁之用毋滥,官府之用毋滥,兵卫之用毋滥,边鄙之用毋滥,凶荒之用毋滥,仓促非常之用毋滥。"①

　　近代地主阶级改革派经济思想的代表人物魏源则认为"俭,美德也,禁奢崇俭,美政也"。因为他认为"主奢一则下奢一,主奢五则下奢五,主奢十则下奢十,是合十天下为一天下也。以一天下养十天下,则不足之势多矣。不足生觊觎,觊觎生僭越,僭越生攘夺,王者常居天下可忧之地矣。……帝王之道贵守一,质俭非一也,而去一近,故可守焉,非若奢文之去一远也"。②魏源在阐述他的奢俭论时,还提出了一个消费标准问题,他说"万事莫不有其本,守其本者常有余,失其本者常不足。宫室之设,本庇风雨也;饮食之设,本慰饥渴也;衣裳之设,本御寒暑也;器物之设,本利日用也"。③如果超过这些标准,则谓之"奢"。同时魏源反对以黜奢崇俭要求一般的富民,是由于他认为这些富民的奢侈会使他们更多地置备车马、衣裳、酒食、琴瑟等消费品,这将会促进劳动分工与交换,有利于商业和手工业发展,也可为贫民提供较多的就业机会。因此他认为"《周礼》保富,保之使任恤其乡,非保之各啬于一己也。车马之驰驱,衣裳之曳娄,酒食鼓瑟之愉乐,皆巨室与贫民所以通工易事,泽及三族。王者藏富于民,譬同室博弈而金帛不出户庭,适足损有余以益不足。如上并禁之,则富者益富,贫者益贫"。④

　　长期以来,流传很广、影响很深的《曾国藩家书》,讲得最多的就是"勤""俭"二字。曾国藩在家书中说:"勤字工夫,第一贵早起,第二贵有恒;俭字工夫,第一莫着华丽衣服,第二莫多用仆婢雇工。"⑤他还在家书中说,吾家现虽鼎盛,不可忘寒士家风,"食必珍馐,衣必锦绣,酣豢高眠,一呼百诺,此天下最不平之事,鬼神所不许也,其能久乎?"他强调勤劳节俭,说"历览有国有家之兴,皆由克勤克俭所致。其衰也,则反是"。"由俭入奢易于下水,由奢反俭难于登天。"⑥他还多次在家书中教育家人:"有福不可享尽,有势不可使尽。""福不多享,故总以俭字为主,少用仆婢,少花银钱,自然惜福矣。"⑦这种思想可以对人性中的贪得无厌和得意忘形等弱点加以抑制,使得人不至于过于放纵,过于膨胀。在家书中,他还说到:"勤俭自

---

　　①　汤鹏:《医贫》,转引自赵靖、易梦虹主编:《中国近代经济思想史》(修订本)(上册),北京:中华书局,1980 年版,第 59 页。

　　②　魏源:《治篇十四》,转引自赵靖、易梦虹主编:《中国近代经济思想史》(修订本)(上册),北京:中华书局,1980 年版,第 102 页。

　　③　魏源:《治篇十四》,转引自赵靖主编:《中国经济思想通史续集(中国近代经济思想史)》,北京:北京大学出版社,2004 年版,第 31 页。

　　④　魏源:《治篇十四》,转引自赵靖主编:《中国经济思想通史续集(中国近代经济思想史)》,北京:北京大学出版社,2004 年版,第 33 页。

　　⑤　唐浩明:《唐浩明评点曾国藩家书》(下),长沙:岳麓书社,2002 年版,第 199 页。

　　⑥　唐浩明:《唐浩明评点曾国藩家书》(下),长沙:岳麓书社,2002 年版,第 402 页。

　　⑦　唐浩明:《唐浩明评点曾国藩家书》(下),长沙:岳麓书社,2002 年版,第 230 页。

持,习苦习劳,可以处乐,可以处约。""余服官二十年,不敢稍染官宦气习,饮食起居,尚守寒素家风,极俭也可,略丰也可,太丰则吾不敢也。""无论大家小家、士农工商,勤苦俭约,未有不兴,骄奢倦怠,未有不败。"①"吾家后辈子女皆趋于逸欲奢华,享福太早,将来恐难到老。嗣后诸男在家勤洒扫,出门莫坐轿;诸女学洗衣,学煮菜烧茶。少劳而老逸犹可,少甘而老苦则难矣。"②"仕宦之家,不蓄积银钱,使子弟自觉一无可恃。"③一无所恃就得靠自己努力,就能培养子女的独立和勤劳精神。然而,普天下的父母都疼爱儿女,有的父母爱儿女甚至超过爱自己,甘愿为儿女做牛做马而无怨无悔。有足够的钱财让他花销,他还要吃苦做什么呢?结果,终至坐吃山空。不少人不仅家道败落,而且不得善终。

严复作为中国近代著名的启蒙思想家,他针对近代地主阶级顽固派主张"黜奢崇俭"主要已不是从消费方面,而是从生产方面认为"黜奢"就是不许从西方引进科学技术和新式工业,"崇俭"就是要维护封建主义生产方式的思想,进行了严厉的驳斥。严复认为俭是美德,但俭本身不是目的,提倡俭,是为了把省下来的费用用来扩大再生产;如果借口"崇俭"而反对发展生产,那就违反俭的目的了。他说"所贵乎俭者,俭将以有所养,俭将以有所生也。使不养不生,则财之蟊贼而已,乌能有富国足民之效乎?"④同时,严复对增加消费并不是一概反对,而是认为消费的增长必须以不影响资本积累,不影响扩大再生产为限度。他甚至认为,消费和积累都受收入的数量所制约,只要收入增多了,就可以并且应当适当增加消费,他说:"今使一国之民,举孜孜求富,既富矣,又不愿为享用之隆,则亦敝民而已。况无享用则物产丰盈之后,民将缦然止足,而所以励其求益之情者,不其废乎?是故理富之术,在一国之母财、支费,相酌剂为盈虚。支费亦不可多也,实且以多为贵,……顾事必求其可长,而养必期其无竭,……约而论之,财如粟然,其专尚支费而不知母财之用者,获而尽食者也;其独重母财而其啬支费者,罄所收以为子种者也。二者皆讥。独酌剂于母财、支费二者之间,使财不失其用,而其用且降而愈舒者,则庶乎其近之矣。"⑤

中国民主革命的先行者孙中山,根据当时中国经济发展的实际需要,主张在国家经济发展中,要尽可能利用国外的资金和技术,以实现本国生产上的节约。对于为什么要利用国外技术的问题,孙中山说:"各国发明机器者,皆积数十百年始能

　　①　唐浩明:《唐浩明评点曾国藩家书》(上),长沙:岳麓书社,2002 年版,第 246 页。
　　②　唐浩明:《唐浩明评点曾国藩家书》(上),长沙:岳麓书社,2002 年版,第 324—325 页。
　　③　唐浩明:《唐浩明评点曾国藩家书》(上),长沙:岳麓书社,2002 年版,第 230 页。
　　④　严复译:《原富》第 339 页按语,转引自赵靖、易梦虹主编:《中国近代经济思想史》(修订本)(下册),北京:中华书局,1980 年版,第 353 页。
　　⑤　严复译:《原富》第 350 页按语,转引自赵靖、易梦虹主编:《中国近代经济思想史》(修订本)(下册),北京:中华书局,1980 年版,第 355 页。

成一物,仿而造之者,岁月之功已足。"①他同时主张大规模利用外国资本,引进国外人才,认为这是使中国经济迅速赶上发达国家的一条捷径:"款既筹不出,时又等不及,我们就要用此开放主义。凡是我们中国应兴事业,我们无资本,即借外国资本,我们无人才,即用外国人才,我们方法不好,即用外国方法。物质上文明,外国费二、三百年工夫,始有今日结果,我们采来就用,诸君看看,便宜不便宜? 由此看来,我们物质上文明,……在地球上不特要在列强中占有一席,驾乎列强之上,亦意中事。"②孙中山的这些主张不正与我国20世纪80年代初以来实施的改革开放政策非常一致吗? 引进外资、利用国外先进的技术和管理经验正是我们所选择的加速发展、节省时间、提高效率,充分利用国内和国际两方面资源与市场,赶超世界强国的发展道路。为此我们也完全可以相信,孙中山所提出的赶超世界强国的梦想一定会通过全中华民族的共同努力,早日变为现实。

第四节　中国传统节约理论评价

中国传统节约理论自轩辕黄帝率先垂范以来,不断传承,日臻完善。经过一代又一代人的实践体验与反复验证,从一般的行为准则,逐渐上升到修身、齐家、治国的基本理念与制度规范,成为了中华民族文化中最核心的内容和广大中国人民最广泛的共识。

一、中国传统节约理论的特征

纵观中国传统的节约理论,我们可以发现其具有一些显著的特征:

(1)传统节约理论起源很早。可以说传统节约理论是与人类社会有文字记载的历史同步的。如果说节约行为,则会更早。许多历史文献都明确将"俭,德之共也;侈,恶之大也"③作为基本的道德理念和善恶标准,这实际上是将节约思想归入中华文化特质和核心内容的表达。而在广大的人民群众的生产生活中,更是注重节俭,关心"奢"与"俭"对家庭、对社会、对国家兴衰的影响。他们通过长期的社会实践和历史总结,深刻地认识到"人惰而侈则贫;力而俭则富"是一个普遍的规律。④ 只有"上不逆天,下不扩地",才会有"天予之时,地生之财"。⑤ 这说明在春

---

① 孙中山:《中国民主革命之重要》,转引自赵靖、易梦虹主编:《中国近代经济思想史》(修订本)(下册),北京:中华书局,1980年版,第478页。

② 孙中山:《建设之两大要务》,转引自赵靖、易梦虹主编:《中国近代经济思想史》(修订本)(下册),北京:中华书局,1980年版,第477页。

③ 陈成国点校:《四书五经》,长沙:岳麓书社,2002年版,第743页。

④ 《管子·形势解》,载《百子全书》第2卷,长沙:岳麓书社,1993年版,第1396页。

⑤ 《管子·形势解》,载《百子全书》第2卷,长沙:岳麓书社,1993年版,第1402页。

秋战国以前,中国的传统文化虽然还处于初创时期,对社会、自然以及人类自身的许多认识的记录还比较零散,但对于节约问题,已经相当重视,可以说基本形成了共识。这为节约理论在中华民族传统文化领域中占有重要地位奠定了良好的基础。

(2)传统节约理论一直受到重视。中国传统节约理论在春秋战国以前起源,此后没有任何一个朝代忽视它,或者说没有哪一个时期的节约理论不与这个时期的节约理论相关。人们通过各种形式把节约的愿望和节约的手段作为人类认识世界的规律不断传承,从而使节约理论日益完善。这一方面是由于节约问题对于人类来说,确实是一个永恒的主题,没有时间和空间的制约,即在任何时期、任何地方都需要有节约的概念。另一方面,人类社会一直是处于可利用的资源总是不能满足人类需求的状态,即供给总是不能满足需求,所以人类必须节约,以使有限的资源能满足更多人的需求和更长久的需要。也许正因为如此,不同历史时期都不能否定节约的必要性,相反总会根据不同的时代特征,提出更好、更完善的节约理论和主张。

(3)传统的节约理论具有与时俱进性。由于受传统农业社会经济发展水平的影响,"不仕则农。若昧于田畴,则多匮乏"①是中国传统社会的真实写照。尤其是由于中国近现代工业起步较晚,传统农业的耕作方式也是千百年基本保持不变。因此传统的节约理论主要集中在个人修养、家庭消费节省和服务国家政权巩固等方面,对生产节约主要强调的是农业生产的"不误农时"和"强本节用"。不断完善的耕种技术其实也有利于生产效益的提高。随着时代的发展,传统节约理论不仅十分重视总结世代更替的教训,更注重随着社会经济的发展,不断拓展节约的范围、形式和方法,从而使传统的节约理论具有与时俱进的特点,也使传统的节约理论具有不断传承的意义和必要。

(4)传统节约理论具有重要的警示和教育意义。传统节约理论特别强调对统治者和子孙后代的教育作用。一方面强调统治阶层的自身的节俭。人们很早就认识到了国家的兴亡首先是与统治阶层的节俭程度直接相关,正如李商隐的《咏史》所言:"历览前贤国与家,成由勤俭败由奢。"②要保持国家的长治久安,统治者自己就必须节俭,不能奢侈浪费。同时统治者阶层的示范作用也非常明显,《礼记》记载孔子就认为:"政者,正也。君为正,则百姓从政矣。"③因而希望通过统治者的示范作用,形成节俭的社会风气。另一方面,强调用节俭的观念教育后人。先人们不

---

① 贾思勰:《齐民要术》,载《百子全书》第2卷,长沙:岳麓书社,1993年版,第1816页。
② 李商隐:《咏史》,载《全唐诗》第6卷,长沙:岳麓书社,1998年版,第159页。
③ 陈成国点校:《四书五经》,长沙:岳麓书社,2002年版,第619页。

仅自己做到勤俭节约,而且通过家训等各种方式教育后人注重节俭。正因为如此,"锄禾日当午,汗滴禾下土;谁知盘中餐,粒粒皆辛苦"①这一首唐诗普遍成为了家长教育子女勤俭节约的传统教材。

二、中国传统节约理论的地位和作用

在丰富多彩的中国传统文化中,传统的节约理论以其历史性、传承性和实用性影响着中国社会的方方面面,因而使其在中国传统文化中具有重要的地位,发挥着不可替代的作用。

(1)中国传统节约理论是中华传统文化的重要组成部分,由此产生和形成了独具中国特色的勤劳节俭、艰苦奋斗的中华民族精神。勤劳与俭朴作为中华民族的传统美德,贯穿于中国文化发展史的全过程,浸透于民众的生产和生活的方方面面,无论是"修身",还是"齐家",或是"治国",无不倡导"崇俭黜奢"、"生于忧患,死于安乐"、"艰难困苦,玉汝于成"的精神,并广泛体现于社会风俗习惯、日常生活、文学作品、商品生产、城乡建设、培养后人、为人处世等诸多方面,体现出中华文化良好的特质与深厚的底蕴。正是这种精神,使得几千年来,尽管中华民族多灾多难,遭受了外侮侵略,经历过内忧外患,但是中华民族始终能够忍辱负重、艰苦奋斗、自强不息,使之雄居于世界之东方。

(2)中国传统节约理论缓解了中国历史上的人与资源的矛盾,陶冶了中华民族广大人民群众的品质,维系了中国的社会秩序。中国历来地大物博,虽然历史上曾有过无数次的朝代更替,也曾被分裂为许多诸侯领地,但中国作为一个文明古国长期屹立于世界东方却是不争的事实。究竟是什么原因使用中华文化在世界其他古老文化纷纷衰落的大背景下还能继续光彩夺目? 究竟是什么原因使中国传统的封建社会可以持续几千年的时间呢? 或许原因可以列出很多很多,但有一点是举世公认的,那就是中国的传统文化尤其是其中的节俭理论较好地缓解了人与资源的矛盾,使人类赖以生存的基本资源,如土地、河流、森林等得到较好保护,使中华民族一代一代得以繁衍。加之节约理论的熏陶,还造就了人们良好的道德品质,勤劳俭朴的生活方式,使人们不会因多求妄用、贪得无厌而加剧对自然的索取和人与人之间的纷争与掠夺。正因为如此,中国传统的社会秩序得到了较好维持。

(3)中国传统节约理论是现代节约理论及现阶段我国建设节约型社会的重要思想渊源。理论具有传承性。尤其是有利于人类经济社会发展的理论,更会一代一代传承下去,中国的节约理论就是这样。中国传统的节约理论到了现代,就成了现代节约理论的重要渊源。前面分析的从毛泽东到胡锦涛等中央领导人的现代节

---

① 李绅:《古风二首》,载《全唐诗》第6卷,长沙:岳麓书社,1998年版,第618页。

约理论不是无源之水、无本之木。中国现代节约理论的代表人物毛泽东、邓小平、江泽民、胡锦涛等,他们既是坚定的马克思主义者,同时,作为中国人,都受过良好的中国传统文化的熏陶,在他们的思想理论中,都有丰富的中国传统文化的内涵,他们的节约理论同样如此。他们作为中国革命和建设的不同时期的领导人,都根据当时的需要,将传统节约理论发展到新阶段,创造性地、有针对性地丰富和发展了中华民族的节约理论。特别是以胡锦涛为总书记的党中央,在中国经济社会持续快速增长,而经济增长的资源环境代价过大的情况下,果断提出建设节约型社会,将资源节约作为基本国策,采用了一系列有利于节约的具体措施,使全国自上至下都关注和重视节约问题。能如此,说明国民对节约具有共识,它与中国的节约文化源远流长是分不开的。

(4)中国传统节约理论必将成为全人类的共同宝贵的思想财富,对于全人类走节约型发展道路产生重要影响。中国的传统文化是中华民族的宝贵财富,为中华民族的世代繁衍提供了深厚的文化基础。同时,中国的传统文化也是全人类的共同财富,它可以为全人类的和平与持续发展提供文化支持。中国目前面临的资源短缺问题,实际上在世界其他国家同样存在,有些国家或地区甚至比中国更严重。如何解决世界性的资源不足问题? 一是开源,包括向外太空寻找人类所需的宝贵资源,但这是一种代价巨大、风险无限的选择。二就是节流,节约、高效地使用有限的资源,这是一种既经济又可行的方式。人类社会要持续地发展下去,走节约型发展道路是十分必要的,而且是最现实的。要达到这一目标,必须充分吸收中国传统节约理论中的精华,特别是把中国传统节约理论与社会经济发展的客观现实结合起来,把节约理论的基本原理和方法,广泛应用于社会经济的各个方面,更是全人类的共同选择。

三、中国传统节约理论的现代启示

通过系统总结中国的传统节约理论,也使我们从中得到许多启示。

(1)节俭是个人品德修养的核心内容。孔子把“俭”和温、良、恭、让同视为重要的品德内容;老子将“俭”视为为人处世的“三宝”之一;墨子断言“俭节则昌,淫佚则亡”[1];司马光认为“有德者皆由俭来。……俭,德之共也。……侈,恶之大也”。[2] 这一代又一代的贤人志士,都通过他们的经典名言或名篇巨著,向统治阶层、广大百姓和延绵不绝的子孙后代,诠释着“崇俭黜奢”的道理,就是要求中华民族的子孙后代,一定要在培养自己及后代的个人品德时特别要注重节俭理念和习

---

① 《墨子·辞过》,载《百子全书》第3卷,长沙:岳麓书社,1993年版,第2372页。

② 司马光:《训俭示康》,转引自喻岳衡:《历代名人家训》,长沙:岳麓书社,1991年版,第128页。

惯的培养,使中华民族勤俭节约的优良传统一代一代继承下去。这就告诫我们,随着社会经济的发展,特别是在物质文化生活日益丰富的今天,面对普遍存在的奢侈浪费现象,面对一些以追求高消费、惰性十足的年青后代,我们应该加强对他们的传统教育,其中最重要的就是要教育他们保持中华民族勤劳俭朴的传统美德,注重对他们人格的培养与优良品德的教育。否则,历史的经验已经告诉我们,其后果是十分严重的。

(2)倡俭戒奢是为政治国的重要内容。中国古代有不少明君贤臣都能从治国安邦的高度充分认识节俭美德的价值。不仅有韩非子在分析节俭与个人得失、国家兴亡之间的关系时,曾断言过"以俭得之,以奢失之"。① 后世的魏源也曾指出:"禁奢崇俭,美政也。"②《管子·八观》也强调:"奸邪之所生,生于匮不足。"③《管子·五辅》更是指出:"仓廪实而囹圄空,贤人进而奸民退。"④前人治国理政强调禁奢崇俭,既出于经济的原因,更考虑品德与政治的因素,正所谓"不勤不俭,无以为人上也"。⑤ 不管社会如何进步,经济如何繁荣,奢俭问题始终是反映当政者素质和品德的重要标志之一,直接影响政权的稳固、社会的和谐。为此,我们时时刻刻应当将禁奢崇俭作为促进社会和谐发展的基本策略,高度重视,极力倡行。作为现代领导干部,要特别重视其模范带头作用,认真做好反腐倡廉工作。

(3)节俭是解决资源不足的有效手段。随着人类社会的发展,资源供给与人类需求的矛盾日益突出。前人在生产力水平十分落后,生产资料和生活资料严重不足的情况下,就已经把节俭作为了一种基本的生活方式,并且很早就掌握了用节俭评判国家或个人的方法和标准。如《管子·八观》中说:"入国邑,视宫室,观车马衣服,而侈俭之国可知也。"⑥汉代桓宽在《盐铁论·救匮》中以晏婴为齐相时一件狐裘竟然穿了三十年的故事,告诫当权者应该"民奢,示之以俭;民俭,示之以礼"。⑦ 因为他发现"方今公卿大夫子孙诚能节车舆,适衣服,躬亲节俭,率以敦朴,罢园池,损田宅……如是,则气脉和平,无聚不足之病矣"。⑧ 这些论述给予我们的启示首先在于对俭、奢的认识与评价应当坚持实践标准,坚持运用对衣、食、住、行、事等实践状况加以观察分析的方法;其次看是否利民,如果是劳民伤财之事,显然

① 《商君书·韩非子》,长沙:岳麓书社,1990 年版,第 93 页。

② 魏源:《治篇十四》,转引自赵靖、易梦虹主编:《中国近代经济思想史》(修订本)(上册),北京:中华书局,1980 年版,第 102 页。

③ 《管子·八观》,载《百子全书》第 2 卷,长沙:岳麓书社,1993 年版,第 1294 页。

④ 《管子·五辅》,载《百子全书》第 2 卷,长沙:岳麓书社,1993 年版,第 1283 页。

⑤ 王通:《文中子》,载《百子全书》第 1 卷,长沙:岳麓书社,1993 年版,第 973 页。

⑥ 《管子·八观》,载《百子全书》第 2 卷,长沙:岳麓书社,1993 年版,第 1294 页。

⑦ 桓宽:《盐铁论》,载《百子全书》第 1 卷,长沙:岳麓书社,1993 年版,第 434 页。

⑧ 桓宽:《盐铁论》,载《百子全书》第 1 卷,长沙:岳麓书社,1993 年版,第 435 页。

应作为奢侈浪费的行为坚决杜绝。

（4）节约是一种境界，也是一种责任。传统的节约理论告诉我们，节约其实并不是一种单一的行为，也不是为了达到一个单一的目的，它涉及人类生产生活的方方面面。因为资源不足，可供利用的资源与我们无限的需求相比，总是存在稀缺性；因为人类社会要可持续地、良性地发展下去，就必须节俭。我们需要使节俭成为一种习惯、一种生活方式、一种自觉行为、一种长期坚持不懈的追求。不仅要自己时时注意节俭，而且还要使我们周围的人、我们的子孙后代都要保持节俭的传统。因此，节俭对于每一个人来说，不是一种特别强加的要求，而是一种生活习惯，一种共同的认识，也是一种境界，还是我们每一个人的责任。你节俭了，所以你就能问心无愧；你没有浪费，所以你无须自责。同时，我们还应注意，践行古人节俭美德时还要求处理好俭与勤的关系，这对我们现代人也有着特别的现实启迪。我们生活的时代物资已经极大的丰富，但还存在着严重的贫富不均现象。因此我们要将节俭省用和勤劳致富视为一种美德的两个侧面，同时加以倡导。或者说，只注意节俭是不够的，还要勤劳，要通过勤劳来创造财富。因为如果勤而不俭，则会枉劳其身；如果俭而不勤，则只能甘受其苦。因此，我们每一个中华民族的子孙，一定要发扬先人创立的勤俭节约传统，自觉地把它作为约束行为的标准，做到勤劳致富，"富而能俭"。[①]

当然，在我国传统文化中，除有丰富的节约思想以外，也存在部分主张"奢靡"的观点。这些内容将在本书第七章第二节专门进行分析。

总之，中国传统的节约理论是中华民族文化的精华，也是千百年来中国人修身、齐家、治国的重要理论基础。它不仅培养了一代又一代中国人勤劳俭朴、艰苦奋斗的良好品德，也充分揭示了国家兴亡、人民幸福、社会稳定的客观规律性。同样，它也为我们今天建设节约型社会提供了宝贵的经验和借鉴。

---

① 刘向:《说苑》,载《百子全书》第1卷,长沙:岳麓书社,1993年版,第616页。

第 六 章

节约和浪费规律

节约和浪费是相对立而存在的。既然节约具有永恒性,那么浪费也是永恒存在的。只不过随着社会的发展,浪费的范围和程度会越来越小,尤其人为性的浪费更是这样。为了减少和尽量避免浪费,实现节约,有必要探讨节约和浪费的一般和特殊规律。

第一节 加深对规律的认识

一、什么是规律

节约和浪费规律属于社会规律,要认识节约和浪费的一般和特殊规律,必须从了解规律的一般性质入手。

(一)规律的基本内涵

列宁在《哲学笔记》中给规律下过一个简明扼要的定义:"规律就是关系。"①关系也就是联系,客观事物存在千丝万缕的联系,这种联系有本质的联系,有必然的联系,也有非本质的联系和偶然的联系。不是任何一种联系都具有规律的意义。因此,给规律下一个定义就是,规律是现象中的本质的联系,必然的联系,重复的联系②,这也是规律的特征。

所谓本质的联系,就是指事物之间的共同的东西。列宁说:"规律是现象中同一的东西。"③本质是指事物的主要的、核心的、关键的东西,它们决定了事物的性质,决定了该事物与别的事物的区别。例如商品,无论生产什么商品,也无论什么地方的人生产商品,一个共同的东西就是都要耗费劳动时间。这就是不同商品生产者之间的"同一"的东西。劳动时间的凝结就是商品的价值。价值的本质体现生产者之间的联系,也就是说,不同商品生产者互相交换商品,体现了他们互相为

---

① 列宁:《哲学笔记》,上海:上海人民出版社,1960 年版,第 161 页。
② 参见华岗:《规律论》,北京:人民出版社,1982 年版,第 136 页。
③ 列宁:《哲学笔记》,北京:人民出版社,1956 年版,第 132 页。

对方提供劳动的关系。商品的价值量决定于生产商品耗费的社会必要劳动时间，商品按价值量相等的原则进行交换就是价值规律。

所谓必然的联系，就是指事物发展趋势的不可避免性或不可抗拒性。[1] 例如：水往低处流；在一个标准大气压下，温度到 100℃ 时水就沸腾，到 0℃ 时就结冰，这些都是必然的，不随人们的意志而改变。经济学中的价格变化规律也是这样：供过于求，价格下跌；供不应求，价格上涨，等等。

所谓重复的联系，就是指事物某些特征和现象会不断重复出现。例如，一年四季，春夏秋冬，昼夜交替，广州基本是早上五到六点左右天亮，晚上六到七点左右天黑，年年、月月、天天基本如此，重复出现。这种现象的后面，就在于天体运动规律的作用。在经济社会领域，也有不断重复的现象。例如，只要存在商品生产、市场经济，商品交换就会每天都要不断重复出现。同时，经济周期现象，不仅在资本主义市场经济中重复出现，在我国实行的社会主义市场经济中，也同样会重复出现。

（二）规律的客观性

规律都具有客观性。规律的客观性就是指规律不以人的意志、意识或者愿望为转移。[2] 在讲到自然现象时，古语所说的，"天行有常，不为尧存，不为桀亡"。"天不为人之恶寒也辍冬，地不为人之恶辽远也辍广。"[3]这些说明自然的运行是不以人的意志为转移的。自然的运行不会因为尧是圣王而存在，也不会因桀是暴君而消失。天不会因为人们厌恶寒冷而没有冬天，地不会因为人们厌恶辽远而缩小面积。这就充分说明了自然规律的客观性质。社会规律同样是客观的。例如，利息率规律的内容是利息率的数量界限必须大于零小于平均利润率。这就说明：首先，只有在有利息的情况下，人们才愿意把钱借出去；同时也说明，只有愿意支付利息，要借钱的人才能借得到钱；否则，有钱的人即使有再多的钱，要借钱的人无论缺钱到什么程度，社会也不会有借贷行为。这是不以人的意志为转移的。其次，只有小于平均利润率才会有人借入钱经营。因为在市场经济条件下，由于平均利润率规律的作用，经营者一般只能获得平均利润。他获得的平均利润不可能全部给借贷资本的所有者，只能将其中的一部分给借贷资本；否则，即使社会有更多的钱借出，也不会有人借入。这是不以人的主观意志为转移的。可见利息率规律的内容是客观的，其作用的结果也必然是客观的。它表现在如果违反了它，必然受到惩罚。我国一些地方在 20 世纪 80 年代末至 90 年代初出现的社会集资热，有的利息率高得惊人，这是违反规律的，所以，不少参与者最终血本无归，不少组织者受到严

---

① 参见陆魁宏：《谈规律》，长沙：湖南人民出版社，1982 年版，第 8 页。
② 参见于光远：《关于规律客观性质的几个问题》，北京：人民出版社，1979 年版，第 10 页。
③ 《荀子》，载《百子全书》第 1 卷，长沙：岳麓书社，1993 年版，第 187 页。

厉的惩罚,有的甚至被处以极刑,这是违反规律最终得到的惩罚。

（三）**规律的类型**

规律分为两大类,即自然规律和社会规律。自然规律是反映自然界发展、变化的规律。社会规律是反映人类社会发展、变化的规律。这两类规律是有区别的。这种区别主要表现在:一是自然规律的作用不需要通过人的实践,例如一年四季,春夏秋冬的变化;而社会规律的作用需要通过人的实践活动。二是自然规律一般不会改变或消失;而社会规律则不同,它会随着产生它的条件发生变化而退出历史舞台,让位给新的规律。① 三是自然规律是人类对自然界的认识的共同成果,在阶级社会中,它不具有阶级性;而对社会规律的认识和利用,都必须参与人的活动,而在阶级社会中,只有先进的、进步的阶级才能认识和利用社会规律;在没有阶级的社会中,只有先进的阶层或群体才能认识和利用社会规律。

规律包括一般规律和特殊规律。一般规律是指在整个自然界或整个人类社会都发生作用的规律。它们表现事物和现象间的最稳定的最一般的联系和关系,表现任何发展阶段和运动形态的特征②,具有永恒性和普遍性。例如自然界中的天体运动规律,物质不灭和相互转化规律,等等。在社会经济中,生产关系必须适应生产力规律、节约规律等都是这样。在客观现实中,除了一般规律,还存在特殊规律。所谓特殊规律,就是关于具体事物和现象的规律。任何规律都是有条件的,在某一具体条件的基础上产生的规律就是关于某一特殊事物的规律。例如,从整个人类发展史看,节约规律是一般规律,但具体到某一时期、某一特定条件下,节约规律就是特殊规律。如在自然经济条件下,这一规律产生的条件和作用的范围,主要在消费领域;在资本主义生产的早中期阶段,自然资源相对丰富,人口较少,所以,马克思把一切节约归结为劳动时间的节约;而今天节约的实质就是资源的节约。事物及其规律随着条件的改变而改变。所谓"桔化为枳",说的就是淮南味甜的桔子,移到淮北,因为土壤、气候等条件的变化,就变成了味道酸苦的枳。这就是"桔生淮南则为桔,生于淮北则为枳"的原因。在经济社会中,价值规律、资本主义的剩余价值规律都属于特殊规律,因为它们都是在一定的特殊条件下产生的。产生价值规律的特殊条件是商品生产,而商品生产不是任何社会都存在,它只存在于人类社会的几种经济形态之中。资本主义的剩余价值规律只存在于以完全的生产资料私有制为基础的资本主义生产中。

二、认识和利用规律

人们研究、认识规律的目的,是为了更好地利用规律为自己服务。那么,就有

---

① 参见斯大林:《苏联社会主义经济问题》,北京:人民出版社,1958 年版,第 10 页。

② 参见华岗:《规律论》,北京:人民出版社,1982 年版,第 187 页。

必要了解规律的作用。规律,无论是自然规律还是社会规律,对于人类社会的作用结果包括两种情况,一种是有利,一种是有害。之所以如此,就在于社会事物本身对于人类社会既有有利的,也有有害的。任何事物、现象都有其规律性,"规律无处不在,只要哪里有事物运动的存在,哪里就有规律"。① 那么,对人类社会有利的事物及其规律的作用结果对人类社会就是有利的;而对人类社会有害的事物及其规律的作用结果对人类社会就是有害的。无论自然规律或社会规律的作用结果都存在这样两种情况。

从自然规律来看,大量的自然事物、自然现象对人类社会都是有利的。例如天体运行,春夏秋冬,四季交替,昼夜循环,等等。但是,有许多自然事物、自然现象,当人类在它们面前还处于"必然王国"的情况下,它们的存在对人类社会是有害的。比如自然灾害中的地震、洪灾、旱灾、雪灾、冰灾、风灾等,有害人类健康的各种瘟疫、疾病,尤其是传染性强、直接危害人类生命的疾病,如 2003 年出现的"非典",这些对人类都是有害的。还有就是产生在动、植物身上的许多传染病,最终也危害人类。这些现象的存在,都是以一定的物质为基础,都有其规律性,它们作用的结果对人类社会都是有害的。

社会规律也是如此,许多社会事物及其具有的规律对社会是有利的,如生产关系必须适应生产力性质规律、价值规律、货币流通规律,等等。但是,有些社会事物的存在,对于人类社会是不利的。如社会犯罪,其现象形形色色,不同行业、部门、区域、人员都有存在犯罪的可能性。各种犯罪都有其规律性,其作用的结果对社会都是有害的。还有一些社会现象,如艾滋病、交通事故、空难以及我们后面要专门分析的浪费问题,等等。这些事物都有其规律性,其作用的结果对社会也都是有害的。

因此,我们必须看到,规律是客观的,它本身不存在好坏之分,不可能对其进行价值判断,但其作用的结果,对于人类社会却是有好坏之分的,是可以进行价值判断的。认识这一点,对于我们认识、利用规律是大有裨益的。

首先,无论自然规律,还是社会规律,其作用结果对社会有利的规律必须充分利用。如在自然规律方面:利用一年四季更替的规律,人类根据不同地域的气候条件种植不同的植物,促进农作物的丰收和提高农产品质量;利用昼夜循环的规律,人类安排好自己的工作、学习、休息,使身体更健康。在社会规律方面:利用生产关系必须适应生产力性质规律促进社会经济发展;利用价值规律大力发展商品经济和市场经济;利用节约规律,减少资源浪费,建设节约型社会等。

其次,自然规律中的作用结果对社会有害的有两种情况:一种是与人的行为无

---

① 华岗:《规律论》,北京:人民出版社,1982 年版,第 10 页。

关的,如天灾中的地震、洪灾、旱灾、冰灾、风灾等,这些灾害是人类自古以来就有的,今后也会长期存在。虽然人类对大自然的过度消耗和破坏,已经受到了大自然的无情报复,但很多灾害与人的行为是无关的。人类对其规律的认识还十分有限,即使认识到了它们产生和变化的规律,人类也不能像对待其作用结果对人类有利的规律一样,利用它们来为人类服务,而只能对这些规律因势利导,减少它们给人类造成的损失。另一种是与人的行为有关的,如全球的温室效应、沙尘暴、荒漠化以及不少地方的水灾、瘟疫、流行性疾病、艾滋病,等等。人们认识其规律,可以通过人的主观能动性,改变规律产生和发生作用的条件,使其退出历史舞台,让位于其他规律。比如,人类通过节约和合理使用能源,就能减缓温室效应;人类爱护大自然,实现绿化,就能减缓和遏制沙尘暴、沙漠化的现象;人类保护环境注意卫生,注意自己的行为,就能减少和遏制瘟疫、传染性疾病以及艾滋病的传染。

最后,社会规律中的作用结果也有对人类有害的,例如前面提到的社会犯罪、社会冲突、劳资矛盾、资源浪费等,这些社会现象都有其规律性,这些事物的存在和现象的出现,对于社会是有害的。人们不能利用这些社会现象及其规律为人类服务,而是只能通过掌握其规律,努力改变这些规律产生的条件,使这些规律少发生作用以至退出历史舞台。这是人类能努力做到的。如通过发展经济,解决就业,实现合理分配,加强法制和教育,就可以减少社会犯罪。不同利益群体通过谈判、协商,使冲突双方能够理智和克制,就能减少甚至避免矛盾、冲突以至战争。通过明晰产权,加强教育,完善制度,加强管理,等等,就能减少和尽量克服浪费现象。

第二节　节约和浪费规律存在及作用的条件

无论是自然规律还是社会规律,它们的存在和作用都是有条件的,这就是它们赖以存在的客观物质。任何规律都是客观物质运动的规律。自然规律存在的条件是完全的、直接的客观物质。社会规律则必须具备人的实践活动的条件。人的活动实质也是一种物质运动。人是有思想的动物,人的思想也是一定的客观物质存在在人们头脑中的反映,但是这种反映会存在差别。这是社会规律对比自然规律存在和发生作用条件的重大不同之处。这是认识社会规律作用需要特别注意的。

一、社会规律的作用必须通过人的实践活动才能体现

所谓社会是指由于共同物质条件而互相联系起来的人群,是人类交互作用的结果。因此,所谓社会规律就是指由于共同物质条件而互相联系起来的人群的活动规律,即这些人群活动的内在的、本质的、必然的联系。用更通俗的话来说就是,受制于共同物质条件下的人们活动趋势的必然性。例如人类社会的发展,就是不

同时代的人们共同面对既定的物质条件,用一定方式结合起来进行生产,其发展的必然性是人类社会从低级向高级发展,这一规律就是马克思用毕生最大的精力去揭示的人类社会发展的规律。马克思同时代的彼得堡大学教授考夫曼在评论《资本论》时说:"马克思竭力做的只是一件事,通过准确的科学研究来证明社会关系的一定秩序的必然性,同时尽可能完善地指出那些作为他的出发点和根据的事实。为了这个目的,只要证明现有秩序的必然性,同时证明这种秩序不可避免地要过渡到另一种秩序的必然性就完全够了,而不管人们相信或不相信,意识到或没有意识到这种过渡。"①马克思对考夫曼对他的评价给予了充分肯定。社会发展变化是人类活动的结果,人类活动趋势的必然性正是社会发展规律作用的结果。

社会规律与自然规律的这种必然性是不同的。恩格斯曾经指出:"社会发展史却有一点是和自然发展史根本不同的,在自然界中(如果我们把人对自然界的反作用撇开不谈)全是不自觉的、盲目的动力,这些动力彼此发生作用,而一般规律就表现在这些动力的相互作用中。在所发生的任何事情中,无论在表面看得出的无数表面的偶然性中,或者在可以证实这些偶然性内部的规律性的最终结果中,都没有任何事情是作为预期的自觉的目的发生的。反之,在社会历史领域内进行活动的,是具有意识的、经过思虑或凭激情行动的、追求某种目的的人;任何事情的发生都不是没有自觉的意图,没有预期的目的。"②社会规律是反映人的活动的规律,它体现人的意志是必然的。③ 但不能反过来说,规律可以依照人的意志为转移。

所以,研究社会规律,更具体地说,本书要研究节约和浪费的必然性,就必须研究人。

人为万物之灵,是有思想的动物。无论什么社会,人的思想不仅是复杂的,而且对待同一事物,不同人的认识、看法是不同的。这就使得人有聪明、愚昧,先进、落后,以至好人、坏人之分。这就是既有真、善、美,也有假、恶、丑。那么,在社会活动中,能起决定作用的是哪些人呢? 从整个人类历史长河来看,起决定作用的是社会中的聪明的人、进步的人、好人。因为这部分人在社会的整个人群中占大多数,他们在与愚昧的人、落后的人、坏人的较量中,必然战而胜之和取而代之。尽管人类历史在某些时候会发生逆转,但这只是暂时现象,人类发展的必然趋势是由社会进步力量来主宰的。与此相适应,在这个过程中,通过不同历史时期的无数的具体现象表现出的事物的同一性、必然性,就是社会发展的规律。这些能够促进经济社

---

① 《马克思恩格斯全集》第 44 卷,北京:人民出版社,2001 年版,第 20 页。
② 《马克思恩格斯选集》第 4 卷,北京:人民出版社,1995 年版,第 247 页。
③ 参见于光远:《关于规律客观性质的几个问题》,北京:人民出版社,1979 年版,第 12 页。

会发展的社会规律,会体现活动在其中的进步阶级或人群的意志。例如,生产关系必须适应生产力性质规律,价值规律和我们后面要专门分析的节约规律,等等,这些规律会体现代表社会生产力发展方向、懂得发展市场经济的重要性和节约使用资源必要性的阶级或人群的意志。意志作为一种观念形态,是社会存在的反映。因此,对这些规律的研究和认识,就必须研究和认识通过现象表现出来的这些人的活动及其思想形成的社会条件。

那么,社会愚昧的、落后的,甚至倒退的人群的活动也有其规律性,这些规律会体现出他们的意志。例如迷信活动、社会犯罪、恐怖活动等,这些现象都是危害和阻碍社会进步的,要减少、避免和消灭这些活动,必须研究这些活动的规律性,为此,也就必须研究在这些活动中的人的行为及其思想形成的社会条件。

人是聪明还是愚昧①,先进还是落后,好人还是坏人,不是先天注定的,而是后天形成的。它包括家庭、社会及其成长过程的周围环境,特别是教育环境对人成为什么人是极其重要的。

研究社会规律的目的是为了促进社会发展,对于其作用结果促进社会进步的规律,如生产关系必须适应生产力发展规律、价值规律和节约规律等,就是要充分利用这些规律,为发挥这些规律的作用创造条件;而对于作用结果危害人类社会进步的规律,如社会犯罪规律、浪费规律,就是要从这些规律入手,认识其存在和发生作用的条件,消除这些条件,弱化以至最终使这些规律的作用消失,以促进社会的进步。

二、节约和浪费规律存在及作用的客观物质条件

节约和浪费规律就是指在人类经济社会中存在的节约和浪费的必然性。这种必然性的存在都具有客观的物质条件。

节约和浪费规律存在和作用的物质条件是资源的有限性和人的需求的无限性。从资源的有限性来看,人类的存在和发展必须依靠资源。前面第一章的分析告诉我们,资源是有限的。资源有限性不是今天才遇到的问题。实际上,自人类产生之日起,这个问题就已经存在。在人类社会的初始时期,生产力水平极其低下,尽管资源相对丰富,但人们获取财富的手段极其有限,例如,生活在我国东北大兴安岭地区的鄂温克人,一年之中,他们总有某些季节打不到野兽,饿得人们有时连一根骨头也要一煮再煮。② 因此,远古时期的人们就遇到了资源有限性问题。资

---

① 这里所说的聪明或愚昧,不包括先天有缺陷者。真正的聪明人是既能正确认识自然,又能正确认识社会的人。只能正确认识自然的人不一定是真正的聪明人。如有的化学家制冰毒;有电脑专长的人利用技术犯罪,等等。他们在社会领域中是愚昧的人。

② 参见陶大镛:《社会发展史》,北京:人民出版社,1982 年版,第 38 页。

源的有限性随着社会的发展,具有日益严重之势。特别是工业革命使这种有限性不断加剧,达到了以前全部人类历史无法比拟的程度。工业革命在带来巨大物质文明的同时,也出现了三大现象:人口激增、资源枯竭、环境恶化。资料显示,在工业革命时期,从1650—1850年,世界人口由6.45亿增长到11.71亿。从1850—1950年人口增加到25.15亿,世界人口每增加10亿所需要的时间越来越短。人类生存和发展所需的不可再生资源正在被迅速耗竭,可再生产资源和生态环境遭到严重破坏,诸如水土流失、荒漠化、酸雨、耕地退化、森林破坏、生物多样性减少,等等。[1]

　　用于满足人的需要的资源是有限的,而人的需要却具有无限性。无论按马克思主义划分的人的生存、享受和发展的需要,还是按马斯洛划分的生理需要、安全需要、友爱与归属需要、尊重需要和自我实现需要,都说明人的需要具有无限性。

　　追求效用最大化是人类经济行为的目的,在资源有限的条件下,如何解决资源有限性与人的需要的无限性的矛盾,如何实现效用最大化? 人类明智的、善良的、正确的选择是节约,也就是要爱惜资源,尽量提高有限资源的使用效率。这一点,远古时期的人们就已经意识到了。例如,古人指出:"竭泽而渔,岂不获得? 而明年无鱼;焚薮而田,岂不获得? 而明年无兽。"[2]

　　节约是人类明智的表现,属于善良和美好的行为,从古至今都受到赞扬和肯定。在认识上,古人把节制作为一种善行美德予以肯定。在希腊七贤的格言中,就有"节制是最好的"说法。[3] 古代的许多思想家都是把节制作为一种美德加以歌颂和肯定。《周易》中有一卦,专讲节约。指出"天地节而四时成,节以制度,不伤财,不害民"。[4] 意思是天地节制才使四季有序;节制法度,才能不浪费财物,不伤害民众。同时还说,"甘节,吉,往有尚"。[5] 意思是如果把节俭当做甘之如饴的事情,就能吉祥如意,前进的道路上就能畅通无阻。古今中外思想家关于节约重要性的论述内容十分丰富,前面已有论述,此处从略。

　　同样面对资源的有限性,社会却存在浪费的倾向,也就存在浪费规律。之所以如此,同样在于资源有限,满足不了需要。因此,在一些人看来,今天我有机会占有,我就要拼命使用;我能尽量占有我就尽量占有,其结果必然造成浪费。作为一种存在的反映,古代思想家和现在我国的某些理论工作者都有鼓吹浪费的。无论浪费的实践者,还是鼓吹者,都是有违社会进步的。前者是一种绝对自私的行为;

① 石玉林主编:《资源科学》,北京:高等教育出版社,2006年版,第79页。
② 石玉林主编:《资源科学》,北京:高等教育出版社,2006年版,第77页。
③ 倪愫襄:《善恶论》,武汉:武汉大学出版社,2001年版,第8页。
④ 猎夫主编:《易经的智谋与智慧》,北京:线装书局,2005年版,第356页。
⑤ 猎夫主编:《易经的智慧与智谋》,北京:线装书局,2005年版,第358页。

如路易十四所云：我死以后，哪怕洪水滔天。后者是一种极端肤浅的见解，同时，也是一种十分缺乏社会责任感的言论。对此，后面将专门进行分析。

节约和浪费规律存在和发生作用的物质条件还与社会生产力，尤其是科学技术的发展程度及其在经济社会中的应用程度有着密切关系。从节约规律来看，节约规律的存在和作用离不开社会生产力，尤其是科学技术的发展，可以说，社会生产力及科学技术发展到什么程度，节约规律的作用才能达到什么程度。从浪费规律来看，人类社会存在的许多浪费与社会生产力及科学技术的发展不够有直接关系。如燃料如何充分燃烧，许多资源的多样性用途如何充分发掘和利用，许多不可抗力的自然灾害如何防治，等等，都有待科技进步才能减少浪费，实现节约。

三、节约和浪费规律存在及作用过程中人的条件

无论节约或浪费，都是人类活动的结果。那么，面对资源有限性与人的需求无限性的矛盾，为什么人类既有节约的必然性，也有浪费的必然性？之所以如此，除了某些客观条件外，关键在于人的不同思想意识。人的思想意识是客观存在在人的头脑中的反映。那么，同样的社会存在，为什么在人的头脑中会有不同的反映？即有的人聪明、有的人愚蠢，有的人进步、有的人落后，有的人思想好、有的人思想坏，等等。这是由于不同人所受的教育不同决定的。这种教育包括许多方面，既有学校的，也有家庭的，还有社会的。特别是一个人在青少年时期所受的教育如何，对其一生的行为会有很重要的影响，如果学校、家庭、社会所受的教育具有一致性，那么，会生产同样的效果；如果一个人所受的教育缺乏一致性，正面的教育可能为反面教育所抵消。例如，对青少年的教育，在学校灌输了许多正面教育，而回到家里或进入社会，如果遇到反面的教育就有可能冲淡或抵消学校的教育。无论正面教育还是反面教育，都既有言教又有形教。所谓言教是指通过语言文字的教育，而形教则是指社会事物对人的影响。一般来说，言教具有系统性，对人产生的影响要大，但有时形教的影响也是不可忽视的。例如，当前对干部的教育，正面许多反腐倡廉的理论教育会使一些人觉得很有道理，而现实生活中如果出现有的人一边搞腐败一边被提拔，反腐倡廉教育的影响也自然会被冲淡，这就是同样的教育，为什么会产生不同结果的重要原因。

受社会反面教育而形成的思想意识和社会潮流，会成为社会进步的障碍，然而它改变不了社会发展的趋势。从人类历史的长河来看，尽管某些时期会出现落后的思想意识占主导地位，在社会上表现为假、恶、丑横行，真、善、美受压，但整个人类的发展趋势是真、善、美必定要占据主流。因为人类是聪明的，他们懂得只有真、善、美才能有利于社会的发展，也才能有利于人类自身的存在和发展。

所以，人类从古至今都十分重视节俭教育。我国从古代开始，就教育小孩吃饭

时不许掉饭,稍有文化的家庭,当小孩咿呀学语时,就会教他(她)背"谁知盘中餐,粒粒皆辛苦"的古诗,使之懂得"一饭一粥,当思来之不易;半丝半缕,恒念物力维艰"的道理。中国的儒家学说在中国思想史上一直占据着统治地位,节俭是儒家学说中的十分重要的内容。由于长期以来的儒家思想的影响,我国人民从古至今就具有节俭的美德。即使古代的帝王,他们是最有条件浪费的,但因教育的影响,也有个别是非常节俭的,比如清朝的道光皇帝就十分节约,他在登基之前就受到了良好的儒家思想的教育,深知创业不易,守成更难,为君者必经崇俭去奢,朝廷方能兴盛。他登基后,将节俭作为治国方略的重要内容,颁有数道御旨强调节俭。可见,一个人的节俭或浪费行为与其所受的教育及其形成的思想意识是关系极大的。

有违社会进步的教育或社会影响,会使一些人形成贪婪、自私、愚昧的思想意识。当某些经济社会条件适应人的这些思想意识时,浪费也会随之产生。浪费规律与社会犯罪规律、疾病规律一样,都是通过人的思想或人的机体的某些条件而起作用的。例如,抢劫犯罪就是在抢劫者极端需要财物、而别人有财物可抢和社会治安力量薄弱的条件下发生的。从疾病产生的规律来看,当气温发生异常变化时,这时生病的人必然增加,而生病者大都是体质单薄或者没有适应气温变化而进行自我调节者。浪费规律也一样,某些经济社会条件虽然同样存在,但只有通过某些不具备正确思想意识的人才会起作用。面对短缺的资源,他们贪多,越是短缺的资源,他们越贪,不仅希望一次性满足自己一生的需要,而且希望为自己的子孙后代占有所需要的资源。如此贪婪地占有资源,就不可避免地会造成浪费。他们自私的本质会使他们占有这些资源后,根本不会关注他人及社会,只会拼命地消耗资源,资源在他们手中必然会被滥用,这也就必然造成浪费。这些人的愚昧也必然使他们不仅多占滥用,而且穷奢极侈,恶意消耗,例如古代的有些帝王,不仅在有生之日离奇消费,从而造成浪费,死后还要用活人或用大量的金银财宝陪葬,多少年后一个个被人盗墓和掘墓,暴尸旷野,为后人唾骂、指责和叹息。

从单个人来考察,一个人终其一生是节约还是浪费,不是一成不变的。正像一个曾经违法乱纪的人,经过教育改造后,改邪归正,成为社会的好人,甚至优秀人才一样,曾经奢侈成性的人,经过教育,可能躬行节俭。同样,一个原来克勤克俭的人,由于缺乏继续教育,也可能走向奢侈浪费的歧途。由此可见,多渠道、多形式、长时间的正确教育及自我教育,许多方面的终生教育都是促进人类进步的不可或缺的途径。当然,就浪费这种行为来看,除了个人的主观因素之外,还与许多客观因素有着直接关系,这是本章第四节需要专门进行研究的。

人的节约或浪费行为还与社会的法制有着密切关系。法制作为观念形态是统治阶级的意志表现。对待节约或浪费行为有无严肃、完备的法制,结果会大不相同。长期以来,我国浪费严重,十分重要的原因之一就是浪费只违纪不犯罪,有时浪费连违纪都不算。

第三节　节约规律

人类社会是一个不断从低级向高级发展的过程,这是一种不可阻挡的趋势,尽管有时也可能出现相反的情况。这就是人类社会发展的规律。作用于其中的是社会生产力发展规律,同时也有节约规律。马克思曾经指出,节约劳动时间＝发展生产力。节约规律对于经济社会发展具有更直接更重要的作用。① 节约规律包括节约的一般规律和特殊规律。人类社会的发展历程表明,人类具有节约的趋势,人类社会的发展过程不仅是生产力不断提高的过程,同时,也是不断实现节约的过程。人类社会的节约趋势就是节约规律发生作用的过程。

一、节约的一般规律

我们可以把节约的一般规律概括为:由于资源有限性与人们需要无限性之间矛盾的存在,人类必然按照节约的原则从事经济活动。人类的节约原则既有永恒性,又有普遍性。节约的一般规律作为经济规律同其他经济规律一样,都是通过人而起作用的。人能按照节约的原则从事经济活动,是人的理性的重要表现。虽然有的低等动物也会进行食物储备,但那只是一种本能的表现,它们是绝不会节约的。节约不仅只属于人类,而且属于人类的理性行为。它是人类明智、进步、友善,亦即真、善、美的表现。节约规律的一般性可以从许多方面进行考察。

第一,从科学技术的发展来看:科学技术是生产力,而且是第一生产力;人类社会的发展,从根本上来说,是科学技术的发展。科学技术之所以能极大推动社会进步,其根本原因在于科技能提高资源的使用效率,实现节约。从古至今,科学技术的发明、创造及其应用的结果无不是提高了效率,实现了节约。例如,蒸汽机的发明有力地推动了加工业和运输业的发展,节约了大量的人力;计算机的运算速度是人的上亿倍,能够节省无数的算盘和从事运算的劳动力;现代和未来科技的发展,还将生产出许多已枯竭和现有短缺资源的替代品,使现有资源得到节约,使人类的需要尽量得到满足;等等。可以这样说,一部科技发展史,就是一部人类劳动效率的提高史;同时,也是一部资源节约史。

第二,从人类社会分工的发展来看:人类社会的发展过程,同时又是社会分工不断细化的过程。人类最早的分工产生于原始社会内部,后来经历了三次大的社会分工。不同部门、行业、单位等的具体分工不断进行,而且永远不会停止。人类

---

① 　参见《陈华山经济论文选集》,汕头:汕头大学出版社,2001 年版,第 39 页。

之所以热衷于分工,不是人类好恶的表现,而是节约规律作用的结果。因为分工使工作简单化,有利于劳动者积累经验,动作快捷,发挥聪明才智,等等。这就使得分工能够提高劳动效率,实现活劳动的节约。所以,分工成为了人类社会发展的一种必然趋势。

第三,从人类社会的经济形式来看:人类社会已经经历的经济形式有自然经济和商品经济,未来社会还将进入产品经济形式。这些经济形式的依次出现,都是节约规律作用的结果。因为后一种形式的出现对比前一种形式能够更加有利于节约。例如,在纯粹自然经济的原始社会阶段,自然资源相当丰富,但原始人的劳动效率极其低下,劳动时间浪费严重,他们往往用整整一个月时间制造一枝箭,对时间的浪费漠不关心。① 这就使得原始人的生活极其艰苦、原始社会延续的时间极其漫长。商品经济之所以会代替自然经济,在于商品经济能够极大地实现单个产品劳动时间的节约。但是,在商品经济条件下资源配置形式是市场经济,这就容易使人们盲目投资,过度消耗资源,造成浪费。这一点在自由商品经济及市场经济条件下表现得最为突出;现代市场经济加入了政府的宏观调控,这一状况虽然有所好转,但很难从根本上得到控制。所以人类社会终将进入产品经济形式。在产品经济阶段,人类社会生产力高度发达,节约已经成为了人们的自觉行为,不必采用商品经济形式实现单位产品的节约,少量的投入能够获得更多的产出,人类满足需要非常容易,这时资源的配置就会采取计划经济形式。这时每一个生产者作为社会分工整体中的一员都会从全社会的需要出发进行生产,就能避免商品经济时期人们唯利是图、盲目投资造成的浪费。

第四,从社会形态来看:人类社会已经和正在经历的社会形态有原始社会、奴隶社会、封建社会、资本主义社会、社会主义社会。五种社会形态的依次更替,表明了社会的进步。后一种社会形态之所以能代替前一种社会形态,从根本上来说,就在于后一种社会形态对比前一种社会形态更能提高劳动生产率,其实质是更能节约。例如,原始社会的初期和中期由于没有分工,原始人的采集和渔猎活动都是群体进行,工具简陋,磨制石器效率低下,这些都造成了时间的严重浪费。还有就是不同原始部落之间开展的战争,抓到外部落的人一般都要杀掉,或者采取割挖器官的方式进行迫害,这是对劳动力资源的极大破坏。这就使得原始社会长期停滞不前。奴隶社会之所以能代替原始社会,一是它发展了社会分工,提高了劳动效率,实现了活劳动的节约;二是奴隶社会不杀掉俘虏,而是把他们变成奴隶,这就减少了劳动力资源的浪费。奴隶社会之所以被封建社会所代替,一是封建社会不像奴隶社会一样鄙视劳动,残害迫害和任意杀害劳动者。二是封建社会采取租佃制,使

---

① 参见《马克思恩格斯全集》第45卷,北京:人民出版社,2003年版,第489页。

农民对租种的土地在一定时期内实际上拥有了经济上的所有权,他们不会像奴隶社会的奴隶一样用怠工和破坏工具的方式进行反抗,这就既节约了活劳动,又节约了物化劳动。同时,封建社会小商品经济的进一步发展,也促进了资源使用效率的提高。资本主义社会取代封建社会从根本上来说在于资本主义具有的高度发达的商品经济。商品经济促使人们无限地追求经济利益,为了实现利益最大化,人们高度重视科学技术,努力改进经营管理,以降低单位产品的个别价值。但是,在商品生产及市场经济条件下,由于利益的驱使,生产存在盲目扩大的趋势。这一点,在自由资本主义阶段表现十分明显。第二次世界大战后,资本主义采用国家干预经济的做法,情况有所好转,但生产过剩造成的浪费仍然存在。经历了二十多年计划经济的我国社会主义,按照市场经济取向进行改革以来,资源利用效率大大提高,但盲目投资、决策失误造成的浪费同样十分严重。所以,在资本主义与社会主义两种制度同时存在的今天,谁优谁劣,要看谁能充分地发挥国家宏观调控的作用,减少甚至避免商品经济及市场经济所固有的私人劳动与社会劳动的矛盾造成的浪费。

第五,从劳动时间的变化来看:马克思指出,一切节约归根到底是劳动时间的节约。由于劳动效率的提高,单位产品劳动时间越来越低,同样劳动时间的投入,会获得更多的产出,从而人类用于劳动的时间越来越少,而自由时间会不断增加。例如,一百多年前,欧洲国家的周劳动时间普遍长达80—90个小时之多,礼拜天也不能休息,1900年的美国,周劳动时间还是60个小时。现在欧美主要工业发达国家的劳动时间都只有30—40小时。对比一百多年前,劳动时间都减少了一半多,自由时间也相应增加。我国于1995年实行了周五工作制,2007年又调整了国家节假日,使法定休息日即可自由支配的时间由114天增加到115天。劳动时间缩短,自由时间增加,是节约规律作用的必然结果。到20世纪中叶,世界上不少发达国家的周劳动时间可能只有20多小时;到20世纪末,人类的周劳动时间可能只有10多小时。总之,由于节约规律的作用,人类的生产劳动时间会具有无穷小的趋势。

第六,从哲学社会科学的发展来看:人类哲学社会科学和自然科学的发展一样,也是围绕如何实现节约,促进生产展开的。经济管理学科的产生就是为实现节约服务的。历史上最早出现的经济学著作,古希腊色诺芬写的《经济论》是关于奴隶主庄园管理的,它肯定了分工的必要性,研究的目的在于减少浪费,提高劳动生产率。近代的经济学家,不论是马克思主义经济学家还是西方经济学家都强调节约的重要作用。

节约的一般规律体现于人类的一切经济活动中。① 社会越向前发展,节约规

---

① 　参见杨承训:《论社会主义节约规律》,载《中州学刊》1990年第6期。

律的作用会越明显。人类越能重视节约规律，社会的进步越快。在未来的共产主义社会，节约规律将成为首要的规律，甚至在更高得多的程度上成为规律。马克思还指出："那时的人们将靠消耗最小的力量，在最无愧于和最适合于他们的人类本性的条件下来进行这种物质交换。"①这也就是说，未来的共产主义社会，是节约规律最能充分发挥作用的社会。

二、节约的特殊规律

从辩证法的角度来看，一般寓于特殊之中，没有特殊也就无所谓一般；特殊体现一般，特殊是一般的具体表现形式。前面分析的节约一般规律的作用，即从不同角度来看的节约的一般性；单从某一方面来说，也就是节约的特殊规律。节约的一般规律还可以从许多不同的角度进行考察，下面从社会生产总过程四个环节的角度考察每一个环节中起作用的节约规律，也就是节约的特殊规律。

（一）直接生产领域节约规律发挥作用的表现

直接生产领域是生产资料和劳动力进入生产领域，一直到产品生产出来的过程。节约规律在这一领域的特殊作用形式是单位产品劳动时间的节约。单位产品劳动时间的节约是指随着社会的发展，单位产品的成本存在降低而质量存在提高的必然趋势。

单位产品的节约可以从数量和质量两个方面考察。

在数量方面，单位产品的成本存在降低的必然趋势。具体表现为，随着社会的发展，大多数产品的体积越来越小，重量越来越轻，功能越来越多，成本越来越低，而且这一变化具有加速的趋势。例如，1946年诞生的第一台电子计算机重28吨，体积为85立方米，占地170平方米，由1.8万个电子管组成，是一个庞然大物。到1971年，美国英特尔计算机公司的霍夫工程师在只有米粒大的硅片上，集成了2250个晶体管，形成大规模集成电路。不仅节省了大量的原材料，其运行效率比原先提高了成千上万倍。今天，计算机已发展到第五代，出现了笔记本电脑、掌上电脑等新产品，其运行效率相对以前来说又有了质的飞跃。又如现在中国4亿多人拥有的手机，最初叫"大哥大"，它是1987年伴随中国移动通讯集团公司开始运营900MHz模拟移动电话业务而进入中国的，其重量不少于1公斤，体积也是很大的一块，其功能只有通信，价格高达每台2—3万元，现在的掌中宝，小到可以握在手心中，不仅可以用于通信，还可以储存信息、听音乐、摄影、上网、计算等，价格最便宜的只有几百元。其节约的趋势是最为明显的。加工产品由重、厚、长、大向轻、薄、短、小方向发展的趋势是不可逆转的。当然，有的产品也存在相反的趋势。这

---

① 《马克思恩格斯全集》第46卷，北京：人民出版社，2003年版，第926—927页。

就是楼房越建越高,轮船越造越大,汽车的容积越来越大,飞机越造越大。这些都体现了节约的要求,因为建高楼有利节约土地和管道等;大轮船、大汽车和大飞机有利于降低运输成本和提高效率。这些都是节约规律在生产和建设领域中起作用的结果。

在质量方面,节约规律迫使生产者不断采用先进技术提高产品质量,使产品的安全性、耐用性、经济性、适用性、可循环性、可维修性以及环保性进一步加强。生产过程的废品、次品大大减少以至保证零废品率。产品质量提高表现的节约:一是产品经久耐用,一件产品就可以相当于多件产品。如钢筋水泥的建筑物比土木建筑物不知要耐用多少倍。二是功能多,一件产品能够起到多件产品的作用。手机既可以用于通信,又可以摄影,还可以作其他用,一机相当于多机。三是使用过程的效率提高。如光纤通信技术,能使 500 磅到 1000 磅玻璃纤维光缆传递的电话信息量与 1 吨铜线电缆传递的信息量相同;而生产 100 磅玻璃纤维光缆所消耗的能量仅相当于生产 1 吨铜线电缆所消耗能量的 5%。这些都足以说明,产品的质量高就相当于数量多,这是从满足消费需要的角度来说的。从生产的角度来说,质量高的产品消耗的资源就少,不仅能达到节约资源的目的,还能减少污染物的排放,从而起到保护环境的作用。这是节约规律通过提高产品质量发挥作用的表现。

(二)流通领域节约规律发挥作用的表现

流通是产品离开生产领域到进入消费领域的过程。在这个过程中产品处在市场上,一般产品都会发生空间位移。按照马克思的劳动价值理论,商品在这个过程中是不能发生价值增值的。而不少商品的使用价值还可能减少或丧失,例如新鲜蔬菜和水果就是这样。因此,节约规律在这个过程中的作用要求就是尽快销售。其具体的作用途径:主要是采用最快捷的运输方式。从交通工具的发展来看,人类最初的运输方式是肩挑手拿和手推,后来逐步发展到马车、轮船、汽车、火车、轻轨、地铁、飞机,等等。这些运载工具的马力越来越大,速度不断提高,呈现出越来越快的发展趋势;同时,这些运载工具的体积、容量有越来越大的趋势。在这个过程中,效率低的运输工具会被淘汰。例如,我国有的地方就已告别了内河客运,使得一张旧船票再也不能登上你的客船。① 从运输线路来看,无论陆路、水路或空中航线,都呈现出捷径趋势。例如,为了水运方便,人类不断疏浚河道,开挖运河;为了加快陆路运输,公路、铁路由不少地方的绕道而行,发展到遇水架桥,逢山凿洞,低地填高,高地推平,山谷悬空,弯道拉直,使火车、汽车基本行驶在平坦的直线上。此外,运输的组织形式不断改进。现在蓬勃发展的第三方物流就在于它能加快货物周转,减少运输费用,节约运输时间,提高运输效率。这种发展趋势是节约规律在流

---

① 　参见黄铁苗:《告别内河客运随想》,载《南方日报》2000 年 6 月 5 日。

通领域作用的具体表现。

（三）分配领域节约规律发挥作用的表现

分配包括社会总资源的分配和个人财富的分配。节约规律在这两方面都起着重要作用。

从社会总资源的分配来看,节约规律具体表现为社会生产按比例发展规律,其作用体现为总供给与总需求的平衡。这种平衡既有总量的平衡又有结构的平衡。只有实现了这两个平衡,社会总资源的分配才没有浪费。为了实现这一目标,人类经过了漫长的探索,而且还将继续探索。在人类的纯粹自然经济阶段,人们自给自足,不存在产需脱节的问题。在小商品生产阶段,生产者大多都为固定的买主加工产品,商品数量少,交易范围窄,也不存在过剩和产需脱节问题。到了高度发达的商品生产阶段,生产者依据市场价格晴雨表进行生产,这个问题就十分突出地表现出来了。为了既保证在微观经济中提高生产者的积极性,又能在宏观领域克服产需脱节、盲目投资造成的浪费,在现代市场经济条件下,各个国家都十分重视宏观调控。可以肯定,随着社会向前发展,宏观调控在各国经济发展中将起到越来越重要的作用。

从个人财富的分配来看,节约规律的作用原则是既要效率,又要公平。因为效率关系到社会的进步,公平关系到社会的稳定。这二者处理得当就能相辅相成,即效率提高,财富增加,人民生活水平提高,这有利于社会稳定;而社会稳定,人们安居乐业,又能促进社会进步。这是发挥节约规律作用的结果。如果二者处理不得当,就会产生恶性循环,即忽视效率,生产者缺乏积极性,财富减少,影响公平,不利社会稳定;而社会不稳定就难以进步,甚至倒退,也就无效率可言。这是违反节约规律作用的结果。

所以,人类的分配方式总是在不断改进。奴隶社会的分配方式是奴隶主直接供给奴隶食物和衣服,奴隶只是会说话的工具,有酬劳动似乎成了无酬劳动。这种方式极不公平,严重影响效率。封建社会采用租佃方式进行分配,有酬劳动和无酬劳动分得十分清楚,它有利于调动生产者的积极性,这是封建社会维系时间长的重要原因。即使到今天,不少地方还采用租赁方式,足见其合理性。但是,在封建社会,这种方式基本是以小生产为主,与自然经济相联系,不利于整个社会的进步,所以必然为商品经济所代替。

建立在高度发达的商品生产基础上的资本主义社会,资本家之间对剩余价值的分配按照等量资本获得等量利润的原则,而工人的分配按照劳动力价值的原则。在资本主义的发展早期,工人获得的工资常常低于劳动力的价值,这就形成了工人的罢工、怠工,甚至起义。由于缺乏公平,也就破坏了效率。资本主义在分配上进行了一系列改革,现在西方资本主义国家的工人不仅工资高,同时能享受良好的社会保障,有的国家还采取了高福利政策,有的还让工人持有股份。对高收入者则通过税收,尤其是开征高额的遗产税,以及大力发展慈善事业,力求实现社会公平,不致使社会出现分配不公而影响效率。这是节约规律在资本主义分配领域中发挥作用的结果。

我们国家同样是采用商品经济及市场经济的,在分配领域中,怎样更好地发挥节约规律的作用? 从目前来说,就是要发挥国家的宏观调控作用,改变现实经济生活中严重存在的城乡之间、地区之间、行业之间、人群之间的过分悬殊的收入差距,使分配既能体现效率,又能体现公平。既能调动生产者的积极性,又能有利于社会的稳定与和谐。这就是节约规律在分配领域的正面作用。而一旦违反这一规律,必然遭到的惩罚是效率低下,社会冲突加剧,社会浪费严重。

(四)消费领域节约规律发挥作用的表现

节约规律在消费领域中的作用体现为人们深知消费品来之不易,在吃、喝、住、穿方面总会按照节约的原则进行。同时,消费还呈现如下不可逆转的趋势。

首先,消费具有合理化的趋势。所谓合理化,就是人们根据自己的实际需要进行吃、喝、住、穿等。在吃的方面,人类在食物极其匮乏的社会里,对食物没有选择的余地,只要能吃的什么都会吃。随着物质财富的增加,不少人的消费缺乏理智性。例如酗酒赌吃,豪华炫耀,奢侈浪费,等等。这些不仅造成了物质财富的损失,对不少人来说,由于消费缺乏理智性,也使自己的身体、精神乃至社会、家庭受到伤害。今天所说的"喝坏了党风喝坏了胃,喝得夫妻背靠背",就是这种情况的生动写照。这只是消费领域中的个别或少数现象,也只存在于人类社会的某些时期。随着人类的整体文明的提高,这种状况必然会消失。就像今天绝大多数人的消费不仅讲究营养,而且会根据自己身体的实际,对食物所含的酸碱度、蛋白质、维生素、氨基酸、脂肪等成分都要进行分析,然后决定取舍。这种消费的合理性不仅有利于消费者的身体健康,同时,也使资源的效用能得到充分发挥。

其次,消费具有社会化的趋势。只以中国为例来说,从有家庭以来,有多少家庭一定会有多少厨房和炉灶,所以,如果说做饭是一个产业的话,那么,这就是一个最大的产业。每个家庭无论两三个成员,或三五个成员,每天花在采购、做饭上的时间至少2—3小时,这在时间上是一个极大的浪费。还有水、能源和食物上的浪费。令人欣喜的是现在消费的社会化趋势已现端倪。例如,餐馆不断增加,熟食保证供给,订餐服务送货上门,半成品食物大量增加。半成品食物分类细,通过冰冻保鲜,不仅有利于消费者节约时间,而且有利于食物的充分利用。消费的社会化趋势还表现在其他许多方面。例如从消费的角度看,受教育者现在乐意接受的网络远程教育,人们愿意选择家政公司的各类周到的有酬服务,都体现了消费社会化的要求。

　　再次,消费品的保鲜、防腐、防虫、防霉等技术具有日益受到重视的趋势。用于满足人们充饥需要的粮食等物品生产的季节性很强,而全年需要,所以,从古至今,人们对于食物的储存、保管十分重视,生怕有任何不慎而遭致浪费。随着社会的发展,科学技术在食物的保鲜、防腐、防虫、防霉方面起着越来越大的作用。在家庭中使用冰箱,不仅吃剩的饭菜不会浪费,而且一次可以购买几天的食物,既能节约采购时间,又能保证食物的新鲜。企事业单位的大型冰冻仓库、冰柜、冰箱能更加有利于食物保鲜,使浪费减少到最低限度。

　　最后,消费主导型经济的趋势日益明显。在社会生产力不发达的社会里,生产决定消费,消费只能反作用于生产。也就是说,生产什么、生产多少就只能消费什么和消费多少。这就不可避免因产需不对路而造成浪费。当社会生产力不断提高,人们转化资源、获取财富日益容易的情况下,消费对经济的主导作用日益明显。在消费主导型经济下,不是人们具备什么生产条件就生产什么,而是要根据消费者的需要,消费者需要什么、需要多少、什么时候需要,生产者按照这些要求进行生产,这样,就不会出现产需脱节的现象,就能避免社会总资源配置不合理造成的浪费。

　　以上就是从消费领域考察节约规律在该领域发挥作用的具体内容。

　　研究和揭示节约规律的目的,就是为了充分地利用节约规律,更好地为建设节约型社会服务。利用节约规律最重要的就是要认识节约规律的客观必然性。这种客观必然性是从整个人类历史长河中表现出来的。人类历史的发展过程既是社会生产力的不断提高的过程;同时,也是资源不断得到节约的过程。人类只有顺应这种趋势前进,社会才能可持续发展,人类才能不毁灭自己。否则,如果违反节约规律,任意浪费,人类受到的惩罚将是极其严重的。

第四节　浪费规律

　　在人类历史的长河中,既有节约现象,也有浪费现象。上面的分析使我们看到,在节约现象的后面存在节约规律的作用,那么,在浪费现象的后面同样存在浪费规律。和节约规律一样,浪费规律也有浪费的一般规律和特殊规律。

一、浪费的一般规律

　　浪费的一般规律是指人们滥用或废弃稀缺性资源效用行为所具有的长期性和普遍性。

　　从长期性来看,人类的不同社会形态都会存在浪费。例如,原始社会由于社会生产力水平极其低下和长期实行自然经济,造成了劳动时间的大量浪费,它表现为原始社会的初期和中期没有分工,采集和渔猎活动都是群体进行;打磨工具不惜耗费时间;不同部落的战争要耗费大量时间,同时,抓到对方的人要杀掉,损失了劳动力;除此之外,原始社会的迷信活动要造成很大浪费。奴隶社会的浪费主要表现在:奴隶主豪华阔绰的日常生活要浪费大量的社会财富;奴隶主为了维护他们的统治和自己的享受,大兴土木,修建了大量的城垣,建造了宏伟的宫殿、精美的亭台楼阁以及为他们死后安葬的陵园,浪费了大量的人力和物力;奴隶主还建立了庞大的军队,用暴力镇压奴隶和平民的反抗,以及奴隶主平日对奴隶的迫害和杀害,都造成了劳动力的大量损失;奴隶主的祭祀和殉葬要浪费大量的人力和物力;由于奴隶社会对劳动的鄙视,奴隶消极怠工、破坏工具会造成很大的浪费。封建社会的浪费与奴隶社会的浪费有许多相同之处,这就是封建主的骄奢淫逸的生活,大兴土木,营造宫殿、陵墓,修建庙宇,进行军阀混战,等等。资本主义的浪费主要表现在经济危机时期,在经济危机时期常常将大量的财富销毁,已经建成的生产力被破坏,大量的工人失业;同时,资本主义开展的对外侵略战争,为此进行的大量军事试验和准备都是对社会财富的巨大浪费。处在社会主义初级阶段的我们国家,同样存在严重的浪费现象,本书后面将要详细分析,这里就不赘述。

从浪费的普遍性来看,今天不同国家和民族都存在不同方面、不同程度的浪费。从我们国家来看,既有宏观浪费,也有微观浪费。宏观经济领域有决策失误造成的浪费,生产力布局不合理造成的浪费,产业结构不合理造成的浪费。微观方面的浪费可以从社会生产总过程的四个环节来考察。在生产领域,有产销不对路造成的浪费,有原材料、能源、劳动力的浪费,有设备闲置造成的浪费,有产品质量低劣造成的浪费,等等。在流通领域,有运输、保管、储藏不善造成的浪费,有销售渠道不畅造成的浪费,有产品积压造成的浪费,有资金周转缓慢造成的浪费,等等。在分配领域,有物资分配不合理造成的浪费,有资金分配不合理造成的浪费,有城乡、区域、部门、不同行业、单位、不同人群分配不合理造成的浪费,等等。在消费领域,有公款消费浪费,有个人、家庭消费浪费,有水电等能源的浪费,有食品、药品等方面的浪费。总之,我国现实经济生活中的浪费就正如中央曾经指出的:在"所有的生产、建设、流通单位,所有的机关、团体、事业单位,几乎都存在严重的浪费现象"。①

二、浪费的特殊规律

浪费的特殊规律实际是浪费一般规律存在的具体形式,但它们各自具有特殊的条件。

---

① 《中共中央关于进一步治理整顿和深化改革的决定》,载《人民日报》1990年1月17日。

其一，人们对财富的爱惜程度与获取财富所付出的代价成正相关关系，而与获取财富的数量成负相关关系。

人们获取财富的方式一般有两种，一种为劳动方式，另一种为非劳动方式。就前一种方式获取的财富而言，人们一般比较爱惜。例如，城市的搬运工和每月只有几百元收入的打工者，都是恨不得将一个钱变成两个钱用，高档的酒家饭店不会有他们的身影；农民对粮食也没有不爱惜的。那些靠自己勤劳和智慧而致富的大老板们同样也对自己的财富很珍惜，李嘉诚捡一元钱的故事已成为美谈，有的老板甚至和员工一起在食堂就餐，出门坐公交车等。人们对通过自己劳动获取的财富为何如此爱惜，关键在于这些财富凝结着自己的智慧和血汗，耗费了自己的宝贵生命时光，所以特别珍惜。如果对这种财富不珍惜就是对自己生命的漠视。生活中有一句长期以来被贬低的话，这就是"爱财如命"，现在有必要为其正名。人们对凝结自己的生命时光的财富视同自己的生命，何错之有？当然，视同生命并不等于不付出，关键是用在什么地方。只要值得，人的生命都是可以付出的。古人不就有"舍生取义，杀身成仁"之说吗？

人们对通过非劳动方式获取的财富的爱惜程度会较前一种方式大大减弱。非劳动方式所得包括两种：一是合法所得。包括风险收入、利息、股息、租金、礼金、遗产，等等。这些收入较多者，有时会大手大脚使用。人们对这种财富之所以是这种态度，关键在于这些财富不像辛勤劳动所得一样，尤其是礼金、遗产，由于没有凝结自己的血汗，所有的艰辛都是别人付出的，得之容易，用之大方，浪费也就在所难免了。这就是为什么"崽卖爷田不痛心"和"富不过三代"的重要原因。二是非法所得。包括偷窃、抢劫、贪污、受贿及赌博等所得，这些财产所得者往往挥金如土，所以不少犯罪分子的巨额非法所得常常短时间内挥霍一空。① 这是因为这些财富对他们来说，一是来得容易；二是常常数量不少；三是他们知道一旦问题暴露，这些非法所得的财富都会被没收；加之这些人的贪图享乐的人生目标，因此，不花白不花，财富一到手就拼命花。

获取财富的数量与人们对财富的爱惜程度之所以成负相关关系，这是因为同一劳动所获取的财富数量不同，也就意味着每单位财富所付出的代价不同，代价高者人们当然会珍惜，而代价低者就容易产生浪费。如长期以来，我国的水价低，水的浪费就十分严重。有理由相信，如果到了某一天，水比黄金更难获得，人们对水就会倍加珍惜。

其二，当人们使用不同所有者的财富时，爱惜程度不同，从而结果不同。

美国著名经济学家米尔顿·弗里德曼曾经概括过钱的四种用法。从他对钱的

---

① 参见黄铁苗：《浪费的一般规律》，载《经济纵横》1992 年第 6 期。

四种用法的概括中,可以说明这一问题。一是你为你用你的钱,用钱者既注意节约,又注意效果。作为理性的经济人,人们在用自己的收入进行消费时,总是希望花费最小,而效用最大。这种现象最为普遍,如日常生活中,人们用自己的钱为自己购物时,物品总要左挑右选,价格总要讨价还价,就是遵循这一规律的表现。我国改革开放以来,为什么非公有经济显示出巨大的生命力,由此可以说明。二是你为他用你的钱,用钱者只注意节约,不注意效果。送礼最能说明这一问题。用自己的钱买东西送给人家,送礼者大都希望礼品花钱不多,又能美观大方拿得出手。礼品生产者把人们的这一心态揣摩得很透,因此,礼品的特点是包装美观大方,而里面的内容大都很为空虚。三是你为你用他的钱,用钱者不注意节约,只注意效果。有一个脑筋急转弯的题最能说明这一点,题目是"什么情况下花钱最不心疼?"答案是:"花公家的钱最不心疼。"早晨花个人的钱吃油条,常常为了省三五毛钱跟小摊主斤斤计较;到了中午用公款请客,花三五千元都满不在乎。在官场得意的人,希望用"高消费"和"高标准"来展示自己的身价;不得意的人,更容易产生"病态",以"今朝有权今朝醉"来求得心理上的平衡。这种现象在产权不清晰的公共部门和国有企业最为普遍,如公款吃喝、公款旅游、公款赌博等,由于此时花费的不是自己的钱,用钱者当然不知道心疼,但作为理性人,他又在追求个人效用最大化,所以,用钱者只关心这笔支出能否尽可能满足自己的享受,而不关心付出的成本。有人作过计算,公车的效率是出租车的 20%,而成本却是其七倍多;某些领导一月手机费四五千元,家庭电话费两三千,公车一年换 28 个轮胎[①];"一桌酒饭一头牛,一部小车一栋楼",浪费程度可想而知。四是你为他用他的钱,用钱者既不注意节约,也不注意效果。如使用财政资金建造广场、道路、水利工程、电站,往往会出现一些"豆腐渣工程"等,而且成本往往要高出私人部门很多。

其三,人们对财富的爱惜程度与对未来预期的乐观程度成负相关关系。

人们当前的消费不但与当前的收入有关,还与对未来收入的预期有关。一般来说,当人们对未来的预期比较悲观时,往往现在的消费就比较节俭,因为他要储蓄一部分钱以备不时之需。如农民和农民工、下岗工人,他们没有社会保险,要供子女上学,要支付可能的大额医疗费用,还要考虑以后的日常生活问题,通常就很节俭,有的人甚至得了病也不敢看;而当人们对将来的预期收入比较乐观时,往往容易变得不注意节约,产生浪费。如现在城市里的一些"月光族",她们大多是一些年轻的白领女性,由于收入较高,自身能力又比较强,对将来的预期比较乐观,没必要为将来担心,她们注重现在的享受,通常本着"只要我喜欢,不管花多少钱"的消费观,一月收入多少,就能消费多少,甚至每月还要向外举债,但是所购之物并非

---

① 参见卢金增、李英华、陈浩:《让职务消费公开透明》,载《检察日报》2006 年 3 月 30 日。

都能用上,很多物品只是她们追随潮流的产物,这其中就包含了很大的浪费。

其四,人们对财富的爱惜程度与人们追求财富的外在压力和内在动力成正相关关系。

与自然经济相比,商品经济的一个显著特征就是竞争。这种激烈的竞争给了人们强大的外在压力,这种外在压力迫使人们不断提高自身适应社会的能力,迫使企业不断改进生产技术和管理方法。为此它获得的利润不能全部用于消费,而是将其中大部分积累起来用于扩大再生产,提高自身的竞争力。而垄断则相反,垄断排斥竞争,凭垄断地位获取的利润,得之容易,用之随意,浪费也相伴其中。

内在动力也对人们的消费行为方式会产生重要影响。人们追求财富的内在动力越强,对财富就越爱惜。在商品经济以前的自然经济形态下,人们追求的是物品的使用价值,从而这种追求是有限的。到了商品经济社会,货币成了财富的一般代表,由于其有储藏的功能,人们对财富的追求就由有限变为无限。这种欲望越强,人们追求财富的内在动力越强,人们就越爱惜已有的财富,因为这种财富能够带来财富,即成了资本。小鸡变成母鸡就能下蛋,在乡下,能下蛋的母鸡,养鸡者在一般情况下不仅不会宰杀,而且倍加关照。

其五,人们对财富的爱惜程度与其经历的艰苦程度成正相关关系。

在人们获取财富付出的艰辛等条件相同的情况下,以往是否经历过艰苦者,对财富的爱惜程度不同。以往经历过艰苦的人,尽管现在获得了较多的财富,他们使用时同样会比较谨慎,这是由于对过去艰苦经历的记忆效应(陈惠雄,2005)在起作用。这种现象说明,为什么说艰苦是所学校,先苦后甜对人的成长有好处。而没有经历过艰苦的人在获得较高收入的情况下,他们的花销会比较大方,也就难免浪费。这种现象从反面可以说明,为什么农村出来的人成才的多,例如在中国的私营经济中,不少富豪出身寒门。在上海滩,出身寒门的农家子弟郭广昌用了10年时间,一跃成为中国企业界的领军人物。李书福出生在浙江台州一个农民家庭,初始资本仅800元钱。郑大清是新建天地集团的董事长,他曾经是贫困农村出来的打工仔。香港亿万富翁蒋震出生于山东一贫困家庭,自幼参加田间劳动。[①] 相反,富裕家庭的下一代由于没有这种记忆效应,用起钱来大手大脚,同样的收入,他们对比贫困家庭出身的人,会感到钱不够用,数额不小的上一辈的遗产在他们手中也将挥霍殆尽。不仅如此,在社会生活中,这些人一般缺乏上进心,生活态度消极,工作吊儿郎当,有的甚至危害社会。所以,许多明智的富豪和成功的有识之士,总是尽量创造机会,让小孩接受艰苦教育。

其六,浪费与社会和谐程度成负相关关系。

---

① 几位富豪的情况根据公开资料整理。

　　和谐是指事物处于协调、均衡的状态。和谐社会是指社会各要素处于相互依存、相互协调、相互促进的状态。和谐主要包括人与人之间的和谐、人与自然之间的和谐。和谐有利于节约，从人与人之间的和谐来看，它包括国与国之间的和谐，一国之内的不同地区、城市、阶层、人群及个人与组织、个人与个人之间的和谐，人类的这种和谐不仅能节约因不和谐造成的人力、物力的浪费损失，同时和谐还能有利于人们集中时间和精力从事有益于社会的事业，这是一种最有意义的节约。人与人之间的不和谐必然造成浪费，人与人之间的不和谐包括人与人之间的不协调、怨恨、仇视、冲突乃至战争，人与人之间不和谐的极端形式是战争。战争，这个人类互相残杀的怪物，无论正义的战争或不正义的战争，造成的浪费和损失是最为严重的，古今中外，概莫能外。战争不仅造成大量的物资的浪费，还要造成大量的人员伤亡，而且战争中伤亡的大都是一个民族的优秀人才和身壮力健的中青年人，从经济学的角度来看，这是人力资源的最大浪费和损失。同时，一旦爆发战争，社会就不得安宁，人们的时间、精力基本就不能用于促进社会进步的事业。这种浪费虽然是无形的，但却是巨大的。

　　从人与自然的和谐来看，人类能与自然和谐相处，保护自然，就会得到自然的有益回报；否则，就会遭致自然的报复。许多自然灾害都是这种报复的表现，自然灾难造成的损失是极大的。

　　综上所述，各种千差万别、五花八门的浪费现象都有一定的规律性，研究和揭示浪费规律的目的就是为了减少和克服浪费。这和研究作用结果对人类有害的其他规律是一样的。人类研究疾病规律的目的是为了通过了解疾病产生的条件，拿出治疗疾病和预防疾病的办法。人类研究犯罪规律的目的是为了通过了解、摸索产生犯罪的条件，拿出打击和防止犯罪的办法。人类对待这类作用结果是违反社会进步和人类健康的规律的态度，不同于作用结果是有利于社会进步和人类身体健康的规律：对后者是遵循，即按照其内在要求，创造条件，充分地发挥它们的作用；对前者不是遵循，就像我们不能说遵循疾病规律、遵循死亡规律、遵循社会犯罪规律一样。同样，我们不能说遵循浪费规律，而是通过了解这些规律产生的物质条件，消除这些条件，以便治疗和减少疾病、延缓人的生命、打击和减少社会犯罪、减少和克服浪费。具体对于浪费规律来说，就是要根据前面已经揭示的在某种条件下存在的浪费必然性，设法改变或消除这些条件，创造有利于节约的条件，这样就可以变浪费为节约。

　　节约和浪费规律都必须通过人的实践活动而起作用，而人的思想水平是不一致的，即使到了共产主义社会，对同一事物，不同人的认识差别始终会有，从而先进和落后的区别也会永远存在，节约和浪费这一对矛盾也会永远存在。因此，对于浪费问题及其存在的规律的影响不能根除，只能减少和克服。

第 七 章
节约悖论批判

节约和浪费是相伴而生、相比较而存在的一对矛盾。在实际生活中既存在节约也存在浪费的对立行为,在经济理论中同样存在着节约与浪费的相对立的理论。西方学者和中国学者均有与节约理论相反的观点。建设节约型社会有必要对这些观点进行分析和批判。

第一节　西方经济学的节约悖论批判

所谓西方经济学的节约悖论(Paradox of Thrift),是指以曼德维尔、马尔萨斯、凯恩斯、霍布森、沃夫冈、拉茨勒等一批西方经济学家提出的否定节约的观点。在西方经济学的节约悖论中,以约翰·梅纳德·凯恩斯(1883—1946)的节约悖论影响最大。因此,我们首先分析他的观点。

一、凯恩斯节约悖论批判

众所周知,20 世纪 30 年代前的正统西方经济学家基本都崇尚节约,认为节约可使资源少用于消费而多用于投资,从而能使厂房、设备等资本存货增加,有助于提供和增加财富。因此,储蓄行为被认为不减少整个经济的支出,而会增加收入。但是,20 世纪 30 年代以后,面对资本主义出现的严重过剩的经济危机,著名经济学家、宏观经济学创始人约翰·梅纳德·凯恩斯提出了相反的论点。他在《就业利息和货币通论》等著作中指出,资本主义生产的总供给和总需求并非自动均衡的关系,根源是有效需求不足。因此,国家要指导消费倾向,要采取财政措施来刺激消费,而不是节俭和储蓄。他认为,一个社会增加储蓄的企图,可能会导致实际储蓄数量的减少,导致需求不足,在经济衰退或萧条时期,一味追求节约只能导致经济更加衰退。他还认为,增加消费,减少储蓄,对个人来说是坏事,但消费的增加减少了失业,对社会是好事;节制消费,增加储蓄,对个人来说是好事,但消费的减少增加了失业,对社会却是坏事。凯恩斯说:"无论什么时候你节省了 5 先令,你就要使一个人失去一天的工作。节省 5 先令,可以扩大失业到一人一天的程度。"①他极力鼓吹浪费性消费。他说："若富豪之家，生时建大厦住宅，死后造金字塔为坟墓；或为忏悔前非，建造教堂、资助寺院，接济传教团体，则因资本丰富，以致物产反而不能丰富之日，也许可以延迟。"②为达目的，他甚至鼓吹灾难性消费："如果政治家因为受经典学派经济学之熏染太深，想不出更好办法，则建造金字塔，甚至地震、战争等天灾人祸都可以增加财富"。③ 还有更荒谬的是，"设财政部以旧瓶装满钞票，然后以此旧瓶，选择适宜深度，埋于废弃不用的煤矿中，再用垃圾把煤矿塞满，然后把产钞区域之开采权租与私人，出租以后，即不再问闻，让私人企业把这些钞票再挖出来，——如果能够这样办，失业问题就没有了；而且影响所及，社会之真实所得与资本财富，大概要比现在大许多"。④ 凯恩斯在提倡浪费、灾难性消费和消耗方面比他的前人胜出许多，无论是在鼓励消费、提倡奢侈的理论方面还是政策措施方面，他都是集大成者。奢侈有利、浪费有功、节俭有弊的观念，在凯恩斯时代的西方经济学界，处于支配地位。

　　凯恩斯等人的奢侈论是在资本主义出现严重经济危机，从消费对生产的促进作用的角度提出来的。他的这种观点只有在资源没有得到充分利用的短期中适用；在长期中，或者当资源得到充分利用时，这种悖论就不适用了。凯恩斯解决资本主义生产过剩的药方就是刺激消费，可见，在商品经济条件下，消费对生产的反作用是巨大的。但是，应该看到：首先，增加、扩大或刺激消费，并不等于奢侈，因为消费是满足人们的正当需要，而奢侈则是过分的享受，它与浪费常常是相伴随的。其次，在资本主义社会，能够奢侈的，只是少数资产阶级，广大人民群众只能过上一般生活，特别应该看到的是，还有不少人生活在贫困线以下，有的人甚至沦为乞丐，面对这种情况，作为经济学家，一味鼓吹奢侈，这样做是有利于效率，还是有利于公平？经济学家的人类关爱之心到哪里去了？最后，奢侈并不能真正解决资本主义的经济危机问题。资本主义经济危机是由资本主义基本矛盾决定的。资本主义的基本矛盾一天不消灭，危机的隐患始终会存在。凯恩斯理论解决了 20 世纪 30 年代的危机，但到 20 世纪 70 年代就失灵了。这一事实是奢侈不能解决危机的最好证明。至于凯恩斯鼓吹的用战争、灾难去促进财富增加的言论，更是已经达到了丧心病狂的程度。侵略者可以利用它作为对外发动战争的依据，但对于一个文明社会来说，无论如何都是不能接受的。地震等灾害固然能扩大需求，但多少已经形成

　　① 〔英〕凯恩斯：《预言与劝说》，赵波、包晓闻译，南京：江苏人民出版社，1998 年版，第 150 页。
　　② 转引自苏洪涛：《走出节俭的误区》，北京：中国城市出版社，1999 年版，第 172 页。
　　③ 〔英〕凯恩斯：《就业、利息和货币通论》，徐毓枬译，北京：商务印书馆出版，1983 年版，第 111 页。
　　④ 〔英〕凯恩斯：《就业、利息和货币通论》，徐毓枬译，北京：商务印书馆出版，1983 年版，第 111 页。

的财富却毁于一旦,尤其是无数生命的毁灭,令人惨不忍睹,触目惊心,痛心不已。2008 年 5 月,发生在我国四川汶川的大地震就是这样。难道为了使盲目生产出的商品能销售出去,而希望多发生地震等灾害吗?! 显然,任何一个稍有良知的人都不会愿意的。

其实,凯恩斯的"节约悖论"并不是他的创造,而是源于著名的"曼德维尔悖论"——私欲的"恶之花"结出的公共利益的善果。所以,批判西方经济学的节约悖论不能不提到曼德维尔及他的《蜜蜂的寓言》。

二、曼德维尔节约悖论批判

曼德维尔于 1670 年出生于荷兰,1691 年获得医学博士学位后,于 1696 年旅居英国。他于 1705 年发表一首名为《牢骚满腹的蜜蜂:或流氓变诚实》的散文诗,在 1714 年正式出版《蜜蜂的寓言》,把人比喻为蜜蜂。起初,人们表现出奢侈挥霍、炫耀财富等各种自私的劣行,而整个社会却因此繁荣昌盛,穷人也过上了好日子;后来,蜜蜂去掉恶,崇尚节俭,做诚实的人,结果整个社会却出人意料地变得一片萧条。

曼德维尔认为,个人处处节俭打算,从事储蓄,的确是致富之道。但如果认为每个人都实行节俭,国家也可以致富,就是错误的。增加经济繁荣者,乃消费而非储蓄。他还说到:"挥霍者却是对整个社会的赐富,除了挥霍者之外,不会伤害其他任何人。"[1]针对社会的节俭理论,他说:"奢侈能毁损整个国家的财富,同样挥霍亦能毁损一切奢侈者的个人财富;而国家的节约能使国家变富,犹如个人的节俭能使其家族财产增加一样。这个观点已经为众人接受。我承认:我已发现有些人对这个观点的理解比我透彻,尽管如此,我还是不禁要提出异议。"[2]

曼德维尔认为,奢侈支配着上百万穷苦人士,能给上百万人提供就业机会。妒忌和虚荣激起勤劳之风,而妒忌与虚荣的产生,是因为衣、食、住的花样不断翻新,这一奇怪而可笑的恶习变成了推动商业的最重要的力量。

《蜜蜂的寓言》鼓吹自私自利的败行和恶习,把邪恶当做社会进步的因素,鼓吹挥霍浪费才能创造社会的繁荣,等等。这些都是有违社会进步的。因此,1723 年,当《蜜蜂的寓言》出第三版时,米德尔塞克斯郡法庭就判定此书"是在扰乱社会秩序",是一种公害。他的观点遭到了社会舆论的严厉抨击。

然而,曼德维尔所鼓吹的奢侈浪费思想,为他以后的不少经济学家所津津乐道。特别是在 1929 年至 1933 年的世界经济危机后,以凯恩斯为首的一批经济学

---

[1] 〔荷〕曼德维尔:《蜜蜂的寓言》,肖津译,北京:中国社会科学出版社,2002 年版,第 80 页。
[2] 〔荷〕曼德维尔:《蜜蜂的寓言》,肖津译,北京:中国社会科学出版社,2002 年版,第 85 页。

家,又重祭曼德维尔的"人们千方百计节约,他们就不会买商品"的观点,于是就把"有效需求不足"作为经济危机的根源。

三、马尔萨斯节约悖论批判

提到马尔萨斯(1766—1838),人们一般都会想到他的《人口论》。其实,他的节约悖论也是颇有影响的,这就是他最先提出了"有效需求不足论"。马尔萨斯认为促进财富增长、防止有效需求不足的"具体办法是,其一,竭力主张地主阶级等的挥霍浪费。其二,认为战争的破坏会在战后创造对资本的大量需求,为资本家提供最良好的投资机会。其三,主张增加公共支出以提高有效需求,他认为筑路等公共工程,一方面既可使建筑者获得收入,另一方面,因为公路并不是一种销售商品,故不会增加市场的存货"。① 所以,凯恩斯非常崇拜他的这位剑桥大学的前辈,写了许多篇关于马尔萨斯的传记论文。他甚至说:"我长期以来一直把罗伯特·马尔萨斯看做剑桥经济学家中的一流经济学家。"②从《就业、利息和货币通论》中我们可以看到,凯恩斯关于经济危机的根源及解决办法与马尔萨斯是一脉相承的。

马尔萨斯所处的时代,资本主义已经发展到了一定的高度。随着资本积累和大机器在生产中的应用,以商品形式存在的资本主义的财富已经相当充足,经济过剩问题已经出现,甚至出现资本过剩、工人失业的现象。如何解决这种危机局面,马尔萨斯认为必须扩大消费,增加有效需求。他因此怀疑亚当·斯密关于节俭是一种美德、节俭是公众的恩人的说法。马尔萨斯强调消费对生产的作用,他认为假如除了面包和水之外,一切消费品都停止半年,那么,商品的需求会变成什么样子?商品堆积如山,到哪里去寻找销售市场! 他认为储蓄过多会影响消费,从而影响生产和就业。他曾致信李嘉图,对地主和资本家的不为生产而单纯进行消费的行为特别肯定。

肯定消费对生产的促进作用是对的,但是,马尔萨斯把根源于资本主义基本矛盾以生产过剩为特征的资产主义经济危机归因于"有效需求不足",直至怪罪于节俭,是根本没有道理的。生产的盲目性必然导致生产过剩,生产过剩又会使生产停滞、工人失业、收入减少、购买力下降,即所谓"有效需求不足",这是一种恶性循环。要改变这种状态,就必须运用政权的力量,调整资本主义的生产关系。后来的罗斯福新政正是这样做的,所以在一定程度上产生了较好的效果。至于马尔萨斯对地主和资本家的消费特别肯定,并不具有特别意义。地主和资本家何时吝啬过自己的消费。消费不足是广大人民群众,其原因在于他们没有钱,如何使广大人民

---

① 转引自刘涤源:《凯恩斯经济学说评论》,武汉:武汉大学出版社,1997 年版,第 105—106 页。
② 转引自方福前:《从〈货币论〉到〈通论〉》,武汉:武汉大学出版社,1997 年版,第 117 页。

群众手中有钱,这不是作为地主和资本家的代言人马尔萨斯所关心的问题。

马尔萨斯的节约悖论是他晚年提出来的,当时并没有产生特别重大的影响,但后来被凯恩斯极力推崇,马尔萨斯的"有效需求不足论"成为凯恩斯解释就业不足现象的理论基础。

四、霍布森节约悖论批判

对节俭进行猛烈攻击的还有霍布森(1858—1940)。他最初也是信奉传统经济学节俭理论的,后来在中学教书时,认识了商人穆莫里,受其储蓄过度论影响,于是与穆莫里合著了《工业生理学》一书,并于1889年出版。该书认为,在现代社会中,在正常的情况下,是消费限制生产,不是生产限制消费。[①] 霍布森在此书中第一次把他的理论表达出来,并且言辞比他晚年的著作更直截了当,他自己也承认是异端经济学说,并因此而失去了在伦敦的大学教职。霍布森怀疑节俭是一种美德,对正统经济学认为节俭是一种美德的观点进行过严厉的抨击,甚至达到了人身攻击的程度,说他们道貌岸然。他认为储蓄过度、消费不足是导致失业和商业不景气的原因。他完全否定以往的经济学家不敢碰的节俭学说的主要结论——"储蓄不仅使个人致富,也使社会致富;消费不仅使个人变穷,也使社会变穷"。并且他说:"现在我们想指出:第一,这些结论不能成立;第二,储蓄习惯可能行之过度;第三,若行之过度,则社会变穷,工人失业,工资降低,整个工商界变成阴暗惨淡,这就是所谓不景气……"[②]针对李嘉图的节约理论,霍布森指出,我一人节俭,并不影响全社会的节俭;它只决定全社会的节俭中某一部分由我实行,还是由别人实行;如果社会上一部分人在节俭,就会使得另一部分人入不敷出。霍布森主张降低利润率,减少储蓄,引诱人们少储蓄,多消费,不节俭。

霍布森认为:在现代社会中,在正常情况下,是消费限制生产,不是生产限制消费。这一观点是不正确的。在生产和消费这对矛盾中,在一般的情况下,也就是霍布森所说的正常情况下,是生产决定(即霍布森所说的限制)消费的数量、品种、结构、方式;消费对生产具有极大的反作用,但不是消费决定生产。只有在特殊情况下,消费才会对生产起决定作用,即限制作用。这就是当生产的产品过多、不消费就会影响再生产顺利进行的情况下,这时消费对生产具有一定的决定作用。我们所说的一定的决定作用,并不是完全的决定作用,原因在于要看生产过剩的程度。如果过剩产品只超过实际需要的百分之二三十,那么,人们多消费就可以解决过剩

---

① 参见马伯均:《节约是非论》,载《湖南师范大学学报》1986年第2期。
② 转引自〔英〕凯恩斯:《就业、利息和货币通论》,徐毓枬译,北京:商务印书馆,1983年版,第316页。

问题;如果过剩产品超过实际需要的百分之百,甚至百分之几百,要消费者怎么多消费也购不完市场上的过剩产品。那么,由此多投入的资本,只能由盲目投资者自己埋单,而不能将危机转嫁到消费者身上。至于霍布森强调消费的观点,并无太多新意,这里就不加分析了。

五、萨缪尔森节约悖论批判

著名的资产阶级经济学家萨缪尔森(1915—　)虽然从生产的角度肯定过节约,但对消费节约似乎作了一分为二的分析。他在《经济学》一书中认为:第一,在投资不变的环境下,节俭会以乘数方式减少收入;在萧条和失业时期,如果每一个人都企图增加自己的储蓄,那将会使社会上一切人的实际储蓄减少。第二,在投资变动的情况下,消费的增加会提高企业的销售量,从而增加投资。节俭程度的增加,在充分就业、经济繁荣和通货膨胀时期都是对的,因为人们更加节俭,较小的消费意味着较大的投资;节俭程度的增加,在失业、经济萧条时期是罪恶,因为节俭会使失业和萧条恶化,造成较小的投资并减少社会实际资本的形成。因此,在失业和萧条时期应扩大消费。[1]

萨缪尔森对节俭的两分法,并不能说明资本主义的实际。众所周知,在经济危机、经济萧条和失业高发的时期,想通过资产阶级扩大消费来扩大市场,是无济于事的。因为他们的消费已经十分充足,他们也绝不会为了扩大工人就业去购买自己暂时不需要的商品。同时,一般来说,人民群众有支付能力的需求是相对狭小的。在经济危机、严重失业时期,无产阶级的生活状况恶化,又如何扩大消费? 在繁荣阶段,提倡节俭好像可以使资本主义生产更加繁荣,因而节俭是对的;但实际上繁荣阶段的生产在更大程度上与相对狭小的消费相对立,潜伏着更大的危机、萧条和失业,因为更加繁荣需要更大的市场,节俭程度的增加,更大的市场在何处? 因此,萨缪尔森自以为已辨明节俭是非,从以上分析可以看到,这不过是自我安慰而已。

六、沃夫冈、拉茨勒等人的节约悖论批判

德国学者沃夫冈、拉茨勒在《奢侈带来富足》一书中,对奢侈消费予以肯定,认为奢侈消费对经济发展和技术进步具有促进作用。德国学者维尔纳·桑巴特甚至从历史角度论证了奢侈的贡献,认为奢侈促进了资本主义的形成。[2]

---

① 参见〔美〕萨缪尔森:《经济学(第12版)》上册,北京:中国发展出版社,1992年版,第281—285页。

② 参见王宁:《消费的欲望:中国城市消费文化的社会解读》,广州:南方日报出版社,2005年版,第325页。

奢侈消费包括"创造性奢侈"和"浪费性奢侈"。"创造性奢侈"指通过劳动和技术而创造品质更优良、更精美、更高档的产品。这类奢侈产品的消费的确在某种意义上能促进生产和技术的进步，说明需求能刺激生产的发展。但是，技术进步的真正动因不在于生产奢侈品，而是生产者的利益最大化的追求和竞争的外在压力。社会对奢侈品的需求毕竟是少数人，况且许多奢侈品的科技含量不高，因此，"创造性奢侈"对技术进步的作用是极其有限的。至于以非实用性的讲排场、摆阔气为特征的"浪费性奢侈"，无论从哪个方面来说，对社会都是有害无益的。

认为奢侈促进了资本主义的形成，这是不符合事实的。要了解资本主义是怎么形成的，就必须读亚当·斯密的《国富论》和马克思的《资本论》。前者斯密的《国富论》被称为呼唤资本主义的产生，实际上是总结资本主义产生、发展的经验。这个经验是什么？用两个字来概括，就是"节约"。分工实现了生产过程的节约，大大提高了劳动效率；资本家的节约，实现了扩大再生产；政府节约，建立了廉洁政府。所以，斯密说，节约是公众的恩人。后者马克思的《资本论》是为了揭示资本主义生产关系产生、发展和必然灭亡的规律。马克思依据的是节约规律，即单个资本尽量节约，而整个社会生产的无政府状态又导致了严重的浪费，所以资本主义生产关系必须变革。如果说奢侈促进了资本主义的形成，那是没有任何依据的。

第二节　中国古代节约悖论批判

从古至今，我国历代思想家和先贤大多数对节约进行了充分的肯定，但也存在着一些人对于节俭的否定的看法。

我国奴隶社会和封建社会的思想家中有的是主张奢侈的。如管子、荀子、桑弘羊等人都提倡过奢侈。管子即管仲，春秋前期著名的政治家、思想家。他从个人修养和国家用财的角度，有过许多关于节俭的重要观点。但从消费促进生产的发展的角度，他在《管子·侈靡篇》中却对奢靡现象进行过专门的探讨，其中指出："俭则伤事"[①]；"莫善于侈靡"[②]；"富者靡之，贫者为之"[③]。意即富人的奢侈是增加穷人的谋生手段。

荀子即荀况，他是战国末期儒家学派中的大师，是我国古代杰出的唯物主义思想家、教育家。李斯、韩非都是他的学生。荀况一生到过很多地方。曾在齐国游学，在稷下（今山东临淄北）学宫同各个学派的学者进行学术交流和讨论，并两次

---

①　管仲：《管子》，载《百子全书》第2卷，长沙：岳麓书社，1993年版，第1269页。
②　管仲：《管子》，载《百子全书》第2卷，长沙：岳麓书社，1993年版，第1345页。
③　管仲：《管子》，载《百子全书》第2卷，长沙：岳麓书社，1993年版，第1346页。

担任学宫祭酒(行礼时的首席)。后来又到过秦国、赵国。晚年在楚国任兰陵(今山东苍山县兰陵镇)令,著书立说,直到逝世。他认为:"墨子之'节用'也,则使天下贫。"①这就是说,荀子公开反对墨子所提倡的"苦节",认为如果全天下的人们都追求一种以苦为乐、安于贫困的生活方式,那么社会生产就只能进行低水平徘徊,也就不可能改善百姓的生存条件。

桑弘羊是西汉政治家。洛阳(今属河南)人。出生于商人家庭,13 岁选入宫廷做汉武帝的侍中,后任治粟都尉、大司农、御史大夫等职。汉昭帝时因参与燕王旦等人策划的谋反事件被处死。桑弘羊持法家观点,为汉武帝时实行的严刑峻法辩解。他以朝廷代表身份出席盐铁会议,同与会儒生文学、贤良 60 余人进行辩论,后来西汉的桓宽据此写下了著名的《盐铁论》。在节俭和奢侈的问题上,桑弘羊认为:"古者,宫室有度,舆服以庸;采椽茅茨,非先生之制也。君子节奢刺俭,俭则固。昔孙叔敖相楚,妻不衣帛,马不秣粟。孔子曰:'不可,大俭极下。'此《蟋蟀》所为作也。《管子》曰:'不饰宫室,则材木不可胜用,不充庖厨,则禽兽不损其寿。无味利,则本业所出,无黼黻,则女红不施。'故工商梓匠,邦国之用,器械之备也。自古有之,非独于此。弦高饭牛于周,五羚赁车入秦,故输子以规矩,欧冶以镕铸。《语》曰:'百工居肆,以致其事。'农商交易,以利本末。山居泽处,蓬蒿墝埆,财物流通,有以均之。是以多者不独衍,少者不独馑。若各居其处,食其食,则是橘柚不鬻,胊卤之盐不出,旃罽不市,而吴、唐之材不用也。"②这段话的意思就是说:在古时候,宫室就有一定的制度,车子和衣服按功劳大小赐给;用原木做椽子、用茅草盖房子的事并不是先代帝王的制度。君子节制奢侈,但也讥刺俭约,太俭朴就是简陋。过去孙叔敖当楚国的丞相时,他的妻子不穿丝绸衣服,不用粮食去喂马。孔子就曾经说过:"不可以过于俭朴,太俭朴就会导致和下级相近,违反了上下有别的规矩了。"这就是《诗经·蟋蟀》所讽刺的事情。《管子》上说:"要是不装饰宫殿,木材就不能充分利用;不使厨房充满肉食,禽兽就不会被杀死。没有工商业,农业就得不到发展;衣服不装饰花纹,那么女工就不能施展技巧了。"所以各种工商工匠,不仅是国家建设需要的,也是为了制造各种器具兵械所准备的。这是自古以来就有的,并不是现在才有的。春秋时,郑国的弦高就曾到洛阳去卖牛,百里奚曾经租车到秦国做生意;鲁班发明了圆规和曲尺;欧冶子冶铁铸剑。《论语》上说:"各种工匠住在作坊里,尽力把工作做好。"农业和商业之间进行交换,有利于发展农业和工商业。那些穷山深泽、荒凉贫瘠的地方,更应流通财物,互通有无。这样就可以使财物多的地方不独自富裕,财物少的地方不至于缺乏。如果都是各自住在

①　荀况:《荀子·国富》,济南:山东友谊出版社,2001 年版,第 229 页。

②　桓宽:《盐铁论》,载《百子全书》第 1 卷,长沙:岳麓书社,1993 年版,第 397 页。

自己的地方,吃自己出产的东西,那么橘子、柚子就没有人卖,朐、卤的盐就运不出来,市场上不会有毡子和毯子,吴、唐地区的竹子和木材就用不上了。这充分说明,在封建社会里,存在严格的等级制度,人们的消费也有层次性。节俭对于不同等级的人来说,其标准也不相同,人们不能按一个标准消费。如果人们都按较低层次消费,也没有正常的商品流通,社会经济的发展也会受到影响。当然,这其中所包含的封建等级消费观念,特别是片面提倡士大夫们的奢侈,限制一般百姓消费的思想,是极不合理的,也容易产生误导。

陆楫是明末上海人,曾写过一篇文章讨论禁奢问题(该文章原无题目,因讨论禁奢问题,被称为《禁奢辩》)。在我国传统道德中,节俭是一种美德,历代统治者都倡导节俭,禁止奢侈。陆楫对此不以为然,反对禁奢。他从生产与消费的关系出发提出"先富而后奢"的主张。他认为:"自一人言之,一人俭则一人或可免于贫;自一家言之,一家俭则一家或可免于贫。至于统论天下之势则不然。"①综观天下,"大抵其地奢,则其民必易为生;其地俭,则其民必不易为生也"。② 他特别强调富人的奢侈是有利于他人的:"彼以粱肉奢,则耕者、疱者分其利;彼以纨绮奢,则鬻者、织者分其利。"③针对有人认为苏杭富人奢侈、贫者有生计现象,认为是由于"其民赖以市易为生,非其俗之奢故也"。陆楫反对说:"噫!是有见于市易之利,而不知所以市易者,正起于奢。使其相率为俭,则逐末者归农矣,宁复以市易相高耶。"④他是说奢使商业得到发展,如果没有奢,从事工商业的人只能回到农业中去,就没有商业的繁荣了。所以他认为,禁奢是不明智的。陆楫的思想用今天的话来说就是鼓励消费,尤其是富人的奢侈性消费,是繁荣经济,实现就业的有效方法。而且,市场交易的发展也要依靠奢侈。但陆楫也强调,奢侈的条件是富,即"先富而后奢,先贫而后俭,奢俭之风起于俗之贫富"。⑤

对我国古代思想家的奢侈观,要站在历史的角度进行具体而客观的分析。首先,他们所主张的奢侈,并不是无原则地鼓吹"浪费"。因为他们所处的那个时代,小商品经济有了一定程度的发展,他们是从各自的立场出发,试图通过鼓励消费,

---

① 陆楫:《蒹葭堂杂著摘抄》,转引自赵靖主编:《中国经济思想通史》(修订本),北京:北京大学出版社,2002 年版,第 1808 页。
② 陆楫:《蒹葭堂杂著摘抄》,转引自赵靖主编:《中国经济思想通史》(修订本),北京:北京大学出版社,2002 年版,第 1808 页。
③ 陆楫:《蒹葭堂杂著摘抄》,转引自赵靖主编:《中国经济思想通史》(修订本),北京:北京大学出版社,2002 年版,第 1809 页。
④ 陆楫:《蒹葭堂杂著摘抄》,转引自赵靖主编:《中国经济思想通史》(修订本),北京:北京大学出版社,2002 年版,第 1809 页。
⑤ 陆楫:《蒹葭堂杂著摘抄》,转引自赵靖主编:《中国经济思想通史》(修订本),北京:北京大学出版社,2002 年版,第 1810 页。

特别是富人的高消费,促进经济发展,为穷人提供更多的生存机会,实现国泰民安。但是,在奴隶社会和封建社会,自然经济占主导地位。虽然有一定程度的小商品经济,但范围狭小,生产者大都为固定的买主进行生产,不会存在生产过剩问题,根本不存在通过扩大消费促进生产的必要。因此,他们的奢侈观对于社会进步是没有任何意义的。其次,他们鼓吹的奢侈,只能限于奴隶主、封建主和商人。这些人的奢侈必然加重对农民的剥削,从而迫使农民不断地举行起义,使广大劳动人民遭受战争、饥饿之苦。"朱门酒肉臭,路有冻死骨"就是对当时社会贫富差距形成的两重天的真实写照。由此可见,我国古代少数思想家的奢侈观是根本不足取的。

第三节　当前中国节约悖论批判

中国近百年的贫穷落后、物质财富极端匮乏的现实,使中国人节俭尚不能度日,思想界自然也无人鼓吹浪费。但到了20世纪90年代中后期,随着我国短缺经济消失,部分产品过剩现象的出现,国家实行扩大内需的方针政策,鼓励消费。此时舆论界关于增加消费、扩大消费的宣传大大加强,这是完全必要的,但是也有人在讲到增加消费的同时,对节俭进行批判。在各种对节俭进行批判的观点中,最为集中、最为过激的观点要数苏洪涛于1999年10月在中国城市出版社出版的《走出节俭的误区》一书(以下简称《误区》)。下面将以该书中的一些主要观点为代表,对当前中国节约悖论进行分析。

一、振聋发聩的"高见"

为使读者了解《误区》对节俭攻击的过激程度,我们不妨先将其有关观点照录如下。作者在该书的"前言"中写道:

　　本书原名为"发展的中国需要浪费",为了避免产生一些不必要的误会,对社会舆论产生误导,改为现名。许多人问我为什么你要用浪费这样一个如此吓人,如此不合情理,甚至可说是犯了原则性错误的词汇,我承认这里面的确有为了去追求一种冲击力,一种对人心理的巨大震撼而刻意制造的意图。

　　矫枉必须过正!

　　正因为我国几千年来的传统文化、传统意识上的积淀,节俭已经成为了中国人心目中难以割舍的根深蒂固存在的一种情结,而要改变这种思想意识又是如此地艰难——不光是在中国,其实在整个东亚,这种思想意识的存在都是相当普遍的一种现象,通过前述的一系列论证,我们已看到这事实上已经成为了我们发展经济、提高人民生活水平的最大的敌人。我们必须要用一些极端的言词,一些过分严厉的语言,来矫正我们传统观念上的一些误区,对我们传统的消费习惯消费心理进行一次最为猛烈的抨击，希望能够因此产生出一种振聋发聩的效果。

我们中国人传统的消费习惯是很难被改变的，即使在当前一片鼓励消费的呼吁情况下，节俭的生活方式也总是被许多人在各种各样的场合，通过各种各样的渠道，以各种各样的方式得到人们的肯定。而这正是我要全力予以攻击的。①

倘若从纯粹节俭的角度来看，目前人类生活的许多方面都可以被认为是不必要的，非常浪费的，如豪华的晚会，五星级的奢华客房，一掷千金的名贵时装。即使在我们的日常生活中，抛去那些最基本的需要，我们生活中的许多生活细节和享受若从纯节俭者的眼光看也是完全不必要的，可以忽略的。可事实上，我们都可以认识到，正是这些不必要的行为，"浪费"的生活习惯才支撑起了我们经济牢固的基石。而且它也使我们的生活变得完美、丰富多彩，可以充满各种各样生活的趣味和珍贵的机会，让我们的生活每时每刻可以出现出乎我们意料之外的、美妙的变化，让平庸生活变得更加不可预测而生机勃勃。②

我们需要长期与之作出斗争的仍然是存在于我们国民头脑当中根深蒂固的，要节俭、节制消费的观念和思想。③

我个人认为那种"新三年，旧三年，缝缝补补又三年"的传统意义上的节俭不应再被视为是一种美德；而超高的储蓄更不应被我们视作是一种骄傲了。④

凯恩斯一直将节俭与储蓄视为经济发展的大敌，在他的某些极端的言论里，不仅不把节俭视为美德，反而认为是缺德。⑤

二、离弦走板的悖论

平心而论，《误区》的观点在国人中并没有产生多大的影响。之所以如此，首先，在于国人的觉悟。中华民族已经繁衍了几千年的时间，谁都不会否认，能维系中华民族繁衍的，能使中华民族在今天的世界大舞台上日益占有重要地位的重要根源是中国的传统文化。尽管中国的传统文化不乏糟粕，但它的主要成分是精华。长期以来，受中国传统文化的熏陶的中国人民，有着诸如敬老爱幼、勤俭节约等优

---

① 苏洪涛：《走出节俭的误区》，北京：中国城市出版社，1999 年版，"前言"之第 1—2 页。
② 苏洪涛：《走出节俭的误区》，北京：中国城市出版社，1999 年版，"前言"之第 2—3 页。
③ 苏洪涛：《走出节俭的误区》，北京：中国城市出版社，1999 年版，"前言"之第 3 页。
④ 苏洪涛：《走出节俭的误区》，北京：中国城市出版社，1999 年版，第 23 页。
⑤ 苏洪涛：《走出节俭的误区》，北京：中国城市出版社，1999 年版，第 29 页。

良传统,中国人懂得这些优良传统的重要性,无论在什么情况下,绝大多数中国人都会保持这些传统。事实也证明,这些优良传统有利于社会的进步,有利于人类社会的可持续发展。其次,在于资源紧缺的客观现实。随着世界人口的增加,科学技术的发展,人们获得财富的能力提高,人与资源的矛盾日益加剧,世界许多物种已经绝迹,不少物种正面临灭绝。从我们国家来看,能源资源已经成为了我国经济社会发展的瓶颈。面对这种严峻的局面,党中央于2004年提出建设资源节约型社会,尔后将节约资源作为基本国策。近几年来,"节约"成了新闻媒体的高频词,在这种现实面前,以鼓吹浪费、攻击节约为中心的《误区》的观点自然没有人相信,作者希望通过该著"产生出一种振聋发聩的效果"的美好愿望自然也就落空了。

可以断言,《误区》的观点不仅现在没有市场,今后也永远不会有市场。人类的文化史表明,作为观念形态的文化及理论,只有能够引导人类社会健康发展的文化及理论,才能为大众所接受,这种文化及理论才能流传下去。节俭理论之所以根深蒂固,为大众所接受,就在于资源的有限性与人的需求的无限性的矛盾是人类生存的永恒性矛盾。人类如果不能节俭地生活,将有限的资源迅速地耗罄,就等于断掉了自己的生路。鼓吹浪费的危害就在于此。消费必须有钱,他们就是鼓励一部分大量占有价值形态财富的人去大肆挥霍社会有限的以使用价值形态存在的物质资源,这样最终也会使整个人类社会走向绝境。因此,对于这种有害人类的离经叛道、离弦走板的理论,人们自然会唾弃它。无论中国还是世界,资源短缺的实际会使人类节约地使用资源。不仅现在是这样,今后也是这样,一万年之后更加是这样。因为地球上的资源就这么多,人类越向前发展,人与资源的矛盾就会越突出,因而要更加节约。因此,我们要大声疾呼:"节约万岁!"①既然如此,鼓吹浪费的言论就不可能有市场。

三、毫无理由的攻击

如此看来,《误区》的作者确实踏入了一个理论误区,其观点实在是不值一驳的。但为了进一步加强人们对节约的理解,还是有必要指出以下几点。

(1)节俭不是缺德,而是一种美德。

在《误区》中,最不能让人容忍的是,作者不加分析地多处引证凯恩斯的节约是一种缺德的观点。节俭为什么是一种缺德,作者没有作任何有说服力的分析,令人感到苍白无力。

几千年来,人类都崇尚节俭,视节约为美德。之所以如此,在于节约确实值得肯定和赞扬。何谓美德? 美德虽然属于道德范畴,但它却超越于一般道德,道德是

---

① 参见黄铁苗、孙宝强:《节约万岁》,载《南方日报》2006年3月2日。

在一定义务范围内应做的事情,例如子女赡养父母,这是有道德的表现,而当一个人去关心和赡养与他无直接义务关系的人,这就是一种美德。我们说节俭是一种美德,在于节俭是针对有支付能力的人,或自身拥有大量财富可供超过自己的实际需要而消费的人,但他们却依据自己的实际需要消费,不滥用财富,不废弃财富的效用。这种行为之所以是一种美德,一是假如他的财富是在其青壮年时期的劳动所得,他将自己现在能多消费的财富,不过多消费,而是留到以后自己的不时之需、年老之时或劳动能力丧失的情况下去消费;这种将一时多有的财富用于长久的做法是一种具有良知的表现和具有美德的内涵,即他不希望日后加重他人或社会的负担。这是既向自己也向他人(他的后代)和社会负责的表现。他养育了自己的后代,到他晚年得到子女的回报是应该的,而他替子女着想,到自己有病之时或晚年,不加重他们的负担;他为社会作出了奉献,晚年得到社会的回报也是应该的,而他不这么做,而是尽量用节俭的方式,减轻社会的负担。这难道不是一种美德吗?假如他的节俭是为了支持他人或社会,这就更加是一种值得赞赏的美德。二是假如他能够大量消费的财富是祖辈的遗产或亲友及社会的馈赠,是已经归他所有的财富,他怎么消费,别人都无权干涉,他能自觉节俭,首先是对他人劳动的尊重和珍惜;其次也是希望这些财富能满足自己一生之需,不给他人或社会增加负担。这是有德之人才能做到的。三是在市场经济条件下,个人拥有的都是价值形态的财富,消费的实现需要资源来转化,他的节约不仅减省了他的价值形态财富的过多耗费,而且减少了以使用价值形态存在的社会物质资源的消耗,同时减少了对环境的污染。就如今天,有车一族少开一天车,不仅自己节省了汽油费、汽车磨损费、路桥费、停车费等,同时对有限的能源也减少了一份需求,使污浊的废气又减少了一份排放。四是对价值形态财富的节省,不会放在私人保险柜内,而是存放于银行或其他金融机构,社会将分散的资金集中起来,又可以用于社会投资,去做更多的有益于社会的事业。

由此可见,把节约说成缺德实在是没有任何理由的。事实证明,节俭不仅是美德,而且是一种普世美德。

(2)节俭不是敌人,而是恩人。

《误区》将节俭作为敌人,但又没有分析为什么是敌人,所以,正常人对此根本无法理解。大概作者之目的在于希望他的观点能够"振聋发聩"吧!

我们说节俭不是敌人,而是恩人,必须作出分析。众所周知,所谓敌人是于我们有利害冲突、根本不能相容的人。敌人对我们是时刻会造成危害的。在战场上,敌我双方是势不两立的,我方的一切努力归根到底都是为了消灭敌方,而敌方则是时刻以消灭我方为目的。

节俭何以成为发展经济的大敌?《误区》作者的观点简直荒谬透顶。我们认为节俭是恩人,其理由是:首先,从个人节俭来看,个人节俭减少了不必要耗费的财富。对这些财富,一方面,他以储蓄的形式存于金融机构,国家可以用于投资;另一方面,如前所述,个人的节俭还能减少对资源的需求和对环境的污染。其次,从政府的节俭来看,政府节俭意味着降低行政成本,减少行政费用。行政费用都是纳税人的钱,节省这部分费用,就能加大公共财政的投入。相反,如果过度鼓励浪费,扩大行政费用,其结果或者是减少投资,或者是加大税收,这些无论从哪一个角度来说,都是有百害而无一利的。

《误区》作者之所以把节俭视为敌人,无非是节俭不利于消费一些厂商盲目生产出来的商品,从而工厂不能正常生产,工人失业。对经济过剩要作深入分析,在商品生产条件下,过剩现象是经常出现的,无一例外的是凡过剩的大都是在此之前市场价格高、有钱赚的商品。马克思主义的经济学告诉我们,社会对任何一种商品的需要都是一个有限的量,对各种产品的需要都有一定的比例。如果生产者无视生产的比例,蜂拥而起,逐利生产,盲目投资,这又怎么能不出现过剩?! 大凡几种主要产品出现过剩,就会波及许多产品。但是,与此同时,也会存在有的生产周期长、投资大、利润率低的产品满足不了需要的状况。所以,经济过剩大部分都是经济结构不合理造成的。这是生产者的责任,在一定程度上是政府的责任,怎么能怪罪消费者呢? 更没有理由怪罪节俭。

四、不切实际的怪罪

除此以外,对《误区》一书,我们还需要指出如下几点。

首先,《误区》作者认为1997年自泰国开始的东亚金融与经济危机的总根源是节俭。"事实上,东亚危机总的根源来自于投入型的经济增长方式和节俭的消费习惯两方面的原因。是对投资的热衷和长期的对个人福利和消费的忽视共同造成的恶果。"[1]他在引用了克鲁格曼对东亚问题的分析后,认为后者还没有能够完全触摸问题的实质,"他仅仅看到了节俭造成的高储蓄率对东亚经济作出的贡献,却没有指出这种节俭和高储蓄率对东亚经济造成的危害"。[2]

克鲁格曼认为东亚的经济增长没有全要素生产率的贡献,它是要素投入增加的结果,所以,东亚的经济增长中没有技术进步的作用成分,就不存在所谓的"东亚奇迹",其经济增长是不可持续的,但他的观点也引起了很大的争论,由于1997年东南亚金融危机爆发,克鲁格曼的观点成为国际舆论界的主流观点。21世纪

---

① 苏洪涛:《走出节俭的误区》,北京:中国城市出版社,1999年版,第59页。
② 苏洪涛:《走出节俭的误区》,北京:中国城市出版社,1999年版,第86页。

初,经济学家们从一个新的历史角度对当年的东亚奇迹的争论再次作了回顾与审视。① 克鲁格曼的观点不值得肯定,但认为"东亚危机总的根源来自于投入型的经济增长方式和节俭的消费习惯两方面的原因"实在是有失偏颇。东亚危机是多种因素共同作用的结果,从直接触发因素来说,是亚洲一些国家的外汇政策不当,外债结构不合理,导致国际金融市场上的游资有机可乘引发巨大的冲击波;从内在基础因素看,透支性经济高增长和不良资产的膨胀,"出口替代"型模式的缺陷等等,它们是构成这些国家的资本主义经济周期的主要原因;从世界经济因素方面讲,不合理的国际分工、贸易和货币体制,对上述国家不利的经济全球化所产生的负面影响等都是不可忽视的因素。

其次,《误区》作者认为节俭的生活对日本造成了危害。既然连日本这个世界上经济发展最成功的国家之一也深受节俭之害,足见节俭十恶不赦,罪大恶极,是一切罪恶渊薮中的罪魁祸首。日本自第二次世界大战后之所以能成为世界上经济发展最快的国家,主要因素之一应该有节俭之功,而在《误区》那里却颠倒过来了,"事实上,日本目前一切的经济问题都与日本的国民过于节俭的消费习惯有关"。② "我们完全可以认识到,日本的经济衰退,根本不在日本的产业上、技术上,日本企业的国际竞争力依旧是十分强大的,日本至今庞大的对外贸易顺差已经充分说明了这一点。归根到底,日本的经济困境,完全是因为日本国内需求的不振,而这又与日本人过于节俭的消费习惯有着密切的关系。"③

日本是一个岛国,本身没有什么自然矿产资源,战后发展却令世界瞩目,其原因是多方面的。主要有日本进行了比较广泛的社会改革,进一步废除了生产关系中的封建落后因素,为经济发展扫除了障碍;明治维新以来就积极发展教育,培养人才,为经济现代化提供了高素质的人才;战后国民经济非军事化,政府得以集中财力物力进行经济建设;制定了外向型的经济发展战略,引进最先进的科学技术,调整国内产业结构,促进出口;美国的援助以及朝鲜战争与越南战争期间,美军的大批军事及后勤物资订货,进一步刺激了日本经济的发展;日本本身的经济基础比较好等原因。但所有这些原因要发生作用,必须要有一个前提,就是日本人民的艰苦奋斗、勤俭节约;否则,即使有再多再好的条件,对于资源严重匮乏的日本也不可能在战后几十年的时间里在一片废墟上建立起世界第二的经济大国。到20世纪90年代之后,日本步入长期的经济衰退,尤其1997年秋季以来,日本经济更是一蹶不振。这种经济衰退是多种因素导致的,如财政政策的失误,过高的法人税和所

① 参见林毅夫、任若恩:《东亚经济增长模式相关争论的再探讨》,载《经济研究》2007年第8期。
② 苏洪涛:《走出节俭的误区》,北京:中国城市出版社,1999年版,第112页。
③ 苏洪涛:《走出节俭的误区》,北京:中国城市出版社,1999年版,第147页。

得税;错误的货币政策;亚洲金融危机的影响,等等。1999 年至 2000 年上半年在 IT 产业出口的带动下,日本经济出现了起色,但是随着美国经济衰退的打击,日本经济再度跌入衰退之中。华东师范大学的黄泽民教授认为日本经济长期衰退的主要原因是从"政府主导型经济体系向自由市场型经济体系"转型过程中的结果,并不代表日本经济的未来走向。[1] 这个判断应该是符合日本实际的。

五、不可仿效的借鉴

《误区》作者极力鼓吹浪费,认为"浪费的生活习惯才支撑起了我们经济牢固的基石"。[2] 为告诉中国人怎么浪费,在《误区》中,作者专设一章《美国内需经济的借鉴》,在该章,作者引用了李岘所著《感受真美国》中的"浪费现象"一文作为第三节。李岘介绍了美国人大量浪费纸、水、电的现象后说道:"我的思想告诉我:对,这是消费现象! 我的感情告诉我:不,这是浪费现象!"[3]可见,美国的消费是等于浪费的。而这正是凯恩斯经济学"与传统经济学把节俭视为人类美德不同","对节俭的传统进行了前所未有猛烈的抨击"所导致的结果。[4] 中国能像美国一样消费吗? 资料显示:美国人口占世界 5%,却消耗了占世界 25% 的资源,产生了25% 的温室气体,70% 的固体废物,中国人口占世界的 23%[5],如果中国人想过美国的日子,需要消耗多少? 地球能够承受中国的消耗和排放吗? 比如石油这一不可再生资源,美国一年消耗 9 亿吨,全世界大约 35 亿吨,如果中国达到美国的消耗水平,一年就要消耗 40 亿吨。这就是说,全世界消耗的石油量都给中国,还相差 5亿吨,这显然是不可能的。美国作为全球的消耗大国,还能消耗多久? 它自己心中有底。已经探明的石油情况是,沙特储量世界第一,只剩下了 360 多亿吨,伊拉克剩下 150 多亿吨。实际上,美国经过两次石油危机冲击后[6],非常重视资源、能源的节约使用和高效利用。首先,美国政府通过立法促进资源的节约和循环利用。如在石油危机的影响下,1975 年美国政府颁布了《能源政策和节约法》,1976 年首

---

① 参见黄泽民:《日本经济衰退的原因及其将来》,载《国际金融报》2001 年 12 月 31 日。
② 苏洪涛:《走出节俭的误区》,北京:中国城市出版社,1999 年版,第 2 页。
③ 苏洪涛:《走出节俭的误区》,北京:中国城市出版社,1999 年版,第 212 页。
④ 参见苏洪涛:《走出节俭的误区》,北京:中国城市出版社,1999 年版,第 170 页。
⑤ 参见赵冈:《中国历史上生态环境之变迁》,北京:中国环境科学出版社,1996 年版。
⑥ 第一次石油危机(1973—1974 年):1973 年 10 月第四次中东战争爆发,为打击以色列及其支持者,阿拉伯石油输出国组织(即"欧佩克")的 10 个成员国当年 12 月宣布收回原油标价权,并将其基准原油价格从每桶 3.011 美元提高到 10.651 美元,使油价猛然上涨了 2 倍多,从而触发了第二次世界大战之后最严重的全球经济危机。第二次石油危机(1979—1980 年):1978 年年底,世界第二大石油出口国伊朗的政局发生剧烈变化,石油产量受到影响,从每天 580 万桶骤降到 100 万桶以下,打破了当时全球原油市场上供求关系的脆弱平衡。油价在 1979 年开始暴涨,从每桶 13 美元猛增至 34 美元,导致了第二次石油危机的出现。

次制定了《固体废弃物处置法》。其次，美国政府还制定了一系列相关政策来鼓励节约。如通过财政手段、税收优惠等政策帮助可再生资源的开发、利用。美国联邦政府在2001年财政预算中，对新建的节能住宅、高效建筑设备等实行减免税收政策。此外，为了从小培养节能意识，节能教育在美国日益普及。美国从幼儿园到12年级均有分年级的配套课程，内容包括了解最基本的能源知识，在日常生活中怎样节能等。能源部的"能源巧用"、"重塑美国"等项目也是针对学校设计的，提倡建设节能校园。

《误区》作者鼓励中国浪费，中国的浪费还不够吗？在生产领域，我国的能耗比发达国家高得多，拿煤的利用率来说，很多用煤企业生产方式粗放，浪费严重，目前全国煤矿资源回收率仅在40%左右，特别是小煤矿的回收率只有15%，从1980年至2000年，全国煤矿资源浪费280亿吨，照此下去，到2020年，全国将有560亿吨煤矿资源被浪费。据有关部门估算，我国目前火电平均供电煤耗比国际先进水平高20%，如果每度电的供电煤耗下降10克标准煤，则全国一年可少消耗2000万吨标准煤。如果我国汽车燃油能耗赶上欧洲平均水平，那么，一年可以节约大约2000万吨成品油，价值至少1000亿元人民币。在消费领域，我们的浪费随处可见。资料显示，我国现在约有公车400万辆，每年耗资3000亿—4000亿元，真正用于公务的仅占1/3，如按照社会轿车的效益来计算，我国每年3000多亿元的公车开支中，至少有2600亿元被浪费；2004年全国公款吃喝3700亿元，公费出国考察旅游达2000亿元；在公款消费的餐桌上，剩下食物六七成的现象并不鲜见。大学校园里，自来水长流，剩饭剩面随意倒，用完电脑不关机。写字楼里的白领们一般不敢开着窗户开空调，私营老板知道了肯定不干。但白领们下班时，从来不关电脑的显示器，假设一个40层的写字楼，至少有1000台电脑，每天白白开机16小时，一年要浪费多少电呢？2万—3万度！想想全国那么多城市，那么多鳞次栉比的"水泥森林"，浪费的电一定是个天文数字吧！从我国的实际来看，我们必须反对浪费。我们需要借鉴的不是美国的浪费历史，而是它在石油危机后对节约立法和培养节约意识等方面的经验。

最后，我们必须还要指出两点。一是《误区》的第三节就是李岈所著《感受真美国》中的一篇文章，前面整个第二节也是引用陈百明先生所著《消费主义文化的兴起》一文中的4段。《误区》一书除大段搬用别人的文章外，还在多处用引号引用名家的语言，却不加注释和注明出处，如"他的原话是这样表达的：'一切生产的最终目的都是满足消费者。''消费乃是一切经济活动之唯一目的，……不幸所得愈大，则所得与消费之差距愈大'。"①我们认为这样写书的态度是不严肃的，至少

---

① 苏洪涛：《走出节俭的误区》，北京：中国城市出版社，1999年版，第168页。

是不严谨的。又如,"霍布森后来曾经详细叙述了他与穆莫里二人写作《工业生理学》的缘由,以及其后遭到的各种遭遇:'在 80 年代(19 世纪)中期,我的异端经济学说逐渐形成。……所以罪无可逭。'"①而这段话是从凯恩斯《就业、利息和货币通论》中转抄的,凯恩斯在该书的注释中指出这是霍布森氏 1935 年 7 月 14 日对伦敦伦理学会的演讲词,转载这段话曾得到霍布森氏允许。② 由此可见,《误区》一书不仅"引用了一些其他作者的文章和资料,因时间与联络方式所限,未与部分作者取得联系"③,而且大段引用又不加注释,似乎有点愚弄读者之嫌。

二是《误区》作者说:"凯恩斯一直将节俭与储蓄视为经济发展的大敌,在他的某些极端的言论里,不仅不把节俭视为美德,反而认为是缺德。"④"在席卷世界的 30 年代经济大萧条当中,凯恩斯等人更是发表了很多甚至可称之为极端的言论和文章,猛烈抨击了节俭的习惯和视节俭为一种美德的传统,并认为节俭不但不是一种美德,甚至是一种缺德。"⑤我们根据《误区》作者在书后的参考书目去找凯恩斯的著作,没有见凯恩斯说过节俭是"敌人"或"缺德"的只言片语。倒是高鸿业教授在《一本拯救资本主义的名著》一书中指出凯恩斯在解答"节俭是一种美德,还是一种弊端"时,认为"传统学者的答案有失于简单化,因为,他们在作出答案时,没有把失业问题考虑在内"。⑥ "凯恩斯不但热衷于经济理论研究,而且还是一位始终关注实际经济问题和经济政策的经济学家,也是一位社会活动家。"⑦他的学术观点具有多变的特点,我国著名的凯恩斯理论研究专家刘涤源教授说道:"他的观点、学说、方案,以善变著称。他的主要专业著作'三部曲',不论在理论方面,还是政策方面,前后变化很大。"⑧凯恩斯要救治资本主义经济危机和失业问题,为这一目的,针对当时英国经济的具体情况,他开出了不同的药方。1923 年出版的《货币改革论》和 1930 年出版的《货币论》,是针对英国 20 年代独特慢性萧条的初期和后期病症而编制的两个不同类型的货币调节方案,鼓励高消费刺激有效需求是他在大危机后开出的药方。刘涤源教授指出:"他的上述救治方案'三部曲',前后差异很大。《货币论》与《货币改革论》相比,《就业通论》同《货币论》相比,理论观点

---

① 苏洪涛:《走出节俭的误区》,北京:中国城市出版社,1999 年版,第 158—160 页。

② 参见〔英〕凯恩斯:《就业、利息和货币通论》,徐毓丹译,北京:商务印书馆出版,1983 年版,第 314 页。

③ 苏洪涛:《走出节俭的误区》,北京:中国城市出版社,1999 年版,第 334 页。

④ 苏洪涛:《走出节俭的误区》,北京:中国城市出版社,1999 年版,第 29 页。

⑤ 苏洪涛:《走出节俭的误区》,北京:中国城市出版社,1999 年版,第 38—39 页。

⑥ 高鸿业:《一本拯救资本主义的名著》,济南:山东人民出版社,2002 年版,第 122 页。

⑦ 方福前:《从〈货币论〉到〈通论〉》,武汉:武汉大学出版社,1997 年版,第 97 页。

⑧ 刘涤源:《凯恩斯经济学说评论》,武汉:武汉大学出版社,1997 年版,第 40 页。

和政策建议都是各成体系,成为独立的专业著作。"①方福前教授也说:"即使是最崇拜他的学生,也往往跟不上他观点的变化的步伐。他的著作出版之时往往也是他否定其思想之始。"②怎么能够说"凯恩斯一直将节俭与储蓄视为经济发展的大敌"呢?

　　所以,我们不能把名家的言论推到极点,矫枉不能过正。"矫枉必须过正"③实际上是把真理推向谬误。对待西方经济学说包括凯恩斯理论,我们要从其时代背景、理论体系、社会哲学及政策体系等方面去综合分析,科学对待。借鉴和利用其为我国经济体制改革和经济发展服务更要同我国国情相结合,具体情况具体分析,绝不能生搬硬套,胡乱搬用。刘涤源教授在《改革开放中借鉴凯恩斯主义教义的两大失误》一文中十分中肯地指出:"第一项失误是盲目鼓吹'高消费',导致严重的奢侈浪费,败坏社会风气,危害很大。第二项失误是胡乱引进'温和通货膨胀有益论',采用通货膨胀政策刺激高速经济增长,致使我国出现严重的通货膨胀局面,对经济的健康发展产生了很坏影响。"④早在 20 世纪 80 年代中期,就有人盲目崇拜凯恩斯的高消费主张,给我国经济造成了很大的危害。没有人能想到的是,在 20 世纪末,苏洪涛却借国家扩大内需之机,号召人们"走出节俭的误区",以浪费来刺激经济的发展。看来《误区》作者确实走进了"误区"。

第四节　告别凯恩斯幽灵

　　从古至今,对节俭进行批判,对浪费大肆鼓吹,而且从理论上全面论证的要数凯恩斯。凯恩斯去世虽然已经几十年了,但他的节约悖论却像幽灵一样影响了不少人,正如马克思所说,死人抓住活人。被凯恩斯幽灵抓住的人,一有机会就会搬出他的节约悖论,以扩大消费为名,极力鼓吹浪费,反对节俭。这对建设节约型社会是极为不利的。理论虽然无形,但其影响常常是巨大的,不仅正确的理论是这样,错误的理论在有的时候也会是这样。尤其是凯恩斯的经济理论,由于它在资本主义的历史发展中确实起过作用,因此它的信奉者总是把它作为灵丹妙药,强加于我们今天的现实。我们必须告别凯恩斯幽灵。

一、凯恩斯经济理论的局限性

　　诚然,凯恩斯的经济理论对资本主义的发展是起过作用的。如果说,亚当·斯

　　①　刘涤源:《凯恩斯经济学说评论》,武汉:武汉大学出版社,1997 年版,第 41 页。
　　②　方福前:《从〈货币论〉到〈通论〉》,武汉:武汉大学出版社,1997 年版,第 197 页。
　　③　苏洪涛:《走出节俭的误区》,北京:中国城市出版社,1999 年版,"前言"之第 1 页。
　　④　转引自刘涤源:《凯恩斯经济学说评论》,武汉:武汉大学出版社,1997 年版,"前言"之第 3 页。

密的经济理论是呼唤资本主义,马克思的经济理论是批判资本主义,而凯恩斯的经济理论则是拯救资本主义。事实确实如此,当20世纪30年代,资本主义出现世界性的严重经济危机时,凯恩斯开出的刺激消费的药方给濒临死亡的资本主义注入了一针强心剂,使它起死回生,走出危机,走向繁荣。所以说,凯恩斯拯救了濒临死亡的资本主义。

凯恩斯的经济理论在当时情况下为什么能起到如此明显的作用? 主要在于在他的理论产生之前,资本主义处在完全的自由经济阶段。建立在商品生产基础上的自由经济,有如脱缰的野马、开闸的洪水,其势凶猛,无法驾驭,这就必然泛滥成灾。因为各个生产者在利益最大化动机的驱使下,大家都看好市场价格,在这根无形指挥棒的指挥下,大量资本投入到利润率高的几个部门,而社会对任何一种商品的需要都是一个有限的量,盲目投资必然造成大量商品过剩,继之而来的是工厂停工,工人失业,资本过剩,再继之而来的是销毁商品,破坏已经形成的生产力,致使社会生产力出现严重倒退。面对这种情况,凯恩斯给资本主义把脉的结论是有效需求不足,开出的药方是刺激消费,具体措施是国家多发货币,实行赤字财政,发展公共事业,扩大就业,造成通货膨胀。凯恩斯的药方在当时情况下果然见效,使资本主义摆脱危机,起死回生,又走向了繁荣。凯恩斯的政策在当时情况下何以见效,从根本上来说,就是它在一定程度上改变了自由资本主义阶段政府对经济完全放任的做法,通过政府对经济的干预,刺激消费,扩大了需求。凯恩斯政策的成功,还在于当时人口相对较少,资源相对丰富,人们的生产,从而人们的消费没有受到资源瓶颈的制约。

为什么20世纪70年代后,凯恩斯的理论又会失灵,以至到20世纪末东南亚及日本等国采用刺激消费的政策,对这些国家经济复苏都没有成效? 根本原因在于凯恩斯的经济政策只刺激需求,没有刺激供给。实际上,社会生产总过程四个环节都是相互依存,互相制约的。需求在四个环节中属于消费,在四个环节中属于终点。消费之前的生产、流通、分配对消费都有制约作用;同时,消费对前面三个环节也具有反作用。社会要克服生产过剩现象,不仅要鼓励和刺激消费,对社会生产的四个环节要从整体上进行宏观调控;尤其是生产,一定要根据社会需要的比例进行。这是一个规律,即马克思揭示的社会生产按比例发展规律。这是生产者必须遵循的。如果违反这一规律,盲目投资,必然使有的产品大量过剩,而另外有的产品又满足不了需要。

二、解决经济过剩的关键是政府要加强宏观调控

那么,生产者怎样才能按比例进行生产呢? 生产者投资时作出市场调查和预测是必要的,但更重要的是国家进行宏观调控。宏观调控也就是国家干预经济。

在凯恩斯那里,国家主要干预消费,而不干预生产,他关于政府进行公共投资的主张不是为了调节生产,而是为了把钞票怎样发出,以便刺激消费,所以他主张民众无事可干,就让他们一部分人挖沟,一部分人填沟,这难道是生产吗?

正确的宏观调控,不仅要干预生产和消费,同时要干预流通和分配,流通不畅同样影响生产和消费;分配不公也会影响生产和消费。我国自 20 世纪 90 年代末出现经济过剩,国家一再强调扩大内需,为什么见效不明显。主要在于一是很多行业生产能力,比如电器、纺织等,早在 20 世纪 80 年代末 90 年代初就已经过剩,国家对此调控乏力。二是在于对分配的调节不力。我国存在严重的分配不公,城乡、区域、不同部门、行业、人群之间的收入差距极不合理。这就使得一些人的消费很足,一些人的消费严重不足。有钱的人该有的消费品都已经有了,而无钱的人想要的必需品却没有钱买。可见,促进消费是必要的,关键是要给那些不具备消费条件的人创造条件,说白了就是通过调节国民收入分配,使没有收入保障的人有收入,使低收入者增加收入。人们有了钱自然会去用的。要知道,人的需要是具有无限性特征的,或者说,人的欲望是没有止境的。几千年来,人类为什么歌颂节俭,就像人类赞美勤劳一样,因为人是有惰性的,在劳动没有成为一种乐生手段的条件下,要人们不劳动谁都会乐意,所以,凡逢到放假没人不高兴的,长假结束,面临上班多少人都会有一种不情愿感。可见,从古至今,歌颂勤劳也就是让人们克服怠惰,实践勤劳。同样的道理,花钱对多少人来说都是一件享受的事。要人们用钱是一件很容易的事情,这就是生产者要生产为人们所需要的产品和提供他们所需要的服务。有钱不花则需要一种力量去控制,甚至需要毅力和下很大的决心。古人所说的“由俭入奢易于下水,由奢入俭难于登天”,就是这个道理。可见,从古至今,歌颂节俭也就是让人们克服浪费,实现节约。

当然,也有的人不愿意花钱,对此要作具体分析。一种情况是有的人担心未来的收入没有保障,这就需要解决社会保障问题。另一种情况是有的人总是希望为子孙后代积累财富,这大多数是因为他们的后代所受的教育不够,生存能力不如上一代,如果这样,上一代为下一代多留点财富也是一件好事情。至于有的人不是这样,一生中积累了大量的社会财富,面对任何公益事业总是拔一毛以利天下而不为,一定要把大量的社会财富遗交给后代,这就要向他们宣传,使他们懂得,多为子孙后代留财富是没有益处的。美国钢铁大王卡耐基说过:“在巨富中死去是一种耻辱。”世界首富比尔·盖茨已将巨额财富不留后代,捐给了慈善事业;金融巨子索罗斯、巴菲特也是明确表示,不将他们的财富留给子孙后代,而是要捐献给社会。这些人的认识和做法是极有远见的。这是对他们子孙后代的真正的关心,他们的后代也才会真正兴旺发达。

三、扩大就业需要改革劳动制度

最后，还要分析的是，信奉凯恩斯理论的人总是认为，扩大消费才能扩大就业。凯恩斯说过，你今天节省了 5 先令，你就使一个人失去一天的工作。消费对就业有一定的关系，但并没有像凯恩斯说得那么直接，消费直接影响的是经营者的收入，实实在在的是你今天节省了 5 先令，经营者的账上就少收入 5 先令。无论资本主义的发展，还是我国商品经济的实际都告诉我们，营业业务的一般增加，经营者都会通过加强员工的劳动量来消化，而不会立竿见影地增加或减少员工。真正影响工人就业的是机器设备，先进的机器设备会代替大量的劳动力，这是毫无疑义的。但是，我们绝不能为了解决就业而不使用机器。那么，解决问题的办法就是必须调整就业政策。其基本思路是，就如耕者有其田、劳者有其股一样，做者应有其工。也就是说，能做事的人应该让其有一份工作。但是，随着科学技术的发展，劳动效率不断提高，对劳动力的需求越来越小，要求就业的人数又那么多，这一矛盾怎么解决？我们认为除了采用扩大就业、增加就业岗位、增加劳务输出等措施外，还要改革劳动制度，采取轮换工作制，即原来一个人独立工作的岗位，改为两个或三个人一个工作岗位。尽量使轮岗工作者能保持原先单独工作的工资水平。这样不仅使社会的就业矛盾得到缓解，还会使社会的休闲时间大量增加，这是社会进步的重要标志。人类社会不断向前发展，人们的劳动时间是不断缩短的。减少了劳动时间，人们可以更好地休息、娱乐、学习，使自身的素质得到提高，在劳动过程中又能更好地提高效率。

第五节　人类必须永远节约

无论是西方经济学的节约悖论，还是中国古代的或是当前中国的节约悖论，我们都不能苟同，我们认为，不仅中国需要永远节约，而且全人类都必须永远节约。之所以如此，道理极其简单，一言以蔽之：资源短缺。但是对有关问题还是必须作出分析。

一、人类面临的客观条件决定必须永远节约

发展经济不是无源之水、无本之木，必须依靠资源。现在全人类面临的最大的客观条件是资源短缺。中国的资源更加短缺。中国除了这一现实情况外，还有就是中国社会生产力总体上比较落后、经济社会发展很不平衡、自然灾害频繁发生。改革开放 30 年来，这种状况虽有所改观，但没有发生根本性的变化。人口众多使得我国很多人均指标排名在 100 多位之后，我国与工业发达国家还有很大的差距，

特别应该看到,按农村绝对贫困人口标准低于 785 元测算,2007 年年末农村贫困人口为 1479 万人;按低收入人口标准 786—1067 元测算,2007 年年末农村低收入人口为 2841 万人。① 要保证全国农村贫困人口稳定地脱贫,任务十分艰巨;还有相当一部分国有企业生产经营困难,经济效益不好,全国大概有几百万职工不能按时足额领到工资,失业人员增多,收入增长缓慢。面对这些情况,江泽民同志担任总书记时,曾经饱含深情地指出,我们各级领导机关、领导同志和广大干部,更应自觉地发扬艰苦奋斗、勤俭节约的精神,没有任何理由铺张浪费。现在城市里的人、有钱的人穿了三年的衣服,给内地的贫困地区、给灾区以至给农村人,他们会求之不得,他们再穿三年,通过缝缝补补,作为下地干活的衣服还可以再穿三年,这有什么不好,难道城里人、有钱人把穿了三年的衣服做垃圾处理才是美德吗?

二、人类可持续发展的要求决定必须永远节约

人类的生存和永续发展都必须依靠物质资源。而现在地球上任何一种资源都不是取之不尽、用之不竭的,这就必须节约。人们浪费的无论是生活资料,还是生产资料,都是由一定的资源转化而成的。因此,无论什么浪费,本质上都是一种资源的浪费。由于资源是有限的,一部分人浪费,会影响另一部分人的需要;今天的浪费,会影响明天的需要;上一代人的浪费会影响子孙后代的需要。可见,浪费是有违人类可持续发展的;同时,浪费这种对人类有限资源没有节制或者滥用的行为,是对他人或后人利益的一种侵犯,因而是一种犯罪行为。因此,人类终将会自觉地节俭,越是优秀的民族,越会重视这一点。今天工业高度发达的国家无不十分节俭,他们有的餐馆有吃剩罚款的规定;不少国家小学生的课本不是使用一年而是老生交与新生不断使用下去。对于处在社会主义初级阶段的我国,难道不更应该这样吗?

三、财产的本质属性决定必须永远节约

马克思认为,财产对它的所有者来说,如同他身体的延伸。在资本主义社会,资本是资本家的命根子,是资本家人格的物化。资本家对资本十分节俭,他们不仅不让工人在生产过程中有任何一点浪费,他们个人的生活也是如此。马克思在《资本论》中描写道:在资本主义发展的过程中,工厂主们晚上在酒店聚会的花费从来不会超过 6 便士一杯果汁酒和 1 便士一包香烟。② 就是到今天,国外的一些

① 中华人民共和国国家统计局:《中华人民共和国 2007 年国民经济和社会发展统计公报》,载《中国统计》2008 年第 3 期。
② 参见《马克思恩格斯全集》第 44 卷,北京:人民出版社,2001 年版,第 686 页。

大富翁也同样十分节俭。他们吃饭时用手中最后一块面包擦干盘子中的油汁再送入口中的现象是随处可见的。实际上,不仅资本主义社会,其他社会也是这样。人的财产,只要是自己劳动(包括体力和脑力)得来的,就会具有人格物化的内涵。因为财产是他们的劳动时间换来的,富兰克林说得好,时间是组成生命的材料。爱惜财产就是爱惜自己的劳动,也就是爱惜自己的生命。人们获取财产付出的艰辛越大,对财产越爱惜。所以,浪费只会产生于两种条件:第一种条件是人们使用不属于自己的财产;第二种条件是人们使用非劳动方式得来的财产。非劳动方式所得包括两种:(1)合法所得。包括风险收入、利息、股息、租金、礼金、遗产等。这些收入较多者,有时会大手大脚。(2)非法所得。包括偷、扒、抢、窃、贪污、受贿及赌博等所得,这些财产所得者往往挥金如土,所以不少犯罪分子的巨额非法所得常常短时间内挥霍一空。① 这一点在本书第六章第四节的浪费规律中已有论述,此处不再展开讨论。

四、劳动时间节约规律决定必须永远节约

马克思把一切节约归结为劳动时间的节约。劳动时间节约规律是人类社会的永恒规律。节约单位产品的劳动时间就能在同样的时间内生产出更多的财富,使人们的需要得到充分的满足。当人们对某一种产品在数量上得到满足之后,生产者就要尽力提高质量,防止由于质量不过硬造成的浪费;当人们对某一产品在数量和质量上都得到满足后,社会要控制这种产品的生产,防止生产过多造成的浪费。要将劳动时间安排到别的生产部门去,以实现社会总劳动时间的节约。当人们的物质需要得到充分满足后,社会就应该减少物质财富的生产时间,增加精神财富的生产时间,即安排更多的时间从事学习、娱乐、休闲,使自身得到全面发展。所以,劳动时间节约规律决定了不仅生产过程需要节约,而且生产过程以外的消费过程也要节约。因为如果消费不节约就会使节约劳动时间多生产的物质财富被浪费掉。浪费是个无底洞。人们的胃有限,而垃圾场无限,所以,浪费会使人类的物质需要永远得不到满足,人类也就永远不能减少物质财富的生产时间,增加精神财富的生产时间,社会也就不能进步。

五、经济学的本质决定必须永远节约

作为经世济民、经邦济世的经济学,它本身就有节约的含义。它的产生、发展就是源于人的需求的无限性与资源有限性的矛盾,这一矛盾决定了人们从事经济活动必须节俭。一部会计史,从原始人的结绳记事和绘图记事到今天的电脑记账

---

① 参见黄铁苗:《浪费的一般规律》,载《经济纵横》1992 年第 6 期。

和名目繁多的各种会计,记载着人类是如何节俭的,反映了人类对于节俭的高度重视,也充分说明了经济学的本质就是节约。所以,各种对人类社会真正起到促进作用的经济学说无不研究节约,肯定节约的作用。众所周知,马克思将人类社会的发展归结为社会生产力的发展,他认为,节约劳动时间＝发展生产力。一切节约归根到底是劳动时间的节约。节约劳动时间理论贯穿于他的全部经济理论之中。资产阶级古典政治经济学对节约高度重视,他们有过许多关于节约的重要论述,由于前已述及,此处不再赘述。

六、人类精神文明决定必须永远节约

　　人类在创造物质文明的同时,也创造了宝贵的精神财富,节约就是其中的重要内容之一。从古至今,人类伟大的思想家,几乎没有不对节约肯定和赞扬的。这是因为,一方面节约可以减少社会财富不必要的耗费,它可以使有限的社会财富发挥其应有的作用,这对于国家的长治久安是十分有利的。从个人来说,节约能使属于个人所有的财富满足或基本满足自己的需要,从而不会妄求财富,招致灾祸。另一方面,节约是一种精神,它反映人类的理智文明、昂扬奋进的精神。这是一个民族的希望所在。最为典型的例证是中国共产党,中国共产党能成为中国人民的领导核心,与她所具有的勤劳节约、艰苦奋斗精神是分不开的。在民主革命时期,美国记者斯诺在延安看到共产党领导人的艰苦朴素的作风时,他认为这是一种伟大的力量——"东方魔力"。他断言这是"胜利之本"、"兴国之兆"。奢侈浪费则正如江泽民同志指出的,"既是消极颓废的表现,也是腐败问题得以产生和蔓延的温床"。①

　　可见,不仅中国应该永远节约,而且人类也应该永远节约。鼓吹浪费有违社会进步,只会导致严重的恶果。就从我国来看,众所周知,由于公有财产产权不明晰,长期以来,我国经济生活中存在严重的浪费问题非但屡禁不止,而且大有愈演愈烈之势。在这种情况下,大肆鼓吹浪费,只会造成公有财产的严重损失。中国的国情决定了我们必须把节约作为基本国策,时刻不忘节约,处处防止浪费,人人自觉节省。

---

① 《江泽民文选》第一卷,北京:人民出版社,2006 年版,第 617 页。

第二篇　节约型社会的基本框架

社会是由共同物质条件而互相联系起来的人群整体。用系统论的观点来看,它包括经济、政治、文化等许多子系统。每个子系统都通过一定的机制互相联系、相互作用。资源节约作为基本国策,在社会这个大系统中的每一个子系统内都必须得到体现和贯彻。因此,本篇作为建设节约型社会的主要内容篇,从节约型社会概念入手,探讨建设节约型社会的重要性和必要性,建设节约型社会的主体、制度、体制、机制、政策、产业体系、资源管理系统等相关内容。

第 八 章

节约型社会的内涵

我国 2004 年提出"建设资源节约型社会",2005 年提出"建设节约型社会",这两个提法的实质是一致的。因为一切节约归根到底都是资源的节约。自我国提出这一问题后,理论界进行了热烈的讨论,对不少问题进行了较为广泛和深入的研究,在某些问题上达成了共识,也有一些问题还在争论之中。本章在全面梳理理论界有关节约型社会研究文献的基础上,阐述了节约型社会的由来、内涵、实质等问题。

第一节　节约型社会的由来

近几年来,建设节约型社会问题引起了社会各界的普遍关注。本节着重探讨这一名词的由来。

由于资源短缺是全人类共同面临的问题,所以,走节约型发展道路也就成为各个国家经济社会发展共同的话题。例如,日本的环境产业经历了 20 世纪 60 年代的"公害防止型",到 70 年代的"资源节约型",到 90 年代以来的"资源循环型"的变迁。① 可见在 20 世纪 70 年代日本已经注意到"资源节约"问题,尽管日本没有直接提出节约型社会的概念,但在实践上已经走在了各国的前面。

从我国理论界的文献来看,中国期刊全文数据库显示:1992 年之前没有以"资源节约型社会"或者"节约型社会"为题目的文章发表,1992 年之后这方面的文章渐多,但 90% 以上是 2003 年之后发表的。最早提到"资源节约型社会"一词的是石山,他在 1989 年发表的《我国农村经济建设战略的探讨》一文中最先提到了"资源节约型社会",他认为"我们已经面临资源不足的问题,因此,我国应成为一个资源节约型社会,要树立'一粥一饭,当思来之不易,半丝半缕,恒念物力维艰'的高度节约的社会风气。否则,就无法应付资源短缺的严峻局面"。② 但他没有进一步展开论述。1992 年陆大道发表论文《建立资源节约型社会经济体系的初步构想》,

① 参见魏全平等:《日本的循环经济》,上海:上海人民出版社,2006 年版,第 110 页。
② 石山:《我国农村经济建设战略的探索》,载《农业经济问题》1989 年第 9 期。

该文叙述了我国利用资源、发展经济方面的严峻局面,提出了建立中国资源节约型社会经济体系的总体框架和基本途径,并就转变价值观念、改善国民经济的核算制度等提出了自己的看法。[①] 杨敏英(1994)提出"利用信息,发展物质、能量节约型社会",村路(2001)等学者陆续发表了有关资源节约型社会、节约型社会的文章。

　　从我国政界来看,历届领导人都十分重视节约,形成了宝贵的节约思想,但提出建设节约型社会则是近几年的事情。众所周知,在2004年3月召开的十届全国人大二次会议上,国务院总理温家宝郑重提出:"要坚持增产与节约并举,把节约放在优先位置。这不仅是当前解决供需矛盾的迫切需要,也是缓解我国资源环境压力的长远之计。必须切实转变经济增长方式,各行各业都要杜绝浪费,降低消耗,提高资源利用效率,形成有利于节约资源的生产模式和消费方式,建设资源节约型社会。"[②]同时,国务院将2004—2006年作为节约活动年。2005年3月12日,胡锦涛同志在中央人口资源环境工作座谈会上强调,要彻底转变粗放型的经济增长方式,努力建设资源节约型、环境友好型社会。2005年3月5日国务院总理温家宝在十届全国人大三次会议上作政府工作报告时强调,要"注重能源资源节约和合理利用;大力倡导节约能源资源的生产方式和消费方式,在全社会形成节约意识和风气,加快建设节约型社会"。此前的2005年2月27日,中国工程院33位院士集体讨论建设节约型社会问题,其他各界人士也纷纷就节约问题开展了讨论。2005年6月22日,温家宝总理主持召开国务院常务会议,研究建设节约型社会和发展循环经济问题。

　　2005年6月底,在北京召开了"中国发展高层论坛2005,建设节约型社会国际研讨会"。参加这次研讨会的,有不少国内外知名人士。他们从各自的角度和视野提出了诸多有参考价值的见解。2005年8月14日"全民节约,共同行动"大型主题宣传活动在北京人民大会堂拉开序幕,中共中央政治局委员、国务院副总理曾培炎出席并讲话。同日,由国家发展和改革委员会与中央电视台共同主办的"全民节约,共同行动"主题宣传活动拉开帷幕,整个活动持续了一个月。签名活动也拉开帷幕,各地群众踊跃参与。2005年召开的十六届五中全会提出,将节约资源作为基本国策。十届全国人大四次会议审议通过的《中华人民共和国国民经济和社会发展第十一个五年规划纲要》明确提出:要把节约资源作为基本国策。2006年8月国务院发布了关于加强节能工作的决定,强调建设节约型社会,落实节约资源基本国策。2006年12月由中国社会科学院、广东省人民政府主办的"建设节约

---

　　① 参见陆大道:《建立资源节约型社会经济体系的初步构想》,载《中国资源综合利用》1992年第11期。

　　② 《温家宝在十届人大二次会议上所作政府工作报告》,新华网2004年3月16日,http://news.xinhuanet.com/newscenter/2004-03/16/content_1369379.htm。

型社会,发展循环经济(广东)高层论坛"在广州开幕,与会专家就有关问题进行了研讨。2007年10月党的十七大召开,胡锦涛在十七大报告中指出:坚持节约资源和保护环境的基本国策,关系人民群众切身利益和中华民族生存发展。

以上是我国理论界和党政部门对节约型社会理论关注和重视的过程,在十多年的时间中,经历了提出并认可节约型社会,还进行了一定的实践,可以说,我国必须建设节约型社会已经形成了基本共识。如何从理论上加深研究、在实践中注重取得成效是当前的一个重要而紧迫的课题。

第二节　理论界对节约型社会研究的主要内容

自中共中央提出建立资源节约型社会以来,理论界对节约型社会的有关问题展开了讨论。理论界对节约型社会的已有研究成果,主要集中在"为什么要构建"以及"如何构建"节约型社会的实践研究方面,而较少讨论节约型社会的基本理论问题,如概念的界定、内涵、特征等。在建立节约型社会的必要性方面基本达成共识,其他方面还存在争议。[1]

一、建设节约型社会的必要性

在论证建设节约型社会必要性方面,学者们普遍认为这是由我国人均资源拥有量偏低、资源使用效率低下以及不健康消费等因素导致的必然选择。广东省邓小平理论和"三个代表"重要思想研究中心认为建设资源节约型社会是由资源的有限性决定的。与其他国家相比,我国资源短缺问题更加突出。资料显示,我国人均土地只有世界平均数的一半;在全国600多个城市中,有400多个城市供水不足。[2] 到2010年,我国现有的45种主要矿产中可以满足经济社会发展需要的仅有21种。江小娟(2005)认为我国确实处在高耗能、高耗材的发展阶段,扭转这一局面就必须建立节约型社会。中国目前处在下中等收入组别的国家之列,即收入在900—3000美元这个大范围内。在此阶段上,单位能耗产出的美元数是1.07,中国是1.04;产出的GDP只有日本的1/8,美国的1/4,甚至只有阿根廷、巴西、土耳其的1/4到1/2。周宏春(2005)认为,对于一个国家或地区而言,社会经济发展受到的制约一般会随着财富的积累和人民收入水平的提高,逐步由资金制约向资源制约转移。我国目前遇到的煤电油运全面紧张,就是资源约束的突出表现。因此,我们不得不将建设节约型社会提上议事日程。建设节约型社会必要性的理由

---

[1] 参见王凤、雷小毓:《节约型社会的内涵及其构建》,载《经济学家》2006年第5期。

[2] 参见庄延伟:《构建人水和谐的供用水环境》,载《发展》2008年第7期。

有：一是并不优越的资源禀赋决定了我们必须在现代化建设中厉行节约；二是现代化建设的历史任务要求我们用发展的办法解决资源环境矛盾；三是全面协调可持续的科学发展观要求我们迅速提高资源利用效率。魏杰（2005）在《高成本时代与中国经济转型》一文中也论证了我国经济增长所付出的高成本代价。杜宜瑾认为陈旧的价值观和不合理的消费行为，造成资源的浪费和环境的破坏，也是建立节约型社会的一个诱因。部分行业低水平的重复建设，单纯追求经济增长而不顾资源环境条件的无序建设，不合理的高消费、贪大求洋的炫耀性消费、用过即扔的浪费型消费以及滋生腐败的公款消费等，加剧了资源供需矛盾，导致生态退化、自然灾害增多、环境污染严重，给人类的健康带来极大的危害。据有关部门测算，受大气污染影响，我国大约有 1 亿多人呼吸不到新鲜空气，因空气污染导致每年约有 1500 万人患上支气管炎。①

二、关于节约型社会内涵的理解

关于节约型社会内涵的理解，基本上可以归结为以下几类观点。

第一类认为节约型社会主要应强调消费型节约。龙敏（2006）认为"勤俭节约"这个民族的和我们党的优良传统美德与作风渐渐被很多人淡忘，追求高级消费、奢侈消费、攀比消费成了主流意识，炫耀富有，成了一种消费时尚，有必要重新找回我们的传统美德，建立节约型社会。② 徐匡迪（2005）指出节约型社会包含两个内容：一是要建立资源节约型国民经济体系；二是全体社会成员要有新型的消费观念和消费行为。他认为尽管是市场经济，人们有花钱的自由，但是任何人没有浪费公共资源的权力，建议制定奢侈品的标准，开征购买奢侈品的高消费税，在经济上限制奢华的不良风气。显然这些观点主要是从消费的角度来认识节约型社会的。

第二类认为节约型社会应该强调生产型节约。著名经济学家梁小民认为节约的实质不是消费的节约，而是生产的节约。开个排量大的汽车，甚至点两只龙虾，吃一只扔一只，都算不上什么巨大浪费，最大的浪费是在生产中。《中华工商时报》2004 年 6 月 16 日刊登的题为《节约不是限制消费》一文写道："'一个铜板掰两半花'的理财方式，是一种在物质财富匮乏，生活水平低下的历史条件下，人们不得不采取的生活态度或者说是生存方式。因而，那种节约是产品的节约，是对消费的限制式节约。如今，物质产品越来越丰富，传统的节约精神仍然需要，但节约

---

① 参见杜宜瑾：《加快发展循环经济　促进资源节约型社会建设》，载《天津社会科学》2005 年第 2 期。

② 转引自王凤、雷小毓：《节约型社会的内涵及其构建》，载《经济学家》2006 年第 5 期。

的重点不再是产品,消费不仅不应限制,反而应该受到鼓励。"①

第三类认为节约型社会既要重视生产节约,也要重视消费节约。李正明、代明、闫娟(2005)认为节约型社会是:"在生产和生活消费领域,通过采取法律、经济和行政等多项措施,尽量减少对不可再生性资源或再生周期长的资源的消耗,最大限度地提高资源加工的投入产出率和已利用资源的循环消费率,以最少的资源消耗获得最大的经济和社会效益,保障经济可持续发展的社会形态。"②罗润东和王璐(2006)撰文认为,节约型社会的提出,缘起于资源的匮乏与环境的退化。但如果仅仅从这一角度出发理解节约问题和构建节约型社会,那不仅在理论上是片面的,在实践上也会对节约型社会的构建形成限制。实际上,劳动时间的节约在社会再生产过程中具有生产、消费与人的全面发展效应,也体现了人的发展与社会发展的统一。③

第四类认为节约型社会包括生产、流通、消费三个环节。国内较早的关于节约型社会的定义见于一条题为《建设节约型社会和落实科学发展观》的简讯。该文将"节约型社会"定义为:指在生产、流通、消费等领域,通过采取法律、经济和行政等综合性措施,提高资源利用效率,以最少的资源消耗获得最大的经济和社会收益,保障经济社会可持续发展的经济形态。④周宏春(2005)概括了节约型社会的内涵,认为:节约型社会就是在生产、流通、消费的各个环节,通过深化改革、健全机制、调整结构、技术进步、加强管理、宣传教育等手段,尽可能提高资源利用效率,以较少的资源消耗满足人们日益增长的物质、文化和生态环境需求,实现人与自然和谐发展。

齐建国(2005)认为,节约型社会是指在生产、流通、消费的各个领域,通过采取综合性措施,提高资源利用效率,以最少的资源消耗获得最大的经济和社会收益,保障经济社会可持续发展的社会发展模式。⑤

原全国政协常委、全国政协人口资源环境委员会副主任叶青认为,建设节约型社会就是在生产、流通、消费等环节通过健全机制、调整结构、技术进步、加强管理、宣传教育等手段,动员和激励全社会节约资源,更有效地利用资源,达到以尽量少的资源消耗来满足人们日益增多的物质和文化生活需要,用最少的物质消耗来支

① 转引自王凤、雷小毓:《节约型社会的内涵及其构建》,载《经济学家》2006年第5期。
② 李正明、代明、闫娟:《循环消费:节约型社会的新内容》,载尹世杰、王裕国主编:《构建社会主义和谐社会之中的消费经济问题研究》,成都:西南财经大学出版社,2005年版,第50页。
③ 参见罗润东、王璐:《对节约型社会的政治经济学解读》,载《浙江日报》2006年12月4日。
④ 转引自李正明、代明、闫娟:《循环消费:节约型社会的新内容》,载尹世杰、王裕国主编:《构建社会主义和谐社会之中的消费经济问题研究》,成都:西南财经大学出版社,2005年版,第49页。
⑤ 参见齐建国:《寻求突破——发展循环经济,建设节约型社会》,载编委会编:《中国节能降耗报告》,北京:企业管理出版社,2006年版,第36页。

撑社会的可持续发展。①

　　第五类认为节约型社会包括社会生产总过程的四个环节。王凤、雷小毓（2006）提出，节约型社会是"包括生产、交换、分配、消费在内的社会再生产全过程的节约，通过采取市场、行政、意识等综合性措施，提高包括人、财、物在内的全要素资源的综合利用效率，以最少的资源消耗获得最大的经济利益，使人民享受到最优的社会福祉，达到人与自然和谐共赢的经济形态"。节约型社会也可简单地理解为节约经济的社会。其内涵包括四个方面：在节约的范围上，节约型社会是全部再生产过程的节约，不是特指某一环节的节约；在节约的内容上，节约型社会是全部生产要素的节约；在节约目标上，节约型社会是要形成人与自然和谐的社会；在节约的路径选择上，节约型社会是要构建循环经济系统。②

　　第六类认为节约型社会是一种动态最优化社会。郭强（2005）认为，资源节约型社会是在生产、流通、消费等领域，通过采取法律、经济和行政等综合性措施，提高资源利用效率，以最少的资源消耗获得最大的经济和社会收益，保障经济社会可持续发展。资源节约型社会不等于节约型社会，资源节约或者节约资源不是节约型社会建设的终极目的，而是构建以人为本的和谐社会的一种手段，节约资源不是节约型社会的全部内容。节约型社会是一种动态最优化的社会，而不是一种静态最优化的社会，因为它需要的是生产成本和交易成本的联合动态最小化，而不仅仅是生产成本最小化或交易成本最小化。节约型社会是一个过程，所以节约型社会应该为节约化社会；节约型社会是公民有较高节约意识和普遍节约行为习惯的社会；节约型社会是以不同领域降低消耗为手段的一种社会发展模式；节约型社会是以建设节约文化（明）和提高综合国力为总目标的社会发展类型。节约型社会是一种过程，不要把这个过程仅仅看做是一种结果。③

　　第七类认为节约型社会分为五个方面。鲍建强、蒋惠琴（2006）认为，建设资源节约型社会应该包括五个方面：资源节约型农业，资源节约型工业，资源节约型服务业，资源节约型城市，资源节约型政府。④

　　从上述理论界关于节约型社会的种种观点来看，它们都属于节约型社会的内容，但都不全面，存在的主要问题是，人们对节约型社会的理解差不多都停留在经济层面。不错，节约问题从根本上来说是一个经济问题，但从建设节约型社会来看，仅从经济的角度而言是不够的。2004 年党中央提出建设资源节约型社会时，

---

　　①　参见李斌、顾瑞珍、茆雷磊：《政协记者招待会：节约型社会内涵超越勤俭建国》，新华网 2005 年 3 月 7 日，http://news.xinhuanet.com/newscenter/2005-03/07/content_2664821.htm。

　　②　参见王凤、雷小毓：《节约型社会的内涵及其构建》，载《经济学家》2006 年第 5 期。

　　③　参见郭强主编：《节约型社会》，北京：中国时代经济出版社，2005 年版，第 8—12 页。

　　④　参见鲍建强、蒋惠琴：《建设节约型社会健全机制至关重要》，载《浙江经济》2006 年第 2 期。

笔者当时提出的观点是：

节约型社会是一个庞大的系统，它包括资源节约观念、资源节约型主体、资源节约型制度、资源节约型体制、资源节约型机制、资源节约型体系等。

资源节约观念。资源节约观念是指人们从节省原则出发，克服浪费，合理使用资源的意识。

资源节约型主体。资源节约型主体主要包括资源节约型政府、资源节约型社会团体、资源节约型企业、资源节约型事业单位、资源节约型家庭等。

资源节约型制度。资源节约型制度是制止人们浪费资源，约束和规范人们合理使用资源的经济制度、政治制度、法律制度以及有关道德规范等相互联系、互为补充的各种制度的总称。

资源节约型体制。资源节约型体制是资源节约型制度的实现形式和组织方式，包括资源节约型经济体制、政治体制、法律体制等。

资源节约型机制。它是资源节约型制度、体制在经济运行过程中形成的互为关联、相互作用、彼此约束、协调运转的各种机能的总和。用系统论的观点来看，资源节约型机制是一个大系统，它通过资源节约型管理系统来具体运作。它主要包括以下几个子系统：资源探测管理系统、资源开采管理系统、资源加工管理系统、资源运输管理系统、资源消耗预警系统、资源使用监测管理系统和资源节约调控系统。

资源节约型体系。资源节约型体系可分为两大类：一类是以产业为标准划分的资源节约型产业体系，主要包括：重效益、节时、节能、节约原材料的工业体系，规划科学、设计优良、节地省材、质量过硬的基本建设体系，节水、节地、节时、节能的"二高一优"节约型农业体系，节时、节能、重效益的节约型运输体系，适度消费、勤俭节约的节约型生活服务体系；另一类是战略资源节约型体系，即有关战略资源从生产、流通、分配到消费的各个环节形成的相互关联、相互制约的有机节约整体。[①]

三、马克思节约理论与建设节约型社会

建设节约型社会需要理论指导，不少人也进行了这方面的探索。许国新（1995）从分析马克思恩格斯著作的角度研究了马克思恩格斯的劳动时间节约理论。他认为时间节约是马克思主义理论的一部分，马克思恩格斯在《资本论》、《剩余价值学说史》、《政治经济学批判大纲》、《反杜林论》、《在爱北斐特的演说》等著作中，均有时间节约方面的论述。马克思在 1857—1858 年经济学手稿《货币论》中明确提出时间节约规律。马克思说："节省时间以及在各个生产部门中有计划

---

① 参见黄铁苗：《如何建立资源节约型社会》，载《人民日报》2004 年 7 月 6 日。

地分配劳动时间,就成了以集体生产为基础的首要的经济规律。这甚至是极其高级的规律。但这和用劳动时间来测定交换价值(劳动或劳动产品)有本质的区别。"该文的主要论点是:劳动时间节省与劳动效率一同增长,节省劳动时间等于增加自由时间,可以使个人得到更大的发展;劳动机会均等,劳动普遍化,劳动时间就可能减少到非常少的程度;劳动时间节省的程度还取决于劳动的有效性。①

朱沁夫(2002)研究了《资本论》第三卷中关于不变资本的节约问题。他认为不变资本的节约实际上提高了企业生产要素的协同水平,可以应用于提高企业的经济效益。马克思所论及的资本家狂热地节约不变资本的各种方法在今天的中国都能找到。市场经济的发展一方面促进了社会劳动生产力的发展,另一方面也促进了不变资本使用上的节约。无论是马克思的时代还是当今,都有一部分是应当被禁止的。②

原小能(2002)也研究了马克思不变资本节约理论,并分析了该理论在市场经济条件下的应用。根据她的研究,马克思关于不变资本节约的理论包括:生产条件的节约,生产废料的重新利用,机器设备生产上的节约,在生产中配置适当比例的劳动—资本比例,获取优质的原料和辅助材料,不变资本的节约程度取决于工人的素质和工作努力程度,靠牺牲工人而实现节约。③

易培强(2006)研究了马克思的节约理论,他将马克思的节约理论分为四个方面:节约劳动时间的理论,资本潜能理论,有效利用自然物质、自然力和排泄物的循环使用,资本主义条件下的节约具有与劳动者相异化的性质。节约的重点包括:一是提高劳动力和原材料的使用效率,二是合理有效地利用自然物质和自然力,三是大力倡导循环使用排泄物。节约的途径包括:一是提高劳动者素质,二是大力推进科技创新,三是合理配置生产力,提高宏观经济效益。还指出要坚持以人为本,克服资本节约与劳动者相异化现象。④

王璐分析了马克思的节约思想,马克思认为时间的节约相当于生产能力的发展,等于必要时间缩短和自由时间增长。社会发展的动力来源于时间的节约,社会发展的最终意义将体现于人的发展。社会的发展、社会的享乐以及社会活动的全面性都取决于劳动时间的节约。⑤

笔者(2001)全面分析了马克思的劳动时间节约理论,将一切节约归根到底是

---

① 参见许国新:《对马克思恩格斯时间节约理论的探讨》,载《江汉论坛》1995 年第 2 期。

② 参见朱沁夫:《关于马克思"不变资本节约"理论的现实思考》,载《云梦学刊》2002 年第 1 期。

③ 参见原小能:《马克思不变资本节约理论及其在社会主义市场经济条件下的应用》,载《河南大学学报(社会科学版)》2002 年第 1 期。

④ 参见易培强:《马克思的节约理论探析》,载《湖南文理学院学报(社会科学版)》2006 年第 2 期。

⑤ 参见王璐:《马克思节约思想新探》,载《经济学家》2006 年第 3 期。

劳动时间的节约,概括了马克思节约理论的数量内涵和质量内涵,将劳动时间节约规律视为人类经济活动的基本规律。①

四、建设节约型社会的途径

(一)国内有关学者关于建设节约型社会途径的认识

在建设节约型社会的路径上,人们更是各抒己见,各种观点精彩纷呈。季昆森(2004)认为循环经济是 21 世纪国家经济发展战略的必然选择,提出以循环经济为抓手,加快推进资源节约型社会建设。用循环经济理念和模式优化经济增长方式、发展循环经济是建设资源节约型社会的一把必不可少、行之有效的金钥匙。王克群(2004)也提出推行循环经济发展模式,唐丽婷和翟粉荣(2005)阐述了政府在建设节约型社会中的作用和职能,王文韬(2005)认为政府应在节约型社会的建设中发挥表率作用。侯春云(2005)提出了"五个依靠"建设节约型社会,一靠改革,建立有利于资源节约的体制机制;二靠管理,充分挖掘资源节约的潜力;三靠科技,建立资源节约的技术支撑体系;四靠调整,建立有利于资源节约的产业结构;五靠宣传教育,形成全民参与、人人节约的良好社会氛围。

李剑锋(2005)提出,建设节约型社会的重点在生产而不在消费,建设节约型社会的关键是建立相应的法规和制度。② 刘明(2005)认为,建设节约型政府是建设节约型社会的关键,只有政府走在节约的前列才能有效带动全社会建设节约型社会的积极性。③ 周宏春(2005)的观点比较综合,在论述建设节约型社会的重点时,他指出:我国在资源严重约束下推进现代化建设,唯一出路是转变经济增长方式,依靠科技进步和走新型工业化道路,建设资源节约型社会,实现可持续发展。他开出的药方是:(1)优化产业结构,形成节约型的国民经济体系。(2)从规划和标准入手建设节约型城市。(3)规划建设节约型的交通运输体系。(4)形成节约型的消费结构和消费模式。(5)以制度保证节约型社会的实现。一是建立和完善法规体系;二是健全经济政策,形成资源节约和高效利用的激励政策和约束机制。④ 鲍建强、蒋惠琴(2006)认为,在资源节约型社会的创建过程中,对不可再生资源重在节约,提高回收率和利用率,而对可再生资源重在开发,提高替代程度。他们认为,工业是资源节约型社会建设的重点领域,资源的"效率革命"是资源节约的重点工作,科学技术是建设资源节约型社会的重点环节,提出要建立激励机制

---

① 参见黄铁苗:《综观经济效益论》,北京:人民出版社,2001 年版。
② 参见李剑锋:《建设节约型社会的思考》,载《当代经济》2005 年第 11 期。
③ 参见周学政、钱俊生:《"发展循环经济,建设节约型社会"研讨会在福州举行》,载《自然辩证法研究》2006 年第 3 期,第 109 页。
④ 参见周宏春:《建设节约型社会,实现可持续发展》,载《理论前沿》2005 年第 19 期。

和约束机制。

（二）国外有关人士关于我国建设节约型社会途径的认识

在 2005 年 6 月举办的"中国发展高层论坛 2005，建设节约型社会国际研讨会"上，一些外国官员、学者和工商界知名人士对中国建设节约型社会建言献策①：庞巴迪运输集团总裁、庞巴迪公司董事执行副总裁那瓦利对中国的轨道交通提出了三方面的建议：一是当前的发展趋势不是可持续性的，也不是可以持续发展的一种形式。二是为了支持城市可持续发展，应当优先发展城市里面的公路交通系统。三是中国通过加大投资铁路基础设施和新一代列车，可以扭转城市列车和货物相对市场份额下降的趋势。他希望供中国的立法机构参考借鉴。他还建议中国政府在借鉴其他国家经验的时候，要考虑中国的具体条件和环境，并且通过前瞻性的长远规划加以引进。美国斯坦福大学教授尼古拉斯·霍普对中国的能源事业提出了三个建议：一是提高能源的使用价格，二是环保监测能力的建设，三是对违规违法的人、企业应该给予制裁。英国首相气候变化特别代表，环境、食品及乡村事务部气候、能源及环境风险司司长亨利·德文特介绍了英国节能的政策措施，强调在节能的同时，政府要加强监督，使企业能遵守能效标准。他还表示愿意提供力所能及的帮助促进中国的可持续发展。瑞典伦德大学环境经济系主任、前联合国开发计划署能源部主任托马斯·乔汉森强调，为了减少成本，一定要努力提高能源的效率。他还建议中国在一些重要的领域根据市场机制，制定出一个较高的目标，并进行跟踪、评估以起到监督作用。此外他还指出，为了提高能源的效率，可以进行煤的气化、再生能源的发展。ABB 集团执行副总裁兼集团执行委员会委员、ABB 集团电力技术部主席彼得·史密斯表示通过节能，中国目前的能源状况是可以得到改善的。针对远距离输电节能的问题，他建议中国要采取高压电、直流电的方式。他举例说，节能电机的节电能力也是惊人的，例如电机的耗电量可以占到工业电耗的 65%，通过每一台电机即便节省的能源很少，这一点利用今天的节能型电机可以做到，每年可以为中国的消费者节省电力达 1.5 亿千瓦时。BP 集团副总裁尼克·巴特勒指出，能源的挑战是全球共同面临的问题，正是由于能源的压力使企业具有责任感，促使了新技术的发展和利用。他还强调不要从国家的角度来讨论商业经济问题，重要的是进行国际合作。道康宁公司总裁兼首席执行官伯恩斯介绍了生态创新的模型，从多方面提出节能、节电的建议；她还强调中国的企业应该通过多种方式把人的智能发挥出来，促进节约型社会的建设。上述观点是在各自熟知的领域提出的，具有较大的参考价值。

---

① 本段资料均来自人民网关于"中国发展高层论坛 2005，建设节约型社会国际研讨会"的报道，2005 年 6 月。

国内外专家学者关于如何建设节约型社会的建言献策,从不同的角度来看,都是具有可取之处的,不少建议十分具体,具有较强的可操作性。但是,正如前面分析的,人们大都从经济层面理解节约型社会一样,这些建议主要也是从经济的角度提出来的,对于建设节约型社会的制度、体制、机制、观念等探讨较少。

(三)笔者关于建设节约型社会途径的认识

笔者(2004)提出了建设资源节约型社会的六项举措:第一,要深化经济体制改革。要完善社会主义市场经济体制,建设统一开放竞争有序的现代市场体系,完善宏观调控体系,更大程度地发挥市场在资源配置中的基础作用,这是节约资源、提高效益的根本所在。要着重考虑建设合理的资源价格体系,用价格杠杆调节资源的利用。第二,要明晰产权。节约资源首先要明晰各种资源的产权,只有明晰了资源的产权,才会有人对资源负责任,才能最大限度地发挥资源的效益,做到物尽其用,使资源的浪费损失降到最低限度。第三,要坚定不移地实施科教兴国战略。要深化科技体制改革,改革科技管理体制,加快国家创新体系建设,大力发展应用科学技术,促进全社会科技资源高效配置和综合集成,提高资源的利用率。大力研究和开发利用太阳能、地热能、风能、海洋能、核能以及生物质能等"绿色能源"的新技术和新工艺。第四,坚持实施可持续发展战略。要促进经济社会与人口、资源和生态环境相协调,要严格控制人口增长,以缓解资源和环境压力。第五,要加强法制建设。对造成资源严重浪费者和破坏环境资源者的惩罚要有法可依,执法必严;要完善产权法律制度,规范和理顺产权关系,保护各种产权权益,提高资源使用效率;要完善产品质量法和市场交易法规,严厉打击假冒伪劣产品。第六,要提高全社会资源忧患意识和节约意识。政府要按规律办事,各级领导要树立科学发展观和正确的政绩观。杜绝"形象工程"、"政绩工程";要克服对"GDP"的盲目追求,以减少浪费。各行各业都要注重节约,要杜绝浪费,降低消耗,努力提高资源利用效率。①

在2004年研究探索的基础上,从更具可操作性的角度,笔者(2005)提出了建设资源节约型社会九个方面的对策:一是牢固树立节约观念;二是建设节约型行政机关;三是建设节约型企事业单位;四是建设节约型社区;五是建设节约型家庭;六是切实转变经济增长方式;七是大力发展循环经济;八是建立有利于节约型社会建设的体制、机制;九是加强对建设节约型社会的领导和宣传。②

笔者等(2006)撰文提出"走出认识误区,建设节约型社会"的途径有:要在丰富节约宣传的内容上下工夫;深入持久地开展节约教育;将节约教育作为党政干部培训

---

① 参见黄铁苗:《迈向资源节约型社会》,载《羊城晚报》2006年4月8日。
② 参见黄铁苗:《加快建设资源节约型社会》,载《经济日报》2005年11月30日。

的重要内容;广泛开展节约活动;加强节约的法制建设,制定一部《反浪费法》等。①

第三节　节约型社会的实质与内容

在第二节中我们归纳了理论界对节约型社会的研究成果,分析起来,已有的成果无疑丰富和深化了人们对节约型社会的认识,但是仍然没有从本质上探讨节约型社会的问题,没有提出总体的框架,显得不够完善。本节我们将在总结、批判、分析的基础上,阐述节约型社会的实质和内容。

一、节约型社会的实质

节约型社会是人们自觉遵守节约原则,进行经济社会活动,实现资源合理使用和充分利用,促进经济社会又好又快发展的社会。用系统论的观点来看,节约型社会是一个庞大的系统,它包括经济、政治、文化等若干子系统。

从经济子系统来看,它包括宏观和微观两个方面。在宏观方面,节约型社会就是根据人们的实际需要,合理调节生产与消费的比例,使资源实现最优化配置。这就能有力地避免在商品生产和市场经济条件下容易出现的社会生产盲目性所导致的比例失调造成的浪费。在微观方面,节约型社会就是人们在生产、流通、分配、消费等环节中以最低的资源消费,实现效益最大化的目的。这就能避免产品高成本、低效益、低质量造成的浪费。生产和流通的节约是指作为社会财富生产和运输主体的企业的节约;分配的节约主要是指通过不同方式实现的分配合理,能促进社会和谐,有利于调动一切创造财富的要素效率提高而实现的节约;消费的节约主要是指学校、社区、家庭和个人在生活消费方面的节约。

从政治子系统来看,它包括政党、政府、军队、事业单位、社会团体等为了维护国家权力和社会正常秩序的各种管理机关;同时,还包括与多种机构相适应的政治、经济、法律制度、体制、政策,等等。建设节约型社会必须建设节约型政党、政府、军队、事业单位、社会团体及多种社会管理机关。

在文化子系统方面,它包括理论、文学、艺术等各种以观念形态形式存在的上层建筑。建设节约型社会必须要有坚实的理论作为基础并进行指导,同时,要有相应的歌颂节约、批评浪费的文学艺术。这样,才能在全社会范围内形成节约光荣、浪费可耻、浪费犯罪的观念。

同时,建设节约型社会必须建立相应的节约型的政治、经济、法律方面的制度、体制、机制和政策等。

---

① 参见黄铁苗、徐廷波:《走出认识误区,建设节约型社会》,载《经济学家》2006年第5期。

在节约型社会的这三个子系统中,经济子系统是基础,建设节约型社会首先是经济领域的节约。能源资源的消耗主要是在经济领域,经济领域的节约是全社会最大的节约。政治系统是主导,政治子系统的主要内容是国家权力机关,它们是节约型社会的思想提出者,制度、体制、机制、政策的制定者,它的作用关系到节约型社会建设的方向和程度。文化子系统是整个节约型社会的脉络和神经系统,它贯穿于经济和政治两大子系统之中;就像一个有机体,没有健全的神经系统,有机体就无法正常运转一样,文化子系统对于节约型社会是不可或缺的。节约型社会的这三个子系统都互相依存、相互制约,共同作用于节约型社会的建设。

可见,节约型社会就是使人类生存和发展所需一切资源能够实现合理使用和充分利用的社会。这就是资源节约型社会或节约型社会的实质。

二、节约型社会的主要内容

本书专门研究节约型社会,涉及的内容都属于节约型社会的内容。本书共二十章。在结构上可分为三大篇。第一篇为第一章至第七章,主要探讨节约型社会的基础理论。建设节约型社会需要理论指导,古今中外的节约理论,尤其是马克思的节约理论、我们党和国家领导人紧密结合我国经济社会发展实际的节约理论是我国建设节约型社会的重要指导思想。

从本书的第八章至第十六章为第二篇,是节约型社会的主要内容或基本框架。这部分可分为:首先,第八、九章从理论与实践的结合上,探讨了节约型社会的由来及建设节约型社会的重要性和必要性。其次,第十章至第十四章探讨了节约型社会的主体、制度、体制、机制、政策。这一部分是全书的核心。建设节约型社会关键在于人怎么去做。人是建设节约型社会的主体,由于社会分工的存在,人们各自从事不同的工作,他们都在一定的社会环境和各自的家庭生活;建设节约型社会靠的是全社会的人自觉节约;而一个社会是极其庞大而复杂的,怎么使从事不同工作的人都能节约,这就需要建立节约型社会的制度、体制、机制和具体政策,以约束和规范人们的行动,使建设节约型社会得以实现。再次,建设节约型社会的重点是能源资源消耗最多的产业部门,第十五章专门探讨这一问题。最后,节约型社会就是对资源进行严格管理的社会。对全社会的资源管理是节约型社会的控制系统。这是一个庞大的系统工程。因此,特设第十六章专门研究这一问题。

本书的第三篇为建设节约型社会的主要途径篇,包括从第十七章至第二十章的内容。如何建设节约型社会? 对于不同行业、部门、单位来说,会有其特殊的任务,本书只能从一般的角度进行探讨,这就是本书专门研究的问题。具体包括发展科学技术、发展循环经济、树立节约观念、借鉴国外经验等方面的内容。这些途径对于建设节约型社会是具有普遍适用性的。

第 九 章

建设节约型社会的重要性和必要性

改革开放以来,我国经济增长方式转变取得了较大进展,资源节约与综合利用成效比较显著。但从总体上看,粗放型经济增长方式尚未得到根本转变,与国际先进水平相比,仍存在资源消耗高、浪费多、环境污染严重等不能忽视的问题。随着经济的快速增长和人口的不断增加,我国水、土地、能源、矿产等资源供不应求的矛盾更加突出,环境压力日益增大,浪费现象有增无减,有的地方和行业还有愈演愈烈的趋势。21世纪头20年是我国全面建设小康社会、加快推进社会主义现代化的重要战略机遇期,必须统筹协调经济社会发展与人口、资源、环境的关系,切实转变经济发展方式,加快建设节约型社会,在生产、建设、流通、消费各个领域节约资源能源,提高资源能源利用效率,减少浪费。

第一节 节约是缓解资源瓶颈的必然选择

由于资源的相对有限性,而人类生产、生活对资源需求的无限性以及人类对资源长期的破坏性使用,使得各种资源的供应不仅日益短缺而且状况不断恶化,越来越成为严重影响人类生产、生活正常发展的重要制约因素。对于我国人口多、资源贫乏等国情,要实现经济社会持续快速健康发展,就必须走资源节约型发展道路。节约资源是建设节约型社会的关键与核心内容,节约是缓解资源瓶颈的正确抉择。

一、资源及其内涵

(一)资源的概念

资源是我们经常使用的一个词语,但是至今尚无一个明确、科学、公认、严谨的定义。"资源"一词通常被解释为"资财的来源",经济学上所讲的资源是生产资源,即生产要素。① 通常所说的资源主要是指自然资源。关于自然资源,1972年联

---

① 参见张仁德主编:《比较经济体制学》(修订版),西安:陕西人民出版社,1998年版,第29—30页。

合国环境规划署给出了如下定义:"所谓自然资源,是指在一定条件下,能够产生经济价值以提高人类当前和未来福利的自然因素的总和。"①中国大百科全书环境科学卷关于自然资源的定义是:"自然资源是自然环境的组成部分,它是自然环境中人类可以用于生活和生产的物质。也有的认为自然资源是指一切能以任何方式为人类提供福利的、未经劳动加工而被人类在自然界所发现的物质及能量。例如,动物、植物、水、空气、土壤、矿物、能源、自然景观,等等。"②资源是人类赖以生存,社会得以发展的物质基础。自然资源是一个历史范畴,随着社会生产力水平的不断提高,人类利用、变换自然资源能力的加强,自然资源的物质内容将不断扩大。另外,资源不是商品,具有潜在的使用价值和价值,资源必须经过人们的生产活动将其开发出来并转化为市场需求的商品,资源才能形成有用之物。

按照根本属性,自然资源可以分为气候资源、生物资源、水资源、土地资源、矿物资源五类;还有人把海洋资源、能源资源、景观(旅游)资源单独列出,形成八类。按照其利用性质,又可以分为可再生资源和不可再生资源两大类。可再生资源是指通过天然作用或人工作用,能为人类反复利用的各种自然资源,如土地资源、水资源、气候资源、生物资源等。这些资源有着各自的运动规律,彼此相互联系,互相制约。不可再生资源是与可再生资源相对的概念,是指人类开发利用后,在现阶段不可再生的自然资源,如经过漫长的地质年代形成的矿产资源,包括煤炭、石油、天然气等能源资源。由于它们的生成速度根本无法与人类开采的速度相提并论,因而被认为是不可再生的。替代能源是指清洁的无碳、低含碳能源、洁净煤及清洁的高含碳能源。包括:无碳或低含碳的可再生能源、新能源,如水能、太阳能、风能、核能、地热能、非常规油气资源等;原煤经过特定技术处理的洁净煤,有洗选的煤、型煤、水煤浆及管道输煤、煤炭气化和液化,此外还有洁净煤技术,如先进的发电技术、燃烧及烟气净化技术等。③

按自然资源的利用方式,可划分为积贮性资源和流失性资源。积贮性资源是其实体被利用,成为产品的使用价值。如植物、矿产资源等。流失性资源主要以其功能提供服务,而不能直接转化为产品,其功能价值是和时间因素结合在一起的,如果不用,就会浪费,如水能资源、景观资源等。

按所有权划分,环境资源可划分共享资源和所有权资源(或称为专有资源)。共享资源是共同所有,任何人都可利用的资源,如阳光、大气等;所有权资源则属某

---

① 转引自张从主编:《环境保护知识干部读本》,北京:中共中央党校出版社,2000年版,第37页。

② 刘北林主编:《海关商品学》,北京:中国物资出版社,2003年版,第310页。

③ 参见周凤起、周大地主编:《中国中长期能源战略》,北京:中国计划出版社,1999年版,第245页。

个利益集团所有的资源。如集体林场归集体所有。对自然资源的研究一般按照第一种标准划分。

当然,按照不同的标准,还可以将自然资源进行分类,在此不一一赘述。

(二)自然资源的特点

就大多数自然资源而言,它们具有如下共同特点。

(1)自然资源在供应上具有有限性。世界上许多资源的总量是十分丰富的,但毕竟是一个有限的量。尤其是储量已经探明,并在当前的耗费水平和技术条件下可开采的资源更为有限。当然随着科学技术的进步和发展,能够探明未被发现的蕴藏量,未能利用的资源可加以利用,或者由于技术改良与进步,可以节约现有资源的消耗量,等等。但是,这决定于从事研究开发的动力与实力,而且,这毕竟需要经过一定的历史时期才能见效。所以,无论从整个人类社会来看,还是从某一具体的时间、地点来看,自然资源的供应都是有限的。一方面,自然资源的数量会越来越少;另一方面,随着社会经济的不断发展和人口数量的不断增加,人类社会对各种自然资源的需求量会日益增加。这样,人的需求的无限性与资源有限性的矛盾会日益突出。也就是说,自然资源的贮量是无法满足人类社会的需求的。

(2)自然资源在用途上具有多样性。许多自然资源的用途都是多方面的。例如,木材就有五千多种用途。水资源可以饮用,可以灌溉,还可以做工业用水。湖泊可以用于淡水养殖、饮用水源地、工业用水地、农业用水地、航运通道,开辟水上游乐场、钓鱼场所、废水容纳场所,等等。自然资源用途的多样性,一般互相排斥。即用做一种用途,就不能同时做其他用。例如,木材用于做燃料,就不能同时用做建筑材料,水用于建筑就不能同时用于饮用,湖泊用于作饮用水源地就不能同时用于做废水的容纳场所等等。但是,不少自然资源的多种用途也是可以兼容的。例如,江河之水既可以饮用,又可养殖,还可以航行。自然资源用途的多样性,要求人们在开发利用时充分重视,以有效地发挥自然资源的综合效益。在详细分析环境资源的多种用途的基础上,权衡利弊,综合考虑,选择最大效益的方案。

(3)自然资源的存在方式具有更新性。自然资源的存在是通过更新实现的,其更新性表现在以下几个方面。① 第一,生物资源的可更新性。对生物资源而言,又可称之为可增殖性。可再生资源具有再增殖能力。如利用合理,生物资源可以通过生物的生长发育而不断更新。如果加速转化,还可增殖。但是,如果这类资源的利用超过了限度,则资源不但不能增殖、更新,反而会枯竭。如超载放牧,必然会引起草场退化。第二,环境容量资源的可更新性。环境容量是指在一定的质量目标下,环境可容纳污染物的最大量。它由贮藏容量、同化容量和运转容量三部分组

---

① 参见李克固主编:《环境经济学》,北京:科学技术文献出版社,1993年版,第25页。

成。其中同化容量和运转容量均可更新，从而使得环境容量资源也具有可更新性。第三，非生物资源中，也有部分资源可以不断更新。例如大气环境可以因大气环流而不断更新，水资源也可不断更新（见表9－1）。①

表9－1　地球上各种水体循环更替期

水体类型	循环更替期	水体类型	循环更替期
海洋	2500 年	沼泽	5 年
深层地下水	1400 年	土壤水	1 年
极地冰川	9700 年	河川水	16 天
永久积雪及高山冰川	1600 年	大气水	8 天
永冰带、底冰	10000 年	生物水	几小时
湖泊	17 年		

资料来源：黄铁苗：《综观经济效益论》，北京：人民出版社，2001 年版，第 136 页。

随着社会的发展，人类对环境资源的需求日益增加，因此，必须增加投入，用于各类自然资源的更新、增殖，以扩大各类资源的自然增长量，为人类提供更多的资源。这一点对于生物资源尤为重要，如对于森林资源，需投入一定的人力、物力，用于森林资源的建设，以确保森林资源的永续利用。

（4）自然资源的分布具有区域性。自然资源的分布由于受地理位置的影响，在不同的地区，自然资源的种类、数量及质量都不一样。在我国，水资源的分布就有着明显的区域性，我国径流总量为 2.7 万亿立方米，其中长江流域 1 万亿立方米，占全国的 37%，黄河流域 500 亿立方米，占 2%。我国水资源分布是东南部丰富，西北部贫乏，东部外流流域土地面积为全国的 64%，而径流总量占全国的96%。对煤炭资源而言，集中分布在华北地区，其中山西、内蒙古两省区探明储量占全国的 61.3%。生物资源分布的地域性则更为明显，如南方多为阔叶混交林，而北方多为针叶林。

（5）自然资源的消耗具有加速性。自然资源消耗具有加速性的原因主要有两个方面：一方面世界人口日益膨胀，对资源的需求量日益增多。资料显示：1830 年世界人口首次达到 10 亿，1930 年达到 20 亿，1960 年达到 30 亿，1975 年达到 40亿，1987 年达到 50 亿，1999 年 10 月 12 日世界人口突破 60 亿大关。人口如此爆炸性的增加，对自然资源的消耗无疑会有加速的趋势。另一方面，科学技术的进步，使人类获取自然资源的能力大大增强。如砍伐树木，一棵一抱围的大树，在手

---

①　有的学者将水资源的这一特点概括为循环可再生性。参见廖元和：《水务管理体制改革探索》，载《重庆社会科学》2006 年第 5 期。

工生产条件下,要几个人几天才能砍倒;在使用电锯的情况下,只需几分钟就可砍倒。资料显示,自然资源正在被加速损耗。

(6)自然资源的发展趋势具有萎缩性。自然资源中不可再生资源的数量是一定的,如矿产资源、煤炭资源、石油资源等,这些只会随着人类的开采而减少。可再生资源的再生产是有条件的,而不是无条件的。比如森林,在人们砍伐之后,只有继续种植,而且种在气候和土壤适宜的地方,才能再生。如果人们只采伐,不种植,森林只会减少,最后到灭绝。现在世界上许多资源处于萎缩状态。例如,全世界每年有1200多万公顷的热带雨林被毁掉,按此速度,不到100年,全球的热带雨林将不复存在。在植物资源中,我国珍稀濒危植物共有389种。新疆塔里木河下游长达180公里的"绿色长廊",由于上游超量用水使河流水量剧减而濒临毁灭,阿拉善绿洲已缩小了5.7万公顷,居延海已近干涸。座落在大漠荒沙的河西走廊中部的民勤绿洲,曾以其丰美富饶的物产养育了一代又一代人,但今天,由于用水过度,地下水下降,杨树林枯死,这个绿洲正在迅速衰退,民勤县已经沙逼城下。有人预测,照此下去,不要几十年时间,民勤绿洲将不复存在。

(7)自然资源的价值计量具有困难性。自然资源虽然有使用价值,但相当一部分自然资源没有市场价格。例如新鲜的空气,优美的景观等就是这样。为了全面评价经济活动对社会的正效果和负效果,必须对其造成的环境污染与破坏计算其经济损失。保护环境付出的活劳动和物化劳动也需计量,但这种计量远比经济活动的计量复杂得多,难度较大,而且难以精确计算。加之我国现在对许多自然资源还是实行无偿使用,更增加了计量的难度,因此,需要开展自然资源评价和计量方法的研究,为决策者提供既有定性又有定量的自然资源价值计量的科学依据。

二、世界资源状况

自然资源为商品生产和消费提供物质和能源,是发展生产力,提高人民生活水平的基础。在古代,人口相对较少,资源相对丰富,但当时人们获取财富的能力有限,人与自然资源的矛盾就已存在。到了近现代社会,随着人口激增、科学技术的不断发展,经济高速增长,资源被过度消耗,人与自然资源的矛盾就更加突出。现在世界2/3的自然资源已经被破坏殆尽!很多物种已经绝迹或者濒临绝迹,有的资源几乎耗尽。有的未来学家指出:"不久的将来,争夺原油和水等天然资源可能成为国际纠纷的火种。"[1]

(1)水资源问题。目前,全球淡水不足的陆地面积约占60%,约有20亿人口

---

[1] 金鑫、徐晓萍:《中国问题报告(第三版)》,北京:中国社会科学出版社,2004年版,第250页。

饮水紧张,10亿以上的人口饮用被污染的水。根据有关报告,到2025年,全世界2/3的人口将受到用水短缺的影响,也就是说,世界上的绝大多数人都必须掂量着用水。预计到2050年缺水的城市人口将会增长到24亿。①

(2)能源资源问题。有关资料显示,地球上尚未开采的原油储藏量已不足2万亿桶,可供人类开采时间不超过95年。在2050年之前,世界经济的发展将越来越多地依赖煤炭。其后在2250到2500年之间,煤炭也将消耗殆尽,矿物燃料供应面临枯竭。②

(3)森林资源问题。据有关专家估计,为了保证人类及其他生物正常生产和生活的需要,世界森林面积一般不应少于40亿公顷。而从1950年到1975年,世界森林面积从50亿公顷减少到26亿公顷,平均每年有1100多万公顷的森林遭到破坏。现有的森林不断减少,并且造成水体流失、沙漠扩大、气候变异和物种灭绝等一系列严重后果。③世界上的森林到1998年为止,已经消失了一半,而且还在以每年1600万公顷的速度减少。

(4)物种资源问题。据1986年世界资源研究报告,世界上已经鉴定的物种有170多万种。在1990—2020年间,由森林砍伐引起的物种灭绝,预计将达到世界物种总量的5%—15%。随着世界农业、工业和医药业对生物物种应用的迅速增加,未来的20到30年间,地球总生物的25%就面临灭绝的危险。当前,地球上有3.4万种野生植物即将灭绝,这个数字占世界各地已知的蕨类植物、松柏木植物和开花类植物总数的12.5%。现在全世界每天有25万人诞生,却同时有近百个物种与地球告别。④

(5)土地资源问题。土壤被侵蚀日趋严重,沙尘暴影响范围扩大。目前全世界沙漠化面积已达40多亿公顷,100多个国家受其影响。据联合国统计,非洲有40%,亚洲有12%,拉丁美洲有19%的非沙化土地受到沙漠化的威胁。近年来的沙尘暴已经成为全球性的环境问题,全世界每年发生沙尘暴180次以上,1934年的"黑风暴事件"席卷美国2/3的国土,刮走了3亿吨沃土,毁掉耕地2000多公顷。⑤因沙漠化扩展,全球每年损失土地达600多万公顷。另据联合国粮农组织估计,全世界30%—80%的灌溉土地也不同程度地受到盐碱化和水涝灾害的危害,结果造成侵蚀而流失的土壤每年高达240亿吨。地球已经形成了中

---

①　参见刘北林主编:《海关商品学》,北京:中国物资出版社,2003年版,第311页。

②　参见寿川:《只有可持续才能发展》,载《市场报》2004年7月9日。

③　参见刘北林主编:《海关商品学》,北京:中国物资出版社,2003年版,第312页。

④　参见金鑫、徐晓萍:《中国问题报告(第三版)》,北京:中国社会科学出版社,2004年版,第419页。

⑤　参见金鑫、徐晓萍:《中国问题报告(第三版)》,北京:中国社会科学出版社,2004年版,第401页。

亚、北美、中非和澳大利亚四个沙尘暴高发区。① 在不少地区,由于在经济发展的过程中不注意保护环境,过度放牧造成土地沙漠化严重,沙尘暴连续影响生产生活。

三、我国资源状况

我国自然资源总量相对丰富,种类比较齐全。从世界范围来看,我国属于资源短缺国家,具体来看,至少包括以下几个方面:

(1)人均资源占有量少。从表9-2中可以看出,我国土地资源不足、森林资源不足、地下资源不足、淡水资源不足,只有人口居世界首位。我国人均耕地每人不到0.09公顷,大概只相当于澳大利亚人均的1/33,巴西人均的1/30,加拿大人均的1/19,美国人均的1/11,多数欧洲国家人均的1/5,印度人均的1/2。据资料显示,在世界144个被排名统计的国家中,我国人均资源占有量非常落后,人均煤资源排在50位以后,淡水资源量排不进前55位,土地、耕地、森林等资源远远排在100位以后。石油、天然气、铜和铝等重要矿产资源的人均储量,仅分别相当于世界人均水平的8.3%、4.1%、25.5%和9.7%。

表9-2 我国人均资源占有情况与世界平均水平的比较

资源种类	我国人均占有水平	与世界人均水平的比率(%)
耕地	0.1公顷	42
淡水	2.257立方米	27
森林	0.12公顷	20
矿产保有储量潜在总值 其中: 煤炭(探明可采储量) 石油(剩余储量) 天然气(探明可采储量)	0.93万美元 98.94吨 2.7吨 769立方米	58 53 11 3

资料来源:中国科学院资源环境科学信息中心:《我国能源发展战略研究》,转引自吴敬琏:《中国增长模式抉择》,上海:上海远东出版社,2006年版,第120页。

(2)资源结构性短缺严重。我国的资源不仅人均占有量不足,还存在结构性短缺问题。资源的结构性短缺表现为"总体资源的结构性短缺、同类资源的结构性短缺和开发条件的结构性短缺等三个方面"。② 例如,我国全部资源中除去煤炭

---

① 参见高士荣、李俊彦主编:《2006中国社会年报》,兰州:兰州大学出版社,2006年版,第157—158页。

② 刘北林主编:《海关商品学》,北京:中国物资出版社,2003年版,第313页。

资源储量十分丰富,其余较丰富的多为经济建设需求量较小的金属和非金属矿藏,这是总体资源的结构性短缺的具体体现;我国石化能源中石油、天然气等优质能源所占比例偏低,煤等非优质理想能源所占比例过高,这属于同类资源的结构性短缺。我国铁、磷等矿产资源也较丰富,但多为贫矿,增加了采炼成本和难度,这种情况属于开发条件的结构性短缺。据2002年年底公布的《矿产资源与中国经济发展》报告指出:"除煤炭之外,我国主要的矿产资源都已告急";《中国矿业企业发展问题》调查报告指出,铁、铜等主要矿产的消费量与储量增速比呈现负增长;中国地质科学院《未来20年中国矿产资源的需求与安全供应问题》的报告首次提出今后20年,石油、天然气、铜、铝等矿产资源累计需求总量至少是目前储量的2到5倍。另有研究表明,未来5到10年,铜、镍、铅、锌等的自给率只有约40%—60%。[1]

(3)资源利用率低,浪费严重。一方面的情况是我国资源短缺,另一方面的情况是资源浪费十分严重,这样势必加剧资源供给和社会需求的矛盾。新中国成立以来,我国的GDP增长了10多倍,矿产资源消耗了40多倍。固定资产投资长期保持较高水平,现在每增加1亿元GDP需要的投资高达5亿元,而在"六五"、"七五"时期,投资2元就可以增加1元GDP。我国的边际资本产出率(ICOR)不断升高,按照国内数据近几年来这一指标约为5;如果按照国外数据,这一指标达到了7左右。[2] 据统计,我国国民经济周转中,社会需求的最终商品仅占原材料用量的20%—30%,结果有70%—80%的资源最终进入环境成为废物,而且造成水、大气、土壤的污染和生态的破坏。[3] 据中国能源研究会副理事长、研究员鲍云樵提供的数据,我国目前的能源利用效率仅为34%,相当于发达国家20年前的水平,相差10个百分点。[4] 辽宁省西部地区有很多大大小小的钼矿,除了一个国家矿外,其余全为私人开采或已转制为私企。无序的开采不知糟蹋了多少这种已日渐枯竭的宝贵资源。

(4)资源破坏较多,形势严峻。中国人口多,素质不高,人为破坏资源的现象很多。从历史上看,大规模砍伐森林资源几乎是历代王朝的必然行为,正是因为这样,我国目前为数不多的森林资源多数都在交通极其不便的西南山区等地。现在我国资源的回采率很低,陕西省煤炭资源回采率不到30%,新疆乡镇煤炭企业的

① 参见高士荣、李俊彦主编:《2006中国社会年报》,兰州:兰州大学出版社,2006年版,第157—158页。

② 参见吴君强:《吴敬琏:中国增量资本产出率达到危险水平》,载《中华工商时报》2005年4月25日。

③ 参见刘北林主编:《海关商品学》,北京:中国物资出版社,2003年版,第313页。

④ 参见高士荣、李俊彦主编:《2006中国社会年报》,兰州:兰州大学出版社,2006年版,第134页。

平均回采率仅为 10% —15% ;石油等资源回采率也不高。①　中国草场的过度放牧、开垦现象已是不争的事实,已经造成了恶果。目前我国沙漠化面积已达 262 万平方公里,并且每年还在以 2460 平方公里的速度扩展。②　水资源遭到严重污染,面对长江水系,专家考察后直言不讳:长江水系已陷入深度危机,若不及时拯救,10年之内,长江水系生态将濒临崩溃。③　当前,我国的资源形势相当严峻,以人类赖以生存的土地资源为例:2000 年,全国有 30%(666 个)的县(市)人均耕地面积低于联合国粮农组织确定的 0.86 亩的警戒线!④　水资源一直被人们认为是取之不尽、用之不竭的资源,然而,目前全国 600 多座城市已经有 400 多座城市缺水,有不少是严重缺水。其他资源的供给形势同样严峻,需要引起高度重视。

四、节约资源是全面建设小康社会的现实需要

2002 年 10 月中国共产党第十六次全国代表大会在京召开,这是中国共产党在新世纪的第一次全国代表大会。大会的主题是"全面建设小康社会,开创中国特色社会主义事业新局面"。党的十六大报告描绘了全面小康社会的宏伟蓝图,在经济发展方面的目标是:在优化结构和提高效益的基础上,国内生产总值到2020 年比 2000 年翻两番,综合国力和国际竞争力明显增强。可持续发展能力不断增强,生态环境得到改善,资源利用效率显著提高,促进人与自然和谐,推动整个社会走上生产发展、生活富裕、生态良好的文明发展之路。⑤

到 2020 年中国将实现全面小康社会,经济总量将达到 35 万亿—36 万亿元(按 2000 年价格),人均 GDP 超过 2.5 万元(按照 1 美元 =8.26 元人民币的汇率约 3000 美元),人口将达到 15 亿左右,城市化率约 60%。⑥　届时每年需要粮食6000 亿 kg,缺水 1300 亿—2600 亿 m³。⑦　以有限的资源实现全面建设小康社会的目标,必须走节约与开发并举之路,坚持节约优先的原则。我国处在工业化中期阶

---

①　参见高士荣、李俊彦主编:《2006 中国社会年报》,兰州:兰州大学出版社,2006 年版,第 134页。

②　参见胡鞍钢:《中国:新发展观》,杭州:浙江人民出版社,2004 年版,第 32 页。

③　参见王鹏:《直面生态危机》,载《南风窗》2005 年第 1 期。

④　参见邓大才:《"农民增收难"现象新解》,载《中国党政干部论坛》2005 年第 4 期。

⑤　参见江泽民:《全面建设小康社会,开创中国特色社会主义新局面》,载本书编写组:《十六大报告辅导》,北京:人民出版社,2002 年版,第 17—18 页。

⑥　参见周宏春、刘燕华等:《循环经济学》,北京:中国发展出版社,2005 年版,第 32 页。有的学者研究认为 2020 年人口为 14.5～14.9 亿;今后 15 年,全国经济如果能够保持 8% 的增速(完全可能),到 2020 年时,我国经济总量将达到 57.84 万亿元(2005 年不变价),相应人均 GDP 将达到 39000 元(约为 4800 美元)。

⑦　数据引自国家节水灌溉杨陵工程技术中心:《我国节水灌溉发展历史、现状与问题》,http://www.chinawsi.com.cn/data/tuji/52.html。

段,能源需求量会逐步上涨,到 2020 年我国各项资源能源需求缺口很大,这种情况下必须走节约之路,我们别无选择。

五、节约资源是世界经济社会发展的必然选择

上面的论述和分析使我们认识到,世界经济社会的发展受制于资源的状况,要解决这种永恒的矛盾就必须节约!之所以说节约资源是世界经济社会发展的必然选择,主要理由是:

第一,资源与经济社会的矛盾越来越突出。世界人口增长很快,经济发展比较迅速,人民生活水平不断提高,这些方面带来了人类对资源及资源产品需求的迅速扩大。与此同时,资源的生产增长速度比较缓慢,远不及消费的增长速度。由此可见,资源和经济社会发展的矛盾越来越突出,这一点在人口快速增长的发展中国家最为明显,中国的广东省近几年已经为油荒、电荒所困扰,这在以前都是没有出现过的。

第二,科技进步会加速自然资源的消耗。有人认为随着科技的不断进步,许多以前没有的资源都可以制造出来,不必担心资源紧张问题。事实上,这种说法从理论到实践都是错误的。从理论上看,根据物质守恒定律,资源不会凭空产生,也不会凭空消失。从实践上看,科技进步是一把双刃剑,一方面它提高了人与自然物质变换的能力,另一方面它加速了对资源的消耗,致使目前资源紧张变得十分普遍。这是因为技术的进步催生了许多要占有和使用资源的消费品,加上人类不断扩大自己的需求,资源需求增量大于技术进步提供的资源增量。

第三,科技进步的作用是有限的。还有人认为,随着科技进步,人类会生产出许多替代品来解决资源短缺问题。这种认识显然是片面的。一是无论科技进步到什么程度,许多资源是无法代替的。例如,土地,地球的地表(地球的表面大部分是海洋,陆地只占一少部分。地表的总面积约 51000 万平方公里,其中海洋的面积约 36000 万平方公里,占地表总面积的 70.8%;陆地面积约 14900 万平方公里,占地表总面积的 29.2%。也就是说地球的表面七分是海洋,三分是陆地)就这么大,人类不可能在空中去架设和制造土地。除土地之外,纯净的自然水、清新的空气、明媚的阳光等都是这样。二是制造新的资源必须消耗其他资源,同样会加剧资源短缺。例如,近几年来,一些国家和地方利用玉米加工成乙醇代替汽油,但造成了当前世界的粮荒。三是新资源的制造不仅需要消耗资源,还会造成新的污染。

第四,奢侈消费风气进一步加剧资源紧张。有些发展中国家的消费之风日渐奢靡,极大地超过了该国的经济发展水平,这种情况的出现进一步加剧了世界资源的紧张程度。这些问题不是短期能够解决的,奢靡风气的出现有着历史、文化、国民素质、法制环境等方面的原因,需要一个较长的过程来逐步消除。与此相对应,

在奢靡风气不能消除的时候,资源紧张状况就会加剧。

第二节　节约是转变经济增长方式的核心

转变经济增长方式就是改变过去粗放型经济增长方式,实现集约型经济增长方式。本节从厘清经济增长与经济发展的概念入手,分析粗放型经济增长方式造成的浪费,探讨转变经济增长方式的核心是节约。

一、经济增长方式及其分类

(一)经济增长与经济发展

在讨论经济增长方式之前,首先要区别经济增长和经济发展的关系。许多人将经济增长等同于经济发展,表面看来是正确的,其实不然,二者之间的区别很大。

经济增长(Economic Growth)是指一个国家或地区经济数量上的变化或增加,即指一定时期产品和劳务的增长,主要是指国民生产总值(GNP)、国内生产总值(GDP)或国民收入(NI)以及它们人均数值的增加,不涉及经济结构的变化。

与经济增长相近的一个词是经济发展(Economic Development),经济发展是指一个国家或地区经济的整体演进,不仅包括这一国家或地区经济数量上的增加,还包括该地经济质的变化。一般来说,经济发展包括三层含义(刘诗白,1998):经济量的增长,即一个国家或地区产品和劳务的增加,它构成了经济发展的物质基础;经济结构的改进和优化,即一个国家或地区的技术结构、产业结构、收入分配结构、消费结构以及人口结构等经济结构的变化;经济质量的改善和提高,即一个国家或地区经济效益的提高、经济稳定程度、卫生健康状况的改善、自然环境和生态平衡以及政治、文化和人的现代化进程。其中"发展"含义的最高层次是体现人的思想、观念、心理和行为的现代化,即人的全面发展以及社会进步。二者之间有本质的区别,经济发展这一概念除了包含经济增长的内容之外,还包括由经济增长带来的经济、社会和政治等方面的进展。因此,经济增长是经济发展的必要非充分条件,经济增长不一定意味着经济发展。

经济发展和经济增长的关系正如美国现代经济学家金德尔伯格、查尔斯·P曾经比喻的那样:经济增长和经济发展有如人的增长和发展,增长只包含身高和体重等指标的变化,而发展则还包括体质协调能力的增强,个人对环境适应能力的增强,以及个人向外界学习能力的提高,等等。[①]

经济发展的关键因素是,人民必须是这一过程的主要参与者,这样才能带来结

---

① 参见刘诗白主编:《政治经济学》(第五版),成都:西南财经大学出版社,1998年版,第394页。

构的诸多变化。外国人能够并必然地介入进去,但他们不能包办代替。参与发展过程,意味着享受发展带来的利益,并且参与这些利益的生产过程。如果增长在国内外只是极少数富人受益,那就不是经济发展。①

从产业经济学来看,与经济增长相比,经济发展的内涵更为广泛,不仅包含数量的扩张,而且更多地体现了产业结构的变化。经济发展和产业结构及其高级化是密切相关的,但经济增长未必带来产业结构升级。周天勇(2000)给出了经济发展的定义,即经济发展是伴随产业和空间结构不断演变的经济增长过程。从产业结构上讲,是一个从传统农业向现代产业经济转型的过程;从空间上讲,是人口、要素、企业、产业、市场、基础设施等,不断在地理上集中的过程,即从分散经济向集聚经济转变的过程。②

有的国家或地区有了经济增长,但没有实现经济发展,这在经济学上称为"无发展的经济增长"(Growth Without Development),无发展的经济增长又称作"发展危机"或"有增长而无发展"。指的是仅有产量的增加而无结构上的变化。无发展的经济增长主要存在以下几种情形:(1)产量的增长不足以抵消资源的浪费,产品增加了,但是产品质量低劣,甚至出现大量的废品、次品,使得消费者拒绝接受;或者虽然产品具有一定的质量,但不适销对路,需求不足导致产品无法实现其价值。(2)从微观、局部和短期来看似乎存在一定的,甚至是相当大的经济效益,但宏观、全局和长期的经济效益没有得到改善。比如生产发展了,但环境污染严重、资源极度浪费等。(3)增长虽快,但两极分化、城乡对立及其他社会问题日益激化。(4)产出增长了,但经济结构并未因此而改善。(5)为了追求高增长速度,不考虑人民的承受能力,无视客观经济规律,不计社会代价,结果不但不能促进经济发展,反而造成经济倒退。③

(二)经济增长方式的种类及来源

据经济学家吴敬琏(1995)考证,首次使用"粗放增长"和"集约增长"术语的是前苏联经济学家。苏联在1928年开始第一个五年计划之后,其经济增长速度直到50年代末期一直保持高于世界经济增长水平的纪录,此后,经济增长率开始下降,表现出恶化趋势,令人不解的是,其经济增长的恶化是在它保持了非常高的物质资本和人力资本投资率的情况下发生的。这就不得不使苏联的经济学家对其经济"增长方式"展开研究。当时,他们根据马克思在《资本论》中关于扩大再生产的两种类型的论述④,把增长方式分为两种基本类型,一种是依靠投入实现产出量增

---

① 参见吉利斯等:《发展经济学》(第四版),北京:中国人民大学出版社,1998年版,第7页。
② 参见周天勇主编:《高级发展经济学》,北京:中国人民大学出版社,2006年版,第50—51页。
③ 参见曾艳玲主编:《英汉西方经济学词典》,北京:机械工业出版社,2003年版,第332页。
④ 参见《马克思恩格斯全集》第45卷,北京:人民出版社,2003年版,第355—356页。

长的"粗放增长",另一种是依靠提高效率实现产出量增长的"集约增长"。并且指出,苏联过去的高速度增长是粗放型经济增长方式,是倾全力动员资源和增加要素投入的结果,然而由于资源的有限性,随着可动员的资源的日益减少,在忽视提高要素生产率的情况下,必然导致经济增长水平的下滑。[①]

"粗放增长"和"集约增长"的概念于 20 世纪 60 年代从苏联传入我国,在此之前,我国经济学界尽管没有使用经济增长方式的概念,但对经济增长过程中出现的种种低效率、高浪费现象进行过大量的分析。此后,特别在 1979—1980 年我国对经济增长方式问题展开了全面深入的讨论,广泛使用经济增长方式这一概念是在党的十四届五中全会之后。

从经济增长方式概念形成的渊源看,经济增长方式是经济增长过程中对生产要素的分配和使用方式。虽然国外学者不常使用经济增长方式这一概念,但对推动经济增长的因素或原因的分析,实质上也是对经济增长方式的研究。关于这一点,匈牙利经济学家科尔内曾作过比较。就我国学者而言,尽管对粗放和集约型增长方式概念的解释不尽相同,但经济增长方式的含义是明确的。因此,经济增长方式就是指一国总体实现经济的长期增长所依靠的因素构成,其中增长因素包括土地、劳动、资本、技术进步、经营管理、资源配置、规模经济等。通常把土地、劳动、资本的投入称为要素投入,其余因素的总和称为综合要素生产率。进一步地,根据要素投入与综合要素生产率在经济增长过程中的作用大小,把增长方式划分为粗放型经济增长和集约型经济增长,主要由要素投入增加所引起的经济增长称为粗放型经济增长,主要由综合要素生产率提高所引起的经济增长称为集约型经济增长。[②]

(三)粗放型经济增长方式的实质

关于粗放和集约型经济增长方式的定义很多,争论也不少,这里选用袁钢明和桁林(2005)给出的定义。粗放型增长方式指主要依靠生产要素数量扩张实现经济增长的方式,其主要特征是高投入、高消耗、低质量、低产出和低效益。粗放型经济增长的具体表现是:在宏观上,重实物量平衡,轻价值量平衡;在生产上,重数量、速度,轻质量、效益;在投资上,重外延扩张,轻内涵深化。粗放型经济增长方式的资源消耗高,资金周转慢,损失浪费严重,经济效益低,是一种代价高昂的经济增长方式。与之相对应的集约型经济增长方式,是指主要依靠提高生产要素的有机构成和使用效率实现经济增长,即依靠科技进步、提高生产效率和资源配置效率来扩

---

　　① 　参见吴敬琏:《怎样才能实现增长方式的转变》,载《经济研究》1995 年第 11 期。

　　② 　参见高志英、廖丹青:《对我国经济增长方式粗放度的计量分析》,载《江汉论坛》2000 年第 6 期。

大再生产,它具有消耗低、质量高、投入少、产出多、效益好、污染少等特点。集约型经济增长方式注重经济增长中的质量和效益的提高以及产业结构的协调,这不仅有利于实现经济的持续、快速增长,而且有利于显著提高经济整体素质和效益。有三种集约型的增长方式,即劳动集约型增长方式、资本集约型增长方式、技术集约型增长方式。① 按照吴敬琏的说法,依靠投入支撑的增长就是粗放型,依靠效率提高带来的增长就是集约型增长。②

粗放型经济增长方式的实质是浪费。后面的分析将证明这一点,因为它是一种单纯数量扩张型的经济增长方式,这种增长方式容易引起所谓"无发展的经济增长"(Growth Without Development),造成严重的经济社会问题。③ 集约型经济增长方式的实质是节约,因为它是一种效益型的经济增长方式,发达国家的现代经济增长方式就是集约型经济增长方式。20 世纪 50 年代以来,索洛、库兹涅茨、舒尔茨、萨缪尔森等经济学家的研究成果揭示:现代经济的增长源泉主要不是资本的投入,而是技术的进步和效率的提高。

转变经济增长方式其实质就是由浪费型向节约型转变。这一转变首先是提高劳动生产率,节约活劳动耗费,使劳动力的增长低于经济的增长,实现劳动力使用的集约化。其次是尽量降低能源资源消耗,使单位产品成本降低,同样的投入能实现更多的产出。再次是注意控制投资规模,提高投资效果,尽力缩减投资增长超前于经济增长的系数,进而达到低于经济的增长,实现投资使用的集约化。最后,经济增长的质量提高,即产品质量、工程质量、服务质量以及环境质量都能得到提高。这样,经济增长方式的转变就呈现出从单项到综合、从局部到全面、从量变到质变的发展过程。

表 9-3　世界若干国家(地区)经济增长方式转变时序表

国别(或地区)	实现经济增长转变年份	GDP 年均增长速度(%)	对 GDP 增长的贡献(%)		粗放型增长期经历时间(年)
			总要素投入增加	总要素投入提高	
美国	1950—1960	3.3	47	53	100
原联邦德国	1960—1970	4.4	30.9	69.4	
英国	1970—1980	2	20.5	79.5	200

①　参见刘树成主编:《现代经济辞典》,南京:凤凰出版社、江苏人民出版社,2005 年版,第 564—565 页。

②　参见郭宏超、马秋:《政协委员激辩增长方式》,载《经济观察报》2006 年 3 月 13 日。

③　参见孙宝强:《我国经济的忧患:无发展的经济增长及其出路》,载《珠江经济》2005 年第 11 期。

国别（或地区）	实现经济增长转变年份	GDP 年均增长速度（%）	对GDP增长的贡献（%）		粗放型增长期经历时间（年）
			总要素投入增加	总要素投入提高	
法国	1970—1980	2	32.8	67.2	
日本	1970—1980	2	28.8	71.2	100
新加坡	1980—1993	6.9	38.0	62.0	20—25
香港特区	1980—1993	6.5	43.5	56.5	
中国台湾	1980—1993	7.9	49.4	50.6	
韩国	1990—1995	7.2	38.8	61.2	30—40
阿根廷	1990—1995	5.7	108.8	-8.8	
巴西	1990—1995	2.7	80.3	19.7	
墨西哥	1990—1995	1.1	145.5	-45.5	
苏联	1980		70.5	29.5	
保加利亚	1980—1986		70.5	29.5	
匈牙利	1980—1986		63.2	36.8	
捷克斯洛伐克	1980—1986		83.2	16.8	
波兰	1980—1986		117.1	-17.1	
罗马尼亚	1980—1986		118.8	-18.8	

注：衡量经济增长方式的类型量化指标，主要以全要素生产率（投入产出率）及对经济增长的贡献表示：等于或小于0时，为完全粗放型；大于0、小于0.5时，为粗放为主型；大于0.5、小于1时，为集约为主型；等于或大于1时，为完全集约型。

资料来源：据《世界发展报告》1983年、1995年、1997年的资料综合计算；参见程恩富主编：《现代政治经济学教学案例》，上海：上海财经大学出版社，2003年版。

　　从表9-3中可以看出，世界各国经济增长方式转变的情况：美国最早实现了经济增长方式由粗放型向集约型的转变，时间为20世纪50年代。联邦德国于20世纪60年代，英国、法国、日本分别于70年代相继实现了转变。在新兴工业化国家（地区）中，亚洲的新加坡、中国香港特区和台湾省于80年代，韩国于90年代，也相继实现了转变。苏联和东欧国家虽然在20世纪60年代末、70年代初相继提出了生产集约化方针，要求经济发展转向以集约化为主的道路，但是，到20世纪80年代末、90年代初发生剧变时，没有一个国家达到预期目标，经济增长方式仍然处于粗放型状态。拉美的阿根廷、巴西和墨西哥则迄今尚未实现转变。

二、粗放型经济增长方式造成的浪费

　　粗放型经济增长方式的主要表现是高投入、高消耗、高速度、高排放、高污染，低产出、低质量、低效益、难循环，其核心在于浪费严重。以较高的投入获得较低的产出，同时造成严重的污染。

　　从总体上看,我国经济增长方式属于粗放型增长,要素的投入是经济增长的主要推动力,综合要素生产率的贡献率较小,经济效率低,经济效益差。王小鲁(2005)研究表明[1],改革开放之前时期中除去 1958—1961 年的"大跃进"和1966—1976 年的"文化大革命"这两个非常时期,其余的年份中每 100 元固定资产投资有 20 元被浪费,即固定资产投资浪费率为 20%。[2]"大跃进"时期,固定资产投资浪费率达到 30%;"文化大革命"动乱时期,最高固定资产投资浪费率超过50%。扣除两个非常时期,改革前的 14 年中,固定资产投资率为 19%。但在改革开放时期,国有经济固定资产投资浪费率逐渐上升,1978—2003 年的 26 年中平均值为 26%,明显高于改革前的正常时期。其中 1990 年前的 13 年平均为 23%,1990 年后的 13 年平均值为 29%,1993—1994 年和 2003 年更是升高到 30% 以上。

　　1979 年到 1991 年,我国的无效投资高达 6800 亿元,新建的大中型企业有 1/3不能正常发挥作用。[3] 据世界银行估计,"七五"到"九五"期间,投资决策失误率在 30% 左右,资金浪费及经济损失大约在 4000 亿—5000 亿元。[4] 新中国成立至1989 年的 40 年中,我国 2 万亿元的固定资产投资浪费至少 1.3 万亿元。[5] 中国经济还存在效率不高、产品技术含量和附加值低的突出问题。2005 年中国 GDP 约占世界 5%,但消费的原煤、铁矿石、钢材、氧化铝、水泥,占世界 25%—40%,可见经济效益之低下。

　　与世界其他国家相比,我国在能耗与物耗上的差距是很大的。根据世界银行《1995 年世界发展报告》资料:1993 年,能耗产出率最高的是贝宁,每千克油当量GDP 产值为 20.4 美元;最低的是蒙古,只有 0.2 美元;我国为 0.6 美元,在全世界121 个有资料可比的国家(地区)中居第 113 位。从不同收入国家看,低收入国家平均每千克油当量 GDP 产值为 0.9 美元,中等收入国家为 1.0 美元,高收入国家为 4.4 美元,全世界平均为 3.1 美元。可见我国能源产出率不仅远远低于世界平均水平,而且低于低收入国家的平均水平。另据有关方面作出的比较分析,我国钢材、木材、水泥的消耗强度分别为发达国家的 5—8 倍、4—10 倍和 10—30 倍。

　　中国科学院 2006 年 2 月 28 日公布的《2006 中国可持续发展战略报告》指出,自 20 世纪 90 年代后期开始,节约指数下降趋势逐渐变缓,2003 年又出现反弹。这说明在现有条件下,"十一五"期间提高资源环境绩效的难度将加大。报告还选择了七类资源消耗和污染物排放指标,计算了全国 31 个省、自治区、直辖市的节约

---

① 参见王小鲁:《投资效率与政府改革》,载《开放导报》2005 年第 1 期。

② 我们定义固定资产投资浪费率为:1 - 固定资产投资交付使用率。

③ 参见马立诚:《大突破》,北京:中华工商联合会出版社,2006 年版,第 236 页。

④ 参见黄铁苗、曹玲:《决策失误造成的浪费最大》,载《南方日报》2004 年 11 月 4 日。

⑤ 参见黄铁苗主编:《节约经济学》,北京:中国金融出版社,1990 年版,"前言"。

指数。结果表明：上海、福建、浙江、北京、山东、天津、广东、江苏、河南、黑龙江的资源环境绩效水平分列全国前 10 名，这 10 个省、自治区、直辖市主要位于东部地区，其节约指数为全国平均值的 52%—77%。云南、重庆、广西、青海、内蒙古、甘肃、新疆、宁夏、贵州、山西处在全国的后 10 位，这些省、自治区、直辖市主要分布在西部地区，其节约指数基本上在全国的 1—4 倍之间。在节约指数高于全国平均值的 13 个省份中，西部地区占了 11 个，这说明西部地区的经济增长方式总体上比较粗放。①

三、集约型经济增长方式的实质是节约

粗放型增长方式造成了资源的严重浪费。在资源日益紧张的条件下，这种经济增长方式已经难以为继。所以，面对人口、资源、环境的巨大压力，全国上下痛定思痛，励精图治，决心转变经济增长方式。1995 年 9 月中国共产党第十四届五中全会通过的《中共中央关于制定国民经济和社会发展"九五"计划和 2010 年远景目标的建议》明确提出两个"根本性转变"，其中之一就是"经济增长方式从粗放型向集约型转变"，也就是说要依靠技术进步推动经济增长。

集约型经济增长方式也就是节约型经济增长方式，这种经济增长方式依靠提高生产要素质量和使用效率实现经济增长。其主要特征是：低投入、低消耗、低排放、低污染，高产出、高质量、高效益、高速度、易循环。它十分有利于提高经济增长质量和经济效益。这种经济增长方式是近现代经济增长方式的突出特征，是我国经济增长方式转变的目标。从它的几个特征来看，其实质就是节约。

第一，四低，即"低投入、低消耗、低排放和低污染"，是节约的重要体现。生产同样数量和质量的商品，使用的人力、物力越少，则经济效益越好，这是十分明显的道理。排放的废气、废水、废渣越少，说明这项生产带来的污染少，环境成本低，当然是节约。

第二，四高，即"高产出、高效益、高质量和高速度"，也是节约的重要体现。产出高，说明资源的利用率高；高效益，说明经济效益好；高质量，说明商品经久耐用；高速度，说明在同样或者更少的耗费下，经济效果较好，经济增长的质量高，这就是我们转变经济增长方式的追求目标。

第三，易循环，说的也是节约问题。这里的易循环是相对粗放型经济增长方式中的"难循环"而言的，就是对排放出来的废气、废水和废渣，进行再利用或者多次利用。其目标是为了节约有限的资源。

---

① 参见李斌、吴晶晶：《节约指数谁最高？中科院报告为 31 个省自治区直辖市排序》，载《云南日报》2006 年 3 月 1 日。

由以上分析可以看出,集约型经济增长方式的实质是节约。这是我国经济增长所追求的目标,也是通过努力可以实现的目标。中共十七大报告提出,要加快转变经济发展方式,实现国民经济又好又快发展。这一论述是对我国经济发展理念的更新,具有十分重要的现实意义。如前所述,发展的内涵比增长丰富,转变经济发展方式的实质是提高经济发展的效益和质量,与建设节约型社会的目标是一致的。

第三节　节约有利于克服我国现实经济生活中的浪费[①]

长期以来,我国社会经济生活中存在的最为突出、最为严重、最为普遍、最难克服的问题是浪费。中国的浪费问题如果不从根本上得到解决,不仅我们现在所提出的一切目标都将成为一句空话,而且还将影响我国社会主义制度的巩固和中华民族的可持续发展。要建设节约型社会就必须从根本上消除浪费,提高经济增长的效益和质量,使有限资源得到合理和充分的利用。

一、我国现实经济生活中存在的各种浪费现象

尽管勤俭节约是中华民族的优良传统之一,但长期以来我国经济生活中一直存在浪费。从宏观方面来考察,我国多次严重的比例失调造成了惊人的浪费。具体表现为,经济结构不合理造成的浪费、投资决策失误造成的浪费、投资管理失误造成的浪费、投资建设周期延长造成的浪费、固定资产不能正常交付和交付后闲置造成的浪费、产业布局不合理造成的浪费,等等。从微观方面来考察,我国存在着诸如活劳动浪费、劳动对象浪费、劳动资料浪费、资金浪费、产品质量浪费、资源浪费、技术浪费、运输浪费、保管浪费、进出口浪费、消费浪费等。我国各个行业、单位都存在严重的浪费。农业漫灌浪费水,工业浪费能源资源,第三产业服务差、浪费时间等;餐桌上浪费粮食、蔬菜、肉类;不少机关单位人浮于事、会议繁多、浪费资金、时间和人力等。从社会再生产总过程的四个环节考察,我国存在着生产过程的浪费、交换过程的浪费、分配过程的浪费、消费过程的浪费。从社会财富的物质形态考察,我国存在着生产资料的浪费、生活资料的浪费。从浪费的内容考察,我国存在水、电、煤、油、木材、土地及各种矿产资源的浪费。从时间方面考察,浪费问题

---

① 参见黄铁苗主编:《节约经济学》,北京:中国经济出版社,1990年版,第10页;黄铁苗:《论加强资源节约型社会的体制建设》,载广东经济学会编:《市场经济与和谐社会》,北京:中国经济出版社,2006年版,第298—304页。

从新中国成立初期以来一直存在。从空间上考察,我国既存在整体浪费,又存在局部浪费。从层次上考察,我国存在着政府浪费、企事业单位浪费、学校浪费、社区浪费、家庭浪费、个人浪费等。这些浪费问题正如《中共中央关于进一步治理整顿和深化改革的决定》所指出的那样:"所有的生产、建设、流通单位,所有的机关、团体、事业单位,几乎都存在严重的浪费现象。"①

二、我国现实经济生活中浪费的特征

浪费现象历来存在,但我国存在的浪费具有以下几个方面的特征。

(1)严重性。长期以来,我国经济生活中存在着严重的浪费。不要说巨额资金的浪费,也不要说大量的矿产资源的浪费,单就日常生活中我们每天都必不可少的水来说,我国的浪费就达到了十分严重的程度。据有关资料显示,我国城市自来水的管网漏损率平均达 21.5%,仅城市便器水箱漏水一项每年就损失上亿立方米水,全国每年浪费水资源更在 100 亿立方米以上。另外,水资源的重复利用率和有效利用率低:我国工业用水重复利用率仅有 45%,万元工业产值耗水量远远高于工业发达国家,农业灌溉有效利用率一般只有 25%—40%。据调查,某知名酒店每天营业额约 5 万元,至少有 1 万元菜肴被浪费掉;某市日产餐桌垃圾 1000 多吨,占该市生活垃圾总量的 7% 还多。在计算浪费成本时,人们往往只注意到被浪费物质本身,实际上隐性成本还要高得多,比如水、电、气消耗的浪费,制造、加工的附属材料浪费,人力资本的浪费,以及处理垃圾而投入的善后支出等。

(2)普遍性。从社会生产的各个环节来看,我国生产、建设、流通、分配、消费领域中普遍存在着高消耗、低效益、高投入、低产出、高消费、低效率的现象。从整体和局部来看,我国经济生活中,各种浪费现象遍及社会的方方面面。从资源的使用和消费的主体来看,无论党政机关、企事业单位、学校、社区、家庭和个人都存在形形色色的浪费。

(3)顽固性。我国早在民主革命时期,毛泽东就强调节约,反对浪费。新中国成立以后开展的"三反"、"五反"运动都包括了反对浪费、厉行节约的内容。"一五"时期,《人民日报》围绕节约问题发表的社论达五十篇之多。就连"文化大革命"中,也提出过节约问题。改革开放三十年来,我们一直强调节约,反对浪费。总之,新中国成立至今的几十年时间里,强调节约的号召经常发,文件经常下,口号经常喊,运动经常搞,要求经常提,但是,浪费问题一直没有解决。说明浪费问题具有极大的顽固性。

(4)短缺性。就是说浪费与短缺并在。资源短缺是我国社会生活中的一个突

---

① 载《人民日报》1990 年 1 月 17 日。

出问题。照道理,在短缺的情况下,对财富的使用更应该节约。我们则相反,一方面,我们存在着全国性的能源严重短缺,另一方面,又存在着全国性的能源严重浪费;一方面,我们的原材料严重不足,另一方面,不少企业原材料却严重浪费;一方面,我国土地资源严重短缺,另一方面,不少地方土地资源严重浪费;一方面,我国人才严重短缺,另一方面,不少地方人才严重浪费;一方面,现在还有不少人的温饱问题没有完全解决,另一方面,不少餐馆、酒家却把大量的海参、鸡、鸭等物品倒掉;一方面,我们进口粮食,另一方面不少食堂、学校暴殄天物的现象却随处可见;一方面,现在多少房产空置,另一方面,不少地方的学生在危房甚至在洞穴中上课;一方面,现在多少单位的办公用品闲置、有的不断更新做废品处理,另一方面,不少地方学校的学生不能保证每人有一张课桌,等等。

（5）人为性。不少浪费不是由于不可抗拒的自然灾害和生产力水平低下造成的,而是由于体制不健全、管理不善等人为原因造成的。例如,生产领域,我们的机器设备并不比许多国家落后,我们的经济效益却比不上人家。这种生产成本高、劳动效率低、粗制滥造、偷工减料等许多问题大都是人为的。流通领域的不合理运输、包装不善、保管不善、野蛮装卸、服务态度不好也都是人为的。在消费领域,公款吃喝、公费旅游、公车私用,大手大脚,慷公家之慨,肥一己之私,造成的严重浪费无不是人为的。

（6）无关性。对浪费问题感到痛心的人不多,而觉得与自己无关的人却不少。有一幅漫画生动地刻画出了这种状况:这幅漫画画着一个自来水龙头正在流水,水把地面都淹了,第一个人经过时在地上放了一块砖,第二个人经过时因水越来越深又加了一块砖,第三人经过时再加一块砖。但就是没有一个人过去关一下龙头。此种现象就反映了这种无关性。

三、我国现实经济生活中浪费的根源

我国现实经济生活中存在浪费的原因是多方面的,有社会生产力方面的,有生产关系方面的,也有上层建筑方面的。综合起来看,我国存在浪费的根本原因在于传统体制,尤其是传统的所有制体制。后面的分析我们会看到,传统的所有制体制是造成我们浪费的根源。我国传统的经济体制是建立在理想人格基础上的。按照理想人格设计的体制与人的本性是相矛盾的。那么,什么是人的本性呢? 马克思主义认为,人来到世间,就会有需要。"他们的需要即他们的本性。"[1]马克思说:"人以其需要的无限性和广泛性区别于其他一切动物。"[2]人的需要是复杂的,最基

---

① 《马克思恩格斯全集》第 3 卷,北京:人民出版社,1972 年版,第 514 页。
② 《马克思恩格斯全集》第 49 卷,北京:人民出版社,1980 年版,第 130 页。

本的需要是物质利益。人们对物质利益的需要总是希望最大化。人们获取物质利益必须借助一定的手段。占有生产资料是不可缺少的手段。马克思认为,生产资料即财产意味着占有者身体的延伸。可见,马克思对于财产的最初认识是不仅要看财产是否属于它的所有者,同时,财产不是人们需要的本身,而是实现需要的手段。作为现实的人,他的本性即他对物质利益的要求,会使他只要掌握了实现自身目的的手段,他就会像运用自身的器官一样,尽情地去发挥它们的作用。同时,正是对物质利益的要求,他会像爱护自身器官一样,对这些手段加倍爱惜。

但是,新中国成立以后,我国照搬苏联模式,采取了单一的社会主义公有制形式,在改革开放之前的计划经济时期,公有制又采取了全民所有制和集体所有制形式。集体所有制在当时还只是一种暂时的过渡形式,全民所有制则作为完整的理想的社会主义模式。顾名思义,全民所有制就是全体人民共同所有。实际上,全民所有制的财产对广大群众来说,既无直接受益权,也无最终处置权,这就使得传统的公有制产权极不明晰,实际上变成了无人负责制。而人都是需要经济利益的,并且希望利益最大化;这种物质利益目的与实现手段的分离,与人的本性是相矛盾的。这就是我国传统所有制形式的内在矛盾。当人们追求物质利益的目的与实现目的的手段相分离时,人们的经济行为就难免恶性膨胀,就会像一把两面都具有锋利刃口的宝剑一样,当它刺入一定时代的经济有机体时,就会造成两方面的损失。一方面,人们对占有的生产资料不爱惜,因为财产与自己无关。另一方面会造成低效率——因为收入与劳动无关,而剑尖则代表着个人对利益的追求,会直刺有机体的内脏——化公为私,掏空的一定经济有机体。这是我国过去国有经济空壳化的主要原因。

由于我国传统体制与人的本性是相矛盾的,在经济实践中形成了如下几对矛盾,这几对矛盾直接造成了严重的浪费。一是劳动力的主体作用与劳动者积极性下降的矛盾。人是社会生产的主体,经济的发展、经济效益的提高都必须通过人的努力才能实现。但是传统体制下的劳动者积极性不高,这显然抑制了生产的发展。二是劳动者追求经济利益的目的与实现手段的矛盾。当劳动者是生产资料的产权主体时,他才会自觉爱护生产资料,但是传统体制下的劳动者不是生产资料的产权主体,也就不会关心财产的增值与损失。三是自然资源的有限性与个人需求无限性的矛盾。这一点我们在前面已经论述,此处不再赘述。四是消费的高质量要求与生产产品低质量的矛盾。随着收入的增加,人们对产品质量的要求不断提高。但是在传统体制下的生产中,产品的低质量问题始终没有得到解决。五是社会生产按比例发展的客观性与盲目投资的矛盾。生产必须按照社会有效需求的比例进行,否则就会出现短缺或过剩。但是由于产权主体不明确,传统体制下盲目投资的问题不少,使生产比例不协调。六是民主监督弱化和领导权力失控的矛盾。在传统体制下,劳动者名义上是主人,但这一权利是虚置的,劳动者没有办法对企业领导人实行有效监督。企业领导人有不少是兢兢业业的好干部,但也有中饱私囊的不法分子,对掌权者失去监督显然是危险的。上述六个方面的矛盾造成了传统体制的低效率和高浪费。

传统的经济体制,尤其是所有制体制必须改革,这是毫无疑义的。改革开放以来,这方面的改革已经取得了一定成就,这是应该肯定的。但是,传统所有制存在的产权不明晰的问题并没有完全解决。这一问题如何解决? 后面的有关章节对此有专门探讨。这里需要指出的是,明晰产权不是私有化,而是按我们党的十五大提出的,要探索公有制的多种实现形式。公有制的多种实现形式也包括股份制。因此,符合现代公司治理结构的股份制应该是有效的公有制的实现形式。

第四节　节约有利于构建社会主义和谐社会

构建社会主义和谐社会是 2004 年召开的中共十六届四中全会提出的新命题,是社会主义理论史上的新亮点。构建社会主义和谐社会是中国共产党在总结社会主义建设的经验和教训,继续探索社会主义建设规律的基础上提出的新论断。胡锦涛同志指出,社会主义和谐社会应该是民主法制、公平正义、诚信友爱、充满活力、安定有序、人与自然和谐相处的社会。人类社会是由经济、政治、文化等各方面组成的社会系统。作为“社会”范畴,一般是指由于共同物质条件而相互联系起来的人群。和谐社会的中心是人,是人与人、人与社会、人与国家的和谐关系;同时,包括人与自然之间的和谐。建设节约型社会与构建和谐社会有着密切关系。

一、节约有利于人与人之间的和谐

一是节约资源有利于克服资源瓶颈对经济发展的制约,能缓解因竞争资源而形成的矛盾。人类的一切矛盾都根源于经济利益。由于资源不足,各地争电抢水、哄抬物价的现象时有发生,矛盾可想而知,不和谐的问题必然存在。如果全社会都能够节约,争夺资源的矛盾就会大大减少,就能促进人与人之间的和谐。二是节约资源有利于降低社会摩擦成本。社会摩擦成本是指因人际关系中的矛盾、冲突、不合作、不协调而额外耗费的人力、物力、时间、精力。典型的如骚乱、闹事、聚众械斗,会造成停工停产,破坏社会秩序和社会稳定,政府要为平息事态花费大量的资源。[1] 产生摩擦成本的原因很多,但根本原因是经济利益分歧,建设节约型社会就要协调各方面的利益关系。同时,要通过节约教育,引导人们放弃不现实的要求,

---

[1]　参见李江涛:《不为人们注意的社会摩擦成本》,载《文摘报》2002 年 8 月 4 日。

进而减少社会摩擦成本。社会不和谐的根源在于经济利益分配的不合理。节约有利于化解人们为争夺经济利益而造成的不和谐。

二、节约有利于人与社会之间的和谐

一是节约资源有利于充分发挥有限资源的作用,少量的资源投入能够获得更多的、有效的产出,从而能从供给的角度缓解有效供给不足形成的矛盾。二是节约资源有利于人们养成良好的节俭消费习惯,减少不必要的消耗,从而能从需求的角度缓解资源短缺形成的矛盾。三是节约资源有利于营造良好的社会风气。全社会,尤其是党政机关的党政干部带头节约,不仅能缓和资源紧张的矛盾,而且能节省行政经费;同时,有利于克服腐败、提高行政效率,改善干群关系,促进干部与群众之间的和谐。

三、节约有利于个人心理的和谐①

社会成员个人心理和谐对建设节约型社会具有极其重要的作用。社会成员是整个社会有机体的细胞,健康的有机体是以单个细胞的健康为基础的,没有细胞的和谐也就不会有有机体的和谐。因此,构建和谐社会必须重视社会成员的个人心理的和谐。大量事实表明,社会成员心理不和谐会影响社会不和谐。美国心理学家多拉德等人提出的挫折—攻击假说认为,攻击是受挫的继发行为。在现实生活中,许多故意伤害他人和危害社会的攻击性事情常常是由于个体的心理不和谐造成的。社会成员的个人心理不和谐与其愿望尤其是经济利益的要求不能满足有着密切关系。我国传统文化注重个人修养,强调自律,要求人们知足,对人的心理平衡是一剂很好的良药。古语曰:知足者长乐。明朝学者冯梦龙有诗云:"饱三餐饭常知足,得一帆风便可收;生事事生何日了,害人人害几时休? 冤家宜解不宜结,各自回头看后头。"笔者也曾奉和其诗认为:"收入够花应知足,荣誉见好便可收。比朋妒类神焉静? 牵情役物体安休? 人生苦短和为贵,莫将怨恨记心头。"建设节约型社会所开展的节约教育、倡导的节约消费、规范的节约行为、建立的节约制度等,有利于缓解人们的收支矛盾和对社会的不平衡心理。这对于建设和谐社会所起的作用是不可估量的。

四、节约有利于人与自然的和谐

人类与自然界的和谐是和谐社会的重要组成部分,是实现人类自身生存和发展的基础。一是节约资源有利于减少人们对大自然的索取,这就使自然界有限的

---

① 参见黄铁苗:《重视心理和谐之我见》,载《羊城晚报》2007 年 1 月 14 日。

资源不至于在很短时间被消耗干净。二是节约资源、降低消耗、减少排放有利于保护自然环境。三是节约资源有利于维护生态平衡,促进生物圈的共同繁荣。这样人类对自然界的索取减少,垃圾等废物的排放降低,有利于自然界的物种稳定和生态和谐,当然能够促进人与自然界之间的和谐。要想实现人与自然和谐相处,最迫切需要解决的问题就是经济增长与资源约束的矛盾,节约是缓和这一矛盾的有效途径。

第五节　节约有利于国家的长治久安

能否实现国家的长治久安是检验执政党执政能力高低的根本标准,长治久安是广大人民的愿望,是实现国家繁荣富强和民族复兴的保证。节约能够促进整个国家长久稳定与安宁,因为节约能够在以下几个方面发挥重要作用。

一、节约有利于巩固政权

我国古人早已深刻认识到节俭与政权得失之间有着密切关系。早在先秦时期,秦穆公问大臣由余:"江山何以得之,何以失之?"由余答道:"常以俭得之,以奢失之。"节俭何以如此重要,可以从两个方面理解:一是统治集团如果不节俭,大量的花费从哪里来,只能加重人民的税赋,这就必然遭到人民的反对。在历史上,这种教训不胜枚举。例如,秦朝对广大百姓采取掠夺政策,使老百姓有交不完的税赋,做不完的徭役,最后酿成陈胜、吴广起义的大祸,秦王朝顷刻覆灭。而后来的隋王朝,开国皇帝杨坚还是个节俭的皇帝,可以说仓实民安。可到了杨广统治时期,不发展生产,百般地折腾百姓,大兴土木,连年征战,把国家带入贫困动乱的深渊。他自己声色犬马,荒淫无度,连他身边的人都背叛了他,被缢死在扬州,隋王朝也成了杨广的殉葬品。自20世纪90年代中后期以来,我国有的地方干群关系紧张、发生群体性事件,主要原因是税赋过重、乱收费现象严重。二是统治者贪图享受,过着豪华奢侈、纸醉金迷的生活,就会无心治理国家,社会就会倒退,从而失去民心,丧失政权。菲律宾前总统马科斯,聚敛财富若干亿万,豪华奢侈,无所不用其极,据报载其夫人当年的皮鞋即达数千双。后来四面楚歌、卧病异域,连律师费都付不起,需要公设律师免费协助。秦始皇造阿房宫,覆压300余里,好不气派,结果二世而亡;唐明皇声色犬马,哄着妃子乐,想吃鲜荔枝,每天飞马南北,专人运送,结果招来了"安史之乱",险些掉了脑袋。

今天,一个干部能否节俭,反映出他(她)对劳动人民的思想感情。谁知盘中餐,粒粒皆辛苦? 谁辛苦? 劳动人民辛苦。干部者,管人者也。现在的干部收入居于中等水平,许多消费还不用自己掏钱。这些消费品经过了多少道工序才为消费者所用的呢？作为消费者谁也说不清楚。所以古人说，一粥一饭，当思来之不易；半丝半缕，恒念物力维艰。一个干部如果铺张浪费、暴殄天物，说明对劳动人民根本没有感情，也就是没有良心的人。这样的人能成为好官吗？事实证明，许多堕落的干部无一不是挥霍浪费之徒。而我们党的好干部，像焦裕禄、郑培民、任长霞等都是厉行节约的。在人民群众的心目中，什么样的干部是好干部呢？八成以上的人认为，能勤俭节约、艰苦奋斗的干部才是好干部。①

我们中国共产党很大程度上就是靠勤劳节约、艰苦奋斗发展壮大、成就伟业的。我党历代领导人都强调勤劳节约，反对铺张浪费。老一辈无产阶级革命家和许多老同志一生都践行节俭，新时期许多优秀的领导干部同样如此，例如，身为地委书记的孔繁森连块香皂都舍不得买，遇到贫穷藏民却常常倾囊相助，甚至靠卖血来资助失学儿童，身后仅留下 8 元 6 角钱，难怪藏族同胞称他为"活菩萨"。值得提出的是，当前的党政机关吃喝等浪费现象相当严重，已经引起了社会的不满。除去那些清水衙门，诸多部门是有事吃，没事也吃；庆祝吃，表扬吃，节日吃，总是找到机会吃。一般的实职官员是"天天有饭局，日日去应酬；顿顿有人请，不醉不回家"。吃喝是表象，钱从哪里来，归根结底是劳动者创造的，这种吃喝难免没有腐败现象掺杂其中。当前面对党政官员的各种浪费现象，有必要把反浪费作为政治任务来抓。苏联时期，苏联共产党就是把反对浪费作为政治任务来抓的，当时苏联共产党提出"向浪费现象、不负责现象、不懂商业现象进行无情的斗争"。② 这种做法是具有重大意义的，我们今天也应该这样做，力争消除党政机关的浪费现象。因为这是我们加快反腐败斗争的一项重要措施，江泽民同志 1997 年在党的十五大报告中已经把反腐败提高到关系党和国家生死存亡的高度，这在党的历史上还是第一次，以后很多重要讲话中也有这样的提法。为了加强党的执政能力建设，维护政权的稳定和国家长治久安，有必要把"浪费就是腐败"写进宪法和刑法等法律，切实加强节约管理。相对个人素质而言，制度环境的恶化是引发上述问题的根源，需要从制度上约束人，管理人。

二、节约有利于培养德才兼备的干部

人是社会的主宰，尤其是掌握着社会制度的制定权、社会生产的决定权、社会财富的分配权的官员，更是一个时代的掌舵人。他们的德才决定时代的发展方向和进步程度。所以，一个民族的繁荣昌盛、一个国家的长治久安关键靠人，主要是官员的德才，尤其是德。如何培养高尚的道德品质，历朝历代都十分重视，毫不例

---

① 参见《官员如何堪称公仆？八成人首选艰苦奋斗》，载《羊城晚报》2008 年 6 月 10 日。
② 〔苏〕卡西莫夫斯基：《节约制度》，清河译，北京：时代出版社，1954 年版，第 30 页。

外的是自古以来都通过节俭培养官员的道德品质。我们党衡量人才的标准是德才兼备,德是首要指标。有德无才者不能造福一方百姓;无德有才者容易堕落;无德无才者不仅无所作为,还会腐化变质。勤劳节俭有利于培养德才兼备的干部。因为对一个干部来说,勤奋、勤劳、勤政才能提高才能,才能为人民多做工作,做好工作,显示出他的能力;否则就会尸位素餐,贻误工作,给人民的事业造成损失。节俭才能廉洁,古人反复强调,“俭,德之共也”。可见,节俭是美好道德品质共同具有的内涵。对一个官员来说,具有这种品质更为重要。因为官员作为社会的管理者,他们并不直接创造财富,他们的收入都是纳税人提供的,但他们大都具有公共财富的支配权,有的还握有财富的分配权,如不节俭,多用的财富都是民脂民膏。所以,如果掌权者大手大脚,慷公家之慨,挥霍浪费,就是把人民的血汗不当数,就是对人民的犯罪,就应该受到惩罚。在今天没有浪费犯罪立法的情况下,稍有良知者也应该受到良心的谴责。今天我们有的官员在这方面对比封建社会的官员都是不如的。唐代诗人白居易在任县尉(相当于今天的副处级领导干部)时,去看了一回农民割麦子的情景,在麦田听到了拾穗老妇人“家田输税尽,拾此充饥肠”的诉说,回到衙门以后情不自禁自我反省起来:“今我何功德,曾不事农桑。吏禄三百石,岁宴有余粮。念此私自愧,尽日不能忘。”[1]他并没有挥霍浪费,而是看到劳动人民辛苦,出自对劳动人民的深厚感情,对照自己的俸禄而进行自觉反省。正是这种自觉的反省精神才使得白居易成为中国几千年封建社会中口碑很好的官员。今日不少高官厚禄者,在决策失误造成巨额损失面前,在挥霍国家巨额财产之时,在公费宴请剩下百分之七八十的高档食品面前,等等,请扪心自问是否有过自愧之感。如果一点自愧感都没有的人,说明连起码的良心都没有,根本谈不上对劳动人民的感情,这样的人又怎么成为人民的公仆呢? 所以,我们一定要把勤劳节俭作为干部的重要官德。每一个干部都要自觉地勤劳节俭。

第六节　节约有利于加强对青少年的教育

一、对青少年加强节约教育的重要性

青少年是人类的未来和希望。无论国家、民族或家庭,青少年的状况就是其未来的状况。清末民国初年学者梁启超曾说:“故今日之责任,不在他人,而全在我少年。少年智则国智,少年富则国富,少年强则国强,少年独立则国独立,少年自由则国自由,少年进步则国进步,少年胜于欧洲,则国胜于欧洲,少年雄于地球,则国

---

① 白居易:《观刈麦》,载于林庚主编:《中国现代诗歌选》(上编),北京:人民文学出版社,1983年版,第470页。

雄于地球。"①因此,要使国家、民族、家庭兴旺就必须注重对青少年的教育和培养。

对青少年的教育和培养包括许多方面的内容,勤劳节俭、艰苦奋斗是必不可少的。勤劳节俭、艰苦奋斗不仅是为了使青少年爱惜财物,更重要的是磨炼一种精神,这就是不畏艰难、昂扬向上的精神;同时培养一种状态,这就是所向披靡、坚定自信的状态。艰苦不仅有利于培养良好的精神风貌,磨炼坚强的人生意志,而且有利于培养独立的人格,适应艰苦的能力和锻造强健的体魄。清末名臣曾国藩在致其弟家书中曾说:"后辈体气远不如吾兄弟之强壮也。吾所以屡教家人崇俭习劳,盖艰苦则筋骨渐强,娇养则精力愈弱也。"②一个人如果在青少年时代能经历艰苦的磨炼,对于应付日后的人生挑战是大有好处的。

大量的事实告诉我们,人生的道路不会尽是坦途。梁启超曾说过,人生之顺境十之三四,逆境十之六七。人生顺境易过,逆境难熬;人生如何处逆境,与青少年时期是否培养坚韧顽强、艰苦奋斗精神有着密切关系。艰苦有利于人的成才。孟子说过:"天将降大任于斯人也,必先苦其心志,劳其筋骨,饿其体肤,空乏其身,行拂乱其所为。"西方的哲人也说过:"伟大源自苦难。"一个成就大事的人,必须要经受苦难的磨砺,于磨难中吸取经验,才能在社会上创出自己的事业。没有吃过苦的人,好比温室的花朵,一旦面临外界的凄风苦雨,就会委靡不振,最终凋零。③ 猪圈岂生千里马,花盆难养万年松。自古雄才多磨难,从来纨绔不英雄。苏联教育家马尔库沙说:"昂贵的玩具、阔气的穿戴——这是通向严重后果的最初阶梯。"这些都是千真万确的。有人调查过某市区的 50 名失足青年,其家庭多是"奢门"。过去讲"侯门多荡子",现在可是"奢门多败子"。

二、值得关注的"富不过三代"现象

改革开放以来,我国人民正在脱贫致富,不少人已经先富起来,在现实生活中,有的先富起来的人由于后代堕落又迅速走入贫穷。早在战国时代,有识之士就看到了"君子之泽五世而斩"的社会现象,俗语则云:"富不过三代。""一代苦二代富,三代吃花酒,四代穿破裤"这是一种十分普遍的现象。而现在有的甚至是富不过一代和两代。有研究表明,目前国内精英富人家族的孩子中,只有约 10% 的子女继承了父母的优良品质,成为了积极向上、勤奋好学的人。④ 另据资料显示,中国民营企业每分钟就有 9 家倒闭,能够生存 3 年以上的不足 10% 。⑤

---

① 吴嘉勋、李华兴主编:《梁启超选集》,上海:上海人民出版社,1984 年版,第 127 页。
② 唐浩明:《唐浩明评点曾国藩家书》(下),长沙:岳麓书社,2002 年版,第 202 页。
③ 参见吕叔春编:《荣氏家族如何富过三代》,北京:中国华侨出版社,2006 年版,第 23 页。
④ 参见王宇编著:《富过三代延续财富》,北京:中国物资出版社,2006 年版,第 3298 页。
⑤ 参见孙朝阳:《曾左桥:挫折中成就铝业帝国》,载《华商》2008 年 11 月。

曾国藩的外孙聂云台当年有感于旧中国上海的社会风气奢靡不正,于1942年至1943年间,撰写了《保富法》一书,将自己一生见闻的诸多显赫家族败于挥霍奢侈的事例结合历史经验教训劝诫世人。他说:"我住在上海五十余年,看见发财的人很多。发财以后有不到五年、十年就败的,有二三十年即败的,有四五十年败完的。我记得与先父往来的多数有钱人,有的做官,有的从商,都曾显赫一时,现在,多数已经家道没落了。有的是因为子孙嫖赌而挥霍一空,有的连子孙都无影无踪了。算起来,四五十年前的有钱人,现在家业没有全败的,子孙能读书、务正业、上进的,百家之中,仅有一两家了。"①写《曾国藩》小说的历史学家唐浩明说:"我曾有意识地去认识一些当年所谓中兴将帅的后裔,从他们那里打听其祖上的情况。令人遗憾的是,大多数的中兴将帅家庭从儿女那一辈起便不努力,到了孙辈曾孙辈,嫖赌抽大烟、游手好闲几乎成为通病,到最后潦倒沦落,将祖宗的脸面丢光。儿孙贤肖的家庭则不多。至于代代都有才俊的家庭,则仅曾氏一门。"②

富不过三代,非中国独有。葡萄牙有"富裕农民—贵族儿子—穷孙子"的说法;西班牙也有"酒店老板,儿子富人,孙子讨饭"的说法;德国则用3个词"创造、继承、毁灭"来代表三代人的命运;美国的家族企业在第二代能够存在的只有30%,到第三代还存在的只有12%,到第四代及四代以后依然存在的只剩3%了。

三、培养艰苦奋斗精神与富过三代

要富过三代,最重要的就是要培养后代的勤劳节俭、艰苦奋斗精神。古人曾说,"艰难困苦,玉汝于成";"生于忧患,死于安乐"。所以凡有远见卓识者都十分重视对后代的艰苦教育,要求青少年懂得:"一粥一饭当思来之不易,半丝半缕恒念物力维艰。"曾国藩的家族何以数代不仅没有衰落,而且代代都有才俊? 就在于曾国藩倡导了勤俭的良好家风。

被称为中国"红色资本家"的荣毅仁家族已经富过数代,其能如此,与其家族倡导的勤劳节俭、艰苦奋斗精神关系密切。荣氏家族的创始人,荣毅仁的父亲荣德生一生的座右铭是:"立上等愿,结中等缘,享下等福。"荣德生少年时,家境贫困,跟兄长荣宗敬到上海学徒弟。他十分勤奋,每天扫地、擦桌、跑街,在琐碎的杂务中忙不过停。每天睡觉前,他还要苦练一阵打算盘,疲倦了,把头伸到窗户外,做几个深呼吸,又继续回到桌边练。即便在酷暑中,他仍坚持练,衣裤浸湿,也不休息。③清苦的学徒生活,造就了他坚韧不拔的性格,使他在日后的艰难环境中能面对现

---

① 聂云台:《保富法》,北京:中国城市出版社,2007年版,第22页。
② 唐浩明:《唐浩明评点曾国藩家书》(上),长沙:岳麓书社,2002年版,第197页。
③ 参见吕叔春编:《荣氏家族如何富过三代》,北京:中国华侨出版社,2006年版,第25页。

实,克服各种艰难险阻,直至走向成功,为荣氏家族的兴旺奠定了雄厚的物质基础和树立了良好的家风。

华人首富李嘉诚信奉儒家"穷则独善其身,达则兼济天下"的处世哲学。一贯勤俭诚信。在教育子女方面,他要求儿子生活上克勤克俭,不求奢华。在谈到对子女教育时他说,99%是教他们做人的道理,要让他们知道苦难的生活。即使他们长大了,也是2/3教他们如何做人,1/3教他们如何做生意。李嘉诚毫不娇惯两个儿子,从小让他们懂得节俭,接受艰苦教育,带他们一同坐电车坐巴士,看路边报摊小女孩边卖报边温习功课的苦学态度。他给小孩零花钱时,先按10%的比例扣下一部分,名曰所得税,这样让小孩知道不是想要多少钱就可以得到多少钱,用钱时要细心盘算。李嘉诚的两个儿子大学毕业后,都想到父亲的公司干一番事业,但被李嘉诚拒绝了,兄弟俩只好去加拿大谋发展。① 正是李嘉诚的"冷酷无情",才陶冶了他们勇敢坚毅,不屈不挠的人格和品性,使兄弟俩都成为加拿大商界出类拔萃的人物,使李家能够延续财富,富过三代,成为华人首富。

为了培养后代的艰苦奋斗精神,许多明智者都不为子孙后代多留财富。先贤林则徐曾经说:"子孙若如我,留钱做什么,贤而多财,则损其志;子孙不如我,留钱做什么,愚而多财,益增其过。"蒙牛集团总裁牛根生说,对于孩子一定不能留给他们太多财富,留给他们太多财富会害了他们。这是很有见地的。可怜天下父母心,做父母的大都是希望自己在生之日子孙不受苦,自己死后,子孙能享福。可是,事物往往走向反面,这是事物的辩证法。父母在生之日不让子孙经历苦难的磨炼,他们最终会受更大的苦难,因为没有经过磨炼的人弱不禁风,于他人是小的苦难,对他们则是大的苦难,稍有波折就会一蹶不振,痛不欲生。父母留下大量的财富给子孙,他们用不着去奋斗就可以痛痛快快地享受。由于失去奋斗精神,追求享受之后便是寻求刺激,而最大的刺激是赌博和吸毒,一旦如此,不仅本人基本无法挽救,而且整个家族必然深受其害。

长辈不给子孙后代多留财富,并不等于不向子孙后代负责。有责任心的长辈会注意培训子孙后代正确的人生观、高尚的人格和人品、艰苦奋斗的精神、健康的体魄和谋生的手段等。有了这些,子孙就能创造财富,并使家族一代一代兴旺下去。

长辈不给子孙后代多留财富,这个说法是不准的。准确的说法是不多留物质财富。长辈给子孙后代应该多留下的是精神财富,这就是良好的家风、家规,如《颜氏家训》、《朱子家训》、《曾国藩家书》和一百多年前晋商中的乔家和常家的很多好的家规、家训,还有就是为国家、为民族的奉献精神,如扶贫济困、修桥筑路、兴

---

① 　参见王宇编:《富过三代延续财富》,北京:中国物资出版社,2006年版,第302页。

校办学的慈善精神,这些对子孙后代的进步和发展必将产生极大的激励作用。

另外,从一个国家和民族的角度来看,有责任心的长辈绝不能吃子孙饭,断子孙路,要将资源留给下一代。古人说,但将方寸地,留与子孙耕。资源留给后代,他们会懂得怎样去将它转化为自己所需要的财富。就像一个教会了子女做饭的家长一样,家长出差时,用不着把家里的大米全部煮成饭。只要家中有米,饥饿时,子女们会利用大米去做饭的。

第 十 章

节约型社会的主体

建设节约型社会必须要有承担建设任务的主体。节约型社会主体包括党政机关、企业、事业单位、学校、社区和家庭等。① 其中党政机关是主导,企业是主力军,事业单位具有重要作用,学校、社区和家庭的作用也不容忽视。明确了主体,建设节约型社会就有了抓手,各项工作才能顺利开展。

第一节　节约型党政机关

建设节约型社会,必须充分发挥党和政府的作用。因为党和政府是建设节约型社会的主导者:建设节约型社会是政府的一项重要经济职能,党和政府是建设节约型社会的思想指导者、体制设计者、政策制定者、行动推动者及表率。此外,王琦(2005)提出,政府还是建设节约型社会的协调者,对此,我们深表赞同。

一、我国党政机关的范围及特点

我国党政机关的范围相对较广,主要有党委(党组、党支部)、纪委、人大、政府、政协以及中华全国总工会、中国共产主义青年团、中华全国妇女联合会、中国科学技术协会、中华全国归国华侨联合会、中华全国台湾同胞联合会、中华全国青年联合会、中华全国工商业联合会等八个人民团体。② 此外一些没有与政府脱钩的行业协会、研究会等组织占用的是行政机关编制,事实上还承担一定的行政职能。

我国党政机关的特点有四个:一是范围广。如前所述,包括众多的部门,几乎覆盖社会的方方面面。二是人员多。党政机关臃肿是我国一个明显的问题,原中央组织部部长张全景接受采访时说,一个省有四五十个省级干部,几百个乃至上千个地厅级干部,一个县有几十个县级干部,可以说古今中外没有过。更何况一个省、市除省长、市长外,还有八九个副职,每个人再配上秘书,个别的还有助理。解

---

① 民间社团、军队也是建设节约型社会的主体,由于其复杂性,本书不予研究。
② 这八个组织属于人民团体,但是免于在民政部登记,在现实中发挥着一定的政治或经济作用。

放初期,一般就是一个县委书记,一个县长,或加一个副职,甚至没有副职。① 调查表明,平均每个乡镇党政内设机构为 16 个,其人员平均数 58 人,超过正常编制的 2—3 倍。② 三是职能交叉多。不少事情多个部门都有权力管理,但都不是最终负责部门。有了利益争先恐后,出了问题,相互推诿。这在国有企业表现得最为典型,立项由原计委负责,拨款由财政部门负责,经营者由组织人事部门负责任命,企业的思想政治工作由企业工委负责。四是办事效率低下。党政机关办事效率低下是我国多少年来的疑难病症,至今无人能够医治。邓小平、江泽民等领导人曾经批评过有关部门机构臃肿、效率低下的情况,有的文件、报告几个月不能得到批示。普通百姓去机关办事一次能够解决问题的很少,一般需要跑几次,有的甚至需要跑十几次到几十次,群众意见很大。同时,浪费严重。关于这一点,后面将有专门分析,这里就不展开论述了。

二、党政机关浪费的表现与原因

(一)我国党政机关浪费的表现

我国许多领域都存在严重的浪费,党政机关同样如此。综合有关资料,党政机关的浪费主要表现在以下几个方面。

(1)土地资源浪费严重。我国不同级别的党政机关占地多少、办公楼面积多大、不同级别干部办公室多大、装修规格怎样等,或者是没有统一规定,或者是有规定不执行。这就使得不少党政机关占地、建办公楼、办公室等出现了严重失控的现象,造成了严重的浪费。十分典型的如河南濮阳、甘肃兰州、山西粮食局等都因此被点名批评。一些地方的党政机关不仅建造得富丽堂皇,而且有人工湖、假山、游泳池等一流的休闲、健身设施;有的甚至有仿中国古代建筑和仿古罗马角斗士竞技场模式的建筑。占地之大、耗资之多无法估算。如武汉土地资源相对贫乏,同时土地资源锐减。仅 2000 年就因为建设占用耕地 910 公顷。其中原因之一就是有些机关和部门超规模批地,一要就是几百亩,甚至上千亩。另外,很多党政机关都建在交通便利、风景好的地点,使土地资源效益没有得到充分发挥。

(2)日常浪费惊人。《瞭望新闻周刊》2006 年第 44 期刊登了湖南大学廉政研究中心教授龙太江撰写的特稿,文中数据显示:2004 年全国公款吃喝 3700 亿元。③ 我国现在约有公车 400 万辆,每年耗资 3000 亿—4000 亿元,真正用于公务的仅占 1/3。如按照社会轿车的效益来计算,我国每年 3000 多亿元的公车开支中,至少有

---

① 参见于津涛:《须防"官多为患"——专访原中组部部长张全景》,载《瞭望东方周刊》2006 年第 34 期。

② 参见《乡镇机构超编 2—3 倍》,载《广州日报》2004 年 11 月 4 日。

③ 参见《2004 年公款吃掉 3700 亿》,载《科学决策》2006 年第 12 期。

2600 亿元被浪费。公款旅游浪费巨大,据有关估计,我国 1997 年以各种名义进行的公款旅游花费就达到 2835 亿元,2004 年仅出国考察旅游达 2000 亿元。此外,党政机关日常耗能、用水、用电等浪费相当严重。据北京市一项调查显示,48 家市、区政府机构 2004 年人均耗能量、年人均用水量、年人均用电量分别是北京居民的 4 倍、3 倍和 7 倍。

　　(3)机构臃肿。这个问题不仅浪费了大量人力资源,也浪费了大量物质资源。我国部分政府机关臃肿、人浮于事的现象明显。有学者认为我国公务员超标 20 倍。以统计部门为例,我国现行的统计制度很大程度上延续了计划经济时代的做法。我国中央、省、市、县都有统计局,乡镇以下也设有统计机构,而且越是上级,统计人员往往越多,呈现出倒金字塔形状。我国中央统计局拥有世界上最大的三支队伍:城市社会经济调查总队、农村经济社会调查总队、企业调查总队。在全国范围内调查,范围大、项目多,造成巨大的浪费。① 目前,我国仅县和县以下由农民养活的党政干部高达 1316.2 万人,全国吃财政饭的总人数已高达 4572 万人,另外,还有 500 万人依赖于政府赐予的权力实行自收自支。我们的百姓与吃皇粮的人口比已高达 26:1,这同西汉时期的 7945:1 相比,高出 306 倍;同东汉时期的 7464:1 相比,高出 292 倍;同唐朝 2927:1 相比,高出 110 倍;同元朝的 2613:1 相比,高出 100 倍;同明朝的 2299:1 相比,高出 89 倍;同清末的 911:1 相比,高出 35 倍。即使是同改革开放初期的 67:1 和 10 年前的 40:1 相比,吃皇粮者所占总人口的比重攀升之快,也是史无前例的,是令人堪忧的! 庞大的干部队伍造成了沉重的负担,使得不少基层党政机关债务累累。据有关专家估算,90 年代中期以来,我国仅乡镇一级政府欠债早已超过 2000 亿元,平均每个乡镇欠债在 450 万元以上。②

　　(4)政府采购的浪费。我国汽车采购额每年超过 500 亿元,每年用在公车上的开支达 3000 亿元③;办公设备盲目攀比,随意更换,贪新贪全,美其名曰多少年不落后,"超前眼光"成为标榜工作、炫耀政绩的"门面工程"。据不完全统计,因为政府办公设备闲置、更换和维修费用、提前报废,每年浪费至少近千亿元。大型科学仪器设备,是政府采购浪费的另一个领域。中国科协副主席栾恩杰说,原本由政府投巨资购买的大型科学仪器设备,却因多方面原因为某些部门和单位"独有",导致部分设备出现重复购置和闲置浪费。中部某省现有原值 50 万元以上的大型科学仪器设备 745 台,其中利用率在 30% 以下的有 171 台,占总数的 23%。栾恩杰还列举了 Modis 卫星接收系统的采购。该系统在美国仅有 16 套,英国、法国、德

　　①　参见顾海兵:《实用经济预测方法(第二版)》,北京:中国人民大学出版社,2005 年版,第 42 页。

　　②　参见任玉岭:《26 人供养一个官员的困局》,载《决策》2005 年第 4 期。

　　③　参见李忠峰:《公车改革试点启动　货币化成变相加薪?》,载《市场报》2005 年 11 月 16 日。

国等大部分欧洲国家均各有 1 套，它们都是通过共享满足需求。但在我国，目前已经购买了 17 套，仅在北京地区就有 8 套，而各部门、各地区还有 80 套的购买计划。不少发达国家的仪器设备利用率高达 170%—200%，而我国拥有的科学仪器设备的数量比欧盟 15 国的总量还多，但大多"闲得发慌"，许多仪器设备的利用率不到 25%，甚至更低。①

（二）我国党政机关浪费的原因

我国党政机关的浪费长期存在，原因比较复杂，主要有：

（1）公共财产权不明晰。党政机关作为上层建筑是建立在一定的经济基础上的。根据马克思的经济基础与上层建筑关系的理论，有什么样的经济基础，一般就会有什么样的上层建筑。我国传统的公有制形式产权不明晰，是造成企事业单位浪费的根本原因，同时，也是造成党政机关浪费的根本原因。党政机关的财产固然不能明晰到人，但经济基础的产权不明晰会使党政机关工作人员对公共财产的使用不负责任。同时，经济基础的产权不明晰，使纳税人纳税不尽责任，对党政部门的钱失去有效监督。

（2）节约制度欠缺。党政机关的节约制度欠缺是造成严重浪费的重要原因，如目前我国没有统一的政府机构能源消耗标准，没有建立有效的能源体制报告制度和节能考核奖惩制度。在这种没有制度约束的情况下，出现浪费是不可避免的。

（3）节约机制不完善。目前机关中没有人对节约具体负责，很多单位也没有具体的节约标准、节约实施措施、处罚措施、奖励措施，使节约工作停留在口头上、字面上。如此一来，节约的效果自然欠佳，甚至在有的单位节约工作只是说说而已。

（4）部门过多，尤其是协调性部门过多。党政机关的工作部门太多，一般省级政府有 20 多个组成部门，还有 10—20 个直属机构，这么多的部门要运转，增加了协调成本。问题在于省市县还有一些负责联络、沟通的部门，典型的是各地的驻京办。报载，省级政府所辖部门设立的驻京联络处 125 家；地级政府驻京联络处 325 家；县级政府驻京联络处 204 家；其他承担政府职能的驻京联络处 39 家。②

（5）节能产品推广使用不够。党政机关高耗能的重要原因之一是节能产品的推广和运用不够，很多机关单位还没有普及节能产品。其中既有认识上的不足，也有客观条件的制约。

（6）管理主体不明确。目前我国党政机关没有相应的机构和人员负责节约工作，尚未有规划和政策规定哪个部门负责此事，因此机关的浪费往往无人过问。按

---

① 参见肖波：《政府采购年浪费千亿元忒可惜》，载《经济观察报》2006 年 3 月 8 日。
② 参见张向东、勾新雨：《驻京办亮出"家底"》，载《经济观察报》2006 年 12 月 4 日。

照国家发展和改革委的设计,敦促政府机构节能就需要建立政府机构能耗统计体系,明确能耗定额标准。①

　　(7)节约意识淡薄。由于多种原因,部分公务员的节约意识淡薄,认为自己节约与否对社会的影响很小,为了工作的方便不关电脑、不关空调。他们中有的人对公有财产漠不关心,使公共财产成为一块"公共面包",大家都可以任意地吃,无人对此负责,形成了"公地悲剧"。

三、建设节约型党政机关的内容

　　节约型党政机关是建设节约型社会的题中应有之义,也是建设节约中国的首要任务。

(一)明确建设节约型党政机关的目标

　　增强机关干部职工的资源节约意识,使资源浪费的现象得到有效遏制,实现电、水、油、办公纸、单位建筑面积能耗和人均能耗"六个减少";广泛使用资源节约技术,使资源利用效率和资源管理水平有较大提高;建立健全资源节约长效机制,建立党政机关能耗统计体系,完善管理规章制度;加强机关节能采购规范化建设和建筑节能改造工作;严格控制办公楼项目建设,制止奢侈浪费等不良现象;严把会议、文件审核关。

　　对党政机关来说,节约是一项长期和普遍的任务。不同级别,不同规模的党政机关在不同时期应该有各自节约的目标。其目标可以根据以上内容,结合自身实际确定。

(二)明确建设节约型党政机关的主要内容

　　(1)节约用地。①不同级别的党政机关的办公场所、行政中心占地多少要有统一规定,绝不允许党政机关利用职权滥占土地。②不同级别的党政机关办公室、会议室数量、面积要登记检查,对超过规定的要采取整改措施,限期整改。绝不允许随意建筑,造成很多办公室的浪费。③对不同级别党政干部办公室的面积、装修规格要登记、检查,对超过标准的要采取整改措施,限期整改。绝不允许党政干部随意扩大自己的办公室面积和提高装修规格。④各级党政机关都要努力精简机构,克服人浮于事的现象,提高工作效率,降低行政成本,提高执政能力。

　　(2)节约用水。①各级党政机关单位抓紧更换已经老化的供水管线,安装或更换节水龙头,以及卫生间安装节水装置,避免"长流水"现象的发生。②各级党政机关单位工作人员每天要根据实际需要供应开水,参加会议人员要将喝剩的矿泉水带走,杜绝"剩半瓶"现象。③各级党政机关绿地养护部门要根据天气预报,

---

　　① 　参见吴九占编著:《节约型机关》,北京:中国时代经济出版社,2005 年版,第48 页。

提高雨水利用率,科学、适时地喷灌绿地;在干旱季节和特别缺水的地区,办公区要建立与应用雨水收集系统;要研究"中水"改造方案,尽可能利用废水养护绿地,节约绿化用水,提高水资源利用率。④禁止用高压清洁自来水冲洗车辆和公共场所。

(3)节约用电。①各级党政机关工作人员在办公时间要充分利用自然光照,减少照明设备电耗,要做到人走灯关;计算机处于长时间待机或工作完成时,要及时切断电源。②有中央空调的办公楼要安装变频系统,科学地解决无效耗能问题;夏季空调控温在摄氏26℃以上,避免温度过低增加能耗;冬季取暖要注意节约用电用煤。③新建办公楼办公室的照明灯要安装分路式开关,根据需要开启照明灯,公共区域的照明灯具要安装自动控制开关,防止"长明灯"现象发生。④按照岗位责任制度的要求,安排专人对办公区内照明用电情况进行巡视监督,及时关灯。

(4)节约办公费用。①按照既保证工作需要,又防止浪费的原则,科学合理地确定费用包干,试行经费包干和办公用品包干制度。②工作人员要尽可能降低纸张消耗,要尽量在电子媒介上修改文稿,减少重复打印次数,提倡双面用纸;根据工作需要,严格控制文件印刷数量;注重信封、复印纸再利用;提倡在机关内部用铅笔书写信封,以利于信封的多次使用。③工作人员要尽可能使用钢笔书写,减少圆珠笔或其他一次性签字笔的使用量。打印机、复印机的墨水、墨粉用完时,要重装后再次使用。④根据工作需要,制定办公设备配备标准,严格控制办公设备的采购。

(5)减少会议和文件。①各级党政机关应该开的会议要开好,要提高会议的效率和效益,要限制会议文件的字数和发言的时间。②各级党政机关不该开的会议和可开可不开的会议,坚决不开。③各级党政机关要尽量少开大会和长会,必须要开的大会尽量开短或改为电视电话会议。④各级党政机关绝不允许在风景旅游景点开会或假借开会之名,行参观旅游消费之实。⑤各级党政干部要克服赶会局、签名、领礼品、剪彩等现象。⑥要严格控制会议费用,不允许在高规格的宾馆、酒店开会,不允许发礼品、纪念品,会议的预算和实际费用要向媒体公开。(7)法律已经有明确规定的事项就不要再发文件。

(6)节约燃油。①工作人员外出进行一般的非紧急性公务活动,要尽可能乘坐社会公交车辆;集体公务活动不得分散使用多辆小客车。②公务车队要加强公务用车管理,严禁公车私用;要根据车型和排气量,科学核定单车的油耗定额,并严格执行;要按照国家有关规定,科学合理地确定车辆使用年限,及时报废、淘汰环保不达标、油耗高的车辆。③加快公务用车制度改革步伐,建立和完善公务用车社会化的管理体制。

(7)节约粮食。①各机关食堂配餐人员要合理掌握配餐尺度,科学配餐;机关用餐人员购买饭菜时,要注意数量,杜绝"剩半盆"现象。②会议及招待用餐要严格注意节约,大力提倡自助餐,杜绝浪费现象。

（8）建筑节能。①各级党政机关单位在新建、扩建、维修、改造办公和业务用房的设计时，要进行资源节约和经济效益的可行性研究，注重引进新技术、新材料，充分利用现代科技成果节约资源。②广泛采用新型墙体材料，降低能源消耗；注重运用太阳能技术、地热资源，节约空调系统的能源消耗，降低运行成本。③积极推广高效节能型灯具、器具，降低电能消耗；普遍推广感应式水龙头，使用节水型产品，降低水资源消耗；积极应用"中水"技术，促进水资源的循环，提高水资源利用率。①

四、建设节约型党政机关的措施

党政机关是公务员办公的场所。它们在全社会各种各样的机关中处于领导和中心地位，其节约行为对于全社会具有示范效应和表率作用，对于促进节约型社会的整体建设有很大作用。建设节约型党政机关要从以下几个方面努力。

（一）成立建设节约型党政机关的组织领导机构

建议成立由各级政府主管财政工作的行政副职牵头、各级机关主要负责同志参加的党政机关节约领导机构，可称为节约领导小组。中央及省节约领导小组下设两个中心：一是节约宣传教育研究中心，只在中央及省两级设立；二是节约管理监督中心，各级政府设立相应中心。

（二）明确节约领导小组的职能

（1）中央或省节约宣传教育研究中心负责全国或省党政机关节约活动的发动宣传、节约教育活动的组织实施、节约制度措施及节约指标和节约理论的研究等。（2）各级节约管理监督中心主要负责各级党政机关节约活动的管理监督工作。中央或省节约管理监督中心负责指导全国或省党政机关开展资源节约及全国或省党政机关的节约管理监督工作，定期收集和公布全国或省各市县党政机关行政费用节约达标情况。省以下节约管理监督中心负责相应级别党政机关的节约管理监督及指导下级管理监督中心的工作。各级节约管理监督中心都要定期总结开展节约活动取得的经验，分析和研究工作中存在的问题，提出深入开展资源节约的措施和办法。

（三）开展建设节约型社会的宣传教育活动

由中央、省节约宣传教育研究中心具体负责组织和督促资源节约宣传教育活动。利用电台、电视台开展专题讲座、经验交流、知识答卷、典型展览等活动；利用报纸、杂志进行节约宣传和理论探讨。开展经常性的节约宣传活动。每年可将八

① 参见《泉州市洛江区人民政府关于加强政府机构节能工作的通知》，泉州市洛江公众信息网2007 年 7 月 16 日，http://www.qzlj.gov.cn/NewsFile/20080429220758484.doc。

月份作为"资源节约宣传月"，强化广大干部职工及年轻公务员，尤其是行政机关初任公务员的资源意识和节约意识，牢固树立"节约光荣、浪费资源可耻"的观念。在中央、省节约宣传教育研究中心的指导下开展工作。

（四）建立刚性的领导干部任期制度，逐步减少官员数量

认真执行《党政领导干部职务任期暂行规定》、《党政领导干部交流工作规定》、《党政领导干部任职回避暂行规定》，深化人事制度改革。对各单位的巡视员、调研员要严格控制数量，谨防非领导职务普遍化、随意化。

（五）降低干部换届与调动的社会摩擦成本

干部换届与调动是一个充满"摩擦"的过程，不仅包括主要领导干部与非领导干部之间的"摩擦"，还包括新干部与原有干部之间的"摩擦"。此外还有不同的执政理念、施政方针的"摩擦"。解决这些"摩擦"是需要耗费成本的，主要通过选举、调查、谈话等方式来处理。为此，需要通过严格的法律程序实现干部换届与调动，以公开透明的程序和德能勤绩廉的标准选拔任用干部，这样可以逐步降低干部换届与调动的"摩擦成本"。

（六）建立健全建设节约型党政机关的工作制度

一是建立健全统一规范的办公条件制度。各级党政机关的占地面积、建筑面积、办公室数量，不同级别干部办公室面积、装修规格、办公室电话、电脑等设备的配备，没有统一规定的要作出统一规定；已有规定的要检查、落实，对于超过规定的要进行整改。二是建立健全资源消耗的岗位责任制。各级党政机关要结合本单位资源消耗的具体情况，将资源节约责任分解落实到财务、房管、车管、物资采购等具体部门或工作岗位，建立健全明确的岗位责任制，使资源节约工作件件有人管，事事有人问。三是建立健全资源消耗的统计报告制度。各级党政机关要建立健全资源消耗统计报告制度，全面、准确地统计本单位的办公用品、水、电、燃油等资源消耗的数据，定期报告本单位资源消耗、费用开支的增减变动及合理性情况，让广大干部职工了解本单位的资源消耗情况，使节约资源成为大家的自觉行为。四是建立健全资源节约奖惩考核制度。各级党政机关要定期分析研究本单位资源消耗的统计报告数据，查找管理中的薄弱环节，提出减少资源浪费、降低资源消耗的具体建议和措施，制定合理的办公用品、水电、燃油等资源的消耗定额，建立科学的考核制度，利用适当的经济手段促进资源节约工作深入开展，建立相应的奖惩制度。另外，要将资源节约作为教育和考核干部的一项重要内容。五是建立健全资源节约活动巡视督察制度。各级节约管理监督中心要在所管辖的党政机关范围内开展经常性的检查活动，发现问题，及时纠正。各级党政机关也要组织经常性的自查工作，防止浪费现象的产生。六是建立健全资源浪费行为责任追究制度。各级党政机关不仅要自觉开展资源节约活动，而且要积极参与对浪费的监督，发现重大的资

源浪费行为或现象,要及时制止、纠正,并在各自单位范围内予以通报。七是建立健全规范的职务消费制度。一要合理确定职务消费的范围;二要做好职务消费预算控制;三要建立职务消费公开透明机制,使其成为"阳光下的职务消费"。八是建立健全浪费举报制度。要号召广大干部群众对党政干部的浪费行为及时举报,要设立反浪费电话举报专线,对举报者要进行奖励,对浪费行为要通过新闻媒体曝光,对参与浪费的党政干部要予以通报批评,问题严重者要给予党纪政纪法纪处分。

第二节 节约型企业

企业有三种基本的法律形式,一是业主制企业,二是合伙制企业,三是公司制企业。① 企业是建设节约型社会的主力军。

一、我国企业的分类

根据不同的分类标准,企业有不同的类别。根据企业的经营内容和行业属性,可以分为工业企业、农业企业、商业企业、交通运输企业、建筑安装企业、邮电企业、金融企业、科技企业等。根据企业的所有制性质和有关法律规定可以分为,国有企业、集体企业、私营(个体)企业、混合所有制企业和外商独资企业。根据企业规模可以分为,大型企业、中型企业、小型企业等。对在工商行政管理机关登记注册的企业划分类型称为"企业登记注册类型"。企业登记注册类型包括三大类:①内资企业。包括国有企业、集体企业、股份合作企业、联营企业、有限责任公司、股份有限公司、私营企业、其他企业。②港澳台商投资企业。包括与港澳台商合资经营企业、港澳台商独资经营企业、港澳台商投资股份有限公司。③外商投资企业。包括中外合资经营企业、中外合作经营企业、外商独资企业、外商投资股份有限公司等。②

二、企业浪费的表现与原因

(一)我国企业浪费的表现

(1)生产成本高,原材料浪费严重。2004 年,国家统计局统计科学研究所的专家通过大量的对比分析,得出了一个让人们触目惊心的结论:我国是世界上生产成

---

① 参见吴敬琏:《当代中国经济改革》,上海:上海远东出版社,2004 年版,第 124—125 页。
② 参见刘树成主编:《现代经济辞典》,南京:凤凰出版社、江苏人民出版社,2005 年版,第 781 页。

本最高的国家之一。从另一个角度说,也就是世界上生产过程中浪费最严重的国家之一。以 2001 年为例,我国单位产出能耗比单位产出能耗较高的美国高出 2.3 倍,比单位产出能耗较低的日本高出 5.1 倍,比韩国、马来西亚、泰国、巴西等中等收入国家的平均水平高出 58%。

(2)物流成本高。资料显示,发达国家平均物流成本是 10%,中国企业平均物流成本则要高出一倍,达到 20%,中国企业要把 20% 的运营成本投入到与物流有关的事项中。世界著名的沃顿商学院和波士顿咨询公司联合推出的研究报告认为,中国物流成本高的原因,一是物流企业过于分散,缺少应用现代流通技术的企业;二是中国的高速公路不足,流通效率低。[①]

(3)能源浪费严重。2000 年燃煤工业锅炉平均运行效率为 65%,比国际先进水平低 15—20 个百分点;中小电动机平均效率 87%,风机、水泵平均设计效率 75%,均比国际先进水平低 5 个百分点,系统运行效率低近 20 个百分点;机动车燃油经济性水平比欧洲低 25%,比日本低 20%,比美国整体水平低 10%;载货汽车百吨公里耗油 7.6 升,比国外先进水平高 1 倍以上;内河运输船舶油耗比国外先进水平高 10%—20%。

(4)建筑企业耗能奇高。中国建筑耗能超过发达国家 2—3 倍,其中生产水泥的能耗高于世界先进水平的 50%。高耗能造成了严重的浪费,中国工程院院士顾真安形容说:"2002 年,我国水泥排放的粉尘为 1000 万吨,相当于把两个水泥厂的产量排上了天空。"[②]

(5)交易成本高。中国具有极其优越的低转型成本优势,在中国设厂加工有很大优势,但是中国的交易成本很高。如果中国企业不能解决过高的交易成本而失去总成本的优势,就不可避免地在竞争中败北。交易成本高有多种原因,如制度不健全、规则不透明、诚信状况不好等,都会增加交易成本。而中介组织发展不足(包括银行和非银行金融机构、批发零售业等),不能为生产和流通企业提供高素质的中介服务,则是交易成本高的一个重要原因。[③]

(6)小规模企业资源消耗量大、节约难。利用先进科学技术和设备的节约可以为企业带来经济效益,但更换设备所需要的大量资金需要以企业一定的经济规模为基础。小型企业如果要通过改进生产技术和设备来提高资源利用率,实现资源循环使用,资金将是它们面临的最大的难题。

(二)企业浪费的主要原因

首先,国有企业产权不清晰,无人关心国有资产是国有企业浪费的根本原因。

---

① 参见黄庭满:《中国进入高成本期》,载《经济参考报》2005 年 6 月 27 日。
② 参见李大庆:《30 多名院士倡议建设节约型社会》,载《科技日报》2005 年 2 月 28 日。
③ 参见《吴敬琏:中国企业交易成本过高》,载《南方都市报》2002 年 12 月 5 日。

其次,小企业的生产方式大多以劳动密集型和资源密集型为主,对资源的利用率偏低,一些企业存在的浪费和污染现象也相当严重。要改变这种状况,最直接、有效的方式就是要求这些企业进行技术改造,使其生产方式逐渐向技术密集型转变。然而由于这些企业规模小,其中还有不少企业采用类似家庭管理的模式,管理者的文化素质不高,对技改和节约的紧迫性认识不足;再加上企业本身资金紧张,难以承担更新设备和生产技术所需的资金,所以要求这些企业进行节约的难度较大。再次,管理水平落后造成资金、人才浪费。因为企业家不注重人才资源的培育与开发,先进适用的技术工艺不能得到运用,经济效益难以提高。最后,我国法治环境欠佳,造成交易成本过高。信用失调、诉讼成本高等原因造成取得贷款等的交易成本很高。

三、建设节约型企业的主要内容

节约型企业是指既追求企业生产成本节约又兼顾社会因企业生产所付出的社会成本的节约,既考虑企业自身效益又兼顾社会效益、生态效益,既考虑当前利益又兼顾长远利益,使企业生产成本和社会因企业生产而必须支付的社会成本之和达到其应有最小值,使企业自身效益与社会效益之和达到其应有最大值,以营利为目的的生产经营单位。节约型企业在生产、流通诸领域的各个环节,通过采取技术、经济和行政等综合性措施,不断提高资源利用率,以尽可能少的资源消耗和环境代价,满足企业生产经营发展。根据国内外企业的经验,企业节约的主要内容有:

一是保证产需对路。卖难是市场经济中的普遍问题。产品卖不出去,造成的浪费常常是巨大的。要解决卖难问题,必须充分了解市场信息,研究消费趋势,采取订单生产等。二是降低生产成本。产品要符合设计要求、达到国内外最优标准,在同行中成本最低。主要是购买合格的原材料,使用能够节约原材料、节约时间的机器设备和工艺,配备相应的技术工人。三是降低交易成本。以往人们往往认为企业成本中,最为重要的是生产成本,而实际上主要成本在于交易成本。诺斯将成本分为加工(或转型)成本和交易成本。供应链管理中有一个概念叫"软三元",即加工成本只占 1/4,交易成本占 3/4。① 因此,企业重在降低流通过程中的成本,这样才能使企业发展的后劲充足。四是提高产品质量。产品质量不高是我国企业普遍存在的问题,除了假冒伪劣有地方保护外,还在于我国企业质量意识不强,企业家短视的现象比较明显。要提高产品质量,就要不断地消除部分政府机关对假冒伪劣产品的保护,开展多层次的打假斗争,提高企业家把企业做强做大做优的意

---

① 参见吴敬琏:《中国增长模式抉择》,上海:上海远东出版社,2006 年版,第 203 页。

识,摆脱企业家与政治家不分的体制和思想束缚。

四、建设节约型企业的措施①

如何建设节约型企业,不少理论工作者和实际工作者都发表了见解。如张兴尧(2006)认为,建设节约型企业机制为重。② 楚宝香(2004)总结了彩虹集团建设和发展资源节约型企业的经验。③ 郑承凤(2006)提出在企业设立节约型班组的做法。④ 具体来看,主要观点有以下几个方面。

(一)根据市场需要进行生产,减少决策失误造成的浪费

企业生产的产品只有符合市场需要才能销售出去,获得利润。如果不根据市场需要进行盲目生产、扩建项目,就很容易造成失误,造成浪费。因此,要进行详细的市场调查,研究市场需要的多样性、层次性、伸缩性、上升性,确定产品的种类、规格、型号等指标,不断开拓市场。

(二)树立正确的资源成本观,使节约成为全体员工的行为准则

一切节约归根到底都是资源的节约。无论对产品加工型企业还是服务型企业,其投入的都是资源,都必须要节约,包括一滴水、一滴油、一度电甚至是一颗不起眼的别针都要节约,以最低的资源消耗,实现效益上的最大化。同时,重视塑造企业员工的"主人意识",企业领导不要以企业唯一主人的身份自居。在企业内部,节约不应只是管理者一个人的事情,更是每位员工共同的责任,让节约成为企业的核心竞争力。如果单靠管理者或管理监督制度而缺乏员工的主动配合,则无法达到最佳的效果。因此,企业领导者必须让每一位员工都能把自己看做是企业的主人,把企业的财产看做是所有员工的共同财产,那样,大家才会自觉严格地执行各项节约制度,从被动节约转变为主动节约,珍惜企业的一草一木,节约企业的各种资源,让企业里的每一份资产都产生最大的经济效益。

(三)加强监督管理,建立严格的节约制度

要实现企业资源的节约,除了要有一整套科学规范的生产工艺流程、成本核算与管理制度外,还应建立起包括公开透明的招待制度、奖罚分明的用车制度等一系列细致完整的制度,给全体员工一个遵守的规范。厦门厦顺铝箔有限公司是国家级高新技术企业,他们除在各期工程都引进了一套先进完善的生产设备外,还针对本公司各重要及辅助设备运行状况,在节约电能方面,采取了每月逐级地执行电能

---

① 本段参考了课题组:《建设节约型企业,促进厦门经济发展》的部分内容,引自厦门统计信息网 2006 年 2 月 10 日,http://www.stats-xm.gov.cn/starese/tjdc00092.htm。

② 参见张兴尧:《节约型企业机制为重》,载《中国石油企业》2006 年第 7 期。

③ 参见楚宝香:《彩虹集团:建设与发展资源节约型企业》,载《现代企业》2004 年第 12 期。

④ 参见郑承凤:《企业建立"节约型班组"应做好七项工作》,载《西南造纸》2006 年第 5 期。

计量管理、电能消费统计和报告、各机台用电设备电能消耗成本管理等制度,并且派出相应的人员进行有关节能降耗方面的培训与交流。

(四)加强流通管理,降低流通费用

根据市场需要进行生产,避免盲目生产。加强原材料等生产要素和供、产、销各环节的管理。对购进的原材料进行科学、严格的检验,确保质量达到要求,不出现废料。加强财务管理机制,管好每一分钱。提高资金周转速度,减少闲置资金的数量和缩短闲置时间,做到财尽其用。根据行业特征、自身生产能力和市场供应情况,确定原材料存货比例。[①] 当存多少存多少,能少存或不存的,尽量少存或不存。因为存货就是存钱,却没有利息,贷款购货还要支付利息;存货还要占用仓库,产生保管费用;有的存货的使用价值还会丧失。企业要开展节能竞赛,调动干部职工节约的积极性和主动性。更新技术设备和生产工艺,采用先进适用的科学技术和管理方法,尽量降低物耗和能耗。发展电子商务。电子商务的兴起大大降低了商业流通费用,降低了商业预付资本,加速了商业资本周转。另外,由于网络的受众面广泛,销售渠道宽,企业可以节省诸如广告等费用,加速了商业资本周转。推广合同能源管理。合同能源管理是一种以节省能源费用来支付节能项目全部成本的节能投资方式。节能项目由节能公司实施,节能公司以分享节能项目实施后产生的节能效益来获得利润。

(五)建立和谐劳资关系,充分发挥工人的主人翁作用

毋庸讳言,现在我国不少企业存在着较为严重的劳资矛盾,工人集体静坐、集体辞职等影响生产,使一些商品不能按时生产造成原材料腐烂变质、供货不及时影响信誉等造成浪费的问题并不鲜见。和谐的劳资关系能够减少管理层和工人之间的矛盾,使管理层与工人能够和谐相处,尽量避免摩擦。因此,企业要坚持以人为本,既要关心工人的经济利益,又要充分尊重工人的民主权利。加强企业文化建设,让工人在工作之余享受到活泼多样的文化生活,使其身心愉悦。

(六)进一步完善相关法律体系,提高浪费资源的代价

法律法规作为政府部门进行宏观调控的重要手段,可以利用其强制性的特点,在一些特定的方面对企业进行约束和规范,督促企业在节约方面做出改进。由于我国在节约型企业的立法方面还处于起步阶段,经验相对缺乏,在细节方面不可避免地存在一些问题,可以参考发达国家发展节约型企业的立法经验,尝试在以下两个方面进行改进:①将能效标准和标识作为一种重要的节能法规形式,强制执行。

---

① 企业需要原材料存货,是为了降低最终产品的生产成本。企业拥有存货,就不仅可以节省时间,还可以节约管理、通信和运输费用,此外,还能保证投入的随时供应。参见〔美〕杰弗里·萨克斯、费利普·拉雷恩:《全球视角的宏观经济学》,费方域等译,上海:上海三联书店、上海人民出版社,2004年版,第118页。

许多发达国家都将企业生产的相关产品、设备、系统的最低能源效率标准,以法律法规的形式颁布执行,强迫企业达到该标准的要求。②提高企业浪费公有资源的代价。将企业浪费资源、污染环境所需承担的成本提升,从而加大其成本压力,迫使企业转向节约型生产方式。在防治环境污染方面,目前我国法律规定对企业造成环境污染的最高处罚额度仅 20 万元,远低于其他国家,所以应该考虑增加对造成污染的企业的最高罚款数额,加大对污染情况较严重的企业的处罚力度;在阻止过度使用资源方面,可以学习芬兰等欧盟国家的做法,对企业使用各种资源征收资源环境税,将环境等外部成本内置于资源中,从而提高资源的使用成本。

(七)建立政策激励机制,充分调动企业积极性

单纯依靠法律强制规定而缺乏实际的利益,很难激发企业主动节约的积极性。因此,在利用法律的强制手段的基础上,还应该制定更多的优惠政策对企业进行引导,通过对节约型企业的各种激励机制以及对中小型企业的资金扶植,给主动节约的企业以实际利益,吸引更多的企业主动向节约型转变:①节能专项补贴、减免税政策。对采用高效节能设备或利用绿色能源的设备进行生产经营活动的企业,除了给予政策上已规定的专项补贴外,还可以参考美国和日本所采用的税收政策,减免这些企业相应的税收,如将节能设备和系统购置费用的 7% 直接从应交所得税中扣除,或对这些设备和系统采用加速折旧法进行折旧等。②节约基金和低息贷款政策。英国政府"能源效率基金"的做法值得参考,即由政府出资成立一个专门用于鼓励企业节约、推动各种节约技术普及的"资源效率基金",该基金除了给予那些为节约作出贡献的企业金钱上的奖励之外,还可以提供帮助企业进行技术改制的专项低息贷款,以解决中小型企业资金短缺的燃眉之急,保证其顺利转向节约型生产。

(八)加强重点企业管理,充分发挥能量系统优化的作用

重点企业耗能高,抓这些企业的节能,见效明显。目前中央政策强调工业节能,突出抓好钢铁、有色金属、煤炭、电力、石油石化、化工、建材等重点耗能行业和年耗能 1 万吨标准煤以上企业的节能工作,组织实施千家企业节能行动。能量系统优化专家、美国艾斯本公司孙嗣敏博士说,美国通常一个炼油厂或化工厂每年的耗能成本为 2 亿—3 亿美元,而典型的能量系统优化项目将节约 5%—15% 的能源。由于中国的这些炼油厂和化工厂能源利用效率与国际先进水平相比有较大差距,所以通过能量系统优化将极大地挖掘这些工厂的节能潜力。能量系统优化项目的投资回收期通常在几个月至一年,但一次投入后每年都带来收益。据简单测算,推广能量系统优化后,中石油和中石化每年可以节约成本 100 亿元以上。①

---

① 参见林威:《系统优化成为节能重中之重》,载《中国证券报》2006 年 9 月 1 日。

（九）对重点企业进行能源审计，促进企业节约

年度电力消耗 1000 万千瓦时以上的企业为重点企业，要求配备专职的能源管理人员，对该类企业耗能情况进行管理，向经贸委（商务厅、贸工局）报告情况。经贸委、能源办等单位要对企业耗能情况进行审计，根据情况，有奖有罚。

第三节　节约型事业单位

事业单位是一个有中国特色的概念，其英文较为准确的意译为"Public Service Unit"（公共服务机构）。而究竟如何定义"事业单位"，众说纷纭。在国外，类似于事业单位的机构，或相对于政府机构而言，称之为"非政府组织"（NGO）；或相对于企业而言，称之为"非营利机构"（NPO）。我国的行政法规和规章对"事业单位"的定义也几经变迁。王鸿（2005）认为，对于事业单位的定义一应适应社会主义市场经济体制下，社会公共服务的发展要求；二应立足于社会主义条件下，国家对人民的责任，充分反映社会主义制度的优越性。因此，事业单位是指以实现社会公共利益为目的，由国家机构或其他组织利用国有资产而依法设立的从事社会公共服务活动的组织。①

一、我国事业单位的分类

我国的事业单位主要是在计划经济体制下建立和发展起来的，其主要职能是提供教育、医疗、科研、文娱、体育等公共服务。按照经费来源和权力支配等标准可以把我国事业单位分为以下四类。②

（1）行政支持类事业单位。主要指经国家法律和法规授权、受政府委托承担具体行政行为或具有为政府行政行为提供行政支持、执法监督、行政保障等职能的单位，如各类行政执法机构、独立监督机构等。

（2）纯公益类事业单位。主要指承担国家交办的发展公益事业任务，面向社会提供普遍服务的单位。如义务教育、基础科研、社科研究、信息统计、公共图书馆、纪念馆、博物馆、文物保护、群众艺术馆、文化馆、公共卫生服务、环境保护、体育运动、社会福利等单位。

（3）准公益类事业单位。主要指承担国家交办的发展公益事业任务，面向社会提供普遍服务但不是国家指定性任务，而是国家允许、提倡和鼓励发展的公益事业。如非义务教育、非营利医疗卫生、文化艺术、水利资源维护、文化设施、体育设

---

① 参见王鸿：《事业单位改革的基本法律问题》，载《中国经济时报》2005 年 12 月 6 日。
② 参见陈梓旗：《事业单位改革的价值取向》，载《引进与咨询》2004 年第 12 期。

施、基层农业社会化服务机构等单位。

（4）经营类事业单位。主要指承担的不是国家指令性任务，而是国家允许、提倡和鼓励的公益事业，其产品具有一定公益性的单位。如大中专学校所属的实习工厂、农场、俱乐部、宾馆（培训中心）、招待所、房屋维修队、劳动服务公司、物资供应站、开发性科研机构、市政施工单位、房地产管理单位、工程勘察设计单位、非公益性地质勘察单位、经济鉴证类社会中介机构、电影公司、各类农林牧渔场等单位。

二、事业单位浪费的表现与原因

在传统的计划经济体制下形成的事业单位机构臃肿、效率低下，已经难以适应目前中国市场经济的需要，严重制约了经济和社会的协调发展。大量事业单位代行部分政府职能，造成政府职能范围的混乱，导致宏观调控乏力，行政效率降低，政府机构膨胀，财政负担加重。由于事业单位分别附属于不同的政府机构，从而造成了不同程度的行政性垄断，导致市场分割和资源浪费。

（一）事业单位浪费的表现

（1）人员多，财政负担重。目前中国有各类事业单位130多万个，有工作人员2900多万人和国有资产近3000亿元。中国70%以上的科研人员、95%以上的教师和医生都集中在由政府出资举办的各类事业单位，其各项事业经费支出占政府财政支出的30%以上。随着社会经济的发展，公民对事业单位的服务要求进一步提高，因此中国的公共服务面临着紧缺的尴尬局面，这就要求中国必须加大对公共服务领域的投入，也就面临着人员的增多，财政负担的更进一步加重。同时，国有企业改革、政府机构改革、大学生分配、军转干部分配时大量的人员分流到了事业单位，事业单位已成为政府机构精简人员的缓冲器。这使得事业单位的负担、压力、支出越来越不堪重负，所有的经费都花在"人头费"上还不够。

（2）机构复杂。介于政府组织和营利组织之间的事业单位由于广泛渗透于政府和企业之间，导致了政事、企事不分，况且由于事业单位分别附属于不同的政府机构，从而造成了不同程度的行政性垄断，导致市场分割，造成了人力资源和财力的一大浪费。原国家发展和改革委员会副主任李盛霖说："中国事业单位改革的方向，是要建立一个能够与社会主义市场经济体制相适应、满足公共服务需要、科学合理、精简高效的现代事业组织体系。"这从侧面证实了我国事业单位目前还不够精简，运行效率还不高。

（3）管理乱，整体效能差。我国的事业单位虽然在管理方面正在由原来"政府主办并主管"的指导思想逐步转变为以"政事合作"的指导思想，但是，由于没有相关的法规制度的配合，造成了现在管理方面各自为政、条块分割的局面并没有改变。同时，由于传统事业单位的行政级别特点导致了内部缺乏严格的财务管理与经济核算,没有建立科学的目标管理体系及绩效考核制度,缺少商业化资本运作和经营,效率低下,不能积极有效地配合政府在公共服务事业上的部署,也就不能达到规模效应。

(4)改革不彻底。虽然自1978年以来在中央"政事分开、政企分开"的指导下对事业单位进行了一系列的改革、引导和调整,但是事业单位改革仍然处于局部试点,单项推进的探索阶段。况且由于缺乏强有力的政策力度,缺乏明确的依据和目标,改革步骤设计的不周全,效果并不明显。改革只是一个形式,只是停留在表层改革,改革并没有彻底,缺乏应有的广度、深度和力度。很多单位都是为了精简人员或者为了缩减经费而改革的。很明显,这样的改革并不能改变现有的管理体制,治标而不能治本。这也导致了我国在实行事业单位改革与发展的进程中落后于时代的要求及政治与经济体制的改革步伐。

(二)事业单位存在浪费的原因

(1)职能定位不清。目前事业单位既有纯粹公益性质的,也有企业化运作的,还有一些事业单位仍然掌握行政权力,相当于行政机关。其中企业化运作的事业单位浪费较少,因为它们不再享受财政拨款待遇,而且内部约束加强;公益性质的事业单位依靠社会、财政来维持,生机不强;拥有行政权力的事业单位和行政机关的运作相同,浪费自然不轻。

(2)职能重复多。以从事经济理论研究的单位为例,社会科学院、发展研究中心、政策研究室、高等院校等都在从事这一方面的研究,但研究的内容、结论没有太大区别,重复劳动很多。

(3)管理不善。国有、半国有事业单位虽不是国有企业,也不是党政机关,但在管理上与国有企业、党政机关相似,由于产权不明晰也存在"公地悲剧"。私营性质的事业单位由于产权清晰,实行企业化运作,浪费较少。

三、建设节约型事业单位的主要内容及措施

(一)建设节约型事业单位的主要内容

建设节约型事业单位的内容很多,除去一般的水、电、资金等方面的节约之外,还要在事业单位规模、人事关系、资金来源方面下工夫。通过改革,使承担公共职能的事业单位归并到行政机关,不承担行政职能的事业单位走向市场,实行企业化运作。

(二)建设节约型事业单位的措施

(1)制定节约型事业单位的规划。古人说,凡事预则立,不预则废。制定节约规划,也就是预先防范浪费。事业单位的节约规划要从本单位的实际出发,提出切实可行的目标、内容和措施。

（2）建立严格的奖惩制度。为了调动事业单位人员节约的积极性,应建立奖惩制度。主要包括:实行奖励的原则、种类、奖金的数额、发放程序及对浪费资源者的处罚规定等。

（3）扩大宣传教育。对事业单位工作人员和工勤人员持之以恒地加强节约教育,把节约内容纳入人员招收、录用和培训之中,使节约成为他们的自觉行动。

（4）领导高度重视。建立事业单位节约领导小组,组长具体负责。以节约为目标,以资金、车辆、固定资产、水、电节约为重点,层层落实,步步推进节约型事业单位的建设。

（5）完善后勤管理机制。按照后勤社会化的总体目标,事业单位逐步减少后勤人员的数量,在条件成熟的时候把后勤推向社会。学校等事业单位不再保留与其有产权关系的食堂、医院、车队、电影院等附属机构。

第四节　节约型学校①

我国人口多,学校自然也多。改革开放以来,随着经济建设对人才的需求不断扩大和进行国际交流的需要,我国的学校越来越多,消耗的资源数量也越来越大。建设节约型社会既需要学校自身节约,也需要学校在节约理论研究、政策制定、节约教育等诸多方面发挥智力支持作用。

一、我国学校的分类及特点

按照教育层次,我国的学校可以分为托儿所、幼儿园、小学、初中、高中、中等专科学校(含技校、卫校)、大学(含专科、本科院校、科研单位);按照学生在校学习的时间,可以分为全日制、半日制和业余学校;按照学生对象可分为成人学校、子弟学校、普通学校等。我国的学校有几个特点:一是学校数量多。几乎村村有小学,镇镇(乡乡)有中学;每条街道都有托儿所,每个单位都有机关幼儿园,每个大型工厂至少有一所学校,每个系统都有自己的学校。如党校、军校、警校、卫校、税务学校、财经学校、水利电力学校、铁路学校、统计培训学院、子弟学校等等。近年来在民办教育加快发展的新形势下,诞生了许多民办幼儿园、中小学和高校。二是运行效率低下。学校资源包括教师,一般是单位所有,很难共享,造成各个学校都是基本功能齐全的单位,万事不求人。这样一来,学校资源的利用率很低,很多设施都闲置不用。三是学校待遇不公平。多数学校是政府、企业的下属单位,资金、人事、住房

① 在我国,公立学校属于事业单位,民办学校则不属于事业单位,因此公立学校的节约问题与事业单位是相似的。由于我国学校的数量很多,地位特殊,浪费问题突出,故独立成节探讨。

都是主管单位给予的,由于各地经济发展水平不同,主要领导对教育的重视程度不同,各地学校之间、同地异校之间的教师待遇差别很大。

二、学校浪费的表现与原因

(一)学校浪费的表现

学校浪费的表现很多,概括起来主要有以下几个方面。

(1)人才浪费。在许多经济相对发达的城市,学校对人才的要求普遍提高。多数高校的经济、管理、文史类教师门槛是博士,少数紧缺专业起点为硕士。有些单位领导从小团体利益出发,甚至凭个人好恶决定人才的去留和升迁。对本校(院、系)根本用不上或一时用不上而其他学校(院、系)又急需的人才卡住不放;对专业业务突出、棱角太分明的教师存有成见,即使工作职位急需也架空不用,造成了人才的闲置性浪费。

(2)水、电、粮食的浪费。在学校日常生活中,浪费水的现象,比比皆是。洗漱不关水龙头、用完水后水龙头不拧紧、洗浴时只需用小流却用中流而只需用中流却用大流的现象屡见不鲜,见怪不怪。高校用电浪费十分严重。学校里面长时间挂在 QQ 上的学生、教师、职工不计其数。据测算,全国所有注册 QQ 的用户每人升一级所耗费的电量,可以让一盏 60 瓦的灯泡持续亮 3200 万年[①],按照每度电 0.6元计算,这一项就耗费 100.8 亿元人民币。这些人中,占比例最大的是高校年轻人。不关电脑或者关主机不关显示器、打印机,开着大灯还开台灯的现象相当普遍,部分高校的硕士生楼、博士生、博士后公寓往往深夜还是灯火通明。在浪费粮食方面,寄读制学校中经常出现剩饭、剩菜现象。据不完全统计,全国有近 2000 所高校,在校学生约 2000 万人,保守估计一年浪费的粮食就达到 12 万吨,大约够 67万人吃一年。据有人测算,武汉科技大学食堂一年倒掉饭菜价值达上百万元[②],如此推算全国高校一年倒掉的饭菜至少达十亿元。

(3)公共设施的浪费。几乎所有的学校,尤其是高校都在扩建校舍,增加高楼。自 1998 年以来,在"扩招风"的影响下,全国高校建筑面积迅速扩大,浪费问题也随之而来。不少宿舍、教室出现空置,即使没有出现空闲的学校,自习室利用率不高,教室很多时候是闲置的。还因此养着一批闲人看管教室。各大学校几乎都有自己的医院、车队、发电设施,尽管这些设施的使用效率极低,学校却为此付出了较为沉重的

---

① 参见《节约建院,节约中国》,河北建筑工程学院机械工程系网站 2007 年 8 月 18 日,http://www.hebiace.edu.cn/20051126/article/2007-08/3359.htm。

② 参见甘丽华:《武汉科技大学食堂一年倒掉饭菜价值上百万》,载《中国青年报》2005 年 4 月 9日。

代价。报载,甘肃有些学校甚至处在破产的边缘,情况比较危急。①

(4)各种证件的浪费。目前,经济发展了,学校颁发的各种证件也变得越来越精美了。学校的学生证、借阅证、游泳证、毕业证、学位证、会员证都变得光彩了许多,面积、体积也逐渐变大,价格也越来越高。其实,没有必要弄这么多的证件,也没必要搞得如此高档和华丽。

(二)学校浪费的原因

学校浪费的原因与事业单位有所不同,主要有以下方面。②

(1)不健康的消费观念。相互攀比,追求时髦等风气在部分教师和学生中颇有市场,造成高档奢侈消费,频繁更换手机等现象。学校之间为了攀比,争相建设高档教学设施,购买先进设备,但使用效率很低。

(2)不充分的激励机制。以高校为例,高校缺乏科学的成本核算与竞争机制,而政府仍然采用计划的方式来配置教育资源,于是出现布局结构和规模的不合理,造成教育资源的巨大浪费。此外,政府的拨款方式对高校间引入竞争机制的激励不足,对高校提高效益和自主融资努力的激励不够,投入到高等教育中的有限资源,有许多没有花在教学与科研的刀刃上,造成了浪费。

(3)不合时宜的政策措施。由于定位不准、更改校名、扩大招生规模、扩张校区面积等盲目行为比较普遍,各种政绩工程、形象工程以及对大学急功近利的各种评估等不合时宜的政策是促成学校浪费的原因。政府对高校的投资往往与评估结果挂钩,这就导致学校异常重视评估工作,与评估有关的项目投入自然很大,不少是没有实际价值的,有些建设项目纯粹是摆样子、浪费钱。

三、建设节约型学校的内容及措施

(一)建设节约型学校的主要内容

建设节约型学校是一个较为复杂的问题,涉及的方面比较多,因此建设节约型学校包括的范围也是比较广泛的,大致说来有以下几个方面。

(1)制定实施节约型学校的规章制度。建设节约型学校需要由教育部牵头,军委政治部、社会科学院、党校、行政学院等单位配合,制定通用的学校节约规章制度。通过制度明确单位节约的负责人、奖惩措施、实施细则,约束浪费,实现节约。

(2)优化教学资源。优化教师、教室、实验室、水、电等资源,是建设节约型学校的重要内容。现有的收费项目和标准没有与学生培养成本挂钩,造成水、电、设备使用、耗材等教学资源惊人的浪费。毕业论文和纸质公文的打印、办公用品和各

---

① 参见《甘肃高校"破产"隐患凸显》,载《中国青年报》2007年1月27日。
② 参见冯树清:《关于建设节约型校园的思考》,载《理论前沿》2006年第16期。

系学生活动用品的分散采购、教学仪器和实验设施的低效率使用等浪费。① 水、电、粮、纸、车等方面的浪费是学校浪费的突出问题,迫切需要解决。

(二)建设节约型学校的措施

(1)加强领导,成立节约领导小组或节约办公室。各个学校都要成立一个专门的主管节约的机构,称为节约领导小组、节约资源管理中心或者节约工作办公室等名称。负责全校的节约规划、指导、宣传、监督等方面的工作。

(2)出台节能规定,加强监督检查。要制定详细的节约管理规定,要横管到边,纵管到底,不留死角。同时,发挥辅导员、学生会、自律会的作用,加强监督检查,确保已有的规定落到实处,起到应有的作用。

(3)领导带头,全体师生员工参与。学校领导、教职员工应率先垂范,厉行节约,反对浪费。学校各办公室须合理设置空调温度,下班后关闭空调、打印机、复印机、显示器、传真机等用电设备。随手关灯,杜绝"白昼灯"、"长明灯"。采购并使用再生纸、节能灯、低排量汽车等环保产品。学校可以利用教职工代表大会及每周的校会,总结节约资源工作,使广大教师树立"建设节约型学校"的理念,用他们的实际行动感染学生。

(4)尽力杜绝人才浪费,充分发挥各类人才的作用。尽力创造机会,使各类人才充分发挥作用。学校是人才荟萃之地,要人尽其才,必须坚持"不唯学历、不唯学校、不唯性别、不唯年龄、不唯职称"的原则,从实际出发唯才是用。同时,克服文人相轻的现象,造就和谐局面,促进人的才能竞相迸发。

(5)采取多种形式,营造学校节约氛围。通过在学校显著位置张贴海报、标语、漫画、组织师生签名等活动,宣传我国面临资源紧缺的严峻形势,宣传"建设节约型学校、班级、社团"的重要意义,宣传普及节约的基本知识和方法,表彰节约资源的先进班级、年级、院系、社团和个人,批评浪费资源的现象,营造"建设节约型学校"的浓厚氛围,形成"浪费可耻、浪费有罪,节约光荣、节约有功"的校园风尚。各级党校、行政学院、军校、警校和普通高等院校在这一方面应发挥带头作用。

(6)更新陈旧设施,利用高科技设备节约能源。要对各级各类学校进行一次彻底的用水、用电、用车大检查。这样的检查不仅针对那些破旧校舍的各种设施,还要检查新建学校的各种设施状况。要摸清实际情况,不符合节约标准的要整修,用先进适用的技术设施改造现有的落后设施。

(7)培养消费道德②,限制过高消费。消费道德教育是道德教育的重要组成部

---

① 参见冯树清:《关于建设节约型校园的思考》,载《理论前沿》2006 年第 16 期。

② 经济伦理学术语。主要研究个体道德价值观念和社会道德风尚对人们消费行为的影响,以及人们应遵循的消费道德规范。参见王敏正、万安培主编:《节约型社会词典》,北京:中国财政经济出版社,2006 年版,第 434 页。

分,国家教育主管部门应出台各类学生管理规定,学校制定校规,制定限制性措施,不允许学生到过于高档的消费场所消费和消费不应属于学生消费的消费品。对那些领取贫困补贴的学生要注意监督,防止有人一边领贫困补贴,一边去高消费。对于违反者采取一定的经济处罚措施。

(8)将节俭作为终生教育,培养艰苦奋斗精神。学校是培养人才的场所,学生在学校所受教育不仅影响其日后的工作,而且影响其个人的一生。学生在学校必须受到良好的勤劳节俭教育,培养艰苦奋斗精神,这对于培养其高尚的道德品质,以后适应人生的各种挑战都是大有好处的。勤俭节约、艰苦奋斗的教育不是权宜之计,而应该作为每个人的终生教育。因此,不仅中小学、大专院校要开始专门的节约教育课程,而且各级党校、行政学院等继续教育学校都应开设专门的节约教育课程,要把勤俭节约作为考核学生(员)品行的重要内容。

第五节　节约型社区

社区是社会的功能单元,包括经济、社会、自然三个子系统,几乎涉及建设节约型社会的方方面面。建设节约型社区是建设节约型社会的一项重要内容,在我国加快城市化进程的今天,社区的作用更加突出。

一、社区是社会的功能单元

"社区"是外来词语,是在20世纪30年代经美国传到中国的。[1] 社区是指人们共同生活的一定区域,如城镇、街道等。社区的定义多达上百种,但社区应具备的要素是相同的,即一定数量的人口,一定范围的地域空间,一定类型的社区活动,一定数量的社区设施,一定特征的社区文化。这样看来,社区是社会的功能单元。所谓节约型社区是在传统社区的基础上,将资源节约作为社区创建的重要内容,即从社区的规划、设计、消费、管理等方面始终贯彻节约的理念,使之成为既节约资源、保护环境,又有益于人们的身心健康,且与经济、社会、环境的可持续发展相协调的人类居住地。[2]

二、社区浪费的表现

我国社区众多,区域差异很大,浪费的形式很多,概括起来有以下几个方面。

(1)建筑房屋的浪费。我国很多社区尤其是高档社区的闲置率较高,不能发

---

① 参见李琼编著:《节约型社区》,北京:中国时代经济出版社,2005年版,第5页。
② 参见李琼编著:《节约型社区》,北京:中国时代经济出版社,2005年版,第11页。

挥其设计功能。据统计,我国建筑能耗占能源总消费量的比重逐年上升,从 20 世纪 70 年代末的 10%,上升到近年的 32%;单位建筑面积能耗是发达国家的 2—3 倍以上;每年城乡新建房屋建筑面积近 20 亿平方米,其中 80% 以上为高耗能建筑;既有建筑近 400 亿平方米,95% 以上是高能耗建筑——房地产业已成为最大的单项能耗行业。①

（2）社会能源的浪费。已有设施的耗能很高,有关方面对北京市 96 家大型公共建筑的调查数据显示,这些占北京市总量近 1/5 的大型公共建筑共有高耗能灯具 155.2 万只,其中高耗能白炽灯 17.1 万只,日光灯 69.3 万只,占总数的 55%。2004 年北京市照明用电 49 亿度,如果使用高效照明产品可以节电 60%—70%。如此计算,北京市仅照明用电一项的节能潜力在 29.4 亿度,相当于 60 万千瓦火电机组一年的发电量。②

（3）公共设施的浪费。与传统的企业、行政机关相似,社区存在着一应俱全的观念,什么设施都想配备,但花钱装配之后却很少使用。不少社区设立了社区卫生所、医院等公共服务设施,但到这些地方就诊的患者很少。有些社区配备的公共服务设施与社区居民需求不符,造成利用率不高。

节约型社区存在浪费的原因与前面机关、企业、事业单位、学校等的浪费原因大同小异,故此处从略。

三、建设节约型社区的内容及措施

（一）建设节约型社区的内容

社区不仅仅是一个地域概念,还涵盖了人与自然、人与社会之间的关系,可以看做经济、社会、自然三个子系统相互结合的复合生态系统。节约型社区不仅涉及规划、设计与建设问题,还涉及居民生活方式等多方面的社会问题。从目前的发展水平来看,建设节约型社区至少包括以下几个方面。

（1）节约型建筑。我国建筑面积广大,目前有 400 多亿平方米,预计到 2020 年还将新增建筑面积约 300 亿平方米。③ 来自建设部的数据显示,目前建造和使用建筑直接、间接消耗的能源占全社会总能耗的 46.7%,用水占城市用水的 47%,使用的钢材和水泥分别占全国总使用量的 30% 和 25%。④ 因此,很有必要发展节约型建筑,社区是发展节约型建筑的重要战场。节约型建筑包含的内容主要是:节约

---

① 参见张震:《我国绿色建筑的现状和对策》,载《中国科技信息》2008 年第 16 期。

② 参见俞丽虹、王文韬:《北京高能耗照明一年浪费一个秦山核电站发电量》,载《中国青年报》2005 年 7 月 7 日。

③ 参见汪光焘:《应对能源资源挑战　共同促进可持续发展》,载《住宅科技》2005 年第 4 期。

④ 参见晓欣:《节能:从建筑开始》,载《太原日报》2005 年 4 月 28 日。

土地、建材等,建筑成本低,传统特色与现代节能技术相统一,建筑小环境与周围环境相适应。

（2）节约型公共设施。目前很多社区具有一些公共设施,如卫生间、文体室、娱乐场所等公共设施,随着生活水平的不断上升,这些公共设施会越来越完善。在发展的同时必须注意节约,要防止社区文化、体育设施的设置脱离社区实际的问题,节约型社区中的公共设施一定要根据本社区的不同年龄、性别居民的需要设置,尽量使这些设施的作用得到充分发挥。

（3）节约型社区的管理制度。按照节约的原则,各个社区根据自身情况和条件建立管理制度,并将制度落到实处。主要是社区的建筑规划、设施的规划和使用等方面的制度。

（二）建设节约型社区的措施

（1）建立领导机构。节约型社区的建设和运作都需要居委会或者业主委员会的领导①,要根据有关法规的规定选出居委会和业主委员会,然后再组成节约型社区建设领导小组具体负责。为了发挥社区老居民空闲时间较多的优势,可以考虑由部分公益心较强的老同志参与领导和组织。

（2）调动居民的积极性。节约型社区的建设最需要广大居民的参与,没有他们的参与就是空话。要使居民认识并行使自己的节约权利,尽到义务。为此,要确定共同认可的节能目标、节约标准、节约原则,组织居民召开社区节约论证会,请他们提出措施和建议。设立节约监督卫士,采取能够引起居民注意的形式来提醒那些浪费的居民,建设绿色社区。

（3）采取奖励措施。通过设立奖励资金、评选节约家庭、节约居民并与其他社区项目挂钩等措施,鼓励节约,反对浪费。通过物质和精神激励来引导居民节约。对社区内的企事业单位,也要采取类似措施。

（4）设立责任约束。确定社区内企事业单位、家庭和个人在建设节约型社区中的责任,签订责任书,按照责任书定期检查督促。

（5）建设节约型建筑。通过前面论述可知,节约型建筑是建设节约型社区的硬件设施,是很多设施的核心,在社区中占有重要地位。要按照节约型建筑物的标准,进行设计施工。

（6）建设节约型公共设施。节约型公共设施是指适合社区实际需要,能够促进社区发展的公共设施。在规划时就要遵循节约的原则,不超前建设,能够满足多数人的基本需要即可。如1万人以下的社区不需建设游泳池,5万人以下的社区

---

① 业主委员会是一个物业管理区域内代表全体业主物业管理权益的法定组织,独立行使民事权利,承担相应的民事责任。业主委员会的民事责任由全体业主分担。

不必建设篮球场、足球场,等等。

(7)建立适度消费、勤俭节约的节约型生活服务体系。适度消费即根据本社区的情况来消费,不能盲目攀比,搞社区消费竞赛。在生活服务体系上,要坚持节约的原则。

(8)明确家庭及单位的责任。必须明确节约型社区的建设是整个社区的大事,需要社区内企事业单位、家庭、个人共同努力,为此要确定各自的责任。家庭是主体,单位是重点。

(9)将勤俭节约作为社区文化的重要内容。为了使来自五湖四海的社区居民增进了解,加强团结,促进和谐,每个社区都要有自身特色的文化。勤俭节约、敬老尊贤、感恩礼让等都应成为社区文化的重要内容。因此,社区要利用多种机会,采用适合社区需要的宣传教育活动,使节俭成为社区居民的自觉行动。

第六节　节约型家庭

随着物质精神生活水平的不断提高,家庭消费规模和能力会逐渐增强。家庭不仅是消费单位,而且还是节约教育的单位。节约教育的最初始学校是家庭。

一、家庭节约潜力巨大

家庭是社会的细胞,是节约的重要力量。没有节约型家庭,建设节约型社会难以成功的。节约型家庭是指能够把勤俭节约精神贯穿于日常生活中,做到合理适度消费、绿色消费,在节电、节油、节水、节粮等方面发挥带头作用的家庭。建设节约型家庭,能够改变家庭成员的生活方式,使家庭成员树立节约意识,从而创造出节约型的消费需求,这是建设节约型家庭的关键,因为节约型的消费需求,必须要有节约型的供给与之相配合。据统计,家庭耗电占全社会用电量的10%左右[1],因此,家庭节电的作用不能低估。东部沿海省市经济发展水平较高,人民相对富裕,户均彩电、空调、小汽车拥有量位居全国前列,消耗资源相对较多,这方面节约的潜力较大。以广东为例,2005年,广东省有2346万个家庭,[2]每个用户一天节约一度电,全省一天就可以节约2346万度电。家庭应在节约用水、电、气、油等方面努力,尽量减少浪费。据了解,安装变频空调节电,和一般空调相比,变频空调最大节能效果能达到30%以上。对一个有3台(两台1.5匹,一台2匹)空调的普通家庭来

---

① 吴敏:《电力调价杠杆能"顶"多少事》,载《新京报》2004年5月26日。

② 《广东省2005年全国1%人口抽样调查主要数据公报(第一号)》,中华人民共和国国家统计局网2006年3月20日,http://www.stats.gov.cn/tjgb/rkpcgb/dfrkpcgb/t20060320_402311911.htm.。

说,按平均每天运转 5 小时、每年使用 120 天算,使用变频空调比使用一般空调 1 年就能节电 1000 多度,节约电费 500 元以上。每节约 1 千瓦时电,就相应节约了 0.4 千克标准煤,4 升净水,同时减少 0.272 千克粉尘,0.997 千克二氧化碳,0.03 千克二氧化硫。[①] 我国有近 4 亿家庭,无论哪方面,每个家庭节约一点点,全国就是一个巨大的数字;每个家庭浪费一点点,全国也是一个巨大的数字。可见,我国家庭节约的潜能是很大的,需要从多方面去挖掘。

二、家庭浪费的表现

近几年来我国的家庭主要是城镇家庭消费猛增,奢侈性浪费已现端倪。据法国《论坛报》援引安永咨询公司的研究报告说,2004 年中国人购买奢侈品的花费达 20 亿美元,占全球名牌奢侈品总销售额的 11%。2006 年 11 月 2 日《论坛报》载文指出:许多商业调查都表明,2011 年后中国定会赶超美国和日本成为世界第一大奢侈品消费市场,中国人消费的名牌产品可望超过其总量的 1/4,中国将成为世界名牌奢侈品的“关键市场”。目前中国人用于购买名牌的钱每年递增 20%,到 2015 年,中国人将消费全球 29% 的名牌奢侈品。[②]

当前社会上出现的奢侈品消费年轻化的趋势应引起广泛重视。动辄上万元的高价奢侈品,在今天的中国都能找到大量的年轻拥趸。调查显示,我国这个正快速成长的群体的平均年龄比欧美国家小了至少 5 岁,并且主要由两类人构成:以年轻的高级白领为主的新兴时尚阶层和年龄在 25 岁上下被称为“酷一族”的更为年轻的群体。根据调查,耐克、法拉利、索尼、苹果、宝马等国外品牌,都被“酷一族”认作是自己所需要的国际名牌。尽管尚不具备相应的经济实力,但他们已经开始用其中一些名牌来点缀自己。而且,不少年轻人为了购买奢侈品不惜透支消费、寅吃卯粮,成为“负一代”。中国社会科学院研究员黄平指出,影响我国奢侈品消费出现年轻化的因素很多。在大环境上,这是中国经济和社会迅猛发展的映照。2003 年中国人均 GDP 超过 1000 美元。从以往国外的经验来看,人均 GDP 超过 1000 美元,消费结构将向发展型、享受型升级,过去的奢侈品将转化为居民的必需品。另外,奢侈品消费年轻化的蔓延不可忽视心理上的因素。富裕人群的膨胀,必然导致高档消费行为在各地迅速增多,其榜样作用也渐趋明显。当身边高消费群体增多时,年轻人出于从众、攀比和身份等心理需要,逐渐从接受、购买到养成习惯,导致年轻的奢侈品消费者骤增。站在社会消费信贷的角度看,从 20 世纪 90 年代后兴

---

① 辜文金:《重新认识浪费的危害》,载《人民日报》2004 年 7 月 12 日。

② 陈俊侠:《法刊称:奢侈品消费,中国将成世界第一》,新华网巴黎专电,中国网 2006 年 11 月 2 日,http://www.china.com.cn/chinese/sy/1020249.htm。

起的"花明天的钱圆今天的梦"的观念迅速被年轻人接受。适度负债消费固然有利于拉动内需,刺激经济增长,但如今很多年轻人没养成相应的理财能力,花钱无度。同时我国就业形势不容乐观,收入不稳定,物价、汇率、税收等经济参数变化大,这就使得高负债消费可能使他们尝到"资不抵债"的苦果。由于我国内地还没推出个人破产制度,个人信用档案也没有建立起来,因此,很多高负债的年轻消费者没有太多顾忌。

据信息产业部统计,截至 2004 年上半年,我国平均每年淘汰近 7000 万部手机,与之相伴的是巨大的资源浪费和恼人的电子垃圾。我们期待我国的电子消费最终能够回归理性,让似乎渐行渐远的"艰苦朴素"重植于市场和消费者的心里。① 目前,人们在庆祝生日、结婚、安葬等方面的消费也日趋扩大,浪费奢靡之风甚笃。例如,2006 年,重庆一位百岁老太太为了庆祝生日,邀请亲朋好友聚会,摆下 108 桌寿宴,耗资 10 万元。② 婚礼的花费已经超过了常人的想象,由几万上升到几十万、上百万。修墓安葬的方式占用了很多土地,全国墓葬占地已超过 100 万亩,面积仅 3.3 万平方公里的海南省,每年有 900 亩土地变成坟茔;在经济较发达的温州,全年修坟建墓占去的土地约为 100 万平方米。做棺材耗费大量木材,全国每年仅用于做棺材的木材就达 300 多万立方米,相当于中国四大林区之一的福建省一年的采伐量。至于寿衣、冥币等消费,更是不计其数。③

家庭浪费原因与本章前面分析的浪费原因同样大同小异,在此不作赘述。

三、建设节约型家庭的内容及措施

(一)建设节约型家庭的内容

因为现代社会家庭多样化趋势明显,建设节约型家庭的内容也难以统一,但主要内容是基本一致的,一般是以下几个方面。

(1)节约使用钱财。钱财是价值形态的财富。在市场经济条件下,钱财是家庭财富的主要存在形式。家庭节约的主要内容是钱财的节约。在这方面,家庭要特别注意从实际出发,量入为出,切忌脱离实际,寅吃卯粮,追求豪华奢侈。现在一些地方的奢侈品消费日渐抬头,这是极为有害的。还有就是超前消费的观念也在影响不少人,尤其是年轻一代。另外,家庭的钱财收支要有计划。常言道:"吃不穷,穿不穷,不会打算一世穷。"这说明了家庭的收支计划对于家庭兴旺的重要性。

(2)节约使用物品。物品是以使用价值形态存在的财富形式。家庭消费包括

---

① 参见张淼淼、朱薇:《一月换一部手机:奢侈的手机消费是消费变态》,新华网 2006 年 11 月 4 日,http://news.xinhuanet.com/fortune/2005-11/04/content_3730125.htm。

② 参见常宇:《百岁老太摆 108 桌寿宴耗资 10 万元》,载《重庆晨报》2006 年 3 月 19 日。

③ 参见黄铁苗、孙宝强:《"死不起"的哀叹》,载《南方日报》2005 年 8 月 11 日。

衣、食、住、行等一切物品。节约也需要从基本生活物品开始,要把节约水、电、煤、油、柴,肉、菜、米放在首位。不要小看这些方面的节约,2005 年我国将近 4 亿户的家庭①,如果每个家庭都注意节约,加起来就是一个巨大的数字。

(3)适度消费,合理消费,健康消费,绿色消费。社会生产的目的是满足人们的需要,这个需要是在可以承受和接纳的范围之内的需要,超过了适度范围就是空想。如果每个家庭都要占有 $100m^2$ 的住房,甚至几套住房,自然是无拘无束,十分舒服。但这只能是空想,地球不能提供这样的条件。消费也需要适度,要考虑自己的客观需要和现实可能性。因此引导适度、健康、绿色消费十分重要,符合国情,也利于个人和国家发展。

(二)建设节约型家庭的措施

建设节约型家庭可以从以下几点着眼。

(1)明确家庭节约的内容。一说起节约型家庭,很多人就会想到那些清贫的家庭才是节约型家庭,拥有汽车、别墅的家庭就不是节约型家庭。其实节约型家庭是指能从节约原则出发,合理使用钱财及各种生活资料的家庭。具体来说就是能做到不浪费钱财、粮食、水、电等物品的家庭。例如不追求豪华奢侈、铺张浪费,不打开过多的灯,不让电视机等家电待机,不使用"长流水"洗漱,不扔掉可以食用的饭菜,不占用太多的房间。买东西时少用塑料袋,最好带上布袋子或菜篮子。外出就餐时按需点菜,吃剩打包;同时,少用快餐盒、纸杯、纸盘等,尤其要少用或不用一次性筷子。少用小轿车,多乘公交车;少用木杆铅笔,多用自动铅笔;拒食野生动物,拒用野生动物制品等。

(2)建立奖励措施。目前我国立法机关还没有制定和实施反浪费的法律,即使是地方法规也没有。将来有了这样的法规,对家庭来说,其约束力也不会大,可操作性差。处罚不行就要从奖励入手,给节约者以物质和精神上的鼓励,刺激周围的人向他们学习,这样经过一个较长时期的观念变迁,节约之风就会树立起来。因此,建议设立节约型家庭奖,可以称为"节俭之家"或"勤俭之家"。由社区或单位根据其家庭成员节约的事迹、成效、影响以及家庭成员人均耗水、电等指标来评定这一奖励。可以设立一定的奖金和以挂牌、通报表彰等方式进行奖励,使家庭节约蔚然成风。

(3)采用灵活简便的外出方式。外出旅游成为近年来我国城镇家庭消费的重要组成部分,但不同的旅游方式的花费大不相同。据介绍,跟随旅游团出行、自驾车出行和自己组团出行三种方式外出的成本相差很大,往往是自驾车最贵,跟着旅

---

① 参见《2005 年全国 1% 人口抽样调查主要数据公报》,中华人民共和国国家统计局网 2006 年 3 月 16 日,http://www.stats.gov.cn/tjgb/rkpcgb/qgrkpcgb/t20060316_402310923.htm。

行团次之,自己组团最便宜,两端差距1—2倍左右。当然这几种方式的享受程度是不同的,这里仅仅从节约的角度来看。

(4)发挥制度变迁的作用。建设节约型家庭不能仅仅依靠家庭本身,要发挥诱致性制度变迁和强制性制度变迁的双重作用,减弱路径依赖。① 路径依赖问题体现在家庭节约中就是长期形成的生活习惯不易改变,如长流水洗菜、剩饭扔掉等习惯。为此,一是实行阶梯水价、电价,让强制性制度变迁发挥作用。根据多数家庭的需要制定分段收费的标准,少用则低价,多用则高价,从经济上限制过多用电乃至浪费电。二是加强节约教育,使居民认识到节约对节省费用、提高个人素质、教育子女等方面的实际作用,不断提高节约的自觉性。

(5)节俭教育要成为家庭教育的重要内容。建设节约型家庭必须重视家庭的节俭教育,其重点是青少年。青少年时期是一个人世界观形成的时期,周围环境,特别是家庭环境对其世界观的形成会产生重要的影响。亚里士多德曾经说过,家庭生活曾经是现在依然是道德的核心,是忠诚、无私和道德交流的大学校。家庭对青少年进行勤劳节俭、艰苦奋斗的教育,对青少年未来成长以至终生都是有好处的。家庭教育既在于言教,更在于家长的身教。因此,做父母的一定要在自己的岗位上遵守职业道德,不贪污、不腐败、廉洁自律、洁身自好,不仅不参与挥霍公款公物的活动,更不把社会上的挥霍浪费之风带回家中。形成良好的家风,这对全家有好处,更有利于青少年的健康成长。

---

① 经济学家认为,路径依赖类似于物理学中的"惯性",一旦进入某一路径(无论是"好"的还是"坏"的)就可能对这种路径产生依赖。某一路径的既定方向会在以后发展中得到自我强化。人们过去做出的选择决定了他们现在及未来可能的选择。

第十一章

节约型社会的制度

　　制度(Institution)是一个较为宽泛的概念,中西方均有定义。这里采用的是比较流行的看法:制度是在一个特定群体内部得以确立并实施的行为规则,这套行为规则抑制着个人可能出现的机会主义行为,使人的行为变得较可预见。① 制度包括由国家规定的正式约束(Formal Constrains)、社会认可的非正式约束(Informal Constrains)和实施机制三个部分组成。本章从政治制度、经济制度和法律制度来研究建设节约型社会的制度建设问题。

第一节　节约型社会的政治制度

　　政治制度是社会政治领域各项制度的总称。政治制度是一种十分复杂的社会现象,影响政治制度的因素也是多种多样的。② 中华人民共和国的政治制度是指1949 年10 月中华人民共和国成立以来,在中国大陆实行的、规范中华人民共和国国家政权、政府制度、国家与社会关系等一系列根本问题的法律、体制、规则和惯例。包括宪法制度、中国的执政党、人民代表大会制度、多党合作和政治协商制度、中央行政制度、地方行政制度、军事制度、国家元首制度、公务员制度、选举制度、民族区域自治制度、特别行政区制度等。

一、节约型政治制度的内涵

　　节约型政治制度是节约型社会的政治制度的简称,它是指在保证政局稳定的前提下,能够以最小的成本运作的政治制度。这里的必要前提是整个政局是稳定的,否则这种制度是失败的,根本谈不上是节约的、有效的政治制度。最小的成本是相对概念,如果没有条件限制,最小应该是零甚至负值,但事实上政治运作总是需要成本的,只要根据实际需要使用,而不是过度使用就是节约。例如,政府总是

---

① 参见罗必良主编:《新制度经济学》,太原:山西经济出版社,2005 年版,第85 页。
② 参见郑楚宣、刘绍春:《当代中西政治制度比较》,广州:广东人民出版社,2001 年版,第1 页。

需要开会解决房地产问题的,因为单独的一个部门无法解决这样的问题,不开会就无法协调各单位的关系。但是如果假借开会吃喝、发放礼金就不是节约了。同时,节约型政治制度也是相比较而言的。即从纵向比较,一个社会为维护社会稳定,保证社会发展的成本相对过去能够减少;而从横向比较来看,相对其他国家,成本较低,也就符合了节约型社会政治制度的要求。

根据我国政治制度的构成与特点,节约型政治制度包括节约型的人民代表大会制度、选举制度、行政制度、司法制度、军事制度、公务员制度、多党合作与政治协商制度、民族区域自治制度、特别行政区制度等。①

二、节约型政治制度的节约机理

节约型政治制度通过制度规范和约束政党行为和政府行为,减少党政部门不必要的开支。出于实际需要或者形式需要,目前很多事情需要党政领导或机关出面处理,自然需要在交通、会议、安全等方面给予安排,造成很多不必要的经费开支。究其原因,主要是我们没有对政党、政府及有关部门的活动范围作出明确规范,已经有了规范的单位执行不力。还有许多本不属于党政部门的事情,例如行业协会、商会本来是民间组织,都是在法律的范围内自由活动,但总有官员参与其中,增加行业协会的官办属性,其中的运作成本是很高的。

节约型政治制度就是通过制度安排来实现节约,一系列的有效制度安排能够减少很多不必要的开支。制度是事先制定的,对事不对人,它能明确规定各种费用的使用范围、数量,它能减少随意性和掌权者的主观性。所以,制度能够减少很多交易成本,在政治运作中,有效的制度安排能够减少协调等方面的制度成本,这一点在我国显得十分重要。由于历史和现实的原因,我国很多事情需要协调,协调就需要花费成本。例如,召开迎新年、新春茶话会、座谈会,需要党委、人大、政府、政协、军队、纪检、工会等部门全部参加,以表示重视和团结。为此,组织会议的人员就要提前一个月甚至更长时间联系有关部门,有的要多次联系,成本很高。其实香港特区政府每年的事务在年前就能有安排,不像我们这样花费很多时间和精力去协调。

人民代表大会对其他国家机关的监督是国家监督中最权威、最有法律效力的监督,也是人民行使国家权力的重要体现。发挥好人民代表大会的监督作用,能够减少决策失误,防止和消除腐败,实现国家机关高效运转和依法办事,减少浪费

---

① 不同的学者对政治制度概念的界定不同,本书的提法参考了张永桃和浦兴祖两位学者的观点。参见张永桃主编:《当代中国政治制度》,南京:南京大学出版社,2004 年版;浦兴祖:《当代中国政治制度》,上海:复旦大学出版社,1999 年版。

损失。

制度为一个共同体所共有,并总是依靠某种惩罚而得以贯彻。没有惩罚的制度是无用的。① 节约型政治制度也需要通过惩罚措施来减少政治运作的浪费,例如,通过考核机制对行政成本过高的地方给予警告甚至对主要领导进行降级处分,这样自然能够遏制行政成本飙升。

三、我国浪费的政治制度原因

毋庸讳言,我国存在严重的浪费,原因很多,政治制度不完善也是其中的原因之一。因此,多年来,不少人酝酿和期待政治制度的改革。这一改革的目标无疑是如何克服浪费,提高效率。关于这一点,已有不少理论工作者进行了公开探讨,笔者也从节约的角度进行探讨。

我国根本的政治制度是人民代表大会制度,这一制度发挥着重要的不可替代的作用,必须坚持和完善。同时,这个制度也需要很高的成本。这是因为,要实行这个制度,必然要设置各级人民代表大会机构、人员、办公楼、车辆及后勤保障,如此层层设置,自然人数众多。全国各级人大代表有300多万人,全国县以上各级人大机关有3000多,乡级人大主席团有几万个。② 目前全国人大会议的会期很长,一般要一周;代表数量众多,全国人代会要2000名代表;接待规格过高,一般在高级酒店接待;而人大代表的素质参差不齐,造成会议效率低下。为了搞好会议接待服务和安全工作,北京市每年投入大量人力物力财力。地方各级人民代表大会人数无法准确统计,花费也是不能准确计算的。有的代表根本不能履行其所担负的职责,无心无力监督政府的工作,也是对这一职务的浪费。有的党组织对人大机关发号施令,指挥人大选择自己指定的人选到政府工作,使选拔上去的干部上任后腐败严重,胡作非为,浪费资财。

我国的节约型行政制度要求压缩政府规模,减少部门数量,尽量少地设立协调部门,多设立综合管理部门。但是当前的政府机关不少部门是人数超编的,据统计,宁夏事业单位共超编1742名;全国平均每46人中有一个事业单位人员,而宁夏平均36人中就有一个;全国事业单位人员平均大约是行政人员的3.5倍,而宁夏已达到4.5倍。③ 同时,目前各级党委政府的协调部门太多,又不能单独施行政令。如国家提出西部大开发后,国务院设立了西部开发办公室,相应地振兴东北地区老工业基地又设立了东北办,中部地区崛起也需要一个中部办。这些办公室的

---

① 参见柯武刚、史漫飞:《制度经济学》,北京:商务印书馆,2000年版,第32页。
② 参见张永桃主编:《当代中国政治制度》,南京:南京大学出版社,2004年版,第93页。
③ 参见马俊:《宁夏事业单位超编严重 部分县市财政入不敷出》,载《中国青年报》2006年9月24日。

职能可以由国家发展改革委员会的地区司来代替,无须另外专门设立,因为这些办公室的职能并不是独立的,很多事项需要与国家发展改革委地区司协调处理。关于民族工作,统战部门和民族宗教委员会有重叠职能,可以也应该早日合并。这种情况在地方也有很多,需要减少与合并,因为部门的存在意味着人员的存在,消耗自然增长,浪费不可避免。

节约型的军事制度是要减少军队数量,提升整体战斗力的军队及其后勤服务体系。江泽民同志曾指出:"坚持勤俭建军,建立和完善三军一体、军民兼容、平战结合的联勤保障体制。"①现在我国军队是一个相对独立的系统,设立自己独有的一系列机构。其中有的是不必要的,如专门的军队疗养院等。

节约型公务员制度要求建设勤政廉政的公务员队伍,行政成本较低、影响较好的队伍。目前的公务员队伍整体素质还不够高,做官为了发财的思想在不少人中还没有消除,腐败滋长蔓延的态势没有得到有效遏制。由于历史的原因,公务员晋升、评优等方面不够公开透明,关系因素还发挥着一定作用,公务员队伍内部的摩擦成本比较高。

四、充分发挥节约型政治制度的作用

马克思主义认为,上层建筑是建立在一定的经济基础之上的,经济基础的变化会使上层建筑或迟或早地发生变化。但是,上层建筑的变化常常落后于生产关系即经济基础的变革;上层建筑的变化一般能够带来其他领域的深刻变化。政治制度与产权制度是相一致的。正是为了维护这种产权制度,才设立了这样的政治制度。今天建设节约型政治制度,就是要对原有政治制度进行变革,这一变革必将对经济制度、法律制度等方面的改革起到促进作用。充分发挥节约型政治制度的作用,需要深化改革,完善制度并严格实施。

(一)加强职能分工的制度建设

通过不断完善制度,降低各种政治运作的成本。要把遵循节约原则,参照历史和现实的政治制度建设的成功经验,结合我国实际将政党、人大、政府、政协、纪委、军队的人员比例、权力范围和职责通过法律形式限制在一定的范围内,尽量减少协调组织机构,合并党政职能重叠的机关,建设高效、节俭的政治制度。不在战争等特殊时期,任何部门不能有特权。

(二)加强社会舆论监督

社会舆论主要以电视、广播和报刊等大众传媒为手段,容易在社会中造成广泛的反响,这种反响本身作为政治资源输入政治系统又会对政府及其官员构成一定

---

① 《江泽民文选》第三卷,北京:人民出版社,2006 年版,第 563 页。

压力,从而影响政府行为,因此社会舆论往往成为一种十分重要的资源,它在一定程度上可以弥补制度性监督的不足。① 新闻监督在监督国家权力中具有不可取代的重要作用,国务院总理温家宝2006年9月4日在加强政府自身建设,推进政府管理创新电视电话会议上发表了《加强政府建设推进管理创新》的重要讲话。在讲到如何发扬民主、强化对权力运行的监督时,他说,要高度重视舆论监督,对新闻媒体反映的问题要认真调查、核实,及时作出处理。

(三)加大惩罚力度

对于违反节约型政治制度的各种规定要认真清理并限期整改,修订确定后的政府职能由人大、纪检监察机关行使监督权力,允许社会各界批评政府,提出意见和建议。加大违规的惩罚力度,使违规者受到处罚。要加强人大对党政事务的监督和约束,据统计,截至1976年,全世界有157部宪法文件对政党做了规定。② 我们可以借鉴这种做法,不断地改进方式方法,加强监督力度。

(四)完善人民代表大会制度③

完善人民代表大会制度直接关系到国家政治生活的正常进行和国家的长治久安,需要在六个方面努力:一是党组织领导人大工作,但不包办人大工作。中国共产党对各级人大实行政治领导,但是不能代替人大。党组织不能直接向人大发号施令,预先指定干部,让人大成为"投票机器"或"橡皮图章"。二是加强人民代表大会的立法和执法监督职权,既要根据市场经济发展的需要制定法律法规,也要监督法律实施,并降低立法和监督的成本。三是人大必须在法律规定的范围内活动。人大本身的工作范围要以立法的方式得到保障和规范,在法律规定的范围内开展各项工作。四是健全监督机制,加强国家监督。人大必须以对人民负责的态度,尽快完善对其他国家机关实行有效监督的有关法律和制度措施,加强对其他国家机关的工作报告、国家发展计划、财政预算审议监督,加强对人大选举和任命工作人员的廉政监督,加强对其他国家机关的执法检查等。五是加强各级人大的自身建设。调整组成人员,选拔有能力、素质好的代表参与人大。制定监督制度,完善议案处理与质询程序,具体规定撤销有关国家机关不适当决定的程序等。六是重视代表提出的议案和建议的办理工作,继续探索代表在人大闭会期间执行代表职务的途径和方式,健全有关的制度,保障代表的民主权利。要总结代表联系选民或选举单位、接受其监督的经验和做法,逐步使其规范化、制度化,从制度上保证人民对人民代表大会的监督。

---

① 参见浦兴祖:《当代中国政治制度》,上海:复旦大学出版社,1999年版,第208页。

② 参见李步云主编:《宪法比较研究》,北京:法律出版社,1998年版,第994—995页。

③ 参见浦兴祖:《当代中国政治制度》,上海:复旦大学出版社,1999年版,第84—89页;张永桃主编:《当代中国政治制度》,南京:南京大学出版社,2004年版,第92—94页。

（五）深入研究和稳步推进政治体制改革

政治体制改革要在稳妥中积极进行，有的方面宁可慢一点，也要稳一点。关于如何深化政治体制改革，很多学者已经论述，在此只强调在改革中注重贯穿节约原则。

第二节　节约型社会的经济制度

经济制度是经济活动中的组织形式、权益规定、管理规则和行为规范的总称。可以有几个方面和几个层次的含义。[①] 经济制度是市场参与者自发或有意识制定的规则的总和，类似于体育比赛中的规则。[②] 本书中所说的经济制度是指社会经济制度，即是指一个社会中占统治地位的生产关系的组织形式、权益规定、管理规则和行为规范。经济制度与建设节约型社会有着密切的关系。著名经济学家刘诗白教授指出："人类实行的浪费与破坏自然资源的非理性生产，不只是物质生产力水平低所致，而且有其经济制度上的根源。"[③]可见，研究节约必须研究经济制度。

一、节约型社会经济制度的内涵

节约型社会的经济制度主要包括有利于实现资源节约、提高资源利用效率的产权制度和企业制度以及由产权制度决定的分配制度。

（一）产权制度

现代产权制度是市场经济发展的基础。所谓产权，可以理解为资源稀缺条件下人们占有、使用、处置资源的权利，或者说人与资源的关系规则以及对破坏这些规则时的处罚。现代产权制度是大力发展非公有制经济和混合所有制经济的根本前提，因而建立现代产权制度是完善基本经济制度的内在要求，是构建现代企业制度的重要基础。产权问题的重要性正随着改革的深化而日益突出，社会主义市场经济体制的建立和完善，无论如何都绕不过产权制度改革这一关。要使产权清晰，使自然人对其所有的产权负起责任。保护产权，特别是保护私有产权，确保产权所有者对产权实施转移、买卖等行为。产权制度发挥着稳定经济基础，提高微观组织活动效率，黏合生产要素，促进资源合理利用等功能（刘诗白，1998）。产权制度对经济发展的作用可以从反面得到证明。早在 1950 年萨缪尔森曾经预言，经济发展

---

① 参见刘树成主编：《现代经济辞典》，南京：凤凰出版社、江苏人民出版社，2005 年版，第 567 页。

② 参见 H. 罗尔夫·哈赛等主编：《社会市场经济辞典》，卫茂平、陈虹嫣主译，上海：复旦大学出版社，2004 年版，第 139 页。

③ 参见刘诗白：《现代财富论》，北京：三联书店，2005 年版，"内容提要"之第 10 页。

最快的将是南美,因为那里的资源丰富,劳动力受教育程度高。后来他发现自己错了,因为他原先没有意识到产权制度是经济发展最基本的问题。①

(二)现代企业制度

现代企业制度主要包括如现代企业产权制度、现代企业组织制度、现代企业管理制度三个方面的内容。现代企业制度的特征是产权明晰、权责明确、政企分开、管理科学,决策、执行和监督体系健全,企业成为自主经营、自负盈亏的法人实体和市场主体。现代企业制度的核心是产权明晰,包括两个方面:一是法律上的明晰;二是经济上的明晰。产权在法律上的明晰包含两个含义:一个含义是指产权有比较完整的法律地位,另外一个含义是指产权得到真正的法律保护。产权在经济上的明晰是指产权在现实经济运行过程中是明晰的,它包括产权的最终所有者对产权具有极强的约束力,以及企业在运行过程中要真正实现自身的责权利的内在统一。企业是创造社会财富的主要力量,这一点在跨国公司表现得最为明显。有的跨国公司的年产值比一个中等国家的 GDP 还多。在激烈竞争条件下,企业是由于能够减少市场交易成本而存在的,有效的企业制度和规范化运作模式能够降低摩擦成本,促进企业内部和整个经济系统的节约。建立现代企业制度就要不断完善公司制企业的法人治理结构,形成多元化持股结构,使民营企业逐步走向规范化管理,向国际标准迈进。

(三)收入分配制度

分配就是对产权收益的分割,属于收益权。收益的主要形式有租金、利息、红利、利润等。与产权相适应的分配制度既是落实产权制度的必要组成部分,也是保障产权制度正常运行的客观条件。分配与企业制度也是密切相关的,不同产权性质的企业分配制度不同,节约的程度不一。国有企业分配差距不大,但不够公平,不利于调动职工的积极性;不少非公有制企业支付劳动力报酬,比较合理,因为分配造成的摩擦成本降低,是有利于节约的。但也有些非公有制企业不仅工资低,而且不能按时支付,甚至有些企业还逃逸工资,影响和谐,但最终难逃法网。

二、节约型经济制度的节约机理

节约型经济制度之所以能够实现节约,就在于它能够通过制度安排实现资源优化配置,提高经济运行效率。市场经济犹如一部机器,产权犹如机器的杠杆和纽带,起着联系机器的不同部件,并使它们相互配合、协调运转的作用。恰当的主体产权结构能减少产权运行中的摩擦,节约经济运行成本。具体地说,主体产权结构,通过交换和生产中当事人的责权益机制,能减少交往与活动中的摩擦,实现交

---

① 参见罗必良主编:《新制度经济学》,太原:山西经济出版社,2005 年版,第 244 页。

易成本的节约、生产成本的节约、要素组合成本的节约,从而使经济运行效率提高。①

有效的产权制度能够在两个方面降低交易费用,提高效率。一是减少不确定性带来的交易费用。由于人们面临选择的环境是复杂多变的,人类总是面临着诸多不确定性,不确定性带给市场主体决策上的困难,往往会增加交易费用。产权制度能够建立一个相互作用的稳定的结构来减少不确定性。二是将外部成本内部化提高效益。设置产权制度不仅可以依靠产权界定来配置资源,而且与没有产权的情况相比,能够减少浪费,提高经济效率。②

在市场主体产权清晰的市场经济环境中,商品购销是围绕商品的市场价值来进行的。如果市场主体面对较为充分和公平的市场竞争环境,购销双方拥有较为充分而真实的市场信息,不论市场主体多么聪明、多么善于讨价还价,但价值规律的作用总是大于市场主体的个人能力,交易最终能够按照市场价格进行。这样一来,就没有必要去"攻关",自然就节约了市场交易费用。市场交易主体的产权清晰,市场竞争机制作用充分,价值规律得以充分发挥作用,市场交换自动趋向于等价交换,市场秩序也得以规范。各种商品如果能够明码标价,商家不再有漫天要价,顾客也没必要再随意还价,辅以公平的交易行为秩序,这样使得商家和顾客即市场交易主体谈判的成本降到最低。在这种情况下,较少出现欺骗、退货、毁约、打架乃至打官司等事情,签订合约和履行合约的成本很低。在法律层次上清楚地界定产权可以使当事人承担其应当承担的成本,获得收益,而且可以减少谈判对象,降低谈判费用。

在产权明晰的情况下,价值规律能够自发调整产品结构、产业结构、企业组织结构的变化,使其适应市场的变化和竞争的需要,这样就能实现资源配置的优化,由此实现宏观层面的生产节约,也即社会总成本的节约。清晰的产权可以充分调动产权所有者的积极性和创造性,让劳动、知识、技术、管理和资本的活力得到充分发挥,实现微观经济效益的提高。通过主体产权的调整,能够减少团队劳动制度摩擦成本。制度性的人力要素组合成本,可以借助产权制度的安排来实现节约。在追求经济利益的动因作用下,人们总是力争实现费用少而高效的生产,为此人们总是在既定的产权框架下,通过对劳动方式、经济活动组织、运行方式的变革以及现有产权具体结构的适当调整来降低制度性的人力要素组合成本。

清晰的产权能够起到约束作用。产权的最终所有者对产权具有极强的约束力,产权所有者运用约束机制来约束产权行使者,实现各种经济资源的节约使用。

---

① 参见刘诗白:《主体产权论》,北京:经济科学出版社,1998年版,第147页。
② 参见罗必良主编:《新制度经济学》,太原:山西经济出版社,2005年版,第245、252页。

完善产权交易能够提高经济运行效率。产权具有可交易性,产权流动是市场经济发展的必然要求,通过拍卖、收购、兼并、租赁、参股投资、债权转股权等多种形式进行产权交易和流转,有利于优化企业和社会的资产结构,有利于提高资本运营效率。① 也就是说,通过产权市场的有效运作能使产权顺畅地流动,扩大资本经营,促进各类资本的流动重组,提高资本利用效率。② 产权转让和流通机制能够自动调节企业的生产结构、组织结构,优化资源配置,提高宏观经济效益。

同样的道理,清晰的产权结构也能够降低资本组合的费用。因为,股份公司能够吸引社会各个阶层、多样化的产权主体的资本,形成较大规模的资本组合,以其股权机制有效黏合多个所有者,减少资金组合中的摩擦成本,长期保持资本组合的稳定性。完善主体产权制度,恰当地处理出资人相互之间的权、益、责的关系,是推进资本组合,节约资金组合成本的前提条件。③

企业制度的优化能够促进节约。企业成为真正的市场主体之后,它是拥有自身财产权的法人实体,企业的活动也就有了财产利益的驱动力,经营管理者的主要精力放在生产和销售上,公关、行贿等方面的成本大大降低。各个市场主体之间的交易成为真正的市场活动,并遵循市场经济规律,特别是价值规律。价值规律能够在两个方面发挥作用:一方面,价值规律促使企业按照边际收益(MR)等于边际成本(MC)的原则调整生产规模,使生产成本均衡于最小平均成本;另一方面,价值规律迫使企业采用先进生产技术和工艺,优化资本结构,加强企业管理,逐步实现熊彼特所讲的"创新",即引进一种新的产品或提供一种产品的新质量,采用一种新的生产方法,开辟一个新的市场,获得一种原料或半成品的新的供给来源,实行一种新的组织形式,例如,建立或打破一种垄断地位。这样一来,企业的活力和效益大大提高,浪费不断降低。

有效的公司法人治理结构能够约束企业经营者行为,节约代理成本。公司制企业的法人治理结构,包括股东大会、董事会、监事会和总经理制,使出资人能够通过代表他们的董事参与企业经营管理,还能够通过股东大会对有关企业的重大事项进行表决。这样就能形成所有者、经营者之间的制衡,使经营者充分独立而又不至于失去控制,在权力向经营者倾斜的同时所有权得到保障。还可以通过更换和选择经营者,以及在证券市场出售股票等手段,制约经营者。这样就能有效发挥经营者独立运作的作用,提高企业的活力与效率,也能降低代理成本。

---

① 参见林兆木、恒山:《建立健全产权制度》,载《〈中共中央关于完善社会主义市场经济体制若干问题的决定〉辅导读本》,北京:人民出版社,2003年版,第63页。

② 关于资本经营的作用可参见魏杰:《企业前沿问题》,北京:中国发展出版社,2001年版,第96—97页。

③ 参见刘诗白:《主体产权论》,北京:经济科学出版社,1998年版,第161页。

与产权相适应的分配制度能够促进节约。因为有效的分配制度能够减少社会不稳定因素,降低社会摩擦成本。团队内部的摩擦成本是不能完全消除的,只能通过有效率的组织与管理,借助于尽可能小的组织和监督成本,将摩擦成本降到最低。

三、我国浪费的经济制度原因

我国现行的产权制度和企业制度以及由产权制度决定的分配制度都存在着能够造成浪费现象的制度缺陷。具体来看,至少包括以下几个方面。

(一)产权不清晰

20世纪80年代联邦德国专家格里申应聘到武汉一家柴油机厂,十分惊奇地发现工厂中废旧钢材和设备遍地堆放,任人拿走而无人过问,他提出了我国企业中存在的对国有资产的"干部不负责、群众不爱惜"的现象。格里申提出的现象具有普遍性,根源在于产权制度。① 我国国有产权尽管经过多年的改革,但依旧是不清晰的,国有产权股份制改革还不到位。国家委托给国有资产监督管理委员会管理国有企业,但是国资委的职能不足,尚未有收益权,不能当真正的企业老板。这种情况下很难对国有资产承担保值增值责任。此外,国有企业不是独立的产权主体,这一点决定了国有企业不是真正的企业。民营经济对国民经济发展的贡献占到2/3,但国家对私有产权的保护不到位,致使不少民间资本外流。

产权制度改革不到位、产权不清晰增加了企业的宣传成本,造成了浪费。如在我国当前的情况下,由于市场发育不成熟,信息不透明,竞争不充分,消费者往往跟着广告宣传走。市场主体的产权不清晰,经营者的责任不明确,造成一些企业不靠质量靠"广告",甚至出现超过企业经济负担能力的广告大战。②

由于政府的干预,很多生产要素的交易尚未能够按照价值规律进行,买卖双方不能正常沟通。在市场交换道路走不通的情况下,就会出现"一对一"的谈判,从而付出较高的交易成本。加上制度不健全或者监管不严格,就容易出现腐败,引发浪费。

产权的残缺和主体的错位会直接影响产权的激励作用和产权制度效率。这在传统的国有经济中表现突出,劳动者作为国有资产的所有者是虚位的因而是残缺的,他既不能通过"用手投票"约束使用者,也不能"用脚投票"转让所有权,因此资产的收益性对劳动者来讲是不具备或不完整的。而作为国有经济的经营者,一方面可以越俎代庖地行使国有资产的所有权(如"内部人控制"),形成产权主体"错

---

① 参见刘诗白:《主体产权论》,北京:经济科学出版社,1998年版,"序言"之第3页。

② 参见刘诗白:《主体产权论》,北京:经济科学出版社,1998年版,第150页。

位";另一方面,他的收益可以不完全与经营绩效挂钩,即他的经营权是不完整的(权、责、利不对称),表现为产权的不清晰。国有企业的产权制度改革持续至今,"所有者虚位"和"政企不分"的根本问题依然没有得到真正解决。在建立了公司制的企业中，股东会、董事会、监事会和经理层之间有效制衡的法人治理结构尚未真正形成。集体经济特别是乡镇企业也存在严重的"产权模糊"问题。企业产权制度缺陷已成为企业分配制度改革的主要障碍,一些在现代企业制度中通行的分配方式和手段，如年薪制、期权激励、股权激励等时开时放；或者在企业产权制度不完备，缺乏有效监督制约制度的情况下，草率地实行经营者股权激励等向少数经营者倾斜的分配方式，造成了国有资产流失。在农村土地产权制度方面，目前农民拥有的只是所承包土地的使用权或经营权，但不拥有转让、抵押、入股等处置权以及相对应的收益权。农村土地没有真正成为可以在市场上流转和交易的生产要素。这种土地产权制度既不利于土地的合理配置和使用，还助长了政府批地过程中的权钱交易和徇私舞弊，使少数人中饱私囊，广大农民却不能从中受益。①

产权交易市场不完善,抑制了产权交易的效率。随着国有经济布局战略性调整和国有企业战略性改组的加快,产权交易形式日趋多样,规模不断扩大,带动了产权市场的发展。但是,当前的产权市场发育不规范,产权交易缺乏健全的规则和有效的监管。缺乏统一、严密、规范的法律法规约束和强有力的监管,严重制约了交易的公正性,在一些地方造成了国有资产大量流失。更有的产权交易市场是应时赶集而生,缺乏必要的人才和技术基础,操作不规范。②

(二)分配制度激励功能不强

除了非公单位的工薪制度外,我国仍然在国有单位,尤其是机关事业单位内部实行由政府主管的工资制度。由于国有单位人员规模依然庞大,其工资水平和规则对社会收入分配仍然有着不容忽视的影响。现行的工资制度是由计划体制向市场经济体制转换中通过不断调整和改革形成的,仍不可避免地带有传统体制的色彩,与市场经济体制下的工资制度还有相当距离,集中体现在体制内僵硬,体制外失范,激励不足与约束乏力并存。具体表现在:工资水平偏低,工资增长机制僵硬,缺乏制度性保障,致使工资外收入膨胀,助长国有单位职工收入的不规范;工资结构设置不合理,岗位绩效工资和年工资比重过低,不能体现合理的工资级差,缺乏激励和约束作用;对国有企业的工资管理仍然带有浓厚的行政色彩,干预不当和约

---

① 参见李爽:《我国现行分配制度的缺陷分析》,载《中国经济时报》2006 年 9 月 11 日。

② 参见林兆木、恒山:《建立健全产权制度》,载《〈中共中央关于完善社会主义市场经济体制若干问题的决定〉辅导读本》,北京:人民出版社,2003 年版,第 64 页。

束乏力的问题并存;对劳动力市场中非国有用人单位的最低工资和工资支付管理,缺乏相配套的有效的监督管理体制,使得现实中存在大量企业侵犯职工权益的行为。[1] 按劳分配的标准是很难确定的,处于自身利益的考虑,处于强势的群体制定收入分配的标准,强调自己对社会的贡献。处于劣势的群体没有话语权,自然被动接受分配的结果。一些企业的掌权者不切实际地抬高自身的收入,压低弱势者的收入,致使收入差距相差几百倍[2];还有的国有企业经济效益差,甚至经营亏损,但"老板"的高年薪却照拿不误,"富了方丈,穷了庙"的现象相当严重。这种不公平的分配制度抑制人们创造财富的热情,容易形成低效率。同时,这也是造成我国社会不和谐,加大社会治理成本的重要原因。

四、充分发挥节约型经济制度的作用

产权制度是一种基础性的经济制度,是所有制的核心内容,它不仅独自对资源配置及其效率有重要影响,而且还是构成市场制度以及其他许多制度安排的基础。产权制度既是市场交易的前提,又是市场交易的结果。由于资源的不同的产权约束会进入决策者的效用函数,因而,一般产权体系的变化必然影响到人们行为的方式,并通过对其行为的影响,进而影响资源配置、产出结构、收入分配等经济发展的不同方面。现在,几乎所有的经济学家都同意,产权制度是经济运行的基础,有什么样的产权制度,就会有什么样的组织,什么样的技术,什么样的效率。产权是私人获取自我利益的社会性制度约束,这项约束可以解释人的经济行为和经济增长的绩效,因为不同的产权约束对一定经济的交易费用水平有决定性的影响。为了建立有利于节约的经济制度,需要在以下几个方面努力。

(一)深化产权制度改革

节约资源首先要使各种资源的产权清晰,这样才会有人对资源负责任,才能最大限度地发挥资源的效益,做到物尽其用,把资源的浪费损失降到最低限度。要推动能源、资源产业的市场化改革,发挥市场对资源配置的基础性作用,建立科学的资源价格形成机制和价格结构,改变当前因资源的低成本、非公开化而造成的浪费。

产权清晰并不是搞私有化,而是解决我国产权模糊带来的一系列严重问题。这里不能简单地照搬西方产权理论关于私有产权最有效率的观点,把国有企业一卖了之。必须明确,私有化并不是解决企业经营成效问题的金钥匙,在竞争充分的市场上,私有化之后企业的效益平均都有提高,但在垄断程度较高的市场里,企业

---

[1]　参见李爽:《中国现行分配制度的缺陷》,载《中国经济时报》2006 年 9 月 11 日。
[2]　参见《部分国企内部薪酬相差数百倍》,载《报刊文摘》2008 年 7 月 2 日。

私有化之后效益改善并不明显。这就说明，决定企业成效的因素很多，除了明晰产权外，市场因素也是不可忽视的。

进行产权改革的关键在于使各类产权能够得到爱护，产权收益不断增加，从而促进社会财富的普遍增加。为此，在我国现阶段，要允许各种不同形式的产权共同存在，协调发展。要给予各类产权以法律制度的保护，促进经济发展。

（二）深化企业制度改革

对民营企业，主要应该采取的措施有三点：一是加强企业文化建设，通过企业文化节约监督成本。二是逐步向着现代企业制度转型，实现股份制。三是建立健全法人治理结构。

公司制企业要明确和处理好五个关系。一是董事会与股东大会的关系。股东大会是公司权力机构，行使所有者的职能和权力。在公司中所有股东，不管大小，只能通过股东大会表达自己的意愿，行使自己的权力，董事会作为股东大会选出的受托人，与股东之间的关系是委托—代理关系，必须对所有股东诚实信用，勤勉尽责，实事求是地向股东大会报告自己的工作，认真落实股东大会的决议，向股东大会负责。二是董事会与董事长的关系。董事会在公司法人治理结构中处于主导地位，起关键作用。作为公司中的决策机构，董事会的规范运作，体现在它的集体决策机制上，即由每位董事在董事会中独立行使自己的权力并承担相关责任，所有重大决策都必须由董事会集体做出。董事长在董事会中与其他董事一样，也只有一票的权力。因此，董事长必须在法人治理结构中找准自己的位置，把自己的能力和对股东的诚信义务全部纳入董事会的议事过程中，不能凌驾于董事会之上，更不能把个人的意愿当做董事会的决定加以推行。三是董事会与总经理的关系。在明确相互关系并准确定位的基础上，还要创造三个前提：股东大会要能够选出一个决策能力强，善于选贤任能，善于把握授权与监督尺度的董事会；董事会能够选聘一个素质较高，匹配合理，有经营能力的经理班子；董事会成员与经理班子成员之间，除了个别人员，如总经理可以具有董事身份外，一般不能双向兼职，不能具有双重身份。四是董事长与总经理的关系。董事长与总经理，是公司中两位处于不同岗位、各自负有不同责任、在法人治理结构中起着重要作用的关键人物。他们之间能否有效沟通和密切配合，对企业至关重要。特别要指出的是，总经理的工作是对董事会负责，而不是对董事长个人负责。应该彻底转变把董事长、总经理看成公司一、二把手的观念。五是董事、经理与监事会的关系。监事会在我国是公司的法定机构，对董事、经理执行公司职务时违反法律、法规或公司章程的行为进行监督。由于现阶段监事会人员的构成以及其他各种原因的制约，由公司股东大会选举产生的监事会切实履行自己的法定职能存在许多困难。因此，在董事、经理与监事会的关系中，董事、经理必须纠正喜欢权力、不喜欢监督的传统观念，诚心诚意地接受监事会的监督,并为其充分履行监督职能提供必要的条件。①

（三）规范发展产权交易市场

逐步健全产权交易市场规则和监管制度,推动产权有序顺畅流转。要清理产权交易机构、规范交易机构行为,建立健全涉及交易主体资格确认、交易过程操作规范、交易结果合理处置等交易全过程的一套法律与规则,加强交易监管。②

第三节　节约型社会的法律制度

法律制度是建设节约型社会的重要制度,因为与政治、经济制度相比,法律具有强制性。加强节约型社会法律制度建设,既要加强立法,制定以《反浪费法》为核心的法律体系,又要悉心普法,更要严格执法,违法必究,提高法律的威慑力。

一、节约型社会法律制度的内涵

法律制度即法制,这里所述的法制不是仅仅指文本上的法律条文规定,而是涉及立法、行政执法、司法、守法、法律监督等各个环节、各个方面的有关法律的制度,是立法、行政执法、司法、守法、法律监督等各个环节的法律制度的总称。法律制度的内涵表达了法律在社会生活中的存在和运行状态,法律制度是社会生活中区别于政治制度、经济制度、文化制度的另一种制度。法律制度是市场经济的必然要求,是社会文明进步的重要标志。节约型社会必然有相关的科学完备的法律制度。节约型法律制度即是关于节约的法律制度的统称,涉及关于节约问题的立法、行政执法、司法、守法、法律监督等各个环节和方面。

从立法方面看,我国节约型法律制度涉及宪法、法律、行政法规、地方性法规、国家部门规章、地方行政规章等不同层次的法律文件。《中华人民共和国宪法》(以下简称《宪法》)中已涉及关于制止浪费,厉行节约的内容。《宪法》第14条中明确规定"国家厉行节约,反对浪费"。1997年11月1日第八届全国人民代表大会常务委员会第二十八次会议审议通过《中华人民共和国节约能源法》(以下简称《节约能源法》),该法自1998年1月1日起施行。《节约能源法》全文六章五十条,规定比较全面。另外,目前,我国还制定了《可再生资源法》、《清洁生产促进法》、《环境影响评价法》、《固体废物污染防治法》等法律。《环境影响评价法》从保证推广节能、节水、资源利用率高的先进生产工艺及使用和采用便于回收利用的

---

① 参见毛宇峰、陈云:《范福春:上市公司首先要处理好七组关系》,载《人民日报》2001年5月10日。

② 参见林兆木、恒山:《建立健全产权制度》,载《〈中共中央关于完善社会主义市场经济体制若干问题的决定〉辅导读本》,北京:人民出版社,2003年版,第64页。

原材料等方面确立了节约制度。《固体废物污染防治法》规定了对固体废物资源化处置、促进循环经济发展、防止过度包装、对有关产品和包装物回收利用等节约措施。1999 年以来,国务院及其部门出台了一系列建设节约型社会的法规规章制度。如《重点用能单位节能管理办法》、《节约用电管理办法》、《关于做好建设节约型社会近期重点工作》、《关于加快发展循环经济的若干意见》、《中国节能技术政策大纲》、《能源效率标识管理办法》、《公共建筑节能设计标准》等。其中,国务院《关于做好建设节约型社会近期重点工作的通知》从节能、节地、节水、节材和资源综合利用等方面提出了建设节约型社会的重点工作。各省、市也出台了大量关于节约能源、提高能源利用效率的地方性法规和规章。

从执法方面看,各节约监管机构对有关单位和个人开展节约监督检查,严格依法办事,对检查中发现的各种浪费资源的行为,要严肃查处。例如,对达不到法定最低能效标准的产品,禁止生产、销售和进口;对达不到法定建筑节能设计规范要求的公共建筑和民用建筑,不准施工、验收备案、销售和使用。质量技术监督部门要通过颁发制造计量器具许可证、组织监督检查等手段,强化对节能监测和能源计量仪器、仪表的监督管理,等等。根据《节约能源法》的规定,国务院管理节能工作的部门主管全国的节能监督管理工作。国务院有关部门在各自的职责范围内负责节能监督管理工作。各有关部门、地方积极认真贯彻落实《节约能源法》等节约法律法规规章,同时研究制订配套的管理办法,依法管理,依法行政。如中共中央直属机关事务管理局和国务院机关事务管理局联合发出通知要求,中央和国家机关切实加强资源节约工作,办公室、会议室等办公区域开空调时关门窗,夏季空调温度设置不得低于26℃,无人时不开空调。有的地方成立了执法机构。如上海1999年成立了全国首家节能执法机构——上海节能监察中心,制止了不少浪费能源资源的行为。上海节能监察中心通过与规划院、设计院合作,成功推广了许多节能设备和建筑。上海节能执法的经验曾得到国家经贸委的肯定,并在北京、山东、浙江等地方得到效仿、推广。

节约法律制度具有普遍的效力,一切单位和个人都必须遵守。为保证节约法律制度的严肃性,应充分发挥法律监督机制的作用,法律监督包括党的监督、权力监督、行政监督、司法监督和社会监督等方面。

二、节约型社会法律制度的节约机理

法律制度为人们的行为提供准则,为人们的行为施加强制性约束,同时培养法律意识,从而实现其正义、效益、秩序等价值。社会主义法制的基本要求是"有法可依、有法必依、执法必严、违法必究"。作为法律制度之一的节约型法律制度同样通过这一原理的运作来实现节约的目的和价值。利用法律,建立合理、有序、权

威的节约制度。没有完善的法律制度,节约将成为一句空话。日本、德国等国家能建成世界一流的节约型社会,主要是因为它们有一套完整的节约型法律制度。通过法律制度建立节约的体制、机制,强化节约的有关措施,普及节约法律意识,从而建设节约型社会。通过立法管理,严肃执法,并因此培养公民良好的节约意识,能有效地节约资源,这无异于挖掘出了新的经济增长点,产生了经济效益,有利于实现社会经济可持续发展,是一项有巨大潜力的而又具有现实可行性的事业。

(一)法律制度保证节约行为有法可依

法律制度有调整功能、指引功能、预测功能。节约型法律制度通过提供行为规则让人们知道怎么做是节约;哪些行为是浪费,不能做;鼓励什么,禁止什么;从而使人们明确自己的权利义务,为人们提供行为模式,并让人们科学地预测自己行为的法律后果。节约方面的立法应从战略高度构建完整统一的节约法律制度体系,重点突出节约措施和节约标准。具体来看,有以下几点。

第一,通过立法使节约措施制度化。我国节约立法在这方面作出了很多努力,如《节约能源法》将节约能源作为国家发展经济的一项长远战略方针。根据《节约能源法》规定,国务院和省、自治区、直辖市人民政府应当根据能源节约与能源开发并举,把能源节约放在首位的方针,在对能源节约与能源开发进行技术、经济和环境比较论证的基础上,择优选定能源节约、能源开发投资项目,制定能源投资计划。国务院和省、自治区、直辖市人民政府应当在基本建设、技术改造资金中安排节能资金,用于支持能源的合理利用以及新能源和可再生能源的开发。国家鼓励、支持开发先进节能技术,确定开发先进节能技术的重点和方向,建立和完善节能技术服务体系,培育和规范节能技术市场。各级人民政府应当按照因地制宜、多能互补、综合利用、讲求效益的方针,加强农村能源建设,开发、利用沼气、太阳能、风能、水能、地热等可再生能源和新能源。美国《2005 能源政策法》对石油、天然气、煤炭和电力(含水电、核电)四大骨干能源行业提供 90 亿美元的财政支持,分别用于节能、新能源技术和政策性拨款扶助;对普通消费者和中小企业的节约行为设立了大量的经济奖励措施。一些发达国家通过实施减免税和鼓励节能来提高能源利用效率。如美国政府对新建的节能住宅、高效建筑设备等实行减免税收的优惠政策。荷兰政府规定了能够享受能源税收优惠政策的主要项目类型,如建筑物的保温隔热、高能效生产设备、余热利用设备、太阳能、风能等,可享受 10% 的投资优惠;节能设备还可以有 12%—13% 的能源税收优惠。

第二,通过立法实现节约标准制度化。浪费是一个很难进行定量分析的概念,节约标准的制定更是一项难题。然而,这方面的规定要尽可能用准确而具体的语言进行规范,立法时要制定相对科学、明确的节约标准,界定什么是节约,什么是浪费,减少法律上的漏洞和解释上的歧义。在节约标准方面,规定一些具体量化的条款,如规定夏季政府机构和公共建筑物的空调设定温度不能低于摄氏 26℃。这就需要深入调查,作综合分析,提出正确的浪费概念,科学设计建筑、照明、采暖、制冷、办公设备、办公用品、车辆等用能设施、设备和产品的标准。国家应制定详细的标准,积极推行节能标准体系。标准化及其管理需要法律制度化,让节约在法律制度中运行。可操作性标准条款能够减少法律上的漏洞和解释上的歧义,方便人们明晰无误地理解法律、遵守法律,也有利于相关政府部门依法行政和开展有效的执法监督工作。美国《2005 能源政策法》全文长达 1724 页,面面俱到,确定的各项能源政策及其每一个具体方面都有一连串的条款细化,每一项条款都力求精细具体。俄罗斯的《联邦节能法》在能源消耗产品的生产上设立能量经济性指标,在生产与消费之间的各个环节设立度量标准。日本是一个能源相对匮乏的国家。日本政府通过立法对日常用品如汽车、电视机、空调、冰箱、照明灯、计算机、磁盘驱动装置、录像机、复印机等产品都有严格的节约标准,并在规定的年限里有相应的能耗递减率,每年以 1% 的速度递减能源消耗,使得生产企业要不断进行节能技术投入和进步,从而从根本上提高了节约效果。从 1973 年石油危机到 2001 年,日本 GDP 增长达到了 100%,而产业部门能源消耗的增长基本上没有增长。

(二)法律制度保障节约行为的落实

法律制度有警示功能,节约型法律制度具有强制性,是建设节约型社会的最高保障、坚强后盾和强有力支撑。制止浪费,既要依靠思想观念教育、行政管理等必要的手段,还要加强法制建设。单靠人们的"自觉"来建设节约型社会是不可靠的。建设节约型社会需要法律强制节约。刚性的硬约束的节约型法律制度能以严肃方式保证人们节约型的生产与生活方式,保障节约型社会建设的顺利进行。

党和政府关于节约及反浪费的政策性制度及领导指示对于反浪费起了重要作用,但由于这些政策性制度和指示不是严格意义上的法,在内容和效力上都很难起到法的作用。如果能把这些政策性制度和领导指示再进一步完善,并提升为法律,那么在节约和反浪费工作的各个方面就有了更明确的法律依据。依靠法律制度保障节约,国际上有诸多成功的范例。俄罗斯的《联邦节能法》要求对各个单位进行动力调查并依据调查结果实施节能监管。根据我国《清洁生产促进法》规定,企业应当对生产过程中产生的废物、废水和余热等进行综合利用或者循环利用;产品和包装物的设计,应当优先选择便于回收利用的方案。企业应当对产品进行合理包装,减少包装材料的过度使用和包装性废物的产生;农业生产者应当实现农业生产废物的资源化;餐饮、娱乐、宾馆等服务性企业和建筑工程应当采用节能、节水和其他有利于环境与资源保护的技术、设备和材料;生产、销售被列入强制回收目录的产品和包装物的企业,必须在产品报废和包装物使用后对该产品和包装物进行回收。这样就通过立法把生产和消费中生产商、销售商、使用单位、回收单位和消费者对废物回收、处理与再利用上升到法定义务的高度。依法治国的关键的是依法治权,要真正把节约型社会落到实处,就必须对掌握公共权力和公共资源者实施制度化的监督制约。根据美国1994年制定的《节能法案》的规定,政府机构要做节约能源的榜样,所有联邦机构必须采购高能效产品。

要发挥节能法律法规规章的强制作用,法律法规规章必须由具体明确的有关部门强制执行。处罚与鼓励、奖励相结合,用法律强制节约,这样才能使法律真正成为节约型社会建设的保障。节约和反浪费工作是统一管理还是分头管理?统一管理有利于统一公平执法,避免多头执法、重复执法和相互推诿执法。但有很多部门的节约工作专业性强,需要专业性的执法队伍,统一管理难以胜任。所以,最好的办法还是规定一个统一协调管理行政部门,同时规定各有关部门在职责范围内负责法律的实施。这个统一协调管理部门可考虑专门成立一个反浪费机构,如反浪费委员会,从有关行政部门和专业技术机构抽调人员组成;也可考虑将该项工作交给司法行政部门,在司法行政部门设立一个反浪费机构。同时要建立严格的节约管理制度,规范执法主体,建立节约管理体系和工作责任制,明确相关执法主体的职责、责任,做到权责统一,防止有权无责。

(三)法律制度促进节约法律意识增强

公民有节约法律意识,就能自觉守法节约。机关、企业、普通百姓有节约法律意识,节约就不会仅仅是不能持久的"一阵风"。而节约法律意识的培养,要依靠法律制度来促进,需要发挥法律的评价功能和教育功能。很多国家、地区和部门非常重视研究解决浪费问题,在管理体制、行为规范、社会舆论等方面都渗透着反对浪费、厉行节约的观念和原则,慢慢形成了比较有效的治理和预防浪费现象的氛围。我国党中央和国务院一直提倡勤俭节约、艰苦奋斗,近几年又大力倡导建设节约型社会。节约是一种高尚的品德情操,但同时节约要依靠法制,节约应是具有法律强制性的"自觉"。

建设节约型社会,必须树立起与之相适应的科学法制观。根据《节约能源法》规定,任何单位和个人都应当履行节能义务,有权检举浪费能源的行为。某市某区多家饭店打出"节俭牌",一张餐桌如果吃剩的食物超过250克,消费者将被加收30%的餐费。食客与饭店之间是自由平等的契约服务关系,食客是在处分自己的财产,这几家饭店自己制定的规则,甚至包括加收费用的规则,是否具有法理上的正义性与合理性呢?如果有,那么加收费用在法理上能定位于什么性质?所有权是民事主体对财产享有占有、使用、收益和处分的权利,是相对完整的权利。一般而言,"花钱消费"是一个民事主体的正常行为,各国民法的意思自治原则比较完整地赋予民事主体的民事活动的自主性,但意思自治不是绝对的、无限制的,在这方面,德、法、日等一些国家的民法中就有"禁治产"的制度。"禁治产"就是使受宣告人为无民事行为能力者,以禁止其管理和处分自己的财产。在有的国家,浪费是可以作为被宣告为"禁治产人"的一个法定理由,但我国法律却没有作此规定。为了加强节约型社会的法制建设,国外有些国家的做法是值得我们借鉴的。当然,"禁治产"是对私人行为进行的法律限制,对企业、事业、行政单位的行为是否适用,是一个值得研究的问题。笔者认为,所有权是相对完整的权利,但也不是绝对的。比如,一个人对一套城市房屋有所有权,但并不意味着他可以随意将这套房子摧毁。因此,对所有权限制进行法理研究和立法显得尤为必要。由于资源的有限性,法律不仅强调个人的自由与权利,也应当对个人权利和自由作出限制,关注个人的责任和义务;法律不仅追求现在的人民幸福,也要保障后代人民的幸福,关注和保障人类社会的可持续发展。

三、我国浪费的法律制度原因

改革开放以来,我国的浪费现象十分严重。1984 年中共十二届三中全会《中共中央关于经济体制改革的决定》指出:"目前,城市企业经济效益还很低,城市经济的巨大潜力远远没有挖掘出来,生产建设和流通领域中的种种损失和浪费还很严重。"党和国家领导人也多次指出浪费问题的严重性。1989 年 6 月,邓小平同志指出:"各方面的浪费现象蔓延。"2002 年 11 月,江泽民同志在中共十六大报告中指出,"铺张浪费行为相当严重"。2001 年 10 月,朱镕基同志指出,"奢侈浪费行为相当严重",这是经济和社会生活中不可忽视的矛盾和问题之一。以胡锦涛为总书记的党中央正是既看到了资源短缺的现实,又看到了我国经济社会发展中存在的严重浪费现象,才果断作出建设节约型社会的决定。我国现实经济生活中为什么会存在如此严重、如此普遍的浪费呢? 笔者认为,各个层面、各个环节的浪费,究其根源,都与法律制度有关。法律制度的欠缺,放纵了浪费。

(一)立法瑕疵

(1)目前我国的节约立法分散,原则性规定比较多,具体性条款比较少,量化指标少,可操作性弱,粗线条,抽象化。如我国的《节约能源法》在 1998 年 1 月就开始施行,但施行效果并不理想。原因在于原则性条款多,可操作性不强,而又缺少相应的配套法规。现有的节能法律法规涉及行政机关责任的条款,一般只是提某级"人民政府"或"有关部门",这就容易造成行政机关之间相互推诿扯皮,甚至最后责任悬空。毛泽东同志早就说过:"贪污和浪费是极大的犯罪。"我们也经常背诵毛泽东同志这句名言。1952 年 3 月 8 日,政务院批发《中央节约检查委员会关于处理贪污、浪费及克服官僚主义错误的若干规定》,对"个人生活与工作上挥霍性的超支"和"由于责任人严重的官僚主义或经营人员失职所造成的业务上的浪费和损失","情节严重因而招致国家巨大损失"者明确规定"酌与刑事处分"。

刑法对"贪污"行为是有明确的处罚规定,但对浪费能否追究刑事责任的明文规定不够,实践中争论较大。1980 年 1 月,邓小平同志在《目前的形势和任务》的报告中指出:"最大的问题还是要杜绝各种浪费。"中发[1997]13 号文件《中共中央国务院关于党政机关厉行节约制止奢侈浪费行为的若干规定》规定:严格控制新建和装修办公楼;严格控制各种会议;严格控制各类庆典活动;严禁用公款大吃大喝,挥霍浪费。2003 年 12 月,胡锦涛主席在西柏坡指出"各级领导干部特别是年轻干部,要自觉地发扬脚踏实地、真抓实干的作风,弘扬艰苦朴素、勤俭建国的精神,坚决反对浮躁浮夸、急功近利,坚决反对铺张浪费、大手大脚"。2004 年 3 月,温家宝总理在政府工作报告中指出,"必须切实转变经济增长方式,各行各业都要杜绝浪费,降低消耗,提高资源利用效率,形成有利于节约资源的生产模式和消费方式,建设资源节约型社会"。2004 年 12 月中共中央政治局提出,要增强全民节约意识,大力节约能源和重要资源,加快发展循环经济,加强生态环境建设,逐步建立节约型的产业结构和消费结构。多年来,党和国家及其领导人一贯倡导反对浪费,但是为什么时至今日浪费现象这样普遍,这样严重而又屡禁不止呢? 有许多浪费现象甚至是有令不行,有禁不止。立法不健全,法律中模糊概念、条款多,是一个重要原因。

　　(2)节约立法的一些规定存在是否合理的问题。如《节约能源法》在"用能产品节能质量认证申请"问题上规定企业可以申请认证,意即自愿申请。而鉴于我国节能问题的重要性、必要性和可行性,笔者认为,对高耗能企业应该采取强制认证原则。再如,由于对于开采资源者的低征税制度,很多矿区不仅不重视回收率,而且采富矿弃贫矿,造成了矿产资源的极大浪费。技术规范、设计指标问题也为浪费开了绿灯,如我国高耗能建筑比例大,有 400 亿平方米以上的房屋属于高耗能建筑,仅北方地区采暖每年就多耗标准煤 1800 万吨,达 70 多亿元,可见能源节约的潜力之巨大。另外,我国出台的各种能源方面的法律法规,少有针对老百姓的具体激励措施,没有调动广大人民的节约积极性。

　　(二)有法不依,执法不严

　　我国《宪法》有"厉行节约,反对浪费"的明文规定。1988 年以来,国务院部委和各省、市出台了不少关于节约能源、提高能源利用效率的地方性法规和规章。1997 年,全国人大常委会通过了《中华人民共和国节约能源法》。有这么多的法律法规规章,但时至今日,我国能源利用效率的总水平没有得到显著提高,浪费现象依旧普遍和严重,有些地方有些时候甚至愈演愈烈。有许多浪费现象是属于有法不依,有令不行,有禁不止,无法无天。因此,法律制定多年来没能得到很好的贯彻和实施,"执行不力"是节约不成的重要原因。

　　《宪法》在司法实践中很少被当做裁判的直接法律依据。司法实践中直接因浪费定罪则很少听说。有不少学者倡议刑法规定浪费罪。其实,我国《刑法》已规定了故意毁坏财产罪、破坏生产经营罪等侵犯财产罪和玩忽职守罪、滥用职权罪等渎职犯罪,不能说这些犯罪与浪费没有关系。司法实践中,很少有对浪费自己财物的行为定罪,这正是不少学者倡议刑法规定浪费罪的理由。其实,根据我国《刑法》第275条,故意毁坏财产罪是指,故意非法毁灭或者损坏公私财物,数额较大或者情节严重的行为。笔者认为,这一规定并没有要求一定要毁灭或者损坏他人的财产才构成犯罪,故意浪费自己财产,致使财产毁灭或者损坏,数额较大或者情节严重的,同样构成故意毁坏财物罪。浪费行为能否构成犯罪,构成什么罪,涉及对浪费的主观心态,浪费的对象,浪费的数额,浪费造成的后果,浪费的其他情节等很多问题的研究和讨论。因此,不是缺乏浪费犯罪的刑法依据,缺乏的是对刑法的理解和执行。

(三)节约法律意识淡薄,违法成本低

节约法律意识淡薄,法律被边缘化,甚至有些人还不知道有节约法律制度,自认为自己的财产可以不受限制地处分。上海节能监察中心执法人员在监察一家生产企业时提议企业降低照明度,企业负责人却说:"我们付得起电费。"国有、集体单位人员本来应该成为节能行为的示范者,但有些国有、集体单位人员现在却成为了能源浪费者。不少办公室里灯火总是通明,不关计算机、空调。公家掏钱,有人就大手大脚,如公费吃喝,有人就点了一大批菜,却吃喝不完,造成极大浪费;在公家水龙头边洗衣服,有人就不停地开启水龙头。这些现象极为普遍。

违反节约法律制度的制裁轻甚至没有制裁,违法成本低,而可能守法成本高,所谓"看紧国库,马上解雇"。大量浪费司空见惯,无事打电话吹些没有用的"牛",长开明灯、长开空调、长开流水大量出现在大型公共场所,似乎处罚不多甚至根本没有处罚。

四、完善节约型法律制度,充分发挥节约型法律制度的作用

法律制度是指法律制度的性能和功用,包括指引、预测、评价、教育、调控、警示等功能。不论法律制度是否直接地作用于社会,法律制度的功能是固有存在的。法律制度的作用是指法律制度对人们的行为和社会生活的影响和实效,是法律制度功能的现实化。法律制度的作用是多方面的,总的来说包括政治作用、经济作用和社会作用。要建设节约型社会,就必须充分实现节约型法律制度的功能,发挥节约型法律制度的作用,努力加强节约立法,严格节约执法,增大节约法律监督的力度,传播节约的法律意识。通过节约法律制度,可以促进机关及干部职务廉洁,加强干部和群众的紧密联系,维护党的执政地位,确保安定团结的政治局面;通过节约法律制度,有利于开源节流,节约成本,提高经济效益,大量积累财富,提高国家、

通工具、办公室水电暖的使用、浪费能源的处罚等各个方面,提出具体、严格、可操作的节能规范。机关及其有关负责人节约有功的,应依法给予奖励;铺张浪费的,应依法追究其相关法律责任。

(3)依法采取节约措施,促进企业节约经营。例如,依法推进循环经济的发展,依法通过实施税收、计划、投资、金融等方面的法律法规来促进企业以节约的方式开展经营,依法强制淘汰落后生产工艺、产品及技术路线,依法给予企业相应的支持从而使企业实现低投入、低消耗、低排放和高效益。

第十二章

节约型社会的体制

体制是制度的具体实现形式。节约型体制是节约型制度的实现形式和组织方式，主要包括所有制体制、国有经济体制、财税体制、投融资体制、外贸体制、价格体制及行政体制等。建设节约型社会离不开各种体制保障，需要我们在相关体制方面深化改革，为建设节约型社会建立有力的体制保障。

第一节　节约型所有制体制

在政治经济学中，所有制主要是指生产资料的所有制，有时也扩大为消费资料、劳动力等的占有形式。本节所指的所有制是指生产资料的所有制，即由一定的生产力水平所决定的人们对生产资料的占有形式。

一、节约型所有制体制的内涵

从某种意义上讲，我国传统的所有制是浪费型所有制体制，主要原因在于产权关系不明晰。全民所有制企业、集体所有制企业都存在产权模糊的问题，使所有者对经营者的控制减弱，效益不高。由于政策原因，企业面对市场的应变能力比较差。

节约型的所有制体制是对传统所有制的改进，它是指生产资料归属清晰、收益明确、流转顺畅、保障有力，能够有利于资源节约、效率提高、效益增长的所有制体制。所谓归属清晰就是明确生产资料是国家所有、个人所有、共同占有关系，消除名义上是全民所有、实际上是少数人占用的现象。生产资料的收益权明确，不存在模棱两可的问题。收益明确就是生产资料的所有者享有生产资料的收益权，也就是产权收益。流转顺畅就是生产资料的所有权等权利的转移是顺畅的，只要所有者依法出售就不再存在争议。保障有力就是在归属清晰的前提下，法律实施有力的保障措施，对侵犯行为予以严惩。

二、我国浪费的所有制体制原因

在传统体制下，产权归属不清晰，资源被排除在市场之外，是造成我国经济长期粗放增长的体制原因之一。比如，煤炭资源的无偿使用，很容易出现"公地悲剧"，使许多煤炭企业的生产具有明显的粗放特点，"广种薄收"和"吃肥丢瘦"现象比较突出，资源浪费十分惊人。虽然我国近年来开始征收部分资源税，但因税率太低，其约束作用不强。资源的软约束必然促使地方政府和企业以较高的资源投入替代相对有限的科技和资金的投入，以取得本部门局部利益的最大化，因而造成了资源的极大浪费，促使全国经济继续走粗放型发展道路。毫无疑问，产权不明晰是造成国有经济浪费的根本原因。民营经济浪费比较少，主要原因在于其产权清晰，企业家或者股东对其资产负责。在传统的以及经过改革之后的国有资产管理模式下，全体人民拥有国有资产的说法听起来是具体的，但事实上是完全模糊的。到底是谁来代表全体人民行使拥有国有资产的权利？国务院显然是不合适的，因为它是行政机关，代表全民拥有资产的应该是作为国家权力机关的全国人民代表大会。中共十六大揭开了国有资产管理体制深层次改革的序幕，2003年国务院国有资产监督管理委员会（以下简称"国资委"）作为国务院正部级特设机构成立，地方国资委相应成立，这标志着国有资产管理进入了新阶段。

三、促进节约型所有制体制建设的措施

在私有制条件下，所有者十分关心和爱护自己的财产，并且财产权利越是稳固、越是保障有力，他就越是关心自己的财产，越想着自己的财产保值增值，这就是古人所说的"有恒产者有恒心"。建立节约型所有制就是要使人们关心他所拥有的财产权，提高该部分财产的使用效率，从而提高整个社会的资源配置效率。为此，需要在以下几个方面努力。

（一）正确认识非公有制经济的地位

目前，我们承认个体、私营等非公有制经济是社会主义市场经济的重要组成部分，这种提法对比过去将非公有制作为公有制的"有益补充"是一种历史的进步，但还不够。因为社会主义市场经济是经济运行方式，不是经济成分，非公有制经济作为市场经济的重要组成部分只能保证这类企业的运行或者说经营，但不能保证它们的发展和壮大，它们的地位还不稳定。只有把非公有制经济提升到社会主义经济的重要组成部分的高度才能保护非公有制经济的产权，稳定非公经济的地位，加快它们的发展。党的十七大报告指出：毫不动摇地鼓励、支持、引导非公有制经济发展，坚持平等保护物权，形成各种所有制经济平等竞争、相互促进的新格局，这一提法更加明确了非公有制经济的平等地位。

（二）放手做优做大做强私营经济

私营经济产权明晰，对比个体经济，其经济实力强大，发展空间大，是市场经济的天然主体。实行市场化改革以来的过程也就是以私营经济为代表的民营经济逐

步发展壮大的过程。今后,在世贸组织的环境中,在更高层次、更广领域上参与国际经济技术合作和竞争就必须改变依赖外资的情况,把私营经济做强做大做优。按照国外的经验,进一步扩大私营经济准入领域和行业,提供融资等服务。引导和支持私营经济成立行业协会、商会,进一步沟通政府与企业的关系,为企业走出去提供服务。

(三)加速推进国有资产股份制改造

除去少数必须由国家全部出资的企业和行业,其余的企业要积极推行股份制改造。股份制是公有制的一种实现形式。实行股份制改造有利于产权明晰,促进所有者关心自己的产权,调动各方面的积极性。除去国防军备、石油储备、航空航天、核工业之外的行业都可以实行股份制,允许民间资本依法进入。在实行股份制改造过程中,要吸取以往的经验教训,不要搞变样的、不规范的股份制改革,而要按照建立现代企业制度的要求,对企业进行规范的公司制改造。

(四)建立和完善有效的财产保护制度

合法来源的财产是需要国家法律保护的,侵犯了公民财产权利应该与侵犯国家财产权利同样处理。但是我国这方面做得不够,2004年修改《宪法》之前侵犯私人财产仅仅是民事行为,侵犯国有财产是刑事行为,显然私人财产的地位低于公有财产。现在《物权法》已经出台,"公民的合法的私有财产不受侵犯"的内容将会得到落实。当前法律的实施力度还不够,各种非法所得财物能够正常出售,获取经济利益就是例证。如中国的企业雇用很多保安人员,而美国企业没有围墙、保安,这是因为在美国即使有人偷了生产资料也无法卖掉。如果我国能够做到这一点,不少企业成本将会降低很多。[①]

(五)跳出历史形成的"管仲陷阱"

所谓"管仲陷阱",核心就是"利出一孔"——只有一个获利的通道、途径。即国家采用政治经济法律手段,控制一切谋生渠道同时垄断社会财富的分配,那么人民要想生存与发展,就必然要事事依靠君主(国家)的恩赐,这样君主就可以随心所欲地奴役支配其治下的民众了。这一思想为春秋前期著名的政治家、先秦法家先驱管仲首创。[②] 这在自然经济占统治地位的奴隶社会、早期的封建社会是可行的。在今天市场经济条件下则不行。当前政府权力过大和集中,不利于各种财富

---

① 参见卢现祥:《西方新制度经济学》,北京:中国发展出版社,2003年版,第173页。

② 管仲的原话是:"利出一孔者,其国无敌;出二孔者,其兵半屈;出三孔者,不可以举兵;出四孔者,其国必亡。先王知其然,故塞民之羡(多余的钱财),隘(限制)其利途,故予之在君,夺之在君,贫之在君,富之在君。故民之戴上如日月,亲君若父母。"见《管子·国蓄》,转引自徐慧君:《管仲陷阱——解读中国历史和社会的钥匙》,人民网2006年1月22日,http://bbs.peopledaily.com.cn/bbs/ReadFile? whichfile=1245520&typeid=17&openfile=1。

源泉的充分涌流。因为权力是权力主体对资源的控制力①,拥有权力则意味着对资源的控制,资源包括生产资料、货币、资本、自然资源、人才资源等。现有的制度安排使地方政府依然能够控制土地、资本、矿藏等重要的经济资源,民间资本想进入这些领域都需要跳出"管仲陷阱"。

第二节　节约型国有经济体制

国有经济是"国家所有制经济"的简称。由国家代表全体人民实行对生产资料的占有、支配和管理。国有经济是生产资料归社会全体成员共同占有的所有制形式,改革开放之前国有经济称为国营企业,改革开放之后称为国有经济,这是管理体制上的变化。中国国有企业的主体是大中型国有企业。国有经济不是社会主义国家的特有产物,资本主义国家也有国有经济,但是我国的国有经济问题较多。它占有大量的社会资源,但没有创造相应比例的财富,多年来积累的矛盾和问题使得国有经济改革成为中国经济改革的沉重包袱。

一、节约型国有经济体制的内涵

节约型国有经济体制是指领域恰当、权责明确、产权明晰、管理科学、经济效益好的国有经济管理体制。也就是说国有经济分布在这种所有制能够充分发挥作用的领域,在这一领域实现较好的经济效益和社会效应;国有经济建立现代产权制度和企业管理制度,建立了符合国际惯例的企业治理结构。节约型国有经济体制主要表现为:国有经济分布在自然垄断和关系国计民生的基础产业领域;国有资产管理部门专职国有资产的运营,承担保值增值责任;企业领导班子专职经营管理,建立现代企业制度,根据市场需要进行生产经营,实现较好的经济效益。

二、当前国有经济浪费的主要原因

我国曾经照搬苏联的模式,致使国有经济几乎覆盖了国民经济的各个领域,从针头线脑到航天飞机差不多都有国有企业的成分。大量的国有企业分布在不具有优势的一般竞争性领域,不能产生规模收益。传统计划经济体制下的粗放型生产方式留给国有经济沉重的历史性包袱。改革开放以来,特别是20世纪90年代以来,国有经济经过战略性调整,逐渐从竞争领域退出,但在非竞争性的行业和领域,一大批国有企业倚仗其垄断地位排挤其他参与者,牟取高额利润,在影响社会公正

---

① 参见朱启才:《权力、制度与经济增长》,北京:经济科学出版社,2004年版,第9页。

的同时,也阻碍了社会进步,那些效益低下的垄断行业就是典型。造成国有经济浪费的原因,与其他方面浪费的原因有大同小异之处。具体来说,主要是:在产权模糊或者虚置的情况下,无人关心国有资产增值保值与得失,因此,国有资产流失、经营亏损自然不难理解,浪费损失也就在情理之中了。

我国国有经济作为一种特殊的所有制形式,造成其浪费的原因在于其与国家的特殊关系。匈牙利经济学家亚诺什·科尔内研究社会主义经济体制改革时提出了社会主义政府与国有企业之间的"父爱主义"关系。在社会主义国家,政府好比是一个既严厉又慈祥的父亲,他一方面望"子"成龙,对企业严加管束,希望他们成就大器;另一方面,一旦企业出现经营困难,他又会心疼不已,立马出手相助。因为这种关系的存在,"在许多情况下它(政府)以父爱主义的方式帮助可能倒闭的亏损企业:给予国家担保、优惠贷款、减税,甚至直接的财政资助"[①]。所以很多国有企业长期以来粗放经营,经济效益低下,有的长期严重亏损,早已资不抵债,但不会破产,照样能获得贷款。

三、建设节约型国有经济体制的措施

党的十七大报告明确提出:坚持和完善公有制为主体、多种所有制经济共同发展的基本经济制度,毫不动摇地巩固和发展公有制经济。国有企业是我国国民经济的支柱。要深化国有企业改革,进一步探索公有制特别是国有制的多种有效实现形式,大力推进企业的体制、技术和管理创新。除极少数必须由国家独资经营的企业外,积极推行股份制,发展混合所有制经济。实行投资主体多元化,重要的企业由国家控股。按照现代企业制度的要求,国有大中型企业继续实行规范的公司制改革,完善法人治理结构。推进垄断行业改革,积极引入竞争机制。通过市场和政策引导,发展具有国际竞争力的大公司大企业集团。进一步放开搞活国有中小企业。深化集体企业改革,继续支持和帮助多种形式的集体经济的发展。为了落实上述精神,至少要做好以下几个方面的文章。

(一)进一步加大国有经济布局和结构调整力度

需要进一步推动国有资本向关系国家安全和国民经济命脉的重要行业和关键领域集中,增强国有经济控制力,发挥主导作用。加快国有大中型企业股份制改革,完善公司治理结构,使"新三会"与"老三会"协调运转。深化垄断行业改革,放宽市场准入,实现投资主体和产权多元化。加快建立国有资本经营预算制度,建立健全金融资产、非经营性资产、自然资源资产等监管体制,防止国有资产流失。继

---

① 参见〔匈〕亚诺什·科尔内:《短缺经济学》(下卷),北京:经济科学出版社,1986年版,第276页。

续深化集体企业改革,发展多种形式的集体经济。

(二)鼓励和支持非公有制经济参与国有企业改革

允许非公有制经济进入金融服务、公用事业、基础设施、文化产业等法律法规未禁入的领域。私营企业多数是家族式企业,要引导它们进行制度创新,特别是引导私营家族企业逐步走向现代公司制。

(三)积极深化垄断行业改革

西方经济学家的研究表明,完全竞争市场最有效率,垄断缺乏效率,要提高效率就要不断打破垄断。为此,除去关系国家安全的国防、航空等行业都要打破垄断,允许其他资本参与进去,促进这些行业减少浪费、提高效率。

(四)不断完善创新资产管理方式

在坚持国家所有的前提下,充分发挥中央和地方的积极性。国家要制定法律法规,建立中央政府和地方政府分别代表国家履行出资人职责,享有所有者权益,使权利、义务和责任相统一,管资产和管人、管事相结合的国有资产管理体制。关系国民经济命脉和国家安全的大型国有企业、基础设施和重要自然资源等,由中央政府代表国家履行出资人职责。其他国有资产由地方政府代表国家履行出资人职责。中央政府和省、市(地)两级地方政府设立国有资产管理机构。继续探索有效的国有资产经营体制和方式。

(五)建立国有资产管理系统

各级政府要严格执行国有资产管理法律法规,坚持政企分开,实行所有权和经营权分离,使企业自主经营、自负盈亏,实现国有资产保值增值。切实规范账务管理,国资、财政部门要加大检查力度,对单位的资产管理定期、不定期地进行检查、抽查等。建立"国有资产管理系统",做好资产的清理和信息登记,切实解决资产管理分散、资产存量不清、资产状态不清等实际管理问题。加大国有资产的使用监管力度。实行资产使用绩效评价,将资产使用与单位业绩挂钩,作为资产配置的参考依据。建立资产使用管理责任制,做好行政事业资产管理的建账、建档、建卡等常规工作,对出租、出借国有资产实行集体决策制和首长负责制相结合的管理办法,并严格实行责任追究制度。①

(六)优化国有企业发展的外部环境

提高国有经济的效率不是单方面的努力能够实现的,需要深化产权改革,也需要优化外部环境。林毅夫和李志赟(2004)撰文指出:中国国有企业也面临着企业所有权和经营权相分离带来的委托—代理问题。解决企业委托—代理问题的首要

---

① 参见蔡勇:《强化行政事业单位的国有资产经营管理》,南方网 2006 年 9 月 27 日,http://www.southcn.com/nflr/zjll/200609270601.htm。

切入点是解决企业外部治理机制问题。[①] 我们赞同上述观点,认为建立开放公平的竞争性产品和要素市场、经理人市场和资本市场是提高国有经济效率的出路所在。

第三节　节约型财税体制

北宋的苏辙说过:"财者,为国之命而万事之本。国之所以存亡,事之所以成败,常必由之。"[②]这句话充分说明了财政的重要性,财政是经济社会发展的综合反映,税收是经济的晴雨表,也是经济发展的推动器。万事非财莫举,财政和税收体制在经济中占有相当重要的地位,在建设节约型社会中的作用同样重大。

一、节约型财税体制的内涵

财税体制就是财政税收体制。节约型财政税收体制是指收取财政收入的单位成本较低,单位财政支出的收益较高的一种财政税收管理体制。也就是说使用较少的人力物力成本取得较多的财政收入,支出上注重合理使用。其特点是,不透支,不乱收,根据企业承受能力和企业可持续发展的需要确定税率;财政收入的收取人员高效工作,收取及时、足额,资金入库顺畅;财政支出投放在最需要的领域,将好钢用在刀刃上;支出速度较快,见效明显;使用过程公开透明,不被挪用,没有浪费。

二、我国浪费的财税体制原因

新中国成立初期建立的政府命令方式、财政预算机制和直接集中配置资源的财政体制为我国长期实行外延式、粗放型、速度型发展道路奠定了体制基础。当时我国按照苏联模式建立了政企不分和高度集中的财政税收体制。这套体制在1958年曾经向行政性分权的方向迈出了不小的步子。但是随着"大跃进"的失败和采取集权体制来救治混乱,这套体制基本上又回到了原处。

改革开放以来,财政体制发生了较大变化,国民经济的市场化和社会化程度也有明显提高。从1978年改革开放以来,在财政税收方面采取的重大步骤是建立行政性分权的分级财政制度,即从1980年开始实行的"财政分灶吃饭"和从1988年开始实行的"财政大包干"。"分灶吃饭"与"财政大包干"的做法有所不同,但本

① 参见林毅夫、李志赟:《中国的国有企业与金融体制改革》,载林毅夫、姚洋主编:《中国奇迹:回顾与展望》,北京:北京大学出版社,2006年版,第129页。

② 苏轼著,曾枣庄、马德富校点:《栾城集》卷21《上皇帝书》,上海:上海古籍出版社,1987年版。

质上都属于财政承包制。实行"分灶吃饭"与"财政大包干"体制,原本希望在确保中央预算收入稳定的前提下,明确各级财政的权力和责任,发挥中央和地方的"两个积极性"。这种体制实行后,在短期内起到了促使地方政府努力增产增收的作用。但是从中长期来看,它对资源配置和市场制度所形成的消极作用要比积极作用大。这种体制造成地区之间"苦乐不均"、"鞭打快牛"的状况;也造成了各地市场分割、税率不均等现象。各地政府为了扩大财政收入,一方面千方百计地扩大基本建设规模,用政府投资兴办地方国有企业;另一方面广泛采用地方封锁、税费歧视、变相补贴等办法保护"自己的"企业免受外来企业的竞争,使地方保护主义行为在全国蔓延。①

从企业层面来看,这种财税制度使得粗放型发展道路的体制基础并未根除,预算软约束严重制约了与集约型经济增长相适应的各种机制的形成,比如制约了有利于节约资源、降低消耗、增加效益的企业经营机制、有利于自主创新的技术进步机制、有利于市场公平竞争和资源优化配置的经济运行机制的形成。相反,最终在经济运行系统中形成一条"软预算约束→企业转嫁风险给政府→企业对投资品的需求难以满足→资源利用效率效益低下→经济外延式、粗放型增长"的因果链。

1994 年进行了财税体制的全面改革,建立了适合于市场经济的财政税收体制的基本框架,是新中国成立以来调整利益关系格局最为明显、影响最为深远的一次重大制度创新。但是它仍然存在若干重大缺陷,与市场经济体制还有不少不相契合之处。概括来说,一是预算外收入需要清理;二是分税制需要进一步完善;三是需要实现向公共财政的转变。具体来看,预算外收入是中国财政的一个特色,也是造成各级拥有这笔资金者浪费的一个原因。从 2003 年开始,所有具有"执收执罚"政府职能部门的行政事业性收费和罚没收入都要缴入"财政专户",它意味着"预算外收入"的终结。② 分税制财权和事权没有很好设计,造成财权与事权的不统一。基层政府特别是县乡两级,承担着许多全国性的公共服务责任,包括普及九年义务教育、公共医疗卫生,担负着沉重的支出责任,却没有相应的资金来源。有的资金闲置不用,造成财政资金使用效率低下,浪费自然不少。部门预算及审议力度还不够,审计署审计的结果让各界吃惊,不少实权部门挪用资金,造成的不仅是浪费,还危及政府的可信度。

生产型增值税促成了招商引资中的低价恶性竞争。生产型增值税促使各地纷纷扩大投资规模,特别是那些能够带来较多税收的重工业,常常不考虑当地的客观条件和比较优势。由于招商引资是政绩的重要方面,各地为了争取资金,不惜低价

---

① 参见吴敬琏:《当代中国经济改革》,上海:上海远东出版社,2004 年版,第 254—255 页。

② 参见吴敬琏:《当代中国经济改革》,上海:上海远东出版社,2004 年版,第 264 页。

提供土地等资源。各地为引得高新产业,争相在低价、税收、电价诸方面进行无底线"政策优惠大赛",地方政府为此付出的"隐性代价"越来越重。江苏省无锡市新区信息产业科技园的一位管理人员说,无锡一亩地开发成本在 22 万元左右,而卖给外企每亩不超过 5 万元,有的甚至是白送。①

三、建设节约型财税体制的措施

财政税收政策作为国家宏观经济调控的重要手段之一,对社会经济的良性运行有着重要的影响。在当前我国加快建设节约型社会的过程中,财政税收政策的作用也同样举足轻重。建设节约型财税体制,就是要从完善公共财政入手,建设节约型财税机关,继续深化政府预算监督和管理,加强征管信息化建设,推进增值税、出口退税、营业税、所得税的改革力度,提高资源税税率等。具体来说,包括以下几个方面。

(一)改革预算管理体制

强化各级人大作为立法机关在政府预算制定和执行过程中的实际权力,实行民主决定财政收支,实现政府预算的法治化、规范化,按照部门编制预算的要求,细化预算内容,让人大代表看得明白预算内容。推进"金财工程"建设,全面掌控政府预算编制、部门预算管理、国库集中收付、政府采购等事项。要尽快修改《预算法》,增加预算公开及相关内容②,逐步实现财政预算公开。在有条件的地方实行零基预算③,杜绝财政支出必然增长的趋势。

(二)完善增值税等税种

完善增值税改革主要是两个方面的内容,一是实现生产型增值税向消费型增值税的转型;二是扩大增值税的覆盖范围。实现增值税转型之后,一些现行的政策需要调整。④ 出口退税要统一、规范进口税收优惠政策,建立与进口关税、国内流转税征收管理体系。适应 WTO 要求,适当调整出口产品退税政策,恢复对生产经营用进口固定资产征税,并允许在以后环节抵扣。提高娱乐场所税率,调整外资企业优惠政策,取消经济特区内设立的外资金融机构来源于特区内的营业收入自注册之日起 5 年免征营业税的政策。取消外资企业的所得税优惠政策,统一内外资企业所得税税率。提高个人所得税起征点,降低低收入阶段税率,稳定中等收入阶

---

① 参见徐寿松、吴亮:《重复建设的"第三次浪潮"隐忧凸现》,《经济参考报》2003 年 6 月 12 日。

② 参见缪国亮、戴燕艳:《财政预算公开与和谐社会建设》,载广东经济学会编:《市场经济与和谐社会》,北京:中国经济出版社,2006 年版,第 218—223 页。

③ 零基预算,是指不考虑过去的预算项目和收支水平,以零为基点编制的预算。零基预算的基本特征是不受以往预算安排和预算执行情况的影响,一切预算收支都建立在成本效益分析的基础上,根据需要和可能来编制预算。

④ 参见吴敬琏:《当代中国经济改革》,上海:上海远东出版社,2004 年版,第 269 页。

段税率,提升高收入阶段税率。实施"金税工程",加强税收监管,杜绝税收漏洞和税源流失。

(三)强化征收资源税

我国现行税制中的资源税仅是一种级差资源税,即运用资源税手段对资源在开采条件、资源本身优势和地理位置等方面存在的客观差异所导致的级差收入进行调节,没有充分考虑资源税的节约功能和降低环境污染的功能。资源税的另一个明显缺陷是没有对水资源这一资源征税。为了加快建设节约型社会,我国资源税应该进行一系列的调整:适当扩大资源税的征税范围,增加水资源、土地、森林和草原税目;对于国家需要重点保护或限制开采的能源资源,适当提高资源税的税额。譬如对于水资源,在确定水资源的全成本价格、规范水资源的价格体系的基础上,增加水资源税目,具体征收额根据各地区的水资源稀缺性和经济发展水平来确定,但是对农业灌溉用水可以降低税额或免征资源税。

(四)政府税外收入要从无序膨胀走向有效约束[1]

非税收入是政府收入的重要组成部分,2004年全国非税收入占到财政总收入的40%(其中河北省占44%),2005年占43%。我国政府非税收入长期存在着无序膨胀和多层次不规范问题,应该通过深化改革,加强管理,使政府非税收入得到有效约束,逐步严格规范起来。[2] 要规范非税收入的管理部门,逐步与税收部门合并,在一定时期取消非税收入;规范收费部门的收费项目,实行依法管理。要在公共财政原则下严格规范政府各部门的职能行为、限定执收执罚机关的权力。除税务机关外,保留极少量的交警等收税和罚款项目,彻底清理工商、城管、交通等部门的行政性收费。[3]

(五)建立有利于资源节约技术开发的税收政策

在建立节约型社会的过程中,税收作为政府一个杠杆可以通过降低税率、延期纳税、加速折旧和投资税收抵免等税式支出方式促进节约资源技术的研究、开发和推广。税收作为政府主要的经济手段是控制污染、保护环境、降低能源资源消耗不可偏废的措施。这些措施可以是限制不可再生资源消费的税收政策,也可以是鼓励资源综合利用、节能环保的税式支出。

---

[1] 政府非税收入,以前称作"预算外资金",以后应称为"政府税外收入"。它是指除税收以外,由机关事业单位、代行政府职能的社会团体等利用政府的权力和信誉、国家资源资产等收取的财政性资金。

[2] 参见管荣开:《政府税外收入要从无序膨胀走向有效约束》(上),载《中国改革报》2006年8月21日。

[3] 参见管荣开:《政府税外收入要从无序膨胀走向有效约束》(下),载《中国改革报》2006年8月22日。

（六）构建有利于资源循环利用的税收政策

为减少原生资源使用、鼓励资源的循环利用，对再生资源加工企业以及购买再生资源加工产品的企业和个人实行税收优惠，也可以考虑对利用不可再生资源及其间接产品加征税收，如通过增设新鲜材料税、生态税、碳税等税种，鼓励企业、公众多用再生物品，少用原生资源。

（七）实行节约交易成本的宏观税收政策

积极发挥税收政策在建立节约型社会中的作用，不但要通过税收政策调整微观主体的节约行为，同时还要通过宏观的税收产业政策和其他经济政策措施使微观产业主体相关产业形成近距离的产业链或者促进产业集聚化，形成合理的工业产业布局，从而因交易成本降低而节约社会资源。

（八）实行有利于科技进步和节约环保的财税制度

中央"十一五"规划《建议》提出"实行有利于资源节约的价格和财税政策"，要根据这一目标研究制定鼓励使用节能节水减免税产品的优惠政策，出台鼓励发展节能车型，依法淘汰高油耗车辆的财政税收政策；继续完善资源综合利用的税收优惠政策；调整完善资源性产品进出口的税收政策。公共财政要加大对政府资源节约管理和政府机构节能改造的支持力度。研究建立再生资源回收处理收费制度。

（九）推进征管信息化建设

探索建设统一的税收征管信息平台，建立税收信息网，提供税收政策咨询，公开发布各种税收政策和实施细则。发布税收信息，并实现网上申报和征缴，做好减免服务，继续完善"一站式"服务等新型办税方式，减少纳税人到税务机关的往返次数和排队时间，提高税务机关的办税效率，节约纳税人的时间成本。[①] 考虑对大企业、高新技术企业实行上门服务等办法，提高服务质量。

第四节　节约型投融资体制

投融资体制就是投资和融资体制的简称。投资是拉动经济增长的"三架马车"之一，在发展中国家经济增长中投资的作用更加明显。在经济落后的国家和地区，融资是一个难题，融资对投资有重要的推动作用。

一、节约型投融资体制的内涵

节约型投融资体制是指在科学预算条件下进行投资和融资建设，投资主体对

---

① 参见王维、任洪彬：《构建节约型税收的几点思考》，载《涉外税务》2006 年第 5 期。

投资和融资项目完全负责,承担法律责任,享受投资融资收益,各项权利和责任明确有据的投融资管理体制。也就是说这种投融资体制改变了过去投资主体不明确,责任不清晰,管理不健全等问题,较好地实现了投资目标。这种投融资管理体制的特点是投资融资主体明确,程序科学,论证充分,投融资权益受法律保护,能有效避免投融资过程中造成的浪费。

二、我国浪费的投融资体制原因

我国是从原来高度集中的计划经济体制转轨到市场经济体制的,沿袭了计划经济时代的许多做法,有的至今未能根本改变。从制度变迁的角度说,我国投融资体制的制度创新缓慢,实施绩效不够理想。造成浪费的原因,主要是下面几个方面。

(1)政府投资无人真正负责。政府的投资缺乏具体的负责人,盲目投资乃至非法投资并不鲜见。目前服务业固定资产投资中,国有经济投资比重依然在60%左右,大大高于工业的同一比重。服务业44个大行业中,除餐饮、房地产、旅馆、租赁、娱乐业等5个行业外,其他39个行业国有投资都占50%以上,其中20多个行业高达90%以上。① 在诸侯经济的作用下,地方政府投资饥渴是造成目前国有投资遍布各个行业的重要原因之一。

(2)金融业不够发达。总的来看,我国金融业内部管理水平不高,国内银行功能都过于单一,一味注重传统资产负债业务,中间业务发展滞后。虽然在业务品种范围较之改革前有了明显的扩大,但还是缺乏创新。很多机构传统的业务仍停留在相当粗放的状态下。理财投资产品过于单一,性质几乎相同,各机构所谓的金融理财大师也大多停留在以自身机构产品为导向的强制性金融服务上。"入世"以来,外资金融机构进入我国,与我国金融机构形成明显对比:外资金融机构是无所不在、无时不在、无所不能,已经发展成为电子化银行、无纸银行、手机银行、全能银行,开通手机即进入银行系统;中国的不少银行还是钢筋水泥凝固在那里,所谓的电子化银行、手机银行有名无实。②

(3)错误政绩观的影响。长期以来,我国干部选拔和任用只注重考核经济增长速度,这一制度使得不少干部为官一任不是考虑造福一方,而是如何轰动一时,为自己日后升迁做准备。因此,他们拼命追求GDP的增长速度,特别重视投资。为了获得投资,不择手段、不惜代价到金融部门要钱,竭力公关;有的则不惜债台高

---

① 参见张军扩等:《转变经济增长方式,走新型工业化道路》,载王梦奎主编:《中国中长期发展的重要问题》,北京:中国发展出版社,2005年版,第105页。

② 参见贾品荣:《入世五年后中国金融业的三大差距》,载《中国经济时报》2006年12月12日。

筑。有的干部成为贷款拍胸脯,投资拍脑袋,最后不了了之拍屁股走人的"三拍干部"。其结果必然造成严重的浪费,致使我国金融不良资产比例长期居高不下。

三、建设节约型投融资体制的措施

金融是现代经济的核心,金融系统具有很强的社会外部性和杠杆效应,金融系统能够通过利率、汇率和证券价格等有用的价格信息来帮助经济主体进行分散化决策,降低社会的信息成本和交易成本[1],实现节约必须提高金融资本的运行质量。为此,要在以下几个方面努力。

(一)按照现代金融理念,积极推进国有金融企业改革

不断提高金融企业素质和金融业抗风险能力,拓宽建设节约型社会的融资渠道。推进国有金融企业的股份制改造,深化政策性银行改革,稳步发展多种所有制的中小金融企业。完善金融机构的公司治理结构,加强内控机制建设,提高金融企业的资产质量、赢利能力和服务水平。稳步推进金融业综合经营试点工作。积极发展股票、债券等资本市场,加强基础性制度建设,建立多层次市场体系,完善市场功能,提高直接融资比重。稳步发展货币市场、保险市场和期货市场。

(二)深化农村金融改革,抓好农村信用社改革

农村金融发展水平严重落后于农村经济发展的需要,迫切需要金融支持。当前,可借央行承担 50% 历史遗留不良资产时机,将部分经济欠发达地区农村信用社"壳资源"转让给那些愿意接手其余 50% 不良资产的民间投资者,进而将农村信用社改造成真正的民间金融组织;同时要建立及时有效的市场退出机制,坚决关闭资产质量低下、严重资不抵债的农村信用社。

(三)构建区域金融体系,提高民间资本的使用效率

我国金融体系较为单一,民间金融机构不发达,国有银行在金融体系中处于绝对优势地位。广东等沿海地区民间资本素来发达,民间投融资活动非常活跃,引导、规范和利用民间融资非常必要。近年来,浙江、广东等沿海地区民间融资日趋活跃,民间金融已经成为民间经济主体融通资金的重要途径。据中国人民银行广州分行民间投融资问题研究课题组测算:2004 年年末广东民间资本规模折合人民币超过 1.2 万亿元,2004 年年末广东民间融资规模约为 1400 亿元,约占同期金融机构贷款余额的 6.41% ,2004 年年末广东乡镇企业、私营企业以及个体户短期人民币贷款余额 1482.19 亿元。[2] 可以考虑发展地方金融银行,充分挖掘民间金融潜力。

---

[1] 参见许佳妮、黄衍电:《金融系统应在节约型社会的建设中发挥杠杆作用》,载《时代金融》2006 年 7 月。

[2] 参见巫燕玲:《万亿民间资本浮出水面,粤拟重构区域金融体系》,载《中国经营报》2005 年 10 月 22 日。

（四）完善内部管理，建设节约型金融企业

加强金融企业内部管理，根据岗位设置人员，不浪费人才；建立以利润指标为核心的考核制度和严格规范的内部约束机制，提高资金的流动性、安全性和效益性；减少行政费用开支，减少资源浪费；盘活现有的金融资源，挖掘潜在的金融资源；加快信息化建设，减少资源消耗。[①]

（五）完善资金管理，建立投融资风险防范机制

在对外开放的条件下，加强和防范因为投融资带来的风险十分必要。要坚持国家对大型商业银行的控股，加强项目登记、资金托管、项目清算等工作，一旦发现项目运作出现异常应立即采取措施。从长期来看，以立法的形式来管理大型项目为好。

（六）落实正确的政绩观，杜绝盲目投资

各级党政领导干部要从对历史负责的高度慎重拍板投资项目，减少和避免因个人喜好确定项目的做法。各类项目的决定要经过人大研究、社会讨论、专家论证，不能让长官意志决定项目生死存亡。

第五节　节约型外贸体制

外贸是对外贸易的简称。对外贸易是指一个国家或地区对其他国家或地区进行的各种商品交换活动。[②] 近年来我国对外贸易持续高速增长，增长幅度一直维持在 30% 左右，2004 年高达 36%。2005 年外贸进出口总额达到 14200 多亿。[③] 2006 年中国外贸总额达 1.76 万亿美元，比 2005 年增长 23.8%。[④] 而 2007 年中国外贸总额更是达到 21738 亿美元，创历史新高。[⑤] 外贸在中国经济发展中发挥了重要作用，但是我国外贸经济效益不高，资源和劳动还有相当大的浪费和损失，在对外开放的新时期研究外贸领域的节约具有重要意义。

一、节约型外贸体制的内涵

节约型外贸体制是指拥有符合国际惯例的外贸法律法规、灵活高效的外贸管

---

① 参见许佳妮、黄衍电：《金融系统应在节约型社会的建设中发挥杠杆作用》，载《时代金融》2006 年 7 月。

② 参见刘树成主编：《现代经济辞典》，南京：凤凰出版社、江苏人民出版社，2005 年版，第 201 页。

③ 参见王春华：《外贸增长方式转型将现历史性拐点》，载《中国改革报》2006 年 7 月 28 日。

④ 《2006 年中国外贸总额达 1.76 万亿美元　创历史新高》，中国新闻网 2007 年 1 月 10 日，http://www.chinanews.com.cn/cj/gncj/news/2007/01-10/852207.shtml。

⑤ 《2007 年中国外贸总额达两万一千七百三十八亿美元》，新浪网财经新闻 2008 年 1 月 11 日，http://finance.sina.com.cn/roll/20080111/16311925798.shtml。

理方式①、外贸企业自主经营的外贸管理体制。也就是说它比传统的外贸管理体制灵活、高效、便捷,与国际接轨。建立节约型外贸体制能够逐步实现在对外贸易过程中,进出口商品(含服务)和技术的数量、质量符合国际、国内市场需要,使商品(含服务)的价值得到最充分发挥,从而通过对外贸易达到互通有无,优势互补,实现节约、减少浪费,促进经济社会发展的目的。②

二、我国外贸浪费的体制原因

我国对外贸易过程中存在诸多浪费,在产品出口方面存在产品加工过程的效率不高、质量不高、包装不符合要求,流通过程的海关行政效率低,外汇闲置,国际规则不熟,遭遇退货等方面的浪费。在进口方面存在产品、技术盲目进口、重复进口、进而不用等方面的浪费。其原因主要有如下方面。

(1)管理部门重叠。我国目前表面上看从事贸易促进的机构不少,商务部及所属贸易发展局等事业机构、各级外经贸管理部门、贸促系统以及进出口商会、协会都在开展贸易促进工作,但其各自的分工和职能定位是不明确甚至是交叉、混乱的。一方面使贸易促进工作不容易落实到位,另一方面又造成资源浪费。最典型的是由于中国贸促会的领导体制未理顺,使其所从事的贸易促进未能与商务部的工作形成有机配合。随着外贸管理体制的改革,目前地方外经贸部门的管理职能已经大大弱化,更多地转向贸易促进服务,因而与地方贸促分会也存在着大量的职能重叠。③

(2)贸易便利化程度不高。一是货物通关手续仍比较烦琐。要求单据多、通关时间长,还经常出错。二是出口商品法定检验要求过严且不够规范,检验检疫费用偏高。许多基层商检局设立自收自支的事业机构以各种名目乱收费。三是外汇管理也存在许多不便利的问题。如企业反映现行管理规定有些已经执行了十多年,情况发生了很大变化而仍未作调整;一些商品出口到俄罗斯、南非等国家,进口方往往从第三国付汇,按现行外汇管理规定就不允许;等等。

(3)诸侯经济引起的外贸竞争。各地都有自己的商品需要进出口,在以省际为边界的诸侯经济情况下,各种不正当竞争十分常见,为了达到出口或者进口的目的,各地竞相在价格、时间、质量等方面做文章。有的地方压低价格,促进本地产品出口,不仅造成当地的损失,也给其他地区的企业造成损失。青蒿、稀土等特有资源潜在的经济价值很高,中国本来可以借助自己对这些资源的控制而获得足够的

---

① 包括外汇管理、出口退税、商品检验检疫等方面。

② 参见黄铁苗主编:《节约经济学》,北京:中国金融出版社,1990 年版,第 252 页。

③ 参见沈丹阳:《加快转变我国对外贸易增长方式的若干政策建议(上)》,宁波市对外贸易经济合作局网站 2005 年 8 月 11 日,http://www.nbfet.gov.cn/llyj/detail.phtml?newId=54309&big5=0。

回报,但是,在出口主体多元化的背景下,低价竞销是近30年来中国对外贸易的痼疾,导致过多地低价出口原料,深加工产品研发力度不足,浪费了宝贵的资源。2004年我国稀土产品出口量是1990年的9倍,平均价格却下降了46.2%。①

(4)海外商会(行业协会)欠发达。我国海外商会、行业协会很少,而且专业法律人才少,实力不强。在外贸不断发展的今天,外贸争端日趋增多。很多时候不是因为我们的产品不好,政府作为官方机构不能出面干预,而协会又无能为力导致无法应对国际反倾销的案件,白白地遭受损失。

三、建立节约型外贸体制的措施

经过多年改革特别是"入世"以后几年的改革,除了外贸代理制推进较缓慢以外,我国外贸体制中的管理体制和经营体制已经基本接近国际惯例。建立节约型外贸体制,需要在以下几个方面努力。

(一)调整外贸管理机构

一是商务部负责制定贸易促进政策,但不承担具体贸易促进事务。按照我国对WTO的承诺,要进一步严格对外贸易政策的统一制定及对外贸易管理的统一实施,地方各级政府外经贸部门无权制定涉及外贸管理包括鼓励本地外贸发展的政策。商务部不再从事办展、办会、提供信息等具体的、直接面向企业或中介服务机构的促进服务。二是商务部贸易发展局及中国贸促会、中国进出口银行、中国信用保险公司等机构承担需在全国范围内实施的贸易促进服务。参照世界大多数国家的做法,中国贸促会明确划归商务部领导或指导。三是地方外经贸部门主要从事贸易促进服务,最好能与地方贸促会整合,实行"两块牌子、一套人马"的体制。②

(二)提高贸易便利化程度

外贸管理要以服务企业为核心,不断为企业进出口贸易提供快捷方便的服务。逐步实现外贸经营权的自动登记,为各种经营主体开展对外贸易创造条件,推动经营主体多元化。二是进一步完善"大通关"联络协作机制,加快推动无纸通关,建立有关部门电子联网、信息共享。三是根据外贸企业的要求,调整、减少进出口商品法定检验品种;简化、规范办事程序;降低检验检疫费用并坚决杜绝乱收费。四是改革外汇管理的僵化模式,进一步朝便利贸易、更好地服务企业的方向调整。

(三)规范外贸主体行为

进一步完善外贸法律法规,改变以行政手段为主的方式方法,建立一套符合国

---

① 参见梅育新:《特有资源低价外流是祸不是福》,载《广州日报》2006年11月9日。
② 参见沈丹阳:《加快转变我国对外贸易增长方式的若干政策建议(上)》,宁波市对外贸易经济合作局网站2005年8月11日,http://www.nbfet.gov.cn/llyj/detail.phtml?newId=54309&big5=0。

际通行规则的外贸法律体系,根据法律来规范和约束外贸主体行为。加快商会、行业协会等中介组织建设,发挥商会、协会在行业自律、提供信息、优化服务、协调政企关系方面的作用。

（四）加快海外商会（行业协会）的建设

一是以行业为单位建立行业商会（协会）,再建立商会联合会。由于在境外经营需要一定的技术管理人才,按照行业建立协会为佳。这样可以发挥行业专长,促进企业生产经营发展。但由于单个行业商会的人力物力有限,很难满足会员多个方面的要求,有的服务即使可以提供,但是成本太高。海外经营的地域性,要求我们建立以地域为单位的联合会,综合处理遇到的问题。在各方面条件成熟后,可以组建中国海外总商会,与世界其他国家商会一道为我国企业、商人服务。二是政府应提供必要的资助,积极支持商会建设。我国建设海外行业协会、商会需要各地企业、商人的不懈努力,也不能离开政府的支持与协助。商会成立以后的工作也需要政府的支持与配合。① 通过海外商会、协会的建设,提高企业应对反倾销的水平,通过法律手段减少浪费。还可以加强与海外市场的沟通与交流,使产品更加适应国际市场的需要,减少外贸中的浪费。

第六节　节约型价格体制

价格是最重要、最敏感的市场信号和有力的杠杆,是引导各种资源配置的首要参考信息。② 建设节约型社会需要实现资源的合理配置和有效利用,这就必须建立节约型价格体制,让价格在建设节约型社会中发挥积极作用。

一、节约型价格体制的内涵

价格是市场的灵魂,是经济学的核心。根据戴园晨（1986）的概括,价格在经济发展中的作用有三个③:价格连接着经济活动,传递经济信息,调节经济利益。节约型价格体制就是市场价格体制能够充分而灵敏地反映产品的社会劳动消耗和市场供求情况的价格体制。这种价格体制体现了价值规律的要求,由市场来形成商品价格。这种价格体制在宏观方面有利于资源的合理配置,能避免社会总劳动的浪费;在微观方面,有利于优胜劣汰,实现单位产品成本的降低。在这种价格体

---

① 参见孙宝强、郝风亮:《海外商会才是娘家人》,载《中华工商时报》2004 年 10 月 18 日。

② 价格有广义和狭义之分,广义的价格包括消费品、生产资料、劳动力、资本和土地的价格。狭义的价格只包括消费品和生产资料的价格。本节的价格是指广义的价格。

③ 参见戴园晨:《价值规律与价格》,载《戴园晨集》,北京:中国社会科学出版社,2006 年版,第3—5 页。

制下,政府干预的范围仅限于自然垄断产品、公共服务产品和特殊时期的紧缺商品。如铁路票价、"非典"时期的白醋等。政府干预的方式是依照价格法规进行,一般不使用行政手段。

二、我国浪费的价格体制原因

不健全的价格体制是促成粗放型增长方式的重要原因之一,我国现行价格体制造成了严重的浪费,其原因至少包括以下几个方面。

(1)价格形成的市场机制不完善。从理论上讲,发展市场经济就必须使产品的价格反映供求关系及其变化。然而,我国诸多产品,特别是资源产品的价格不能反映供求情况及其变化。资源价格的扭曲,一方面使得资源价格无法有效、真实地反映社会需求,价格机制无法按照市场规律来调节资源的生产和消费行为,企业和社会缺乏珍惜资源的压力,破坏式或"挑肥弃瘦"式开采普遍存在;另一方面,资源的廉价或无偿使用,还鼓励了损害环境的生产和消费方式。在计划经济时期,国家为了鼓励缺乏效率的重化工业快速发展,通常把要素价格压得很低,投入大量资源和资本,尽管生产效率很低,但仍然能够盈利,这种盈利显然是一种假象。目前,要素价格严重扭曲情况依然存在。土地、矿藏、淡水、能源、资金、劳动、外汇等价格的市场化程度不高,主管机关往往在"支持产业发展"的名义下,给这些生产要素规定偏低的价格。这人为地压低了低效益产业扩张的成本,促进了产值的增长。①

(2)许多商品的价格长期扭曲。我国的价格体制是从计划经济时期政府定价转型而来,至今还有一些计划经济的特点。我国农产品价格偏低,与工业产品之间存在着较大的"剪刀差",在较长的时期内挫伤了农民的积极性。石油、煤炭、水、铁矿等资源的价格低得可怜,根本没有反映其稀缺程度,促成了浪费;现在的情况有所好转,但仍旧不理想。相反,由于地产商违规操作、捂盘惜售、夸大需求、媒体大事炒作、政府监管不严等原因,房地产价格严重偏高。这种价格偏高的现象在证券市场也同样存在。

(3)劳动力价格太低。劳动力价格太低不利于劳动力本身的再生产和调动劳动者的积极性。劳动力价格太低致使企业不通过改进生产技术和采用先进管理方式方法,采用先进工艺和设备来提高原材料的使用效率,减少浪费、压缩成本;而是通过千方百计地压低工人工资、减少环境治理成本等手段减少支出,再就是通过公关等促销、偷漏税手段降低应交税费。

(4)利息的市场化尚未破冰。在生产要素价格中,资金(本)的价格利息特别

---

① 参见吴敬琏:《中国增长模式抉择》,上海:上海远东出版社,2006年版,第117页。

重要,因为资金是每一个市场经济社会中最重要的最稀缺的经济资源。生产要素价格的市场化,首要的是实现利息率的市场化。但时至今日,我国依然实行统一利率,使得资金价格严重扭曲,银行利率和市场利率差别很大(有时达 1 倍以上),不但不利于资金的合理利用和优化配置,还使得资金供应紧张,助长寻租和腐败。[①]

(5)行政干预价格也是造成价格不能反映资源稀缺的重要因素。政府掌握着重要资源的价格不利于节约资源。张卓元研究员曾撰文指出,政府机构等虽几经改革,也一再强调要政企分开,但政府仍拥有过多的资源,而且继续充当许多地方经济活动和资源配置的主角,严重抑制了市场在资源配置中基础性作用的发挥。有人做过统计,在 2003 年和 2004 年的经济过热中,政府支配的投资的比例竟超过50%。[②]

三、建立节约型价格体制的主要措施

我们认为,就目前而言建立节约型价格体制的主要措施包括以下几点。

(一)加快完善自然资源的价格形成机制

按照市场化改革的要求,参考最终产品定价来确定资源性产品的价格,建立联动机制,逐步理顺资源性产品与最终产品的比价关系。对石油等可贸易性的能源要尽快放开,由市场主导价格。煤炭和电已经开始这一方面的改革,实行煤电价格联动。

(二)积极调整水、热、电、天然气等的价格政策

要积极促进资源的合理开发、节约使用、高效利用和有效保护。主要是提高自来水和天然气的价格,使水和天然气的价格反映市场短缺状况。当然,这必须以居民承受能力为限度,动用价格调节基金或者拨出适当专款,对低保户、困难户进行适当补贴。加大价格执法力度,依法采取措施防止垄断部门非法获利。

(三)充分运用价格机制调控土地

对于有限的土地资源,要根据不同的使用目的进行分类管理。商业用地要严格采取挂牌招标拍卖的方式进行运作,使土地能够实现其最大价值。改变当前一些地方存在的招商引资"零地价"现象,禁止党政领导批租土地,依靠价格改革提高土地的使用效率。提高征用土地的补偿标准,减少被征地者的损失。

(四)对高耗能行业实行差别定价

2004 年,国家发展和改革委员会对电解铝、铁合金、电石、烧碱、水泥、钢铁等 6

[①]　参见张卓元主编:《中国改革开放经验的经济学思考》,北京:经济管理出版社,2000 年版,第232 页。

[②]　参见水晶:《学界观澜之诸子百家》,载《羊城晚报》2006 年 9 月 24 日。

个高耗能行业,区分淘汰类、限制类、允许类和鼓励类企业试行差别电价。对限制类和淘汰类企业用电价格在现行电价基础上每千瓦时分别加价 2 分钱和 5 分钱。① 今后还要根据高耗能产业发展情况,进一步加大实行差别电价政策的力度,利用价格杠杆淘汰落后的产能,促进产业结构调整和优化升级。

（五）逐步实现利率市场化

我国已经度过了加入世贸组织的过渡期,实行国际通行的利率规则是大势所趋。要改变统一利率的做法,中央银行主要调整基准利率,以此影响市场利率,不再直接规定金融市场上的利率及其变动。对商业银行和其他金融机构的利率,政府也不需干预,依靠市场调节。对各企业、公司融资的利率,也由发债主体自行决定债券的利率,政府不要干预。②

第七节　节约型行政体制

行政体制是指国家行政机关的组织制度。它通常与立法体制、司法体制相对应。具体是指政府系统内部行政权力的划分,政府机构的设置以及运行等各种关系和制度的总和。从国家层面上来看,是指行政机关与立法机关、司法机关的权力划分。行政体制具有鲜明的政治性,较强的稳定性。

一、节约型行政体制的内涵

深化行政管理体制改革是我国改革的主要内容之一,其目的在于使政府成为有限政府或服务型政府,减少对经济运行、项目建设的行政干预,减少不必要的针对企业的"预算软约束",完善各类产权和环保等方面的法律制度,确保经济主体对自己的行为负责,从而使厉行节约成为经济主体的必然选择。节约型行政体制是指行政层级较少、机构简单,行为规范、运转协调,队伍精干、德才兼备,高效廉洁、勤俭节约的行政管理体制。节约型行政管理体制是一种服务型政府模式,行政运作成本较低,公务员素质较高。节约型行政管理体制是根据现代政府理念设计的,目的是建设以服务为中心任务的行政体制。

二、我国浪费的行政体制原因

（1）人员编制膨胀。改革开放以来,中国行政改革进行了多次,但是始终跳不

---

① 参见任春:《遵循四大原则　促进节能降耗》,载《中国改革报》2006 年 7 月 27 日。

② 参见张卓元主编:《中国改革开放经验的经济学思考》,北京:经济管理出版社,2000 年版,第 232 页。

出行政机构"精简—膨胀—再精简—再膨胀"恶性循环的怪圈,也未能实现政府职能转变的根本性突破。这里遇到的是路径依赖问题,政府机构改革的历程就是一个制度创新的过程。制度变迁有利于国家的发展,但却不容易完成。正如经济学家诺斯分析的那样,其中的原因在于制度创新具有路径依赖的性质,一种占优制度出现之后就会稳定下来(或称为锁定,lock-in)。路径依赖使得制度变迁一旦走上了某一路径,其既定方向会在以后的发展中得到强化。沿着既定的路径,经济和政治制度的变迁可能进入良性循环的轨道,也可能越走越乱,甚至被锁定在某种无效的状态之中。路径依赖的根本原因是利益因素:一种制度形成之后,会形成某种现存体制中的既得利益集团,他们会极力巩固现有制度。问题的关键就在于,我国过去 20 多年的行政体制改革都是从横向调整政府的部门设置,但却没有从纵向减少政府的层级设置,中央与地方的"纵向权力下放"与"横向权力调整"互相脱节,致使一些深层次的矛盾和问题虽经多次改革而得不到根本解决。①

(2)行政区域封锁。行政体制造成的地方封锁、地方保护主义问题对经济发展极为不利,据国务院发展研究中心的研究结果:如果能够消除地方保护主义,保证各类要素在区域间自由流动,改善生产要素在省际之间配置结构,可以在不增加任何投入的情况下,使我国 2000 年 30 个省份 21 个制造行业国有和规模以上非国有企业增加值增长约 5% ,货币价值大约为 975 亿元。②

(3)多头管理和政出多门。我国的行政体制还有一个特点就是"多头管理"和"政出多门",这个特点在多个领域、多个地区都存在。以重庆市的水务管理为例③:重庆市涉及水资源管理的主要部门有市水利局、市政委、市环保局和市国土局。这就出现了水资源调度和城市供水分属不同系统,上游的水资源主要由水利部门负责,下游的自来水工程作为城市基础设施,主要由市政部门负责。有时一件事涉及几个部门,当涉及两个主管口,就需要两位以上的领导协商、协调。如重庆市水资源环境保护规划,按照国务院和市政府的规定应由各级水行政主管部门负责并制定组织实施,但在实际工作中,规划、环保、市政部门均有相关职能,在资料收集、工作组织上、具体的实施中出现了许多问题,使得工作效率大大降低。

(4)财权与事权不对称。上下级政府的财权与事权不对称也容易引发博弈,

①　参见张新光:《当前我国行政体制改革的重点及突破口选择》,载《西华大学学报(哲学社会科学版)》2006 年第 1 期。
②　转引自张军扩等:《转变经济增长方式,走新型工业化道路》,载王梦奎主编:《中国中长期发展的重要问题》,北京:中国发展出版社,2005 年版,第 108 页。
③　资料来自廖元和:《水务管理体制改革探索》,载《重庆社会科学》2006 年第 5 期。

有时呈现明显的"智猪博弈"特征①,造成了浪费和损失。尽管我国是一个单一制的国家,但是在市场经济条件下,各级政府各部门都没有完全摆脱"经济人"的特征,博弈味道十足。这集中表现在,各级政府在获取资金和利益时往往表现积极,在付出成本和承担责任时则都想靠边站。而中央和地方权力地位的差距和利益目标的不同使得两者之间的博弈有了"智猪"色彩。这使得转变经济增长方式难度增加,义务教育、煤矿安全的问题得不到有效治理,地方为了本地利益违反中央政策,甚至不惜漠视法纪、顶风作案。②

（5）违法行政问题。违法行政也容易造成浪费。例如,深圳16座15层以上的住宅楼刚刚使用几年时间,在28秒内被爆破拆除,原因是违章建筑。③　其实,这是政府违法执政引起的。既然是违章建筑,为何还批准建设？

不难看出,我国行政体制改革还不到位,机构臃肿的现象没有得到根本解决,层级过多,行政成本偏高；经济职能过重,社会职能不足；监督不到位,腐败现象在一些行业和地区比较严重。在实际运行中,人民群众对政府工作不满,甚至失去了对政府的信任。

三、建立节约型行政体制的措施

行政管理改革的目标是建立廉价行政管理体制,不断提高行政效率,减少行政层级,降低过高的行政成本。应该看到制度环境的变迁是一个相当缓慢的进程,对此我们要有清醒的认识,建设节约型社会的体制创新也是需要一个过程的。当前需要采取的措施有如下方面。

（一）从撤销地（市）级取得突破

现代西方国家地方政府一般都是设2—3级,甚至为1级。如美国地方行政层级可视为3级,一级行政区是50个州和1个哥伦比亚特区,二级行政区是19200个市和3137个县,三级行政区是19429个小市镇、16504个乡、35052个特别区和

---

①　在博弈论经济学中,"智猪博弈"是一个著名的博弈论例子。理论上,这个故事的大意是这样的：猪圈里有一头大猪、一头小猪。猪圈的一头有投食的猪食槽,另一头则安装着控制猪食供应的按钮,大猪小猪要想吃到猪食就必须先按按钮。假设按一下按钮会有10个单位的猪食进槽的话,谁先按按钮就会付出2个单位的成本。若大猪先到槽边,大小猪吃到食物的收益比是9∶1;同时到槽边,收益比是7∶3;小猪先到槽边,收益比是6∶4。那么,在两头猪都有智慧的前提下,两头猪各会采取什么策略呢？答案是：小猪将选择等待策略,也就是舒舒服服地等在食槽边;而大猪则为一点残羹不知疲倦地奔忙于按钮和食槽之间。这个博弈说明,在博弈双方力量不对等的情况下,强势的一方正确策略是主动出击,弱势的一方应该等待。
②　参见孙晓晖：《煤矿治理中的"智猪博弈"之谜》,载《中国改革报》2006年11月15日;刘卫常：《"智猪博弈"视野中的乡镇财政困局》,载《中国经济时报》2006年9月22日。
③　参见齐建国：《寻求突破——发展循环经济,建设节约型社会》,载编委会编：《中国节能降耗报告》,北京：企业管理出版社,2006年版,第29页。

13506 个学校区。法国一级行政区划分为 22 个大区,二级行政区为 96 个省,三级行政区为 36760 个市镇。日本行政区划则为 2 级制,一级行政区为 1 都、1 道、2 府、43 个县,二级行政区为市、町、村。这些国家一级行政区规模较小、数量较多,管理层级较少;中央政府规模较大、机构较多、功能齐全,地方政府规模相对较小、结构也较为简单。以美国为例,州及州以下的地方政府是联邦政府官员的 6 倍,但在中国这一比例高达 12 倍。因此,当前我国行政体制改革的重点可考虑先在"中间层次突破"的大胆尝试。有必要撤销地区这一级别,壮大县级;合并部分乡镇,设乡镇行政机构为县级派出机构。①

（二）严饬行政浪费官员

2001 年 11 月,香港审计署报告批评港府多个部门浪费 11 亿以上公帑,行政长官董建华于 2001 年 11 月 22 日以强硬措辞重申港府的"三不容忍"政策:不容散漫员工;不容浪费公帑;不容不合理散漫的管理。他表示要彻查浪费情况,对公务员要赏罚分明。② 中国内地建设节约型行政体制应该借鉴香港地区的行政体制,严饬造成行政浪费的官员。

（三）实施电子政务

电子政务的出现,根本上是由于政务活动的效率提高和行政成本降低所需,电子政务的首要任务是让政府部门能够以更少的成本(包括与社会之间的交易成本),却更有效率和效果地行使政府职能。因此,电子政务的推进,对于建设节约型政府机关是有正面意义的。发展电子政务,重在政务建设,要做到"四个坚持":一是坚持做好发展规划,量力而行,量入为出,统筹建设。以实际应用效果作为绩效的标准,尽可能采用循序渐进、集中建设、外包建设等有效的集约式建设模式推进电子政务发展。二是坚持以政府业务部门为主体,以解决实际问题为出发点和归宿。充分发挥各政府业务部门在电子政务推进中的积极性,将电子政务真正融入到各政务部门的业务开展过程中去,让信息技术和政务业务有效互动。三是坚持国产软件优先。实践证明,目前已经有相当一批国产化基础软件能够胜任我国各层次的电子政务建设需要,另外还有一批类似"超网平台"这样具有自主创新意义的产品。我们要给予国产化软件产品更多的信任和应用机会。③ 采用国产软件,不仅能够节约大量的成本,而且能够促进国产软件的发展。四是坚持节约原

---

① 参见张新光:《当前我国行政体制改革的重点及突破口选择》,载《西华大学学报(哲学社会科学版)》2006 年第 1 期。

② 参见《董建华重申"三不"政策彻查浪费》,南方网 2001 年 11 月 23 日,http://www.southcn.com/news/hktwma/shizheng/200111230231.htm。

③ 参见孙国峰:《树立正确绩效观　建设节约型电子政务》,载《信息化建设》2006 年第 6 期。

则。在电子政务实施过程中要遵循节约原则,如采取分离采购方式。[①] 如果全国80%以上的政府部门实现信息化办公,计算机的需求将达到1800多万台,政府就需要投入近千亿元。如果一台计算机能节约100元,那么,在未来5年的电子政务建设中就可以节省18亿元。

(四)积极推广政府审批电子监察系统

这是提高政府效率,促进依法行政的重要举措。深圳市率先运用了行政审批电子监察系统,该市的行政审批电子监察系统是"中国廉政建设"项目研究的直接成果,也是行政审批制度改革的延伸和深化。从2004年年底投入试运行以来,通过不断推进系统建设,完善系统功能,拓宽监察范围,实现了对全市31个部门239项行政许可项目、28个部门197个非行政许可项目的其他审批事项,以及涉及16个部门的重大投资项目审批工作的全程实时监控、预警纠错、绩效评估和信息服务,起到了规范审批行为、提高行政效率、推进政务公开、强化监察职能、防范腐败滋生的作用。深圳市非行政许可审批事项纳入电子监察系统运行后,各审批机关注重提高审批工作效率,提前办结率明显攀升,报送方式全部实现了网上自动实时报送。

(五)实行大部制改革

党的十七大报告指出:加大机构整合力度,探索实行职能有机统一的大部门体制。2008年3月,国务院进行机构改革,建立了几个大部门,如组建国家国防科技工业局,由工业和信息化部管理。国家烟草专卖局改由工业和信息化部管理。不再保留国防科学技术工业委员会、信息产业部、国务院信息化工作办公室。对那些不能够独立行使职权,需要集中管理的水资源等部门,宜改变"多龙治水"问题,建立统一管理体制。仍以水资源管理为例:宜建立统一、高效的水务管理部门,这是水务管理体制改革的关键。由水务管理部门统一规划、统一调配、统一发放许可证、统一征收水资源费、统一管理水量水质(廖元和,2006)。对于类似的情况,都可以通过合并部门的方式减少协调等方面的成本,提高办事效率,节约行政成本。

(六)科学界定上下级政府职能

全国性的公共事务由中央负责,其余事务由地方负责,要发挥地方政府的自主性和积极性,对部分地区区别对待。在全局性重大问题决策中,地方只能听从中央,包括法律的制定、重大的宏观调控政策、财政政策、金融政策等。加强和

---

① 分离采购主要指的是显示器和主机的分别采购——以前行业用户在采购PC时大多连主机带显示器一起从PC厂商手中购买,而现在越来越多的行业用户只从PC厂商手中购买主机,显示器的采购则单独从显示器厂商走单。这种分离采购的最大优势就在于节省采购成本。

改善宏观调控要在权威性、前瞻性、时效性上下足工夫，利用信息化手段减少信息不对称，采取法律手段和必要的行政手段治理地方保护和诸侯经济割据的局面。①

---

① 孙晓晖:《减少中央与地方在利益博弈中的损失》,载《中国改革报》2006 年 8 月 25 日。

第十三章

节约型社会的机制

建设节约型社会需要制度保障,需要体制支撑,更需要通过有关机制将制度落实,将体制的功能发挥出来。本章从机制的概念入手,研究节约型社会的机制。节约型社会的机制主要是市场经济机制,要完善市场机制的制度环境,使市场机制的节约功能得到充分发挥。

第一节　节约型社会机制的内涵

机制是一个尚无确定说法的概念,本书采用的是一种比较形象的说法。以此为切入点,论述节约型社会的机制是完善的市场机制。

一、什么是机制

"机制"一词,在我国理论界和宣传界可谓众说纷纭、莫衷一是。本书采用的观点是:在工程学中,"机制"一词原指人们为了实现某种目的而制造的工具和采取的手段的总称。[①] 后来,生物学和医学借用这个词,指有机体的构造功能及其相互关系。由于社会经济具有复杂的内部结构和功能,并且依赖各种经济手段和方法得以运行,所以,经济学也引进了"机制"这个词。

体制是一个大的框架,是一个系统的整体构成;机制是一种机理与机能,是系统的自组织关系及其功能。机制受制于体制,体制则通过机制来体现出它的功能。机制是"软件",体制是"硬件",体制是机制的基础,机制则是体制的内在联系原理和不同组成部分的相互作用机理。这一说法能够比较形象地表述两者之间的关系。这说明体制是看得见、摸得着的,如机器的部件、社会的组织形式。机制是看不见、摸不着的,如机器各部件之间的作用原理。对经济社会来说,机制是不同组

[①]　有一种观点是,机制一词最早来自希腊文,意指人们为了达到预期目的而制造的工具或采取的手段。由于社会经济是各个组成部分的有机结合,也必须依靠各种经济手段和方式才能运行。因此,机制被借用到经济学中,称为经济机制。参见曾艳玲主编:《英汉西方经济学词典》,北京:机械工业出版社,2003 年版,第 217 页。

织形式及制度规定之间的相互作用的关系。

二、什么是经济机制和节约型社会的机制

机制引进经济学构成经济机制范畴,它是指一定经济机体体系内各构成要素之间相互联系和作用的制约关系及其功能,它存在于社会再生产的生产、交换、分配和消费的全过程。由于经济机制是在经济机体的运行中发挥功能的,又称为经济运行机制。在承认社会主义市场经济以后,所谓经济机制实际上就是指市场机制,经济机制就成为市场机制的同义词。[①]

节约型社会的机制是节约型体制在经济社会运行过程中形成的互为关联、相互作用、彼此约束、协调运转的各种机能的总和。节约型社会的机制主要是完善的市场机制。所谓市场机制,是指在市场经济条件下,经济行为主体为追逐价值利益,运用价格、供给、需求、利率、税率、地租等经济杠杆开展竞争所形成的一种既互相推动又互相制约的有机体系。它体现了价值规律、经济行为主体利益导向规律和按比例分配社会劳动规律的要求。市场机制包括完善的价格机制、竞争机制、动力机制、供求机制等,其中价格机制是市场机制的核心。除此之外,节约型社会的机制还包括奖惩机制、宣传机制、评价机制等等。

三、价格机制是市场机制的核心

市场对社会经济运行的调节作用是通过市场机制来完成的。市场机制的核心是价格机制。价格是商品价值的货币表现,即单位商品与货币的交换比例。商品的价格是经常变动的。影响商品价格变动的因素有商品本身的价值、货币价值的变动;还有供求和流通中所需货币量的变动等因素。[②] 这些与价格相联系的多种因素相互制约、相互作用的关系就是价格机制。市场机制的作用主要通过价格机制得到实现。更具体地说,市场机制主要是通过价格的波动实现的。价格的高低波动反映市场供求变化,从而调节社会经济运行和社会资源配置。价格的高或低,是以生产该商品的社会必要劳动时间所形成的价值为基础的。高于价值的价格为高,对生产者有利、对消费者不利,从而会促使生产扩大、供给增加,同时也促使消费减少、需求减少,其结果是价格回落;低于价值的价格为低,则产生相反的结果。价值正是通过价格与供给间的正相关关系和价格与需求间的负相关关系来调节供求变化,并通过供求变化来调节价格。当价格接近于或等于价值时,需求与供给就处于相对稳定状态。但是,商品的价值量会因生产商品的社会劳动生产率的变化

---

① 参见张卓元主编:《政治经济学大辞典》,北京:经济科学出版社,1998 年版,第 117 页。

② 参见黄铁苗:《浅议价格变动》,载《价格研究》1986 年第 3 期。

而变化,当劳动生产率变化导致价值量变化时,又会引起价格与价值的背离和供求的变动。当一种商品的供求因素是非价格因素,诸如人口的变动、自然条件的变化、新生产门类从而新产品的出现以及新技术的应用等发生持续性变化时,则意味着社会要求重新安排社会总劳动在各部门间的分配比例,也就是从一种商品总量上考察的社会必要劳动时间从而价值的变动,也会导致价格与价值的背离并通过价格与供求的正负相关关系而调节价格,使其趋向接近变动了的价值。

参与市场活动的为数众多而且分散的行为主体,凭借自身所掌握的实力和信息所做出的支配自身行为的判断和决策,又无不以各自的利益为前提,这就决定了市场的调节作用具有自发性、盲目性和滞后性。这一切不仅会给经济行为主体带来风险,而且会破坏社会资源的合理利用,导致资源的浪费。这就要求国家充分利用法律的、经济的和行政的手段,加强对市场经济活动的宏观调控。

市场机制的作用不管人们是否认识,不管人们作出何种价值判断,总会发挥着配置资源的作用。市场机制本身没有特定的社会性质。随着市场经济在不同社会经济条件下的运行,市场机制发挥作用所引起的社会经济效果的社会经济意义也会有所区别,市场机制作用的具体形式会有变化,但不能因此认为市场机制作用具有特定的社会性质。

第二节 市场经济的实质

在我们明确了经济机制就是市场机制,其核心是价格机制之后,对于什么是市场经济,我们有必要进行一番探讨。众所周知,我国从邓小平同志南方谈话提出建立社会主义市场经济体制,到现在还只有十多年时间,所以,我们对什么是市场经济,在认识上既不统一,又欠深刻。什么是市场经济?经济学界提出了许多不同看法,可谓莫衷一是。非常有必要探讨市场经济的科学内涵,研究市场机制的实质。

一、传统市场经济表述的缺陷

中西方经济理论界关于市场经济的定义很多[①],比较流行的观点是:市场经济就是以市场为基础配置社会经济资源的经济形式。这一概念是从西方经济学中引申过来的,也是长期以来基本被人们认可的概念。但是,笔者认为,关于市场经济的这一理解是片面的。因为这里所说的配置资源,在马克思资本循环公式中,就是G—W这一阶段。这是购买阶段,即企业购买生产资料和劳动力,为生产做准备的

---

① 参见白光编著:《现代政治经济学基础理论教程》,北京:中国人民大学出版社,1998年版,第557—563页;赵晓雷:《中国现代经济理论(1949—2000)》,上海:上海人民出版社,2001年版。

阶段。在市场经济条件下,企业实际上是两头连着市场。这就是除购买阶段,还有就是产品生产出来之后,还要在市场上出售,即 W'—G' 的销售阶段。这一阶段对于生产者来说,是更为重要和关键的阶段,马克思把这个阶段称为商品的"惊险跳跃阶段"。他说,如果这一跳跃不成功,摔坏的不是商品,而一定是商品所有者。事实也是如此,在商品生产条件下,生产者要实现盈利的目的,关键在于要有市场;没有市场,产品卖不出去,就会前功尽弃。所以,对生产者来说,这个阶段是他(们)首先要考虑的,即在准备生产之前,先要问有无市场。可能有人会说,从社会再生产的角度来看,买即是卖,也就是说 G—W,对另一方来说就是 W'—G',意即 W'—G' 也是进行资源配置。但是,W'—G' 的目的不是配置资源,而是实现价值。更何况 W'—G' 中,有的部分就是纯粹用于生活消费的最终产品,而不是进入生产过程的资源。例如,社会除劳动者之外的其他人员的消费品都是这样。可见,仅从资源配置角度来理解市场经济是片面的。

理论上的片面,必然导致实践上的偏差。我国自 20 世纪 90 年代中期以来就出现了经济过剩,这一现象有越来越严重之势。这种现象的出现与生产者只考虑或多考虑及关注 G—W,而不考虑或少考虑 W'—G' 是有密切关系的。这就是生产者常常不关注市场需要及其变化趋势,只要看到人家赚钱,而自己又具备某种生产条件就大量盲目生产,这又怎么会不导致生产过剩呢?

二、什么是市场经济

仅从资源配置的角度理解市场经济的根本缺陷在于没有说明市场经济的本质。什么是市场经济的本质呢? 要了解市场经济的本质,必须运用马克思的历史唯物主义,从人类社会的历史长河中去把握它。

马克思的历史唯物主义认为,人们要进行生产,必须发生经济联系,孤立的个人是不能进行生产的;但是在不同的社会生产力水平下,这种联系的方式是不同的。在社会生产力水平极其低下的自然经济条件下,人们进行经济联系的方式就是在家庭或生产单位范围内自给自足,这种情形在原始社会最为典型。在社会生产力有了一定发展的小商品经济阶段,属自然经济范围内的,生产者之间的经济联系仍然是自给自足;而小商品生产者之间就是通过市场实现经济联系,这时也就出现了初始或简单的市场经济。在奴隶社会和封建社会,情形就是这样。到了资本主义社会,一切成为商品,生产者之间的经济联系都要通过市场,这时也就出现了现代市场经济。我国社会主义要大力发展市场经济,生产者之间同样通过市场实现经济联系,建立的同样是现代市场经济。到未来的共产主义社会,社会生产力高度发达,生产者直接为全社会生产,在那种产品经济时代,生产者通过计划经济形式实现经济联系。

通过以上分析我们可以看到，市场经济就是人们通过市场实现经济联系的经济形式。其本质就是经济联系。它是由社会分工决定的不同生产者之间相互关系的体现。在存在商品生产及市场经济的社会里，这种经济联系是通过物来实现的。在市场上，人们通过货币中介交换各自的商品，实际上，等于人们为对方提供劳动。社会分工决定了人们只有互相为对方提供劳动,社会生产才能进行,人类才能生存和发展。在市场上,人们互相提供的劳动以价格形式表现出来,价格的背后是价值。价值是由社会必要劳动时间决定的。社会必要劳动时间又分为第一重含义的社会必要劳动时间,即单位产品的平均劳动时间;第二重含义的社会必要劳动时间即依据社会对某一种产品的需要量而应该分配的劳动时间。[1] 这就说明,社会分工决定了生产者为社会提供产品，只有符合第一含义的社会必要劳动时间，他才能赚钱；只有符合第二含义的社会必要劳动时间，他的产品才是社会所需要的。

这样理解市场经济,其意义是十分深远的,在我国加入 WTO 后尤其如此。这就是:第一,它告诉生产者在市场经济条件下进行某种产品的生产,不仅要看市场上有无这种生产资料和劳动力,而且,更重要的是要看产品生产出来以后,有无市场。所以,在现代市场经济条件下,不是生产决定消费,而是消费决定生产。这种根据市场,即根据消费者的需要进行的生产,就能产需对路,一般不会造成大量的产品过剩。第二,在我国入世后,产需之间的平衡将在全世界范围内实现,因此,生产者的经济视野要放眼全球范围,要了解全球的资源情况;同时,更重要的是要了解全球不同国度、民族的需要情况:任何一个商品生产者都只有按照不同国度、民族的需要,生产出高质量、低成本的产品,才能在世界市场上占有一席之地。盲目生产是绝对要失败的。第三,它还告诉生产者,人与人之间都是互相联系、互相依存的;在经济全球化的条件下,全人类会结成一定的经济关系进行生产,这种关系是通过物的联系实现的。这种物的联系,既有量的界限,还有质的要求。因此,生产者必须自觉按比例进行生产,同时要为对方提供优质低价的产品。

第三节　市场机制的节约机理

市场经济是最有利于节约的经济体制,这种经济体制的节约功能是通过市场机制实现的。市场机制之所以能够节约,主要是内在动力和外部压力及市场环境的作用。

---

[1]　参见《马克思恩格斯全集》第46卷,北京:人民出版社,2003年版,第716—717页。

一、市场机制促进节约的内在动力

市场经济规律是经济规律的重要内容。市场经济对推动社会经济发展,实现节约具有极其重要的作用。人类社会发展的历史表明,科学技术和管理是社会前进的两个轮子,市场经济则是社会前进列车上的发动机。市场经济体制有利于经济社会发展主要在于这种体制能够使劳动者最关心劳动耗费。马克思指出:"在一切社会形态下,人们对生产生活资料所耗费的劳动时间必然是关心的,虽然在不同的发展阶段上关心的程度不同。"①人们对劳动时间的必然关心,是推动社会进步的一种内在的、巨大的力量。在市场经济条件下,劳动者加倍关心劳动耗费的重要原因是内在动力。在市场经济条件下,劳动产品成了商品,价值成为社会财富的一般代表,人们对物质利益的追求都是通过价值形式实现的,因而对物质利益的追求具有无限性。个人追逐利益的强大动力是经济增长和繁荣的主要源泉。追逐利益会使人们加倍地关心各种资源的耗费并尽量节约资源。与计划经济相比,在市场经济条件下,商品的价格主要由市场决定而不是由政府决定的,这就使价值得到了较为客观的反映,这种环境也有利于人们创造更大的价值。自然经济则不然,在自然经济条件下,人们自给自足,通过追逐使用价值实现经济利益,由于许多产品的使用价值容易丧失,许多产品可以年复一年地生产出来,例如粮食,在有的地方一年可以生产二三茬。这就使人们不会无限地去发展经济,也就不会努力追求生产过程的节约。

二、市场机制促进节约的外在压力

来自外部的压力也是促进节约的重要力量。在市场经济条件下,人们对资源节约十分关心,还与价值规律以及与之俱来的竞争密切相关。价值规律要求商品生产和商品交换都按社会必要劳动时间进行,如果生产者的个别劳动时间低于社会必要劳动时间,就能获得超额利润,否则就可能不盈利甚至蚀本,在竞争中就有被对手挤垮的危险。这就迫使商品生产者不断改进技术,努力加强管理,力争使自己商品的个别劳动时间低于社会必要劳动时间,实现利益最大化。这就是部门内部的竞争,这一竞争的结果是实现单位产品劳动时间的节约。社会生产的部门很多,不同部门因资源禀赋、社会需求、资本有机构成等方面的差别,会有不同的部门利润率,这就会使不同部门的投资者获利会有差异。在前述部门内部竞争中获利少的、不能获利的甚至亏损者,就会将自己的资本转移到利润率高的部门去,这种

①　《马克思恩格斯全集》第44卷,北京:人民出版社,2001年版,第88—89页。

以资本转移为特征的竞争,就是部门之间的竞争。① 这一竞争的结果是使社会总资源在全社会范围得到合理分配,从而实现了社会总资源(总劳动)的节约。这就是市场经济体制能够促进节约、极大地推动生产力发展的主要原因。

三、市场机制运行环境对节约的促进作用

市场经济是法治经济、信用经济。在这种经济环境中,法律、政策、规章、契约等正式制度和在社会生活中形成的习俗、信誉、伦理道德、价值观念等非正式制度都能够起到保护市场交易顺利进行的作用。这在自然经济、早期商品经济中是不能相比的。

法治经济说明了市场经济在相对齐全和完善的法律环境保护下运行,不会像自然经济、早期商品经济那样没有或者不足够的法律保护,有权者能够强行占有生产资料,控制市场买卖关系。在完善的市场经济下,法律等规范得以有效实施,人们的交易行为受到规则的影响,自然减少了道德风险和逆向选择。有效的制度能够使得参与市场交易的双方获取使其行为有序化的信息,降低市场交易中的不确定性、抑制并减少市场主体的机会主义行为。司法机关依法办事,保障市场主体在遵守法律的条件下能够获取利益;司法机关能够使违法违规者受到处罚,市场交易的秩序井然有序,交易成本自然降低。

信誉是规范社会行为的正式制度安排的补充机制,是一种节省交易费用的重要的非正式制度安排。信誉源于理性预期,而预期选择又源于交易过程中的博弈,它进一步扩展为社会运行机制与社会秩序。信誉的存在有利于人们自觉维护市场秩序,确保价值的实现。可以料想,若社会中每个成员都不讲信誉而倾向于机会主义行为时,那么这个社会运行成本的高昂是可想而知的。在法治健全的市场经济中,不讲信用、忽视信誉,他(她)或者一个组织就难以继续下去,因此人们都会重视信誉和信用。那些讲信用、重信誉的市场主体能够获取应有的利益,全社会都会形成良好的风气,这对实现节约,促进经济发展和社会进步都是有益的。

当然,像任何事物都有两面性一样,市场机制也有失灵的时候。市场失灵主要表现在垄断、外部效应、扩大收入差距、失业问题、公共物品供给不足等方面,这里不拟展开论述。

第四节　市场机制的节约功能

市场机制的节约功能可以划分为宏观和微观两个层面。宏观节约功能的发挥

---

① 　参见黄铁苗:《价值规律与两种竞争》,载《求索》1985 年第 6 期。

离不开平衡机制和宏观调控,微观节约功能主要通过市场竞争的外在压力和市场主体趋利的内在动力实现的。

一、市场机制的宏观节约功能

市场机制宏观节约功能的发挥离不开平衡机制。所谓平衡机制是市场各主体、各要素相互影响、相互作用下不断调整适应使供求趋向平衡,使资源合理配置的作用原理。它由价格机制、供求机制、竞争机制、风险机制共同构成。具体而言,价格与供求在动态中不断调节;供求态势影响价格的变动,反过来价格的变动又影响供求变化,供给者和需求者为了各自的利益相应调节自己的行为,两者在市场上通过不断的无限多的动态组合趋向平衡。

供不应求价格上涨引发竞争者的进入、生产的扩大,从资源配置角度看属于资源流向符合社会需要的部门和企业;大量竞争者的进入引发市场占有率的竞争,优胜劣汰的结果使资源流向竞争力强的企业与地区;企业对市场超额利润的追求推动整体技术进步与生产力水平的提高,同时也使资源配置效率提高,风险增大,竞争优胜劣汰的残酷会使企业在参与竞争及其他行为决策中更加理性谨慎与合理。这样自觉不自觉地使资源得到优化配置,宏观比例趋向协调和均衡。

从自由竞争市场经济逐步过渡到现代市场经济,说明市场经济有一个发展和完善的过程。在自由竞争市场经济时期,企业盲目生产造成了严重的浪费。对此,马克思曾经指出:资本主义生产方式迫使每个企业实行节约,但是它的无政府状态的竞争制度却造成社会生产资料和劳动力的最大浪费。[①] 20 世纪 30 年代资本主义经济大危机以后,出现了凯恩斯主义经济学,主张国家干预经济,人们开始重视宏观调控。采用凯恩斯的国家干预经济的宏观调控理论后,资本主义经济危机虽然还存在,但再没有发生过像 1929—1933 年的严重危机,这就极大地减少了社会总劳动的浪费。

随着信息手段的不断发展,生产集中程度的提高和市场主体理性预期意识的强化,市场经济原有的盲目性、滞后性、自发性有了一定程度的改变,即市场经济作用形式有了变化,原来的盲目性有了变化;信息手段也改变了市场的滞后性;理性的利益选择也对改变自发性和盲目性有一定作用。但是市场经济仍然需要宏观调控,在市场经济体制还不完善、不健全的情况下,必须加强和改善宏观调控。

大量的研究成果表明了市场经济的节约功能。例如,新制度经济学研究了市场经济国家和非市场经济国家在增长速度方面的差距:美国马兰里大学的两位经济学家默瑞尔和奥尔森指出,为了准确地衡量一国经济的真实绩效,需要考虑其实

---

① 参见《马克思恩格斯全集》第 44 卷,北京:人民出版社,2001 年版,第 605 页。

际人均国民收入增长率和潜在人均国民收入增长率的差距,即良好的经济绩效意味着一国能尽可能地挖掘该国国民经济增长的潜在能力,缩小其实际人均国民收入增长率和潜在人均国民收入增长率的差距。根据他们的研究,计划经济体制国家和市场经济国家在1950—1965年、1965—1980年这两个时期的经济绩效见表13-1和表13-2。

表 13-1　不同体制国家不同时期的经济绩效表　　　　单位:%

1950—1965 年	实际增长率(1)	潜在增长率(2)	增长率差距 =(2)-(1)
市场经济国家	3.75	5.49	1.74
计划经济国家	4.43	6.05	1.62

表 13-2　不同体制国家不同时期的经济绩效表　　　　单位:%

1965—1980 年	实际增长率(1)	潜在增长率(2)	增长率差距 =(2)-(1)
市场经济国家	3.36	5.13	1.76
计划经济国家	3.24	5.71	2.48

资料来源:卢现祥:《西方新制度经济学》,北京:中国发展出版社,2003 年版,第 219 页。

　　表 13-1 和表 13-2 的两组数据表明,在 1965—1980 年间,市场经济国家人均国民收入实际增长率与潜在增长率的差距(1.76%)和上一时期(1.74%)相比基本相同。但计划经济体制国家人均国民收入增长率和潜在增长率差距从上期的1.62%扩大到2.48%,市场经济国家的差距仅扩大了0.02%,而计划经济国家的差距则扩大了0.86%。[①] 这说明市场经济能够充分发挥潜力,而计划经济则导致潜在增长率难以发挥出来,造成经济增长的效益较低,产生浪费较多。

　　同时,有的研究结果还表明,发展中国家和发达国家的最大差距在于制度,不是技术。完善的市场经济体制是制度的重要组成部分,市场经济发育程度是造成经济效率差别的重要原因。哈比逊早在 20 世纪 50 年代就指出了组织的差异造成了劳动生产率的巨大差异。他指出 50 年代埃及的工厂在工艺技术上和美国的工厂相同,但其劳动生产率却只有美国的 1/6 到 1/4。他把这种差异归因于组织的质和量:埃及的"管理资源稀缺,管理方法极其原始"。[②] 而且制度是具有资产专用性的特定资源,很难转移到其他国家,实现良性的制度变迁需要一个较长的过程。

　　深化经济体制改革的目的在于使经济组织形成有效的制度安排,因为只有在

---

① 参见卢现祥:《西方新制度经济学》,北京:中国发展出版社,2003 年版,第 219—220 页。
② 参见卢现祥:《西方新制度经济学》,北京:中国发展出版社,2003 年版,第 217 页。

有效的制度安排下,竞争压力或者潜在竞争压力才会始终存在。有竞争才会有节约,竞争是节约的最好约束,竞争机制的作用就在于把节约纳入比赛的轨道。在市场经济条件下,谁没有节约成本,谁浪费了资源,谁的福利就会降低,谁就会遭受效率损失,就会在竞争中处于不利位置,从长远来看就有可能被淘汰。①

二、市场机制的微观节约功能

市场机制的微观节约功能主要是通过市场主体趋利的内在动力和竞争的外在压力实现的。具体表现为:

首先,降低单位产品的成本。单位产品的成本包括活劳动和物化劳动。为了降低活劳动消耗,企业会采用先进的生产工具和技术以及采用先进的管理方法,在生产力不发达的社会,可能采用加强劳动强度和降低工人工资的手法,这样,劳动者在单位时间内生产的产品数量多,工资分摊到每个产品上的成本就会降低。为了降低物化劳动消耗,企业会特别重视原材料的价格比较和质量挑选,在加工过程中,尽量使一定数量的原材料能充分发挥作用,生产出尽可能多的产品,从而使一定数量的原材料的价值分摊到更多的产品上,使原材料的成本降低。物化劳动中还包括固定资本的价值。为使这部分价值降低,企业会充分地利用固定资本,如采用夜班制度和节假日加班制度,使固定资本在有效使用期内生产出更多产品,从而由固定资本转移到单位产品上的成本降低。单位产品成本降低是市场机制的微观节约功能发挥的最主要的方面。

其次,提高产品的质量。由于生产是在竞争中进行的,只有高质量的产品才能赢得消费者的青睐。因此,在市场经济条件下,企业会挑选技术精良的工人,采用先进的设备,选用优质的原材料,对生产过程进行严格的监督,不断进行技术改造等方式,使产品质量得到提高,以提高产品的竞争力。这样就降低了产品因质量问题而造成的损失和浪费。

最后,提供优质的销售和售后服务。企业为了尽快销售产品,会对产品进行精心包装,以减少运输和保管过程中的损失,利用各种媒体传递产品信息,采用送货上门、售后保修等方式,使产品及时销售。这就能避免货物储存积压造成的保管费、货款利息的损失。

同时,在市场经济条件下,一个有竞争力的企业,眼睛会随时盯着市场,根据市场的需要,随时调整自己的发展战略,努力做到人无我有,人有我多,人多我廉,人廉我优,人优我转。因为,市场经济是竞争经济,企业不能吊死在一棵树上。

---

① 参见皮建才:《节约型社会的经济学含义》,载《人民日报》2004 年 10 月 8 日。

第五节　充分发挥市场机制的节约作用

发挥市场机制的节约作用必须不断完善市场经济机制,需要在价格机制、竞争机制、动力机制和供求机制上做文章。为此,要在如下几个方面进行改革。

一、加快行政管理体制改革,转变政府职能

按照经济效益理论,现代经济运行中的国家组织应该是一种经济组织,即以市场为基础和以提高效率为原则的组织。它意味着政府的职能必须市场化,不再直接经营管理竞争性物品和服务的生产和供给。① 从我国的情况来看,政府必须改变包揽一切的做法,适当合理地向社会"分权"或者"还权"于社会,发挥中介组织的积极作用,政府自身把主要精力和财力集中到公共服务上。今后要把政府转型作为改革的中心环节,要切实把政府经济管理职能转到主要为各类市场主体服务和创造良好发展环境上来,转到为社会提供优质公共产品上来。坚持依法行政,为民服务。

加快行政管理体制改革是全面深化改革和提高对外开放水平的关键。为此,要在以下三个方面取得突破。一是解决一个矛盾:当前的主要矛盾是广大人民群众全面、快速、持续增长的公共产品需求与公共产品供给不足之间的矛盾。政府要下大力气解决这一矛盾,满足公共服务的需求。二是搞好两个服务:①为企业和老百姓创造公平竞争的环境和服务;②为老百姓的生存、发展创造环境,搞好服务。三是创新三个理念:①企业和老百姓是创造财富的主体,政府是创造环境的主体的理念;②民间资本非禁即入的理念;③政府只能做法律(法规)规定的事情的理念。②

二、完善公有制为主体、多种所有制经济共同发展的基本经济制度

按照党的十六大提出的"两个毫不动摇"、党的十七大提出的"两个平等"的原则,完善基本经济制度,形成各种所有制经济平等竞争、相互促进的新格局。一是要进一步加大国有经济布局和结构的调整力度,进一步推动国有资本向关系国家安全和国民经济命脉的重要行业和关键领域集中,增强国有经济控制力,发挥主导作用。加快国有大型企业股份制改革,完善公司治理结构。深化垄断行业改革,放宽市场准入,实现投资主体和产权多元化。加快建立国有资本经营预算制度,建立

---

① 参见王稳:《经济效率的因素分析》,北京:经济科学出版社,2002 年版,第 240 页。
② 参见高尚全:《加快推进行政管理体制改革》,载《理论参考》2006 年第 6 期。

健全金融资产、非经营性资产、自然资源资产等监管体制,防止国有资产流失。继续深化集体企业改革,发展多种形式的集体经济。二是大力发展个体、私营等非公有制经济,鼓励和支持非公有制经济参与国有企业改革,进入金融服务、公用事业、基础设施、文化等法律法规未禁入的领域。民营企业多数是家族式企业,要引导它们进行制度创新,特别是引导私营家族企业逐步走向现代公司制。

三、发挥市场机制作用,加强宏观调控体制建设

发展社会主义市场经济,必须加强和改善宏观调控。宏观调控要着眼于经济稳定较快增长,敏锐把握国内国外经济形势变化,增强预见性、针对性和有效性。具体来说从三个方面努力:一是及时准确地掌握经济数据和有关资料,做好经济分析和预测工作,发布月度、季度预测报告,便于制定切实可行的政策措施。二是建立产业预警机制。国家发改委要定期公布有关产业的发展情况,对即将或者已经饱和的产业发出预警信号,不再鼓励投资;对于亟待加快发展的产业则鼓励投资。三是减少行政手段,增加经济手段。政府不要继续充当投资的主体,尽量减少直接干预;主要通过规划布局、资金引导来促进经济平稳发展和产业结构调整。四是研究完善有关促进民间资本投资的问题,使民营经济发展再上新台阶。

四、完善决策体制,减少决策失误

这需要从以下四个方面努力。一是要提高干部队伍素质。既要提高为民谋利、顾全大局的政治素质,又要提高综合素质,使他们能够把握宏观大局,又留心微观变化。二是要坚持民主决策。民主决策是科学决策的前提,在决策之前要充分发扬民主,在重大项目的决策上广泛征求各方意见,听取正反两个方面的意见,组织专家匿名评审,把结果公布于众。三是建立决策失误赔偿制度。决策失误不仅浪费了国家和集体的财力,助长了不正之风,而且损害了党在人民群众中的形象。建立决策失误赔偿制度目的是给决策者敲响警钟,明白地告诉他们,决策失误不再是以前的"花钱买教训",而是要承担经济责任。四是建立决策失误辞职制。领导干部因个人决策失误或工作过错,造成重大经济损失的,应当引咎辞职。①

五、建设统一、开放、竞争、有序的现代市场体系

建立充分反映资源稀缺程度和市场供求关系的价格形成机制,有利于资源的节约。因此,要积极推进投资主体多元化,提高生产要素市场化程度,更大程度地发挥市场配置资源的基础性作用。落实国家"十一五"《规划》,进一步打破行政性

---

① 参见李春才:《科学决策与建设节约型社会》,载《南方经济》2005 年第 10 期。

垄断和地区封锁,健全统一开放市场,推行现代流通方式。继续发展土地、资本、技术和劳动力等要素市场,规范发展各类中介组织,完善商品和要素价格形成机制。

六、按照"六放"原则发展壮大行业协会、商会等行业组织

从历史经验来看,行业协会、商会组织是市场经济的重要组织,能够降低交易成本,促进行业发展。当前我国的行业协会、商会还存在诸如官办色彩浓厚、服务水平低、人员素质不高等问题,应该按照"放宽条件、放松管制、放活机制、放手发展、放胆使用、放心让权"的"六放"原则,积极支持行业协会发展。允许自由组会,取消行业协会必须有业务主管单位的限制条件,在不涉及意识形态和国家安全的领域实现无主管部门审批,直接到民政部门申请注册。同时,改革二元管理体制,明确主管单位;变直接管理和随意指使为依法管理;把企业迫切需要而政府管不了、管不好、不该管、不便管的事务交给协会。①

七、加强法制建设,优化市场经济环境

加强与市场经济相适应的法律法规建设,根据实际情况废止、修订部分过时的法规。进一步优化公平竞争的市场经济环境,确保各类市场主体能够根据自身实力开展竞争。进一步整顿和规范市场秩序,坚决打击欺行霸市、制假售假、商业欺诈、偷逃骗税和侵犯知识产权行为。以完善信贷、纳税、合同履约、产品质量的信用记录为重点,加快建设社会信用体系。同时,健全失信惩戒制度,让失信者受到惩罚。

---

① 参见孙宝强:《以"六放"发展行业协会》,载《南方日报》2004 年 7 月 28 日。

第十四章

节约型社会的政策

政策是人类社会发展到一定历史阶段的产物,是随着阶级和国家的出现而形成的社会政治现象。政策是国家、政党为实现一定历史时期的任务和目标而规定的行动准则和行动方向。① 政策和策略是相通的,一个政党的政策和策略都是为其路线和任务服务的。毛泽东对政策和策略的重要性作了高度的概括:"只有党的政策和策略全部走上正轨,中国革命才有胜利的可能。政策和策略是党的生命,各级领导同志务必充分注意,万万不可粗心大意。"②建设资源节约型社会同样需要有效的政策措施,本章从"节约资源作为基本国策"入手研究政策问题,探讨了建设节约型社会的能源节约政策、水资源节约政策、原材料节约政策、土地节约政策以及资源综合利用政策、干部任用政策。

第一节　节约资源是我国的基本国策

2005 年 10 月,党的十六届五中全会通过的《中共中央关于制定国民经济和社会发展第十一个五年规划的建议》(以下简称《建议》)中明确提出:要把节约资源作为基本国策。2006 年 3 月召开的十届人大四次会议审议通过的《中华人民共和国国民经济和社会发展第十一个五年规划纲要》指出要"落实节约资源和保护环境基本国策,建设低投入、高产出,低消耗、少排放,能循环、可持续的国民经济体系和资源节约型、环境友好型社会"。2006 年 8 月 6 日国务院公布了《国务院关于加强节能工作的决定》(以下简称《决定》),强调落实节约资源基本国策。同时,《决定》指出:我国正处在工业化和城市化加快发展阶段,能源消耗强度较高,消费规模扩大,特别是高投入、高消耗、高污染的粗放型经济增长方式,加剧了能源供求矛盾和环境污染状况。③

---

① 参见刁田丁等编著:《政策学》,北京:中国统计出版社,2000 年版,第 1—3 页。
② 《毛泽东选集》第四卷,北京:人民出版社,1991 年版,第 1298 页。
③ 参见《国务院关于加强节能工作的决定》,载《人民日报》2006 年 9 月 1 日。

　　我们党和国家作出的将资源节约作为基本国策的决定,意义极其重大而深远,我们必须深刻地理解和坚决地执行。

　　从时间来看,作为基本国策,节约资源是我国今后社会经济发展需要长期坚持的方针政策,不是权宜之计,不是一两代人要坚持的,而是需要永远坚持的方针政策,即使一万年后也要节约,因为资源短缺问题会越来越严重。

　　从空间来看,作为基本国策,节约资源是我国各行各业、各条战线、各个单位,以及每个家庭和每个人想问题、做决策、办事情必须遵循的一个原则。实际上,这不仅是我国国民必须遵循的一个原则,而且是全人类都必须遵循的一个原则。从这个意义上讲,节约资源不仅是基本国策,而且应该是基本"球策",即全球共同遵守的准则。

　　从约束力来看,各级政府机关、各个党派、社会团体、任何个人都要遵循这一原则。为了贯彻和落实这一原则,必须要有相应的行政和法律措施作为保证,违反了它就要像违反了计划生育等基本国策一样,有关当事人必须受到行政和法律的处罚。

　　从功能来看,节约资源基本国策能够协调、控制经济社会各个领域、各个部门的工作,便于国家解决经济和社会发展中的资源能源问题。

　　总之,从基本国策的角度来说,就是从今以后,我国人民从事的一切社会经济活动都必须节约。

　　落实节约资源的基本国策需要制度保障,从政治制度、经济制度和法律制度三个方面去设计。关于节约型制度我们在第十一章已有论述,这里不再重复。

第二节　能源节约标准及政策

　　能源是经济发展和社会进步的重要条件,能源不足已经成为限制经济发展的瓶颈。2004 年浙江省因为缺电造成的经济损失达 1000 多亿元。[①] 其他地区虽没有浙江这样明显,但缺少能源的负面影响是很大的。

一、能源概念及节约标准

　　目前,资源、能源是两个很难区别的概念,说法很多。在本书中,我们采用的定义是:能源是能够产生机械能、内(热)能、光能、电磁能、化学能等各种能量的自然

---

　　① 参见《全国电荒造成惨重损失,大缺电三分天灾七分人祸》,载《中华工商时报》2004 年 12 月 22 日。

资源。① 能源的节约标准包括如下方面。

（1）制定和完善主要用能产品的能源效率标准。包括工业锅炉、炼钢炉、电动机、风机、水泵、变压器等主要工业耗能设备和家用电器、照明器具、建筑、汽车等的能源效率标准。它将为实施淘汰高耗能产品，开展节能产品认证和能源效率标识制度提供技术依据。

（2）开展节能产品认证，提高我国主要耗电产品的市场准入门槛。在实施家用电器、照明器具节能产品认证的基础上，扩大节能产品认证范围，探索建立认证产品国际互认制度，提高认证产品的知名度。

（3）建立能源效率标识制度。按照"先自愿、后强制，先试点、后推行"的原则，启动和实施主要家用电器能源效率标识，并逐步扩大到照明器具、办公设备等用电产品。

（4）降低万元 GDP 能耗。万元 GDP 能耗 $= \dfrac{能源消费总量}{GDP}$，它可以从投入和产出的宏观比较反映一个国家（或地区）的能源经济效率，具有宏观参考价值。

二、能源节约政策

制定能源节约使用政策一定要根据我国能源生产消费的特点，从能源利用体制和技术层面来改变现有的状况，使我国逐步实现能源节约使用。

（1）推行全社会节能工程。抓好重点耗能行业和企业节能，发展节能型交通运输工具、建筑，引导推行商业和民用节能技术。

（2）改变低级别分散性能源管理模式，采用相对集中的能源管理模式，制定和完善能源供应、安全保障和应急储备机制。要加快电力体制改革，发展和完善电力市场。加快发展核电厂、天然气电厂。

（3）加强电力需求侧管理。电力需求侧管理（DSM）不应是在电力紧张时候的应急手段，而应当作为一种长效机制。我国要积极开展大电力用户的能效评价工作，推行电力保障自愿协议，逐步建立以节电和提高用电效率为核心的需求管理长效机制。

（4）加快节能技术服务体系建设。一要针对重点用油行业技术现状，抓紧燃料油节约和替代技术的开发、示范和推广，包括组织关键技术开发、组织节约和替代燃料油技术示范及对先进成熟的节油技术进行推广。二要落实节约和替代石油工程。

---

① 参见刘树成主编：《现代经济辞典》，南京：凤凰出版社、江苏人民出版社，2005 年版，第 717 页。

（5）推广新能源汽车。新能源汽车有利于提高能源的利用率,扩大新能源使用面,可以推进能源节约,应当鼓励研究开发和生产新能源汽车。同时,对新能源汽车产品实行严格管理,要求符合安全、环保、节能的要求。

（6）建立石油战略储备。我国经济发展很快,对石油的需求量猛增,但石油资源不能满足需求;而且石油是战略物资,需要有一定的储备应对突发情况。因此迫切需要储备石油等重要能源。

（7）发展能效电厂。[①] 一是借鉴国际成功经验,研究落实通过电价附加收费保证节电投资收益的政策,将电费收入中的一小部分(国外一般为1%左右)作为节电投资基金,对重大节电项目进行补贴或直接投资。二是推广电机电器能效标识系统和节能认证体系。通过强制执行统一的电机电器能效标识系统和节能认证体系,限制高耗电产品的生产和使用,鼓励研发、生产和使用高效节电产品。三是开展能效电厂的试点工作。选择几个条件比较成熟的省市,在国家有关部门的支持与指导下开展试点工作。四是发挥电网企业和节能服务公司的作用。结合电力体制改革和电力市场建设,建立相应的激励机制,充分调动电网企业的节电积极性。

（8）开展产品能效标识制度。能源能效标识制度是附加在耗能产品或其最小包装物上,表示产品能源效率等性能指标的一种信息标签,目的是为用户和消费者的购买决策提供必要的信息,以引导和帮助消费者选择高能效节能产品,从而影响耗能产品设计和市场销售,以促进产品能效的提高和节能技术的进步。澳大利亚的家用电器能效标识项目进行得非常成功,取得了举世公认的成绩。研究表明,到1997年(当时尚未实施全国统一标识),澳大利亚能效标识的实施使电冰箱的耗电量比未实施时的可能耗电量降低12%,洗碗机降低16%,空调降低6%,家用电器标识项目在2010年将减排38万吨CO_2。[②]

（9）推行奖惩制度。一是制定“节奖超罚”办法,对在节能管理和节能技术进步中取得显著成绩的重点用能单位、集体和个人给予奖励,对浪费能源的单位、集体和个人给予惩罚;二是对不接受主管经济贸易委员会对其能源利用状况的监督、检查,虚报、瞒报、拒报、伪造、篡改能源消费统计资料的重点用能单位予以处罚;三是对生产、销售、转让、使用国家明令淘汰的低效高耗电设备、产品的行为予以处罚;四是对未标注统一的能源效率标识,未办理能源效率标识备案的,或伪造、冒

---

①　这段话引自亚行建言:《发展能效电厂　缓解电力供求》,载《经济日报》2005年8月4日。能效电厂是一种虚拟电厂,它把各种节能措施、节能项目打包在一起,通过实施一揽子节电计划,形成一定量的节电能力(这个能力相当于发电厂发出来的电),减少电力用户的电力消耗需求,从而达到与扩建电力供应系统相同的目的。能效电厂具有建设周期短、节能效果显著、成本低、不占用土地和燃料、无污染物排放等优点;能效电厂每度电成本只有0.12元,仅相当于发输配度电成本的1/3。

②　参见姜伟新主编:《建设节约型社会(国际经验篇)》,北京:中国发展出版社,2007年版,第13页。

用、隐匿能源效率标识以及利用能源效率标识做虚假宣传,误导消费者的行为予以处罚。

（10）实行节约能源区别待遇政策。一是实行促进节能的财政、税收、价格、信贷和政府采购政策,鼓励节能技术和产品的推广和使用;二是鼓励节能技术研究开发、示范与推广以及重点节能工程的实施等;三是实行峰谷电价、差别电价等有利于节能的价格政策,鼓励热电联产和利用余热余压;四是禁止对高耗能、高污染项目实施税费、信贷、电价、地价等方面的优惠政策,国家法律、行政法规另有规定的除外。

第三节　水资源节约标准及政策

循环可再生性是水资源区别于其他资源的基本属性,水资源是基础性的自然资源和战略性的经济资源。[①] 水是人类社会生存和发展的重要物质资源,生产生活的时时刻刻、方方面面都离不开水资源,建设节约型社会务必节约用水。

一、水资源节约标准

（1）力争到 2010 年,全国每万元 GDP 的取水量下降到 200 吨,工业废水排放达标率为 90％,工业用水重复率达到 68％,设区城市污水集中处理率达到 60％。城市居民生活用水量少于 150 升/人·天,城市自来水网管漏损率指标为 12％。[②]

（2）建立和完善重点用水行业取水定额标准。

（3）制定耗水等产品市场准入标准。

（4）完善主要耗水行业节水设计规范。

（5）制定高耗水产品的用水定额、城市生活用水定额、农业灌溉用水定额。

二、水资源节约政策

水资源始终处在降水—径流—蒸发的自然水文循环中,这要求人们对水资源的节约使用也有一套系统的政策。当前,节约用水政策主要有以下几点。

（1）根据地区水资源条件和行业结构特点,合理调整产业结构布局,优化水资源配置。将发展节水型工业与产业结构调整、建设先进制造业基地有机结合起来,发展符合国家产业政策、水资源消耗少、用水效率高的产业。

---

① 参见廖元和:《水务管理体制改革探索》,载《重庆社会科学》2006 年第 5 期。
② 参见中山大学地球环境与地球资源研究中心:《节约型社会指标体系与评价方法研究》,2005 年 9 月。

（2）依法淘汰落后的高耗水工艺、设备和产品。鼓励和支持企业采用节水设备，并给予一定比例资金扶持。

（3）采取资本市场融资等多种方式兴建污水处理厂，如外商投资—建设—运营—移交（即 BOT 方式）兴建的市政污水处理工程。已经建成的项目显示，这种方式有利于节约时间，提高管理效率。[1]

（4）在居民能够承受的范围内，适当提高自来水价格和污水处理费；实行阶梯水价。理论上测算证明，水价提高 10% 就节水 5%。[2] 我国多数城市水价偏低，而且没有实行阶梯水价，这样一来使水资源价值不能得到体现，需要提价并实行阶梯水价，多用者加倍付款。

（5）针对水质性缺水日趋严重的状况，全面推行工业企业清洁生产，高耗水、高废水排放企业，都要积极实施清洁生产。强化工业节水源头管理，达不到节水标准的企业不许开工。

（6）加强行业节水宏观管理，创建节水型示范企业，奖励节约用水的企业，处罚浪费水的企业。

（7）实行超额用水加价和差别水价。按照正常运转消耗的水量制定一个基本用水额度，超过之后的水加价收费。制定工业用水价、服务业用水价高于农业水价的政策，促使工业和服务业节水。

第四节　原材料节约标准及政策

原材料是加工工业的"粮食"，节约原材料是生产过程节约的中心环节。参考有关技术标准，制定原材料节约的政策是一项重要内容。

一、原材料的界定

原材料是工业经济活动的各种资源要素中被物化了的劳动对象，原材料可以分为原始原料和材料。原材料中取自农业和采掘业的就是原始原料，如原油、煤炭，对原始原料进行加工或再加工得到的原料就是材料，如水泥等。[3] 1990 年 11

---

① 北京经济技术开发区污水处理厂是以 BOT 方式修建的，这个项目从开工建设到竣工历时仅 10 个月，创造了市政污水处理厂当年开工当年竣工的奇迹。这一项目的建成，改善了整个开发区的投资环境，节约了开发区内企业单独兴建小型污水处理站的费用，变污水个别处理为集中处理。工程采用国际上先进的循环式活性污泥法，整个污水处理系统全部由电脑控制，智能化程度很高，正式运转时只需 3 名工作人员值班。资料来源：《北京以 BOT 方式兴建的污水处理厂投入运营》，新浪网 2002 年 4 月 13 日，http://finance.sina.com.cn/b/20020413/194587.html。

② 数据来自廖元和：《水务管理体制改革探索》，载《重庆社会科学》2006 年第 5 期。

③ 参见李悦主编：《产业经济学》，北京：中国人民大学出版社，2004 年版，第 276 页。

月 16 日,原国家计划委员会发布的《节约原材料管理暂行规定》指出,原材料是指生产经营型企业在生产、建设过程中所消耗的钢材、有色金属、木材、化工、纺织原料等。

二、原材料节约标准

(1)严格执行设计规范、生产规程、施工工艺等技术标准。

(2)制定和完善新型墙体材料、绝热保温材料等新材料的节约标准。

(3)规范纳米、高分子等新材料标准。

(4)逐步提高原材料的循环利用率。

三、原材料节约政策

(1)加强原材料消耗管理。推行"绿色制造",大力推广新材料的应用。通过推广高强度、高性能和其他替代材料,增加新型代用材料,减少制造产品的用材种类,降低不可再生资源的消耗,提高原材料的循环利用和利用效率。

(2)不断提高产品品质和质量。鼓励生产高强度和耐腐蚀金属材料,提高材料强度,延长材料使用寿命。加强质量管理工作,改进和健全产品质量保障制度,努力降低残次品的产出率。加大监管力度,强化质量法治,遏制杜绝假冒伪劣产品的生产,减少原材料的损失和浪费。

(3)积极发展新型墙体材料。认真贯彻落实《国务院办公厅关于进一步推进墙体材料革新和推广节能建筑的通知》(国办发〔2005〕33 号),大力发展以非黏土为原料的高性能、高质量的新型墙体材料,满足有效改善建筑功能的需要;大力整治黏土砖瓦行业,减少黏土制品的使用。

(4)禁止过度包装。生产企业应当严格执行国家、地方限制过度包装的强制性标准,对产品进行合理包装,使用无毒、无害、易于降解或者便于回收的包装材料,杜绝包装材料的过度使用。重点加强对社会反响强烈的月饼、茶叶、保健食品等产品过度包装、搭售行为的监管。倡导绿色消费,努力降低一次性消费用品的生产和消费。

(5)发展绿色包装。[①] 目前在欧美发达国家,包装材料再回收利用已经形成拳头产业体系。我国应以实施《再生资源法》等法律法规为契机,完善相关政策,积极促进废旧包装产业的发展。借鉴德国实行"绿点"标识、"蓝天使"标识,使用绿色包装标志,起到一定的宣传作用。

---

① 绿色包装是指有利于回收、复用、易于降解的可持续使用的环保型包装。

一、资源综合利用节约标准

（1）总目标：力争到 2010 年，万元 GDP 能耗比"十五"期末降低 20%，万元 GDP 的 SO_2（二氧化硫）和 COD（化学耗氧量）排放总量分别控制在 4.86 千克和 3.65 千克，50% 的大中城市达到国家环保模范城市要求。废弃物资回收利用率达到 70%，废旧车辆回收利用率达到 70%，废旧家电回收利用率达到 80%，废旧轮胎回收利用率达到 100%，废纸回收利用率达到 70%，生活垃圾资源化率达到 40%，工业固体废物综合利用率达到 85%。[①]

（2）严格执行国家有关标准，完善和执行强制性产品能效标识和再利用标识制度，提高资源的利用效率。

二、资源综合利用节约政策

（1）设立资源综合利用基金。不少国家通过建立各种节能和可再生能源专项发展基金来支持节能和可再生能源发展，我国的资源综合利用基金适宜采取收取电力附加费方式作为基金的筹资办法，一是这种做法符合"谁污染谁付费"的原则，容易被公众接受；二是能够打破单一靠政府投资的传统方式，开发了一种从广大用户中集资解决节能和可再生能源投资的新途径，政府易于采纳；三是这种方式具有持续性，便于积累。[②] 资源综合利用企业应当严格按照国家标准、行业标准或者地方标准组织生产。没有国家标准、行业标准或者地方标准的，应当制定企业标准，并按照规定报标准化行政主管部门和有关行政主管部门备案。

（2）推进废弃资源回收利用。加强对废渣、废液（水）、废气、废纸、生活垃圾和废旧物资的综合利用，重点要推进工业废物综合利用，特别是粉煤灰、煤矸石、尾矿和冶金、化工废渣及有机废水的综合利用。

（3）推进再生资源的开发利用。推进共伴生矿产资源的综合开发利用；要加大公共财政对再生资源回收利用的支持力度，并在信贷等方面给予必要支持；要鼓励企业回收和利用，包括支持一些经营好、符合上市条件的物资回收企业上市，为企业直接融资创造条件；要对再生资源回收加工处理中心、再生资源信息网络等方面的示范项目，优先安排技改投资并给予财政贴息；要引导各地建立以社区回收网点为基础的点多面广和服务功能齐全的回收网络，形成回收和集中加工预处理为主体、为工业生产提供合格再生原料的再生资源回收体系。

---

① 参见中山大学地球环境与地球资源研究中心：《节约型社会指标体系与评价方法研究》，2005 年 9 月。

② 参见姜伟新主编：《建设节约型社会（国际经验篇）》，北京：中国发展出版社，2007 年版，第 27 页。

（4）打破传统产业分工的某些束缚,实现生产结构的重新整合。过去片面利用资源和生产单一产品自发形成的某些分工明显不合理,应当按照综合利用资源的需要进行重新分工,打破旧的行业界限,开发系列产品。

（5）发展新型替代材料。发展新型替代材料是提高资源综合利用效率的有效途径,新型材料有利于减轻我国对外的资源依赖程度。整合科研力量,把新型材料开发出来。

（6）提高现有材料的强度和寿命。提高材料的强度和寿命相当于扩大了产量,有利于节约使用紧张的原材料。鼓励科研单位和企业联合攻关,把现有材料的强度和寿命提高到一个新水平。

（7）完善资源综合利用的税收政策。对符合国家规定的资源综合利用类高科技企业,不分中外给予同等税收优惠;对资源综合利用技术开发企业的中间试验品免予征税;对高新技术企业的机器、设备等允许加速折旧,提高进行技术创新和技术改造的财政支持力度;对高新技术转让、进口给予税收优惠;等等。

第七节　节约型社会的干部任用政策

建设节约型社会离不开党政军干部的领导,促使干部重视并在建设节约型社会中发挥作用,需要有科学评价方法和具体政策来激励、约束干部。

一、干部政绩评价指标

我国经济社会发展中的浪费问题与一些地方错误的政绩观有直接关系。一些地方领导为了追求 GDP,有钱敢于花光、无钱敢于贷款、欠债敢于不还,致使一些地方换届几次都还不清债。[1] 这种状况的存在原因在于不科学的干部政绩考核机制,因此,建设节约型社会,要建立和完善科学的干部政绩考核体系和奖惩制度,形成正确的用人导向和用人制度。为促进节约型社会建设,考核干部可采用 GDP 的物耗率、失业率、物价指数、财政收入等指标来综合评价经济发展状况;可用万元GDP 耗水、耗能、建设用地等指标来衡量宏观效益,用空气质量指数、城市河流水质达标率、绿化覆盖率等指标考核环境保护情况;可用就业率、最低生活保障率、受教育人口比重、万人医生数等指标反映社会和谐程度。重点应做好以下几个指标的考核。

（1）原材料消耗强度（万元产值的主要原材料消耗）。该指标体现工业增长对原材料的消耗程度,它是技术、管理水平、经济结构调整的综合体现。我国的主要

---

[1]　参见《"三敢干部"肆意挥霍发展成果》,载《报刊文摘》2008 年 7 月 7 日。

矿产资源人均量不到世界的一半,而单位产值的消耗强度却大大高于世界平均水平,许多矿产主要或部分依靠进口解决。所以在今后工业化过程中,必须提高资源的使用效率,通过改善对矿产品的需求结构来缓解我国矿产资源的紧张状况。

(2)能源消耗强度(万元产值的能源消耗)。该指标体现了经济增长对能源的消耗程度。能源消耗强度在很大程度上综合地反映了技术水平、经济结构的优化程度和管理水平的高低。我国未来的能源形势不容乐观。目前我国的生产方式还很粗放,通过调整经济结构,促进能源利用技术进步、加强生产管理降低能源的消耗强度,这方面有比较大的潜力。

(3)水资源消耗强度(万元产值水资源消耗)。该指标体现了经济增长对水资源的消耗程度,也综合地反映了水资源利用技术、水资源管理水平的高低和产业结构状况。我国水资源利用效率较低,浪费极其严重。因此,加强水资源的节约和提高水资源的利用效率对于保障我国的水资源安全具有重要的意义。

(4)污染物排放强度(万元产值的"三废"排放总量)。该指标体现了经济增长对环境的压力水平和程度,也与资源利用的技术水平、管理水平、管理方式有很大的关系。

(5)全社会劳动生产率。该指标综合体现了一个国家或地区劳动资源利用水平和劳动者素质的高低。劳动生产率的增长变化在一定程度上可以作为一个国家或地区狭义的技术进步贡献率。

二、节约型社会干部选拔政策

要制定有效的干部激励政策,对能全面落实科学发展观,积极推动当地节约型社会建设的干部要给予表彰和提拔使用。要适时根据绿色 GDP 核算体系和评价指标体系,建立领导干部任期环境质量责任制和行政问责制。对造成严重生态破坏和环境污染事故的,要严格责任追究,在对直接责任人进行严肃处理的同时,追究有关领导的责任。同时,将干部个人和职务消费是否节俭纳入考核范围,记录在案,供组织人事部门选拔干部时使用。

要加快培养能够厉行节约的后备干部队伍,适应和加快建设节约型社会的需要。所谓有利于节约的后备干部是指具有艰苦奋斗精神、勤俭节约美德的各类人才。主要包括:一是具有较强节约意识、具备节约理论知识的理论研究型人才;二是在建设资源节约型社会过程中起领导决策和管理作用的管理型人才;三是能够进行资源节约技术或方法研发,能够推广资源节约技术的研发和应用型人才。节约型综合人才是具备这三方面能力的人才,即在节约观念的指导下,既善于通过加强管理实现节约,又懂得运用科学技术实现节约,从而实现综合经济效益提高的人才。要建立人才库,加大对此类干部的培养力度,让其茁壮成长。

　　建设节约型社会,必须配备具有艰苦奋斗精神、能够勤俭节约做事的市、县领导班子。建立健全建设节约型社会的领导机构,各级都要建立由党委、政府主要负责同志任组长、有关职能部门参加的领导小组,就建设节约型社会的工作规划重大政策、重大工程实施等问题,及时研究,加强协调和指导。各级各有关部门要按照职责分工,各负其责,各司其职,搞好配合,做到组织到位、责任到位、投入到位、措施到位,努力形成省市县分级负责、各部门整体联动、全社会广泛参与的建设机制。

　　国有大中型企业是能源消耗的主体,在建设节约型社会中具有特别重要的作用,因此,要特别注意挑选节约意识强,善于节约的干部担任这些单位的领导。

第十五章
节约型社会的产业体系

产业是一个相当模糊的概念,在英文中,"产业"、"工业"、"行业"等都可以称为"Industry",比汉语中的概念更模糊。国内学者通常认为"产业"是具有某类共同特性的企业的集合,但这种说法过于宽泛。产业的定义很多,如周新生(2000)对产业的定义是:由国民经济中具有统一性质,承担一定社会功能的生产或其他经济社会活动单元构成的具有相当规模和社会影响的组织结构体系。① 本书采用的定义是"具有使用相同原材料、相同工艺技术或生产产品用途相同的企业的集合"(杨公朴、夏大慰,1999、2002)。② 产业体系主要包括主体产业群、产业的支持系统和产业发展的外部环境等三大方面。简单地说,这三者相互关联、相互制衡,并构成一个有机的互动整体。从理论上讲,任何一个独立的经济体都是以自身的产业体系为基础的。③ 一个社会的不同产业是其财富的生产者,同时也是资源的主要消耗者。我国建设节约型社会,实现节约发展必须建设节约型社会的产业体系。

第一节 节约型工业体系

工业有狭义和广义之分。狭义的工业只包括制造及机械生产。④ 广义的工业可以定义为"生产一群同类商品的一群生产单位,此种商品的相同性为最大或者相异性为最小。各种不同工业的界限,可以依照市场的替代性或生产技术的标准来划分"⑤。需要指出的是,工业化绝对不单纯是工业的发展,而是一个经济结构调整和技术、制度不断创新的过程。张培刚在 20 世纪 40 年代给出的工业化的定

---

① 参见周新生等:《产业分析与产业规划:方法及应用》,北京:经济管理出版社,2005 年版,第 13 页。

② 参见杨公朴主编:《产业经济学》,上海:复旦大学出版社,2005 年版,第 3 页。

③ 参见剧锦文:《关于构建"新型产业体系"的几个问题》,载《经济参考报》2005 年 4 月 26 日。

④ 参见张培刚:《农业与工业化(上卷)——农业国工业化问题初探》,武汉:华中科技大学出版社,2002 年版,第 235 页。

⑤ 张培刚:《农业与工业化(上卷)——农业国工业化问题初探》,武汉:华中科技大学出版社,2002 年版,第 231—232 页。

义是"一系列的基要的'生产函数'连续发生变化的过程"。四十多年后,他将定义修改为,工业化是"国民经济中一系列基要生产函数(或生产要素组织方式)连续发生由低级到高级的突破性变化(或变革)的过程"。[①]　这一定义最为科学,从理论上阐述了工业化不仅是工业的发展,还包括农业等产业。

一、节约型工业体系的内涵和特征

节约型工业体系是指重效益、节时、节能、节约原材料的工业体系。其内容包括:科技含量高,以信息化带动工业化;经济效益好,产品质量高;资源消耗低,环境污染小;人力资源得到充分发挥,节约蔚然成风,生产成本、交易成本逐渐降低等。

节约型工业体系的特征是:在生产管理上,主要依靠提高资源配置效率和利用效率,重视质量、品种和效益,改进技术和管理来实现增长;在扩大再生产上,以内涵式为主,注重节约挖潜、技术进步和提高劳动者素质;在人力资源利用上,不断提高劳动生产率;在技术资源利用上,不断提高科学技术尤其是信息技术在经济增长中的作用;在物质资源利用上,不断降低物耗水平和产品成本;在财力资源利用上,不断提高投资收益率和资金使用效益,从而达到实现经济持续增长和社会全面进步的目的。

二、节约型工业体系的节约作用

当人类社会由农耕社会转入现代社会后,一个社会的生产力最主要的是体现在工业上;一个社会的工业生产力发达,其他方面也会发达。马克思认为,节约劳动时间等于发展生产力,这一点在工业产业体系中体现得最为明显。节约型工业体系能够发挥多方面的作用,至少应该包括以下几点。

(1)大量节约资源,尤其是能源和原材料。工业化是现代化的重要组成部分,工业是消耗资源最多的产业,大量的煤炭、石油、森林都是为工业生产服务的。2000年中国工业耗能占总耗能的70%,可见比例之大。[②]　建设节约型工业体系能够节约资源,这是显而易见的。

(2)提高产品质量,减少次品、废品。产品质量的高低主要是由加工过程决定的。产品质量的高低取决于工作质量的高低。产品质量是工作质量的综合反映,工作质量是产品质量的根本保证。提高产品质量有利于节约。因为提高产品质量不仅意味着减少了次品和废品,节约了由此耗费的人力和物力,并且产品质量的提

---

① 张培刚:《农业与工业化(中下合卷)——农业国工业化问题再论》,武汉:华中科技大学出版社,2002年版,第67页。

② 数据来自朱成章:《能源技术效率和节能潜力》,载编委会编:《中国节能降耗研究报告》,北京:企业管理出版社,2006年版,第141页。

高使产品经久耐用,少量产品能够发挥多量产品的作用。所以,质量高就等于数量多。

（3）节约劳动时间,增加休闲时间。随着节约型工业体系的逐步建立,工业生产效率将大幅度提高,工人用于劳动的时间将减少,这样就能增加闲暇时间。休闲时间的增加有利于工人更多地休息、娱乐、学习等,使工人的能力和整体素质得到提高。

（4）减少环境污染,降低环保成本。实现工业化是大国难以绕过去的一道坎,在工业化时期如果能够建立起节约型工业体系,工业生产中排放的废气、废渣、废水就会大大减少,环保的成本会降低许多。再通过对废物、废气、废水的集中处理,成本也会有不同程度的降低。

（5）带动城市化,降低管理成本。随着工业化的推进,城市化也会加快发展。根据聚集效应和规模经济规律,城市化能够提高资源利用效率。同时,集中管理人口也能降低行政管理成本。

三、建设节约型工业体系的途径

建立节约型工业体系应由国家发展和改革委员会牵头,会同工业类行业协会（含商会,下同）根据工业生产的特点,重点就如何节约原材料、能源,降低产品成本,提高产品质量,制定标准和方法,并负责实施,促进节约。例如,在家电生产行业应主要听取家电协会的意见,使它们在制定节约标准上有发挥作用的机会。具体来看,包括以下几点。

（一）积极建造临空、临海型工业布局

在航空港附近集中配置产业是现代工业空间布局的一种趋势。20 世纪 70 年代以来,高速公路大量出现,大吨位汽车的出现使运输效率大幅度提高,运费明显降低。同时,巨型运输机在货运中的比重增加,相应地机场规模的扩大,分布亦更加广泛,从而导致在接近航空港的高速公路线路或交叉地带大量出现可利用空运和短途陆运的轻型工业及其配套部门的生产区、营业区。受新技术革命浪潮的推动,一些国家临近机场的高速公路带,涌现出许多以微电子工业为主体的工业区和科学工业园区,被称为"临空工业区"。临空型产业布局可以较好地满足现代经济的高技术、快节奏以及多方位市场需求的特点和要求。①

临海型产业布局是指沿海或近海岸陆地集中配置产业的过程或状态。第二次世界大战以后,由于科学技术的进步和市场情况的变化,某些产业,特别是钢铁工

① 参见刘树成主编:《现代经济辞典》,南京:凤凰出版社、江苏人民出版社,2005 年版,第 664 页。

业有向沿海布局的趋势。许多国家,如荷兰、法国、希腊、土耳其纷纷在海岸设厂。德国甚至从内地搬迁一些钢铁厂到沿海。日本则在沿海连续新建大钢铁企业,使沿海厂的钢产量占日本全国总产量的80%以上。20世纪60—70年代,一些国家对海岸带进行了大规模的、以工业为主体的综合开发,利用发达的海运,形成临海工业区。临海型产业布局的优点在于:①企业可以借助海运所具有的运输规模大、运费便宜的优势;②有利于资源性产业(如钢铁工业)就近进行矿石、燃料的进口和产品的出口;③临海型产业的协作配套问题易于解决;④临海型产业布局比内陆型产业更有条件对外交往,易于掌握国际市场信息和技术动态。① 这两种工业布局都是促进节约的好办法,我们应该借鉴和运用。

(二)谨防产业结构同构化趋势

在工业化进程中,我国各地产业同构现象值得关注,据统计,在各地"十五"高新技术产业规划中,集成电路产业的同构性达35%,应用软件系统的同构性为42.5%,纳米材料的同构性为48%,计算机网络为59%,软件产业为74%。在经济发达的"长三角"地区,14个主要城市"十五"规划中排在前四位的支柱产业都是电子信息、汽车、新材料、生物医药工程,趋同率达70%。上海在建中国"硅谷",杭州提出建设"天堂硅谷",苏州要打造长三角"硅谷"。目前全国在建的各式"硅谷"至少数十家,区域产业特色互补远未形成。② 这种情况往往造成区域互补性差,经济效率低下,这都是不利于节约的。要从全局着眼,在资金充足、招商条件好、运输便利等适宜工业化的地方大力发展工业,不能延续旧的处处建工业,搞画地为牢的诸侯工业。

(三)探索适合我国国情的新型工业化道路

近几年来依靠高投资、高消耗带动的重化工业化热潮已经带来了一系列的负面效应。这种模式引发的问题概括来说就是"造成国民经济的整体效率下降"③。一个表现就是煤电油运紧张,就业难度增加,第三产业发展不足,等等。正确认识我国的资源禀赋,这就是"人力资源丰富,自然资源紧缺,资本资源紧俏,生态环节脆弱"(吴敬琏,2006),在这种情况下,发展工业就需要走新型工业化道路,鼓励科学发展和技术创新,尤其是原始性创新,并推广普及科学技术,依靠提高效率加快工业发展。明确限制类和淘汰类项目,那些技术水平低、资源消耗多、污染严重的产业不予立项。积极推行清洁生产,尤其是抓好钢铁、电解铝、水泥、建筑材料、有

① 参见刘树成主编:《现代经济辞典》,南京:凤凰出版社、江苏人民出版社,2005年版,第663页。

② 参见徐寿松、吴亮:《重复建设的"第三次浪潮"隐忧凸现》,载《经济参考报》2003年6月12日。

③ 吴敬琏:《中国增长模式抉择》,上海:上海远东出版社,2006年版,第120页。

色金属、火力发电等重点耗能行业和企业的节能。要改变重化工业奇高增长的倾向,加快生产性服务业发展,降低交易成本。

(四)发展环保产业①

环保产业是可持续发展阶段的朝阳产业、新兴产业。各级政府应将环保产业发展纳入国民经济和社会发展规划,加大对环保产业的扶持力度,加快推进产、学、研联合攻关和开发环保基础设施建设运营产业化、市场化进程。加强环保产业市场管理,做好对环保产业的引导、规范、监督和服务工作,建立和推行环保工程招标制度、环保工程总承包资质认可制度、环保设施运营资质认可制度,推动环保产品、设备和工程技术标准的实施,促进环保产业市场有序、健康发展。

我国处在工业化中期,需要着重发展节能设备,"三废"处理技术及相关设备,资源再生利用技术及相关设备。当前需要着力培育一批骨干企业,发挥大企业在科技推广和创新方面的优势;建立发展污染控制技术和循环经济、清洁生产技术产业化等方面的激励机制,每年重点支持5—15个环保产业高新技术示范工程和装备国产化项目,逐步培育一批掌握核心技术、拥有自主知识产权的环保技术和产品,形成若干个高科技环保企业群,提升全国生态环境污染治理能力和环保产业科技水平。

(五)发展信息等高新技术产业

四个现代化,哪一个也离不开信息化。技术进步和效率的提高必须以高新技术产业为支柱,我国实施自主创新战略,客观上需要发展高新技术产业。经验调查证实,高技术产业的技术进步加速,在加速生产力发展中扮演了重要的角色。有研究者发现,20世纪90年代前后两段时间,生产率加速提高,25%归因于计算机和与计算机相关的半导体生产效率的提高。他们估计,另外11%是由于非计算机相关的半导体生产率的提高。② 我国走新型工业化道路,以信息化带动工业化的战略要求我们进一步发展信息等高新技术产业。

(六)优化发展能源工业

能源工业是国民经济的支柱产业,优化发展能源工业是《中华人民共和国国民经济和社会发展第十一个五年规划纲要》对能源工业提出的要求。《纲要》第三篇第十二章将"优化发展能源工业"这个要求细化为"有序发展煤炭、积极发展电力、加快发展石油天然气、大力发展可再生能源"的战略部署,并提出了"坚持节约优先、立足国内、煤为基础、多元发展,优化生产和消费结构,构筑稳定、经济、清洁、

---

① 根据《广东省环境保护规划纲要(2006—2020年)》和《肇庆市环境保护与生态建设"十一五"规划(征求意见稿)》关于环保产业发展的内容编写。

② 参见〔美〕坎贝尔·R.麦克南等:《当代劳动经济学》,北京:人民邮电出版社,2004年版,第495页。

安全的能源供应体系"的能源发展方针。① 这既是现实的需要,也是建设节约型社会的必然选择。

第二节　节约型基本建设体系

基本建设是指企业、事业和行政单位以扩大生产能力或提高工程效益为主要目的,从事的新建、扩建、改建工程及有关工作。目前城市建设几乎走向了"大跃进"误区,国土资源部曾经发布过这样一个数据:现在全国城乡建设用地约24万平方公里,人均建设用地已经达到130多平方米,远远高于发达国家人均82.4平方米和发展中国家83.3平方米的水平。世界上最繁华的城市纽约,包括郊区在内,人均占地才112.5平方米。② 可见,在城市建设等基本建设项目中,很有必要节约。

一、节约型基本建设体系的内涵和特征

节约型基本建设体系是指规划科学、设计优良、节地省材、质量过硬、大量节能的基本建设体系。

节约型基本建设体系的特征是:在规划上,坚持科学规划,合理布局;在生产管理上,主要依靠提高人力资源配置效率,注重物力资源的协调运转;在产品质量上,坚持质量第一的原则,严格把好建筑材料的关口,改进技术和管理来实现增长;在扩大再生产上,注重节约挖潜、技术进步和提高劳动者素质;在建筑技术上,不断提高科学技术尤其是信息技术的作用,实现产品科技含量高;在物质资源利用上,不断降低物耗水平和产品成本,实现资源能源消耗低,环境污染小;在财力资源利用上,不断提高投资收益率和资金使用效益。

二、节约型基本建设体系的节约作用

节约型基本建设体系的节约作用很多,主要有:

(1)节约土地、建材等资源。坚持科学规划,根据地质状况选择地址,能够减少盲目建设造成的浪费。土地资源是不可再生的资源,在中国这样一个人地关系紧张的国家,合理节约使用每一寸土地十分重要和紧迫。南方有的城市已经没有可规划的土地,有可能陷入没有可用之地的困境。

(2)提高质量,延长建筑物使用寿命。建筑物的寿命与其质量是密切相关的,

---

① 参见徐锭明:《优化发展:能源工业如何破题》,载《经济日报》2006年4月15日。
② 参见陆大道:《城市化"大跃进"隐患》,载《南方周末》2006年7月13日。

寿命是质量的函数。要不断提高建筑物的质量就需要融入节约的理念,把节约资源的观念运用到建筑中去。使房屋从设计到施工都坚持节约的原则,就能够实现通风良好、依靠自然光来节能。

（3）运用技术手段,实现建筑节能。2008年在深圳建成的中国节能大厦利用中空夹层玻璃的透光隔热效果、镜面采光折射系统,使全楼在阳光明媚时几乎不需要电力照明。而高温产生的废蒸气,经过冷热交换,最后形成热水,该系统比普通大厦省水60%以上,节能节电率超过80%。[1]

（4）合理规划交通建设。公路、铁路、电力等基础设施建设能够降低出口成本,同时为其他产业创造就业机会。19世纪美国的铁路就是典型的例子。连接东海岸与盛产谷物的中西部各州的铁路建成后,降低了小麦出口地区制造业投入与产出的运输成本。港口、铁路和公路网的建造,便利了南非的铜、加纳的可可与木材、印度的茶叶、阿根廷的牛肉等物资的出口业,也对国内制造业产生了类似的影响。[2]

三、建设节约型基本建设体系的途径

建立这一体系应由建设部门牵头,会同国土资源部、建筑地产类行业协会根据建筑业的特点,重点就如何实现建筑节能、节材、节地,从设计到施工的全过程,制定标准和方法,并负责实施,促进节约。这至少包括以下几个方面。

（一）进一步解放思想,大手笔规划国土资源

为了保证我国的基本耕地不受影响,又能满足城市化、工业化的用地需求,就需要改变过去全国一刀切,全部要求城市化、工业化的做法。具体来说,就是有利于加速城市化、工业化的临空、临海、沿江、沿湖及交通方便、招商引资条件较好的地方放手发展,让这些地方吸纳劳动力,被吸纳劳动力在当地安居后家乡的宅基地改造为良田。具体来看可以在京津冀地区、长三角、珠三角、粤东粤西、福建沿海、沈阳大连铁路沿线、长江中游、成渝周边等地重点发展城市群。

（二）科学规划建设体系,促进建设项目的合理布局

基本建设是为经济建设服务的工程,要体现经济发展的现实及未来需要。根据城市功能来确定自身的基本建设项目,如某个城市要建设成为物流配送中心,就需要在机场、车站、港口、火车站等方面搞好规划,比较合理地运用城市空间。

（三）加强建筑市场管理,确保基建工程质量

为了防止腐败渗入建筑市场,造成豆腐渣工程而形成浪费,必须使建筑工程置

---

① 参见彭勇:《深圳将建设新型节能大厦节能节电率将超过80%》,载《经济参考报》2006年4月19日。

② 转引自吉利斯等:《发展经济学》,北京:中国人民大学出版社,1998年版,第448页。

于阳光操作之中。规划之后的工作是建设,这需要有一支作风优良、技术一流的施工队伍来进行具体作业,确保节约建设中的材料和时间。加强干部职工素质建设,增强职工的责任感。

(四)加强设计和施工管理,提高建筑物的防震抗震能力

2008年5月12日发生在四川汶川的8级大地震,使数万四川同胞死于建筑物倒塌的废墟中,尤其是一大批正在上课的中小学生死在倒塌的教室里,令国人无限悲恸。人们痛定思痛,发现也有个别学校的建筑质量较高,在同样的地震中却没有倒塌,师生全部安全;人们还发现,我们的近邻日本,是一个地震频繁发生的国家,他们不曾像我们一样,出现如此巨大的伤亡。这就警示我们,在日后的基本建设中,从设计到施工都要考虑防地震因素,每一个环节都要加强管理,绝不容许"豆腐渣工程"的出现。这是一个关系到人的生命安全的重大问题,是千万不能马虎的。

(五)加快建筑技术革新,实现建筑节能

当前,建筑业迫切需要考虑改变传统观念,改进建筑技术,开发节能、环保型建筑材料。要在节能技术方面革新,包括新型建筑材料、太阳能等,还包括在建筑材料生产及运输过程中的能源节约。目前日本在节能住宅建筑中普遍使用高气密性、高隔热性技术以及墙体蓄热技术。如隔热施工法,分为内绝热和外绝热两种方法,各有利弊。为了解决这些问题,日本在隔热材料开发方面取得了很大进展。1970年日本开发了具有高绝热性能的硬硅钙石类硅酸钙,能够广泛应用于防水、耐火、保温、绝热等领域。[①]

(六)发展散装水泥,切实降低建筑成本

我国基本建设需要的水泥很多,但我国散装水泥比例很低,浪费了许多包装材料,也造成了运输方面的困难。现在完全有条件实现散装水泥的大发展,要认识到散装水泥不是落地灰、破包水泥,而是能够节约资源、保护环境的优良产品。西方工业国家在20世纪60年代末期已经实现了水泥散装化,我们需要加快发展。既要加强技术装备和设施建设,也要提高管理水平。

第三节　节约型农业体系

农业是指培育植物、动物以取得各类农产品的物质生产部门。农业是人类社会最基本的物质生产部门。狭义的农业主要指种植业,即农作物栽培业。广义的

---

① 参见魏全平等:《日本的循环经济》,上海:复旦大学出版社,2006年版,第150—151页。

农业包括狭义农业、林业、畜牧业和渔业。① 发展节约型农业要处理好经济建设、人口增长、资源利用、环境保护的关系,在节约资源、保护环境的前提下,实现农业更好更快地发展。这是建设节约型社会的重要组成部分,也是解决"三农"问题的重大举措。

一、节约型农业体系的内涵和特征

这是指节水、节地、节时、节能、节肥、节药的"二高一优"(高产、高效、优质)的节约型农业体系。节约型农业即循环农业,循环农业是运用可持续发展思想和循环经济理论与生态工程学的方法,在保护农业生态环境和充分利用高新技术的基础上,调整和优化农业生态系统内部结构和产业结构,提高农业系统物质能量的多级循环利用,严格控制外部有害物质的投入和农业废弃物的产生,最大限度地减轻环境污染,把农业生产经济活动真正纳入到农业生态系统循环中,实现生态的良性循环与农业的可持续发展。循环农业本质上是一种低投入、高循环、高效率、高技术、产业化的新型农业,既具有我国生态农业的典型特征,同时广泛吸收了国外可持续农业的思想精华,形成了与现代常规农业的巨大差异。②

节约型农业体系的特征是:在人力资源使用上,以培育新型知识型农民为手段,以机械化代替传统的繁重的农业体力劳动,做到人尽其能。在土地等资源的使用上,坚持"因地制宜,地尽其利"的原则,实现节地、节水、优质、高产。在物力资源使用上,坚持优质原则,从种子到成品必须以质量取胜。在流通方面,切实发挥行业协会等中介组织的作用。在生产规模方面,要力求扩大生产规模,取得规模收益。

二、节约型农业体系的节约作用

节约型农业体系作为发展农业的新体系,起到的作用主要有以下几个方面。

(1)有利于节约用地。土地是农业的基本生产资料。建设节约型农业体系进行集约化经营,综合利用土地,实行立体种植能充分利用光能,这样就能减少化肥的施用量,降低了农业生产的成本。

(2)有利于节约用水。水利是农业的命脉,节约用水是建设节约型农业体系的重要内容。

---

① 参见刘树成主编:《现代经济辞典》,南京:凤凰出版社、江苏人民出版社,2005 年版,第 728 页。按照张培刚教授的观点,就广义而言,农业是许多工业的一种。布莱克将农业作为一种"生长性的"工业来研究,并且定义生长性的工业为"生长"产物的工业。参见张培刚:《农业与工业化(上卷)——农业国工业化问题初探》,武汉:华中科技大学出版社,2002 年版,第 233 页。

② 参见毕伟、李坤:《"循环农业"催生新的农业革命》,载《科学时报》2006 年 7 月 6 日。

（3）有利于充分利用时间和节约时间。传统农业生产的季节性强，现代科技能够改变这种状况，变闲为忙，使时间和土地得到充分利用。同时由于科技使效率提高，可以缩短农业劳动者的劳动时间，增加他们的休闲时间，促进人的全面发展。

（4）有利于提高农产品质量。建设节约型农业体系将进行集约化经营，在耕作方式、物种选择、作物管理、产品收割、保管和深加工等方面有新突破，带来产品质量的提高。

（5）有利于提高农业生产的效率。提高农业生产效率，提升农产品的竞争力。建设节约型农业体系需要发挥生物科技、机械等作用，充分利用有限的土地等资源，不断提高农产品质量和效益。农业技术既要采用机械系列，也要加快生物系列技术。[①]

（6）有利于农产品的深加工和市场开拓。建设节约型农业体系势必对农产品进行深加工，通过企业化管理形成规模效应，提高最终产品的竞争力。依托行业协会等中介组织开拓国际市场。

三、建设节约型农业体系的途径[②]

建设节约型农业体系要实现农业与国民经济协调发展，解决农业与其他产业争夺资源的矛盾；逐步实现农业增长方式的转变，从依靠消耗资源的粗放型农业走向集约型农业。建立这一体系应由国家农业部牵头，会同农产品行业协会根据不同农产品的特点，重点就如何实现节时、节能、节水，提高单产数量和产品品质，制定标准和方法，并负责实施。尚未建立农产品行业协会或者协会尚不具备实力的地区[③]，由当地农业技术推广部门来制定节约标准。具体来说是要从以下几个方面入手。

（一）制定切实可行的农业发展规划

把加快建设节约型农业纳入各级农业和农村经济发展"十一五"规划和行业规划，提出明确的目标、任务和政策措施。抓紧制定旱作节水农业、农作物秸秆和养殖业废弃物综合利用、水稻机插育秧等一批农业节本增效和资源综合利用专项规划。结合农业"七大体系"建设[④]，加快《保护性耕作示范工程建设规划》、《沃土

---

①　机械系列是指使用拖拉机、联合收割机以及主要取代离开农场到城市去的劳动力的其他形式的机械。生物系列是指通过使用改良过的作物品种，从而提高产量。参见吉利斯等：《发展经济学》，北京：中国人民大学出版社，1998年版，第422页。

②　本段参考了李力：《农业部副部长张宝文：建设节约型农业七大重点》，载《经济日报》2005年11月14日。

③　我国农业类行业协会发展不足，部分地区的协会还没有这个能力。

④　在2003年5月23日召开的农业部网络视频会议上，杜青林提出，要加快种养业良种繁育体系、农业科技创新与应用体系、动植物保护体系、农产品质量安全体系、农产品市场信息体系、农业生态保护与建设体系和农业社会化服务体系等"七大体系"建设。

工程建设规划》等相关工程规划的修改完善,逐步形成节约型农业发展规划体系。抓紧组织实施《农村沼气工程建设规划》。开展广泛宣传,增强节约意识。利用各种媒体,采取多种形式,广泛宣传建设节约型农业的重要意义、主要措施、节约技术以及相关政策,宣传先进典型和管理经验,对严重浪费资源行为予以曝光。通过宣传教育,努力增强农业系统广大干部群众和农民的节约意识,提高建设节约型农业的自觉性和主动性,营造共建节约型农业的良好氛围。

(二)提高耕地集约利用水平

加强耕地质量管理。开展耕地地力的全面调查,建设耕地质量监测网络,实现耕地质量的动态管理。要切实加强耕地质量建设。推广绿肥种植、秸秆覆盖、过腹还田等耕地培肥和保护性耕作技术,加快中低产田改造步伐,完善田间水利、机耕道路等基础设施。继续推进传统耕作制度改革。提高复种指数,充分挖掘土、水、光、热等资源的利用潜力,鼓励发展低耗能设施农业,提高耕地的综合产出效率。

(三)发展节水农业

结合不同旱作地区的现实条件和技术应用基础,有针对性地推广深耕深松、集雨蓄水节灌等旱作节水农业技术,筛选和推广一批耐旱性强、产量高、质量好的农作物品种,因地制宜地确定种植结构,加快坡耕地治理,提升自然降水利用率和旱地综合生产能力。抓好田间灌溉节水,加强农渠、毛渠等灌溉基础设施建设,逐步建立节水型栽培模式和灌溉制度,特别注意采用滴灌技术。①

(四)不断提高农业投入品的利用效率

在合理选用肥料品种、优化施肥结构上下工夫,把握施肥时期,改进施肥方法,促进化肥施用由通用型复混肥向专用型配方肥方向转变。积极推广应用高效低毒、低残留、强选择性的农药和新型施药器械,改进施药方法,加强技术培训,减少农药使用量,力争在3—5年内使我国有机磷类高毒农药用量减少1/3左右,农药利用率提高5个百分点以上。普及应用种子精选分级、包衣、药剂拌种等加工处理技术,提高种子质量和良种的供应能力。

(五)抓好农业装备节能工作

随着中央农机补贴政策的实施,农民购机热情空前高涨,农业机械化水平将有一个大的发展,因此,这方面的节能工作也十分重要。要千方百计降低以农业机械为重点的农业装备能耗。加强农业装备相关标准的制修订工作,加快高耗能老式落后农业机械和渔船设备的更新换代;积极开发和推广磁化节油、燃油添加剂等节油产品和复式联合作业机具等节能农业机械,减少作业环节和作业次数,降低单位

---

① 农业滴灌技术源于以色列,滴灌比漫灌节水1/3—1/2,滴灌可使单位面积土地增产1/3到5倍。滴灌使水、肥利用率高达90%。滴灌有效防止土壤盐碱化和土壤板结。

农产品生产能源消耗水平。

（六）充分发挥农业节约技术的作用

以"十大节约型技术"为重点[1]，支持一批技术开发项目，加强联合攻关、创新集成、引进消化和推广应用。积极推进农业机械化，提高农业装备和应用水平，科学合理使用投入品，促进农业节本增效。积极争取有关部门的支持，加大"十大节约型农业技术"示范推广力度。加强节约型农业技术培训，强化节约意识，提高操作技能，积极构建节约型农业科技支撑体系。科技是振兴农业的重要动力，建设节约型农业体系离不开科技的作用。但是农业中不存在普遍适用的、最好的技术。所有的农业技术都要适应当地的土壤和气候条件，适应当地生产要素的情况。为此，一是要因地制宜地加快农业科技研究与开发，力争在育种、栽培、储存、加工等方面取得新进展。二是加快新型农民的培训工作，结合农民培训计划的实施，让尽量多的农民掌握一项农业技术。三是积极发展白色农业。"白色农业"是农业生产中利用微生物的一种说法。利用微生物，可以生产出无公害绿色食品，无污染饲料、肥料、农药，以及取之不尽的能源，当前最典型的是沼气。[2]

（七）大力发展集约生态养殖业

大力发展集约生态养殖业，就要在适宜地区积极推广绿色高效生态畜禽养殖技术，稳步推进绿色高效生态养殖小区建设，降低饲料和能源消耗；在草原禁牧、休牧和轮牧区，大力推广舍饲、半舍饲圈养技术模式；合理开发利用渔业资源，推广高效、优质、集约化的生态水产养殖技术，提高资源的有效利用率和经济效益。推广病虫害防治技术，减少农药使用量。

（八）深化农产品加工

改变目前农产品加工水平较低的现状，着力发展农产品加工工业和物流产业。吸引各种资金投资农产品加工业，借鉴国外农产品加工的先进经验做好这一工作。

（九）巩固提高农村可再生资源综合循环利用水平

从近期看，要大力普及农村沼气，加强农村户用沼气和大中型沼气工程建设。南方地区重点发展"猪—沼—果"能源生态模式，北方地区重点实施"四位一体"和"五配套"能源生态工程。加快太阳能、风能、生物质能和农村水电等可再生能源的开发与利用。综合开发农作物秸秆产业，加快养殖业废弃物综合治理，推广农村生活污水净化技术，推动生活垃圾资源化处理，提高农村生产生活废弃物的资源化

---

[1]　是指生物、工程、农艺、农机、材料技术的集成应用水平，大力推广应用节约型的耕作、播种、施肥、施药、灌溉与旱作农业、集约生态养殖、沼气综合利用、户用高效炉灶、秸秆综合利用、农机与渔船节能。参见李力：《农业部副部长张宝文：建设节约型农业七大重点》，载《经济日报》2005年11月14日。

[2]　参见魏全平等：《日本的循环经济》，上海：上海人民出版社，2006年版，第94页。

循环利用水平,推进社会主义新农村建设。

（十）发展能源农业①

随着人类社会的进步与发展,农业的功能也在不断丰富和拓展。拓展农业的功能潜力,大力发展生物质能源,积极发展能源农业十分必要。发展能源农业有利于建设节约型农业体系,龙基电力公司在山东单县建设的秸秆发电项目,2006年投产。该项目发电规模达到2.5万千瓦,年消耗秸秆20万吨、年发电量达1.56亿千瓦时。据估计,当地农民通过销售农作物秸秆每年可增收3000万元,每年可无偿得到约5000吨草木灰用于改良土壤,同时可以节约煤炭7万吨。今后,需要发展生物质颗粒燃料,农作物秸秆气化和发电,发展沼气、燃料乙醇和生物柴油。

（十一）加大财政补贴范围

研究制定建设节约型农业的相关政策,积极争取加大财政补贴力度,扩大补贴范围,对农民购买节水灌溉设备、高效施药机械等给予一定的补助,鼓励淘汰高耗能农机和渔船,严厉打击假冒伪劣农资产品。研究建立生态补偿机制,鼓励农民施用有机肥和采用环境友好型生产技术。充分发挥政府部门的调节作用,在农业建设项目审批、投资等环节,优先考虑资源节约型项目,把节约资源的政策措施落到实处,提高农业节约资源的能力。农业资金明显不足,技术水平较低,发展农业主要依靠的还是农业自身的积累。鼓励外资、民资进入农业,为农业发展输入活力。农业银行要改变离农的趋势,把更多的资金投放到农业上。

（十二）建立节约型农业的管理制度

建立和完善各项规章制度,加快推进农业标准化建设,构建发展节约型农业的长效机制。加强节约技术检验检测设备建设,不断改善监控手段,提高监督管理和技术服务水平。定期开展各项规章制度执行情况的监督检查,找出薄弱环节,认真整改,努力提高节约型农业建设管理水平。

（十三）加快农产品行业协会、合作社的培育和引导

行业协会、合作社是加快农业发展的重要力量,可以提高农民进入市场的组织化程度,节约农民进入市场的交易成本。通过出台法律法规逐步规范和引导农产品行业协会和合作社的有序发展,使多数地区能够有行业协会、合作社发挥技术推广、开拓市场、信息咨询、信息与技术交流等方面的作用。

---

① 参见尹成杰:《拓展农业功能　发展能源农业》,载《新华文摘》2006年第11期。能源农业,以能源作物等生物质为主要生产和开发对象,提供生物质能源原料,促进能源生产。它包括多种生物质资源利用方式。一是开发和利用农业生物质资源生产燃气和发电,以生物质能源代替其他能源。二是开发和利用农副产品及粪便、垃圾、柴草,以发展农村沼气代替煤炭等资源。三是开发和利用能源作物,从能源作物中提取燃料油,加工生产生物柴油等液体燃料。

第四节　节约型运输体系

交通运输行业是促进国民经济和社会发展的重要基础①,是国民经济发展的先导行业。建设节约型社会需要建设节约型运输体系。中国运输业的能源消耗占全球运输业能源消耗的 4%,这个数字在未来的数十年当中,还将有相当大的增长。② 如果全国每辆汽车每 100 公里节省 1 升油,一年就可以节省约 2550 万吨燃油,价值是 51 亿美元,相当于中国全年石油进口总量的 1/4。这足以证明建设节约型运输体系的重要性。

一、节约型运输体系的内涵及特征

节约型运输体系是指节时、节能、重效益的节约型运输体系。这个体系有纵横通达的交通运输网络,公路、铁路、水运、空运、管道运输等多种网络通畅发达;有多种交通工具的配合使用,汽车、火车、轮船、飞机各自发挥优势;有多种线路相互接应,便于在不同地区相互衔接使用。

节约型运输体系的特征有:一是便捷通畅。节约型交通运输体系通过交通网络、交通工具、运输线路的协调配合能够提供便捷通畅的运输服务。二是省时高效。便捷和通畅的运输体系必然能够节省时间,运输效率较高。三是安全有序。多种线路和运输工具的配合能够减少某种运输工具在部分地区不适应造成的事故,降低了事故发生率,是安全的,也是有序的。四是注重环保。包括交通线路建设和运输工具的节能成果转化。

二、节约型运输体系的节约作用

节约型运输体系的节约作用很多,主要表现在如下方面。

(1)减轻企业运输费用。中国的社会物流成本中,运输成本偏高。运输的低效率、高成本原因很多,有道路的问题,有运输工具的问题,有信息化水平问题,有管理体制问题,有运作模式问题,有组织化程度问题,有人才问题,等等。要建立大运输管理体制,也要发展多式联运与发展集装箱、厢式半挂车运输模式,美国就是突破了这一环节,使物流效率大大提高,物流费用大大降低。

(2)减少交通事故。交通事故频繁是我国及其他国家遇到的一个难题,据统

---

① 运输即通过运输工具和设备有目的地将人和货物从一个地方转换到另一个地方,实现空间场所变动载运和输送活动。

② 参见那瓦利:《庞巴迪运输集团:有限发展城市公路交通系统》,人民网 2005 年 6 月 28 日,http://finance. people. com. cn/GB/8215/49768/49769/3503519. html。

计,2003 年我国共发生道路交通事故 667507 起,造成 104372 人死亡,也就是说每天有近 300 人因此而失去了生命,494174 人受伤。① 节约型运输体系能够利用最优路线运输,减少交通事故。

（3）节约运输时间。从企业生产来看,运输的低效率延长了货物周转时间,实际上增加了资本周转时间,降低了资金使用效率。从居民生活来看,由于公共交通体系不够健全、交通工具单一、上班时间集中等原因,上班时间等待交通工具的现象比较严重,浪费了大量时间。零点研究咨询集团调查数据显示:北京人平均上班距离 19.3 公里,通勤时间平均需要花费 43 分钟,这两项数据都排在全国首位。通勤距离最短的是哈尔滨,仅 5.9 公里,通勤时间平均为 19 分钟。②

三、建设节约型运输体系的途径

要确定交通部门负责、行业协会参与来完成这一工作。具体就是由交通部门牵头,会同运输类行业协会根据运输业的特点,重点就如何实现节省周转时间,加快资金周转,减少运输损失,提高运输效益等方面,制定标准和方法,并负责实施,促进节约。这里也需要发挥一线大型运输企业的作用。目前,有以下几个重点问题需要解决。

（一）减少车辆空载率

建立起城市专用、智能、高效的快速公共交通系统和通向建筑物的公共交通网络,推广全球定位系统,提供快捷、便利、舒适的交通服务;加强城市交通智能管理系统建设,实行现代化、智能化、科学化管理;建设现代物流信息系统,减少各种运输工具的空驶率,提高运输效率。我国需要大力发展车辆呼叫系统。当前需要发展"的士"等车辆呼叫系统,减少其空跑造成的浪费。到 2003 年 8 月,日本安装导航系统的乘用车突破 1359 万辆,占乘用车保有辆数的 25%。③ 据报道,上海"的士"每天空驶里程累计 645 万公里。每辆出租车每天大约空驶 150 公里,按照每行驶百公里耗油 10 升来计算,每天白白消耗 15 升油,全市 4.3 万辆出租车浪费 64.5万升汽油④;如果从全国来算,则数值更大。

（二）注意运输体系的相互配合

运输体系中的各种运输方式均有各自的经济和功能特性,铁路、公路、水路、空

---

① 参见金鑫、徐晓萍:《中国问题报告》,北京:中国社会科学出版社,2004 年版,第 266 页。

② 参见傅洋:《北京人上班平均距离:19.3 公里,平均通勤时间:43 分钟》,载《北京晚报》2006 年9 月 21 日。

③ 参见魏全平等:《日本的循环经济》,上海:上海人民出版社,2006 年版,第 152 页。

④ 参见王泠一主编:《节约型社会中的上海智慧》,北京:社会科学文献出版社,2006 年版,第 364页。

运、管道运输既有竞争性,又有互补性。图15-1和图15-2所示的运输方式的经济特性包括:对于长距离、低价值、不急需的大宗货物,适宜采用水路或铁路运输;高价值、紧急使用的货物适合航空运输或者集装箱运输;短途货物适合公路运输;大量的液体、气体应开发管道运输。那瓦利(2005)认为中国应该通过加大投资铁路基础设施和新一代列车,可以扭转城市列车和货物相对市场份额下降的趋势。通过各种运输方式的协调,发挥其各自最大的经济效益,降低社会的流通成本。

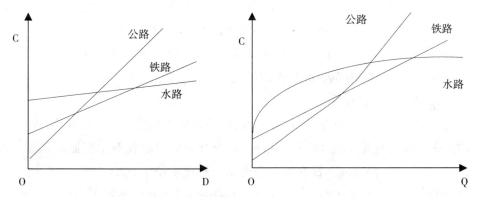

图15-1　各种运输距离与运输成本的关系　图15-2　各种运输量与运输成本的关系

资料来源:李永生、黄君麟主编:《运输经济学》,北京:机械工业出版社,2004年版,第20页。

注:C为运输成本,D为运输距离,Q为运输量。

我国交通运输费用占GDP的比重高于一般的发达国家。如日本处于我国目前GDP水平(1.4万亿美元)时,全部货运仅为我国的38%,货运周转量不到我国的9%。我国目前的分工式空间布局,使得铁路货运周转量在全部货运量中超过50%。一些发达国家的城市客流量50%—60%由公共运输交通承担,东京达到90%;而我国城市公共交通承载的客流量不足10%,北京也不足1/3。到2020年,我国汽车年产量将达到2000万辆左右,保有量超过1.3亿辆,将烧掉全国石油总消耗量的60%。因此,要选择合适的交通运输方式,发挥水运、铁路、公共交通等比较优势,加强多种交通运输方式的协调和衔接。[①]

当前的城市需要优先发展公共交通,加强多种交通运输方式的协调,强化交通运输管理,抑制私人机动交通工具对城市交通资源的过度使用,提高交通运输系统效率。

(三)加快物流业发展

物流业作为国内的新兴行业,实际上是一个名副其实的微利行业。有调查数

---

① 参见周宏春:《建设节约型社会实现可持续发展》,载《天津日报》2005年10月24日。

据显示,该行业毛利只有4%—5%,税后纯利只有1%—2%。业内人士分析,物流企业开展的业务既有运输业务又有仓储业务。现行税收制度规定,交通运输业按3%的税率缴纳营业税,仓储业按5%缴纳,这样严重影响了物流企业的一体化运作。物流企业一直呼吁将营业税税率统一为3%。而且,由于现代物流企业发生大量业务外包,物流企业要支付给其他如运输企业和仓储企业较大比例的费用,只能赚取差价收入。在运输环节可以扣除外包收入后纳税,但在占营业额15%—20%的仓储环节不能扣除,这样就导致了重复纳税。物流企业建议,在规范市场准入的基础上,比照旅游和联运业,对营业税税基实行扣除外包营业收入后计税的原则。①　为加快物流业发展,我们建议《税法》能够进一步扩大抵扣范围,因为目前的增值税抵扣上还仅限于运输业发票,仓储业(服务业)发票还不能抵扣增值税。要使得仓储业(服务业)发票也能抵扣增值税。

(四)加强收费道路管理

我国的收费站过多过滥,工作效率低,收费站堵车现象严重,影响了车辆通行和物流业发展。为此要减少收费站数量,对有必要保留的收费站要促使其改善服务,建立自动化收费系统。日本的收费道路自动化系统于2001年投入运行,由于收费站的天线和装有ETC(Electronic Toll Collection)的收费站不用停车就能缴费,这样的收费系统的处理能力是原来人工收费系统的2—4倍,从而可以大量减少收费站堵车现象,也能够降低对收费站周边环境的影响。②　我国道路交通发展很快,收费站太多,建立自动化系统是很好的节约办法。

(五)打破交通运输行业的垄断

多种运输方式的条条管理致使基础设施网络建设出现冲突,大部分港口资源垄断在港务集团手中,阻碍其他成分进入。为此需要预测综合运输总量,形成统一的综合运输体系的整体规划,打破铁路行业垄断。取消物流企业在不同地方的市场准入的重复审批及重复征税,加快物流链条的区域化发展。

(六)改进交通工具

我国部分运输车辆技术水平不高,速度和安全都得不到很好的保障,需要改进交通工具。还可以建造地铁车辆,采用能源利用率更好的变流器,这是满足车辆需求,有效加大环保力度的一条捷径。

(七)强制使用标准燃油

要加大机动车燃油标准实施力度,大力开发节能环保型汽车,加快发展煤炭液化、醇类、生物质燃料等替代能源。出台政策给企业一定支持,使节油落到实处。

---

① 　参见王春华:《政策调整逐渐消除现代物流发展瓶颈》,载《中国改革报》2006年6月23日。
② 　参见魏全平等:《日本的循环经济》,上海:上海人民出版社,2006年版,第152—153页。

第五节　节约型服务业体系

与工业、农业不同,服务业一般是指生产服务产品的各行业总称。[①] 服务业涉及领域宽泛、部门构成庞杂、异质性很强。随着社会经济发展,服务业占 GDP 比重逐渐提高,已成为推动国民经济增长的主要力量,因此建设节约型社会离不开服务业的节约化发展。在这里,节约型服务业体系主要包括节约型生活服务体系和节约型生产服务体系。

一、节约型生活服务体系

生活服务业是指为居民和单位提供最终服务产品的服务行业总和。在实践中,尽管生活服务业很难从服务业体系中进行清晰剥离,但从主要需求对象上看,生活服务业通常包括餐饮、住宿、医疗、保健、休闲、交通、物业管理、安全保卫等行业,这些行业与人们生活密切相关。

(一)节约型生活服务体系的内涵及特征

节约型生活服务体系是指有利于节约资源,满足人民群众对最终服务产品的质量需求和数量需求的生活服务体系。

节约型生活服务体系的主要特征有:主动克服资源浪费的制度、机制比较完善;最终服务产品供给数量比较充足;最终服务产品供给质量明显提高;服务产品的市场竞争有序进行;生活服务配套设施比较完善。

(二)节约型生活服务体系的节约作用

(1)节约居民消费开支。交通、休闲、医疗、住宿、购物、信息等生活服务体系便利了,居民出行的费用会降低,这是显而易见的。随着收入的提高,居民外出旅游、购物等活动增多,建立节约型生活服务体系的作用会日渐明显。

(2)节约城市运行成本。居民生活服务体系完善之后,有利于居民、单位处理各项事务,交易成本大大降低。在一个信息发达的城市,没有多少企业因为信息不畅通失去商机;得到某处拥挤的消息后,没有多少车辆继续跑到拥挤的路口;等等。这些都是有利于节约的。

(3)节约农村居民的服务支出。在地域广阔的农村地区建设生活服务体系能够减少农民外出购物、维修电器、就医、理财的成本,有利于提高农村的生活水平。

[①] 服务产品理论由中国第三产业专家李江帆教授率先提出,是指服务劳动者生产的一种非实物形态的劳动成果,与实物产品一起构成社会总产品,具体详见李江帆:《第三产业经济学》,广州:广东人民出版社,1990 年版。

（三）建设节约型生活服务体系的途径

从目前来看，建设节约型生活服务体系要从以下几个方面着手。

（1）成立领导机构，规划生活服务体系建设。由当地政府办公厅牵头，各个相关部门参加，成立一个节约型生活服务体系建设领导小组。这个领导小组的主要职责是协调各个单位和行业，处理生活服务体系不健全、不便捷的问题。要对当地生活服务体系建设进行规划，注重本区域的商店、医院、酒店、影剧院、健身设施的有无及多少，对于图书馆这种设施可以考虑共享，节约成本，提高图书音像资料的使用效率。

（2）成立宣传督促小组，听取民间意见。宣传督促小组利用密切联系群众的优势，向社区居民、单位宣传介绍实现节约的知识和方法，让广大群众掌握并实践。听取民间关于建设节约型生活服务体系的意见、建议和要求，供政府参考。

（3）严格限制使用一次性用品。目前各类商店、酒店、旅行社、医院的一次性用品太多，一次性用品使用频繁，废弃频率很高，浪费很严重。为此，建议采取征收重税的方法限制生产与使用，以有利于节约资源，造就居民良好的消费习惯。

（4）打破售后服务垄断。目前有些产品——如汽车的售后服务是垄断的，垄断服务价格高出市场价格许多，给居民造成了许多浪费，也带来了诸多不便，必须扭转这种局面。

（5）加快社区"一站式"服务建设。陕西省的社区服务已基本涉及居民生活的各个方面，"爱心超市"、"慈善超市"等社区服务方式不断创建，"一厅式"、"一站式"服务不断推广，信息技术逐步应用于社区服务。截至 2007 年年底，全省共有城市社区 1581 个，已有 821 个社区建立起了"一部三室三站"，即党支部办公室、居委会办公室、警务室、图书室、最低生活保障和劳动社会保障工作站、计生卫生服务站、文体活动指导站、户外健身活动场。[①] 其他地区可根据自身情况设置。

（6）探索建立绿城生活园区服务体系。绿城生活园区服务体系是一套以人的身体、精神需求为出发点的综合、全面的服务体系。该体系包含健康服务系统、文化教育服务系统及生活服务系统。其中，健康服务系统包括健康保健类服务，如专业健康护理类服务、康复类服务、健康教育类服务、养生保健类服务等，另外还有园区门诊、紧急救助类服务，以及医疗绿色通道服务；文化教育服务系统主要针对老年人与儿童等弱势群体，如园区老年文化教育服务、老年兴趣爱好发展服务，园区儿童文化教育服务，以及儿童课外教育服务系统；生活服务系统则包括社区饮食服务、运动服务、休闲娱乐服务、居家及购物服务、出行服务、管家服务、园区商务以及

---

① 参见林琳：《社区服务体系建设：让生活更方便更舒心》，载《陕西日报》2008 年 2 月 22 日。

园区论坛等。①

二、节约型生产服务体系

生产服务体系是指为第一、二、三产业的实物生产和服务生产提供中间服务产品的行业系统。服务业中提供生产服务较多的行业主要包括农林牧渔服务业、货物运输业、仓储业、电信业、金融业、保险业、商业、饮食业、旅馆业。从发展的角度来看,物流、会展、信息、咨询、科研、设计、广告、包装、专业服务等行业提供生产服务的特点将越来越突出。

(一)节约型生产服务体系的内涵及特征

服务业生产的服务产品(非实物劳动成果)由满足生产性需要的中间服务产品和满足生活性需要的最终服务产品构成。从内涵看,生产服务体系是指为三次产业的实物生产和服务生产过程提供中间服务投入的部门总称。随着专业化、社会化和信息化程度的提高,农业生产、工业生产和服务业生产,往往都需要外购服务作为生产要素投入本行业的生产过程,这些外购服务就是中间服务产品,即生产服务。生产服务不仅包括为农业、工业生产服务的服务产品,也包括为服务业生产服务的服务产品。服务业为农业生产提供的服务产品可以称为农业生产服务,为工业生产提供服务可以称为工业生产服务,为服务业本身生产提供的服务,则可以称为服务业生产服务。它的特征包括知识密集、空间可分和集聚经济等方面。②

生产服务业随着企业竞争的加剧、产业结构的演进和城市功能的提升而发展,在现代经济发展中发挥着越来越重要的作用。生产服务业的发展不仅降低了生产成本,提高了生产效率,支撑着经济增长,而且还有效地促进了产业结构升级和城市功能的提升,已成为许多国家重点发展的产业体系。

(二)节约型生产服务体系的节约作用

为具体贯彻落实科学发展观,遵循发展循环经济的要求,不断提高生产服务供给水平,促进生产服务需求对建设节约型社会具有重大作用。主要有以下几个方面。

(1)与农业、工业对自然资源的高度依赖和直接消耗不同,服务业对自然资源的依赖程度和消耗程度都很低,尤其是知识和技术密集型的现代生产服务业。因此,提高生产服务业在国民经济中的产值比重,扩展生产服务业在经济社会中的渗透力和辐射力,实质上是实现由粗放式经济增长向集约式经济增长转变的一条重

---

① 参见方张接:《绿城生活园区服务体系获殊荣》,载《杭州日报》2007 年 9 月 13 日。
② 参见高春亮:《文献综述:生产者服务业概念、特征与区位》,载《上海经济研究》2005 年第 11 期。

要途径,可有效缓解经济社会发展与资源环境的矛盾。

(2)专业化分工的细化、深化有利于制造业与生产服务业的融合发展,这意味着制造业由大量消耗能源、造成环境污染日趋严重的粗放型发展方式,向依靠效率提升和充分发挥知识资本、人力资本等新型资本作用的集约型发展方式转换;由过分依赖外部力量的外源型发展方式,向主要依靠自主力量的内源型发展方式转变。不仅有益于制造业的交易成本降低、生产效率提高、竞争力跃升、产值增加,而且有利于生产服务业的技术创新与发展壮大,从而极大地增进国民经济的发展质量。

(3)生产服务业生产的中间服务产品在农业研发、采购、储存、运营、销售、售后服务等产业链上的拓展与延伸,极大地促进了新技术、新工艺流程、新管理方式方法在农业生产过程中的广泛应用。这不仅对于提高农业资源配置效率、降低社会交易成本、增大农业生产附加值有着重要影响,而且对于生产服务业开拓广大农业市场、进行产品开发与质量提升也是极为有利的。

(三)建设节约型生产服务体系的途径

为切实加快节约型生产服务业又好又快地发展,可在以下几个方面重点加强。

(1)扩大中间服务产品需求。区域中心城市要提高制造业集群度,促进制造业生产投入服务化。健全相关政策,积极鼓励制造企业通过服务外置化和分工水平化的外循环发展途径来提高生产效率和核心竞争力,加大制造业活动以制造为中心向服务为中心的转变力度,实现潜在需求总量转化为现实需求总量。

构筑服务业集群化的基础环境,增大服务业生产对服务产品投入的需求,让更多的信息、知识、金融等高等级服务产品进入服务业生产的投入需求范畴,实现中间服务产品的现实需求增长。

提高农业生产对服务产品投入的需求。促进农业现代化、产业化、组织化经营,实现小农生产的传统模式向组织生产的现代模式转变,培育壮大新型农业生产经济合作组织,有效配置内部资源,提升分工合作效率和收益,合理分配农业经济剩余,刺激农业产前、产中、产后对服务性生产要素投入的需求增长。

(2)增强生产服务业供给。以 WTO 和 CEPA(更紧密的经贸安排)为契机,降低生产服务业市场准入门槛,赋予非国有经济主体统一的国民待遇。清除生产服务业在投融资、财税、土地使用和对外贸易等方面的不平等性政策,激发生产服务企业活力。打破生产服务业的国有垄断地位,引入竞争机制,支持非国有经济参与金融、保险、电信等行业的改革。

支持商业金融信贷资金投入生产服务业,鼓励符合条件的生产服务企业通过股票上市、债券发行、基金投资、资产重组、股权置换等方式进入资本市场融资。加快生产服务业利用外资的步伐,引导外资投向亟待发展的知识密集型和技术密集型新兴生产服务业。建立生产服务业发展的专项引导资金,支持重点行业,发展主导行业。

发挥教育作用,提高劳动力素质,培养基础专业知识扎实、科研创新能力较强的高级服务业人才,大力扶持职业技术教育,培养一大批动手能力强、操作能力突出的中级服务业人才,实施优惠政策,多渠道、多形式吸引海外优秀专业人才。加大社会基础设施投入,完善生产服务业发展的外部环境,尤其要加强法律环境、管理环境、交通环境、市场环境、人文环境等方面的建设,建立现代化网络体系,确保生产服务业经营活动的顺利开展。

(3)提升生产服务业的现代化水平。改造传统生产服务业,增加信息技术、传输技术等投资份额。改革传统生产组织方式,推动新技术应用和组织技能专业化,实现经营方式的转变。加大传统生产服务业的整合和重组力度,优化资源配置。

发展现代生产服务业,及时把握世界服务业信息化的发展方向,以市场为导向,以信息技术应用为基础,以信息资源研发为中心,以制度创新和技术创新为动力,大力发展电子商务、电子政务和各类网络化生产服务业。

推进生产服务业标准化,大力推广和实施国际标准组织体系,利用信息技术供给"批量定制"的标准化的生产性服务产品。加强生产服务业自律制度建设,发挥行业协会在制定技术标准、行业标准、协调服务、社会监督等方面的作用,强化经济活动监督。

(4)提高生产服务业的国际化水平。积极引进外资,承接国际服务资本转移。大力引导外资投入现代生产服务业,鼓励知名跨国公司在中心城市建立地区总部、研发机构、办事机构等。支持生产服务企业开拓国际市场,为三大产业生产提供社会化、专业化服务。

主动承接国际服务外包项目,有条件的生产服务企业应以全球视野来确定发展战略和竞争策略,提高国际竞争力。密切关注当今跨国企业服务生产链条延伸和分立的新趋势,收集相关信息,主动承接服务外包项目。

加强与跨国公司合作,支持生产服务企业与国外优势服务企业展开多层次、全方位合作,学习吸收先进的生产理念和管理模式。鼓励生产服务企业走出国门,与国际服务企业组建战略联盟,借助国际服务企业的品牌和营销网络,开拓国外市场。扶持对外贸易量较大的生产服务企业直接在境外设立采购中心、分销中心、物流中心和金融服务中心,塑造国际化品牌。

第十六章

节约型社会的资源管理系统

节约型社会是一个庞大的系统,建设节约型社会需要运用系统思维进行资源管理。本章从探索系统思想的渊源开始,探讨包括资源的发展战略、探测、开采开发、加工、运输、使用监测、消耗预警和调节管理系统。这八大资源管理系统是实现国民经济节约的控制系统,建成这八大系统就能对节约型社会进行全面、系统、有效的管理。节约型社会八大资源管理系统的有效运转将对建设节约型社会起到重大推动作用。

第一节 节约型社会资源管理系统的内涵

一切节约归根到底都是资源的节约,建设节约型社会的管理系统当然是资源管理系统。本节首先探索系统思想的渊源,在此基础上,再进一步分析节约型社会资源管理系统的内涵。

一、系统思想的渊源

系统思想源远流长,中华民族是一个富有系统思维的民族。从《易经》、《老子》、《孙子兵法》、《黄帝内经》等传统文化经典,到现代的毛泽东思想都强调用整体的、有机联系的、协调有序的、动态的观点去观察和思考问题。西方著名系统理论家普利高津、哈肯、托姆等,都对中国古代文明的系统思想赞赏有加。在西方世界,信息学、控制学、运筹学、系统工程等系统科学思想的渊源也是很长的,信息学的渊源应追溯到 19 世纪发明电报和电话的时代,控制学的渊源应追溯到瓦特发明蒸汽机的时代。

作为一门科学的系统论,人们公认是美籍奥地利人、理论生物学家 L. V. 贝塔朗菲创立的,他是最早使用系统科学这个概念的学者之一。他在 1952 年发表"抗体系统论",提出了系统论的思想。系统论是研究系统的一般模式、结构和规律的学问,它研究各种系统的共同特征,用数学方法定量地描述其功能,寻求并确立适用于一切系统的原理、原则和数学模型,是具有逻辑和数学性质的一门新兴科学。

自 1968 年 L. V. 贝塔朗菲出版的专著《一般系统理论基础、发展和应用》确立了其学科地位以来，现代系统论改变了着眼局部、遵循单项因果决定论的分析方法的统治地位，实现了人类思维方式的深刻变化，被喻为"当代的思想范式"，迅速应用到各学科并产生了重大的影响。[1]

　　在系统科学的庞大体系中，不同学科由于研究范围和重点的不同，常给出不同的系统的定义。在技术科学层面上，通常采用钱学森的定义：系统是由相互制约的各部分组成的具有一定观念的整体。在基础科学层面上，通常采用贝塔朗菲的定义：系统是相互联系、相互作用的诸元素的综合体。[2] 本书采用的是贝塔朗菲的定义，强调元素之间的相互作用以及系统对元素的整体作用。

二、节约型社会管理系统的内涵

　　建设节约型社会必须从系统的角度对社会进行管理。2004 年 11 月 1 日，中国国家主席胡锦涛在亚太生态组织会议上发表演说指出："要在资源的开采、加工、运输、消费等环节，建立全过程和全面节约的管理制度。"[3]节约型社会的实质是按照节约原则，对经济社会发展的全过程进行节约管理，实现资源合理使用和充分利用，促进经济社会又好又快地发展的社会。

　　节约型社会的管理系统是指为了实现节约，运用系统科学，对社会进行管理的过程。节约型社会的管理是一个大系统，它包括互相联系、相互作用的若干子系统。具体来说，它主要包括资源的发展战略、探测、开采开发、加工、运输、使用监测、消耗预警和调节管理系统。其中，发展战略管理系统是根据国民经济和社会发展需要及我国和世界资源状况制定资源发展战略的系统；探测管理系统是对现存资源总量进行科学摸底，探明实有存量，为资源长远开采制定科学合理规划提供依据的系统；开采开发系统是对资源开采制定科学的中长期规划并依据规划，以最低成本、最大效益进行资源开采的系统；加工管理系统是采用先进加工技术，以最低加工成本、最高综合利用率加工资源的系统；运输管理系统是以最低的运输成本、最低的运输损耗、最快捷的运输方式运送货物的运输组织和管理网络的系统；资源使用监测管理系统是依据事先制定的标准对国民经济各部门、各单位使用资源的数量进行日常监督、测算和反馈的系统；消耗预警管理系统是由资源储量、价格、供给、需求、运输、消耗和环境污染等信号组成的能全方位、多层次、全天候预警资源

---

　　① 参见林智明：《法院司法能力之系统分析》，法律图书馆，http://www.law-lib.com/lw/lw_view.asp?no=6681。

　　② 参见苗东升：《系统科学精要（第 2 版）》，北京：中国人民大学出版社，2006 年版，第 20 页。

　　③ 红韬等：《徐匡迪：优化产业结构降低消耗　共建节约型社会》，人民网 2005 年 7 月 5 日，http://theory.people.com.cn/GB/40557/50412/50413/3518677.html。

消耗程度的系统;调节管理系统是根据国内外资源市场行情变化制定资源结构调节余缺的系统。它们是相互联系、相互补充、相互制约的有机调控系统。

从系统论的观点来看,要实现资源节约,不仅要管理好每个子系统,而且要协调好它们之间的关系。

第二节　资源发展战略管理系统

资源发展战略是经济社会发展战略的重要基础,经济发展与社会进步都必须消耗资源。资源发展战略管理系统是适应经济全球化条件下,利用国内和国际两种资源满足我国经济社会可持续发展对资源需求的具有全局性和长远性的管理系统。

一、资源发展战略管理系统的内涵

资源发展战略管理系统主要是从全球的角度出发,按照可持续发展要求谋划我国资源战略的组织机构,这一机构应由国土资源部牵头,主要应由研究世界资源的专家学者和从事外贸工作的人员组成。建立这一系统,就是为了从战略和全局的高度谋划我国资源发展与经济社会发展的需求相适应,促使资源满足经济社会发展需要。这一系统的主要任务是根据经济社会发展规划所要求的资源配备和国内外市场资源供求情况制定资源规划,资源规划必须符合国家同期经济社会发展规划,也必须以现有的资源供给能力为基础。必要的时候,还需要根据资源的客观情况修订国家经济社会发展规划。

对于具有军事战略价值的矿产品,如稀土、钼等要实行国家统一管理,避免地方政府以招商引资的形式与外国合作开采,以免造成意外的后果。提出这一问题是有根据的,报载:锦州市通过招商引资,引进沈阳大班矿业有限公司与日本桑尼克株式会社合资生产的钼铁项目在锦州市凌南新区建立联合钼矿开发基地,年产1000 吨,产值 7 亿元,有望成为锦州有史以来最大的纳税企业,对锦州开采业有带头示范作用,以及提供国际先进的开采技术。[1] 然而,钼矿是军事重矿,中国仅有两处大量出这种矿,枪炮内膛,发动机核心,核武器制造等都离不开它,这种矿产关乎国家安全,让外国企业参与开采显然是不合适的。

二、资源发展战略管理系统的节约功能

这一系统的任务是从纵向和横向两个方面管理资源,使资源得以充分利用、合

---

[1]　参见《中日合资钼铁项目落户锦州凌南新区》,东北科技创业网 2006 年 10 月 10 日,http://www.neweb.cn/jz/main/shownews.jsp?id=2787。

理使用、避免浪费、实现节约。从纵向来看,古人说,不谋万世者,不足谋一时。因此,要对我国未来5年、10年乃至50年或者更长时期内人口及其对资源的需求做出预测,对存在的问题提出解决办法,尤其是提出危机应急预案。从横向来看,古人说,不谋全局者,不足谋一域。要全面把握我国经济社会发展所需各种资源的数量,以及来源、储备等,必须将我国的资源状况置于全球范围内系统考虑。因此,应由国土资源部牵头,组成一个由多学科专家参与的"在全球格局内中国未来100年资源预测及管理"课题组,进行专门研究,以对世界范围内我国未来不同阶段资源的短缺情况和解决办法胸中有数,未雨绸缪。

三、如何发挥资源发展战略管理系统的节约作用

发挥资源战略管理系统的作用需要做到以下五点。

(1)挑选精兵良将。应从有关科研院所、高等院校选拔一批懂业务,有实际工作能力的专家学者组成管理机构。这个管理机构应隶属国土资源部,该机构的主要职责是,通过科学的预测和全面了解科技发展变化的趋势,对资源供求作出科学判断。制定资源发展的中长期规划,为国家进行资源发展战略管理提供依据。

(2)充分运用信息技术进行资源管理。利用信息化手段,在重点矿区和重点矿产加工企业进行监测,便于准确掌握数据和使用状况;在必要的时期,要根据世界资源供求状况,调整我国资源开发部署,使之适合供求情况的变化。

(3)统计、外经贸部门给予数据支持。做好战略管理离不开翔实、全面的数据,为此需要国家统计局、国家发展和改革委员会、商务部等单位在数据等方面给予大力支持。

(4)开展充分的研究。如何制定资源发展战略,需要群策群力,吸收各方面的智慧,需要不同的研究机构和部门对不同资源情况进行专门研究,因此,国家自然科学基金和社会科学基金都要设置资源战略管理课题,充分进行研究。

(5)加快专门人才的培养。资源战略管理是一项新工作,责任重大,需要有专门人才从事这一工作。目前只能挑选精兵强将,今后要专门培养。为此,有关大专院校有必要在能源类专业的基础上开设资源管理学专业,专门研究资源战略管理问题。

第三节　资源探测管理系统

资源探测是资源开采开发的基础工作,建立资源探测管理系统是为了摸清资源家底,作为统筹我国资源开采、加工、综合利用工作的依据。

一、资源探测管理系统的内涵

这是对我国现存资源总量进行科学摸底,探明实有储量,为资源开采制定合理规划提供依据的系统。它需要由国土资源部牵头,集中地质勘探、化工、水利等方面的专家学者和技术人员组成团队,负责资源探测,了解我国资源储藏情况,作出开采和使用计划,避免盲目开采。

二、资源探测管理系统的节约功能

资源探测管理系统的主要功能是摸清资源存储情况,准确地探测资源的储量、质量、结构和分布,为制定资源合理开采规划服务。制定合理的开采规划就能够防止盲目开采或者盲目进口资源,避免造成资源的浪费。根据我国情况,建立这一系统十分必要。例如,我国有色金属矿产资源的储量结构"三多三少"的现状令人担忧:一是储量及基础储量少,资源量多。在查明的资源储量中,储量占18.9%,基础储量占36.3%,资源量占63.7%;二是经济可利用的资源储量少,经济利用差或无法确定的资源储量多。经济可利用的占1/3,经济利用差和无法确定的占2/3;三是探明的资源储量少,控制和推断的资源储量多。达到探明程度的仅占10.6%,控制的占43.6%,而推断的占45.8%。[①]

三、如何发挥资源探测管理系统的节约作用

要发挥资源探测管理系统的作用,需要在以下几个方面努力。

(1)组成高水平、多学科的专家队伍。这是确保资源探测结果可靠性、准确性的有力保证,这一步骤是有效实施开采管理的前提。高水平的专家队伍应该是多学科的专家,参与者既要有较高的专业理论水平,又要有实际工作经验。

(2)制定科学的探测规划。长期以来,我国政府一直比较重视资源勘探工作,不少资源的储量已经探明,但是,由于探测手段的局限,有的资源的探测不一定准确,不少地下资源尚未探明。在资源日益紧张的形势下,需要地质勘探部门作出科学的探测规划,对过去探而不明和尚未探明的资源重点进行探测,特别对多种资源混合矿种进行分辨,为有效开采、综合利用打下基础。

(3)充分运用信息化手段。利用高精度的信息化手段勘探资源状况是信息时代的新特点,运用卫星遥感技术探测资源具有准确度高、节约时间等特点,我国已经具备了这一方面的技术条件,应该在资源探测中充分运用。

---

① 参见周国宝:《中国有色金属矿产资源现状和矿业可持续发展的建议》,载《中国金属通报》2005年第35期。

（4）不断加大科学技术的投资。要准确地探明地质资源，一定要运用现代最先进的科技手段。美国泉之源地质资源探测系统有限公司的地质探测方式是以电磁感应（Electromagnetic Induction）为学科基础，对地下50米到500米的地质进行调查，接着使用高级扫描检查技术来分析，不但明显提升地质资源开采的效率与成功率，同时大幅度地降低成本。使用该技术能勘探到水资源、金属矿产、其他种类的矿产、石油天然气等物质。要提高探测的准确性和科学性，我们也需要在引进和制造先进设备上花费财力和精力。

（5）加强对资源信息的管理。探明"家底"的目的是为了更好地对资源进行管理，以便资源根据需要和可能，有计划地开采。这就需要对资源信息进行科学管理。一是要建立详细的资源信息库；二是要建立资源信息有偿使用制度；三是要建立严格的信息保密制度；四是资源信息只能由国家统一管理。

第四节　资源开采开发管理系统

资源的开采开发是资源利用的重要环节，目前我国既有开采过程中的浪费问题，又有开发不足的问题。根据我国资源分布情况和科技水平，建立一套科学的资源开采开发管理系统是十分必要的。

一、资源开采开发管理系统的内涵

这是按照节约的原则对资源开采制定科学的中长期规划，并依据规划，以最低成本、最大效益进行资源开采开发的管理系统。主要应由国家发展和改革委员会、国土资源部牵头，联合中国科学院等研究单位制定规划，增强规划的预见性和可操作性。制定资源开采规划必须坚持规模效益的要求，杜绝没有安全保障的资源开采企业；不审批中小型的资源开采企业；已经批准的中小型开采企业要按照规模效益的要求，进行多种形式的合并、重组、整改，力求达到规模效益和安全生产的要求。[①]

二、资源开采开发管理系统的节约功能

我国能源资源开采过程中的浪费十分严重。内蒙古、陕西、新疆等地的能源开发出现了惊人的浪费现象，主要是数以百亿吨计的资源在挑肥拣瘦的开采过程中

---

① 2006年5月6日网易转载《北京娱乐信报》报道说，国家发展和改革委员会出台煤炭行业结构调整相关政策，"十一五"期间我国将组建5—7个亿吨大型煤炭企业集团，基本完成对小煤矿的整合、改造和重组工作。

被白白扔掉,业内人士痛惜地称这种做法为"猴子吃苹果"——咬一口就扔。资料显示,从1949年到2003年,我国累计产煤约350亿吨,根据专家初步估计,煤炭资源消耗量已超过1000亿吨,扔掉的资源几乎是被利用资源的两倍,数量接近我国目前全部尚未占用的煤炭精查储量,按我国2003年的煤炭消费计算,这些已经浪费掉的煤炭足够我们用38年。① 不仅煤炭是这样,石油等资源的开采也存在类似现象。资源开采管理系统的一个重要功能就是建立资源开采的有效约束机制,减少乃至杜绝这种现象。

充分利用资源也是发挥资源开采开发管理系统功能的一项重要内容。例如,建设梯级水电站是一个很好的办法。报载,广东河源市利用地处东江上游水力资源丰富的优势,积极开发河流梯级水电站,计划2010年前全市实现新增小水电装机15万千瓦以上。截至2006年7月,东江干流河源段9个梯级开发项目前期工作已基本完成,有7个梯级项目已顺利动工建设,共完成投资7.94亿元。其中工程施工进展较快的有龙川县的龙潭、东源县的蓝口、市属的风光枢纽等3个项目。②

保证资源开采企业安全生产也是资源开采管理系统的一项义不容辞的任务。近几年来,我国煤矿开采过程中事故频繁,不少地方造成了大量的人员伤亡,这是无法用经济进行弥补的,需要特别引起重视。凡是出现安全事故的厂矿,在造成人员伤亡的同时,经济上也必然造成巨大的损失。因此,资源开采管理系统必须加强安全管理,用严格的措施保证安全开采。

三、如何发挥资源开采开发管理系统的节约作用

发挥资源开采管理系统的作用,至少要在以下几个方面采取措施。

(1)按照资源探测管理系统提供的数据资料制定开采开发规划。开采开发规划要遵循科学性、可操作性和可持续发展的要求,明确现有资源的开采开发期限,禁止提前开采开发。

(2)征收较高的资源税。目前矿产资源开采开发中的浪费十分严重,一个重要原因是资源税收取标准太低,而且监管不到位。因此,要提高资源税的税率,加强该项税收监管。

(3)加强矿产资源的开采管理。我国矿产资源存在着严重的乱采滥掘现象,不仅造成了资源的严重浪费,而且还会酿成矿难。要加强矿产资源执法力度,严厉打击非法采矿,保障多种伴生矿石及相关资源都能充分利用,不造成损失浪费。

---

① 参见黄铁苗、孙宝强:《"猴子吃苹果现象"必须叫停》,载《南方日报》2005年3月31日。
② 参见张永熙:《开发梯级水电站》,载《广州日报》2006年8月27日。

（4）积极引进吸收和推广新型能源开发技术。前已述及，巴西改变能源困境的主要功臣是燃料乙醇，这是值得我们仿效的。2006 年 1 月 1 日《可再生能源法》正式施行。该法将通过鼓励包括风能、太阳能、水能、生物质能、地热能、海洋能等非化石能源的开发和利用，来改善中国目前的能源结构，增加能源供应，保护环境，实现经济社会的可持续发展。《可再生能源法》的施行，为中国新能源开发带来新的发展契机。2006 年国家发展和改革委下发的《"十一五"十大重点工程实施意见》也明确了节约替代石油为十大节能工程之一。原财政部副部长朱志刚 2006 年 8 月透露说，我国正在拟订生物质能源替代石油的中长期发展目标，根据这个目标，到 2020 年，我国生物燃料生产规模达到 2000 万吨，其中燃料乙醇 1500 万吨、生物柴油 500 万吨。如果进展顺利，到 2020 年，生物燃料的年产量有望进一步提高到 3000 万吨以上，这就能够在 2020 年以前把我国对石油的对外依存度控制在50% 以下。[1]

我国南方纬度、气候与巴西相似，发展能源甘蔗有着得天独厚的自然资源条件，利用甘蔗生产无水乙醇的成本比用其他作物具有明显的优势。除了甘蔗之外，我国能源作物甜高粱的开发利用技术研发也达到相当高的水平，甜高粱已经在黑龙江、山东、新疆、内蒙古和辽宁等省区进行试点种植，目前已形成年产 3 万吨甜高粱茎秆乙醇的生产能力。

（5）积极发展废旧物品回收利用产业。我国废旧物品的回收利用工作大有可为，目前的困境在于，非正规的小型企业不进行环境处理，成本较低；正规的大企业需要做环境保护处理，成本抬高。前者回收废品的价格高于后者，造成正规企业开工不足，小型企业开足马力重新引发环境污染。为此，要严格限制准入条件，促进正规大企业发展，遏制非正规的小型企业重新制造污染。

第五节　资源加工管理系统

资源加工即将原始材料（主要是采掘业的劳动成果）通过物理、化学、生物等技术手段转化成为能够被人类使用的材料的过程。我国在资源加工过程中存在着十分严重的浪费，其中既有技术落后的因素，又有管理手段不够成熟的原因。

一、资源加工管理系统的内涵

这是采用先进加工技术，以最低加工成本、最高综合利用率加工资源的管理系

---

① 参见郑直：《生物能源成石油时代的搅局者》，中国经济网 2007 年 5 月 20 日，http://www.ce.cn/cysc/ny/xny/200705/20/t20070520_11419542.shtml。

统。主要应由国家发展和改革委员会、科技部等部门联合对全国资源加工企业设备进行摸底调查,逐步淘汰落后的、造成浪费的设备;同时根据新形势、新要求,制定新的资源加工标准,给予使用先进设备的企业一定的技术改造补贴,鼓励设备落后的企业更新设备。

二、资源加工管理系统的节约功能

资源加工管理环节是将资源转化为可直接利用物质的必经环节,我国资源利用效率不高,加工环节的浪费是一个重要原因。因此,资源加工管理系统要从资源进入生产加工过程开始发生作用,加工过程务必精益求精,产出优质产品。其节约功能主要表现在六个方面:一是杜绝不合格原材料进入加工系统。现代化的生产设备是比较精密的,不合格的原材料进入其中可能引起生产事故,造成浪费。二是最大限度地进行资源深加工。资源进入加工系统,通过物理、化学、生物等作用转化为产品,这一过程是利用资源的核心过程,是发掘节约潜力重点之所在。资源加工管理系统主要在这一环节实现节约,要注意各种资源的优化组合和比例关系。三是发现资源的多种不同用途。很多资源具有多种使用价值,特别是矿产资源,不少矿石除含有一种主要矿物质外,还含有许多其他共生或伴生的物质,在加工过程中都要充分发挥其用途。四是尽量少地产生和排放废物。资源在加工过程中要产生部分废弃物,废弃物要占据空间,有的还对环境等产生不利影响。资源加工管理系统能够减少这些废弃物的排放,尽量减少和避免污染,从而减少资金的浪费。五是加工能力的配套。上一道工序与下一道工序之间的加工能力必须匹配,否则就会造成浪费。如加工蔗糖的工序一天可产生100吨废渣,那么,利用废渣造纸的加工能力就不要超过100吨。六是注意废弃物的重新利用。对废弃物可以通过各种手段重新利用,循环利用,以实现资源的充分合理使用,即节约。

三、如何发挥资源加工管理系统的节约作用

发挥资源加工管理系统的作用,需要管理部门和企业的共同努力,要在以下几个方面采取措施。

(1)管理部门制定政策措施,规定企业实现加工环节的节约。制定单位产品的能耗、物耗标准,对于特大型加工企业,要实行鼓励政策,鼓励企业采用先进的加工设备,安装污染处理系统或者实施排污权转让。对于不能达标的企业要限制生产数量乃至清理整顿。

(2)企业要把节能降耗、清洁、增效作为生产的中心环节。企业管理人员和员工要不断提高这些意识,不同的加工企业要根据各自生产的特点,制定节能、降耗、清洁、增效的标准,提出指标,像邯钢当年降低成本一样,将这些指标分解到每一个

工厂、车间、科室以及个人。

（3）运用信息化手段监测资源加工过程。大型资源加工企业都安装信息化设施，可以实时地向相关部门上报资源加工情况，有关部门也能够及时了解情况，作出必要的指示。

（4）高度重视资源的循环利用。通过发展循环经济实现资源节约是加工过程的重要内容。对此本书第十八章有专门论述，在此不拟展开。

（5）加强企业节约文化建设。实践证明，只有实现企业文化管人，才能管住人的灵魂，这也是企业文化的魅力所在。为此，企业要将节约文化作为企业文化建设的主要内容。要将节约理念深入人心，落实到行动上。

第六节　资源运输管理系统

运输业的发展要提高运输的生产效率，加速商品的流通，提高生产效率和生产速度。运输业进入了"建立综合运输体系"的阶段，成为社会和经济发展的重要桥梁和基础。资源运输是运输的一个重要组成部分，以煤炭为例：铁路部门对煤炭等重点物资实行运力倾斜，2005 年铁路安排 203 条跨局煤炭直达列车，同比增加 74 条，增长 57.4%，是历年来增幅最大的。2005 年全国铁路煤炭运量达到 12.85 亿吨，比上年增加 1.17 亿吨，增长 10%，比全国铁路货物运量增幅高 2 个百分点。[①]其他资源的运输量虽不及煤炭，但数量不可轻视。

一、资源运输管理系统的内涵

节约型社会的运输管理系统是以最低的运输成本、最低的运输损耗、最快捷的运输方式运送货物的运输组织和管理网络的系统。应由国家交通部牵头，整合铁道部等单位的力量，由交通运输类行业协会负责对全国运输企业（含个体户）的运输工具、管道等设备进行协调，克服运输过程的浪费，实现节约最大化的运输管理系统。

二、资源运输管理系统的节约功能

资源运输管理系统的节约功能有三个：一是节约资源运输费用，减少资金消耗。采用合理的运输工具、选择便捷的运输线路不仅能够降低运费，而且能够缩短运输时间。二是减少运输过程中物品的损耗，减少不必要的损失。这在电力能源

---

① 参见《2005 年我国煤炭运输的特点及总体形势》，煤炭网 2006 年 3 月 23 日，http://www.coal.com.cn/CoalNews/ArticleDisplay_119268.html。

中的作用相当明显,就目前的输电线路而言,25%的电能在输送过程中被白白浪费掉。如果能够实现超导体电线输送电力,可以减少难以计算的损失。三是节约运输过程中的时间消耗,提高运输效率。目前我国有不少运输工具是空载的,有的运输工具是"相向运输"、"交错运输"、"迂回运输",有的运输工具是重复运输,有的运输工具是超限运输。这些都必然造成浪费。①

三、如何发挥资源运输管理系统的节约作用

需要在以下几个方面采取措施。

(1)科学规划资源运输网络。经过多年的发展,现代运输体系由水运、铁路、公路、管道、航空手段组成。交通网络建设是资源运输管理系统的基础,要根据全国资源储存、加工和销售的分布情况,打造一个资源运输网络体系,在此基础上规划交通线路。

(2)充分发挥现代物流业的作用。选择便捷的运输工具、线路,减少商品积压,避免野蛮装卸,减少运输过程中的损耗,等等。

(3)实施平安畅通工程。目前一些地区为了保护本地路段,甚至为了掩盖低劣工程的本来面目,禁止部分重型车辆通行,使部分重型车辆绕行,造成了不少浪费。要通过平安畅通工程的建设,确保各地路段畅通,暂时不能畅通的路段要及时公布,避免车辆堵塞,影响运输效率。

(4)搞好电网、煤气、自来水管道改造工程。有条件的地方实施电网高压改造,减少输电线路上的损失。同时严查输电线路的漏电等问题,避免损失和伤亡事故。对于煤气管道、自来水管道等能源运输管道要认真施工,严格监管,发现一处、处理一处,将"跑、冒、滴、漏"等损失浪费降到最低限度。

第七节　资源使用监测管理系统

资源使用监测管理是难度很大的工作,既要资源使用单位的配合,也要管理部门的监管,还需要根据价格变化来分析。建立资源使用监测管理系统可以对资源使用进行实时监测,实现资源的节约。

一、资源使用监测管理系统的内涵

节约型社会的资源使用监测管理系统是依据事先制定的标准对国民经济各部

---

① 参见周宏春、刘燕华等:《循环经济学》,北京:中国发展出版社,2005年版,第153页;黄铁苗主编:《节约经济学》,北京:中国金融出版社,1990年版,第218页。

门、各单位使用能源资源的数量进行日常监督、测算和反馈的系统。这项工作应由国家发展和改革委员会牵头，联合国土资源部、统计局等有关部门负责，并及时把数据资料报送有关部门。根据事先制定的标准监督各单位使用资源的情况，对严重超标者给予警告，责令整改。超过规定的部分由单位和有关责任人共同承担。

要根据能源消耗对使用单位进行分类，以便监督。不少发达国家的做法值得借鉴。例如，日本根据《节约能源法》指定年能源消耗量折合原油 3000 千升以上或耗电 1200 万千瓦时以上的为一类能源管理单位；年能源消耗折合原油 1500 千升以上或耗电 600 万千瓦时以上的为二类能源管理单位。《节约能源法》要求上述单位每年必须减少 1% 的能源消耗。对于一类能源管理单位，《节约能源法》规定其必须建立节能管理机制，任命节能管理负责人，向国家提交节能计划，并定期报告能源的使用情况。[①] 日本的做法很值得我国仿效。我国有的地方，例如广东就已经成立了节能监察中心。

二、资源使用监测系统的节约功能

资源使用监测系统主要是通过企事业单位能耗物耗的实际数据分析我国资源使用状况，对超过标准的行业和部门进行通报。该系统的节约功能主要通过监测和督促来实现。通过监测使各企事业单位对自身资源使用情况有全面的了解，发现存在的浪费问题，随时注意节约资源；通过督促使各企事业单位随时注意节能减排，加强节约；通过披露节约和浪费信息，促进企事业单位节约。价格涨落是反映资源紧缺与否的重要指标，对价格增长过快的资源要特别注意监察，保证节约功能的发挥。

三、如何发挥资源使用监测系统的作用

发挥资源使用监测系统的功效需要在以下几方面努力。

（1）保证数据的真实可靠与可比性，使我国资源消耗能够与国际统计口径相一致，便于比较。由统计部门和研究机构合作提供数据，进行国际比较。

（2）及时通报情况，督促超标者整改。这是保证资源使用监测系统作用的重要手段，要使浪费者有所顾忌，不敢浪费。可以在办公网甚至互联网上公布节约先进单位及负责人以示表扬；同时，公布后进单位及负责人以示批评。

（3）强化节能监管。一些节能监察机构负责人表示，他们是代地方经贸委执

---

① 参见魏全平等:《日本的循环经济》,上海:上海人民出版社,2006 年版,第 187 页。

法,权力有限,如同被捆绑着手脚,根本无法"辗转腾挪"。① 要让"节能警察"真正在执法中硬起来,必须从制度、法律上给予强有力的保障,进一步完善节能法律法规,充实管理力量,完善监督体系,保证"节能警察"有独立的经济来源,赋予其有效的执法权限和执法手段,这样才能真正发挥其监管职能。

(4)建立基于 GPRS 技术的城市水资源监测系统。由于 GPRS 无线通信网络具有永远在线、快速登录、高速传输、按量收费和自由切换等优点,所以该系统目前最有利于解决我国城市水资源短缺和水环境污染严重的问题。在农业中推广基于 GIS 平台的二次开发技术,要设计并推广农业地下潜水资源监测系统。②

第八节　资源消耗预警管理系统

预警(Early-warning)理论最早来源于战争。它是指通过预警飞机、预警雷达、预警卫星等工具来提前发现、分析和判断敌人的进攻信号,并把这种进攻信号的威胁程度报告给指挥部门,以提前采取应对措施。预警系统是应用预警理论和其他数据处理工具、预测模型完成特定预警功能的理论和方法体系。第二次世界大战后,美国将预警理论应用于经济领域,形成了经济预警理论,为美国宏观经济稳健运行提供了有效的决策支持。在我国,对宏观经济监测预警的研究始于 20 世纪 80 年代,国家有关部门建立了"宏观经济动态监测预警体系",学术界也开展了相关的研究。

一、资源消耗预警管理系统的内涵

资源消耗预警,是指对自然和经济社会发展引起的资源消耗问题进行预期性

---

① 1998 年节约能源法颁布实施以来,一些地方陆续设立了节能监察执法机构。这些机构大多是由过去的能源管理监测中心转变而来,难免先天不足。由于经费不足,这些机构不能发挥监管作用,只能向被监管企业提出建议。在山东省潍坊市,对节能监察中心的财政拨款不到其维持日常运营经费的 20%,"节能警察"们连续好几年只拿 60% 的工资。由于经费短缺,2006 年上半年他们只监察了 13 家单位,而在该市,年消耗 5000 吨标煤以上的企业有 193 家。参见邹眉、王海鹰:《是谁让"节能警察"如此尴尬》,载《中国改革报》2006 年 8 月 23 日。

② 2006 年 5 月,山东水资源监测调度动态可视化管理系统在济宁投入使用,该系统使用中国移动 GPRS 技术对水资源数据进行无线采集,通过对水资源各项指标的测量,实现对水资源的统筹调度、预测等功能,从而达到水资源的最优配置,这在全国水利系统属首创。经过公司技术人员与水利研发部门的共同努力,山东移动根据水利系统的点多面广的实际情况,并兼顾水利系统自身的信息化资源,充分发挥移动的技术、网络优势,提供了基于 GPRS、短信平台等移动业务全面解决方案,实现了水资源调度、监测、统计、管理的四大功能。一是对地表和地下水资源进行监测,并通过建立市到县的联网,实现水资源实时监控。二是确保抗洪抢险调度。通过对黄河、大运河水资源情况的及时监控,并进行全国联网,及时提供抗洪抢险业务数据,为政府领导提供决策依据。三是对全市降雨量进行统计。水利局在全市建立了 200 多个监控网点,通过实时信息反馈,动态掌握济宁当地降雨情况,进行对比分析研究。四是加强用水管理。通过对井水等水源的监测,实现水资源合理调配,满足地方经济发展需求。

评价,根据分析结果发出不同的预警信息,以提前发现未来有关资源可能出现的不安全问题及其成因,为制定消除或缓解资源隐患措施提供依据,并判别异常情况。例如,持续的贫水年对大型钢铁企业的开工可能造成严重缺水,发出这一预警信息,相关单位就能早做准备。节约型社会的资源消耗预警管理系统是由资源探测信号、价格信号、供给信号、需求信号、运输信号和环境污染信号等形成的,能全方位、多层次、全天候预警资源消耗程度的系统。应在国土资源部设立一个资源消耗预警机构,其职责是根据资源探测、储藏、价格、供求、运输等信号,随时公布资源的有无、使用年限及消耗情况,为政府部门提供决策依据,为企事业单位提供使用资源的信息。

二、资源消耗预警管理系统的节约功能

发挥资源消耗预警管理系统的功能主要有四个:一是向人们预告不同资源,尤其是战略性资源的储存、开采、加工、运输、供求等情况,使人们对资源情况胸中有数,从而采取相应的策略。二是警示人们注意资源危机,时刻不忘节约资源。三是服务于产业结构调整。根据资源消耗预警系统的资料,及时调整那些资源供给不足的产业,防患于未然。四是服务于国际贸易。根据资源消耗预警系统的数据,确定进出口资源产品的重点,特别是为期货贸易提供翔实的参考资料。

三、如何发挥资源消耗预警管理系统的节约作用

资源消耗预警系统是一个前瞻性很强的系统,需要掌握众多的资料,分析大量的报告,为了能够使这一系统正常运转至少需要做到:

(1)加强信息系统建设。预警系统必须以信息系统为重要支撑,要发挥信息技术优势,建立较为完善的信息网络系统,保证预警结果的及时、准确与前瞻。

(2)加强信息数据库建设研究工作。要建立重要战略资源的信息数据库,数据要及时、真实、准确;对能按要求提供数据的要表扬、奖励;否则,要给予批评和处分。

(3)加强与政府和企事业单位的联系。及时向各政府部门、企事业单位提供研究报告,并请它们提供反馈意见。

(4)加强国际沟通与合作。在经济全球化的背景下,在不涉及国家安全的战略资源方面加强与外国研究机构的联系和交流是必要的,共同开展一些合作,取长补短。我国的信息技术还不够发达,资源预警工作开展得还很为不够①,需要加强

---

① 广东省云浮市信息化发展纲要(2006—2015 年)提出了"加强农业自然资源、农业生产管理、农产品市场、农业科技等数据库建设,建立健全农业和农村经济预测和预警系统"。有的省市运用了经济预警监测预测系统,但资源预警尚未见专门报道。

与国外机构的联系。

（5）加强预警人才队伍建设。预警工作是一项专业性、系统性、技术性很强的工作，必须加快培养这一方面的人才。可以在部分信息技术先进的高等院校、中国科学院开设预警学专业，与现有的统计学、国民经济学等专业相区别，突出实用性、技术性、前瞻性，使这个专业的毕业生能够较快适应工作需求。

（6）各企事业单位必须重视资源预警的作用。对资源预警信息，各单位不能置若罔闻、视而不见，而要根据资源预警系统提供的信息积极有序地调整自身生产、经营、管理计划。

第九节　资源调节管理系统

资源调节实际上就是国家发挥宏观调控职能，从资源的实际出发，实现资源的优化配置。由于资源在空间上、时间上的分布和数量、质量及种类与实际需要常常不相吻合，需要政府部门调节和管理。调节管理主要应采取的是经济手段，辅以法律和必要的行政手段。

一、资源调节管理系统的内涵

节约型社会的资源调节管理系统是通过运用经济、法律、行政等手段，根据国内外资源的供需状况，调节资源使用的相互联系、相互制约、相互补充的有机调控系统。应由国家发展和改革委员会牵头组成资源协调小组，为增强权威性可以由国务院副总理兼任组长；各省成立由省主管经济工作的副省长牵头组成节约资源调节领导小组，办公室设在省经贸委（有些省市是商务厅、局或者直接成立资源调节办公室），负责资源调节工作。

二、资源调节管理系统的节约功能

资源调节管理系统的主要工作是宏观协调，不是微观管理，即主要从全局和战略的高度调节全国的资源以及通过对外贸易得到的资源。通过互通有无、调节余缺、合理配置，使现有的资源发挥最大功效。这种调节不仅对于资源特别短缺区域缓解资源瓶颈制约，保证生产生活正常进行是十分必要的，而且能够促进产业结构和产业布局的优化，对经济发展是非常有利的。

三、如何发挥资源调节管理系统的节约功效

（1）充分发挥国家宏观调控职能。加强和改善宏观调控是市场经济条件下的政府经济职能之一，其实质就是调节资源在不同部门的合理分配，实现资源配置效

率的提高,也就是节约。根据国际国内市场供求情况进行调节,确保调控工作的效率,以免贻误机遇。

(2)充分利用价格①、税收等经济杠杆。调节资源要坚持经济原则,不损害宏观经济效益,以价格、税收杠杆为主要手段。同时利用法律手段和必要的行政手段调节资源。这里必须强调的是,市场经济条件下尽量少用乃至不用行政干预的办法,主要依靠经济手段和法律手段。

(3)建立指挥信息系统。要实现及时有效的指挥,没有信息系统的支持是不可行的。应在国家发展和改革委员会下属的国家信息中心设立资源调节指挥中心,专门负责指挥资源调节工作。

(4)各地要树立全国一盘棋的意识。资源调节的中枢是国家,各地要打破诸侯经济意识,从全局出发,服从国家对资源的宏观调控,促进全社会资源的节约使用和节约型社会的建设。

(5)要进行资源储备。资源调节是以已有的资源为基础的。一个国家如果出现某种资源的全局性短缺,调节也就成了无米之炊,只能是一句空话。我国正处在工业化中期,石油、钢铁等需求量大,要特别注意储备石油、钢铁等资源。

(6)资源特别短缺的区域不能仰仗国家对资源的调节。部分资源型地区经过一段时期的开采之后,资源逐渐减少以致枯竭,由资源供给区变成资源短缺区。这些地区不能依赖国家对资源的调节,只能逐步实现产业转型,寻找新的经济增长点。

---

① 这里的价格是广义的价格,包括商品的价格,也包括资金、土地、劳动等生产要素的价格。

第三篇　建设节约型社会的主要途径

　　建设节约型社会,关键在于落实。如何将节约资源的基本国策落到实处,需要全社会共同努力。其主要途径是:大力发展科学技术,大力发展循环经济,牢固树立节约观念,借鉴国外节约经验等。其中,发展科学技术贯穿于建设节约型社会的一切方面和过程,是发展循环经济的主要内容,但循环经济有其独特的管理方式,本书将其独立成章,与科学技术相并列。

第十七章

发展科学技术与建设节约型社会

科技进步是建设节约型社会的推动器,建设节约型社会必须高度重视发展科学技术。本章主要从理论上分析科技的节约机理和功能、科技对建设节约型社会的作用,探讨制约科技在我国建设节约型社会中发挥作用的因素,进而针对这些因素提出解决问题的措施。

第一节　科学技术的节约机理与功能

要理解科学技术与建设节约型社会的关系,首先要分析科学技术的节约机理,探讨科学技术是如何促进节约、怎样实现节约的。无论科学还是技术,或是科学与技术的联姻,都有其内在的节约机理,这种机理作用于经济社会实践,会体现巨大的节约功能。科技的节约功能就是科技本身所具有的能够提高资源使用效率、实现资源节约的内在能量。科学与技术联姻被人们简称为科技,这种联姻使其节约功能飞速提升,对于社会进步的作用也日益明显。

一、科学技术的节约机理

（一）科学的节约机理

（1）科学进步能够使人类充分认识自然。科学具有强大的认识功能,能帮助人类认识自然界,改变人类对自然界的无知状态,是人类认识自然界的最重要手段。科学能够帮助人类探索未知,创造出各种新的知识和理论,变不知为已知,从知之甚少到知之甚多,使人类逐步摆脱无知、愚昧、盲目的状况。因此,科学进步能够使人类更全面、更深入、更细致、更大范围地认识自然物质的性质和作用,扩大被人类利用对象的范围,为人类合理利用和充分利用自然资源,实现资源节约提供可能。例如形成科学理论体系的地理学帮助人们寻找和利用矿产资源、水利资源、土地资源、海洋资源、大气资源等。再如在门捷列夫元素周期律理论的启迪下,化学家们不仅发现了一个又一个新的化学元素,也更便捷地知晓所发现化学元素的化学性质和物理性质,从而使物质更好地为人类所利用。

（2）科学进步能够使人类掌握自然变化的规律。一方面，人类全面认识自然后，不断发现自然变化的规律，并将它们进行概括和总结，形成系统的科学知识体系，为人类认识世界、实现人与自然的物质变换提供有力的武器。科学体系的形成，能够避免后人在科学研究和发明创造中少走弯路，节省大量的精力和时间；另一方面，人们在生产和生活中遵循和运用已发现的科学规律，能够直接减少经济损失。例如，古代天文学家，依靠人眼和简单的观测仪器，测量了太阳、月亮和星星在天空中的位置，并研究了它们的位置随季节变化的规律，形成初步的天文学科学理论体系。后人在农业生产中依照前人总结的规律，确立农业生产的时间、节气和历法，科学安排农耕时间，避免了大量的经济损失。再如，气象科学的形成，使人们可利用气象规律，在农业生产中及时地防洪、防汛和防旱，等等。

（二）技术的节约机理

（1）技术进步能够使人类不断总结人与自然物质变换的经验。技术进步是人类掌握人与自然物质变换的规律，能够不断的对天然自然进行利用、控制和转化，使天然自然转化为人工自然。在人与自然物质变换的过程中，人类不断积累经验、并传承这些经验。这些经验首先是使当事人本身受益；其次，体现这些经验的图纸、论文、工艺方法等使后人享受前人带来的技术成果，节省了大量的劳动；最后，任何新的技术发明都不是一步到位的，而是在以往经验的基础上，不断地实践→遇到问题→再发明→再创造的反复完善的过程。这个过程是人们不断探索实现节约，提高效率的过程。例如，第一部活塞式蒸汽机是1690年由法国人巴本发明的，但仅仅是试验装置。1705年，英国的一位铁匠——纽可门成功制造了第一台较为实用的蒸汽机，1712年在煤矿抽水方面开始应用。但它的效率很低，而且只能作直线机械运动。1769年，英国瓦特在热力学理论的指导下，对纽可门制造的第一台蒸汽机作了关键性的改进，使之成为适用的动力机。再如，原始社会长期使用的石器刀具，也是经过卵石工具→狭窄石片→龟壳样石块→刀样石块→打磨刀具五个阶段才发展成薄而轻的适用型石片和石刀，而每一阶段的进步，都是在前一阶段技术经验的基础上完成的。所以，正是技术进步能够使人类不断地总结人与自然物质变换的经验，人类才有了辉煌的现代文明。

（2）技术进步能够使人类掌握人与自然物质变换的规律。人类技术进步的过程，也是逐渐掌握人与自然物质变换规律的过程。人们在生产过程中，逐步发现人与自然物质变换的规律，然后积累反映这些变换规律的资料，再运用到其他的生产领域，这样不仅节省了大量劳动，而且产生了新的技术进步。例如，在冶金过程中积累的一系列关于物质特性及变化规律的资料，可用于制造玻璃、燃料和酿酒的工艺过程；人类在石器时代发现打磨可以使石刀具更锋利又可运用在铁器时代的铁具打磨上；再如，人类在制造陶器工艺过程中不断改进陶窑的结构，使陶窑的温度能达到 500℃。金、铜、铁金属被发现后,加上陶窑温度的掌握便产生了冶炼金属的技术。所以,正是技术进步使人类掌握人与自然的这些物质变换规律后,人类改造自然、利用自然的能力才大大提高。

(三)科技的节约机理

上面分别论述了科学的节约机理和技术的节约机理,由于科学与技术有着千丝万缕的联系,下面从科学与技术联姻的角度,探讨科技的节约机理。

(1)科技进步能够使人类制造先进的生产工具。人类最初使用的生产工具是石头、棍棒,这些工具极其简单,没有科技含量。随着科技不断地进步,人类认识自然和改造自然的能力也不断增强,发明的生产工具也越来越复杂,越来越先进。生产工具的不断改革和创新,对生产力的发展起到了巨大的作用,人类历史上生产力的几次飞跃,都是以生产工具的变革为主要标志的。科技进步有助于创造先进的生产工具,人们使用先进的生产工具,轻而易举地完成了过去需要几十人,几百人在长时间内才能完成的任务。这是因为科学为技术进步提供了理论基础,开辟了新的技术研究领域,提高了人类与自然物质变换的技术手段和帮助人类发明新的劳动工具,降服自然力,提高了人们的工作效率。技术进步又为科学研究提供了物质基础和新的探索手段。如从玻璃到凹凸镜,再到天文望远镜、显微镜等的技术进步又为科学研究提供了帮助。科学研究成果通过技术应用不断物化为直接的生产力。许多现代先进生产工具都是自然科学"物化"的产物。纺织机、蒸汽机是经典力学、经典热学"物化"的结果。内燃机、电动机、电灯是热力学、经典电磁学"物化"的结果。原子能的应用、电子计算机技术的出现、空间技术的发展,更是一系列现代科学"物化"的结果。

(2)科技进步拓展了人与自然物质变换的深度和广度。一方面科技进步拓展了人与自然物质变换的深度。在科学知识指引下,技术进步能够把自然物质的功能全面发挥,最大限度地满足人类需求,从而实现节约。另一方面科技进步拓展了人与自然物质变换的广度。在科学知识的指引下,技术进步使未曾被发现的资源得到不断的开发和利用。例如勘探技术与采掘技术的进步,不仅提高了矿藏的采收率,而且使深藏在地球内部的资源得到开发。同时,科学技术能够使自然界的物质相互转化,创造新的物质供人类使用。例如,科学家利用合成技术把乙二酸、六甲基二氨制成了纤维尼龙。现在世界上有几百万种化合物,都是人们在充分认识自然界物质性质的基础上,加以合成完成的。

(3)科技进步能够有助于人类借用、储存和转化自然力。马克思指出:"大工业把巨大的自然力和自然科学并入生产过程,必然大大提高劳动生产率,这一点是一目了然的。"[①]这一论述说明科技是把自然力转化到人类实践中的媒介。由于人

---

① 《马克思恩格斯全集》第44卷,北京:人民出版社,2001年版,第444页。

体生理局限使人类的活动范围和空间拓展受到局限,人类在长期的生产实践和经验积累的基础上,在科学认识的前提下,运用技术手段充分借助自然力、储存和转化自然力,制造出机器设备。这些机器设备运用于生产实践,便产生巨大的效率,从而实现节约功能。马克思还指出:"用于生产过程的自然力,如蒸汽、水等,也不费分文。"①例如,借助蒸汽的力,发明蒸汽机,然后把蒸汽机应用于运输工具,运输能力大大提高;再如,现代蓄能电站运用科技把剩余的电力转化为水的势能储存起来,等需要时再把水的势能转化为电能应用到生产领域,避免了电力资源的巨大浪费。同时,新的技术进步可生产出性能更优良、耗费资源更小的生产工具从而实现节约。例如微电子技术进步发明的微电子产品具有体积小、可靠性强、寿命长和功耗低等优良性能,运用于工业、交通、卫生等领域,能产生巨大的节约效应。

(4)科技进步有利于加强经济管理。科技进步改变了人们的思维与生活方式,扩展了人们认识事物的空间和深化了人们认识事物的规律;这就能促进经济管理思维和内容发生改变,而新的经济管理思维和内容应用于实践,会产生巨大的经济效益,从而实现节约,这是一方面。另一方面,科技进步为经济管理提供先进的物质设备,使经济管理变得更为快捷、方便,也使管理决策更加准确。例如电子计算机、网络通信等技术发明无不为高效率、高效益经济管理方式创造物质条件。对宏观经济管理而言,科技进步能够更加全面、迅速地知晓不断变化的市场信息,合理安排各个部门和行业的生产要素投入,从而实现节约。对微观管理而言,科技介入生产实现节约,像一台两道过滤器和一台组合机一样。两道过滤器的第一级过滤产品的原材料,使合格的原材料进入生产过程;两道过滤器的第二级过滤不合格产品,使合格产品进入市场;组合机则优化各种生产要素的比例,严格控制生产流程。

二、科技的节约功能

(一)科技通过生产力三要素体现的节约功能

科技不是一个独立的生产要素,它的节约功能是通过渗透到劳动者、劳动资料和劳动对象上而实现的。

(1)科技通过劳动者体现的节约功能。马克思曾经指出:"真正的节约(经济)=节约劳动时间=发展生产力。"②马克思指的发展生产力,实际上指的是提高劳动生产率,因此,这个等式也可以表示为:提高劳动生产率=节约劳动时间。③ 科技

① 《马克思恩格斯全集》第44卷,北京:人民出版社,2001年版,第443—444页。
② 《马克思恩格斯全集》第31卷,北京:人民出版社,1998年版,第107页。
③ 参见黄铁苗:《劳动生产率新论》,南昌:江西人民出版社,1994年版,第18页。

在劳动者身上体现的节约功能主要表现在提高劳动效率上。在科技落后的社会里,人的劳动主要是凭借自己的双手和借助简单的生产工具,其效率之低是可想而知的。随着科技的发展,机器、设备等工具的制造,通过科学研究发现的自然规律、原理,使人类能够有效运用自然力。这就使劳动效率得到了极大提高,实现了劳动时间的节约。这种节约可分为直接节约和间接节约。

直接节约表现为劳动者在直接生产过程中耗费的单位劳动时间生产了更多的产品数量,也就是说单位产品中耗费的劳动时间减少,实现了节约。单位产品劳动时间的节约使生产同样数量产品所需投入的总劳动量减少,从而使整个社会用于物质生产的劳动减少。资料显示,在100多年前,美国周劳动时间60小时,欧洲90小时,现在这些国家的周劳动时间都降到了30多小时。[1]

科技进步对活劳动时间的直接节约还表现在由于科技进步引起的社会分工。人类社会的每一次大的分工都极大地促进了社会生产力的发展,实际是通过节约劳动时间实现的。科技进步改变了手工生产条件下人们独立完成一件产品的工作方式,在科技进步的条件下,生产者只完成一件产品的一个部件,或一个部件的部分工序,由于长期反复从事一些基本动作,熟练程度日益提高。分工还有利于劳动经验的积累。因为分工使生产者长期关注某一项工作,有利于不断总结和积累经验,同时容易发现和有利于解决工作中的问题。这些都能达到节约劳动时间的目的。

科技进步对活劳动时间间接节约表现在:一是科技进步有利于增加闲暇时间。科技进步使劳动效率提高,社会用于生产物质财富的时间大大减少,从而能够增加人们用于休息、娱乐、学习的时间。休闲时间的增加,不仅会使人们的身体得到更好的休息,精神得到更好的调剂,更重要的是在休闲时间里,人们可以干自己喜爱的事情,使他们的兴趣特长得到发挥。他们通过学习、研究等,能使自身的素质得到提高,能力得到增强,在生产中能更好地提高效率。所以,马克思说,节约劳动时间可以看做生产固定资本。二是科技进步有利于劳动者素质的提高。首先在农业方面,科技进步能够为劳动者体质强健提供物质基础。科技进步不仅可以使食物的数量增加、质量提高,还可以使食物的品种不断丰富。例如,航海技术的发展促进了东西方文明交流,世界各地在交往中把某一地区特有的品种扩大到其他地区,东半球的小麦、水稻及各种家畜被送到西半球,而西半球的玉米、棉花、西红柿也传到东半球,从而使两个半球的食物品种极大地丰富起来。其次在医学方面,科技进步能够为劳动者身体健康提供医疗保障。人类每一次在医学方面的重大科技进

---

① 参见彭绪庶、齐建国:《对美国技术进步与就业关系的研究》,载《数量经济技术经济研究》2002年第11期。

步,不仅减轻了病人的巨大痛苦,同时也挽回无数生命。如曾被认为人类历史上最严重的瘟疫之一的天花,仅在18世纪就夺走了欧洲6000万人的性命,直至1796年,爱得华·詹纳首次利用牛痘疫苗以产生天花免疫力才有效控制了这一瘟疫。最后,环保科技能够改善生态环境,使人与自然和谐相处,从而增强劳动者的体质。

(2)科技通过劳动资料体现的节约功能。部分劳动资料本身是科技"物化"的产物。先进的生产工具使劳动效率出现前所未有的提高。资料显示:美国现在使用的电子计算机的数量巨大,其功能约相当于2000亿个劳动力。先进的生产工具不仅运转的速度快,如银河亿万次计算机,而且能量巨大。在手工生产中,多少人都无法搬动的物体,机器设备可以十分轻松地将它送到人们需要送到的地方。同时,科技将人手的功能延伸到人手无法延伸到的高温、剧毒等空间。

科技"物化"的劳动资料应用于生产,可直接影响同类劳动资料数量和不同类劳动资料之间的数量比例。例如,在大型马达没有发明之前,运载一定重量的货物所用的汽车数量远多于大型马达装备后汽车的数量。又如,在修建地铁工程,施工管理者运用科学的统计和管理方法,在不同的工段运用不同的机械组合来提高劳动效率。从质量内涵考察,科技水平高低决定着劳动资料的性能好坏、使用时间和使用寿命长短。同时,同劳动对象一样,科技进步也能够使破旧的劳动资料重新利用,循环利用,还可把旧的劳动资料转化为劳动对象,在此基础上创造出新的劳动资料。

科技"物化"的劳动资料给人们生产和生活带来伟大的变革。例如,汽车、火车、飞机等现代交通工具的出现,加速了生产要素的流通速度,提高了运输效率。正如马克思在《政治经济学批判》中指出的:"生产越是以交换价值为基础,因而越是以交换为基础,交换的物质条件——交通运输工具——对生产来说就越是重要。"①对日常生活而言,高效的交通工具改变人们的出行方式,节省了大量的时间和体力。又如科技"物化"的产物互联网,是信息收集和传递方式的重大变革,不仅直接影响整个经济活动,同时也改变了人们信息交流的方式。

(3)科技通过劳动对象体现的节约功能。科技通过劳动对象体现的节约功能主要表现在以下几个方面:一是科技能够直接节省生产过程中的原材料,降低单位产品的物质消耗。例如,节能电灯、节能空调的应用能够大量省电。二是科技使劳动对象得到深加工,使其用途充分利用,反复利用,把浪费减少到最低限度,同时,减少了对环境的污染。例如煤炭,在很长时间内只是用来作为燃料,利用范围不广;而现在却成为了重要的化工原料,从中提炼出数百种物质,用于制造燃料、香精、药物等。再例如,在原始社会,我们的祖先科技知识水平很低,除了把天然的石

---

① 《马克思恩格斯全集》第30卷,北京:人民出版社,1995年版,第521页。

头稍微加工而使之变为石器外,不知矿物资源为何物。到了原始社会末期才逐步认识一些矿物可以有其他作用,才把矿石冶炼成青铜。继之随着冶炼技术的提高,人们把铁矿石冶炼成铁和其他金属。特别是铁的冶炼成功不仅是开发矿物的划时代的标志,而且是社会生产力发展的划时代标志。三是运用科技能发现和创造新的劳动对象、拓宽被加工的范围。例如,在能源开发利用方面,人类最早使用的能源是木材和草料等,后来又开发出煤和石油,继火力发电后又出现水力、风力、阳光、核电等。四是运用科技能够使劳动对象循环利用。例如,人们利用垃圾回收技术,循环技术使垃圾中的金属得到回收利用等。

(4)运用科技提高经济质量实现的节约功能。节约不仅等于提高劳动生产率,而且等于增加社会财富。它既体现在产品数量上,又体现在产品质量上。数量必须以质量为基础,没有质量就没有数量,数量是一定质量的数量。质量好就等于数量多。科技进步不仅能通过提高效率,实现节约功能;同时,还能通过提高经济质量实现节约功能。经济质量包括产品质量、工程质量、服务质量、工作质量和环境质量等方面的内容。从节约的角度考察,科技在这些方面都能体现它的节约功能。

从产品质量来看:一是科技进步使加工产品的原材料质量提高,从而可以减少加工该产品所需要的原材料。现代产品与许多传统产品相比,克服了粗、笨、重的毛病,向着小型化、轻型化的方向发展,就是典型例证。二是科技进步使产品具有多功能化的趋势,从而能够减少产品的生产。例如,电脑兼具电视机的功能,就能达到一机两用或一机多用的目的。对社会来说,可以减少电视的生产,对用户来说,可以减少这一方面的投入,增加另一方面的投入。三是科技进步能提高产品可靠性、安全性、耐久性。现代科技生产的产品,精密度高,性能好,经久耐用,无论对整个社会或者是用户都是一种节约。从工程质量来看:科技进步为房屋、道路、桥梁、堤坝等基本建设提供高质量的原材料,先进的、精密的生产工具以及严密的监测手段,使其坚硬、牢固、经久耐用,从而实现节约。同时,科技进步生产的高质量生产设备使许多基建工程充分利用土地资源,如挖掘地道、隧道,修建地铁,采掘、筛选矿藏,以及发展高空建筑、多功能建筑,这些都能实现工程建设的节约。从服务质量来看:科技进步使人们能够享受到交通、通信、信息等方面的优质服务,从而实现资源的节约。例如,便捷的交通工具和道路,大大缩短了人们的旅途时间;方便的通信手段大大减少了人们写信的时间和节约了纸张、信封;网络的发展,人们可以在家中查阅所需资料,节约了订阅杂志的费用和到图书馆查资料的时间等。从工作质量来看:科技进步使人们无论在企事业系统,还是政府机关,都能运用现代化办公手段,在网上传递信息,用电脑进行管理,实现无纸化办公,既提高了工作效率,又实现了资源节约。从环境质量来看:科技进步使燃料充分利用,对污水有效处理,垃圾进行无害化处理,不仅极大地减少了对环境的污染,实现清洁生产,还充分利用了资源,从而实现节约。不仅如此,环境改善有利于人的健康和提高工作效率。资料显示,长期在高噪声环境下工作的人与低噪声环境下的情况相比,高血压、动脉硬化和冠心病的发病率要高2—3倍,劳动生产率下降10%—50%。[①]

(二)科技在经济管理中的节约功能

科技在经济管理中的节约功能可以从宏观和微观两个方面进行考察。

(1)科技在宏观经济管理中的节约功能。宏观调控的目标主要是实现总供给与总需求的平衡,其实质也就是实现社会生产按照社会需要的比例进行。在传统市场经济条件下,生产者都是在市场价格"晴雨表"这只"看不见的手"的指挥下进行生产。这就使得社会生产与社会需要常常出现严重脱节,即生产比例失调。其之所以会出现这种现象,并不是生产者愿意这样做,而是确实不知道社会对某一种产品到底需要多少,不知道同一类产品的生产者有多少,这就不可避免地会产生生产的盲目性,从而造成社会总劳动的浪费。这个问题只有在科技高度发展的情况下才能解决。因为:

一是科技进步有利于加强宏观调控。在科技发达的社会里,生产者和需求者都可以通过网络发布自己的信息,他们可以通过网络了解对方的情况,通过网络订货,生产者就可以根据用户的需要进行生产,这就可以从根本上克服生产的盲目性。当然,供需双方的订货并不能全面解决供需之间的矛盾。因为社会对某一种产品需求很旺,但因资源短缺,生产者无法满足需求。在这种情况下,作为社会中心的国家,就可以通过进口,通过及时制定有关税收、金融、价格政策进行调控。可见,宏观调控的有效性必须建立在科技高度发达,信息及时、准确的基础上。

二是科技进步有利于产业结构合理化。经济发展要求产业结构合理化,也就是说,在一定时期内一个国家或地区要按一定比例配置资源,在各产业投入适当比例的生产要素,这样才能保证全社会总供给与总需求平衡,以达到资源浪费最少的目的。要保证产业结构的合理化,需要科学调查和研究论证,科技越进步,研究论证的结论也就越接近事实。因此,科技进步能够推动产业结构合理化从而实现资源的节约。

(2)科技在微观经济管理中的节约功能。微观经济管理的目的在于克服浪费,提高企业的经济效益。它包括对人、物、质量和资金的管理。

从人的管理来看:科技进步使从事生产和管理的人员大大减少,在现代网络信息条件下,整个生产过程都可以通过信息手段进行控制,对生产过程的各种参数的记录、整理、储存、分析,都可以运用机器完成,所以才有工业发达国家和地区的所

---

① 参见《噪声污染来源及危害》,博客中国网 2007 年 4 月 10 日,http://jiangeu. blogchina. com/9715/6214690. html。

谓"无人工厂"和"无人车间"的出现。同时,视频技术的应用能对生产过程实行有效的控制,使企业的每一个人,每一角落都一览无遗,记录在案,它会使每一个员工都自觉注意自己形象和表现,怠工、懒散现象就会自然减少。还有就是在信息化条件下,流水作业规定了每一个工序应该完成的动作,上一道工序未完成,下一道工序就不能进行。这种劳动方式,会使人们的劳动效率极大提高。

从物的管理来看:由于科技发展促进了社会分工,生产社会化的强度极高,全社会如同一个大的工厂,各不同部门如同上下车间,互相配合,能极大减少浪费。这就可以改变传统企业的各自为政的状况,各企业不必为自己的生产储备大量的原材料,以减少积压造成的浪费。例如汽车生产厂家,不必储备钢材,它每天需要多少钢材,钢铁企业每天按时按需送到。

从质量管理来看:科技对节约同样发挥着不可忽视的作用。一方面科技提供科学的检测手段,既可以检测出不符合要求的原材料,让质量好的原材料进入生产流程。又可检测出合格的产品,阻止不合格产品流向市场。另一方面,在生产中运用科技可克服人为因素带来的质量问题。例如,陶瓷品在出炉前必须烧到一定的火候,火候过与不及时出炉都会影响陶瓷品的质量。旧的生产工艺只能依靠有经验师傅的观察,不仅准确度低,浪费大,而且产品的质量也不高。运用新的科学仪器设备,可预先设定一定的温度和时间,生产出来的成品颜色光泽、性能又好,大大减少了不合格产品。

从资金管理来看:科技进步有助于节约交易费用。在现代市场经济条件下,交易成本在整个经济发展中的作用很大。因为随着分工的深化,分工参与者之间的交易会越来越频繁,交易的范围也会越来越广阔,因此用于交易的资源也会越来越多。D. 诺斯指出,到20世纪70年代,美国国民收入里有近一半用于交易。① 运用现代科技手段,可以缩短交通、运输、谈判等交易成本,这是显然的。

第二节 科学技术对建设节约型社会的作用

建设资源节约型、环境友好型社会,科技进步是关键。科技之所以是建设节约型社会的至关重要的因素,是因为科技对建设节约型社会具有支撑、导向、杠杆、监督和宣传教育等重要作用。

一、支撑作用

像一座大厦需要柱子支撑、一座桥梁需要桥墩支撑一样,建设节约型社会必须

---

① 转引自吴敬琏:《中国增长模式抉择》,上海:上海远东出版社,2006年版,第84页。

要有科学技术的支撑。

（一）科技支撑经济增长方式转变

长期以来,我国经济增长主要依靠投入大量劳动力、资金、资源、能源等生产要素,是典型的粗放型经济增长方式。随着经济的发展,自然资源相对不足、生态环境恶化等问题不断凸显。2005年统计数据显示:我国GDP相当于日本的49%,而能耗则是日本的3倍。工业用水重复利用率不足60%,比国外先进水平低15—25个百分点;每万元GDP取水量是世界平均水平的4倍。用水总量与美国相当,但GDP仅为美国的1/8。我国GDP约占世界的5%,但重要资源消耗比重较大,石油消耗占世界消耗总量的7%多、原煤占30%以上、钢铁和氧化铝均占近30%、水泥占40%以上。① 我国必须从粗放型为主的经济增长方式转向集约型为主的经济增长方式,才能实现经济可持续发展。要实现这一转变,必须依靠科技。

科技是转变经济增长方式的支柱,一方面科技进步是新的经济增长点,是减少其他要素投入而实现的经济增长;另一方面由上一节科技的节约功能分析可知,科技能够节约资源和提高资源利用率,降低能耗,提高经济增长质量和效益,这正是集约型增长方式的内涵。因此要实现集约型经济增长方式,就必须依靠科技支撑,依靠科技取得新的知识、科学原理、技术手段和管理方法,最大限度地节约劳动力、资源,等等,生产更多的优质产品。

（二）科技支撑产业结构优化升级

合理的产业结构,既反映一个国家经济发展方向、速度和水平,同时又是国民经济高速发展的基础。各国工业化的进程表明,任何一个国家经济的持续、稳定、协调发展,都依赖于该国产业结构的升级。产业结构的升级不仅意味着高新技术产业化,传统技术得到适当的更替和改造,还意味着劳动生产率和产出投入比例的不断提高。要建设节约型社会,第三产业以及高新产业、信息产业等应在国民经济中保持较高的比重。而产业结构的优化升级,是以科技进步为前提和动因的。科技进步扩散到生产领域的各个方面,劳动对象、生产手段、生产结果都会发生质的变化,生产要素、生产条件、生产组织都要重新组合,其结果会进一步形成累积效应,必然造就、培育出新的高新技术部门,或者取代某些传统产业部门,从而使一个国家的产业结构趋于高级化。科技进步一方面使传统生产部门的技术基础不断得到改造,另一方面也在全新的技术基础上为新的生产部门的创立和发展开辟道路。这不仅能导致社会生产力的发展和劳动生产率的提高,还能改变整个社会生产的产品结构、劳动力结构以及资源与资金的配置,从而使产业结构不断变革和日益高

---

① 参见尹艳林:《富者易富,贫者难富?——如何正确看待当前经济增长》,载《中国经济时报》2006年12月18日。

级化。

（三）科技支撑循环经济发展

循环经济是人类实现可持续发展的一种全新经济运行模式,也是建设节约型社会的核心。这一模式表现为"资源—产品—再生资源"的"闭环"反馈式循环过程,是一种与环境和谐共处的经济增长模式。要大力发展循环经济,势必要求从技术手段上提高物质的使用效率、降低物质需求总量、减少污染排放。因此,开发和建立包括环境工程技术、废物资源化技术、清洁生产技术等在内的"绿色技术"体系支撑循环经济发展是非常关键的。通过采用和推广无害或低害新工艺、新技术,降低原材料和能源的消耗,实现投入少、产出高、污染低,尽可能把污染排放和环境损害消除在生产过程之中。

（四）科技支撑生产力合理布局

科技进步实现了提高生产力的作用,使生产工具、设备轻型化,甚至微型化,大大方便了工厂的迁移;高科技减少了生产人员,也有利于产业转移;高科技时代发达的交通和信息网络能够缩短空间距离,这些都能有利于生产力合理布局。同时,科技进步能把不可用的自然资源变成可以利用的自然资源,把对人类有害的自然环境转变成对人类有利的自然环境。科技进步还降低和削弱了自然条件对生产力地区布局的限制作用,使地区的生产要素实现最佳组合,使缺少自然资源的地区和国家也可以建立其产业,促使生产布局趋于合理。

二、导向作用

作为第一生产力的科学技术,对于建设节约型社会的生产、流通和消费都具有重要的引领和导向作用。

（一）科技导向新的生产方式

科技进步对生产方式有十分重要的导向作用。从微观角度来看,科技进步首先能使人们制造新生产工具。新生产工具的出现,会导致生产方式发生极大的变化。例如,当机器替代手工工具后,封建时代落后的、分散的手工生产便被大机器生产所替代,生产方式由分散导向集中。现代的自动化和信息化生产,又将劳动密集型生产方式导向知识密集型生产方式。其次,科技进步发现的物质结构及变化规律促进人们研制新的配方,合成新的物质。这样就可以改变生产的单一性,将生产导向多样性。从宏观角度来看,宏观调控部门运用科技改造传统产业,集中力量支持一批重点行业,不仅起到示范作用,同时又引导生产要素向新的行业流动,逐步改变整个行业的传统生产方式。科技导向新的生产方式具有节约资源、提高效率等特征,这正是科技对社会进步作用的体现。

（二）科技导向新的流通方式

首先体现在科技导向新的交易方式。人类的交换方式经历了由"物—物交换到物—等价物—物、再到物—货币—物"的过程。其中货币的演变由贝壳—金属—纸币,电子技术的进步,以信用代替了以往的实物货币,这样在交易的过程中便节省了大量的时间。例如,银行卡的使用,持卡人可随时随地在柜台机取钱和存款。其次体现在科技导向新的购物方式和销售方式。例如,电话订购、电话销售,网络订购、网络销售等一系列新的购物方式和销售方式的兴起无不是科技进步的结果,新的购物方式和销售方式给人们带来极大的方便,节省大量的时间和精力,实现了节约的目的。最后体现在科技导向新的交通运输方式。科技进步使现代运输工具不断沿着专业化、大型化、高效能化方向推进,交通管理和支持系统进入自动化和电子化发展的新阶段,科技进步引导着交通业发展的总趋势,从根本改变了交通运输的传统形态。

（三）科技导向新的消费方式

节约型社会要求我们用节约资源的消费理念引导消费方式的变革,形成文明、节约的行为模式。一方面,在消费领域普及和推广节约技术,鼓励消费节约型产品,倡导社会循环式消费是实现节约型社会消费理念的基础。另一方面,科技引导时尚,将人们导向科学生活的消费方式。在现代科技迅猛进步、商品经济和市场经济高度发展的条件下,出现了科技导向型经济,即依靠科技去满足市场的需求,培育市场。在建设节约型社会的实践中,要充分运用科技的导向功能,依靠科学原理设计、生产节能产品,引导市场消费。

三、杠杆作用

物理学上的杠杆作用是通过杠杆原理而实现的,即力臂和力（重力）的关系成反比例。用公式表达就是:重量×重力臂 = 力×力臂。科技对节约型社会的杠杆作用原理用公式体现就是:产出 = 生产要素投入×管理×科技进步。这里,科技进步代表"力臂",生产要素投入代表"力"。科技的杠杆作用源自其本身具有的节约功能,其基本原理体现在以下两个方面。

（一）产出一定,科技进步能够减少生产要素投入

若产出一定,在相同条件下,运用科技能够减少其他生产要素的投入数量,从而实现节约。例如,现在美国用卫星技术和电脑程序相结合的"全球定位系统"能帮助农民确定自己的耕地哪些区域肥料充足、哪些区域肥料欠缺,从而使他们有的放矢地施肥,避免了均匀施肥导致的一些区域肥料过多而另一些区域肥料不足的情况。这不仅降低了生产成本,而且也有利于环境保护。

（二）生产要素投入一定，科技进步能够增加产出

科技进步不仅可影响其他生产要素的投入数量，其本身也可看做是新的生产要素投入生产中。在相同条件下运用科技，能够增加产出量，实现节约。例如，发明滴灌以后，以色列农业用水总量30年来一直稳定在13亿立方米，而农业产出却翻了5番。[①]　也就是说，相同的用水量，运用滴灌技术与没有运用滴灌技术的农业相比产出相差悬殊。

四、监督管理作用

建设节约型社会不能单靠人的自觉性，必须借助法制手段，进行严格的监督和管理，科技在这方面的能够起到重要的作用。

（一）科技使监督管理的实施标准更加具体

建设节约型社会，建立健全有效的监督管理体系极为重要。要健全有效的监督管理体系，就必须科学地制定监督管理标准。借助科技可使各个行业的能耗标准和设计标准更加明确化，使有关部门行使监督管理权力时有标准可依，对客体的处罚时尽量减少主观因素，增加理性因素，这是一方面。另一方面，通过设备测试、检验等技术手段，能够对用能单位的能源利用状况进行定量分析，基层大量的、科学的数据有利于节能主管部门更深层次地部署、协调、服务、监督节能工作，制定更加科学的监督管理标准，既保证降低能耗，又保证经济快速健康的发展。

（二）科技使监督管理的实施过程更加方便

制定监督管理标准后，更重要的是在具体实践中实施监督管理。运用先进的科技手段，可比较方便、快捷、准确地测量各项监督管理指标。例如，运用空调能耗计量检测器可很快检测空调机的能耗参数，由能耗参数算出能耗指标，可与已制定的监督管理指标做比较，来衡量被检测的空调机是否符合节能产品的要求，或者由此来确定处罚的依据和标准。

五、宣传教育作用

建设节约型社会需要全民广泛参与，只有人人动手，从点滴做起，才能实现相应目标。因此，开展全面教育，树立节约观念，是当务之急。而运用科技则大大增强宣传教育效果。

（一）科技使宣传教育的途径多样化

受媒介的传播范围、速度、内容和对象的影响，不同的媒介所发挥的宣传教育

---

① 参见刘洋海：《节水滴灌技术大国——以色列》，载《中国科技奖励》2005年第10期。

功能也不一样。传播范围广、速度快、内容新而且老少皆宜的,则影响较广;反之,则宣传的效果会受到一定的限制。国外研究表明,对于内容复杂的信息,印刷媒介一般能产生较好的宣传作用,而无线电传送媒介效果则差些;电视和广播传播速度快,因而在时事报道、政界新闻等宣传上发挥着其他媒介难以达到的效果。① 因此,要增加节约宣传教育的效果,必须全方位地运用多种宣传教育媒介。而媒介的多样性与科技水平的发展成正相关关系,在科技水平比较落后的封建社会,传递信息的媒介比较单一,在很长一段时间里,只有印刷作为唯一的媒介。在现代科技的推动下,宣传教育的媒介极大地丰富了,不仅有报纸、图书、杂志、广播、电视、电影,更有新兴的媒介互联网,全方位地运用这些媒介,多管齐下,就会产生巨大的宣传教育效果。

(二)科技使宣传教育的方式更加便捷

科技进步不仅为宣传教育创造更多的途径,也使宣传教育的方式更加便捷。在科技水平落后的封建社会,要传达信息,不仅耗时长,速度慢,而且过程相当烦琐。随着电磁理论和通信技术的进步,现在几秒钟就可把过去需要几个月的信息传递给对方,接受和传达信息相当方便快捷。信息的方便、快速传递为宣传教育方式便捷化奠定了坚实的物质基础。同时,电视、电脑等这些过去认为奢侈的电子产品不断普及和推广,使人们不再受时间和空间的限制,随时随地可接受有关节约观念的教育。

(三)科技使宣传教育的内容更加丰富

首先,由于数字信息技术的高速发展,人与人之间交流日益便捷。人们可通过网络论坛、电视论坛等媒介发表各自见解,为建设节约型社会出谋划策。其次,运用科技使宣传教育的内容更加生动、精彩。例如,在网上运用动漫技术宣传节约内容能增加趣味性;在话剧舞台上运用数字屏幕衬托背景,等等。再次,新的发明、工艺、技术产生的节约效果本身可作为宣传教育案例,给人们以启迪。同时运用科技改造的节约型工厂、小区等可在全社会起到模范示范作用,把这些典型示范加以宣传推广,可起到良好的教育效果。最后,科技进步使人们切身感受到建设节约型社会的益处,这种感受会自觉地形成潜意识的教育作用。例如运用科技发展循环经济、减少环境污染,人们会真切地感受到环境的改善带来生活的舒适和健康。这样,节约的观念就会逐渐影响人们的思维和认识,并深入人心,从而养成良好的节约行为习惯。

---

① 参见《宣传》,百科在线全文检索网站,http://www.dbk2008.com/cp/?article=765/%D0%FB%B4%AB19500.html。

第三节　影响科学技术在建设节约型社会中发挥作用的原因

自党中央提出建设节约型社会以来,各级党政部门都十分重视,不少地方、部门和单位已取得了一定的成绩,但还存在很大的不足,比较显著的表现是科技在建设节约型社会中发挥作用的效果并不理想。首先体现在依靠科技实现节约的思想认识不够,很多单位和个人只是口头上重视,并没有在实际行动中认真落实和贯彻执行。其次是节约技术进步缓慢,许多关键性节约技术仍没有实质性突破。再次是节约技术和节能产品的推广力度不足,相关部门和许多企业很少把财力投入到节约技术和节能产品的推广工作上。影响科技发挥效果欠佳的原因有很多,如科技管理体制、实施机制、政策法规因素等,但在众多因素中,笔者认为科技管理体制是最根本的影响因素。

一、体制因素

(一)科技宏观管理体制的制约

加快科技创新必须完善科技宏观管理的组织形式。目前各级行政机构在科技宏观管理上,还没有建立有效的管理体系。具体表现在以下几个方面。

(1)科技发挥作用存在市场和干部考核任用体制障碍。虽然市场配置资源的作用日渐增强,但仍存在体制性障碍,资源不能完全按照市场作用来配置,资源价格不能充分反映市场的供求关系,地方政府和企业不注重发展科技以节约资源。并且,长期以来的干部任用和考核等体制改革滞后于市场体制的变化,产值、规模等数量指标仍是评价地方干部和企业干部升迁的主要指标,经济建设中忽视科技进步,制约了科技作用的发挥。

(2)促进科技发展的宏观管理体制不完善。运用经济杠杆推动科技发挥作用的方式方法还不灵活。科技的宏观调控体系还不健全,调控体制还不完善,调控手段单一化。各部门、各行业、各地区之间条块分割问题,多头管理、政出多门的问题一直没有解决,统一协调能力差,导致国家对科技宏观调控能力较低,宏观调控缺乏灵敏度,造成有限的科技资源重复配置、闲置浪费,致使科技资源难以有效发挥作用。同时,还没有形成完善的知识产权保护制度,企业的研发成果与专利权的维护落后于发达国家,影响企业自主研发和科技在建设节约型社会中作用的发挥。国家对科技发展与发挥作用的组织动员能力和协同集成能力不足,各地分散的发展未能集中体现国家的目标与利益,使得科技作用的发挥缺乏科学的宏观目标与发展战略。

（3）对科技发展的体制性激励不强。政府经济职能不明确，以政府职能替代市场职能，未能激励企业形成自主研发机制。没有有效的体制促进企业与科研机构的合作，专为企业发展科技服务的二板市场不发达，金融行业对科技创新企业信贷融资的门槛过高，以企业为创新主体的格局尚未形成。这些都使企业在科技创新中的主体作用发挥不够，严重地影响了企业科技创新的积极性，进而影响科技在建设节约型社会中作用的发挥。

（4）科技发展体制不健全影响科技作用的发挥。首先，政府主导型的投入体系仍没有得到改变，科研以及科技作用的发挥缺乏资金支持；其次，科技发展中，没有科学的规划，课题重复设置、设备重复引进、该推广的成果得不到推广等，直接制约着科技创新能力的提高，影响科技作用的发挥；再次，科技发展中存在定位不够清楚，任务层次不够分明，研究主体间缺乏合作的现象，高等院校之间以及高等院校与研究所之间的研发常常缺乏合作；最后，科研资金分配与科技发展体制在指引上的不合理使得科研结构不合理，一些企业、单位在科技研发上功利性过强，科技资源集中在应用研究领域或对国外技术的引进、借鉴、改造上，对基础研究、公益性研究投入不足，不利于资源节约方面科学技术的发展。

（二）科技微观管理体制的制约

我国促进科技在建设节约型社会中发挥作用的微观管理体制还不健全，企业缺乏依靠科技发展生产、促进节约的积极性和主动性，具体表现在如下方面。

（1）企业缺乏依靠科技发展的内在动力。长期以来，不少企业为了实现产值的快速增长，不切实际盲目扩张，它们不怕债台高筑，甚至不怕污染环境。有的企业将发展的着眼点放在价格与利润投机上，企业之间恶性竞争，过多依靠价格战来占领市场份额，不愿投入研发经费，依靠科技来提高经营的集约程度。同时，企业内部研发人员的待遇相对较低，对发展科技和发挥科技作用的激励不够，发挥科技作用的积极性不强。

（2）没有有效的微观体制促进企业与科研机构的合作。科研机构缺少资金，研究场所的建设步伐缓慢，质量不高，科研成果难以转化为实际的生产力和经济效益。企业却缺少研发力量，不能有效引进和发展科技。与此同时，企业与科研机构都还没有探索出有效的体制对双方进行公平的利益分配，致使两者间缺乏合作，难以有效联姻和结出硕果。科技的作用难以发挥，资源浪费严重。

（3）推动科技发挥作用的微观体制不健全。企业科技创新的投融资体制很不完善，风险资本的进入、营运和退出还不够规范。同时，企业缺乏自主研发的体制，缺乏科技的自我积累和改造能力，过多指望政府提供对科研的资金和政策支持，被动适应国家的宏观调控与产业政策，缺乏自主选择适合自身需要的发展模式进行科技创新的能力。

（4）企业的内部管理体制不利于科技作用的发挥。我国不少企业缺乏科研的高层管理机构，没有高层科研决策机构，企业内部研发人员的话语权相对不够，缺乏对研发的战略规划，很多中小企业甚至没有专门的科研管理部门参与对外合作。同时很多企业的研发机构仅仅关注于产品的设计研发，企业风险意识过强，不愿意承担科研的风险，必然影响科技发展，不能对行业的发展起到革命性的影响和领导作用，影响科技在建设节约型社会中作用的发挥。

二、机制因素

充分发挥科技在节约型社会中的作用，不仅要完善管理体制，更需要有健全的实施机制，目前影响科技在节约型社会发挥作用的机制因素主要表现在如下方面。

（一）科技人才激励机制不活

主要表现有：科技人员部门所有，难以流动；成绩考核和职称评定缺乏竞争机制；很多科研单位和企业激励创新人才机制不完善，分配不合理。这些都严重影响了科技人员的创新积极性和创新能力，致使人才资源浪费现象严重。

（二）科技经费管理机制欠缺

科技经费管理不够科学，科研经费主要由专职的科技管理部门统一下拨，统一分配，分配资金数量和项目范围有限，易出现"寻租"现象，大量有价值的课题得不到或不能充分得到资助。同时，不同的课题之间缺乏竞争机制，人为因素和主观因素评审、验收科研项目现象普遍存在，导致大量科研经费用不在刀刃上。

（三）科技基础平台的共享机制缺位

建立有效的共享制度和机制是科技基础条件平台建设取得成效的关键和前提。目前，我国灵活的科技资源共享模式尚未建立，不同类型科技基础平台资源条块分割、相互封闭、重复分散的现象严重，致使有限的科技资源不能共享，极大地制约了科技创新能力的提高。

（四）科研成果的推广机制滞后

科研成果转化为现实的生产力离不开完善的推广机制，目前我国科学研究、成果应用、成果推广环节严重脱节，推广机制极不完善，不仅科研、开发、应用等一系列科技创新环节缺乏有机结合，而且人才、技术与资金也未能有效组合产生现实生产力。

（五）科技的评估机制不健全

科技研发缺乏有效的评估机制，体现在：事前评估机制不完善，不注重科研的时效性，研发成果出来滞后于同时期已有的科研水平。不注重科研的实效性，研发的成果不能满足现实的需要；事中评估机制不健全，对科研经费的使用不节约，不注重反映研发过程中现实条件的变化；事后评估与投产机制不完善，对于一项科研成果的作用不能正确评估,符合现实需求的科研成果得不到重视或不能投入生产。

三、政策与法规因素

(一)政策不够完善

一是节能降耗技术的扶持政策不够完善。许多地方也高度重视科技发展,但比较注重产生经济效益大而快的科技项目,对见效慢而小的节能降耗技术兴趣不大。在制定政策时忽视对节能降耗技术的扶持,导致节能降耗技术的研发进度和推广进度缓慢。二是财政、税收、融资等政策对科技创新扶持和激励力度不够。首先表现在金融部门对中小科技企业的贷款政策不够灵活。中小科技创新企业是科技创新的重要力量,由于中小科技创新企业的高风险和高收益的双重性,而金融部门又片面强调收益性、安全性、营利性,导致很多中小科技创新企业步履维艰。其次表现在税收部门对科技创新企业优惠政策落实不够。有关部门在落实高新技术企业税收优惠上,不仅程序烦琐,而且很难落实到位,严重影响了很多科技创新企业的创新积极性。最后表现在政府对科技创新财政扶持与激励力度薄弱。很多地方政府在发展经济时,旧的 GDP 观念太重,政府财力很少注重社会效益和科技创新上。

(二)法规不够健全

一是有关节约的法规还没能有效确定。要充分发挥科技在建设节约型社会中的作用,就不能忽视监督和管理。目前我国还没有一部详细的有关节约的法规,特别是节能指标、环境指标法规还没能有效确定。法律对人们的行为具有强制性,要加快发挥科技在建设节约型社会作用的步伐,就必须尽快建立和完善有关节约的法律法规。二是知识产权保护等促进科技进步法规滞后。我国曾制定过一些加强关于知识产权保护的法律法规,在一定程度上起到了保护知识产权、促进科技创新的作用。但随着经济的发展,过去所制定的关于知识产权保护法律法规逐渐与新的经济发展形式不适应。对于新出现的情况和问题,过去所制定的法律法规显得严重滞后。因此,必须针对新情况和新问题加快完善知识产权保护法律法规的步伐,以促进科技人员的创新积极性。

四、其他因素

(一)依靠科技创新建设节约型社会的思想认识不够

目前,很多地方对依靠科技创新建设节约型社会的重要作用认识不足,对如何依靠科技创新建设节约型社会没有明确具体的思路;很多地方对依靠科技创新建设节约型社会只停留在口头上,台上大谈依靠科技创新,台下置之脑后,很难付诸行动;在广大民众中依靠科技创新建设节约型社会的观念并没有有效深入,许多民众对科技创新认识模糊不清;许多地方政府没能形成依靠科技拉动经济增长的思想,许多企业不能深入认识自主创新对企业未来长远竞争力的影响。这些思想认识的欠缺直接影响建设节约型社会的步伐。

(二)重大节约技术仍没有实质性突破

目前,共伴生矿产资源综合利用技术、节约和替代技术、能量梯级利用技术、废物综合利用技术、循环经济发展中延长产业链和相关产业链接技术、高效节水灌溉技术和旱作节水农业技术、可回收利用材料和回收拆解技术、工业能源综合利用技术、重大机电产品节能降耗技术、绿色再制造技术以及可再生能源开发利用技术等等仍没有重大突破,要实现节约型社会这个系统工程目标,就务必在这些关键性技术上有所突破。

(三)科技人才欠缺

近年来,我国的科技队伍呈壮大趋势。2006年年底,我国科技人力资源总量已位居世界第一,研发活动的人员数位居世界第二。中青年科技人才正在迅速成长,已经成为我国科技事业的中坚力量,仅在"863"计划的课题负责人中,45岁以下的中青年专家就达到55%以上。[①] 但我国与发达国家相比仍有较大差距,并且,长期存在的科技人员总体质量不高、结构趋同问题仍然较为严重。

(四)节约技术运用和产业化力度不够

目前我国的单位GDP的能耗远高于其他国家,这说明我国在提高资源利用率方面科技运用力度不够,科技应用于节约领域不广泛。由于长期以来市场机制的不完善,造成了科技与经济的严重脱节,科研成果向企业转化率低下,仅以清华大学为例,每年的科研成果超过千项,而能转化到企业应用的不过几十项,造成了严重的资源浪费。要充分发挥科技在节约型社会的领航与支撑作用,就必须加速科技向现实生产力转化的力度。

(五)发挥科技在建设节约型社会中作用的理论研究欠缺

建设节约型社会既是重大的实践问题,又是重大的理论问题。当前,如何充分发挥科技在节约型社会中的作用尚处在起步阶段,这方面的研究还远远不够,国内出版的专著、论文较少,还需要进一步加强理论研究,为建设节约型社会提供理论指导。

第四节　发挥科学技术在建设节约型社会中作用的途径

发挥科技在建设节约型社会中的作用需要政府、企事业单位和公众等社会各

---

① 参见陈至立:《在2007年全国科技工作会议上的讲话》,载《科技日报》2007年1月30日。

界主动积极参与，需要在借鉴国外经验的基础上，结合我国实际，从转变观念、创新体制、完善机制、落实政策等方面下足工夫。

一、牢固树立"科技是第一生产力"的观念

观念是行动的先导。要发挥科技在构建节约型社会中的作用，就必须转变观念，牢固树立"科技是第一生产力"的思想，使充分发挥科技在建设节约型社会中的作用成为一种社会共识和自觉行动。

（一）党委和政府要切实转变经济社会发展观念

党中央提出的科学发展观，是充分发挥科学技术在建设节约型社会中作用的根本指导方针。建设节约型社会是落实科学发展观的重要内涵，发展科学技术是建设节约型社会的重要途径。可见，充分发挥科学技术在建设节约型社会中的作用，就是落实科学发展观。因此，各级党委和政府要把贯彻落实科学发展观作为执政兴国的核心理念，切实转变经济社会发展观念，自觉依靠科技进步拉动经济增长和社会进步，走集约型发展道路。2006 年中央经济工作会议提出把"又好又快"发展作为全面落实科学发展观的本质要求。党的十七大报告指出，实现未来经济发展目标，关键要在加快转变经济发展方式、完善社会主义市场经济体制方面取得重大进展；强调从制度上更好地发挥市场在资源配置中的基础性作用，形成有利于科学发展的宏观调控体系。同时，实行有利于科学发展的财税制度，建立健全资源有偿使用制度和生态环境补偿机制；指出坚持节约资源和保护环境的基本国策，关系人民群众切身利益和中华民族生存发展；号召更加注重提高自主创新能力、提高节能环保水平，加快转变经济发展方式，推动产业结构优化升级，促进经济增长由主要依靠增加物质资源消耗向主要依靠科技进步、劳动者素质提高、管理创新转变；加强能源资源节约和生态环境保护，增强可持续发展能力。[①] 要提高科技创新对建设节约型社会作用的认识，在广大民众中普及依靠科技创新建设节约型社会的观念，将长期存在的主要依靠资源投入拉动经济增长的思想转变为依靠科技为主，增强企业对自主创新提高未来长远竞争力的认识。各级党委和政府在建设节约型社会中，要在科学发展观的指导下，牢固树立"科技是第一生产力"的思想，在规划制定、资源节约、环境保护、生产发展等方面充分发挥科技的积极作用。

（二）企业要更新创造价值的观念

企业是建设节约型社会重要的主体之一。当前，由于我国企业自主创新能力不强，仍未成为科技创新的主体，从而制约了企业在建设节约型社会中主体作用的

---

① 参见胡锦涛：《在中国共产党第十七次全国代表大会上的报告》，北京：人民出版社，2007 年版。

发挥。企业传统的靠拼消耗的单纯的产值观念直接影响到自身生产和顾客消费，进而影响整个社会的生产和生活。企业必须具备良好的社会责任感，通过科技进步提高生产效率和产品质量，这是节约资源、保护环境的重要举措，也是建设节约型社会的主要内容。所以，在建设节约型社会过程中，要使广大企业自觉从节省原则出发，牢固树立"科技是第一生产力"的思想。依靠科技进步，合理使用资源，努力降低产品的成本，创造更多的利润和高质量的使用价值，在建设节约型社会中起到主体作用。

（三）使依靠科技建设节约型社会成为全民的主流意识和自觉行动

把依靠科技建设节约型社会的宣传教育活动纳入精神文明创建活动之中，纳入提高民族素质的教育中，广泛开展科技创新和节约资源活动。形成全社会参与节约资源的良好风气。通过宣传教育，要使广大民众在日常生产和生活中能懂得和掌握如何运用科技手段和方法实现节约；在日常生产和生活中不断探索运用科技实现节约的新方法和小窍门，使依靠科技建设节约型社会不仅成为全民的主流意识，而且成为全民的自觉行动。

二、构建有利于发挥科技在建设节约型社会中作用的体制

（一）改革和完善科技宏观管理体制

要把改革科技管理体制放在深化科技体制改革的突出位置。今后科技体制改革要在宏观层面加快科技管理体制的创新。

（1）建立有利于科技发挥作用的市场经济体制。发挥科技在建设节约型社会中的作用必须不断完善社会主义市场经济体制。要建设统一、开放、竞争、有序的现代市场体系。以市场为资源配置的主体，使资源的价格充分反映市场的变化，特别是要逐步完善科技资源的配置，提高科技资源的配置效率。改革原有的政绩考核体制，把重视发挥科技作用、节约资源纳入地方和企业干部的评价指标，以市场的力量促使地方政府和企业依靠科技进步，以实现资源节约。

（2）完善促进科技发挥作用的宏观管理体制。科学设计国家科技发展战略决策、宏观管理和决策咨询体制，科学安排重大科技计划、科技预算，加强对科技基础设施建设的宏观管理和统筹协调。设立专门机构负责协调政府各机构科技政策的制定与实施，统一协调各地区、各部门与各行业之间的科技资源，促进科技发挥节约资源的作用。继续积极推进知识产权保护制度建设，完善维护企业研发成果与专利权的体制。确立中央政府的科技投资目标，确保政府计划与目标相符，加强国家对科技发展与发挥作用的组织动员能力和协同集成能力，保证科技决策与目标能在其他政策和计划制定及实施中得以贯彻落实。

（3）强化对科技发展的体制性激励。明确政府职能，进一步改进管理科技活

动的方式和手段,减少对科技活动的行政干预,通过信息公开、政策扶持、牵头合作等措施,引导和激励企业自主研发。科学考评科研机构与科研人员的科研成绩,建立促进企业与科研机构合作的有效体制,完善二板市场,降低科技创新企业信贷融资的门槛,激励企业自主研发,形成以企业为创新主体的格局。

(4)健全科技发展体制。要在科技发展方面建立科学的决策体制,明确科技发展的定位与任务层次,促进研究主体间的合作。积极推进投资主体多元化,转变政府主导型的投入体系,建立以企业为主导的科技研发体系,扩大科研的资金来源。科学规划科技发展中的课题设置,推动信息市场与技术市场的重组,采用先进的信息采集、处理、传递手段,逐步形成多功能、高效率的科技服务体系。①

(二)改革和完善科技微观管理体制

(1)健全促进科技发展的微观体制。通过深化改革,转变企业重数量、轻质量,重速度、轻效益,重物质投入、轻科技作用的做法,引导、迫使企业重视研发,重视发展科技,积极发挥科技作用,提高经营集约程度,实现对资源的节约与合理使用。促使企业完善自主创新的体系和平台建设,建立有利于节约的企业内部科技创新体制,提高企业的自主创新能力。

(2)以有效的微观体制促进企业与科研机构的合作。使科技创新的主体由院所导向型转为企业导向型,调整基础研究、应用研究和技术开发研究的关系,促进技术创新产业化。探索有利于企业与科研机构有效合作的体制,实现公平的利益分配,强化两者间的合作,合理利用优势资源。

(3)健全推动科技发挥作用的微观体制。完善企业科技创新的投融资体制,规范风险资本的进入、营运和退出,形成正确的风险意识。促使企业科技能力的自我积累和改造;促使企业积极认识科技发展如减量技术、替代技术、再利用技术、资源化技术、系统优化技术、延长产业链和相关产业链接技术、"零"排放技术以及降低再利用成本的技术等在建设节约型社会中的重要作用,重视这些技术在资源开发利用领域的应用,构建起资源节约的技术支撑体系;促使企业坚持引进技术与消化、吸收、创新相结合,提高自主创新能力,提高主动适应国家的宏观调控与产业结构优化升级的能力。

(4)完善企业的内部管理体制。大中型企业内部要建立起科研的高层管理机构与科研决策机构,对科技研发进行整体战略规划,中小企业要建立专门的科研管理部门,加强对外合作。要把资源节约和资源综合利用技术的开发、改造(引进)、推广有机地结合起来,积极配合技术改造示范项目,加快技术转化为现实生产力的速度,特别是要加快资源节约的新技术、新产品和新材料的推广应用,争取对行业

---

① 参见《我国科技体制改革回顾与展望》,载《中国信息导报》2004 年 7 月 21 日。

的发展起到革命性的影响和领导作用。

三、构建有利于科技在建设节约型社会中发挥作用的机制

充分发挥科技在节约型社会中的作用,不仅要创新体制,更需要有健全的实施机制,目前,就我国实际情况而言,重点是完善以下几个方面的机制。

(一)完善新的管理运行机制

一是从微观管理转向宏观管理。要将分散在不同部门的财政对科技投入的决策权集中行使,科技主管部门要从安排资金、决定项目以及实施评估等具体事务中解脱出来,集中精力制定政策及执行监督。二是从直接管理转向间接管理。依法建立有关的基金会、学会等非政府组织,由政府聘请专家来具体确定项目和资金安排,并健全其内部的招投标、监督、评估等制度。三是加强科技项目的绩效评估。绩效评估作为公共管理的基础,在西方各国被广泛重视并应用到各公共服务领域,其过程也更加规范化、系统化。我国在科技经费管理方面相对落后,不够科学,人为因素和主观因素导致大量经费不用在刀刃上,而且项目评审、验收等机制亟待完善。

(二)建立多元化的科技投入和融资机制

一要建立多元化的科技经费投入机制。关系国计民生和国家安全的重大科技项目、基础科学研究等由政府财政保证,并根据需要不断增加。市场前景好、收益高的科技项目,要积极鼓励企业成为投资的主体,充分发挥社会资本的作用,支持企业加大对科技的投入,逐步形成"谁投资,谁收益"的多元化的科技投入产出机制。二要完善融资机制。适应科技创新的要求,健全我国现行的融资制度。根据现代科技创新具有高投入、高产出、高收益和高风险的特征,进一步健全风险投资机制,规范风险资本的进入、营运和退出行为,积极发展专为科技服务的二板市场,规范运作程序,有效保护风险投资者的利益,发挥企业科技创新的积极性。

(三)完善科技推广机制

当前,我国科学研究与成果的推广应用脱节,科技与经济结合也缺乏应有的活力,与新的科技体制不相适应,改变这一状况的根本措施就是进一步完善科技推广机制,促使科研、开发、应用等一系列科技创新环节的有机结合。特别是在全国努力增创自主创新能力的今天,要尽快赶超发达国家的科技水平,就必须坚持消化吸收与提高创新相结合。在引进和学习先进技术的基础上,消化和吸收,从而掌握核心技术,进一步提高我国企业的自主创新能力。

(四)建立有利于科技创新人才发挥作用的机制

牢固树立人才是我国科技发展第一资源的观念,建立、健全科技创新人才的培养、引进、选拔和激励机制。制定中长期科技专门人才培养计划,有计划、有步骤地

实施人才培养工程。以培养高素质科技创新人才为重点,着眼于提高科技人才队伍的整体素质,制定科技创新人才教育培训计划。完善在职人员培训制度,鼓励高等院校为科技发展培养后备人才。拓展人才视野,收集加工国内外科技人才信息,加大我国急需创新人才的引进力度,全面落实国务院鼓励和吸引海外优秀人才的各项优惠政策,为他们回国创业提供优质的服务和良好的发展环境。优化人才资源配置,促进人才集聚,形成事业成才机制,选拔优秀科技创新人才,加快构筑创新人才高地。建立与科技发展规律和市场经济规律相适应的分配激励机制,实行业绩与收入挂钩,确立技术和管理等生产要素参与分配的原则。建立科技创新人才供求信息网和高级人才数据库,推动科技人才市场建设,为人才有序流动创造良好环境。充分开发和利用国内外两个人才市场、两种人才资源。

(五)建立科技基础条件平台的共享机制

建立有效的共享制度和机制是完善科技创新体系的重要内容之一。根据"整合、共享、完善、提高"的原则,借鉴国外成功经验,制定各类科技资源的标准规范,建立促进科技资源共享的政策法规体系。针对不同类型科技条件资源的特点,采用灵活多样的共享模式,打破当前条块分割、相互封闭、重复分散的格局。

四、落实有利于科技在建设节约型社会中发挥作用的政策

发挥科技在建设节约型社会中的作用,需要在建立相应体制,完善机制的基础上,制定和落实切实可行的政策,这样才能使科技在建设节约型社会中的作用落到实处。

(一)落实有利于科技发挥作用的资源节约政策

国家要制定资源节约目标,科学设立主要用能产品的能源效率标准,规范开展节能产品认证,提高我国主要耗能和耗资源产品的市场准入门槛,建立能源资源效率标识制度,降低万元GDP能耗。具体包括:一是落实能源节约使用政策。要推行全社会节能工程,针对重点用油行业技术现状,抓紧燃料油节约和替代技术的开发、示范和推广,包括组织关键技术开发、组织节约和替代燃料油技术示范及对先进成熟的节油技术进行推广。二是落实水资源节约政策。要根据各地水资源条件和行业结构特点,合理调整产业结构布局,优化水资源配置。积极研发水处理和水节约技术,发展符合国家产业政策、水资源消耗少、用水效率高的产业。依法淘汰落后的高耗水工艺、设备和产品,针对水质性缺水日趋严重的状况,全面推行工业企业清洁生产,高耗水、高废水排放企业都要积极实施清洁生产。三是落实原材料节约政策。加强原材料消耗管理,积极推行"绿色制造",降低不可再生资源的消耗,提高原材料的循环利用和利用效率。四是落实土地节约政策,促进土地节约使用。

（二）落实有利于科技发挥作用的产业政策

现代经济发展本质上是以产业变动为核心的经济发展,经济发展方式的转变必然伴随着产业结构的不断优化升级,科技在推动产业结构优化升级与经济发展的过程中有着极其重要的作用。要顺应经济发展的规律,发挥政府在提供制度服务方面的作用,以产业政策变化为引导,出台促进产业结构调整、优化和升级的产业政策,促进科技作用的发挥。主要体现在:一是鼓励积极发展现代服务业。现代服务业科技含量高,是现代经济的重要特征,发达国家的服务业产出占国内生产总值的比重一般在60%—70%。要加快现代服务业发展所需人才的培养和引进,减少进入现代服务业的限制条件,鼓励各种资本进入的,并发挥行业协会、商会等自律性行业组织在科技创新、行业自律、提供信息服务等方面的积极作用,促进各种科技资源在现代服务业发展中作用的发挥。二是鼓励积极改造传统产业。政府要按照新型工业化的要求,对企业改造传统产业应给予财政和政策支持,鼓励企业积极利用现代科学技术,加强对工业流程的改造,用信息化促进传统产业的转换,促进产业结构的优化升级,提高经济效益。三是鼓励积极发展旅游农业、生态农业。要按照新农村建设的要求,积极发展以生态农业、旅游农业为特征的现代特色农业。可以选定一些旅游农业示范区与生态农业示范区,各级财政给予一定支持,引入农业科研院所的合作,促进科技在现代农业发展中作用的发挥。

（三）落实有利于科技发挥作用的财政和金融政策

一是实施支持自主创新的财政政策。要完善公共财政体制,实行有利于科技进步和节约环保的财税制度。根据国家"十一五"规划提出"实行有利于资源节约的价格和财税政策"的目标,研究制定鼓励使用节能节水产品减免税的优惠政策,出台鼓励发展节能车型,依法淘汰高油耗车辆的财政税收政策。继续完善资源综合利用的税收优惠政策,调整完善资源性产品进出口的税收政策。公共财政要加大对政府资源节约管理和政府机构节能改造的支持力度,研究建立再生资源回收处理收费制度。对一些节约资源、发展循环经济的重大工程项目和技术开发、产业化示范项目,政府要给予直接投资或资金补助等支持,发挥政府投资对社会投资的引导作用。要加快完善自然资源的价格形成机制,逐步理顺资源性产品与最终产品的比价关系。积极调整水、热、电、天然气等的价格政策,促进资源的合理开发、节约使用、高效利用和有效保护。二是实施支持自主创新的金融政策。各类金融机构应完善支持企业科技创新的优惠政策,通过贷款贴息等措施壮大企业科技实力,使企业在建设节约型社会中起到主力军的作用。

（四）落实有利于科技发挥作用的人才政策

要发挥科技在节约型社会的先导作用,归根到底取决于人的因素。为此,一要落实有利于科技发挥作用的干部政策。制定有利于科技发挥作用的干部评价指标,重点做好干部任期内的原材料消耗强度、能源消耗强度、水资源消耗强度、污染物排放强度、全社会劳动生产率等指标的考核。按照建立决策目标、执行责任、考核监督"三个体系"的要求,实行科学决策,落实责任,严格考核和奖惩。根据绿色GDP核算体系和评价指标体系,建立领导干部任期环境质量责任制和行政问责制。加快培养有利于科技发挥作用的后备干部队伍,配备有利于节约的省市县领导班子。二要全力培养创新型人才,营造创新型人才的发展环境。要把人才资源作为第一资源,科技人才战略作为第一战略。不仅要善于发现创新型人才,更要善于使用、培养创新型人才。要加快推进人才教育基地等硬环境建设,加强有利于创新型人才成长和发挥作用的机制等方面软环境的营造。制定政策鼓励研究人员在科研单位、大学和企业之间的流动,尤其要鼓励开展共同研究的人员短期交流。要改革教育制度,把提高学生的科技素质作为整个教育的目标之一,尤其要重视培养能够适应未来需要的创造型人才。重视职业技术人才的培养,为社会提供优秀劳动者。重视成人教育,为全体劳动者创造接受再教育的条件,使他们能够不断更新知识,跟上科技进步的步伐。把实行终身教育逐步作为制度加以确立,以不断提高和改善各类社会成员的知识积累和知识结构,全面增进创新能力。

五、建立有利于科技在建设节约型社会中发挥作用的法制保障

发挥科技在节约型社会中作用要加强法制,努力加强立法,严格执法,增加法律的监督力度,形成具有法律强制性的"自觉"。

(一)加强立法,建设有利于科技在建设节约型社会中发挥作用的法律体系

要从战略的高度出发,强制企事业单位接受和采用有利于节约的科技方法,例如推广节能产品,还要严格控制高耗能、高污染行业的发展和产品的生产。要健全有关节约的法规规章。抓紧制定和修订促进资源有效利用的法规规章,加强节约用水、节约用油、建筑节能、墙体材料革新、废旧物品回收处理等资源节约与综合利用的立法工作,重点建立严格的节约管理制度,规范执法主体,明确激励政策,加大惩戒力度等;建立循环经济评价指标体系及相关统计制度。这方面的节约立法要尽可能避免原则性规定,用准确而具体的语言进行规范。我国有关能源的法律法规原则性规定比较多,具体性条款比较少,量化指标少。我国立法时要制定相对科学、明确的节约标准,界定什么是节约,什么是浪费,明确相关主体的责任,减少法律上的漏洞和解释上的歧义。国家已有相关制度和标准的,各省应制定相应的节约实施细则;国家没有相关制度和标准的,要允许各地在立法权限内先行一步。

(二)严格执法,保证科技立法付诸实施

我国许多法律法规都涉及"反对浪费、厉行节约"的内容,如《中华人民共和国宪法》、《中华人民共和国节约能源法》等。但我国能源利用效率的总水平仍没有

得到显著提高,浪费现象依旧普遍和严重,有些地方甚至愈演愈烈。这些现象的产生与执法不严有着密切关系。因此,建设节约型社会,必须严格执法,确保法律充分、及时、正确地实施,保证科技充分发挥作用,主要做到:加强节约的监督管理,建立节约管理体系和工作责任制,明确相应管理机构的职责和权限;质量技术监督部门要通过颁发制造计量器具许可证、组织后续监督抽查等手段,强化对节能监测和能源计量仪器仪表的监督管理,对节能标准执行情况进行专项检查。严格依法办事,对达不到法定最低能效标准的产品,禁止生产、进口和销售;对公共建筑和民用建筑达不到法定建筑节能设计规范要求的,不准施工、验收备案、销售和使用;对矿山尾矿中资源品位严重超标的,要采取强制回收措施。对因工作失误而导致浪费现象发生的,相关责任人要承担相应的法律责任,包括刑事责任。

第十八章

发展循环经济与建设节约型社会

　　循环经济是当今世界经济发展的新模式、新动向、新趋势,已经在美、德、法、日等发达国家进行实践,并取得了显著成效。实践证明,发展循环经济是建设节约型社会的重要途径。本章对此专门进行探讨。

第一节　循环经济的节约内涵

一、循环经济的核心是节约

(一)发展循环经济的主要目的是为了实现资源的节约

　　当今社会,可持续发展的主要障碍来自于资源、能源、环境容量的有限性和人类社会需求增长的无限性。随着社会可持续发展问题的日益尖锐,循环经济应运而生并越来越为世界各国所认同,其内涵也在不断发展和完善。在国外,循环经济概念是由美国学者 K. 波尔丁在 20 世纪 60 年代提出的,它是指在人、自然资源和科学技术的大系统内,资源投入、企业生产、产品消费及其废弃的全过程中,把传统的依靠资源消耗增长的经济,转变为依靠生态资源环境来发展的经济。循环经济最重要的操作原则是 3R 原则,即"减量(Reduce)、再用(Reuse)、循环(Recycle)"。此后,这一理念逐渐被世界各国所接受并很快成为制定政策的重要依据之一。

　　在我国,循环经济这一概念出现的时间不长,不早于 20 世纪 90 年代中期,自2002 年起关于这一方面的文章大量出现。① 2005 年我国学者吴季松进一步提出了 5R 循环经济的新理念,并得到一致认同。5R 理念主要包括:再思考(Rethink)、减量化(Reduce)、再使用(Reuse)、再循环(Recycle)、再修复(Repair);中国工程院院士金涌将循环经济理念具体到生态工业工程方面,认为在生态工业技术的开发上应该遵循 5 个原则,分别是:进化替代原则、减量化原则、再利用原则、再资源化

---

　　① 参见周宏春、刘燕华等:《循环经济学》,北京:中国发展出版社,2005 年版,第 1 页。

原则、互利共生原则和集成优化原则。① 这和吴季松的观点有所不同,但核心观点都是提高资源利用效率,提高经济效益,减少环境污染,实现节约。由此可见,发展循环经济的最终目的是实现资源的节约。

(二)节约是循环经济的主要内容

作为一种新型的生产模式和生活模式,循环经济涉及科技、生产、消费、教育、法律、道德等诸多方面,它追求充分、重复、循环地利用资源,优化利用能源、注重可再生能源的开发,重视环境污染的源头防治与生态保护,实现效率和利润的最大化,做到资源、能源、环境和效益的"四赢"。在资源节约和综合利用、废旧物资回收利用、环境保护等方面实现节约,以尽可能少的资源环境代价获得最大的经济和社会效益,实现人类社会的和谐发展。② 不论是著名的3R原则,还是现在的5R循环经济的新理念,虽然包含着保护环境的要求,但其主要内容都是围绕着节约而展开的。

(三)发展循环经济的途径都体现了节约的要求

发展循环经济的途径多种多样,宏观方面包括编制规划、调整结构、完善政策法规;微观方面包括提高资源综合开发和回收利用效率,循环利用各种废旧资源等等,但它们有一个共同的特点,即都体现了节约的要求。如循环经济强调自然资源也要形成循环,将自然作为人类依存的基础,强调利用科技促进生态系统的自我修复;强调提高自然资源的利用率,循环使用资源,尽可能用可再生资源代替不可再生资源;循环经济提倡物质的适度消费、层次消费,在消费的同时就考虑到废弃物的资源化,建立循环生产和消费的观念等都体现了节约这一主题。

二、发展循环经济与建设节约型社会的内在联系

发展循环经济不仅是为了提高资源的利用效率,而且是指围绕资源高效利用和环境友好所进行的社会生产和再生产活动,因此,它与建设节约型社会有着内在的联系。

(一)发展循环经济和建设节约型社会的主要载体是相同的

建设节约型社会必须明确其承载的主体。在现代社会中,企业是资源的主要消耗者。所以,企业是建设节约型社会的重要主体,没有节约型企业,节约型社会是难以真正实现的。企业要实现节约,成为节约型企业,就必须大力发展循环经济。企业一般具有人员集中、技术集中、资源消耗集中的特点,这些特点使企业最

---

① 参见《金涌院士谈循环经济的工程科学基础　四赢模式必须遵循五个原则》,厦门循环经济网2005年9月13日,http://xmxh.smexm.gov.cn/2005-9/2005913152944.htm。

② 参见周宏春、刘燕华等:《循环经济学》,北京:中国发展出版社,2005年版,第10—17页。

具备发展循环经济的条件,企业发展循环经济的过程实质也就是建设节约型社会的过程。可见,没有循环经济,建设节约型社会是达不到应有程度和预期目标的。

(二)发展循环经济对建设节约型社会具有极其重要的促进作用

建设资源节约型社会必须大力发展循环经济,大力发展循环经济也是世界工业发达国家和发展中国家走节约型发展道路,建设节约型社会的一条成功经验。发展循环经济的思路、途径、对策、方法等,直接推动了资源节约型社会的建设,因此,无论从哪一方面来说,发展循环经济都大大推进了节约型社会建设的进程。

(三)建设节约型社会有利于发展循环经济

节约是发展循环经济的主要内容,但是,建设节约型社会包括了发展循环经济,发展循环经济是建设节约型社会的重要途径,因此,建设节约型社会有利于发展循环经济。因为,发展循环经济的目的是实现经济和社会的可持续发展,势必要求从政策法规、组织制度和技术手段上提高资源的使用效率、减少污染排放。这些只有从建设节约型社会的高度出发,通过制度、体制、机制的建立才有可能。

第二节 马克思循环利用资源理论及其启示[①]

循环利用资源是实现资源可持续利用的必由之路。马克思在《资本论》中对循环利用资源问题作了不少分析,提出了一些在今天看来仍然具有现实意义的观点。特别可贵的是,马克思主义经济学从创立之初就注意到资源利用的可持续性。

一、再生循环和回收循环理论对建设节约型社会的指导作用

循环利用资源就是当资源经过至少一次利用之后,对其排放物或转化物进行资源化处理,使它重新具备原有的功能,从而再次加以利用。作为循环利用资源的基本方法,马克思分析过再生循环和回收循环,他认为,人和自然之间不断进行物质变换,必须保持必要的平衡。他曾批评近代资本主义生产方式"破坏着人和土地之间的物质变换,也就是使人以衣食形式消费掉的土地的组成部分不能回归土地,从而破坏土地持久肥力的永恒的自然条件"[②]。这种情况在现代社会还远远没有改变。马克思关于使人消费的土地的组成部分回归土地的理论正是循环经济的基本原理之一。

(一)再生循环

再生循环就是借助自然和人力的作用,对各种可再生资源进行循环利用。马

---

① 本节经郑志国教授同意,主要参考了他的《循环利用资源的六种方法——以马克思的分析为基点》,载《岭南学刊》2007 年第 6 期。

② 《马克思恩格斯全集》第 44 卷,北京:人民出版社,2001 年版,第 579 页。

克思所讲的人以衣食形式消费掉的土地的组成部分回归土地,实际上是一种再生循环。各种物质资源分为可再生资源和不可再生资源,其中可再生资源包括各种生物资源和一些化学物质以及太阳能、水能、风能等,这类资源消耗之后可以在适当的自然条件下自动再生,或者以自然作用为基础,通过人类生产活动而再生。

国内外正在蓬勃发展的生态农业就包含生物资源的循环利用。它以生态学原理为指导,把种植业和林业、牧业、渔业以及相关加工业有机结合起来,力求各物种和谐相处,相互促进,实现循环利用。例如,我国农村许多家庭修建了沼气池,种植农作物收获农产品,植物枝叶、秸秆和部分果实作为饲料用于养殖猪牛羊等动物,其排泄物加部分植物秸秆投入沼气池用于生产沼气提供能源,沼气池出料回归农田成为有机肥,生物资源得到再生循环利用,经济效益和生态效益非常可观。到2005年年底,我国已建成农村沼气池1700多万座,年产沼气约65亿立方米;此外,还建成了大中型沼气工程1000多处,年产沼气10亿立方米。① 这些沼气工程在生物资源的再生循环利用中发挥了关键性的作用。又如,水能属于可再生能源,在江河上修筑水坝,利用水能来发电,经过利用的水流到下游或海洋,在太阳能的作用下蒸发,又通过大气运动输往江河上游形成降水过程,变为新的水能,从而实现再生循环利用。

图18-1反映了资源再生循环利用过程:左边的圆圈表示资源的利用过程,包括生产和消费活动;右边的圆圈表示资源的再生过程,通常需要自然和人力的共同作用;上下两个箭头表示物质和能量的循环,其中下方的箭头表示资源进入利用过程,上方的箭头表示资源被利用后通过回归自然,进入再生过程。在不同资源的再

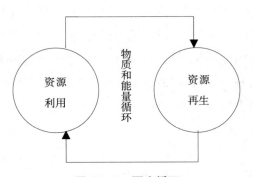

图18-1　再生循环

生循环过程中,自然和人力的作用大小有差异。有些资源如水能、风能完全是在自然的作用下再生;有些资源如农产品的再生部分依靠自然的作用,部分依靠人的生产活动。可再生资源始终处于自然界的物质和能量的循环运动中,人类开发利用

---

① 参见史立山:《我国可再生能源现状及展望》,载《财经界》2006年第3期。

它们是在一定范围内参与自然的物质和能量循环过程,只有同自然密切配合,才能构成再生循环利用的完整系统。

在上面讲到的水力发电中,太阳能和地球重力是循环的原动力,特别是太阳能作用以及由此引起的大气运动不断实现水力的再生,人类修建水电站及相关设施只是整个水力资源循环利用过程中的部分环节。有些生物资源被利用之后,需要用人力对各种剩余物、排放物或转化物进行回收和资源化、再利用处理,否则不能构成完整的资源循环利用过程。比如,一些地方种植经济速生林,发展木材加工和造纸等相关行业,虽然木材可以再生,但是由于对木材利用后的剩余物和转化物没有进行回收和资源化处理并回归土地,实际上是对木材的一次性利用,结果土地肥力迅速下降,难以持续。

(二)回收循环

回收循环就是回收各种废旧产品和排放物,按其有用成分和用途进行循环利用。马克思在《资本论》第三卷分析了排泄物的回收循环利用,他把排泄物分为生产排泄物和消费排泄物两种类型:"我们所说的生产排泄物,是指工业和农业的废料;消费排泄物则部分地指人的自然的新陈代谢所产生的排泄物,部分地指消费品消费以后残留下来的东西。""……生产排泄物,即所谓的生产废料再转化为同一个产业部门或另一个产业部门的新的生产要素;这是这样一个过程,通过这个过程,这种所谓的排泄物就再回到生产从而消费(生产消费或个人消费)的循环中。""消费排泄物对农业来说最为重要。"马克思还从生产技术方面分析了排泄物利用的条件:"总的说来,这种再利用的条件是:这种排泄物必须是大量的,而这只有在大规模的劳动的条件下才有可能;机器的改良,使那些在原有形式上本来不能利用的物质,获得一种在新的生产中可以利用的形态;科学的进步,特别是化学的进步,发现了那些废物的有用性质。"[①]这一分析即使在今天看来也是相当全面的:大规模的劳动产生大量的排泄物;机器的改良使排泄物获得可以利用的形态;科学技术的进步发现排泄物的有用性质,并提供可行的方法。所有这些条件加在一起,使排泄物的再利用和资源化成为现实。

从一定意义上讲,对资源的回收利用也是一种再生利用,得到回收利用的资源习惯上也称为再生资源。但可再生资源完全或部分借助自然的作用而再生,不可再生资源的回收则主要依靠人力,而且存在一定的损耗。如果说前面所讲的再生循环主要适用于可再生资源,那么这里所讲的回收循环则主要适用于不可再生资源。当然,两者在一定条件下可以结合。

图18-2反映了资源回收循环利用过程:左下方的圆圈表示生产领域,从外部

---

① 《马克思恩格斯全集》第46卷,北京:人民出版社,2003年版,第115页。

输入资源,产品供消费,生产中的排放物及时加以回收利用;右下方的圆圈表示消费领域,产生的排放物得到回收;上方的方框表示资源化处理,形成的再生资源重新进入生产领域。

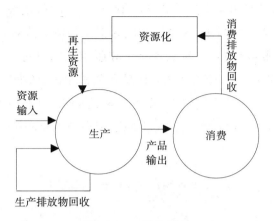

图 18 – 2　回收循环

目前,各种不可再生资源的回收循环利用主要有三种具体方法:一是回收废旧产品及其零部件,当做原材料重新加工利用,比如回收废旧金属再冶炼和加工;二是回收某些使用过的产品,经适当处理后再以原形投入使用,比如回收牛奶瓶、啤酒瓶经过清洁消毒后再使用;三是回收在资源利用过程中挥发、散失的各种原材料的有用成分或其他转化物通过适当途径重新加以利用。

传统经济十分重视资源配置和生产销售,但对资源消耗之后如何回收利用却重视不够。产品设计和生产往往只是考虑如何方便使用,对使用之后的资源回收问题有所忽略。为了实现资源可持续利用,要求整个社会统筹考虑资源配置和回收利用问题,把这两个方面纳入统一的物流管理。采取必要的法律、政策、经济和舆论手段,促使企业和广大消费者重视资源回收利用。在产品设计时充分考虑它在生产和消费过程中会产生哪些废旧产品和排放物、怎样回收利用等问题,选择有利于回收利用的设计方案;在生产领域最大限度地提高资源利用率,及时回收利用各种排放物;在消费中产生的废旧物品和包装材料也应通过多种渠道来回收利用。

二、马克思循环利用资源理论的启示

马克思分析的关于循环利用资源的上述两种基本方法对我们有很大的启示,这就是根据事物的相互联系性,在我们的生产生活过程中,许多资源都能循环利用。发展循环经济的天地十分广阔。以下几种方式就是在马克思循环利用资源理论的启示下得到的。

(一)互利循环

两个生产单位或生产过程互相循环利用对方的产物或排放物,称为互利循环

（见图 18－3）。这种循环在自然界和农业中比较常见。农作物的果实和枝叶是人畜的食物，人畜的排泄物是农作物的肥料，双方互利循环。在工业中也有一些成功的实例。例如，某热电厂原来排放的烟气含有大量粉尘和硫化物，污染环境；附近一家由该发电厂供热的印染厂则排放 PH 值 10—13 的碱性废水，每天要用 5—6 吨硫酸来处理这些废水。后来，热电厂利用印染厂的废碱液对烟气进行脱硫，将碱性废水引入锅炉水膜除尘器，在对烟气除尘和脱硫的同时对印染厂的废水起到脱碱、脱色作用。结果发电厂烟气中 50% 的硫化物被脱出；印染厂废水的 PH 值降为中性，得到循环利用。在这个实例中，发电厂利用印染厂的碱性废水给烟气脱硫，印染厂利用的发电厂的含硫烟气脱碱，实现治理污染的互利循环，取得良好的综合效益。

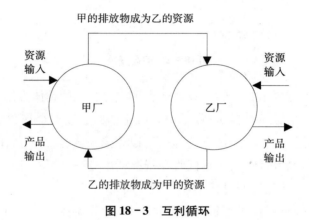

图 18－3　互利循环

图 18－3 反映了资源互利循环利用过程：左右两个圆圈分别表示甲、乙两个工厂或生产单位，它们有各自的资源输入和产品输出，同时互相利用对方的排放物。互利循环涉及两个相关生产过程或企业，得到循环利用的资源主要是各生产过程的排放物或原生资源至少经过一次利用后的转化物。采用这种方法的关键是发现不同产业、企业和生产过程在资源利用上的互利和互补性，只要两个生产过程的排放物或转化物具有某种互利或互补性质，就可以设计建立互利循环的生产体系。

（二）反馈循环

把两个相关的生产过程按一定的先后次序连接起来，其中前一个生产过程制造某种产品时的排放物成为后一个生产过程的原料，后一个生产过程的部分产品作为生产要素反馈给前一个生产过程加以循环利用，这就是反馈循环。例如，某化工集团利用磷矿和硫酸作为原料，首先生产一种产品磷铵，再用这个生产过程排放的废渣磷石膏分解成水泥熟料和二氧化硫窑气，水泥熟料与锅炉排除的煤渣等配置水泥，二氧化硫窑气制硫酸，反馈给前一个生产过程用于再生产磷铵，部分资源得到循环利用。同单一生产磷铵、硫酸、水泥的企业相比，该集团的经济效益提高了13%,而且基本上实现了清洁生产。又如,有一家啤酒厂上游生产需要热能,主要靠燃煤发电提供;下游生产产生大量沼气,过去是通过火炬燃烧后排入大气,后来将沼气收集起来,反馈给上游用于发电,实现部分资源的反馈循环利用。

图18-4反映了资源反馈循环利用过程:左右两个圆圈分别表示上下游生产,各有自己的资源输入和产品输出;下游生产过程利用上游生产过程的排放物,所生产的部分产品恰好是上游生产过程所需要的资源,因此反馈给上游生产过程,实现部分资源的循环利用。反馈循环在两个相关生产过程之间构成一种特殊的资源利用关系:前一个生产过程首先至少生产出一种产品,可称为一次生产;然后对其排放物添加其他原料构成另一个生产过程,生产出一次生产所需要的某种原料,通常还可以生产其他直接销往市场的产品,可称为二次生产;如果二次生产的排放物还能利用,则可以组织三次生产,只要其中部分产品能够反馈给前面的生产过程作为要素加以循环利用,就属于反馈循环。一般在企业内部完成多次生产和反馈循环;如果相关生产过程涉及不同的企业,也可以在企业之间建造含有反馈循环的生产线。这种形式在化工、冶金行业有一定的实用性。

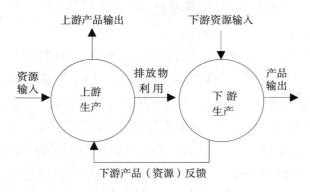

图18-4　反馈循环

(三)连环循环

在三个以上的生产过程或企业之间建立链式循环利用资源的关系,称为连环循环。最典型而又简单的例子是我国长江三角洲和珠江三角洲地区的桑基鱼塘:鱼塘养鱼,塘泥肥桑,桑叶养蚕,蚕粪喂鱼,形成连环循环。改革开放以来,不少农户根据市场需求变化,建起花基鱼塘、菜基鱼塘、果基鱼塘:鱼塘养鱼,定期挖出塘泥用于养花,种植蔬菜和水果,鱼、花卉和蔬菜销往市场,并从市场购进部分鱼饲料和其他必需品,形成更大的连环循环圈,实现部分资源循环利用,生态效益和经济效益都很显著。通过建设沼气池,把种养殖结合起来,也能在一定范围实现资源连环循环利用。

图18-5反映了资源连环循环利用过程:三个圆圈分别表示A、B、C三个生产

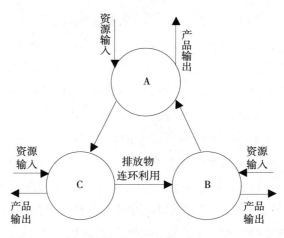

图 18－5　连环循环

单位,每个生产单位都有自己的资源输入和产品输出;A 利用 B 的排放物,B 利用 C 的排放物,C 利用 A 的排放物,形成资源连环利用关系。在三个以上的生产过程和企业之间也可以构造这种循环。目前在工业生产中还比较少见连环循环的实例,但是从理论上讲这种方法是有开发应用潜力的。

（四）分合循环

准确地说,这种方法称为分解合成循环,即采取一定的方法分解某种资源,其利用过程又将其合成,然后再分解,再合成,以至无穷。在生态系统中,动物消化食物是一种分解过程,而植物的光合作用则是一种合成过程,双方构成分解合成循环,得到循环利用的资源包括氧、碳水化合物等维持生命活动的各种营养物质。在经济活动中也可以实行某些资源的分合循环利用。例如,将水分解为氢和氧,两者结合起来燃烧又生成水,可供循环利用。目前存在的主要问题是分解水需要消耗很大能量,成本较高。通过利用太阳能和风能来发电,然后进行电解水制氢,或者直接利用太阳能进行光解水制氢,极有可能成为解决可携带能源的主要方法。其前提是大力开发利用太阳能、风能等清洁能源,逐步降低成本,为电解水制氢创造有利条件。图 18－6 反映了资源分合循环利用过程:左右两个矩形分别表示资源分解和合成过程;上方的大圆圈表示资源 A,下方两个小圆圈分别表示 A 分解后形成的 a_1、a_2 两种资源,前者与后者在一定条件下实现分解合成循环利用。

上述六种方法是密切联系的,它们对节约型社会建设发挥着日益重要的作用,特别是结合应用的趋势逐步明显。例如,反馈循环中就包含资源回收环节,在生产过程下游的一定环节回收某些资源,经适当处理后反馈到上游重新利用,构成反馈循环。随着循环经济不断发展,将出现更多的循环利用资源的具体方法,最终实现资源可持续利用,促进节约型社会建设。

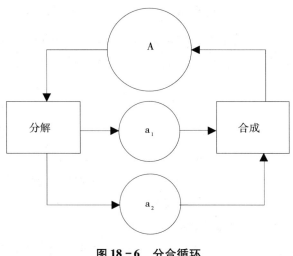

图 18-6 分合循环

第三节 建立有利于循环经济发展的经济结构

当前,我国经济结构不合理,区域布局和发展失衡,很有必要建立有利于发展循环经济的经济结构。一方面,要调整和优化产业结构,加快我国产业结构高级化的进程;另一方面,大力发展农业循环经济、第三产业循环经济和区域循环经济。

一、大力发展高新技术产业,实现传统产业升级

(一)走新型工业化道路,提高产业竞争力,实现工业的可持续发展

经济增长离不开产业结构优化、升级和培育新的经济增长点,要以高新技术产业为先导,支柱产业和制造业为支撑,服务业全面发展的产业格局,走信息化带动工业化的新型工业化之路。[1] 实现工业的可持续发展,就是要在工业领域贯彻与体现循环经济的理念,强调节约资源与能源以利于永续利用;工业增长不能以破坏生态环境为代价,工业产品的加工与生产方式要符合特定的环境标准,要把降低资源消耗作为产业结构布局的重要标尺,按照循环经济要求将废弃物质最大限度地回收利用,以减轻末端治理的压力,构筑社会、经济和环境"共赢"的产业发展模式。

(二)将产业结构调整升级置于国际国内产业双循环中

通过承接国际劳动密集型产业的转移实现了我国工业化的起飞,现正处于承

---

① 参见向常清:《广东产业结构优化的基本思路》,载《长春工业大学学报(社会科学版)》2004年第4期。

接新一轮国际产业转移、加快发展重化工业的新阶段。只有将已经失去或即将失去的比较优势的产业,根据生产成本最优配置的原则转移到要素成本更低的地区,才能为承接国际先进产业腾出空间;只有将现有比较优势的产业的生产和销售链条延伸到世界各地去寻找资源和市场,才可以延缓"长三角"、"珠三角"等地区投资成本增高的趋势和进程,从而延长中国改革开放以来大发展的黄金周期。产业承接必然要求我国将产业结构调整升级置于国际国内产业双循环中,通过向国内、国际双向开放,建立区域间产业循环机制,全面拓展产业发展空间,加快产业升级。与此同时,各个产业内部的行业结构也在加快由低附加值行业向高附加值行业转移,这种变动将直接推动产业结构的优化和升级。

(三)要以产业扩充的思路调整产业结构

首先,要以主导产业整合优势资源。立足于经济一体化形成城市的产业高地,使形成产业高地的产业体系具有独特性及各层次衔接上的完整性,以科技和经济融合为基础,以高新技术提升主导产业层次,推动传统产业转型,并在全国或全球产业分工中创造某些方面的优势。① 目前,要积极振兴装备制造业,发展高新技术产业,提高产业核心竞争力。其次,要以信息化改造传统产业。以信息技术应用为重点,加速改造和提升传统产业步伐,实现以信息化带动工业化,积极推进信息技术与制造技术的紧密结合,提高产品质量、水平,降低成本,缩短生产周期,提高劳动效率及产品和企业综合竞争能力,从而改造传统产业,加快以信息化带动工业化的进程。最后,要大力推进技术进步,以形成自主创新的核心技术为目标,建立起一批对我国发展后劲起决定作用的战略产业并加以培植。

使制造企业从资源的开采到原材料生产、产品制造、加工组装,到流通、消费,甚至到废弃、回收利用,整个产品生命周期的各个阶段都要全方位考虑如何降低环境负荷而又不影响经济利益,促使企业在产品设计阶段、原材料采购阶段、制造阶段、行销流通阶段和废品回收利用阶段都要作出变革。

(四)根据循环经济发展需要,推动新兴产业发展

这里需要借鉴日本的成功经验,发展环境产业。根据日兴研究中心的研究,可以将涉及范围广泛、规模迅速膨胀的环境产业分为三类:保全型环境产业、服务型环境产业和循环利用型环境产业。② 我国应根据实际需要,重点发展服务型环境产业和循环利用型环境产业。大力发展建筑物维修,包装容器、食品废弃物等废旧物品回收利用等产业。③

---

① 参见北京国际城市发展研究院中国城市"十一五"核心问题研究课题组:《循环经济与城市新型工业化》,载《领导决策信息》2004 年第 36 期。

② 参见魏全平等:《日本的循环经济》,上海:上海人民出版社,2006 年版,第 111 页。

③ 日本学者将回收利用生产和消费活动中产生的废弃物生产再生资源的产业称为"静脉产业"。

二、促进生态工业园区建设和产业集中

"生态工业园"的概念是 20 世纪 90 年代初期在一些学术论文和会议报告中出现的。生态园区是根据循环经济理论和工业生态学原理设计而成的一种新型工业组织形态,通过模拟自然生态循环系统来设计工业园区的物流和能流。园区内采用废物交换、清洁生产等手段把一个企业产生的副产品或废物作为另一个企业的投入或原材料,实现物质闭路循环和能量多级利用,形成相互依存、类似自然生态系统食物链的工业生态系统,从而达到物质能量利用最大化和废物排放最小化。①

生态工业园区建设是构建"三个层面"循环经济框架的关键环节。我国生态工业园区不仅要规划新建一批按照循环经济理念设计的新园区,更重要的是在原有经济开发区、高新工业园区的基础上,引进配套互补型企业,构建生态工业链和生态网,推动现有园区向生态工业园区转型。在规划、建设和改造中,逐步建立起企业间、产业间物资能源互换或转换的供求机制和体系。当前的关键是要加大调整力度,狠抓支柱产业的规模生产,解决投资过于分散的问题,腾出必要的资金,集中力量促其尽早形成规模生产能力,成为未来我国工业新的增长点,提高产业集中程度并促进产业集群的发展,从而从深层次上实现产业结构的合理调整和优化,形成企业的规模优势。

三、努力构建农业循环经济模式②

世界各国农业在取得巨大成就的同时,各种环境问题也在频频向人类发出警报:农业生态稳定性下降,生物物种减少,使用农药导致害虫天敌被杀死,农药残留对人类健康构成威胁,大量使用化肥引起地表水体富营养化和地下水硝酸盐含量超标,等等。要解决这些问题,需要构建农业循环经济模式。

(一)构建农业循环经济模式的方式

一是构建农业循环经济的产业链体系。因地制宜地在不同区域建立农业自然生态保护区、生态恢复区、生态农业区、绿色产品生产区,进行合理的资源配置和循环利用布局,促进自然、农业、生态系统之间物质的良性流动和循环利用,使农业循

---

① 参见冯之浚:《循环经济导论》,北京:人民出版社,2004 年版,第 217 页。

② 农业循环经济模式是解决"三农"问题的现实可行途径,现代常规农业所面临的环境污染、生态破坏、资源耗竭的问题也有待于运用循环经济原理与方法来解决。农业发展循环经济要坚持下列原则,即因地制宜原则,整体性协调原则,生物共存互利原则,相生相克趋利避害原则,最大绿色覆盖原则,最小土壤流失原则,土地资源用养保结合原则,资源合理流动与最佳配置原则,经济结构合理化原则,生态产业链接原则和社会经济效益与生态环境效益"双赢"原则,综合治理原则等。

环经济模式与其他产业发展有机协调起来。二是构建农业循环经济的生态产业化体系。① 通过体系之间废弃物交换、循环利用、要素耦合和产业生态链等方式形成呈网状的相互依存、密切联系、协同作用的生态产业体系（链网）。三是构建农业循环经济的生态农业生产体系。② 要致力于构建节约型的生态农业生产体系，大力发展集约化农业和生态农业，调整农业生产布局和产品结构，不断提高农业产业化和精准化水平，推广节水灌溉技术和节能型农业机械，提高资源的产出效率；推广农产品深加工技术，提高利用效率和附加值；大力发展沼气工程并使之成为农村的补充和替代能源。

（二）推广现有农业循环模式，加快农业循环经济发展③

当前，最有代表性的农业循环经济模式有以下三种：第一种是以立体农业为特点的循环模式。这种方式不但有利于加快无公害农产品与绿色食品的基地建设，而且有利于发展有机农业、开发有机食品（产品）及发展有机产业，还控制了农业污染，保护了生态环境。第二种是以生态农业为特点的循环模式。如在农业生产过程中遵循生态学管理和生态经济规律，不施用化肥、农药等化学合成物质，采用

---

① 生态农业产业化是指遵循发展农村经济与生态环境保护相协调、自然资源保护与其开发增值实现可持续发展利用相协调的原则，基于生态系统承载能力的前提下，充分发挥当地生态区位优势及产品的比较优势，在农业生产与生态系统良性循环的基础上开发优质、安全和无公害农产品，实现生态、环境和经济效益协调统一的农业产业结构体系。构建农业生态产业化体系应根据"整体、协调、循环再生产"的原则，优化农业产业结构，形成立体种养加工一体化以及农、林、牧、副、渔各业互惠互补的产业发展链条，在农业产业内部形成相互依存、相互制约的产业关系，并按照一定的比例和搭配方式组成相互连贯的有机整体，以实现全面、多层次利用自然生态资源、清洁生产以及人类经济、生态、社会和谐发展的综合目标。

② 生态农业生产体系包括：一是农产品生产过程中推行科学的施肥和施药技术和方法，同时研制和生产对生态环境污染较少的"绿色"肥料和农药，做到清洁生产，减少乃至杜绝污染。二是推行农业生产体系内部物种之间的互惠互利种养技术，使废弃物排放最小化。如种植业的立体种植、养殖业的立体养殖以及种养结合的稻田养鱼等，既保护了生态环境，又增加了经济效益。三是发展能源生态综合性工程。

③ 农业循环经济是指在科学发展观指导下开展经济活动，按照生态系统内部物种共生、物质循环、能量多层次循环利用的生物链原理，在同一系统中将自然界的无机物转化成有机物，提高生物能源的利用率和有机废弃物的再利用和再循环，从而达到生态平衡与经济协调发展。其涉及企业清洁生产、农业资源循环利用、生态农业、绿色消费等一切有利于农业环境发展的循环系统经济，其实质也属农业生态经济；主要运用农业高新技术减少农业资源消耗和保护农业生态系统，依据科学发展观重构农业经济系统，通过涉农企业清洁生产、净化农业生态环境，从根本上解决具有"增长"特性的社会及农业经济系统与具有"稳定"特性的农业生态系统之间的矛盾，促使农业生态环境与农业经济增长实现可持续发展；并以"减量化、资源化、无害化"为准则，以节约农业资源和再生闭路循环利用为基本特征；以农业资源消耗和农业污染排放最小化与农用废弃物利用最大化为目标；重点采用"低消耗—无污染—高产出—再利用—佳效益"和谐发展的循环模式，力争农业资源与废弃物的多次性利用、节约型经营、少排放少污染，实行清洁生产，尽可能减少进入生产和消费过程的物质流量，把废弃物再次变成资源，从源头节约资源使用和减少污染物排放及处理量，实现农业经济发展与农业资源消耗及农业环境破坏成反比，提高农业资源与农产品的利用效率和产出效益。

基因工程、种子工程、节水灌溉等新的生态农业科学技术建立和恢复农业生态系统良性循环体系。第三种是以产业链为特点的循环模式。主要运用系统工程方法,全面规划,狠抓农业生产环节的循环利用,以公司、基地等为龙头,大力发展以蔬菜、花卉、水果等为主的高科技、高产量、高效益农业,形成农业产业化、现代化的发展格局,实现农业高产、优质、高效、持续发展,达到生态与经济两个系统的良性循环。

四、加快第三产业循环经济发展

当前,我国第三产业的低国际化水平及发展的滞后已严重制约着经济发展的后劲和综合竞争力的提高,也制约着我国对新一轮国际产业转移的承接。为此,应把发展第三产业作为推动经济增长的着力点,优化内部结构,提升产业素质,增强吸纳就业的能力。

(一)设计第三产业循环经济方案①

将物流、交通流、技术流、资金流等很好地规划,同时,生活服务、社会福利保障、保健卫生等行业,要以城镇社区居民为主要服务对象,面向社会,服务社区,形成区域第三产业行业中具有特色的旅游、教育、金融,分区域实施的循环经济规划方案。②

(二)加快生态服务业的发展③

在工业化和城市化进程中,我国新兴生态服务业迅速崛起,大大推进了第三产业的现代化和国际化。在这方面关键是构建层次分明、业态合理,贯穿城乡、功能齐全的新兴生态服务业体系。深化服务业体制改革,建立公开透明,规范统一的市场准入制度,打破行业垄断,促进有效竞争,从根本上改善我国服务业发展的环境。

五、积极鼓励发展区域循环经济,促进区域经济协调发展

(一)确定发展区域循环经济的总体思路

当前,发展区域循环经济应把科学规划、合理利用资源、优化产业布局和生产

---

① 第三产业循环经济方案的主要内容应该涉及旅游、宾馆、餐饮、娱乐、环卫、物流、信息、金融、教育文化等第三产业。从理论上严格科学地定位第三产业各分支行业的循环经济模式,从分层次上和等级上可划分为四个部分:从行业层次上根据生态效率理念尽量做到清洁生产,从行业群落层次上按照生态工业理论建立良好的再生资源的输入和输出关系,在废弃物层次上尽量实现无害减量和资源化,在服务对象参与层次上鼓励广大的公众参与,建立有奖举报和有效预防制度,最终建立第三产业循环经济框架体系对策略方案、技术体系、建设规划、相应政策等进行系统研究,在输入端、过程中和输出端均实现良性的经济循环。

② 王荣玉:《第三产业如何走循环经济之路》,载《中国创业投资与高科技》2005年第3期。

③ 生态服务业是循环经济的有机组成部分,包括清洁交通运输系统、科技教育服务部门、绿色商业和金融服务部门以及其他有关的服务业,不仅要尽可能实现资源循环利用和清洁生产,还要为发展生态农业和生态工业以及建设生态城市服务。

力布局结合起来,将发展经济、保护和恢复生态环境、城乡一体化建设融为一体,与产业结构调整、建设生态工业园区、新型能源工业基地和解决"三农"问题有机结合,形成工业、农业、生态环境物质循环流动的生产与经济发展模式。在具体操作上就是要根据不同区域的自然资源禀赋和现有经济社会发展状况,把全国划分为沿海、沿边、沿路、沿江(河)优化开发区域,以武汉、成都、昆明、西安等中西部主要城市为主的重点开发区域,以保护区和风景名胜区为主的禁止开发区域,以县城和中心镇为主的适度开发区域。

(二)因地制宜,合理优化区域产业布局

以全局的眼光谋划我国区域发展的格局,打破行政区划的限制,调整、优化区域空间结构。在产业布局中,根据各地区的不同特点,合理调整产业结构和布局,优化资源配置,用循环经济理念指导区域发展、产业转型,严格限制新上高耗能、高耗水、高污染项目,加快淘汰落后技术、工艺和设备,鼓励发展资源消耗低、附加值高的第三产业和高技术产业,加快用高新技术和先进适用技术改造传统产业,不断增强高效利用资源和保护环境的能力,构建循环经济产业体系。"珠三角"地区、"长三角"地区和环渤海区域在承接国际产业转移中应明确各自的定位,发挥各自优势,提升发展水平。

(三)科学制定区域循环经济发展规划

区域循环经济建设要突出地方特色并与大区域发展相协调。社会、经济、环境等子系统,都应遵循"减量化、再利用和再循环"的原则,围绕主要的瓶颈问题,搭建具体的建设和规划框架,在政府指导和社会的广泛参与下进行循环经济建设,以实现区域生态系统的良性循环、资源的持续利用、社会经济的健康持续发展。在国民经济层面,应实现三大产业之间的循环,包括农业与工业和服务业之间,以及各大产业内部的资源循环和能源有效利用;在社会生活层面实施生活垃圾的无害化、减量化和资源化,即在消费过程中和消费过程后实施资源的循环。根据我国人口、资源分布极不均衡,各地区经济社会发展水平差异较大的状况,以及生态环境保护必须全国一盘棋的特点,对经济发展布局进行大规模统一规划,对各地区在全国发展过程中的功能进行重新定位。对生态脆弱区域限制发展;对资源丰富、生态环境保护能力较强、潜力较大的区域集中发展;防止落后区域以赶超为目标的盲目发展、粗放增长。

第四节　加快循环经济技术开发和
推广体系建设

加快发展循环经济,首先要做好绿色技术支持体系建设,我国有关研究机构已

在环境友好技术、资源化技术、清洁生产技术等领域进行了卓有成效的研发,有些已经应用于实际生产,在"十一五"期间,应加快建立实施循环经济的绿色技术支撑和咨询服务体系。

一、建立实施循环经济的绿色技术支撑体系

先进的科学技术是循环经济的核心竞争力,因此,必须依靠科技创新,建立我国循环经济技术支撑体系。近期我国要重点组织开发有普遍推广意义的资源节约和替代技术等绿色技术。

(一)动员全社会的力量参与建立实施循环经济的绿色技术支撑体系

政府应在中长期科技发展规划中将循环经济作为科技攻关专项,支持污染治理技术、废物利用技术和清洁生产技术的研究,开发引进再生资源利用技术和重点行业关键联结技术。科技、环保、经贸等相关职能部门应加强协调配合,充分发挥职能作用,推进中介服务机构建设,建立健全技术信息咨询服务网络体系,为企业开发、引进、交流和推广生态循环技术,提供优质高效的社会化服务,创造良好的外部条件。在高等院校和科研单位建设循环经济和工业生态学重点实验室,开展工业生态化理论、物质循环规律研究,建立生态工业技术孵化基地,实现生态技术产业化。发挥共青团、工会、学会、研究会、居民委员会及志愿者协会等社会团体的作用,教育和引导不同层面的社会成员自觉地投入到相关环境信息的收集、传输等过程中,使环境信息资源极大丰富,民众更好地了解身边各种废弃物的潜在价值及有关环境保护措施的信息,从而提高民众发展循环经济的责任感,彻底改变当前发展循环经济缺乏社会基础的局面。

(二)建立实施循环经济的绿色保障制度体系

一是绿色制度体系,包括绿色资源制度、绿色产权制度、绿色市场制度、绿色产业制度、绿色技术制度;二是绿色规范制度,包括绿色生产制度、绿色消费制度、绿色贸易制度、绿色包装制度、绿色回收制度等;三是绿色激励制度,包括绿色财政制度、绿色金融制度、绿色税收制度、绿色投资制度等。

二、建立循环经济技术咨询服务体系

(一)建立健全信息交换平台

中央人民政府可建立一个畅通的废品回收信息网络,梳理废弃物的性质及来源、循环型企业、循环型技术等信息,规范信息的收集、合成、传输、反馈等机制;环境保护网站与世界上其他国家有关清洁生产的网站链接,加快清洁生产与循环经济的信息交流。建立由不同产业和行业专家学者组成的专家队伍作为稳定的专业技术支持力量;可在各级政府政务网开设循环经济信息平台和再生资源利用信息

网络,宣传理念、介绍工作进展、提供废弃物资源和技术供求信息等,为实现物质循环流动提供信息支持。[①] 加强北京大学、清华大学、中国科学院等科研院所的交流与合作,建立产学研基地,通过优化发展环境,将大学科技园建设成为高新技术产业的孵化器,构筑我国循环经济技术的信息交换平台。

(二)健全信息服务体系

建立通畅的信息渠道,通过相关技术将大量的信息资源在不同产业和企业间、不同地区间的传播,彻底转变目前发展循环经济过程中存在的信息不对称状况;要积极支持建立循环经济信息系统和技术咨询服务体系,及时向社会发布有关循环经济的技术和政策等方面的信息,开展信息咨询、技术推广、宣传培训等,建立循环经济项目招商引资的新平台。

(三)发展壮大社会中介组织

在发展循环经济的过程中,应充分发挥社会中介组织的作用,以非营利性机构的身份参与政策的研究、法规的制定、理论的探讨和工作的推行,使政府的循环经济政策更好地得以贯彻实施;建立为防治环境污染、改善生态环境、保护自然资源、发展生态经济等提供废弃物来源及其回收利用、环境技术开发、清洁工艺及绿色产品的开发等各种信息服务的中介组织。

第五节　建立和完善发展循环
经济的相关配套政策

发展循环经济除了加强技术开发和推广体系建设之外,还需要建立和完善相关的配套政策,不断促进循环经济的发展。

一、加大对循环经济投资的支持力度

(一)创新投资经营机制,拓宽资金投入渠道

中央政府应发挥引导作用,加大资金投入,继续提高对环保的投入比例。在努力增加财政投入的基础上,通过政府的统一规划、支持和依法监督,充分发挥市场引导作用,鼓励社会资本进入,加快建立市场化经营机制;在城市污水、垃圾处理等环境基础设施建设中,借鉴浙江温州、江苏泰州等地的成功经验,创新投资经营机制,积极推行国际上流行的 BOT 投资运营模式(“建设—运营—移交”模式),走“资本＋实业”的路子,通过市场广泛吸引社会资本和外资,解决建设资金短缺、运行效率低下的问题。

---

① 参见于建成:《地方政府如何推动区域循环经济发展》,载《环境保护》2004 年第 12 期。

(二)积极建立发展循环经济的多元投入机制

建立以政府公共财政投入、企业自筹、民间引资和国际合作援助等多元化、多层次的筹资渠道,保证发展循环经济有足够投入。各级政府部门要利用好科技、技改、环保、资源综合利用和中小企业发展等专项资金,引导企业进行技术改造,实施清洁生产,提高资源利用率,降低能源消耗和减少污染物排放,发展生态工业和循环经济。通过国际合作,申请资金和技术援助,建设生态工业示范项目,以点带面,推进循环经济发展。完善自然资源与环境有偿使用机制和补偿机制,对资源受益者依法征收资源补偿费和生态环境补偿费,加大财政支持力度。①

(三)健全有利于发展循环经济的投融资服务体系

政府应创造公平竞争的市场秩序,建立股票债券融资、金融信贷、招商引资等多元化筹融资体系,引导社会尤其是民间私人资本进入环保市场,为循环经济发展提供良好的投资和融资环境。一是由管理环保向经营环保转变,努力实现环境保护的社会化、产业化、专业化和企业化。二是探索成立循环经济和相关产业的发展基金,滚动发展,专款专用,支持循环经济的产业化研究。三是加大招商引资力度,积极引导金融机构增加信贷投入,鼓励和引导有条件的环保企业改制成股份制企业或发行债券以便于融资。

二、利用价格杠杆促进循环经济发展

(一)完善价格形成机制,用好价格杠杆②

要深化价格改革并推进资源价格合理化,逐步提高原材料和初级产品的价格,使之反映其真正价值,体现资源的稀缺性,以促进资源的充分利用和降低资源消耗速度。同时,要积极运用价格杠杆促进循环经济发展,建立完善自然资源有偿使用机制和价格形成机制的环境资源价格体系,建立健全生态与环境保护和资源补偿机制,合理调整资源型产品与最终产品的比价关系,完善自然资源与再生资源的价格形成机制。

(二)调整资源价格体系,建立环境资源核算体系

当前环境资源滥用问题严重,主要在于缺乏合理的环境资源价格体系,以至于在现实经济中,环境资源的价格未能正确反映其供求关系,低价甚至免费的资源使

---

① 参见张俊:《循环经济与新型工业化道路》,载《华北水利水电学院学报(社科版)》2005年第2期。

② 价格形成机制应以劳动价值论为基础,同时结合资源稀缺性理论,依据价值规律和供求关系准则,利用市场机制调节资源价格,使之成为既由劳动价值决定又反映供求关系的市场价格,使资源产品的价格等于或大于边际私人成本,并考虑保证经营企业成本的回收,并有一定的平均利润。合理的资源价格可改变资源利用高投入、低产出的局面,可促使资源的循环高效的利用。

用使人们产生了资源丰富的错觉,改变这一状况的前提是建立环境资源核算体系并在此基础上建立科学、公平、合理、有效的环境资源有偿使用制度,因为明确的产权和合理的价格会促进稀有资源的有效使用,确保"5R"原则的实施。为使环境成本纳入私人生产决策中,就要让资源价格正确地反映其全部社会成本,即按社会成本给资源定价,通过政府行为来矫正市场价格的扭曲,实现外部成本内部化。

（三）建立产权明晰的污染治理机制和排污权市场

要明确政府环境保护的责任,明确企业的环境保护和污染治理的责任,按照污染者付费的原则研究提高排污费的征收标准,从经济利益上来约束排污者的行为、减少污染物的排放,使企业从生产理念、工艺设计、产品设计上走循环之路。要充分发挥市场对资源配置和资源节约的基础性作用,以市场经济的效率来推动循环经济的发展。政府可以选择公开竞价拍卖、定价出售或无偿分配等方式分配排污权并建立排污权交易市场,推行排污许可市场化交易,将排污指标在企业之间甚至区域之间自由流动,企业可以根据需要自主地决定选择买入或卖出排污权。

三、制定支持循环经济发展的财税和收费政策

（一）实施有利于循环经济发展的财政政策

一是各级政府直接投资的项目主要应该是那些外部正效应大、产业关联度高、具有示范和诱导作用的环境基础设施、生态工业园、重大技术领域和重大项目领域。① 二是建立绿色政府采购制度,即通过政府的表率作用鼓励企业清洁生产,引导社会团体和公众积极参与绿色消费活动,自觉购买绿色产品,减少过量消费,对资源循环再生产品、环境标志产品、通过国际标准认证的企业产品和其他节能、节水、节约资源的"绿色产品"实行优先购买政策,促进绿色环保产品的消费,逐步建立绿色消费观念,推动循环型社会的建立。三是财政补贴。具体形式包括直接物价补贴、企业亏损补贴、财政贴息、税前还贷等。由于循环型企业科研、设备投资较大,资金回笼较慢,社会效益大于企业效益,因此,政府应运用财政补贴手段进行适当扶持,以补偿生产企业对污染的治理和稀缺资源保护的费用,引导鼓励环境保护和资源循环型企业发展。

（二）实施有利于循环经济发展的信贷优惠政策

信贷政策可以根据循环经济的要求,对不同对象实行不同的信贷政策,即优惠

① 政府对环境保护的直接投资是一种诱发性投资,能够将受外部效应制约的民间资本释放出来,扩大利用外资规模,并使国民收入的创造达到一个较高的水平,从而产生政府投资的"乘数效应"。

信贷政策或严格信贷政策。循环经济产业作为一种全新的挑战性产业,需要的投资大、建设周期相对较长,政府应设立专项环保基金,对循环经济产业提供优惠绿色贷款,对能减轻环境污染的环保设施给予贷款,不仅贷款利率低于市场利率,而且偿还条件要优于市场条件;还可利用非营利性的金融机构为企业提供中长期的优惠利率贷款,对环保设施建设提供优惠长期贷款,以促使环保产业的快速健康发展。国家发改委已将资源节约、循环经济列为国债投资重点,各省应充分利用国债资金或发行循环经济债券,重点支持节能、节水、资源综合利用和循环经济试点项目。基于环保资金的短缺和环保意识的淡薄,建议发行环保彩票,严格按照规定将彩票公益金纳入财政收支预算管理,专款专用于公益性设施建设和环境保护,加快循环经济发展步伐。①

（三）实施有利于循环经济发展的税收政策

在资源高效循环利用方面。一是增强资源税的环境保护功能。可提高不可再生资源的资源税,引导企业尽可能使用可再生资源或替代资源。在现行资源税的基础上适时扩大征收范围,将那些必须加以保护、开发和利用的资源也列入征收范围。合理调整计税依据,由现行的以销售量和自用数量为计税依据调整为以产量为计税依据,并适当提高单位计税税额,特别是对非再生性、非替代性、稀缺性资源征以重税,以此限制掠夺性开采与开发。并将现行其他资源性的税种和收费并入资源税。② 二是调整所得税的税前扣除。对于企业在新产品、新技术、新工艺方面的研究和开发投入在计算企业所得税时在税前全额扣除的情况下,其各项费用增长幅度超过10%以上的部分,可以适当扩大实际发生额在应纳税所得额中扣除的比例,以鼓励企业不断增加对新技术、新产品、新工艺开发的投入。对采用革新性清洁生产、污染控制技术或利用废弃物排放物再生产企业以及环保示范工程项目,允许加速折旧其固定资产;企业购进的节能、节水、防治污染和促进循环利用的专利技术等无形资产,允许一次性摊销;企业发生在加大清洁生产工艺和资源循环利用等方面的自主知识产权技术的研发费用允许据实列支;对因有偿转让环保科研成果及提供相关的技术咨询、技术培训而取得的收入减征或免征所得税;对专门生产国家公布的环保产业目录内设备的企业,减征或免征所得税。三是加大消费税的环境保护功能。对资源消耗量大和对臭氧层造成破坏的消费品和消费行为,可列入消费税的征收范围;对导致环境污染严重的消费品和消费行为,应征收较高的消费税,通过价格信号鼓励健康消费和保护资源环境的绿色消费。

---

① 参见周生军、尚红云:《循环经济下的财税政策选择》,载《新疆财经》2005 年第 4 期。

② 参见谢永清:《促进循环经济发展的税收对策》,载《郑州经济管理干部学院学报》2005 年第 2 期。

在环境保护与改善方面。建立起独立的环境保护税种。① 将现行的排污、水污染、大气污染、工业废弃物、城市生活废弃物、噪音等收费制度改为征收环境保护税,税目可以包括大气污染税、噪音税、生态补偿税、碳税、水污染税、垃圾污染税等。水污染税对企业与居民个人分别采取不同的征收办法。对企业排放的废水,实行从量从高定额课征,并根据废水中污染物质的含量设计累进税率,以促进废水循环利用,逐步实现工业废水的"零排放";对城镇排放的生活废水,以居民用水量为计税依据,采用无差别的定额税率。垃圾税根据垃圾的重量征收垃圾税,并根据对环境的危害程度大小规定有差别的税率,同时对可回收垃圾采取低税率,从而促使居民自觉对垃圾进行分类,降低垃圾处理的成本,提高工作效率。空气污染税根据浓度设计累进税率。要根据二氧化碳、二氧化硫和燃油等产品中有害物质的含量对其销售开征二氧化硫税或二氧化碳税。

(四)实施有利于循环经济发展的收费政策

一是规范排污收费管理,按照"排污费高于污染治理成本"的原则,提高现行排污收费标准,加大处罚力度,充分发挥排污收费的经济刺激功能,并明确排污费为国家所有,取消无偿"返还"政策,统一按照预算内资金专项用于支持循环经济发展。此外,还应研究可出售的污染许可证制度,建立生产者责任延伸的相关机制,更多地利用市场机制,使循环利用资源和保护环境的行为得到补偿,促使企业和个人对环境保护的外部效益内部化。二是生态补偿政策。包括两方面内容:一方面是对开发者补偿。生态环境资源是有价值的稀缺资源,开发利用生态环境资源应该支付相应的经济补偿,以用于生态环境资源的保护、恢复、更新。另一方面是对受益者补偿。通过对短缺资源的价格干预和资源税的调整,以及排污费、产品回收处理费的征收,促使企业和消费者节约资源,循环利用资源。

---

① 开征环境保护税,其目的在于实现特定的环保目标,通过强化纳税人的环保行为,引导企业与个人放弃或收敛破坏环境的生产活动和消费行为,同时筹集环保资金,用于环境与资源的保护,对国家的可持续发展提供资金支持。在环境保护税的税率设计上,应根据污染物的特点实行差别税率,对环境危害程度大的污染物及其有害成分的税率应高于对环境危害程度小的污染物及其成分的税率;其纳税人应为在中国境内从事有害环境应税产品的生产和存在应税排污行为的企事业单位、社会团体和个人。

第十九章

树立节约观念与建设节约型社会

观念是行动的先导。观念正确与否直接影响事业的成败。建设节约型社会需要树立重视节约的观念;同时,需要破除对节约型社会的错误的、片面的认识。在现实生活中,奢侈浪费风气流行,有时候节约被当做是"落后"和"保守"的同义词,甚至错误地认为超前消费乃至浪费可以拉动内需或者促进发展,这些观点是完全错误的。

第一节 节约观念淡薄及其原因

目前,在部分人群中节约观念比较淡薄,乃至错误,这就必然影响节约型社会的建设,需要引起人们的足够注意。

一、节约观念淡薄的表现
(一)节约与生活消费相对论

这种观点认为节约就是省吃俭用,节约就是缩减生活消费,与提高人民生活水平相矛盾。在实际生活中,不仅有人反对节俭,嘲笑节俭,有的甚至认为节俭是提高人民生活水平的最大敌人。① 这里首先需要正确理解什么是节约、消费和浪费。在农耕社会,节约一般被认为是省吃俭用。前已述及,我们认为节约是人类在促进社会进步活动中对稀缺性资源的合理使用和充分利用。而消费是指人们转化自然资源、满足自身需要的过程。浪费则是指对稀缺性资源的滥用或废弃。由此可见,节约有利于消费,与提高人民生活水平并不矛盾。其次,从消费主体的角度来考察,消费包括公共消费和个人消费。公共消费是指由公家支付的消费,而个人消费则是由个人支付的消费。这里无论哪一种消费的节约都有利于提高广大人民群众的生活水平。公共消费的节约在这方面的好处不言而喻,个人消费的节约对提高生活水平的作用同样是显而易见的。从消费者个人来说,节约有利于他更持续、更

① 参见苏洪涛:《节俭,今天还算不算美德》,载《中国消费者报》1999 年 10 月 27 日。

高质量、更高层次的消费;从社会来说,没有被他浪费的资源,能够更好地满足社会其他人的需要。再次,提高人民生活水平包括多方面的内容,既有物质,还有精神。节约物质财富,就能减少物质财富的生产时间,从而增加精神财富的生产时间,使人民的需要在更高层次上得到满足。最后,我国自20世纪90年代中后期出现的经济过剩,其原因有三:一是经济结构不合理,二是经济质量差,三是社会分配不公。因此,不能以扩大内需为由要求人们去为盲目生产的低质量产品埋单。

可见,节约有助于扩大生活消费,提高人民生活水平。同时,我国的国情决定了我们必须永远节约。首先,我国正处于社会主义初级阶段,人口多、底子薄、发展不平衡。部分农村人口没有解决温饱问题,不少职工不能按时足额领到工资,失业、待业人员增多。要改变这种状况,使广大人民群众的需要得到满足,就必须提倡节约。其次,不断满足广大人民群众的物质和文化生活需要,是社会主义社会生产目的的重要内涵,是一项长期的任务。在这个过程中,由于我国资源极其有限,必须坚持勤俭节约,反对生活消费中的奢侈浪费,才能可持续地满足广大人民群众的消费需求。再次,我国的自然灾害和事故频繁,节约有利于从经济上帮助灾区人民和突发事故中遭遇困难的人们。例如2008年上半年,我国南方就爆发了雨雪冰冻灾害,山东出现了撞车事故,特别是5·12的四川大地震,造成了大量的人员伤亡和经济损失。这些都需要给予大量的金钱和物质支持。没有遭遇者尽量节约就能给予遭遇者有力的支持。最后,社会主义精神文明建设也要求我们在扩大生活消费的同时必须提倡节约。现在,我们国家人民的生活比过去大大改善了,但我们没有任何浪费、奢侈的理由,艰苦创业、勤俭节约仍是我们必须具备的精神。只有厉行节约,反对浪费,进一步弘扬艰苦奋斗精神,我国的社会主义现代化建设才能不断地稳步向前发展。

(二)节约与生产发展对立论

这种观点认为节约妨碍生产发展,节约是经济发展的绊脚石。这种看法是片面的。首先,从生产的角度考察,节约就是指提高资源的使用效率。美国著名经济学家萨缪尔森指出,效率是经济学要研究的一个中心问题(也许是唯一的中心问题)。效率意味着不存在浪费。在我国现实经济生活中,生产领域的浪费十分严重,资源利用效率低。长期以来,我国实行粗放型经济增长方式,依靠耗费大量资源来加快经济发展,经济总量虽然在不断扩大,但经济效益并不理想。与国际先进水平相比,我国目前资源利用率低20%—30%,单位产品耗能高40%。据权威人士介绍,如果我国的能源利用率能达到当今日本的水平,目前的能源消耗足以支持我国经济再翻两番。因此,提倡节约不仅不会妨碍经济的较快发展,反而能促进经济发展。

其次,消费节约也能促进生产发展。从价值形态来看,节约能减少支出,增加储蓄。这实际上是将社会分散的资金集中起来,可以更好地用于生产发展。银行没有居民的储蓄,信贷资金就会减少。居民个人储蓄,积少成多,有助于他们的高档消费。此时不买小件,彼时可买大件。可见,凯恩斯认为储蓄与消费彼此消长的观点只是从一个固定时点上来看的,显然是片面的。同时,还要指出的是凯恩斯的有效需求理论是以自然资源的无限供给为前提的,这种条件在今天已不复存在。从使用价值形态来看,个人消费节约了资源,企业就可以增加用于生产发展的资源。就如今天电力紧张一样,如果消费用电不节省,生产用电势必受到影响。

最后,从促进经济发展来看,刺激消费不是推动经济发展的唯一措施。刺激消费只是推动经济发展的一种手段,但不是唯一的和万能的。要使我国经济持续健康发展,更要重视供给特别是有效供给的作用,努力实现粗放型生产方式向节约型生产方式的转变,提高能源和资源的利用率,降低产品成本,提供更多的符合资源节约和环境友好要求的产品和服务。

(三)小巫见大巫论

这种观点认为生活中存在的浪费不严重,不值得一提;生产中存在的浪费才是严重的,对比生产中存在的浪费,生活浪费只是小巫见大巫。诚然,在现实生活中,生产中的浪费是惊人的。2005 年 6 月,国家审计署审计长李金华在向全国人大常委会提交的 10 家中央企业原领导人任期经济责任审计报告中,提及由于决策失误、管理不善所造成的经济损失高达 145 亿元。① 但我们不能因此忽视生活消费中存在的浪费。俗话说,集腋成裘,聚沙成塔。中国人口多,如果每个人节约一粒米、一张纸、一度电、一块煤、一杯水等,只要乘以 13 亿,就是一个巨大的数字。有人曾经算过一笔账,一台电脑显示器和打印机的待机功耗为 5 瓦左右,如果每天待机 10 小时,全年耗电 36.5 度,按目前国内办公电脑、打印机的使用量,每年浪费电将超过 12 亿度。我国是一个人口众多、资源相对不足的发展中国家,如果不在全社会进一步强化节约资源的意识,经济发展必然会越来越多地受到资源的制约,生产和生活环境势必越来越恶化。因此,务必高度重视生活中的细小节约问题,避免生活中一点一滴的浪费。

(四)有钱可以浪费论

这种观点认为:"我有钱,我爱怎么花就怎么花,你管不着。"持这种观点的人曾在国外遭过教训。据报载:我国有一批员工在德国餐馆像国内一样浪费时,被罚款 50 马克,并被工作人员严厉指责:需要吃多少,就吃多少! 钱是你的,但资源是全社会的,世界上很多人还缺少资源,你们不能够也没有理由浪费。德国人对我国

---

① 参见《四家金融公司违规,10 户央企决策失误损失大》,人民网 2005 年 6 月 29 日,http://politics.people.com.cn/GB/1026/3506272.html。

这几个员工的教训是有道理的。钱是社会财富的价值表现，有钱代表拥有一定的社会财富，但不是说有钱就代表拥有一切资源，有钱就可以享用一切资源。一方面，许多资源的特殊性决定不是任何消费者都可以消费或支配的。例如毒品，对于某些药品来说是不可缺少的一部分，社会不会全部将它销毁掉，但世界上任何一个国家都不允许买卖和消费毒品。又如，对于土地以及其他稀缺的矿产资源，并不是有钱就可以无限购买和享用，必须经有关部门审批才可限量购买和使用。另一方面，这种错误认识和行为也会给社会带来极大的负面影响：一是助长金钱万能的不良社会风气。有钱可以浪费论助长富有群体的优越感，助长他们随心所欲的放纵消费行为，加速"有钱能使鬼推磨"的金钱万能思想蔓延，败坏整个社会风气。二是会削弱富人的社会责任。有钱可以浪费论容易加深富有群体的自我意识，减弱富有群体的社会道德意识、伦理意识以及社会责任意识，极易助长为富不仁的社会风气。三是激化社会矛盾。有钱可以浪费论容易导致穷人群体产生强烈的不平衡心理，思想极端者更容易走向不合法的获取财富之路，加深富人阶层与穷人群体的社会矛盾，影响社会稳定。四是不利于青少年的健康成长。有钱可以浪费论这种思想观念一旦侵入青少年的大脑，容易使他们产生唯利是图的思想，养成好逸恶劳的习惯。

（五）机关学校等事业单位节约不易论

这种观点认为机关、学校等部门资源是公共产品，容易造成浪费，因而不可能实现节约。公共产品容易造成浪费，这是事实，"公地悲剧"的理论足以说明这一点。但是我们不能因此忽略机关学校等事业单位实现节约的必要性和可行性。政府等机关单位是建设节约型社会的主导者、体制设计者、政策制定者、行动推动者和表率。它们的节约对于全社会具有示范效应和表率作用。所谓上行下效，官行民效，古今皆然。

学校等事业单位数量庞大，全国仅高校就有近 2000 所；在校学生约 2000 万人；占有的社会资源很多，事业单位拥有大量的车辆、楼房，由于事业单位缺乏有效监管，浪费现象随处可见。因此，学校等事业单位的节约潜力是很大的。而且，学校还承担着为建设节约型社会提供智力支持和人力资源培养的重要责任，是精神文明建设的重要基地。

（六）讲排场、赢面子论

这种观点认为大手大脚、慷慨大方能显示实力，可以取得对方信任，从而扩大业务往来。不错，在市场经济条件下，经营者实力强大有利于取得合作者的信任，对于进货、贷款都会有利。经营者的实力怎么才能强大，靠的不是搞形象，讲排场，更不是铺张浪费，靠的恰恰是节约。即通过各种途径减少非生产性开支，节约生产成本，企业的利润才能增加，实力才能强大。可见节约就可以增效，节约就是提高经济效益,而讲排场、挥霍浪费只会适得其反。

一味地讲排场、追求虚名会给企业带来严重的灾难。众所周知的中央电视台广告标王"秦池酒厂"的衰落就是典型例子。巨额的广告费用使"秦池"一时声名显赫。但"盛名之下,其实难副",这种讲排场的广告轰炸战略很快失手,脆弱的经营链条因为"白酒勾兑"问题引发的危机而断裂,秦池酒厂从此一蹶不振。诚然,我们不反对企业在经营过程中需要一定的广告宣传,但讲排场、不顾企业实力的过度广告投入是不可取的。

接待客人热情大方,这是中华民族的优良传统。对于合作者更不例外,但不在于一定要大脚大手,以挥霍浪费来显示其经营实力。真正的经营实力是通过建设节约型社会而实现的产品物美价廉,是企业的清洁生产和环境优美,是雄厚的经济实力,是经营过程的诚招天下客。对于一个真正的经营者来说,是绝不浪费,同时也不能容忍浪费,甚至还会鄙视浪费者。因为他们深知利润是靠一点一滴节约而来的,竞争激烈,挣钱不易。所以,改革开放以来有一些海外来大陆的投资者,就因为我们一些地方或企业过分"慷慨大方"的接待,使他们担心到时候血本无归而改变投资的初衷。

在现实生活消费中,很多人也有通过慷慨大方来讲排场、赢面子的错误观念。这实质是虚荣心在作祟,人是要讲面子的,但人的面子主要是依靠人品、能力和他所作出的社会贡献,而不是铺张浪费。铺张浪费是低素质的表现,在社会群体中会受到高素质者的鄙视。

二、节约观念淡薄的原因

上述对建设节约型社会的认识误区,在一定范围内普遍存在。造成对节约问题认识误区的原因有以下几个方面。

(一)节约观念淡薄的认识原因

(1)资源危机意识不强。旧中国是中国人受压迫的时代,当时国人失去了民族自尊心、自豪感。新中国成立以来,为了增强民族自尊心、自信心、自豪感和凝聚力,鼓舞斗志,建设现代化,我们在爱国主义教育上下了苦功;小学教材就讲祖国"地大物博,资源丰富",初中、高中依旧这样讲;新闻媒体也在宣传类似内容,忽略了对资源危机的宣传。许多人没有看到随着人口的迅速增长,工业的加快发展,生活水平的提高,资源消耗大大增加,资源紧张的局势日益紧迫。

(2)没有理解节约的科学内涵。由于长期以来,我们对节约缺乏正确的宣传和教育,国民对节约一般都缺乏正确的理解。在农村,很多农民认为节约就是生活上省吃俭用、节衣缩食,不明白节约与提高生活水平是统一的,往往把二者对立起来。在城镇,不少人认为节约过时了,节约是农业社会的产物,现在经济发展了,收入增加了,没有必要点点滴滴去讲究节约。

(3)长期存在的虚荣心的影响。中华民族是礼仪之邦。自古以来,中国人就有热情、大方、好客的优良传统,这是应该肯定的。但要指出的是,在接人待物的过程中,也滋生了一种"怕人认为小气、担心人家看不起,从而打肿脸充胖子"的虚荣心。在这种虚荣心的支持下,不少人的婚丧喜庆等活动,不怕债台高筑,甚至寅吃卯粮,从而造成了严重的浪费。

(4)照搬凯恩斯经济理论。很多人认为凯恩斯主义是主张浪费的,凯恩斯经济理论对资本主义发展曾经起过重要作用。因此,他们打着"消费促进经济、扩大就业"的幌子,为自己的浪费行为正名。这种片面理解直接导致相当一部分人误认为浪费有理,浪费有功。实际上,凯恩斯主张的需求拉动经济增长只有在经济萧条时期才是适用的,但我国的现实条件不允许我们那样做。

(5)错误理解资本主义发展的动因。资本主义的繁荣主要是依靠市场经济形式。市场经济是最有利于节约的经济形式,市场经济具有使人们追求利益的强大内在动力和激烈竞争的外在压力,它迫使经营者高度重视节约,不仅生产过程是这样,消费过程也是这样。有些人误认为资本主义的繁荣稳定是奢侈推动的,浪费是资本主义经济发展的重要动力。实际上,现实生活中资本主义国家是十分重视节俭的,持有资本主义是靠奢侈驱动经济发展想法的人是没有真正了解资本主义的历史和现实。

(二)节约观念淡薄的政策原因

(1)科学的干部政绩考核体系尚未建立。在当前的领导干部政绩考核中,还是以 GDP 增长率作为主要依据,导致一些地方主要领导重投入、重开发,轻治理、轻节约,不顾环境和资源承受能力,片面以 GDP 增长替代经济社会的全面进步。这样在实际工作中,一些地方的投资决策就会具有极大的盲目性,决策一旦失误必然会造成严重的浪费。同时,在发展指导思想上仍是重速度、轻发展,"先污染,后治理"或者"边污染,边治理";一些地方片面追求 GDP 增长,对引进项目来者不拒,不计环境成本,不管环境容量,沿袭高投入、高消耗的粗放型发展道路。

(2)某些政策的失误促成了浪费。政府有时是"好心办坏事",如面对水资源短缺,不是提高水价促使人们节约用水,而是采取补贴自来水厂来压低水资源的使用价格的办法;目的是保障低收入人群的生活用水,但便宜的水费使人们失去节约用水的自我要求,致使水资源短缺现象更严重。我国土地资源紧张,人均耕地更少,却偏要由政府垄断土地交易,不赋予农民完整的土地产权,需用者凭借与政府(人员)的关系可以取得廉价土地,说是实施最严格的土地管理,但最终几年来耕地减少过亿亩,土地资源浪费严重。

对于不少政府频频干预的行业,人为制造出短缺与过剩,这是我国的宏观经济中多次出现一"收"就"死"、一"放"就"乱"的两难问题的一个主要原因。我国就是在这多次的"收"与"放"、"死"与"乱"中造成极大的资源浪费和经济损失。①

由于政策失误,许多地区群采资源、违章作业、采富弃贫、采主弃副,许多资源当做废渣废物,既浪费了资源,又污染了环境。例如,工商部门、交通部门取缔的非法营运车辆等物品往往惨遭销毁,但是这些商品不属于假冒伪劣,何必销毁呢? 其实这些是可以作为特许商品经营的。有些城市为了创建文明城市等目标,禁止农民进城市卖农产品,很多农产品因为无法按时销售而坏掉,造成了浪费。② "打假"总把假货拿来付之一炬的做法是浪费的。有许多假货,其实其货并不假,假的是其牌子或商标或标价,等等,有关部门把这并不假的货烧掉,这不仅直接增加了空气中的污染,还把本可以利用的资源给白白浪费掉了! "打假"的重点是要打击弄虚作假的人,而不是去销毁被这些人做了手脚的物质资源。资源是稀缺的,资源是宝贵的,资源是无辜的;销毁资源是会造成新的污染的。执法者要思考,执法者要猛醒!

全国统一的放长假也是一个造成浪费的做法。集中放假、集中旅游,在短期里给景点造成了巨大压力,越来越多的景区不堪"超载"重负,2006 年纷纷出台规定限制游客数量,这不能不引起我们的思考:扎堆的"黄金周","黄金"成色到底有多高? 限制客流,说起来容易做起来难。慕名而来的旅游者千里迢迢赶来却不能进入,再排几天队购票,浪费的金钱、时间和精力有多少,整个社会付出的管理成本有多高,对景区造成的污染破坏又有多大? 从消费经济学、社会管理学及文化生态保护角度分析"黄金周",不难发现,商家为了赚得这把"黄金",耗费的资源太多了!③ 从 2007 年开始,国家对法定节假日虽然做了调整,但全国还是统一在几个时段内放假。由于集中、拥挤造成的浪费问题并不能因此而得到解决。

再就是规定小排量汽车不能发牌照的问题。据张彦钟院士介绍,日本汽车年产量 1000 多万辆,拥有车将近 1 亿辆,其中只有 30% 以上是排放量 1.3 升以上的。我国许多地方对排量低于 1.3 升排放量的汽车不给上牌照,不允许通过长江大桥,不允许走重要的公路,甚至认为文化高、职位高、有钱的人都应该坐大排量的车。很多城市的政府部门促使出租车升级换代,完全不顾司机盼望耗油低、售价低、耐用可靠、排放环保的要求。这些车看起来很豪华,但实质上增加了油耗和成本,不利于节约。很多人觉得现在经济发展了,什么东西都要搞出一个世界之最,不知是

---

① 参见孔善广:《是"资源约束"还是制度约束?》,光明网 2006 年 5 月 24 日,http://www.gmw.cn/content/2006-05/24/content_419890.htm。

② 参见熊堰秋:《总理解决河南桃农进城难凸现城管惰政倾向严重》,载《郑州晚报》2006 年 7 月 31 日。

③ 参见元好问:《能否把黄金周掰成"碎银子"》,载《大众日报》2006 年 4 月 22 日。

否合适？

　　邮政部门在"信封标准化"的口号下，过不了一两年就要求更换新的"标准信封"。一些单位在当地邮政部门的要求下，定制了一大堆信封，还没用完，不久又通知要更换新的"标准信封"了，而且规定必须用当地邮局监制的，否则不给寄信！想想当年鲁迅为减少浪费，将别人寄给他的信封拆开翻过来再用，一时传为佳话。而现在，不用说拆旧信封了，就是原来好好的"标准信封"也不让用，到底为了什么？如果说原来的又不"标准"了，为何不一下子就"达标"？

　　（三）节约观念淡薄的其他原因

　　（1）错误研究报告的误导作用。一段时间以来，节约美德被忽视了，"浪费"和"低效"现象惊人。现在我们应该反省了，应该去探索问题的严重性和紧迫性。学术界和传媒应该起到关键作用，也负有重大责任，特别是要防止误导。以能源问题为例，我国能源利用效率究竟怎样？能源供应能无止境地增长吗？这些问题有人研究过并错误地认为：一是由于汇率失真，我国单位 GDP 的耗能并不高；二是我国各行业的单位能耗与各发达国家相比并不落后多少，节约潜力有限；三是中国处在工业化初期，能源消耗的高速增长是符合世界发展常规的，电力弹性系数大于 1 是合理的；四是要以一倍的能源增长支持 GDP 翻两番是不可能的，要考虑开发更多的能源。[①] 上述观点披着学术研究成果的外衣，但其结论令人怀疑与不安。我国能源利用的低效率是有目共睹的，怎么会与发达国家差不了多少呢？这种结论是荒谬的，负面影响很大，需要加以清理。

　　（2）名人误导效应。所谓名人误导效应就是有些名人利用他们的社会地位和名声发表的那些荒谬的论点，并以此来误导大众的观点。例如，在全国的一次政协会议上，一位来自西部的全国政协委员语出惊人：为了拉动内需、创造国内市场，应该批判勤俭的观念。他认为勤俭的观念是中国人民在贫困时期形成的一种道德原则，现在我们富裕了，就要批判这个"勤俭"，这样人们才舍得花钱。大把花钱才能拉动内需，才能创造国内市场。[②] 作为全国政协委员当然是名人，但这种论调的荒谬无异于宣称"割自己的肉吃可以补身子"。其实我们应该明白已故著名学者、有"当代毕昇"之称的王选所说的话，名人是过时的人。[③] 但是由于中华民族有着强烈的名人情结，往往人们不是看这句话本身，而是要看是谁说的，大众很容易被名人误导。

---

　　① 参见潘家铮：《建设节约型社会是中国的唯一出路》，载《群言》2005 年第 9 期。

　　② 参见梁从诫：《用节俭的方式来创造小康生活》，载《群言》2005 年第 7 期。

　　③ 参见王选：《上电视说明科学生涯快结束了》，光明网 2006 年 2 月 16 日，http://www.gmw.cn/content/2006-02/16/content_374973.htm。

第二节 加强节约的宣传和教育

一、加大建设节约型社会的宣传力度

正确的宣传舆论对引导人们的正确行动具有不可替代的作用。建设节约型社会是全民的长久共同的任务,因此,必须充分发挥宣传媒体的作用,深入持久地宣传节约的必要性和重要性。

(一)要充分发挥新闻媒体的作用

要特别重视利用电台、电视台、展览馆开展专题讲座、经验交流、知识答卷、典型展览等;利用报纸、杂志进行节约宣传和理论探讨。在每年的八月"节约宣传月"活动中,要强化广大干部职工尤其是年轻公务员的节约意识、节约观念,倡导节约文化、节约文明,牢固树立节约光荣、浪费可耻的观念。

(二)要重视日常生活中的节约宣传

各地要利用情况简报、办公业务网、板报、墙报、宣传栏等多种形式,开展经常性的宣传教育活动。采用各种宣传形式,提醒人们注意节约。例如,在水龙头旁边可以写上被证实过的数据:滴水每小时浪费 3.6 公斤水,一个月浪费 2.6 吨水;连成线的小水流,每个小时浪费 17 公斤水,每月 12 吨水;哗哗响的大水流,每小时浪费 670 公斤水,每月 482 吨水。城镇要在显著位置悬挂宣传节约的横幅,并在相关的公共场所经常张贴有关节约的标语,如在机关食堂张贴节约用水、用电、粮食的标语等。商贸企业要把"节约资源、废物利用、循环再用"的标识印刷在包装上面,营造节约氛围,提醒人们注意节约。

(三)要将建设节约型社会作为精神文明建设的重要内容

把创建节约型社会的各项活动纳入精神文明创建活动之中,纳入提高民族素质的教育中,广泛开展节约资源活动。一方面要把建设节约型社会作为精神文明创建活动的重要内容,通过广泛组织和采取多种形式开展创建节约型城市、节约型企业、节约型社区、节约型机关和学校等活动,引导全社会把节约资源放在更加突出的位置;另一方面要利用精神文明创建活动中群众喜闻乐见、参与面广、行之有效的各类活动,引导广大群众积极参与到建设节约型社会活动中来,寓教于乐,在各项活动中普及节约资源知识,增强节约意识,形成全社会参与节约资源的良好风尚。

二、深入持久地进行节约教育

教育是现代文明的基石,也是建设资源节约型社会的智力来源和精神向导,建设资源节约型社会必须加强节约教育。要制定培训计划,将资源节约教育贯穿于

各级各类教育和技术培训体系中,并将节约教育作为终生教育。

(一)要制定长期的节约培训计划

有关部门要根据不同对象制定不同的培训规划。节约培训不是权宜之计,要具有长期性,对不同对象实行分类分层培训。侧重对地市县资源节约综合利用管理干部和企业管理者、技术人员的培训。要组织编写节能、资源综合利用培训教材。资源节约综合利用应纳入建立现代企业制度和企业管理人员培训教材中。

(二)将节约教育作为国民教育的重要内容

要将资源短缺、资源忧患意识作为终生教育的内容。小学开设伟人和名人节俭的故事课程,中学开设有关节约的议论文。如司马光的《训俭示康》等。大学开设《节约经济学》、《经济效益学》等必修课程。经济和管理学的研究生要开设若干关于研究节约的课程,而且要将节约的内容作为研究生的研究方向。做到以教育影响学生、以学生影响家庭、以家庭影响社会,增强全社会的资源忧患意识和节约资源、保护环境的责任意识,使节约逐步成为全民的主流意识。把节约资源、回收利用废弃物等活动变成全体公民的自觉行动,逐步形成节约资源和保护环境的生活方式和消费模式。

(三)将节约教育作为党政军干部培训的重要内容

党政军干部是群众的表率,是公共资源的掌握者和支配者,是吃"皇粮"的人。他们的节约意识和行动对建设节约型社会有着极其重要的作用。因此,要十分重视党政军干部的节约教育。在这方面,各级党政军干部学校要开设节约方面的专题课程,让党政军干部结合我国实际开展建设节约型社会的专题研究,要将节约教育作为保持共产党员先进性教育的内容。要编写这方面的教材供党政军干部学习,等等。

第三节　深化建设节约型社会的研究

理论来源于实践,同时高于实践。科学的理论被人类掌握和运用将对实践产生重要的指导作用,经济理论的每一次突破都对生产力水平的提高产生重要推动作用。第二次世界大战以来科学和技术的关系逐渐密切,理论与实践的关系也变得紧密,理论研究为社会生产服务已经成为研究的主要内容,基础理论的突破更加重要。自然科学是这样,社会科学也同样如此。从当前来说,建设节约型社会必须重视理论和实践的研究。

一、对节约问题的研究有待深化

自党和国家提出建设节约型社会后,我国理论界热烈响应,出版了一大批关于建设节约型社会的著作。到目前为止,主要有:2005 年 9 月,中国时代经济出版社出版了由郭强主编的"建设节约型社会书系",包括《节约型社会》、《节约型城市》、《节约型社区》和《节约型企业》等 5 本书。2005 年 12 月,人民出版社出版了由王梦奎、马凯主编的《建设节约型社会》(论文集)一书。2006 年 6 月,中国财政经济出版社出版了由李庆丰、屈定坤主编的《节约型社会全书》和由王敏正、万安培主编的《节约型社会词典》。2006 年 1 月至 2007 年 1 月,中国发展出版社出版了由姜伟新主编的《建设节约型社会》丛书,包括《政策篇》、《地区篇》、《国际经验篇》3 本书。2007 年 9 月,社会科学文献出版社出版了由傅崇兰主编的《建设节约型社会战略研究》。除此之外,不少理论工作者通过报纸杂志和网络等媒体发表了一批文章,限于篇幅,这里不一一列出。以上关于建设节约型社会的著作和文章对于推进我国节约型社会的建设所起的作用是巨大的。但是,由于时间紧迫,已出的著作大多属于编著性质,对节约型社会尚欠深入研究,许多对策措施可操作性不强。

二、建立中国节约研究中心的构想

由于当前还处在建设节约型社会的起步阶段,对不少问题都需要进一步加强理论研究,为建设节约型社会提供理论指导。因此,完全有必要建立一个中国节约研究中心。

(一)节约研究中心的宗旨和主要任务

(1)节约研究中心的宗旨。以马克思列宁主义、毛泽东思想、邓小平理论和"三个代表"重要思想以及党中央提出的科学发展观、建设资源节约型社会等重要理论为指针,面向全国和世界,运用各种节约理论,紧密结合我国当前资源紧缺和浪费严重的实际,开展节约理论与实践的研究,为丰富和发展节约理论,为全社会实现资源节约和经济社会可持续发展而不懈努力。

(2)节约研究中心的主要任务。第一,节约实践方面,主要从经济技术角度,研究如何节能降耗减排,研究我国经济社会生活中存在的浪费特点、原因,探讨消除浪费,实现节约的途径。从目前来看,主要研究的问题有:如何建设资源节约型制度、体制、机制、系统、体系;如何建设资源节约型政府、企事业单位、家庭;如何有效实现企业的降耗减排;不同部门、行业的节约措施、考核指标及对不同部门、行业的节约考核和监督办法等。第二,节约法律制度方面,主要研究为实现节约提供相应的法律法规保障。从目前来看,主要研究的问题有:如何加强节约的法制建设,建议制定有关实现节约的法律法规和如何实施这些法律法规。如《反浪费法》、《森林资源节约法》、《有色金属节约法》、《节约用水法》、《土地节约集约使用法》等法律及法规。第三,节约理论方面,主要是发掘、发展国内外节约理论,结合当前的浪费实际,丰富和发展节约理论,侧重于从理论层面上探讨我国现实经济生活中的浪费和节约问题。尽快建设一个中国节约网站;必要时,可以创办一个名为《节约问题研究》的刊物。

(二)节约研究中心的组成人员和机构设置

节约研究中心应由对节约问题有浓厚兴趣的文理工科研人员组成。目前,研究中心可以以挂靠单位的有关研究人员为基本成员,聘请这方面有研究成果的专家、学者、科技人员。根据需要,逐步增加人员。中国节约研究中心可挂靠在国务院发展研究中心或中国社会科学院、中共中央党校或某所大学。

节约研究中心可下设若干研究室。

第一,企业节约研究室。主要研究企业生产经营中如何实现节约。例如,如何降低企业的原材料、能源消耗,如何提高产品质量,如何扩大市场、减少积压,如何加快资本周转,提高经济效益等。

第二,机关事业单位节约研究室。主要研究机关事业单位如何实现节约,特别是各级政府机关在建设资源节约型社会中,如何起模范带头作用,努力实现节约。

第三,战略性资源节约研究室。主要研究战略性资源的储量、如何有计划开采与节约使用,如何开发新的替代资源,尤其是能源;如何使战略性资源发挥最大功效。

第四,城市节约研究室。主要研究城市如何节约用电、用水、用气、用地等问题。如制定不同系统的用电、用水、用气标准及全天候的检测和控制方式。

第五,农村节约研究室。主要研究农村在灌溉用水用电、施用化肥农药等方面如何实现节约,如何减少农村建房、丧葬等造成的土地和其他资源的浪费。

第六,节约法制研究室。主要从加强法制建设入手,借鉴国内外成功经验,研究如何健全法制,克服浪费,实现节约。

第七,节约基础理论研究室。主要研究节约基础理论,不断丰富和发展节约理论,提高理论的针对性和指导性。

第八,综合研究室。主要研究建立资源探测管理系统、资源开采管理系统、资源加工管理系统、资源运输管理系统、资源消耗预警系统、资源使用监测管理系统和资源节约调控系统的具体实施方案。

以上各研究室应分工明确,各有重点,各司其职,但又相互配合,以共同推进全社会的节约。

(三)节约研究中心当前的主要研究课题

当前围绕我国建设节约型社会开展的调研专题有:①体制创新与建设节约型社会的调查研究;②建设资源节约型社会与环境友好型社会关系的调查研究;③加强宏观调控与建设节约型社会的调查研究;④构建和谐社会与建设节约型社会关

系的调查研究;⑤建设节约型社会与应对经济危机的调查研究;⑥绿色GDP与建设节约型社会的调查研究;⑦提高经济发展质量与建设节约型社会的调查研究;⑧关于我国水资源节约使用的调查研究;⑨关于我国电力能源节约使用的调查研究;⑩关于我国油气资源节约使用的调查研究;⑪关于我国土地资源节约使用的调查研究;⑫关于我国森林资源节约使用的调查研究;⑬关于我国建设节约型党政机关的调查研究;⑭关于我国建设节约型学校的调查研究;⑮关于我国建设节约型企业的调查研究;⑯关于我国建设节约型社区的调查研究;⑰关于我国建设节约型家庭的调查研究;⑱关于我国基础建设领域实现节约的调查研究;⑲关于我国生产领域实现节约的调查研究;⑳关于我国流通领域实现节约的调查研究;㉑关于我国消费领域实现节约的调查研究;㉒关于我国公共服务领域实现节约的调查研究;㉓关于我国城市实现节约的调查研究;㉔关于我国农村实现节约的调查研究;㉕建设节约型社会的机制与政策研究;㉖建设节约型社会的法律制度研究;㉗我国不同行业、部门的节约措施研究;㉘我国不同行业、部门的节约考核和监督办法的调查研究;㉙我国发展循环经济的调查研究;㉚国内外资源节约的经验及其推广的调查研究;㉛节约与效益调查研究;㉜科技创新与节约研究;㉝资源节约与转变经济增长方式的调查研究;㉞我国节约传统与文化的调查研究;㉟建设社会主义新农村与建设资源节约型社会的调查研究;㊱防灾减灾与建设节约型社会的调查研究等。由于我国幅员辽阔,各地情况千差万别,可以全部研究,但这样消耗很大,建议选取有代表性的地区进行调研。如节约水资源问题的研究可以选择严重缺水的区域,农村节约问题的研究可以选择有关农业大省。

第四节　节约观念应成为全民的主流意识

认识到不合时宜的观点阻碍节约型社会建设,就要不断加强节约教育,尽量使节约观念成为全民的主流意识。这样,建设节约型社会的思想基础就更加牢固。

一、什么是主流意识

主流意识就是全国人民形成的占主导地位的共同认识。节约成为全民的主流意识就是全国人民对节约的必要性、重要性所形成的占主导地位的共同认识。主流意识的特点是:一是普遍性,全国人民对节约的看法基本一致;二是坚定性,人们对节约不存在疑虑;三是长久性,即人们长期如此认识节约。走节约型发展道路必须通过宣传、教育等各种途径,使节约意识成为全国人民的占主导地位的共同认识。

二、节约成为全民主流意识的重要性

历史和现实已经证明,一项工作能否做好,认识问题十分重要。新制度经济学认为,在影响制度变迁的因素中,必须重视意识形态因素。诺斯(1981)指出,社会价值的改变——意识形态的变更——是制度变革的主要因素,没有意识形态理论,新制度经济学将是不全面的。从长远看,对法律、公民权利、政府和统治者的权威的广泛尊重,是任何社会得以保持的基础。① 如果社会的意识形态混乱或者失去伦理道德,那么人们相互监督的成本就会逼近于无穷大。也就是说,一个人人唯利是图、个个冷血动物的社会是不可能生存下去的。这说明意识形态对做好一项工作具有很重要的作用。要建设节约型社会,需要使节约成为全民的主流意识,使大家自觉地行动。

三、如何使节约成为全民的主流意识

主流意识属于非正式制度,这种制度的变迁或者创新既需要强制性变迁,也需要诱致性变迁,这两点各具特色,对于如何使节约成为全民的主要意识来说,这两点都是需要的。一般来说,诱致性变迁需要的时间比较长,而且容易夭折。要使节约逐渐成为全民的主流意识,既要强调以往已经试验过的说服教育方法,也要推行强制性变迁,通过加强立法和执法来促进诱致性变迁。具体来看,需要从以下几点努力。

第一,加强法制建设,为全民树立节约意识提供制度服务。新制度经济学认为,法律是一种正式制度,具有很强的约束作用,而且法律的修改、颁布和实施都不需要太长的时间。也就是说法律的变迁时滞很短,容易变化。法律的强制性和威慑性有利于强化人们的观念,使人们懂得什么是不能做的,做了就会触犯刑律,从而受到惩罚。因此,在当前的历史条件下——国家人口众多,素质不高,加强法制是加快人们树立节约观念的必由之路,加速之路。

第二,建立奖惩制度,发挥诱致性制度变迁的作用。在全社会造就节约光荣、浪费可耻的氛围,需要奖励和惩罚并举,奖励一批节约先进单位和个人,并以奖励先进促进人们的节约意识和行动,培养一批节约典型。处罚一批还没有达到犯罪程度的节约后进单位和个人,以处罚浪费者警示潜在的浪费行为。可见,各单位都要建立节约和浪费的奖惩制度;这样,先进者得到奖励,奢侈浪费者受到处罚,社会节俭之风必兴。奖惩要形成制度,要长期坚持,要准确掌握情况。因此,各省市可

---

① 参见〔冰岛〕思拉恩·埃格特森:《经济行为与制度》,北京:商务印书馆,2004年版,第71页。

参考广东省的做法设立节能监察中心①,通过监察数据不定期评选节约先进城市、先进企业、先进单位和先进个人,在社区评选节俭之家并挂牌,给先进的单位和个人发奖,同时在本地主要媒体上公布浪费奢侈单位和个人名单。

第三,继续加强教育,尤其是身教。身教具有示范效应,尤其是社会关注的那些单位和群体的示范效应,其作用是巨大的。一般来说,社会关注的单位是党政机关等消费公共财政资金的单位;社会关注的群体是共产党员、公务员、高级知识分子等具有较高修养,能够发挥模范作用的人士。此外,各条战线都要有人身教:教师要在学校节约中率先垂范,发挥带头作用;家长要在家庭节约中以自身的行为教育子女,等等。各单位的领导在建设节约型社会中都要发挥自己的模范带头作用,以自身的节约行动教育别人,影响社会。

---

① 参见王健平、黄穗:《首家节能监察中心挂牌》,载《中国经济导报》2008 年 3 月 13 日。

第二十章

借鉴国外节约做法与经验，建设节约型社会

他山之石，可以攻玉。国外在解决资源和环境问题的实践过程中已经积累了许多成功经验，值得我们学习和借鉴。为此，本章介绍一些主要国家建设节约型社会的做法和成功经验及其对我们的启示。

第一节　国外建设节约型社会的主要做法

第二次世界大战以来，世界上一些主要国家都不同程度遭遇了资源约束和环境污染问题，迫使这些国家较早走上节约型发展道路。下面简单介绍一些发达国家和发展中国家走节约型社会发展道路的主要做法。

一、发达国家建设节约型社会的主要做法

（一）美国

美国是世界上最大的经济体，是一个资源和能源消耗大国，经过两次石油危机冲击后，也开始重视资源、能源的节约使用和高效利用。

第一，美国政府通过立法促进资源的节约和循环利用。例如，在石油危机的影响下，1975年美国政府颁布了《能源政策和节约法》，1976年首次制定了《固体废弃物处置法》，1982年制定了《机动车辆信息与成本节约法》，1987年公布了《国家电器产品节能法》，1998年出台了《21世纪清洁能源的能源效率与可再生能源办公室战略计划》等。2003年出台的《能源部能源战略计划》更是把"提高能源利用率"上升到"能源安全战略"的高度。① 为了减少家庭耗能，美国政府还推出了"能源之星"计划②，"能源之星"最初开始于电脑和办公设备，后来扩展到家用电器、照明、空调设备等方面，甚至包括新建住宅和商用房屋等。据美环保局统计，2004

---

① 参见吴迎春：《外国节能政策面面观》，载《人民日报》2005年2月1日。
② "能源之星"计划是美国环保局20世纪90年代推出的商品节能标识体系，符合节能标准的商品会贴上带有绿色五角星的标签，并进入美环保局的商品目录得到推广。

年美国新建住宅中有 10%，也就是近 35 万套符合"能源之星"标准，每年能节约能源开支 2 亿美元。

第二，美国政府还制定了一系列相关政策来鼓励节约。早在 20 世纪 70 年代，围绕促进可再生能源的开发利用、充分合理利用现有资源和鼓励节能，美国政府制定了一系列能源政策鼓励节能，要求政府采购能效认证产品，规定公共设施购置和使用高效节能产品。另外，美国政府还通过财政手段、税收优惠等政策帮助可再生资源的开发、利用。美国联邦政府在 2001 年财政预算中，对新建的节能住宅、高效建筑设备等实行减免税收政策。此外，美国各州政府还根据当地的实际情况，分别制定了地方节能产品税收减免政策。如加州节能型洗碗机、洗衣机、水加热设备，减税额度在 50—200 美元之间。① 美国联邦政府能源消费量占美国能源消费总量的约 13%。为了推动节能工作，美国在 1991 年至 1998 年期间，共发布了 10 份行政令和 2 份总统备忘录，要求政府机构加强节能工作。"12902"号行政令还进一步要求各个政府机构 2005 年节能 30%。② 白宫制定的节能计划要求政府公共设施购置和使用高效节能产品。由于采取了这些措施，美国政府每年节约了 2 亿多美元的能源费用支出。在政府采购中，美国几乎所有的州都有权对使用再生材料的产品实行政府优先购买。③

第三，美国也同样非常重视技术在提高资源使用效率方面的作用。在美国政府对科研技术的鼓励和支持下，美国制造工业的水重复利用次数，从 1954 年的 1.8 次提升到 1985 年的 8.63 次，大大节约了水资源的使用。近年来，美国房屋所耗能源超过了交通业和产业界，为了节能和环保，美国能源部正在大力推广"零能耗住宅"新技术。④ "零能耗住宅"有室内温度变化小、不怕停电、节约能源和减少污染等优点。通过改进建筑设计和材料，美国房屋能耗已比 1980 年减少了 30%。⑤

第四，为了从小培养节能意识，节能教育在美国日益普及。美国从幼儿园到 12 年级均有分年级的配套课程，内容包括了解最基本的能源知识，在日常生活中怎样节能等。能源部的"能源巧用"、"重塑美国"等项目也是针对学校设计的，提

---

① 参见吴迎春：《外国节能政策面面观》，载《人民日报》2005 年 2 月 1 日。

② 参见吕文林主编：《建设节约型社会干部读本》，北京：中共中央党校出版社，2006 年版，第 117—118 页。

③ 参见吴迎春：《外国节能政策面面观》，载《人民日报》2005 年 2 月 1 日。

④ 该技术视房屋为一个诸多元件协作运转的整体，旨在通过最佳整体设计、利用最先进的建筑材料以及已上市的节能设备，达到房屋所需能源或电力 100% 自产的目标。所谓的电力 100% 自产以年为时间计算单位。"零能耗住宅"同时还与电网相连，其自产电力不足时可从外界补充，过剩时可输入电网，而电力公司也需为此支付等价电费。高效利用太阳能是"零能耗住宅"技术的关键。

⑤ 翟边：《美国：推广零能耗住宅技术》，载《中国地产市场》2005 年第 11 期。

倡建设节能校园。美政府机构的节能宣传和民间组织的节能呼吁都很实际地指出,"节能就是省你的钱!"这些机构和组织还分发各种节能手册,教给人们各种节能技巧。美国洛杉矶市长为了宣传节水,曾动员100人作了180场节水报告,并让7万名中学生观看节水电影;纽约市长在1981年水源紧张时别开生面地发出一个具有特别意义的号召:委派全市儿童都担任纽约市的"副市长",协助市长监督他们的父母和兄弟姐妹节约用水。①

第五,美国的企业也意识到节约的重大作用,主动承担起资源的节约使用和回收利用的社会责任。名列世界500强之首的美国沃尔玛超级购物有限公司就崇尚节约,重视废旧物资回收和循环利用。在沃尔玛暗蓝色的再生塑料袋上印着几行字:"循环购物袋换来新世界;请把购物袋退还沃尔玛,以支持我们保护环境的承诺。"循环回收利用已经成为企业文化的一部分,沃尔玛每年要循环回收大量废旧物资。为处理好全美范围内数量巨大的回收物资,沃尔玛公司总部设有回收及循环部,管理全美4000家商店、会员店、配送中心等废旧物资的循环回收工作。

(二)德国

德国是一个工业高度发达而资源相对贫乏的国家,战后几十年经济的迅速发展,使德国工业垃圾和生活垃圾大量增加,给德国走上资源节约型道路提供了一个契机,使德国在资源节约使用、循环利用等方面领先于其他国家。

一方面,德国政府非常重视法律法规的建设。早在1972年,德国政府就颁布了《废弃物管理法》,要求关闭垃圾堆放厂,建立垃圾中心处理站,进行焚烧和填埋。1986年,德国颁布了新的《废弃物管理法》,试图解决垃圾的减量和再利用问题。从法律上确定了废弃物管理的优先顺序:避免、再循环、处置。1991年,德国通过了《包装条例》,这一条例原则上要求生产厂家和分销商对其产品包装进行全面负责,回收其产品包装,并再利用或再循环其中的有效部分。1992年,通过了《限制废车条例》,规定汽车制造商有义务回收废旧车。1996年,德国提出了新的《循环经济与废弃物管理法》②,这一法律要求生产者对其产品的整个生命周期负责,即"从摇篮到墓地的管理。生产者的责任从产品的设计和生产开始,包括运输、销售、售后服务,直到产品的生命终结而进行的废弃物处理,必须贯彻始终"。该法案改变了以往生产者只负责产品生产的观念,从而实现封闭物质循环的目标。1998年修改了《包装法令》,1999年制定了《垃圾法》和《联邦水土保持与旧废弃物法令》,2000年制定了《2001年森林经济年合法伐木限制命令》,2002年2月德国《能源节约法》生效。《能源节约法》制定了德国建筑保温节能技术新规范,2003

---

① 参见《建设节约型社会实用手册》,北京:中国方正出版社,2005年版,第114页。

② 参见冯之浚等编著:《循环经济》,北京:中共党史出版社,2005年版,第57—60页。

年修订了《再生能源法》。德国政府还出台了如《可再生能源法》、《生物能源法规》、"10 万个太阳能屋顶计划"等一系列有关环保和节能的法规与计划。① 为了鼓励使用新型能源，德国政府还先后制定了《可再生能源市场化促进方案》、《家庭使用可再生能源补贴计划》等多项法规，力争使可再生能源成为民众使用的主要能源。这些法律促使德国在垃圾处理和资源回收利用方面走在世界的前列。

另一方面，德国还十分重视节能技术的开发与创新，最大限度地提高能源的使用效率，取得了明显的成效。如政府通过向企业提供资金、技术援助，推动这些企业实行"供电供热一体化"；促进使用传统矿物能源发电的企业不断开发、使用新的技术（如高压煤波动焚烧技术、煤炭汽化技术等），从而使传统矿物能源的平均有效利用率从 1999 年的 39％提高至目前的 45％，并计划于 2020 年进一步提高到55％。另外，德国在太阳能制冷技术方面走在欧洲前列，弗赖堡大学医院完全由太阳能装置为房间"降温"，装上了太阳能设施后，只需要 400 瓦电量，相当于常规方法的 1/62。仅这一项，医院每年就可节约 15 万度电。② 德国还从油菜籽中提炼出生物柴油，发展到从谷物、甘蔗、甜菜、木料甚至是家庭生活垃圾中提炼燃油，这种柴油价格低廉，燃烧彻底，汽车尾气排放的 CO_2 含量比使用普通柴油低 50％③，更有利于环保。因此，在德国，饭馆和小吃店的大量废弃食用油不能随意倾倒，必须向环保部门支付收集费，统一处理，用于提取生物燃油。柏林还有一个名叫"生物出租车"的公司。他们的汽车完全采用食用油为燃料。由于德国对技术的重视，使德国在节能环保方面领先于其他国家，据统计，德国的节能环保产品和技术出口已占世界的 18.7％，高于美国的 18.5％，名列世界第一。④

尽管德国人的节能意识很强，但德国政府一直没有放松节能宣传。德国联邦经济和技术部的网站向民众宣传，日常生活中，如果在不用电视、电脑和其他电器时，应该把电源关掉，而不是让它们处于待机状态。德国政府还积极向公众宣传建筑节能知识和政府的方针政策。德国联邦消费者中心联合会及其下属的各州分支机构也提供有关节能的信息和咨询服务。⑤ 德国能源局开设了免费电话服务中心，解答人们在节能方面碰到的问题。

（三）英国

英国是一个海岛国家，是世界工业化最早的国家，工业非常发达，也是一个耗

---

① 参见叶书宏：《国外建设节约型社会现状概览》，载《中国党政干部论坛》2005 年第 11 期。

② 参见仲浩、刘军南、王文华、焦洋、刘继海：《国外可再生能源在建筑节能中的利用》，载《中国房地产》2007 年第 5 期。

③ 参见晓苛：《国外新能源替代石油见闻》，载《中国石油报》2005 年 12 月 20 日。

④ 参见郭强编著：《节约型社会》，北京：中国时代经济出版社，2005 年版，第 109 页。

⑤ 参见吴九占编著：《节约型机关》，北京：中国时代经济出版社，2005 年版，第 127 页。

能大国。为了节约能源,除了立法保障外,英国政府还通过各项节能政策、能源与环保协调、交通节能措施以及改变人们生活方式等手段,形成了一种有效和积极的节能氛围。例如,自 2001 年起,政府每年拿出 5000 万英镑的"能源效率基金",鼓励企业节约能源。① 为了鼓励用户采用高效节能技术和设备,2001 年政府共投入4.35 亿英镑财政资金用于资助 CO_2 减排项目和社区节能等,大大促进了节能产品的使用。另外,英国从 2001 年开始征收能源税,电力按 0.043 镑/度、天然气 0.015镑/度(根据热当量换算)的税率征收,当年共征得能源税 10 亿英镑,其中 20% 用于节能方面②,既防止了能源的过度消耗,又取得了节能专项基金。2005 年英国政府宣布实施百万"绿色住宅"建筑计划③,主要通过税收优惠政策鼓励该计划的实施,凡建造"绿色住宅"将享受减免印花税等优惠政策。为鼓励家居节能,2005 年3 月,英国政府开始实施退税计划,凡通过英国天然气公司安装保暖墙的家庭都可申请 100 英镑退税。政府还实行了对采用节能锅炉、节能家用电器以及节能灯的家庭提供补贴政策。同时,为鼓励商业和公共部门实施最佳节能措施,政府开征了气候变化税,对企业节能进行补贴等。

另外,为了摆脱对常规能源的依赖,把海洋作为未来能源的突破口,积极研究海洋风能、波浪能、潮汐能等新型能源。2005 年 8 月 2 日,英国政府设立了 5000 万英镑的专项资金,重点开发海洋能源,8 月 10 日,耗资 500 万英镑的世界首座海洋能量试验场"欧洲海洋能量中心"在苏格兰奥克尼群岛正式启动。英国风能发电的历史悠久,风能技术在世界居于领先地位,目前,英国公司既可以生产小规模的风能充电器,也可以建造大规模的风能发电场。在把垃圾通过掩埋转换成天然气的技术方面,英国处于世界领先水平。另外,英国在利用氢能、太阳能方面也取得了很大进展。④

英国人的节能意识与政府面向 21 世纪的能源战略是分不开的,同时一些节能民间组织对增强人们节能意识也发挥着重要作用。例如,新英格兰光污染咨询组织自 1993 年成立以来,一直向公众普及和推广室外夜间照明有效节能知识,积极宣传和提倡使用低流光灯具。该机构还经常不定期资助和组织由光电工程师、物理学家、能源用户代表、政府官员、记者和普通公众等参加的研讨会,讨论改善室外照明的办法。⑤

---

① 参见吴迎春:《外国节能政策面面观》,载《人民日报》2005 年 2 月 1 日。
② 参见郭强编著:《节约型社会》,北京:中国时代经济出版社,2005 年版。
③ 这种新型住宅将采用太阳能电池板、洗澡水循环处理装置和无污染涂料等。
④ 参见曹丽君:《英国人如何节能》,载《半月谈》2005 年第 20 期。
⑤ 参见曹丽君:《英国人如何节能》,载《半月谈》2005 年第 20 期。

（四）法国

法国资源相对贫瘠，石油和天然气蕴藏量有限，煤炭资源早在20世纪50年代便逐渐枯竭。法国政府一直努力实现资源利用效率最大化，积极探索多元化的能源供应道路。

在20世纪两次石油危机的冲击之下，法国加强了对核能和可再生能源的开发和利用，使国内能源不足的压力得到有效缓解。法国通过引进美国西屋公司的核技术并进行创新改进和国产化，最终成为全球核能利用第一大国。目前，核电占法国电力供应的80%以上。通过发展核电，法国的能源自主率从1973年的22.7%提高到了今天的50%以上，每年因此减少石油进口而节省外汇240亿欧元。除核能外，法国还大力发展可再生能源，如风能、太阳能和生物能源，计划到2010年，可再生能源发电量将占法国电力供应总量的21%。①

为了节约用水，保护水资源，法国制定了"谁污染水，谁交钱治理"、"谁用水，谁花钱"的"以水养水"政策。对工农业等企业用水，地方公共水文管理局完全根据其污水排放量和废水污染程度收取费用；而对个人家庭用水，地方公共水文管理局则在水费中增加了污水处理等各项费用。② 所获得的资金将全部用于执行获得地方水文议会通过和政府总理批准的水文治理计划，并对地方致力于保护水源的各类企业给予大力财政支持。

在法国，民众也自觉参与节约型社会的建设。正是在公众的自觉参与下，每年80%的废弃包装类垃圾都得到了循环处理。63%的废弃包装类垃圾经再处理后被制成了纸板、金属、玻璃瓶和塑料等初级材料，17%被转化成了燃油、热力等能源。③

（五）日本

日本是一个岛国，战略资源匮乏，仅有少量能源资源蕴藏量。但资源短缺并未阻碍日本高速发展，反而让其走出了一条资源节约型发展道路，以资源的有效使用和高效回收利用闻名于世。为了谋求环境和资源问题的有效解决，日本根据国情选择了建立循环型社会的全面发展目标。

首先，日本建立了一套完善的法律法规体系。20世纪70年代以后，像其他的发达国家一样，伴随着日本经济的高速增长，资源和环境问题同样困扰着日本。为此，日本政府制定了一系列法律，如1970年的《废弃物处理法》、1979年开始实施

① 参见《大力发展核能、风能、太阳能和生物能源等多种替代能源——法国：以多元化应对能源不足》，节约网2006年8月9日，http://www.jieyue.net/homepage_show.asp? id = 37048&type1_id = 5&type2_id = 102&type3_id = 399。

② 参见《法国以水养水　保护水源》，载《光明日报》2000年12月8日。

③ 参见《法国垃圾分类寻节约》，载《陕西日报》2005年9月5日。

的《节约能源法》、1991 年的《资源有效利用促进法》、1993 年的《环境基本法》、1995 年的《容器和包装物的分类收集与循环法》、1998 年的《特种家用电器循环法》、2000 年的《循环型社会形成推进基本法》、《建筑材料循环法》、《可循环性食品资源循环法》和《绿色采购法》、2001 年的《家用电器回收法》、2002 年的《建筑及材料回收法》和《车辆再生法》等等。① 其中 2000 年制定的《循环型社会形成推进基本法》的宗旨是改变传统社会经济发展模式，建立"循环型社会"，即通过抑制废弃物等的产生、资源的循环利用和合理处置等措施，控制自然资源的消费，建立最大限度减少环境负荷的社会。② 2002 年日本又修改了《节约能源法》，还提高了汽车、空调、冰箱、照明灯、电视机、复印机、计算机、录像机等产品的节能标准。③ 正是在这一系列法律法规的规范和约束下使日本成为资源循环利用率最高的国家。

其次，除了法律之外，日本还采用各种经济政策，鼓励个人和企业参与循环经济的建设，运用市场与政府补贴政策来调节循环经济建设主体的经济利益。日本还制定了一系列资金投入政策，如在预算制度上采取的主要政策有：创造型的技术研究开发补助金制度，对废弃物再资源化工艺设备生产者给予补助；对引进先导型合理利用能源设备予以补贴，促进循环型社会结构技术实用化补助优惠政策。④除了经济政策外，还充分发挥其他政策的作用。日本为了鼓励居民进行资源回收，制定了针对居民的资源回收奖励制度等。⑤ 另外，日本政府实施产业倾斜政策，以支持企业节约技术、环保技术的开发，政府补助技术开发费用率可高达 50%，政府还在融资、信贷、税收等方面给予企业优惠。日本政府采购商品，如纸类、文具、其他办公用品、汽车等物时，必须购买减少环境负荷的环境友好型、资源节约型产品。政府还对列入目录的 111 种节能设备实行税收减免优惠。减免税收约占设备购置成本的 7%。⑥

再次，为了推动节约型社会建设，日本政府和企业能够承担起自己的责任。为了节约政府公车费用，日本政府公务用车使用管理方面显得很"吝啬"。日本政府机构和部门没有接送机关工作人员上下班的班车。工作人员上下班全部利用电车、地铁等公共交通工具。一般的公务员因公外出用车规定很严，如果是离机关不远，基本上都是步行，如果离开机关比较远，大多骑自行车去，乘坐一般公共交通不是很方便的场合才使用公用车。日本政府各部门内部用车主要分为专用车和公用

---

① 参见冯之浚等编著：《循环经济》，北京：中共党史出版社，2005 年版，第 30—67 页。

② 参见林云莲：《日本建立循环型社会的经验及启示》，载《山东财政学院学报》2006 年第 1 期。

③ 参见吴迎春：《外国节能政策面面观》，载《人民日报》2005 年 2 月 1 日。

④ 参见林云莲：《日本建立循环型社会的经验及启示》，载《山东财政学院学报》2006 年第 1 期。

⑤ 参见吴大华：《国外发展循环经济的经验与启示》，载《贵州民族学院学报（哲学社会科学版）》2007 年第 3 期。

⑥ 参见吴迎春：《外国节能政策面面观》，载《人民日报》2005 年 2 月 1 日。

车。如日本总务省有 2000 多名工作人员,2003 年,总务省车队拥有 52 辆公务车,一部分是总务省自己购买的车辆,另一部分是连司机带车从出租汽车公司包租而来,只有极少数专车驾驶员是总务省的国家公务员。其中 24 辆是领导专车,另外 28 辆是公用车,领导专车只能在领导执行公务的时候使用,不可用来办理私事。① 为了促进可再生成分的产品、绿色产品的推广,日本政府要求在政府采购中购买此类产品。② 为了实现政府节能,2005 年 6 月 1 日,当时的日本首相小泉纯一郎身着一身蓝色的冲绳布料凉装,在媒体的闪光灯前为"清凉商务"当了一回模特儿。③ 从这一天开始,其他日本政府高官也都一改过去的西装革履,全部穿清凉便装上班。清凉商务首先在政府部门推行,然后向企业和民众普及。④ 现在日本的电车和公共汽车,也都把空调的温度尽量调高到 28℃。日本的大企业在"领跑者"的激励下,都把节能放在了企业发展计划的重要位置。目前生产领域的节能技术已经非常成熟,越来越多地流向了关乎国民生活的交通和民生领域。日本自 20 世纪 80—90 年代开始大力推行太阳能发电,至 2003 年年底,日本的累计太阳能发电装机容量占全球一半。另外,日本还是太阳能电池板的最大生产国。2004 年,夏普的太阳能电池产量位居世界第一,京瓷、三菱电机、三洋电机等的太阳能电池产量也排在全球前几位。⑤ 日本有 1 万家 24 小时便利店,为了降低它们的电力消耗,大金工业 2002 年开发了一种名为"便利店包"的能源控制系统,通过一台室外机控制所有的冰柜、冷藏柜和空调,能把电耗降低一半。日本东京大学生产技术研究所和大金环境空调技术研究所最近开发出办公室节能空调。这种空调空气温度调节范围不是整个房间,而是在有人的地方调节出适当的温度,和现有的空调比可减少 18% 的用电量。

最后,日本有一种很强的忧患意识,注重提高国民的节约意识。日本虽然具有高达 67% 的森林覆盖率,却不舍得乱伐一棵树木。由于对石油能源的过分依赖,20 世纪 70 年代的两次石油危机后,日本建立了战略石油储备制度。⑥ 日本经常通过具体活动强化节能信息的传播,尤其是通过学校教育,向孩子们提供关于能源和

---

① 参见吴九占编著:《节约型机关》,北京:中国时代经济出版社,2005 年版,第 117—118 页。

② 参见吴迎春:《外国节能政策面面观》,载《人民日报》2005 年 2 月 1 日。

③ "Cool Biz"(清凉商务,Cool Business 的简称),它又称为"No Suit"、"No Necktie",即脱掉西装、解开领带。

④ 参见王颖颖:《日本节能全民上阵》,载《资源与人居环境》2006 年第 3 期。

⑤ 参见刘佳:《〈可再生能源法〉助我国光伏产业加快发展》,载《家电科技》2006 年第 3 期。

⑥ 受第一次石油危机的严重冲击,1975 年,日本政府通过立法正式开始建立石油储备制度,经过 30 年的不断完善,日本战略石油储备制度已经成为国内石油消费的安全保障。据了解,日本政府拥有的石油储备量可供全国使用约 3 个月,民间的储备量也可使用 79 天左右。加上流通领域的库存,总储备量足够全国使用半年以上。

环境的知识,达到从小树立节能意识的目的。

此外,瑞典、芬兰、丹麦、荷兰、加拿大、澳大利亚等国在建设节约型社会的过程中各有千秋,积累了许多经验。例如:瑞典通过多种政策来增强对可再生能源的利用,还成立了一个可持续发展部,其主要任务是指导和扶持国内可再生能源的研究和开发,目标是到 2020 年,使瑞典结束对石油的依赖;芬兰非常重视科学技术,不断资助能源工业企业在能源生产方面使用新能源技术,并注重国民节能教育;丹麦积极开发清洁的可再生能源,其率先研发的秸秆生物燃烧发电技术已走向世界;荷兰制定了大量内容涉及污染控制和自然资源保护方面的法规,节能环保理念已经深入市民生活;加拿大政府与企业共同建立一种联合机制,相互理解、支持,共同促进循环经济科技的发展与进步工作;澳大利亚非常重视政府机构能耗的降低,在社会上形成了良好的示范带头作用,对各州和地方政府产生了积极影响,并推动了全社会的节能工作。

二、发展中国家建设节约型社会的主要做法

(一)韩国

韩国国土狭小,人口稠密,资源有限。作为一个新兴的工业化国家,韩国大部分生产资源依赖进口,在资源节约和循环利用方面,韩国远远走在其他发展中国家的前面。1994 年,韩国开始实施"垃圾终量制"措施[①],随着相关措施的实施,韩国废弃物和垃圾的排放量大量减少,同时,资源回收和再利用率已接近60%。20 世纪 90 年代初韩国开始实施"废弃物预付金制度"[②],2002 年,为完善这种做法,韩国将"废弃物预付金制度"改为"废弃物再利用责任制"[③],韩国还成立了"资源再生公社",专门负责监督管理"废弃物再利用责任制"的实施。此外,韩国政府还为优秀环保企业实行挂牌、减息和提供融资等奖励。韩国石油完全依靠进口,为应对国际油价上涨,韩国政府采取了一系列对策。如对全国 1 万户家庭推行节约能源有奖措施,节约的部分由政府返还现金。[④] 韩国政府在节约电能方面下了很多工夫,先后在全国推广"绿色能源家庭"、"绿色照明"、"绿色发动机"、"绿色创意"和"绿色空调"等活动,通过签订"节能约定"等措施让企业、团体和公众自动参与节

---

① 参见冯之浚等编著:《循环经济》,北京:中共党史出版社,2005 年版,第 299—300 页。

② 即生产单位依据其产品出库数量,按比例向政府预付一定数量的资金,根据其最终废弃资源的情况,再返回部分预付资金。

③ 即从限制废弃改为再利用。一是生产单位自行回收和处理废弃物,回收处理费用生产单位自行负担;二是生产者将废弃物回收处理的责任转移给从事这类活动的合作社,依据废弃物的品种,论重量交纳分担金;三是生产单位与废弃物再利用企业签订委托合同,按废弃物的数量交纳委托金,同委托单位负责废弃物的回收和处理。

④ 参见徐宝康:《韩国,节约到牙齿》,载《人民日报》2005 年 1 月 26 日。

能。自 1995 年至 2004 年年底，韩国总共节电 140 多亿千瓦时。

为确保经济持续发展，节约已经成为了韩国政府、企业和国民的共识。节约美德在韩国蔚然成风。韩国 256 个市民团体自发组成了一个叫做"市民能源联盟"的组织，该组织的目的是在全国推动以节电为中心的节能活动。联盟采取与家庭会员签订协议，确定每月节电计划，请电力公司定期核准，对节电优秀家庭进行表彰和奖励等办法，带动更多的家庭会员参与节电。联盟还计划吸收公共团体、商业单位和工厂企业参加节能运动，在全国每年实现节电 120 亿千瓦时、节约资金 68 亿美元的目标。①

（二）新加坡

新加坡也是一个新兴工业化国家，地域狭小，国土地面积仅 680 多平方公里，国内基本没有自然资源可供开采利用，粮食、水、石油等必需品完全依赖进口。因而，新加坡政府非常重视资源的节约利用。以节水为例，新加坡政府一贯重视进行全民节水教育，把节水教育列入了小学教科书的公共课程。每年，政府要针对各个年龄层次的民众，进行不同形式的节水教育。如通过学校带领学生参观水厂和节水中心，举办节水知识演讲；通过帮助诸如工业协会和宾馆联合会等机构组织会议和展览，宣传其节水做法和经验；出版社也时常出版一些消费者的文章来向公众公布他们的节水措施。新加坡政府还通过开展"省水之家计划"②，协助各个家庭节约用水。该计划以社区为单位，由基层组织负责推广落实，免费提供节水环、省水袋、安装说明书及节水指南等，鼓励居民自行安装节水器材，减少家庭的用水量，培养良好的用水习惯。这一切都取得了良好的社会效果。

一直以来，新加坡人都有一种强烈的资源忧患意识，政府注重倡导和开展节约运动，公众也具有强烈的节约参与意识。在新加坡众多的政府公共机构中，有一个"减少浪费委员会"。该委员会设立了公开网站，专门受理公众对于政府部门节约的意见和建议。新加坡政府以廉洁高效而出名，在节约方面，新加坡政府同样毫不逊色。2003 年 5 月，新加坡政府推出了"公共部门节约运动"，倡导政府部门采取节约措施。据统计，节约运动开始实施的 2004 财政年度，公共部门节省开支达 7.36 亿新元；2005 财政年度，公共部门节省开支 6.2 亿新元，占各部门总现金预算的 1.94%。新加坡政府还通过整合资源、更新标准、减少用纸以及外包非核心工作等实现节约。2005 财政年度，公共部门通过集体采购服务合约，节省了 1600 万新元，采用外包工作如停车场地的管理、资料中心的运作及笔录服务等，也为政府省了 2500 万新元。为了实现公共部门的节能，政府专门出台了"公共机构节能导

① 参见徐宝康：《韩国，节约到牙齿》，载《人民日报》2005 年 1 月 26 日。
② 参见李满：《新加坡节约用水落实到户》，载《经济日报》2005 年 8 月 16 日。

航计划",引进信誉良好、业绩出色的能源供应公司,对政府的能源消费进行详细的评估,然后订立合约,实行节能增效措施。近年来,新加坡政府成立了一个横跨许多部门的"公共服务中心",负责为政府机构提供员工管理及处理财务等方面的工作,以便精简办事程序节约成本,预计每年能为政府部门和法定机构节省约15%的成本。①

(三)墨西哥

墨西哥是一个拉丁美洲国家,经济较发达,矿产资源丰富。墨西哥是个能源生产大国,但能源的使用也存在着严重浪费。2002年,墨西哥政府就提高能源使用效率和促进能源的合理使用特别制定了《促进能源使用效率及合理使用能源法》,旨在最大限度利用能源资源,并减少能源使用对环境造成的负面影响。② 实际上,早在1990年,墨西哥政府在能源部下设置了全国节能委员会,监管全国节能工作。据调查,政府部门消耗的能源占到了全国能源消耗总量的37.2%,全国节能委员会首先在政府办公大楼实施了"大楼节能计划"。1996年到1999年间,全国节能委员会曾号召掀起"百座办公大楼节能计划"。在不到3年的时间内,节电达到20%。1999年后,全国节能委员会启动了更大规模的"政府机构节能计划",针对的是所有办公面积超过1000平方米的政府大楼,节能委员将在这些政府办公楼中设立节能办公室,并开设学习班,培训和帮助工作人员制定符合大楼状况的节能方案并对大楼进行设施改造。③

墨西哥全国的教育和科研系统,在他们的计划和教育材料中增加了有关提高能源使用效率及合理使用能源的知识,并且在小学、中学和大学中,根据学生理解能力的不断提高和加大相关知识的难度,从而使受教育者形成合理使用能源的意识,并使其中一些人将来能够从事产业的研发。劳工部与教育部协调,在全国范围内推动职工的节能及合理使用能源知识培训,在全国促进相关产业提高能源使用效率及合理使用能源的研究,目的是提高生产效率。④

(四)巴西

巴西是拉丁美洲面积最大的国家,位于南美洲东南部,地大物博,是个资源大国,但巴西同样遭遇到能源危机问题。巴西盛产甘蔗,为了缓解能源危机,巴西因地制宜,选择以甘蔗为原料开发乙醇燃料取得成功,并在全国广泛推广使用。目前,巴西已实现能源自给,并成为能源输出国,乙醇汽油源源不断地输往世界

---

① 参见李满:《新加坡:公共部门节约见成效》,载《经济日报》2006年7月25日。
② 参见吴迎春:《外国节能政策面面观》,载《人民日报》2005年2月1日。
③ 参见吴迎春:《外国节能政策面面观》,载《人民日报》2005年2月1日。
④ 参见叶书宏:《国外建设节约型社会概览》,载《中国党政干部论坛》2005年第11期。

各地。①

　　巴西在实践中还创造了符合本国国情的循环经济发展模式,其中垃圾的回收利用工作富有成效。据巴西有关行业协会统计,2004 年巴西回收铝易拉罐 90 亿个,回收率达到 96%,高居世界第一。巴西钢易拉罐的回收率为 88%,纸箱为79%,玻璃 47%,PET 饮料瓶为 48%,无菌包装纸盒为 22%,塑料为 21%,均居世界前列。巴西循环经济模式的特点是强调政府、企业和社会三方面的参与和合作,通过综合开发利用垃圾创造价值,增加就业机会和收入,既保护环境又能促进经济发展,同时帮助解决失业和贫困问题。目前,巴西已有 200 多个城市实行垃圾分类收集,每个城市都建立了多个拾荒者合作社②,巴西约有 50 万人从事垃圾回收利用产业。另外,巴西本土公司和跨国公司也都将回收利用废弃包装材料作为自己的社会责任,积极进行垃圾的回收利用工作。与欧洲等发达国家实行的政府补贴型垃圾回收体系不同,巴西垃圾回收的收益明显,值得许多发展中国家学习,尤其是拾荒者合作社,更是巴西循环经济的一大特点。③

(五)埃及

　　埃及是个历史悠久的文明古国,95% 的国土是沙漠,是一个典型的干旱国家,水资源匮乏。埃及对水资源十分珍惜,早在 30 多年前就对水资源进行立法管理,规定无论是地表水、地下水、还是工业废水等,一律由水资源灌溉部实行统一的管理与分配,明令禁止私人和公司对水资源的滥用。对农业立法工作做得尤其细致,详细规定了地下水和地表水的使用方法,鼓励私人投资治理沙漠等。④ 这些立法工作促使埃及能够利用有限的水资源来实现工农业的增产增收。

　　从 1996 年开始,埃及政府成立了以农民为主的用水者委员会,由农业、财政、水利、司法等部门派代表参加。除尼罗河外,用于农业灌溉的各级水渠系统均交给用水者委员会管理,由他们负责节水灌溉技术的培训及水渠的管理等,统筹安排农作物的用水分配,这样就培养了自己管水、节水的意识,发挥了良好的社会效益。⑤

　　为了节约用水,埃及还大力发展低压喷灌,这一灌溉方式消耗的水量比普通的

----

　　① 参见晓苛:《国外新能源替代石油见闻》,载《中国石油报》2005 年 12 月 20 日。

　　② 巴西大城市失业问题严重,很多从农村到城里打工的人没有工作,靠拾荒为生。垃圾分拣是劳动密集型工作,合作社可以创造大量就业机会。当地政府免费提供场地,非政府组织赞助设备,帮助拾荒者组织合作社。既可以实现资源回收利用,又可以解决失业问题。因此,拾荒者合作社投资很少,但经济效益和社会效益很高,拾荒者合作社是巴西循环经济模式的一大特色。

　　③ 参见卢英方:《欧盟、巴西包装物的回收利用》,载《城乡建设》2007 年第 4 期。

　　④ 参见黄培昭:《埃及节水成效显著——国外建设节约型社会系列报道(1)》,载《人民日报》2005 年 1 月 17 日。

　　⑤ 参见黄培昭:《埃及节水成效显著——国外建设节约型社会系列报道(1)》,载《人民日报》2005 年 1 月 17 日。

漫灌节水 60%，比普通的高压喷灌节水 30%。同时，由于高精度土地平整产生的节水增产效益，使农业生产成本下降了一大半。①

（六）印度

近几年来，能源短缺的阴影一直笼罩着南亚的印度。印度的电力供应无法满足实际需求，在首都新德里，炎炎夏日里停水断电已经成了家常便饭。为了应付日趋严重的能源紧张局面，印度政府将更有效地利用能源提上日程。首先采取的措施就是通过宣传使"节能"观念深入人心。2004 年 12 月 14 日，印度政府借"全国节能日"的契机，大张旗鼓地为获得"国家节能奖"的各企业颁奖，同时正式宣布要在全国范围内发起一场"节约能源"行动，时间跨越整个 2005 年，并特意为此发行了一枚面值为 5 卢比的节能主题邮票。根据计划，印度所有政府部门及公用设施必须切实提高能源的使用效率，确保在未来几年内将能源消耗降低至少 30%。②

此外，以色列、菲律宾、印度尼西亚等发展中国家在走节约型发展道路的过程中也采取了特色明显的做法。例如，以色列走科技强国之路，它的严重缺水反而使其在农业方面形成了世界特有的滴灌节水技术，以色列专门培育了用海水灌溉的灌木和以这种灌木为主要饲料的羊，开发地下咸水，专门培育了用地下咸水灌溉的小麦、棉花、西瓜、西红柿等作物，还发明了通过养鱼净化水质的技术；菲律宾政府电力部门在全国各城镇展开节电宣传和追踪监督，主要对象为家庭妇女和女佣这些"家庭用电决策人"，还开设讲座，教工商业人士如何提高用电效率，节省成本；印度尼西亚发布了总统令，要求各级政府部门采取措施节约能源，全国各级政府部门、军队和警察以及国营企业等积极参与节能运动，最大限度地降低能源的消耗量，包括提高空调温度、关闭不必要的电灯和电脑、减少公车使用等，目标是节约能源 5%—10%。

第二节　国外建设节约型社会的主要经验

从国外发达国家和发展中国家建设节约型社会的主要做法，可以看出，其中有许多成功的经验值得我们学习和借鉴：

一、树立资源忧患意识、努力培养公众的节约意识

相对于人类无限的需求欲望而言，资源总是稀缺不足的。环顾全球，可以发

---

① 参见黄培昭：《埃及节水成效显著——国外建设节约型社会系列报道（1）》，载《人民日报》2005 年 1 月 17 日。

② 参见陈继辉：《印度发起节能行动——国外建设节约型社会系列报道（4）》，载《人民日报》2005 年 1 月 20 日。

现,除极个别国家的资源无论是总量还是相对量都比较充裕外,绝大多数国家的资源都是极其有限的,甚至有些国家根本没有资源可以利用。正因为如此,许多国家存在着强烈的资源忧患意识。正是这种强烈的资源忧患意识,使这些国家未雨绸缪,努力培养公众的节约意识,让节约成为国民共同的责任。比如,韩国从小学开始,环保、节能的教育内容就融进生活常识、道德、社会及科学等教学科目;自初中起,环境与能源设为独立课目,由校长决定是否选修;高中开设环境科学课程,作为选修课目;在课堂之外,十分重视课外教育和实际体验,让节能在孩子们的心灵里扎根。① 瑞典十分重视对能源的节约利用,政府为此成立了一个可持续发展部,指导和扶持国内可再生能源的研究和开发;尽管瑞典人均生活水平位居世界前列,人们养成了自觉地进行垃圾分类的习惯,瑞典几乎回收所有的垃圾,节省了大量资源。芬兰十分重视节能工作,成为世界上第一个根据能源中碳的含量收取能源税的国家。比利时首都布鲁塞尔的市中心,很难发现巨型的霓虹灯,即使在圣诞节期间,点缀大街小巷的彩灯也都是由耗能小的灯泡组成的。

二、不断制定和完善节约的法律法规

"没有规矩,不成方圆。"法律可以规范和约束企业和公众的行为,法律法规是企业和公众行为规范的准绳。国外在走资源节约型发展道路时无不重视法律法规建设,它们针对本国不同时期、不同领域出现的新问题,适时出台新的法律法规,不断调整以往的法律法规,使法律能够适用节约型社会建设的需要。用法律规范企业和公众的节约行为,这是许多国家在建设节约型社会中方面取得成功的根本经验。譬如除前面提到的德国与日本以外,1994 年,澳大利亚通过了一项在国家范围内对水资源进行重新分配的条款,内容包括以消费定价原则和完全恢复费用为基础的定价改革;减少和取消多种补贴;补贴公开化;环境水资源的分配;水资源的交易安排等,旨在完全实现水资源的有效定价,确保水资源的生态可持续消费。在德国和瑞典,对风能项目的投资可以抵消个人税收。在爱尔兰、荷兰和西班牙,如果公司投资于可再生能源项目,可以享受减税。在希腊,安装太阳能热水系统,在购买可再生能源电器比如太阳能热水器时可以免税。在荷兰,如果企业投资于能源节约型工程项目,就可以对项目中的设备投资项目申请加速折旧。② 这些国家在法律法规上对建设节约型社会的规范,有利于约束经济单位浪费资源的行为,以及鼓励先进环保技术的研发与使用。

---

① 参见姜伟新主编:《建设节约型社会(国际经验篇)》,北京:中国发展出版社,2007 年版,第 49页。

② 参见傅崇兰:《建设节约型社会战略研究》,北京:社会科学文献出版社,2007 年版,第 263—264 页。

三、注重节约体制和政策的配套建设

为鼓励企业参与节约型社会建设,必须给予企业以与节约有关的体制和政策支持。所以,创建资源节约型社会,除了要制定节约的法律法规外,还必须健全经济体制,制定相应的产业政策,辅助利用"经济杠杆"来引导节约行为。事实上,世界各国在创建资源节约型社会过程中,政府经常通过财政、税收和货币等政策引导节约型生产和消费方式。比如英国通过能源效率基金鼓励企业节约能源,同时还对企业节能实现财政补贴政策,通过退税政策鼓励居民购买节能锅炉、节能家用电器。日本政府实施产业倾斜政策,以支持企业开发环保技术、节约技术,政府还在融资、信贷、税收等方面给予企业优惠,政府采购也优先购买节能、环保型产品。以色列则通过实行用水许可证制度和配额制等方式实现水资源的合理使用。瑞典政府则通过提供研究经费、财政补贴和免税政策来推动可再生能源的开发和利用。美国通过能效标识制度、税收优惠和财政手段等方式来规定公共设施购置和促进使用高效节能产品。韩国却通过"垃圾终量制"措施和"废弃物预付金制度"来减少废弃物和垃圾的排放量和实现垃圾的回收利用。

四、政府率先实行节约

在建设节约型社会的过程中,政府起着决定性的作用。政府既是建设资源节约型社会的策划者和规划者,又是建设资源节约型社会的倡导者和组织者,还是建设资源节约型社会的领导者和指挥者。作为行使行政职能的机关,政府的作为,在国民中起着巨大的示范作用。所以,国外在走资源节约型发展道路过程中,非常重视政府的自身建设。政府要作为建设节约型社会的倡导者,必须做好监督工作、管理工作以及引导工作。在节能产品和节能工艺的推广中,政府要优先购买。政府总是身先士卒,成为走资源节约型发展道路的率先执行者。例如德国自1979年起推行环保标志制度,国家规定政府机构优先采购环保标志产品,规定绿色采购的原则包括禁止浪费,以及产品必须有耐久性、可回收、可维修、容易弃置处理等条件;澳大利亚为了政府机构能耗的降低,联邦政府规定所有政府机构每年都要向工业、旅游和资源部报告其年度能耗状况,报告同时提交国会,接受议会和公众监督。

五、依靠科技提升节约能力

科学技术是建设资源节约型社会的关键性因素,是资源节约型社会的有力保障,也是建设节约型社会的强大推动力,因为科学技术能够大大提升节约能力。在建设资源节约型社会的过程中,国外政府往往对企业关于资源和能源的技术研发给予资助,企业也非常重视科学技术的应用。如以色列建国50多年来农业灌溉用

水从每公顷 8000 吨下降到每公顷 5000 吨;海水淡化技术已居世界前列,预计到 2020 年时,以色列的海水淡化能力将达到年产淡水 2 亿吨,占总供水能力的近 8%;以色列研究人员还研发出"土壤蓄水层处理技术",使以色列的污水利用率达 90%,占农业用水的 20%,约 60% 的城市污水在进行无害化处理后用于灌溉。通过对太阳能的研究开发,至 2003 年年底,日本的累计太阳能发电装机容量占全球的一半,日本还是太阳能电池板的最大生产国。芬兰政府非常重视科学技术,不断资助能源工业企业在能源生产方面使用新能源技术,2005 年,芬兰政府用于这方面的资助经费达到 3120 万欧元。丹麦积极开发清洁的可再生能源。在政府的关注和大力支持下,丹麦由 BWE 公司率先研发秸秆生物燃烧发电技术,如今,丹麦的石油年消费量比 1973 年下降了 50%,而生物质发电等可再生能源已占能源消费总量的 24% 以上。在比利时布鲁塞尔的很多地方都有节能建筑,通过对大楼进行一番合理"装点"后,能耗降低了 50%。从以上这些国家利用科学技术实现节约的实例中,可以看出科学技术在提升节约能力方面的巨大作用。同时,国外的经验也表明,科技对节约的支撑又是以对技术研究的大量投入为前提的,这些国家的政府往往对技术研发大力扶持。

六、利用循环经济实现资源节约

从上述国家发展循环经济的实践中可以看出,要大力发展循环经济,首先,必须从本国国情出发,选择一条适合本国国情的循环经济之路。其次,在进行循环经济建设时,要把循环经济立法作为推进循环经济的主要手段。德国是世界上公认的发展循环经济起步最早、水平最高的国家之一,联邦立法机构于 1994 年 9 月 27 日颁布了《循环经济和垃圾法》。该法概括了所有关于垃圾概念的定义,垃圾拥有者的义务及垃圾流量的监控和垃圾清除的根本措施等种种基本规定。[1] 而欧盟循环经济法律制度体系则包括抑制废物形成制度、循环名录制度、技术与工艺标准及技术性指导制度、政府扶持制度、市场准入与许可制度、经济激励制度等。[2] 再次,除了法律制度外还必须制定对循环经济支持的政策。有效的政策是循环经济发展的重要推动力和必要保障。如征收环境税费制度、财政信贷鼓励制度、排污权交易制度、环境标志制度、押金制度等。其中经济刺激手段能够更加直接地推动循环经济的发展,如税收优惠、押金退款、绿色补贴、价格支持等。[3] 最后,还要充分发挥

---

① 参见曹立强:《源于垃圾经济的德国循环经济》,载《中国改革报》2006 年 5 月 12 日。

② 参见《国外经验谈:立法支持循环经济模式之变》,载《人民日报·华南新闻》2006 年 3 月 28 日。

③ 参见《国外经验谈:立法支持循环经济模式之变》,载《人民日报·华南新闻》2006 年 3 月 28 日。

技术进步的优势。技术是推动循环经济的关键所在。对循环经济关键技术的投入,促成了循环经济的快速发展。

七、通过企业节约实现经济效益和社会效益

走节约型发展之路不仅不违背企业的经营原则,相反,通过积极参与节约型社会建设,企业可以提高自身的节约能力,提高自身的竞争能力。外国许多企业正是把节约型社会建设当成企业的社会责任,积极参与节约型社会建设,除了获得巨大的社会效益外,企业也获得巨大的经济效益。比如世界500强之首的美国沃尔玛百货公司崇尚节约,重视废旧物资回收和循环利用,每年要循环回收大量废旧物资。仅2003年,沃尔玛在全美共回收了约2.24亿吨纸箱、142亿磅的塑料购物袋(薄膜)、2200万加仑(1加仑等于4.54609升)的废油、1800万只废旧轮胎、1800万只废电瓶和3600万个一次性照相机等。[①] 从20世纪90年代开始,日本最大的JR电车公司开始引进“电力回送刹车”装置[②],目前大约有87%的电车、75%的新干线在应用这种系统,比过去节省了30%的电力。南非萨索尔(SASOL)公司开发出煤变油技术,至今已经提炼生产出15亿桶燃料,其煤变油产品占南非燃油市场的28%,每年为南非节省的外汇高达51亿美元。又如,美国杜邦化学公司是较早发展循环经济的企业,形成了有名的杜邦模式,即通过厂内各工艺之间的物料循环,减少物料的使用,达到少排放甚至“零排放”的目标。杜邦化学公司通过建立企业内部的循环经济模式,创造性地把循环经济“3R”原则发展成为与化学工业相结合的“3R制造法”,以达到少排放甚至零排放的环境保护目标,组织厂内各工艺之间的物料循环,从废塑料中回收化学物质,开发出耐用的乙烯产品。该公司通过放弃使用某些环境有害型的化学物质、减少一些化学物质的使用量以及发明回收本公司产品的新工艺,至1994年已经使杜邦公司生产造成的废弃塑料物减少了25%,空气污染物排放量减少了70%。[③] 经济效益和社会效益十分显著。

第三节　国外重视节约型社会建设的启示

国外一些国家在建设节约型社会方面已经采取和正在采取的许多措施及取得的成功经验,对我国解决资源短缺和环境污染问题具有重要的借鉴价值。立足我国国情,从国外走节约型发展道路的主要做法和经验中,我们可以得到以下启示。

---

① 参见李洪强、李琼编著:《节约型社会》,北京:中国时代经济出版社,2005年版,第79—80页。
② 这种装置类似于小型发电机,要刹车了就开始转入“发电”,通过把电车行驶时的动能转化成电能的形式来减速,生成的电能再通过架线供给其他电车使用。
③ 参见赵明芳:《循环经济与构件资源节约型社会》,载《中共中央党校学报》2005年第2期。

一、以政府为龙头,带动全社会节约

在资源节约型社会的创建过程中,政府是起决定性作用的。政府要抓法制、建制度、做表率。政府作为建设节约型社会的倡导者,除了要制定和实行规划、法律法规,还要做好监督工作、管理以及引导工作。在节能产品和节能工艺的推广中,政府应当优先购买。要借鉴日本的《绿色采购法》,就是通过干预各级政府的购买行为,促进可再生成分的产品、绿色产品在政府采购中占据优先地位;美国几乎所有的州都有对使用再生材料的产品实行政府优先购买的相关政策和法规。政府的优先采购一方面可以促进该类产品的市场推广,另一方面可以为企业提供资助。这些国家在节约型社会建设中,政府机构和政府首脑总是率先垂范,引导全社会参与建设节约型社会。又如新加坡政府推出的"公共部门节约运动"和日本首相带头实施"清凉商务"就是典型的例证。

我国政府往往比其他国家的政府更具有感召力。新中国成立之初,我党就提出了要厉行节约、反对铺张浪费这样一个勤俭建国的方针,得到了人民群众的热烈响应,使我国迅速由一个一穷二白的国家转变成为一个欣欣向荣的社会主义国家。因此,在建设节约型社会过程中,我国政府更能有所作为,能够通过自身的节约行为引导全民参与到节约型社会的建设中来。从现实情况看,我国政府也应当在建设节约型社会中以身作则。在我国,长期以来,政府机构一直都没有资源使用方面的定额限制和定额管理,已经成为节能监督的"盲区"。因此,走节约型发展道路,我国政府要深刻认识建设节约型社会的紧迫性和重要性,要从制度、法制、体制、机制、政策、组织、宣传、科技等方面采取坚决措施;同时,政府更应从自我做起,从节约意识的率先树立,到节能、节水、节地、节约用车、节约办公费用、节约招待费用等方面率先垂范,为全社会做出榜样,带动全社会节约。

二、以加强法制建设为主要方式,规范节约行为

法制是约束规范企业和公众的节约行为准则之一,包括立法和执法两方面。上述国家在资源节约型社会建设的过程中,无不先进行节约立法,它们的节约法律法规覆盖社会生产生活的方方面面,这是它们能够走节约型发展道路的成功经验。借鉴国外在节约法律法规建设方面的经验,我国应当通过立法的方式,制定出适合我国国情的节约型法律法规,引导我国走资源节约型发展道路,用法律法规明确各级政府部门、社会团体、企业和公众在资源节约型发展道路过程中的职责,使建设资源节约型社会有法可依。目前亟待制定的法律有《反浪费法》、《包装法》、《家用电器循环法》、《绿色采购法》、《垃圾处理法》、《资源综合利用法》等,要抓紧研究制定,必要时可先制定一些暂行条例、规定和办法。对于我国而言,在建设节约型

社会过程中,不仅要有法可依,而且要加强监督和执法力度,做到执法必严,将节约型发展道路纳入法制化轨道。

三、以健全体制为主要内容,形成节约机制

创建资源节约型社会,除了要制定相应的条例、规定和办法之外,还必须健全体制。从国外走节约型发展道路的实践中,我们可以看出,为了促使资源的节约利用和循环使用,除了立法之外,各国政府还要借助各种经济体制和产业政策,如投资体制、融资体制、财政政策、货币政策、税收政策和补贴政策等来实现节约型社会建设。借鉴这些国家的成功经验,我国在走节约型发展道路时,同样需要有相应的配套措施。这些政策主要包括:有助于节约的财政体制、税费体制、投资体制、融资体制;有助于节约的货币政策、税收政策、补贴政策、政府采购政策,等等。政府应从财政、税收、融资和信贷等多方面对企业和公众的节能、节水、节地、节材行为和技术研究进行直接和间接的补助和奖励,以便顺利推动我国资源节约型社会的建设。

四、以发展科技为动力,增强节约能力

国外的实践经验表明,科学技术在提升节约能力方面有着巨大作用;科技对节约的支撑是以对技术研究的大量投入为前提的,政府往往要对技术研发大力扶持。我国的能源利用率并不高,资源浪费现象非常严重,这与我国粗放式经济增长方式有关;同时,这也意味着我国在资源节约利用上有很大的节约空间,从发达国家通过科技提升资源利用效率的经验来看,我国政府必须多渠道资助企业和研究机构的相关技术研究开发,如替代技术:通过开发和使用新资源、新材料、新产品、新工艺,替代原来所用资源、材料、产品、工艺,以提高资源利用率,减轻生产和消费过程对环境的压力的技术;减量技术:用较少的物质和能源消耗来达到既定的生产目的,在源头节约资源和减少污染的技术;再利用技术:延长原料或产品的使用周期,通过多次反复使用,提高对原料和产品的使用率,降低资源消耗的技术;资源化技术:将生产或消费过程产生的废弃物再次变成有用的资源和产品的技术,等等。

五、以企业节约为重点,实现资源节约

在建设节约型社会过程中,企业具有非常重要的作用。从国外一些企业如沃尔玛、杜邦的实践经验来看,企业在节约型社会建设过程中是大有作为的,能够取得巨大的经济效益和社会效益,同时增强企业的竞争能力。从这方面讲,我国更应该重视建设节约型企业,实现资源节约型社会建设。我国企业也应当更新发展思路,强化资源节约意识,坚持把建设资源节约型社会与企业的经营原则相结合,提

升企业自身的竞争能力。在企业的生产经营活动中,一定要坚定不移地贯彻"资源开发与节约并重,并把节约放在首位"的方针,不断强化广大职工的资源节约意识,推进技术进步,降低资源消耗强度,通过企业自身的节约,推动节约型社会建设。

六、以循环经济为依托,创新节约模式

从循环经济的内容可以看出,发展循环经济就是要实现资源的有效利用,这是和创建资源节约型社会相一致的。一些国家在建设节约型社会的过程中,都十分重视循环经济。了解和分析国外在循环经济发展方面的成功实践,对我国落实科学发展观、全面建设小康社会,实现经济社会的全面、协调、可持续发展,具有十分重要的积极意义。毕竟,循环经济这一模式有利于实现资源的节约利用和高效使用。我国要走资源节约型社会发展道路,必须重视发展循环经济,立足国情,把发展循环经济作为建设资源节约型社会的重要途径。要努力从企业层面、从区域层面、从社会层面上努力探索循环经济的实施方式。

七、以宣传教育为手段,提高资源忧患和节约意识

政策的执行效果如何最终取决于公众的参与度。走节约型发展道路是大众共同的事,必须动员广大群众共同参与、长期参与。国外在建设节约型社会时通过多种宣传活动来普及公众的节约意识。同国外其他国家一样,我国走节约型发展道路时,同样必须依赖于企业和公众的积极参与,充分调动广大企业和公众参与到节约型社会建设之中。为此,可以通过多种方式来培养公众的节约意识,如通过举行专题讲座,组织政府党政干部和企业管理人员学习;通过有关部门或社会中介机构的组织、宣传、培训工作,提高企业和公众的节约意识;通过学校的教育使广大青少年懂得建立节约型社会的紧迫性和急切性;通过电视、广播、报纸、互联网等大众传媒普及节约知识,提高社会公众的节约意识,为节约型社会创建形成一个良好的社会氛围。企业和公众积极参与是实现节约型社会的重要环节。

另外,还可以变被动参与为主动参与,让公众了解和参与创建节约型社会。如央视经济频道曾与十大网站联合开展的征集公民节约行为准则就是一个很好的尝试,可以使公众主动参与到节约型社会建设中来。"从群众中来,到群众中去"是我党的群众路线;在今天建设节约型社会的过程中,我们同样可以运用这种方式向全社会征集各种关于节约的金点子,集思广益,对一些比较好又确实可行的节约方法进行宣传、推广,使公众了解一些节约的常识,调动公众的节约积极性与主动性,更好地参与节约型社会建设。

主要参考文献

一、专著类

[1]《马克思恩格斯全集》新版本第 1、4、25、30、31、32、44、45、46 卷,旧版本第 3、11、20、21、26、32、42、48、49 卷,北京:人民出版社。

[2]《列宁全集》(第 4、37 卷),北京:人民出版社,1986 年版。

[3]《毛泽东选集》(第一至五卷),北京:人民出版社,1991 年版。

[4]《邓小平文选》(第一至三卷),北京:人民出版社,1993 年版。

[5]《江泽民文选》(第一至三卷),北京:人民出版社,2006 年版。

[6]十七大报告编写组:《十七大报告辅导读本》,北京:人民出版社,2007 年版。

[7]于光远:《关于规律客观性质的几个问题》,北京:人民出版社,1979 年版。

[8]吴敬琏:《当代中国经济改革》,上海:上海远东出版社,2004 年版。

[9]吴敬琏:《中国增长模式抉择》,上海:上海远东出版社,2006 年版。

[10]刘诗白:《主体产权论》,北京:经济科学出版社,1998 年版。

[11]刘诗白主编:《政治经济学(第 5 版)》,成都:西南财经大学出版社,1998 年版。

[12]刘诗白:《现代财富论》,北京:三联书店,2005 年版。

[13]尹世杰:《消费需要论》,长沙:湖南出版社,1993 年版。

[14]洪银兴等:《当代东欧经济学流派》,北京:中国经济出版社,1988 年版。

[15]魏杰:《企业前沿问题》,北京:中国发展出版社,2001 年版。

[16]李新家编著:《消费经济学》,广州:广东人民出版社,1995 年版。

[17]刁田丁等编著:《政策学》,北京:中国统计出版社,2000 年版。

[18]方福前:《从〈货币论〉到〈通论〉》,武汉:武汉大学出版社,1997 年版。

[19]冯之浚:《循环经济导论》,北京:人民出版社,2004 年版。

[20]冯之浚等编著:《循环经济》,北京:中共党史出版社,2005 年版。

[21]傅崇兰:《建设节约型社会战略研究》,北京:社会科学文献出版社,2007 年版。

[22]高鸿业:《一本拯救资本主义的名著》,济南:山东人民出版社,2002

年版。

[23] 管仲撰,吴文涛、张善良编:《管子》,北京:燕山出版社,1995 年版。

[24] 郭强主编:《建设节约型社会书系》,北京:中国时代经济出版社,2005 年版。

[25] 胡汝银:《低效率经济学:集权体制理论的重新思考》,上海:上海三联书店、上海人民出版社,1995 年版。

[26] 华岗:《规律论》,北京:人民出版社,1982 年版。

[27] 黄达主编:《金融学》,北京:中国人民大学出版社,2003 年版。

[28] 黄铁苗主编:《节约经济学》,北京:中国经济出版社,1990 年版。

[29] 黄铁苗:《劳动生产率新论》,南昌:江西人民出版社,1994 年版。

[30] 黄铁苗:《综观经济效益论》,北京:人民出版社,2001 年版。

[31] 姜伟新主编:《建设节约型社会》(政策篇、地区篇、国际经验篇),北京:中国发展出版社,2007 年版。

[32] 柯武刚、史漫飞:《制度经济学》,北京:商务印书馆,2000 年版。

[33] 李步云主编:《宪法比较研究》,北京:法律出版社,1998 年版。

[34] 李克固主编:《环境经济学》,北京:科学技术文献出版社,1993 年版。

[35] 李占才:《当代中国经济思想史》,开封:河南大学出版社,1999 年版。

[36] 刘涤源:《凯恩斯经济学说评论》,武汉:武汉大学出版社,1997 年版。

[37] 柳思维主编:《现代消费经济学通论》,北京:中国人民大学出版社,2006 年版。

[38] 卢现祥:《西方新制度经济学》,北京:中国发展出版社,2003 年版。

[39] 陆楫、杨豫孙:《兼葭堂杂著摘抄》,北京:中华书局,1985 年版。

[40] 陆魁宏:《谈规律》,长沙:湖南人民出版社,1982 年版。

[41] 吕文林主编:《建设节约型社会干部读本》,北京:中共中央党校出版社,2006 年版。

[42] 罗必良主编:《新制度经济学》,太原:山西经济出版社,2005 年版。

[43] 苗东升:《系统科学精要》(第 2 版),北京:中国人民大学出版社,2006 年版。

[44] 浦兴祖:《当代中国政治制度》,上海:复旦大学出版社,1999 年版。

[45] 石玉林主编:《资源科学》,北京:高等教育出版社,2006 年版。

[46] 寿嘉华主编:《国土资源管理理论与实践》,北京:经济管理出版社,1999 年版。

[47] 苏洪涛:《走出节俭的误区》,北京:中国城市出版社,1999 年版。

[48] 唐浩明:《唐浩明评点曾国藩家书》(上、下),长沙:岳麓出版社,2002

年版。

[49]陶大镛主编:《社会发展史》,北京:人民出版社,1982 年版。

[50]王泠一主编:《节约型社会中的上海智慧》,北京:社会科学文献出版社,2006 年版。

[51]王敏正、万安培主编:《节约型社会词典》,北京:中国财政经济出版社,2006 年版。

[52]王稳:《经济效率的因素分析》,北京:经济科学出版社,2002 年版。

[53]魏全平等:《日本的循环经济》,上海:上海人民出版社,2006 年版。

[54]吴九占编:《节约型机关》,北京:中国时代经济出版社,2005 年版。

[55]张从主编:《环境保护知识干部读本》,北京:中共中央党校出版社,2000 年版。

[56]张培刚:《农业与工业化(上、中、下卷)——农业国工业化问题初探》,武汉:华中科技大学出版社,2002 年版。

[57]张仁德主编:《比较经济体制学》(修订版),西安:陕西人民出版社,1998 年版。

[58]张耀辉:《消耗经济学》,北京:经济管理出版社,2002 年版。

[59]张卓元主编:《中国改革开放经验的经济学思考》,北京:经济管理出版社,2000 年版。

[60]赵晓雷:《中国现代经济理论 1949—2000》,上海:上海人民出版社,2001 年版。

[61]郑楚宣、刘绍春:《当代中西政治制度比较》,广州:广东人民出版社,2001 年版。

[62]郑志国主编:《人口资源环境经济学》,广州:广东人民出版社,2004 年版。

[63]周凤起、周大地主编:《中国中长期能源战略》,北京:中国计划出版社,1999 年版。

[64]周宏春、刘燕华等著:《循环经济学》,北京:中国发展出版社,2005 年版。

[65]周天勇主编:《高级发展经济学》,北京:中国人民大学出版社,2006 年版。

[66]〔德〕H. 罗尔夫·哈赛等主编:《社会市场经济辞典》,卫茂平、陈虹嫣主译,上海:复旦大学出版社,2004 年版。

[67]〔英〕大卫·李嘉图:《政治经济学及赋税原理》,周洁译,北京:华夏出版社,2005 年版。

[68]〔法〕杜尔哥:《关于财富的形成和分配的考察》,唐日松译,北京:华夏出

版社,2007 年版。

[69]〔美〕杰弗里·萨克斯、费利普·拉雷恩:《全球视角的宏观经济学》,费方域等译,上海:上海三联书店、上海人民出版社,2004 年版。

[70]〔美〕吉利斯等:《发展经济学(第四版)》,北京:中国人民大学出版社,1998 年版。

[71]〔苏〕卡西莫夫斯基:《节约制度》,清河译,北京:时代出版社,1954 年版。

[72]〔英〕凯恩斯:《就业利息和货币通论》,徐毓枬译,北京:商务印书馆出版,1983 年版。

[73]〔英〕凯恩斯:《预言与劝说》,赵波、包晓闻译,南京:江苏人民出版社,1998 年版。

[74]〔美〕坎贝尔·R.麦克南等:《当代劳动经济学》,北京:人民邮电出版社,2004 年版。

[75]〔美〕劳埃德·雷诺兹:《宏观经济学》,北京:商务印书馆,1984 年版。

[76]〔美〕马斯洛:《马斯洛人本哲学》,北京:九州出版社,2003 年版。

[77]〔荷〕曼德维尔:《蜜蜂的寓言》,肖津译,北京:中国社会科学出版社,2002 年版。

[78]〔苏〕莫依谢也夫、彼特·罗相:《经济机制一百题》,郑力等译,北京:中国社会科学出版社,1984 年版。

[79]〔苏〕聂莫夫:《节约有什么好处》,王青译,北京:工人出版社,1954 年版。

[80]〔美〕萨缪尔森等:《经济学(第 12 版)》(上),北京:中国发展出版社,1992 年版。

[81]〔法〕萨伊:《政治经济学概论》,北京:商务印书馆,1997 年版。

[82]〔冰〕思拉恩·埃格特森:《经济行为与制度》,北京:商务印书馆,2004 年版。

[83]〔美〕斯蒂格勒:《产业组织与政府管制》,上海:上海三联书店、上海人民出版社,1996 年版。

[84]〔苏〕沃尔科夫等主编:《政治经济学辞典(第 2 版)》,吕亿环等译,北京:北京师范大学出版社,1984 年版。

[85]〔瑞士〕西斯蒙第:《政治经济学新原理》,北京:商务印书馆,1997 年版。

[86]〔美〕小罗伯特·B.埃克伦德、罗伯特·F.赫伯特:《经济理论和方法史》(第四版),北京:中国人民大学出版社,2001 年版。

[87]〔英〕亚当·斯密:《国民财富的性质和原因的研究》(上、下卷),郭大力、王亚南译,北京:商务印书馆,1972、1974 年版。

[88]〔匈〕亚诺什·科尔内:《短缺经济学》(下卷),北京:经济科学出版社,

1986 年版。

[89]〔美〕兹维·博迪、罗伯特·C. 莫顿:《金融学》,欧阳颖等译,北京:中国人民大学出版社,2000 年版。

二、期刊类

[1]程恩富:《现代马克思政治经济学的四大理论假设》,载《中国社会科学》2007 年第 1 期。

[2]鲍建强、蒋惠琴:《建设节约型社会健全机制至关重要》,载《浙江经济》2006 年第 2 期。

[3]陈华山:《论节约规律》,载《求是学刊》1995 年第 5 期。

[4]楚宝香:《彩虹集团:建设与发展资源节约型企业》,载《现代企业》2004 年第 12 期。

[5]邓大才:《"农民增收难"现象新解》,载《中国党政干部论坛》2005 年第 4 期。

[6]冯树清:《关于建设节约型校园的思考》,载《理论前沿》2006 年第 16 期。

[7]高萍:《我国建设节约型社会的思考》,载《云南行政学院学报》2006 年第 2 期。

[8]高志英、廖丹青:《对我国经济增长方式粗放度的计量分析》,载《江汉论坛》2000 年第 6 期。

[9]黄铁苗:《价值规律与两种竞争》,载《求索》1985 年第 6 期。

[10]黄铁苗:《浅议价格变动》,载《价格研究》1986 年第 3 期。

[11]黄铁苗:《劳动生产率传统表述的缺陷》,载《马克思主义研究》1988 年第 3 期。

[12]黄铁苗:《浪费的一般规律》,载《经济纵横》1992 年第 6 期。

[13]黄铁苗:《提倡消费,不等于不要节俭》,载《经济研究资料》2000 年第 3 期。

[14]黄铁苗:《一切节约归根到底都是资源的节约——兼论马克思的劳动时间节约理论》,载《当代经济研究》2005 年第 8 期。

[15]黄铁苗、徐廷波:《走出认识误区,建设节约型社会》,载《经济学家》2006 年第 5 期。

[16]李铁映:《发展必须节约　节约才能发展》,载《中国社会科学文摘》2007 年第 5 期。

[17]李春才:《科学决策与建设节约型社会》,载《南方经济》2005 年第 10 期。

[18]李剑锋:《建设节约型社会的思考》,载《当代经济》2005 年第 11 期(下)。

［19］李京文:《工业生产中的物质节约问题》,载《经济研究》1961 年第 7 期。

［20］李京文:《节约是社会主义的一项基本原则》,载《经济研究》1978 年第 5 期。

［21］梁从诫:《用节俭的方式来创造小康生活》,载《群言》2005 年第 7 期。

［22］廖元和:《水务管理体制改革探索》,载《重庆社会科学》2006 年第 5 期。

［23］陆大道:《建立资源节约型社会经济体系的初步构想》,载《中国资源综合利用》1992 年第 11 期。

［24］马伯均:《节约是非论》,载《湖南师范大学学报》1986 年第 2 期。

［25］潘家铮:《建设节约型社会是中国的唯一出路》,载《群言》2005 年第 9 期。

［26］石山:《我国农村经济建设战略的探索》,载《农业经济问题》1989 年第 9 期。

［27］孙宝强:《我国经济的忧患:无发展的经济增长及其出路》,载《珠江经济》2005 年第 11 期。

［28］王凤、雷小毓:《节约型社会的内涵及其构建》,载《经济学家》2006 年第 5 期。

［29］王鹏:《直面生态危机》,载《南风窗》2005 年第 1 期。

［30］王荣玉:《第三产业如何走循环经济之路》,载《中国创业投资与高科技》2005 年第 3 期。

［31］王维、任洪彬:《构建节约型税收的几点思考》,载《涉外税务》2006 年第 5 期。

［32］吴敬琏:《怎样才能实现增长方式的转变》,载《经济研究》1995 年第 11 期。

［33］向常清:《广东产业结构优化的基本思路》,载《长春工业大学学报(社会科学版)》2004 年第 4 期。

［34］谢永清:《促进循环经济发展的税收对策》,载《郑州经济管理干部学院学报》2005 年第 2 期。

［35］许佳妮、黄衍电:《金融系统应在节约型社会的建设中发挥杠杆作用》,载《时代金融》2006 年 7 月。

［36］杨承训:《论社会主义节约规律》,载《中州学刊》1990 年第 6 期。

［37］杨敏英:《利用信息,发展物质、能量节约型社会》,载《数量经济技术经济研究》1994 年第 1 期。

［38］易培强:《马克思的节约理论探析》,载《湖南文理学院学报(社会科学版)》2006 年 3 月。

[39]尹成杰:《拓展农业功能　发展能源农业》,载《新华文摘》2006 年第 11 期。

[40]于建成:《地方政府如何推动区域循环经济发展》,载《环境保护》2004 年第 12 期。

[41]于津涛:《须防"官多为患"——专访原中组部部长张全景》,载《瞭望东方周刊》2006 年第 34 期。

[42]张俊:《循环经济与新型工业化道路》,载《华北水利水电学院学报(社科版)》2005 年第 2 期。

[43]张兴尧:《节约型企业机制为重》,载《中国石油企业》2006 年第 7 期。

[44]郑承凤:《企业建立"节约型班组"应做好七项工作》,载《西南造纸》2006 年第 5 期。

[45]郑志国:《循环利用资源的六种方法》,载《岭南学刊》2007 年第 6 期。

[46]周宏春:《建设节约型社会　实现可持续发展》,载《理论前沿》2005 年第 19 期。

[47]周宏春:《大力发展循环经济　加快建立节约型社会》,载《新材料产业》2004 年第 10 期。

[48]周学政、钱俊生:《"发展循环经济,建设节约型社会"研讨会在福州举行》,载《自然辩证法研究》2006 年第 3 期。

[49]北京国际城市发展研究院中国城市"十一五"核心问题研究课题组:《循环经济与城市新型工业化》,载《领导决策信息》2004 年第 36 期。

[50]中山大学地球环境与地球资源研究中心:《节约型社会指标体系与评价方法研究》,2005 年 9 月。

后　记

　　拙著能于此时出版,可谓得益于天时、地利、人和。从天时来看,没有我们国家2004年提出建设资源节约型社会,后来进一步提出建设节约型社会,就不会有此课题的立项和拙著的问世。从地利来看,笔者所在的广东省十分重视节约型社会建设,在申报此课题之前,笔者就完成了广东省重大决策咨询研究项目"广东走节约型发展道路的体制和政策研究"和广州市社科规划办的"广州市建设节约型社会研究"两个课题,这些为拙著的完成提供了大量的现实资料和思想积累。从人和来看,这是本课题完成和拙著出版最关键的因素。一是广东省和国家社科基金规划办的同志对课题的管理付出了艰辛的劳动,课题申报评审专家、课题结项评审专家客观、公平、公正地评审课题,为本课题的立项和结项都付出了不少心血。二是笔者所在单位即广东省委党校领导对科研和节约问题高度重视,对我个人十分关心,为我的科研提供了十分有利的条件,这对本课题的完成和我个人的科研都具有十分重要的促进作用。三是围绕我拟定的课题大纲,黄灼明、陈鸿宇、张长生、余甫功、郑志国、蔡兵、白国强等教授提出了许多宝贵意见,正是凝结了他们的智慧,才构建了该课题的框架;尤其是黄灼明教授,在课题的完成过程中,始终给予关注,并常提供资料。四是我校经济学专业已毕业和尚未毕业的几位硕士研究生曹铮、周小阳、孙宝强、刘成伟、鲁祥、罗勇成、吴忠明、颜世辉、胡青丹、王彦保、康达华等,他们在硕士研究生学习阶段,有的与我在《南方日报》开设的"节约新说"栏目中合写过文章,有的为本课题查找资料、校对、修改等,做了大量很有成效的工作;尤其是现在还在攻读硕士学位的胡青丹同学,花费了大量的时间和精力,并以他特有的细心和耐心,使拙著减少了很多纰漏。五是拙著的责任编辑、人民出版社的洪琼先生耗费了大量心血。六是我单位的校办公室、财务处、科研处、图书馆等有关部门在出外调研、经费管理、图书资料等方面都提供了无私的援助。七是我大量借鉴了古今中外不知多少专家、学者及对节约问题关注的文化人士关于节约问题的理论观点和现实资料。还要提到的是广东省社科院李新家研究员对有关内容提出过宝贵意见。同事岳芳敏教授对有关译文提供了帮助。可以说,没有以上提到的天时、地利、人和,尤其是人和这一条件,拙著是不可能于此时与读者见面的。因此,值此拙著即将付梓之际,对为拙著提供过方方面面帮助的,无论直接或间接,无论前人或今人,尤其是上面提到的领导、专家、同事、朋友、学生及其有关单位致以衷心的感谢! 我将怀着深深的感恩之心,永远铭记和感谢他们的帮助!

黄铁苗

于广州黄华园 2009 年 3 月

责任编辑:洪 琼

图书在版编目(CIP)数据

节约型社会论/黄铁苗 等著. -北京:人民出版社,2009.8
ISBN 978-7-01-008003-1

Ⅰ. 节… Ⅱ. 黄… Ⅲ.①社会主义建设模式-研究-中国②资源利用-研究-中国
Ⅳ. D616 F124.5

中国版本图书馆 CIP 数据核字(2009)第 099237 号

节约型社会论

JIEYUE XING SHEHUI LUN

黄铁苗 等著

人民出版社 出版发行

(100706 北京朝阳门内大街 166 号)

北京中科印刷有限公司印刷 新华书店经销

2009 年 8 月第 1 版 2009 年 8 月北京第 1 次印刷
开本:710 毫米×1000 毫米 1/16 印张:28.75
字数:560 千字 印数:0,001-3,000 册

ISBN 978-7-01-008003-1 定价:68.00 元

邮购地址 100706 北京朝阳门内大街 166 号
人民东方图书销售中心 电话 (010)65250042 65289539